台湾の法教

閭山教科儀本と符式簿の解読

劉枝萬

風響社

法教の掛図

三奶神軸（太清道徳天尊・玉清元始天尊・上清靈宝天尊）

三奶と註生娘娘の習合を示す神軸（閭山治鬼・三奶画・註生娘媽）

法教の掛図

掛図は法教の儀礼を行う際に法場に掛ける神像や十王図などである。使用を重ねるうちに線香で煤けたり破損してゆく、一種の消耗品であるが、口絵掲載のものはいずれも保存状態が良い。本文 26 頁参照。

前頁上段の「三奶神軸」（太清道徳天尊・玉清元始天尊・上清霊宝天尊）は、道教の最高神である三清（元始天尊・霊宝天尊・道徳天尊）の下に三奶夫人が描き込まれている。サイズ：152.1 × 82.4、148.7 × 80.6、148.3 × 79.5 センチ。

下段の「三奶と註生娘娘の習合を示す神軸」（閭山治鬼・三奶画・註生娘媽）は、閭山治鬼（閭山法廷において悪霊を捕縛処罰する光景）・三奶画（三奶夫人の裁きによって人として生まれる様）・註生娘媽（三奶画と同様の内容、門に註生娘媽と記されていて、三奶と註生娘娘の習合を示す）である。サイズ：136.4 × 65.4、149.9 × 81.2、150.4 × 80.5 センチ。

次頁以降で、拡大した画像を示す。

上清霊宝天尊

玉清元始天尊

太清道德天尊

註生娘媽

三奶画

閭山治鬼

はじめに――本書刊行の経緯について

本書は、本年（二〇一八年）一月六日、九五歳で逝去された劉枝萬先生の遺稿をもとに編集したものである。遺稿は手書きで原稿用紙六八〇枚に及ぶ「符式簿の解読」（本書後編）を中心とし、前編第三章の解説文や本書の構成を指示するメモ、そして前編第一章・第二章となる抜き刷りなどが含まれ、昨年（二〇一七年）の暮れに完成していた。

執筆の発端は、前編第二章に記されているように、石井昌子（筆者亡妻）が一九九八年に訪台し、劉枝萬先生所蔵の法教資料（本書前編第三章収録の二四点の文献および法教関係の掛図七〇点）を複写したこと、さらに二〇〇六年の訪台において、資料の意味や分類などについて聞き取りを行い、それを元に劉枝萬述・石井昌子編「台湾の法教資料――閭山教科儀本（その二）」（二〇〇七年、『創価大学一般教育部論集』三一号）として発表したことにある。

その後、視力がやや安定したこともあり、劉枝萬先生ご自身が解説を執筆されることとなり、ほぼ一〇年がかりで完成されたのがおおまかな経緯である。原稿のあらましは着手から数年ほどで完成したが、狭くなった視野と落ちた視力にもかかわらずなんども推敲を重ねられ、またその間に入院加療も数度あり、文字通り先生晩年の心血を注いだ遺稿となった。

法教研究の出発点を、先生の博士論文（東京教育大學文學博士、一九七七年）の公刊本『中国道教の祭りと信仰　上下』（桜楓社、一九八三年・八四年、特にその下巻第三編「閭山教の収魂法」）とするならば、おそらく本書によってご自身の法教研究の締めくくりにされるおつもりだったのではなかろうか。

筆者自身も資料の複写撮影や聞き取りの録音を担当するなど、当初から関わってきたし、後には刊行を目指し執筆の推移を見守ってきたので、本書の完成は大きな喜びである。ただ、完成本をお届けし、喜んでいただきたかった、それだけは心残りであるが。

思えば、先生とのお付き合いは四〇年を超える。駆け出しの編集者だった当初は近寄りがたい存在であったが、日本で開催された学会にお伴をしたり、さらに台湾でお目にかかったりするうちに、すっかり意気投合、家族ぐるみでお付き合いいただくほどとなった。それには共通するカメラ趣味が少し役立ったのかもしれない。

小社を立ち上げてからほどなくして、先生の代表著作の一冊である『台湾の道教と民間信仰』（一九九四年）の刊行をお任せ下さったが、これは小社の代表的刊行物となり、その後の活動の大きな支えとなった。と同時に、写真の配置から索引にいたるまで細かなご指示をいただいたことは、編集のみならず日本語を再考する契機ともなった。今に生きる財産である。

創業を支えて下さったお一人として、新刊が出来るたびに謹呈することにしていたが、届くとその日のうちに電話で温かく激励下さり、売上げから体調まで細かくお気遣いいただいた。本書の刊行費用も、奥様に金額まで言い残して下さっていたのである。

そうしたご厚情にお応えすべく、本書編集には最善を尽くしたつもりだが、法教研究の蓄積がまだ豊富といえない今日、先生に直接お尋ねしたいこと多々あったことも確かだ。ご満足いただけることを祈るばかりである。

本書は、劉枝萬先生の研究生活の集大成であるのみならず、日本・台湾そして東アジアの民間信仰研究の新たな起点・礎石となるべき内容と拝察している。版元として少しでもその伝達のお役に立ったなら幸いである。

最後に、本書各章のなりたちと編集制作にあたって留意した点を記す。

口絵（一九九八年、劉枝萬先生所蔵の掛図を石井雅が撮影）

前編　法教概略と所蔵科儀本

第一章　台湾の法教について（一九九八年、中村璋八編『中国人と道教』汲古書院に収載「台湾の法教」）

第二章　台湾の法教資料（劉枝萬述・石井昌子編、二〇〇七年、『創価大学一般教育部論集』三一号に収載）

第三章　所蔵科儀本（写真：石井雅撮影、解説：二〇〇六年の石井昌子の聞き取りメモをもとに劉枝萬先生が全面改編）

後編　符式簿の解読

第四章　総説（劉枝萬先生の書き下ろし）

第五章　各符の解説（写真：一九九八年、石井雅撮影、解説：劉枝萬先生の書き下ろし）

・既発表の再録および書き下ろし原稿は、いずれも原文・原稿をなるべく再現するよう努力した。特に書き下ろし原稿には旧字・俗字・偽字などが多用されていたが、明らかな誤記を除き、「符文通りに正字と略字を併用して、原文を保ち、記述では当用漢字に従」う方針（三三〇頁参照）に忠実となることを目指した。

・後編の原稿には、実際に法師が手書きした際の図案化・模様化された記号類がそのまま丁寧に書き写されていたので、なるべく忠実に再現するよう心がけた。手書きの入力および作字・記号類の図像化には、畏友・三上晃氏（サンワード社長）のご協力をいただいた。

先生の残された本書の構成メモには、巻末に付す予定の「後記」のプロットが以下のように記されていた。

「石井（昌子）氏が記録してくださった（ことの）回顧と謝辞。（法教）資料約二百点が（南港の別宅から）盗まれたこと。残りの数百点は大半を民族所（中央研究院民族学研究所）に、若干を花蓮（の慈済大学）と埔里（の国立曁南国際大学）にも分贈したこと。直江（廣治）先生と石井（昌子）両故人と雅社長（の資料保存と出版）への謝辞。」

ご遺志と拝してここにそのまま掲載させていただく。

なお、未完となった「後記」に替えて、中央研究院民族学研究所兼任研究員の林美容教授に劉枝萬先生のお人柄と本書刊行の意義について解説をしていただいた。巻末「刊行に寄せて」がそれである。

最後になったが、本書の完成には、林美容先生、慶應義塾大学の三尾裕子先生のお力添えを頂いた。そしてご夫人の許品蓮様はじめ、ご親族の劉孔昭様ご一家、劉明昭様ご一家、許書田様ご一家、そのほか多くの皆さまのご協力を頂いた。末筆ながら記して篤く感謝申し上げる次第である。

劉枝萬先生の一周忌を前に

風響社代表　石井　雅

目次

第三章　所蔵科儀本 ………… 33

●後編　符式簿の解読

第五章　各符の解説

装丁＝オーバードライブ・前田幸江

●前編　法教概略と所蔵科儀本

第一章　台湾の法教について

一　前言

台湾島は海峡を隔てて中国大陸と対峙し、かつてはその辺境であった。一七世紀オランダの占拠以降、明末鄭氏の割拠から、二〇〇余年にわたる清朝の統治を経て、半世紀間日本の植民地となり、戦後より今日に至るまで、いまだに外来政権の統治をうけつぐという、政治的に極めて不安定な局面をたどってきた。しかして、漢人の大規模な移住は鄭氏時代に始まり、清朝末期まで断続的に行われた。これら移民の出身地は、とうぜん対岸の福建・広東二省が最も多く、とりわけ福建沿海の漳州・泉州、広東の潮州・恵州は、近距離のため多数を占めている。しかし初期移民は、まず渡航の危険に遭遇するばかりでなく、到着後も幾多の困難を克服せねばならず、惨憺たる有様であった。さればこそ、移民たちが開拓を進めるにあたって、精神のよりどころとして、いっそう宗教信仰にのめりこんだのも当然であろう。

これら移民が故郷からもたらした宗教としては、仏教ないし斎教もさることながら、主流はやはり道教である。しかしそれはすでに辺境社会の性格を著しく反映して、土着の雑多な俗信と混淆し、変容して、深く民間信仰に根をおろし、混沌たる様相を呈している。その錯綜した現象を、民間信仰従事者を基準にして分類・整理すれば、およそ次の如くなる。

① 道士――道教
- 天師教
- 老君教
  - 紅頭法術兼修者（救世）→ 紅頭師公
  - 葬儀兼業者（度死）
    - → 烏頭師公

② 法師――法教
- 閭山（りょざん）教（許真君）
  - 三奶（さんだい）教（臨水夫人）――福州
  - 法主公教（張聖君）――泉州
- 徐甲教（徐甲真人）――漳州？
- 客仔教（姜太公）――潮州
- 普庵教（普庵仏）――泉州
- 嘛呢教（嘛呢仏）

③ 霊媒
- 神媒――童乩（男巫）
- 鬼媒――尪姨（女巫）

これはまた社会における階層の高低でもある。すなわち道教を奉じる道士が上層にあり、法教を奉じる法師がこれに次いで中間層をなし、そして神霊おろしの男覡たる童乩と死霊おろしの女巫たる尪姨が、霊媒として下層にある。

二　法師

中間層の法師は、法教を奉じ、赤鉢巻きして巫術を行使し、治病・魔除け・加持祈祷を専業とする一種の呪法師であり、たとえ地位が道士より低くとも、実は基礎的習俗に立脚した民間信仰の底辺を支える主役なのである。法教とは、彼等が道教に対比して意識的に使用している名詞だが、道士が道法二門を兼修していることも一因をなして、世間からよく道教と混同されている。しかしがんらい呪法師たる巫覡の徒にすぎないから、強いて「教」を標榜しても、固より明確な教義や目ぼしい経典もなく、専ら符呪に頼っているのみだから、内実は似て非なるものであり、道と法は同じ流れではない。

いったい、法教は道教よりも、いっぱんに低級だとみなされているだけに、その機能はなおさら民衆の日常生活に密着しており、加持祈祷の如き些細な法事すなわち呪法による行事ならば、民家で手軽にやれる便利さがあるから、その伝来は道教よりも早く、漢人の初期移住から、つとに導入されたと考えられる。事実、客仔師と呼ばれる一派は、清初においてすでに活動がめざましく、弊害をもたらしたことが、地方志に記録されているほどである。各志を綜合すると、法師は法官ともいい、道士ではないが似ており、米卦（米占い）や補運（運勢なおし）などの法術を得意とし、必ず赤鉢巻きをするから紅頭師と称され、また広東潮州の客家人出自が多いため、客仔師とも呼ばれているとある。そして道士が道教に則り、道服を着て、科儀を行う行為を道場と称するのに対して、法師が紅頭法により、ふだん着のままで赤鉢巻きして、法事を行うことを法壇あるいは法場といって、道教と法教は区別される建前ではあるけれども、清代の地方志にはまた紅頭法事を道士の仕事に取り違えたり、法師を道家の流とか道士みたいなものだという誤認もあるほどだから、民衆にとってはなおさら紛らわしくて、判別が容易ではなく、今日に至ってもなお然りである。

台湾はその地理的位置から見て、道教では天師教の教圏に入ることはいうまでもない。たまに老君教を標榜する者もあるが、やは天師教にほかならない。海陸教の伝承もあるが、これは大陸の原籍における地縁的教団構成を指すにすぎない。

三　教派

道教教派の単純さにひきかえ、法教のそれは、民間の基層にあるだけに、地方色が濃くて、多彩である。その主流たる三奶(さんだい)教は、福建北部の福州に発祥している。三奶とは陳靖姑と義妹二人の合称で、三奶夫人と尊称し、また陳靖姑の尊称臨水夫人に因んで臨水夫人教ともいう。陳靖姑は唐代法力の強い女巫で、妊娠を無理して雨乞いしたため、流産で死に、後世安産や魔除けの女神として奉祀され、信仰は華南一帯に広がったのである。そもそも紅頭法師の本領は、悪霊の排除制圧にあり、赤色に魔除けの作用があることはよく知られているが、この場合、それが巫女の集団に起源していることが注目される。そして赤色の標識は血液の色に由来するとされているが、陳靖姑の死因が難産出血であり、その主要法器である龍角と称する角笛の赤いしるしは、陳靖姑の吐血にかこつけられ、赤鉢巻きは月経あての布に由来するともいわれている。

陳靖姑の師は、閭山の許真君すなわち江西廬山の許遜であると伝えられている。故に閭山教として教派をなし、その法術を閭山正法といい、許真君を法主、陳靖姑を教主としている。しかし実際には、教派の名称のみが喧伝されているけれども、許真君の信仰はほとんど有名無実である。

いっぽう福建永春州に発祥し、泉州に伝わった法主公教があり、張聖君を教主とするが、やはり許真君を法主に仰いでいる。張聖君は俗に法主公と呼ばれて廟祀されている。法主という称号が示しているとおり、法術の権化として、法教が得意とする神軍召集の法場における五営神軍の東営将領である。

故にたとえ架空であるとしても、かかる伝承的法統から見れば、許真君の閭山教は、二人の弟子である陳靖姑の三奶教と張聖君の法主公教に分派したことになる。しかし実情としては、三奶教はあくまで独立して法教の主流を占め、法主公教は閭山教の影にかくれ、許真君をさしおいて、実際には張聖君を守護神にしているのである。

次に教勢は微弱だが、徐甲教がある。徐甲真人は、老子が符呪を使って、白骨から生き返らせた下僕であるという説話は道書にも見えており、漳州系道士の伝抄本には、文字を知らないために、老子から符呪しか伝授されなかったと記されている。道教の系統を引き、身分の低い無学文盲で、符呪しかやれないという素材はまさに法師の写実である。故に本教派の法師は、徐甲の下僕出身に因んで、法事の際、裸足でなければならず、逆に三奶教は教主が女性だから、靴をはくしきたりになっている。

しかして、先に挙げた客仔師という名称は、単にその潮州客家出自を示すだけで、教派には触れてない。しかしその多くはやはり三奶教か閭山教で、福佬系法師に伍して、活躍がめざましかったため、よけいに注目されたにすぎないと察せられ、さらに日本統治期になると、鳴りをひそめたのは、民間信仰全般の衰微とあいまって、客家人の福佬化も一因であろうと考えられる。なお中部地方のいわゆる福佬客の法師には、法主公を奉じる例もあり、特例としては姜太公すなわち太公望もあったが、詳細はなお不明である。

かように法教の祖師は、いずれも道教神か辟邪性の強い民間神が通例だが、さらに仏教系統も容認されており、道仏共信の社会通念を反映している。臨済宗の普庵は辟邪力の強い仏として民間信仰で崇信されており、普庵教は澎湖島に流布していることから、その開発が台湾本島よりも早かった史実に鑑みて、住民の原籍たる福建泉州からの伝来も早かったと考えられる。また南部地方にも見られ、閭山教さえその仏像を祀っている者がある。澎湖にはまた嘛呢仏を奉祀し嘛呢教を自称する法師もあり、普庵教の亜流に等しいが、道士の伝抄本には、摩尼公仏は白蓮教だとも記されており、実態は解明されていない。なお戦後の社会混乱に乗じて、恣意的に奇を衒った教派を自称する疑似法師もなくはない。

四　巫術

法教の本質はもとより民間信仰の底層に沈澱した巫術で、古代巫俗の残存にすぎないから、いかに道教が民間信仰に芽生え、ことに天師教は巫術性が強いとはいえ、両者には当然一線が画される。むろん外見も違い、法師は道士の服装を使用できず、ふだん着が原則だが、閭山・普庵・徐甲・嘛呢の諸派は眉と称する冠をかぶり、さらに裙をはく者もあるが、いかなる場合でも、赤布で鉢巻きしたり頭を包んだりするという頭部の固定標識だけは絶対に欠かせず、俗に紅頭仔（頭の赤い者）と呼ばれ、その法術を紅頭法と称するゆえんである。

しかして分布からいえば、北部から東部地方にかけて三奶教が圧倒的に多く、西南部は閭山教が占め、普庵教は澎湖に盛んで、徐甲教は南部に点在し、嘛呢教は澎湖にわずかに存在している。もっとも法事のやりかたないし法場の運営は大同小異で、著しい相違は認められない。

さらに教勢では、三奶教が特に栄え、閭山教（実は法主公教）がこれに次ぎ、普庵教が第三で、徐甲教が第四になり、嘛呢教はしんがりになる。かかる形勢は、道教における天師教派の独占に似ており、おおざっぱに法教すなわち三奶教であり、紅頭法は三奶法と同義だと解してもさしつかえない。

法教の本質は巫術なるが故に、教団組織もなければ、布教活動もなく、まして明確な宗旨をも欠き、漠然と救世と勧化を唱えているだけである。目的は病気や災厄の祟りをなす悪霊を払って人びとに健康と幸福をもたらすにあるのだが、手段として禁厭（きんよう）すなわちまじないに訴える、いわば巫医である。禁厭法とは符呪による駆邪押煞であり、神軍を召集して悪霊を征討し、消災解厄するには、調営・放兵・結界・操営・喝営・犒軍・請神・送神・祭煞・収煞・斬煞・送煞・送外方などの法場を行う。法場の各幕はしぐさで構成されるから、道教になぞらえて科儀と自称するが、実は基本的小法事の組合せを応用するのである。常に行われるのが倣獅で、これはまた目的によって延寿と補運に細分される。その他にも、起土・慶土・煮油浄宅・安宅・進銭・過関・申状・搶神・召魂・収魂・蓋魂・請夫人・祭婆姐・祭花・栽花換斗・落嶽探宮・安胎・縛胎・破胎・催生・抜産・送流蝦・刈鬮・造橋・断橋・抛碗・碗卦・勅蓆・合竹・星渡・洗清・開火路・竪符斗・打天羅地網・解結・発文字・進天曹・牽轙・沐浴・造冥銭・塡庫・打城・放赦などさまざまな名目があり、いかに庶民生活と密接な関係にあるかを示している。しかし規模からいえば、道教における道場の比ではなく、たいてい民家の正庁で簡単な法壇をしつらえて行うから、いっぱんに小法と称して一応道教儀礼とは区別される。

しかして法場の科儀・呪法は、名目こそ夥しく伝えられているが、社会の変革によって需要がなくなり、伝承が失われて名称だけ残ったのもある。いっぽう法教の担い手としては、専業法師のほか、道士も無視できない。道士は道法二門兼修で、紅頭法をも心得ており、法師の業務も行っているので、彼等によって伝承されている法術ないし科儀もある。

五　結語

中国福建・浙江の沿海地方には、神姉・神姑・神婆・聖媽などと呼ばれる女巫が現存し、臨水夫人を奉じている者もある。強力な女巫集団として発祥した、三奶教の原初形態が存続しているのである。それが台湾では男覡に変わった点が注目されるが、初期移民の女性人口稀少も一因であると考えられる。これらの女巫はまた神降しの霊媒をも行っている。台湾の法師はたまに霊媒を行う者もあるが、これは近年のくずれ現象であって、法師本来の姿ではなく、これも相違点である。なお福建には閭山教も現存し、道教の体裁を整え、道教の一派とみなされており、この点では台湾における道法兼修道士の如きだが、内実はかなり異なっており、さらにその浄明道との脈絡も考えられるのである。

いかなる民族といえども、その歴史的過程において、たいてい巫覡が存在し、それなりの役割を演じてきた。ことに中国における巫俗の淵源は古く、歴代を通じて衰えなかった。中でも南方は鬼を信じて巫を尚ぶ気風が瀰漫し、南方左道術として忌憚された。事実、法教の法師と同一形態の巫師が、華南一帯にゆきわたり、しかも漢民族のみならず、先住民族にも及び、印度支那半島にまで進出しているほどだから、その分布は広く、信仰が根強いのである。アジアにおける巫俗の一端として、調査ないし比較研究が望まれるゆえんである。

第二章　台湾の法教資料——閭山教科儀本（その一）

劉枝萬・述（石井昌子編[*1]）

はじめに

筆者は成立期の道教思想を文献研究によって行うことをもっぱらとし、現在の儀礼や信仰を専門にするものではないが、台湾への在外研究の折[1]、中央研究院の劉枝萬博士からご教示を得ることによって、現在の祠廟における祭神や道士による儀礼にも数多く接する機会を得てきた[2]。

その後の補足調査の折、劉博士が永く保存されていた閭山教教壇[3]の科儀本二十数点と神像掛図七〇点をフィルムに収めることがあった[4]。これらは博士が台湾の法教[5]についての専論をまとめる構想のもと長年にわたって収集された資料で、筆者にも研究の参考にと特別に撮影を許されたものである。

その後筆者のこの方面の研究はあまり進展することがなかったが、劉博士も体調がすぐれず、法教の専論も長く中断されたままとなっていた。特にここ数年は眼を患われ、当分は論文執筆もままならないとお聞きし、後学のためにとりあえず資料公開をと申し出たところ、快諾を得た。そこでこの夏台湾を訪問し、資料の解説や配列についての聞き取りや意見交換を行い、本誌の場をお借りして公開を行うこととした次第である。

そのような状況なので、整理も解説もまだまだ暫定的なものではあるが、法教研究の進展のための資料公開であるとの趣旨で、ご理解いただけたら幸甚である。

なお、聞き取りは二〇〇六年八月一八日から二〇日にかけて、劉博士のご自宅で行い、主要な部分はボイスレコーダーに収録した。期間が短かったことや、博士の体調も考慮し、必要最小限の内容に止めた。今後、補足の聞き取りを行い、内容の充実を図るつもりである。(6)

一　資料の概要

前述の通り、資料は科儀本(7)と掛図の二種類である。掛図は法教の儀礼を行う際に法場に掛ける神像や十王図などである。使用を重ねるうちに線香で煤けたり破損してゆく、一種の消耗品であるが、劉博士所蔵のものはいずれも保存状態が良く、絵柄も綺麗なものばかりの上質のコレクションとなっている。今回はこの中から法教との関係を示す内容のものを六点選んでカラー口絵[*2]に掲載することとした。

最初の三点は道教と法教（三奶教(8)）との習合をよく示す「三奶神軸」である。道教の最高神である三清（元始天尊・霊宝天尊・道徳天尊）の下に三奶夫人が描き込まれている。それぞれのサイズは一五二・一×八二・四、一四八・七×八〇・六、一四八・三×七九・五センチである。

次の三点は閭山治鬼（閭山法廷において悪霊を捕縛処罰する光景が描かれている）・三奶画（三奶夫人の裁きによって人として生まれる様が描かれ、産神ないし育児神の性格がよく示されている）・註生娘媽（三奶画と同様の内容だが、門に註生娘媽と記されていて、三奶と註生娘娘の習合を示すものとなっている）であり、いずれも台湾法教の内容を反映したものと言えよう。それぞれのサイズは、一三六・四×六五・四、一四九・九×八一・二、一五〇・四×八〇・五センチである。なお、サイズはフィルムに写し込んだメジャーを元に概算したものである。

次に科儀本だが、全体で二四点あり、[*3] 記された筆写年代からは、一八一六（嘉慶二一）年から一九二二（大正一一）年までが確認される。劉博士によれば、以下の由来と価値を有する資料である。

新竹県の客仔師（ケアサイ）の一派(9)のものと思われるが、現在では詳細は不明である。この一派は「悪霊の辟邪（魔よけ）」を得意とし清朝時代に勢力があったが日本時代になると急速に消滅してしまう。総督府の政策と近代医療の普及のためと考えられる。

資料群としては、次の点において価値が高い。

科儀本は法師が儀礼に際して参照するテキストなので、元来消耗品である。また、師弟相伝とされ弟子がある段階で筆写するもので、容易に外部に示されるものではない。この資料は一つの壇のもので、まとまって入手したことから出所が明らかなことに加え、その壇の行っていた儀礼内容を伝える意味で価値がある。

また、達筆で誤記のないものが多く含まれることや、テキスト中に「廣顕壇」「澎呂石興信記」「石興」などと押印されているものが多いことから、この壇に勢力があり、羽振りがよかったことがわかる。その勢いは清末から日本時代初期までで、法教の活躍のはなやかな最後の時代と重なる。つまり、当時の法教の本流に近い教壇のものであった可能性が高く、資料としての価値がある。保存状態がよいのは活動が急速に廃れて忘れられていたからであろう。

表1　劉博士蔵・科儀本一覧

№	タイトル	頁	表記書写年	推定書写年	壇名	筆跡	印	サイズ天地×左右	備考
01	頭壇請神書	43	天運壬戌	1922(大正11)年	有	A		136×216	請神
02	請神書　全本	18	乙亥	1875(光緒元)年	有	A		141×215	請神
03	請八仙　大献　小献	17	天運戊戌	1898(明治31)年	有		有	134×234	請神、饗応
04	無題（尋魂碗卦科）	31				A		123×233	請神、治病、碗卦科
05	無題（造楼請星君）	44				A		138×218	祈寿、治病
06	三奶神呪　分花破胎　全部	38				A		131×210	祈安胎
07	過限壹套	18				A		123×213	成人儀礼
08	無題（安灶君科）	33			有	A		135×210	治病
09	無題（放魂科）	31						132×214	治病
10	太上玄科進獄分銭真経全部	25						131×241	治病
11	三奶夫人宝懺	39	辛丑	1901(明治34)年	有	B	有	141×232	頌神
12	閭山法戒申表解冤科儀	28			有		有	123×233	申表、治病
13	送神書	15				A		141×210	神送り
14	鶏歌書　全部	42			有			134×243	辟邪
15	無題（符式簿）	119						95×221	符式
16	閭山法院給出五郎将軍追身捉魂文牒一道急速施行	1	天運壬寅	1902(明治35)年				461×467	文牒
17	閭山法戒	29	嘉慶 21	1816(嘉慶21)年		C		131×243	教壇の戒律
18	閭山戒	33						137×236	教壇の戒律
19	閭山法戒科文	91	明治戊戌	1898(明治31)年	有	B	有	126×235	教壇の戒律
20	大度奏科	36	嘉慶丁丑	1817(嘉慶22)年		C		133×238	教壇の内部文書
21	閭山大度奏科	45	戊戌	1898(明治31)年	有	B	有	137×236	教壇の内部文書
22	離房書科　全部	35	戊戌	1898(明治31)年	有	B	有	137×233	教壇の内部文書
23	無題	40	庚子	1900(明治33)年	有		有	129×241	断簡
24	無題	48						108×130	断簡

凡例
- タイトル：表紙に表記されているものは原則としてそれを、表記のないものは無題とし、本文第一行もしくは内容を表す儀礼名を（ ）で示した。
- 頁数：表紙を除き、本文第1頁から末尾までの数値を示した。なお、1枚ものの16を除いて、装丁はいわゆる線装本である。
- 表記書写年代：本文末尾などに記された書写年代を示した。
- 推定書写年：干支や明確な書写年が表記されているものから推定したものである。
- 壇名：表紙や本文末尾などに壇名が記されているものを「有」とした。
- 筆跡：本文や表紙の筆跡から、ほぼ同一と思われる筆跡を推定し、多いものからABCとした。
- サイズ：神像掛図と同じく、接写の際に写し込んだメジャーをもとに推計したもの。単位はセンチメートル。
- 備考：それぞれの内容や分類の概略を示した。

二　科儀本の分類と配列

一群の資料としての価値は以上の通りだが、それらを資料として掲示するためには、分類と配列をしなければならない。しかし、各テキストについて詳細に検討していくには、儀礼の実際の再構成など周辺調査を含めての膨大な作業が必要なので、ここでは、タイトルとテキストから知られる内容により、およその分類・配列をするにとどめておくことにする。

劉博士の挙げられた原則としては、まず陽（加持祈祷のための請神科）を先とし、陰（死葬儀礼）を後とすること、また、儀礼においては、神を迎え（請神）、神の力を借りて術を施行し（治病など）、神に接待をして、送り出す（頌神、送神）、という順序が基本型なので、それにしたがって配列を心がけること、の二点があり、博士と本文内容を吟味しながら配列を検討した。

（それ以外としては、残されたテキストの形態から類推できる要素、すなわち、筆跡や書写年代、製本様式や用紙の異同によって、テキスト同士の近縁関係が想像されるが、これは本質的な事柄と少しずれるので、参考にとどめておく。）

以上の原則に基づいて、配列したのが表1である。およそ01から04までが請神、05から10までが施術、11から13が頌神、送神と分類されるが、03のように請神と大献・小献という接待が合冊されていたり、04のように請神と碗卦が含まれているものもある。

さらに、14以降については、通常とは異なる場面で使われたテキストと思われ、とくに17から22は信徒のために法場で使われるものではなく、教壇内部での使用が推定され、今後の検討を要するものとなっている。

冒頭にも述べたように、課題を多く残しているが、法教研究も少しずつ広がりを見せている今日、基礎資料を公開して、多方面からの検討を期待することとしたい。

なお、紙幅の関係から、写真版に関しては、表紙と第一頁および末尾を掲示し、次号以降に全頁を掲載していくこととする。*4

編集部注

＊1　本章はその冒頭にもあるように、劉枝萬博士が一時期、緑内障のため執筆活動を停止されていたおりに、かねて法教資料の撮影などで協力していたこともあり、石井昌子氏（創価大学教授・当時）によって聞き書き・編集されたものである。もちろん、内容の細部にわたり劉博士の校閲が及んでいる。その後、博士ご自身が執筆されることとなり、続編は打ち切られた。

＊2　本書でも同じ内容をカラー口絵として掲載した。

＊3　詳細は、石井昌子氏により写真とともに整理された。さらに、各資料の解説は、聞き書き内容のプリントをもとに、後年劉博士自身によって訂正された。本書第三章の解説文がそれである。

＊4　本書では、この写真版は省略し、二四点全頁の写真を改訂された解説とともに掲載した。第三章がそれである。

註

（1）　在外研究は台湾中央研究院の訪問学員の立場で、一九八五年七月から十月にかけて「台湾における道教関係祭典に関する調査」を目的に行い、主要廟宇と儀礼の参観を行った。その成果の一部は、「台湾澎湖県における道教祠廟調査のための基礎資料」「同（その二）」『一般教育部論集』一五・一六号、（一九九一、一九九二）として発表している。

（2）　前述在外研究においては、台南の陳栄盛道士による醮祭・葬祭および新竹義民廟の中元祭等の参観を行い、その後、日本道教学会のメンバーとして、一九八六年に行われた世界宗教徒連誼大会に参加した際、また、一九九一年の酒井忠夫博士との共同調査の際にも、祠廟および儀礼の参観の機会を得ている。

（3）　閭山教について劉博士は、「主流たる三奶教は、福建北部の福州に発祥している。三奶とは陳靖姑と義妹二人の合称で、三奶夫人と尊称し、また陳靖姑の尊称臨水夫人に因んで臨水夫人教ともいう」。「陳靖姑の師は、閭山の許真君すなわち江西廬山の許遜であると伝えられている。故に閭山教として教派をなし、その法術を閭山正法といい、許真君を法主、陳靖姑を教主としている。しかし実際には、教派の名称のみが喧伝されているけれども、許真君の信仰はほとんど有名無実である」。「故にたとえ架空であるとしても、かかる伝承的法統から見れば、許真君の閭山教は、二人の弟子である陳靖姑の三奶教と張聖君の法主公教に分派したことになる。しかし実情としては、三奶教はあくまで独立して法教の主流を占め、法主公教は閭山教の影にかくれ、許真君をさしおいて、実際には張聖君を守護神にしているのである」と簡潔にまとめている（いずれも劉枝萬「台湾の法教」一九九八、より）。

（4）一九九八年の台湾訪問に際して、劉博士の資料を拝見する機会があり、特に法教資料に関して撮影を許されたものである。

（5）台湾の法教に関しては、劉博士の『中国道教の祭と信仰』（桜楓社、一九八四年）の下巻において、その概要と儀礼の一端が初めて紹介された。その後、「台湾の法教」中村璋八編『中国人と道教』（汲古書院、一九九八）に簡潔な概説としてまとめられている。

（6）本来の作業としては、法教の概説を行い、その奉じる教祖・神格について述べ、儀礼の実例を挙げておくところだが、次の機会に譲りたい。

（7）科儀は道教における儀礼のことで、科儀本とは道士が儀礼の際に参照するテキストをいう。法教においても同様の意味合いを持つテキストが存在し、「傳授書」（直江廣治氏）、「神呪書」（古家信平氏）など種々に呼ばれているが、それらをここでは科儀本と称することとする。

（8）三奶教については、註（3）参照。

（9）「客仔師という名称は、単にその潮州客家出自を示すだけで、教派には触れてない。しかしその多くはやはり三奶教か閭山教で、福佬系法師に伍して、活躍がめざましかったため、よけいに注目されたにすぎないと察せられ、さらに日本統治期になると、鳴りをひそめたのは、民間信仰全般の衰弱とあいまって、客家人の福佬化も一因であろうと考えられる」（劉枝萬「台湾の法教」一九九八、より）。

参考文献

国分直一
　一九八一『壺を祀る村——台湾民族誌』法政大学出版会。
サソー、M
　一九七八『道教秘訣集成』龍溪書舍。
蘇海涵（Saso, Michael）

一九七三　『荘林続道蔵』成文出版社。
鄧啓耀
一九九八　『巫蠱考察　中国巫蠱的文化心態』漢忠文化事業。
直江廣治
一九八三　「台湾華人社会の民間信仰の諸相」大淵忍爾編『中国人の宗教儀礼』福武書院。
野村伸一編
二〇〇四　『東アジアの女神信仰と女性生活』慶応大学出版会。
古家信平
一九九九　『台湾漢人社会における民間信仰の研究』東京堂出版。
松本浩一
一九九九　「台南林法師の補運儀礼——紅頭法師の儀礼と文献の伝統」『図書館情報大学研究報告』一八（一）。
一九九九　「台南林法師の打城儀礼——紅頭法師の儀礼と文献の伝統（2）」『社会文化史学』四〇。
二〇〇一　『中国の呪術』大修館書店（あじあブックス）。
葉明生編
一九九六　『福建省龍巌市東肖鎮　閭山教広済壇科儀本彙編』（王秋桂主編、中国伝統科儀本彙編　1）新文豊出版公司。
劉枝萬
一九八四　『中国道教の祭りと信仰　下』桜楓社。
一九九四　『台湾の道教と民間信仰』風響社。
一九九八　「台湾の法教」中村璋八編『中国人と道教』汲古書院。
呂理政
一九九〇　「台南東嶽殿的打城法事」『中央研究院民族学研究所資料彙編』二。

第三章　所蔵科儀本

編集部注

＊本章では、劉枝萬博士所蔵科儀本二四点の全容を写真で示し、博士の残された解題メモを各資料冒頭に掲示した。
＊写真は各資料とも、表紙および本文の全頁である。一部表題を欠くものもある。
＊タイトルには、主要書誌データを示した。項目は次の通り。
［整理番号、タイトル、表記書写年（推定書写年）、頁数、〈分類〉、サイズ（横×縦、ミリ）］
＊資料全体についての評価と細目は、第二章二七・二八頁を参照されたい。

所蔵科儀本一覧

	名称	頁
01	頭壇請神書	34
02	請神書　全本	47
03	請八仙　大献　小献	54
04	無題（尋魂碗卦科）	60
05	無題（造楼請星君）	70
06	三奶神呪　分花破胎　全部	83
07	過限壹套	95
08	無題（安竈君科）	102
09	無題（放魂科）	113
10	太上玄科進獄分錢眞経　全部	123
11	三奶夫人寶懺	133
12	閭山法戒申表解冤科儀	146
13	送神書	155
14	鶏歌書　全部	161
15	無題（符式簿）	174
16	閭山法院給出五郎将軍追身捉魂文牒一道急速施行	204
17	閭山法戒	206
18	閭山戒	214
19	閭山瀍（法）戒科文	223
20	大度奏科	248
21	閭山大度奏科	259
22	離房書科　全部	272
23	無題	283
24	無題	294

01　『頭壇請神書』　天運壬戌（一九二二）・四三頁・〈請神〉・一三六×二一六

・「請神」とは、神祇の降臨を乞う科儀の謂だから、とうぜん法場の最初におかれる。しかしこの場合は「頭壇」を冠しているから、複数の「請神」を含めた、複雑な法場劈頭の科儀である。

・難病治癒祈願のため、患家に招かれて行う「解災除病進銭保運」の法場だが、退災病のみならず、解煞神から保平安など改運の目的まで含んでいる。

・三奶夫人率いる神軍はもとより、その他閭山教の五営乃至三十六営兵将護衛のもとに招請される神祇は、道教・法教の高神位をはじめ、民間信仰を反映した地方神や観音菩薩・普庵祖師などの諸仏を含み、雑然としているが、かえって法教としての閭山教派の真面目を保っている。

・テキストの抄録年代は、文中の「今據台湾總督府某州某郡」とあるによって推定できる。

・科儀を司る主役法師が「師男」と自称しているが、特異な呼称である。

頭壇請神書

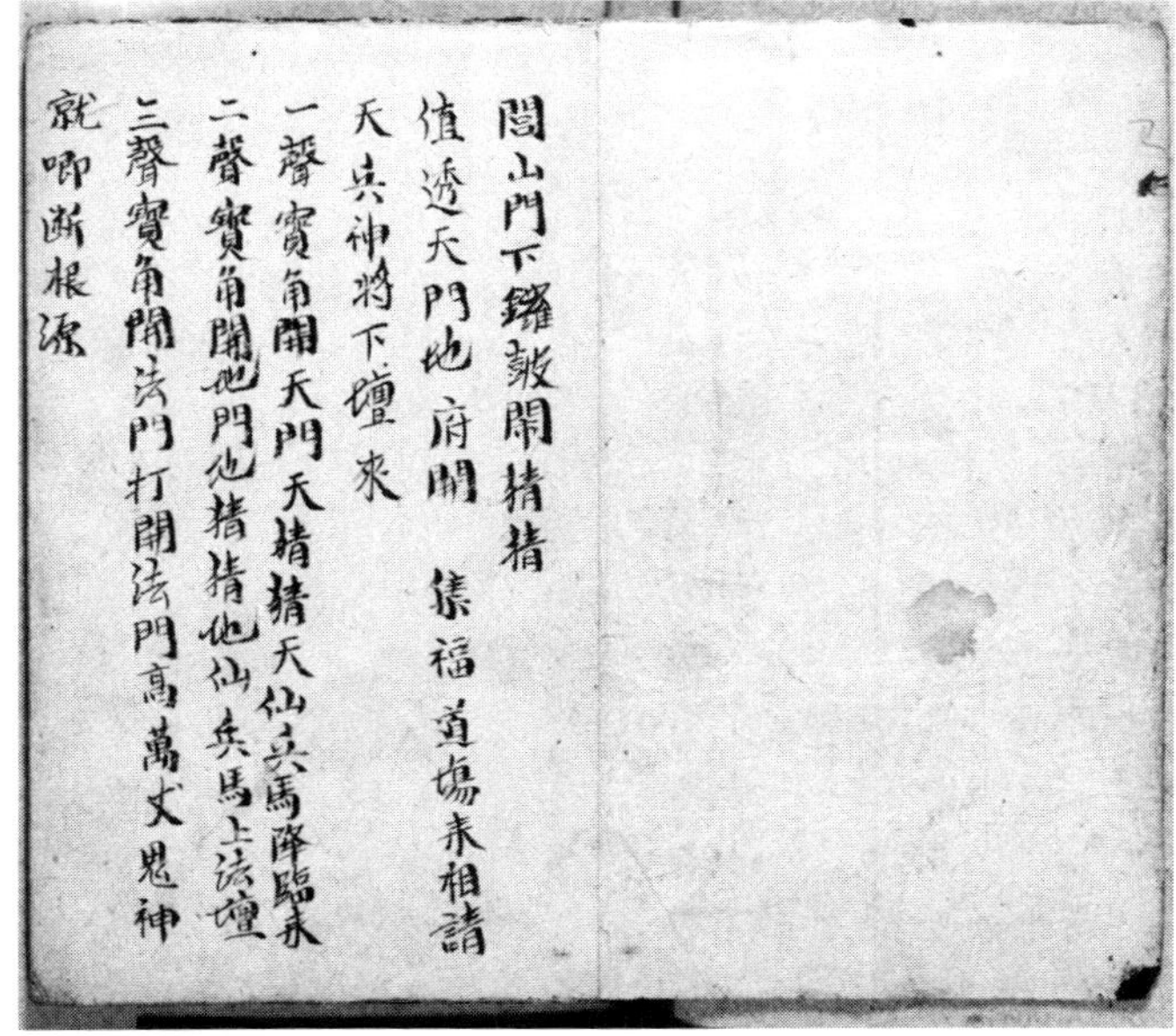

閭山門下鑼鼓鬧精精
值透天門地府開　集福道場來相請
天兵神將下壇來
一聲寶角開天門天精精天仙兵馬降臨來
二聲寶角開地門地精精地仙兵馬上法壇
三聲寶角開法門打開法門高萬丈鬼神
就啣斷根源

一聲角銜前朝轉祖師兵祖師兵馬上法壇
二聲角銜前朝轉本師兵本師兵馬上法壇
三聲角銜前朝轉五營兵九州兵馬上法壇
陳大奶娘帶兵到　林大奶娘帶將來
李大奶娘帶兵到　滿姑奴妹帶將來
帶有三十六營兵將下壇扶弟子扶隨弟子作
道場陽六師來陰六師陰陽神師扶弟子

弟郎賫角壇前打一招　十二神師尽來朝北
奉請天靈〻地靈〻　王太母娘出點兵
五鳳樓前招猛將　九龍崗上點雄兵
點集三十六營兵將勅轉馬頭截鬼路
鬼神記郎斷根源
師男焚香來拜請　焚香拜請〻仙神
拜請東宮東殿勅符師　南宮南殿勅符官

西宮西殿勅符官　北宮北殿勅符師
中宮中殿勅符師　五宮五殿勅符官
勅符揚〻勅開天堂勅符紛紛勅開法門勅
開當日傳香禮童子奏信禮童郎萬民傳奏
三十三天大教主　掌教三清大老爺
三清五皇高上帝　太上五靈聖老君
威元殿上兜率宮中玉清聖境元始天尊

上清真境靈寶天尊太清仙境道德天尊
五尊教主六郎十極高真王母仙衆閭山九郎
大法天師玉盧師相蕩魔天尊九天玄女仙
娘陳林李三奶夫人遊渓法主張滿姑
大番前傳將口教　古今歷代衆宗師
左右五營神兵將　唐葛周三大將軍
左典官横山將七郎　右典官蒙山神十郎

籙使劉梁㖞　註簿江淩王令使高日昌勅
封通日光捕鬼師周文幹斬鬼師洪灌欽催
官九郎許騰精老君衙内三頭六臂仙長眉仙短眉
仙三目仙四目仙四眉八表八真仙大頭仙小頭仙長
嘴仙短嘴仙長脚仙短脚仙三脚仙四脚仙大肚
仙小肚仙龍虎仙龍虎二真君通天堂李梁天
尊南嶽仙師横山帳北嶽仙師雲中發表李
真仙張天師李天師雲頭上座趙天師北極玄天
上帝茅山師主金七郎衆位仙神聞着弟郎
、●事道場來拜請飛雲走馬到龍壇　七箇
仙神請上法壇座　　師男再請後仙神
拜請東極青華大帝南極長生大帝西極
昊天大帝北極紫微大帝中極興量萬壽
大帝上元一品賜福天官中元二品赦罪地官

下元三品解厄水官三元三品三官大帝日月
兩宮朝天子五斗衆星君　此路要請　翁土不要請
聖帝星君請上法壇座　　師男再請後仙神
拜請信州府龍虎山行兵出戰五傷一郎二郎
三四五郎壇頭大將鄧三郎張趙張二郎趙侯
神主十三郎中座花林仙上宮鄧邪王太母中宮
斬鬼王母娘七十二宮花林奴相女娘打邪師婆胡
桂娘凡洲凡二娘明鏡桃源金七娘萬藤山背孟
三娘北丈山頭花朗已百昌岩前收魂師練馬五娘
轉竹師亭蔡六娘前蔴花李四叔後蔴花娘祝
三娘羅幃羅絹大將軍衆位仙神聞着道場
來拜請飛雲走馬到龍壇
仙神請上法壇寛心座　　師男再請後仙神
拜請上洞王金皮金甲王中洞王銀皮銀甲王下洞

王銅皮鐵甲王生食王熟食王食牛食馬王食鬼將
大王血湖血海老鴉將血湖血海老鴉王啃齒王攔
風截摑王攣師敎主李十四五九王東海王東南海王
西海王東北海王中海王五湖四海々龍王
中壇哪吒三太子化身成跡大金剛海上翻傀張
五郎郭星落斗張師公張七張八張九張十郎
盧醫仙人煉藥先師治病三公曹退痛相女娘

金精羅漢散痲仙人雪山大聖降霜降雪
扶師男南泉香水院觀音大菩薩普庵禅
師眉洲天妃娘娘十大元帥左天王右天王二元
帥關元帥康殷馬趙四大元帥雷霆畚天辛元
帥草光使者祈福賴公趙公爺賴七賴八二元帥
奏書梁舍人左壇驅邪龍瑞主右壇擒鬼真武師
中壇哪吒三太子化身成跡大金剛龔劉楊三聖

宗師拜請福州府古田縣臨水宮勅封鎮國顯應
大奶陳夫人身騎白馬手執寶劍王印遊天下收斬五方
不正神西嶽樓前林奶林九姨身騎赤馬口吹白角連
天响山崩地烈鬼神驚泉州海口破廟李三娘
身騎黑馬手執珍珠太乙斧收斬南朝白蛇精
上元一品唐將軍中元二品葛將軍下元三
品周將軍唐葛周三大將軍羊天楊和尚

收邪陳七郎飛身奏引葉仙師千鄉萬里閭
着師男道場來拜請　飛雲走馬到龍壇
衆神請上法壇寬心座師男再請後仙神
上元法主法曹官中元法主法曹官下元法主
法曹官法霸李真君
洪山公寶山公　閭山門下老師公
洪山爺寶山爺　閭山門下老師爺

雪山大聖者面如藍靛黑如雲左手執起火
越斧右手執起火輪 遶淮南 遮主張趙大師
爺勅符 打馬到遊溪去到遊溪沙裡灘破肚
拚腸朱滿姑煉筆刀彭朱細妹張法青占頭
六十雙白鶴仙人張五郎神仙馬五娘黎林姑
周四奴何九奴仙姑仙一奴仙姑仙二娘石上吊鷄
金七奴撈河弔井祝三娘栽花劉九奴買花

蘇八娘鐵板橋頭何四奴江虎婆鑒生娘孃許夫
人弟子前行十二罡訣神後行十二罡訣神陽六師
陰六師十二神師扶弟郎千里同盟同學師萬
里同朋同友同學法證明保舉師一堂罡訣
衆宗師聞我弟子道場來拜請飛雲走馬到法垓
接上龍壇寬心座　師男再請後仙神

再來拜請十方三寶海會聖賢觀音佛祖
普庵禪師天上聖母千里眼順風耳拜請八卦
祖師伏羲大聖文王周公孔子五大聖賢三千
徒衆七十二賢乃聖乃賢曰文曰武拜請春
天雷公夏天雷王秋天雷公冬天雷王五雷
電母風伯雨師孫吳許三真人保生大帝城隍
府主陰陽司官文房六將後殿夫人公子爺出巡

王爺三百六十進士一顯二顯三四五顯靈官大
帝一王二王三山國王東嶽南嶽西嶽北嶽中岳
大帝左押衙右判官抽籤童子判筶童郎金
童玉女諸位仙神聞着師男道場拜相請飛雲
走馬到龍壇
衆位仙神請上法壇座　師男再請後仙神
拜請中座師黃法頭 賴法遊 吳法行 克十一郎

張欽顯郎 保舉師朱欽武侍郎 陳傳侍郎 師伯
陳念一郎 賴通三郎 證明師藍法鎮保舉師
張旺德郎 本堂大番師主盧欽一郎 盧念六郎
戴貴六郎 熊興滿郎 祖師公謝顯佑郎 謝念四郎
謝千一郎 師娶鄧妙真 千鄉萬里開着弟郎
進在人間法事來拜請 飛雲走馬到龍壇
師爺請上法壇座 師男再請後仙神

弟郎焚香來拜請 焚香拜請匕師爺
拜請祖師公謝欽侍郎 師公太謝顯三郎 傳教師公太
謝吉福郎 證明師黎法傳 保舉師謝法江 師伯公太
廖通真郎 謝應六郎 師伯公廖法明 賴法成郎 法寧
謝傳保郎 顏法廣 謝法保 師叔公太張法生 親度
師伯公張法授 證明師黎法顯 保舉師陳法海 親度
師公張法遠 傳教師公溫法顯 師伯公彭法興

證明保舉師張法盛 師伯呂法起 親度傳教師文阿公
呂彭法像 生魂證明保舉師吳玄彬 生魂親度傳教
師爺 文 本壇師主鄭坤山

衆位師爺請上龍壇座 弟郎再請後仙神
再來拜請 廣顯壇內 東營九夷兵 南營八蠻兵
西營六戎兵 北營五狄兵 中營太保三秦兵
左營天仙兵 右營地仙兵 前營祖師兵 後營本師兵
法門黃冠小士 帶有親隨護身兵 左綱馬三郎
右鐵馬四郎 張蕭劉連四大聖 門外青山楊都督 都督
馬將軍 左肖旗頭吳漢王 右梢旗尾五小王

猺猱打傘兵　坐鍋律煉兵行符呪水兵除鬼
救民兵遊行香火兵　追犯起土兵驅邪押煞
兵破軍出煞兵大車兵小車兵　雷車兵火車
兵降霜降雪兵　鈾炎宸火煮油兵大戩小戩
兵青龍白虎兵　麒麟獅仔兵十二神師十二
營兵三十六營衆仙兵十二地將軍左営官兵
李承泰右営押將玉伏藏左頭陀　右頭陀　争魂

奪命頭陀王長沙王鄉將軍十二部司天兵
天將地兵地將雷兵獄將風兵雨將六六 弟
三十六營兵馬將師　千鄉萬里聞着 子
師男道場角相請　飛雲走馬到龍壇
衆位仙神請上法壇座弟郎再請後仙神
拜請門外天仙神祇日月三光虛空過往鑒察
尊神天曹地府水國陽間廟觀聖賢城隍府●

主陰陽司官文武二判文房六將后殿夫人公子爺
南海觀音菩薩善才良女眉洲天上聖母千里眼
順風耳六甲胎神十二婆姐註生娘〻 再請 盤古大王天皇地
皇人皇三皇五帝女媧五穀伏羲神農黄帝三界
伏魔大帝孫吳許三真人保生大帝關聖帝君東嶽天
濟仁聖大帝十殿菩薩地藏王三百六十進士出巡王爺
張公法主清水巖祖師公表監城隍表艦表馬〻 主 黄 五方

童西秦王爺田都元師相公爺左押衙右判官傳
信童子奏事童郎抱鐵童子判簿童郎陽大伯公
陰大伯婆上至坑源下至洽溪水口本境山神土地把隘境
主公王衆神請上龍壇座 吹 角 師男再請後仙神
弟子焚香來拜請　焚香拜請衆仙神
拜請本家祀奉觀音佛祖天上聖母三界高真
福德龍神門神戸位井灶龍君招財進寳

火爐香火有鑾仙神千賢萬聖聞着師
男道場來　拜請　飛雲走馬到龍壇
衆神請上龍壇坐　弟郎再請後仙神
拜請门外天地神祇日月三光虛空過往鑾
祭尊神諸位仙神請上法壇寬心坐弟郎
再請後仙神 吹角
師男焚香　拜請　焚香拜請衆仙神

轉請某门 堂上顯考顯妣血脈落地一派宗親
一重山背一重人　一莊祀奉一庄神
村村也有做現公　莊莊也有做道場
識得弟郎名　曉得弟郎姓聞着弟子
某事 來拜請　飛雲走馬到龍壇 吹角
磧一磧二米篩罡　樑三摘四請師爺
牽着鉋藤鉋葉動　小士迎接老師公

腰刀弓弩不離削　頭盔鐵甲請隨身
長鎗掉在戰門口　短鎗隨在祖師邊
文官排在左邊立　武將排在右邊行
師伯師叔無處坐　排在宗師衙案前
仙神到壇無可謝　一双酬拜答仙神
一拜我師路頭遠　二拜吾師路頭長
三拜吾師傳妙法　四拜千山萬水扶師男

師男人小拜不足　弟子人多拜不全
三三兩兩共一拜　十十八八共一雙
百拜仙神登寶座 吹角 高登寶座衆仙神
奉請排位排座三師三童子排位排座仙人童
子郎 五方一仝東方南西北中方
東方南方排位排座師排座仙人童子郎
西方北方排位排座師排座仙人童子郎

中方五方排位排座師排座仙人童子郎
排來初三初四娥眉月　十五十六月團圓
排來男坐一邊女一班　恰似娥眉月出山
男一行女一行來　恰似金鷄對鳳凰
仙神到壇無可献　開瓶酌酒奉仙神
一來到座二來領受三來不說人名不知姓
不稟鄉村不知名未說人名先通州郡說着

今據臺灣總督府某州某郡某堡某庄古宅居住奉
道投神中天斗下陽民為某事法事一宗今有
植福主祈信士某之信女某之盥領合家男女人等誠心祈保
沾災信士某之信女本命生於某年○月○日○時建生現
庚凡歲祇因某年某季以來切見上宮運限
生辰不順身染一病求醫無應服藥罔效多方
調治求神問卜未見平安思無可叩常聞

太上有感救民濟世之妙典消災解厄之玄文
是以某等弟子　涓取今皇本年某月先向某日命請
三天門下奉行法事黃冠小士到家啟建解災
除病進錢保運道場法事一宗誠心敬備
頭壇伏乞衆神領受高爐好心香高山綠水好
濃茶荐盒薌蔬菓品依師口教柍御糖茶烟
紅南花巾擒壇雄鷄蓮花米碗珍珠米斗

三牲酒醴金銀口教紅包積座列在壇前伏
乞三清道教十賢萬聖一眷親領受龍鄉
信眷領凡儀　落鑪
一來之時將領受　二來之時解煞神
年中有煞月中解　日中有煞時中除
運中有煞限中解　千災百煞解消除
恭對衆神壇前一眷來解脫千金聖眷解消除

一来之時解煞神　二来之時退災病
单祈退脫某ヒ頭上有病身中退心頭有病肚中除
兩手有病雙脚退　一身災病退消除
人有三百六十筋骨節　筋ヒ節ヒ退消除
災退浮雲弓上箭　福来可比井中泉
人退災難虎退皮　深山鳥雀退毛羽
急水灘頭龍獻爪　入日夜不退等向時

恭對仙神奶娘郎爺壇前来退脫千金聖筶退消除
一来之時退災病　二来之時保平安
衆神保佑某神保護祈福向後
日見之時将日好　時見来時将時安
千災解散百病消除　移凶化吉轉禍成
祥求醫有應服藥有靈樂藥自好　一
更好二更輕三好睡四更好眠五更跳下

高床可比好人一般行　恰似明鏡一般光
恭對衆神来保佑　千金聖筶保平安
保过一債又一債　勤轉馬蹄保合家
单祈保佑信士某ヒ　壟帯合家六親衆人等
男添百福女納千祥財丁廣進富貴雙全
書鄉文擢科甲年豐
門庭光彩不生災　年月清吉保安康

保佑士農工商　讀書名標金榜耕種留
收積穀千倉生理一錢起本萬利收回手藝
上迎下接门前照壁畫麒麟龍樓作起紫金殿
恭對三清聖賢一筶来保佑龍頭聖筶保合家
保過人丁添血財　先進人丁後添財
保過人丁除百災　時瘟瘴氣不敢来
鵝鴨嗟ヒ滿池塘　牛羊放出滿山崗

男長放出一百隻　夜間收轉六十雙
上山食草搖鬚擺腦　下塘飼水擺頭擺尾
大屋化作安樂園　宅舍變做金乾坤
龍頭變出來貴子　龍尾座出大公卿
粉財祿召日日到　賜福天官時時來
家堂龍居千載盛　甲地富貴萬年興
恭對衆神一誓親保佑龍頭信誓佑血財

不敢重々多保佑　不敢叠々多說言
好言不敢亂多說　好誓不敢再三求
衆神保佑無可獻　再酌酒筵奉仙神
花再歸來酒再獻　春宵一刻値千金
再酌再斟盃中酒　再斟再酌瓶中醤
慢々打鑼慢々斟　衆神飲酒且寬心
千賢萬聖頭受登寶座高登寶座衆仙神

衆神請上法壇登寶座安鎮仙人出宮來
祖師嗟々發兵出　本師嗟々發將行
發兵之時連發將　發兵發將安法壇
九夷兵馬勸將馬頭鎮東營八蠻兵馬鎮南方
六戎兵馬鎮西方　五狄兵馬鎮北方
太保三秦兵馬鎮中營五營兵馬鎮五方
三十六營周々轉　為祿帶々兵鎮法壇

兵來交付錫都嚼　馬來交付馬將軍
兵來請在旗頭宿　馬來請在斗中藏
兵到壇前莫脫甲　馬到壇前莫離鞍
長鎗插在戦門口　短鎗隨在法壇前
兵來無糧祿着抵　馬來無料祿着當
制起軍粮千萬石　特來壇前賞軍粮
賞得兵飽馬要扯　兵馬飽扯扶弟男

限至道場完満後　送轉兵馬去遊行
安奉法壇無可献　金錦銀錢答聖賢
燒金錦来化銀錢　仙風吹送大羅天
大羅天来小羅天　大羅天上進金錢
五師香火遊行日　法輪常轉日行天
一聲角来二安奉　聲〻皷角安仙神
上座仙神座上界　中座奶娘座中央

口教師爺金爐座　五營兵將兩邊排
左邊停鑼右息皷　停鑼息皷不停兵
後壇有事来拜請　發兵發將扶師男

皷角安奉満壇列列衆仙神

天運壬戌年仲夏陸月抄録

02　『請神書全本』　乙亥（一八七五）・一八頁・〈請神〉・一四一×二一五

・名称は前掲『頭壇請神書』と同じく、「請神」のテキストだが、「全本」と称しているにもかかわらず、分量は先の二五葉に比して、わずかに半分足らずの一一葉のみで、すこぶる簡潔にして、内容構成も大幅に異なっている。
・趣旨も前書と同じく治病祈願で、時運不斉、命途多厄、疾病沾身とて、厄運に見舞われて難病にとりつかれたからこそ、祈安の法場を催すのである。法場の科儀は、禳災解厄、進銭保運、翻土逐煞、収魂退病、進陰送火などの段落を含め、念入りな厄払いによって治病し、以て息災延命を希（ねが）うのである。
・神軍の構成および降臨神仏は、前書に比してやや簡略化されてはいるが、基本は同一である。
・主役法師の「師男」自称も、前書同様だが、文中に「福建省台北府新竹某庄」の記載があり、客家系閭山教派の用語と思われる。

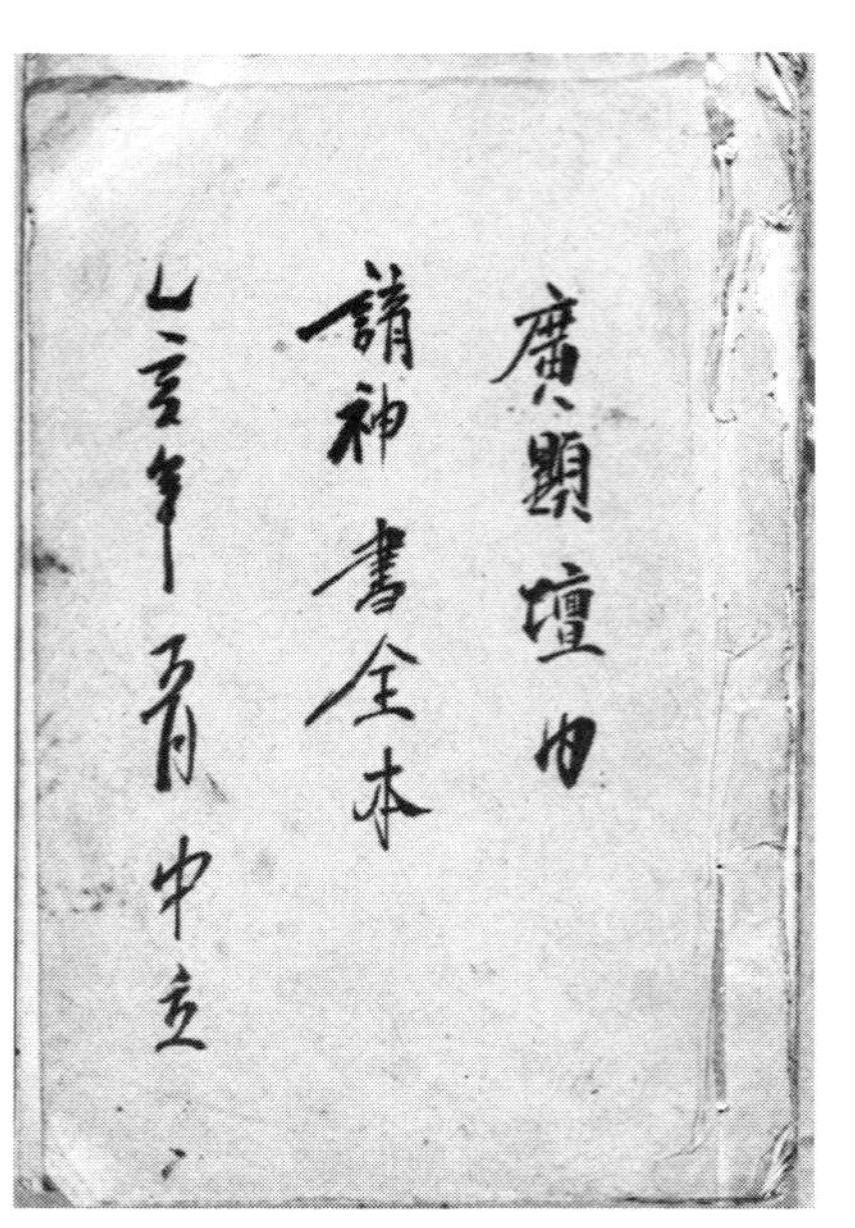
廣顯壇内
請神書全本
乙亥年五月中立

閭山門下鑼鼓鬧猜猜植透天門地府
開集福道場來相請神兵神將下壇來
弟子焚香來拜請焚香拜請眾仙神拜
請東宮東殿植符師南宮南殿勅符官
西宮西勅符師北宮北殿勅符官中宮
中宮中殿勅符師五宮五殿勅符官勅
陽陽勅開天堂勅符紛紛勅開法門

勅上三十三天太教主太上五靈神老君王
母七千諸徒象呂山三官成九郎雲頭仙姑
諸奴、妹福州三位大奶娘左右五營神兵、
将唐葛周三大将軍象位仙神閭着師
男進在人間為〻祈安道場角相請飛
雲走馬到龍壇(吹角)仙神請上金爐座師男
再請後仙神東極青華大帝南極長生
大帝西極昊靈大帝北極紫微大帝中極
無量寿大帝上元一品賜福天官中元二品
赦罪地官下元三品解厄水官三元三品
三官大帝日月兩宮将天子南北二斗象
星君老君衙内長眉仙短眉仙三目仙四眉
八表八真、仙八表龍虎二真、君週天堂李桒、
天尊南岳仙師撗、山帳北岳仙師許真人

十方三寶海會聖賢觀音佛祖普菴蟬
師左壇龍邪龍瑞王祖右壇拷鬼直、武
師中壇哪吒三大子化身威靈大金剛上
洞王金皮金甲王中洞銀皮銀甲王下洞王
銅皮鉄甲王生食王来熟食王食牛食馬食
鬼将大王血湖血海羅阿将血湖血海羅
鴉王東海王来南海王来北海王中洼海龍
王太龍王五湖四海海龍王春天雷公夏雷
王秋天雷公冬天雷王雷公電母風伯雨師
龔、劉楊公三大聖羅継羅継綱大将軍衆位
仙神閭郎道場角相請飛雲走馬到龍
壇(吹角)仙神到壇寛心座弟郎再請後仙
神上宮龍邪王太母中宮斬鬼王母娘
七十二宮花林奴、石八娘橋頂金七娘銀

二娘太山門下点兵、相二娘曽神曽六郎
劉地武陽楊十九武台山赴走雞來武台山上
石周石蓮奴、金周金七娘、銀周銀二娘
争魂脱命李奶娘百丈蟾前収魂師母
馬五奴、蔡六娘 遊溪涉里縣朱滿姑何
仙姑煉筆刀山卯細姑陽刀師袁鄭法
勝洽口師主謝法章前蘭公李四叔

後蘭花母祝三娘 花公花母 九洲聖母 迷魂
金童刘七奴、推符打傘刘八郎監生太王平
拜仙姑盧醫仙人発藥仙師治病公曹
退病相女雪山太聖龔、佛仙人龍、仙師刘
佛仙人劉仙師騎鹿二直、君賴公二元帥
賴七賴八赤文梁、舍人拜請福州府古田縣
臨水三宮陳奶娘西岳樓前林九奴、泉

洲海口李奶娘五虎龍耳十三織板橋头
衆奶娘衆伍奶娘閭仰祈安道場角相
請飛雲走馬到龍壇(吹)角仙神請上金炉座
師男再請後仙神口吹龍角声灵、拜
請五営衆雄兵、東営請出九夷兵、南営
請出八蠻兵、西営請六戎兵、北営請出五
狄兵、中営秦係 三秦兵、七馬三千三萬人

左営天仙兵、右営地仙兵、前営祖師兵、後
営本師兵、雷車兵、火車兵、揚都督馬将
軍法門(尘)全師帯有(将)随扶身兵、強
梁打傘兵、坐鎮律練兵、行符呪水兵
除鬼赦民兵、進行香火兵、追犯起土兵、驅
邪押煞兵、六七三十六営兵将天兵、(天)将地
兵、地将雷兵、岳将風兵、雨将七山頭

信洲府龍虎行兵出戰成一成二成三成四成
五郎碑頭差將鄧三郎温康馬趙四大元帥見
天見地王中壇哪吒三太子化身威跡大金剛迷
魂童子攝魂童郎仁宗皇帝把筆判官
張吉陽田袁師主遊行天下赦良民洪山
公寶山公閭山门下老師公洪山爺寶山
爺閭山门下老師爺袁伍仙神鄧着
弟子角相請飛雲走馬到龍壇吹角仙神請
上金炉座弟郎再請後仙神口吹龍角勝
灵灵楼請門外天地衆神明日月三光
虚空過往鑒察尊神三界伏魔大帝
五顯靈官大帝五谷神農皇帝玄天上
帝保生大帝觀聖帝君天上聖母廣
澤尊王三百六位王爺城隍府主福

德龍神一切神祇閒郎再請後仙神
口吹龍角勝洋洋接請本家觀音娘
金童玉女司命灶君神德爺招才童子
進寶郎君門神户位井灶郎君大炉香
火一切神祇請在金炉内弟郎再請後仙神
吹东勝嗶嗶奉請壇中老師爺接請江
西道監洲府寧都縣祖師李法明李
法金油火師爺廖法嵩刀山師主姚法通
劉春師爺楊法旺甲竹師母賴妙兵
轉師公姚法蘭尖峯陽刀師爺鄭十三
郎証明師李法勝林盛三郎李法欽祖師
鄧彭侍郎彭彭二郎師母朱妙清大嬌師
雄兵十三郎雄十四郎羅明九郎姚法勝楊
法剛彭法清廖清七郎黄黄妙清呂甫侍

郎說法二郎煉𦘺侍郎塘湖竹背師公
太毛欽侍郎毛顯侍郎曾神十六郎李法
達李斧侍郎本師公太溫法生師叔公溫
法龍本師傳教師爷吳法鳳傳法師兄
吳法傳接請陽六師陰六師一全罡訣
衆宗師仙神請上金炉座師男接請師
後神仙門前常雲島島閩接見師爷門
前東左手接師一把扇右手接師一双雞調
鎰打水師洗腳明灯點火師川難師爷請
上金炉坐閩驍酌酒奉仙神一束到坐
二手頌慶三束不人名不知姓不禀鄉材
不知名今據大清福建省臺北府新卅〃〃
庄吉宅居住奉道投神為禳災解
厄進錢保運翻土迹煞収魂退病

追流送火以祈平安事今有主疏信
〃〃祈保消災信〃〃本命生于年月日時
建瑞生現庚〃〃〃生居東土叅在人倫荷天
地覆載之深恩承日月照臨之厚德
愧無寸善可集千祥況念消災
長生信〃〃自因本季而來時運不齊
命途多厄離星守度疾病消身今
則道場初啓法事宏開是刻虔備香
楮明灼齋

正月元宵二月天三四苑花閙滿周五六池塘
花錦秀七八中秋月團圓九冬十月陽春節十一
十二又一年口吹龍角聲啊啊送花破胀請花婆
拜請前園花公李四叔後園花白祝三娘花
花母九子監生大王萃粹仙姑花園土地一切神祇
閭郎是刹法道事來相請飛云走馬到龍壇
伏乞仙神請上金爐内扶郎採花救良民祖師壇
前發兵出本師壇內發將行兵馬五七三台山五
七三台山上此花名採起正月排來苑花閙雲臨
八仙降加駕來紫氣靈丹濟世界妙法弘邪両

03　『請八仙　大献　小献』　天運戊戌（一八九八）・一七頁・〈請神・饗応〉・一三四×二三四

・表題は「請八仙結勘大小献科儀告神一仝（同）」とあるが、内容は「請八仙」・「大献」・「小献」という相異なる三科儀の合冊にすぎない。
・しかし各科儀は、それぞれの趣旨において、「請神」で招待し、ついで「献供」で饗応するという、前後のすじが通っている。また饗応では、鄭重なもてなしの「大献供」と、並の「小献供」との対比がからんでいる。要するに、三篇はあながち、ばらばらではないのである。
・前篇の題目は、「召八仙結勘一套告神一仝」とあるが、目上の人が目下の者を呼びよせる「召」字は妥当ではなく、やはり「請神」の意をこめて、「招」字にすべきである。
・対象は「八仙」という特定神仙にしぼられているから、科儀はいたって簡素で、献供も普通の五献、すなわち香・茶・酒・果・銭の五品を献上し、勧めもてなすにすぎない。
・中篇の題目は、「大献一套告神一仝」で、大盤振る舞いの大献供だが、ここでは趣を異にして、専ら天界や仙境に赴いて献酒するくだりが重点になっている。コースの途次、閭山衙や三位奶娘衙にも赴いており、閭山教派の法場を反映している。
・後篇の題目は、「小献一套告神一仝」で、普通の献供だが、一盃から始めて、十二盃までの献酒の過程に終始している。
・献供という神祇に対する饗応は、祭祀儀礼における重要な過程であることはいうまでもない。殊に醮祭の如き盛典では、献供は毎日不可欠の科儀であり、しかも祭典中に、一度だけ念入りな大献供が行われるしきたりである。かかる観点よりすれば、閭山教のささやかな法場は、その規模において、もちろん天師教道場の比ではないにしても、かかる献酒のみの科儀は、むしろ奇異である。

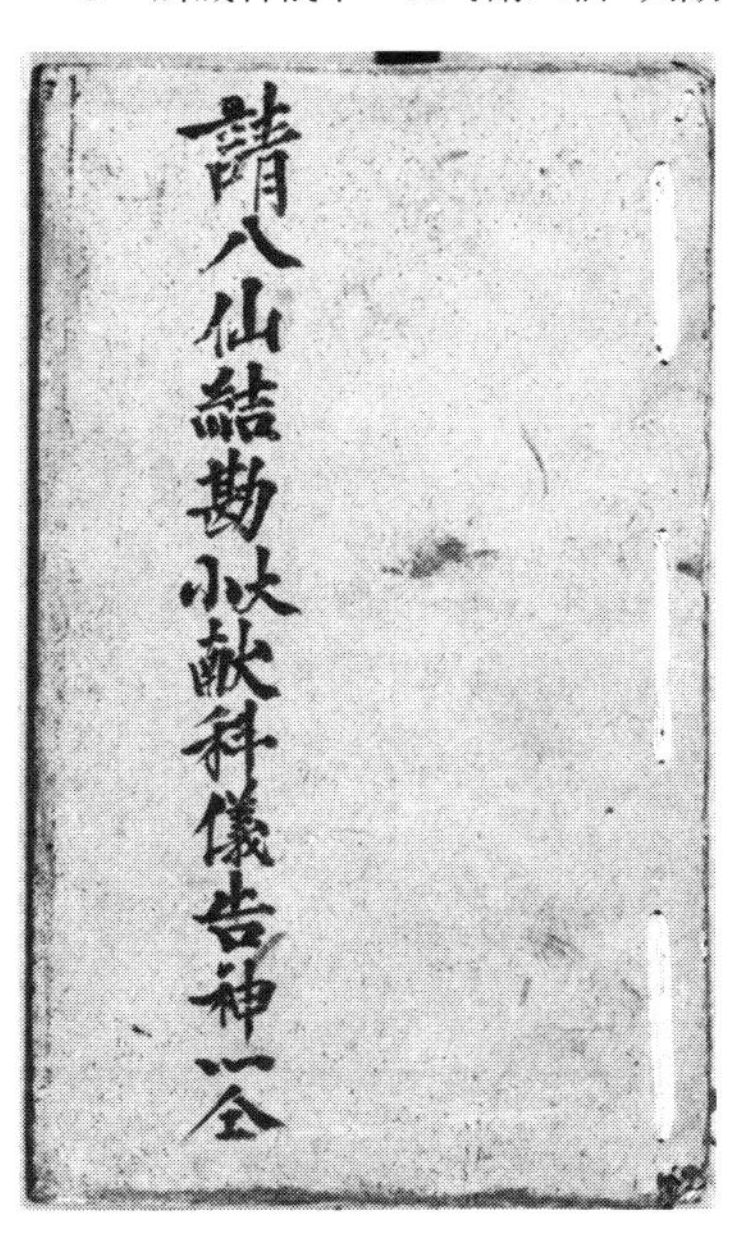
請八仙結勘大小献科儀告神一全

召八仙結勘一套　告神一全
有事重〻來告稟　無事不敢告仙神
告稟仙師仝作証　〻明弟子請八仙
第一仙人漢鍾離　手持文揚來赴期
聞我弟子結勘来相請　離了仙宮下凡塵
第二仙人曺國舅　口吹鉄笛浪胡遊

聞我弟子結勸來相請、離了仙宮早降臨
第三仙人呂洞賓　脩仙煉丹入桃源
聞我弟子結勸來相請　離却仙宮到法壇
第四仙人何仙姑　人人道尔有丈夫
古云是非終日有　不聽自然無
第五仙人張果老　頭鬢髮白如銀
聞我弟子結勸來相請　離了仙宮早降臨
第六仙人藍蔡和　身上穿起簑蘿波
聞我弟子結勸來相請　離了仙宮降法會
第七仙人韓湘子　手持鉄杖掃藍関
雲横秦嶺家何在　雪擁藍関馬不前
聞我弟子來相請　離了仙宮降壇前

第八仙人李鉄拐　手持鉄拐杖掃藍関
聞我弟子結勸來相請　離了仙宮早降赴
八仙到壇無可献　排筵酌酒奉仙神
五献香茶酒果銭ㄧ卞奉献四壇請師結勸完後奉送八仙歸宮安法名連出奏勸完

大献一套　告神一会
謹請東方排座師　排座仙人童子郎
五方一全召請何人來献酒　召請何人献酒漿
東方青帝青亜頭　ㄣ娘子出宮來　頭插
青蓮花一朶　脚踏繡鞋ㄷ一雙　頭上
梳起盤龍髻　身着　羅褀繡鴛鴦　十指

尖匕如肉笋一口牙齒白如霜献酒打
從三清玉皇老君衙内去口含八角滿
堦香師父借問誰家子我是東方献酒
娘東方娘匕收盃去南方玉女出頭來
南方赤帝赤亜頭（依前唱）腰間羅裙十八
卜倒挿金釵十二行十指尖匕提壺來
酌酒提壺酌酒献仙神献酒打從王母
閭山衙内過（依前唱）西方白帝白亜頭（依前唱）
十指尖匕如玉笋眼似流星過九天献
酒打從三位奶娘衙内過（依前唱）北方黒
帝黒亜頭（依前唱）献酒打從祖本二師衙
内過（依前唱）中央黄帝黄亜頭（依前唱）五方

娘匕收盃去弟郎逐一献酒漿不唱三
皇併五帝且唱世間古人賢正月献酒
笑呵呵弟郎無曲唱仙歌温龍娶妻蕭
氏女八仙慶壽奉仙桃送終無計着投
河沙羅緫匕來献酒鼓角雙匕献酒漿
仙神師爺飲裡初旬酒再請壺官酒再
斟二月献酒燕飛棡柑桔開花満園香
弟郎祈福請盧醫甘羅十二為承相太
公八十遇文王三月献酒石榴花張趙
三郎身掛蛇殺狗勸夫梁賢德兄弟和
順共一家四月献酒荷花開献裡師主
献師娘梁仙台上奉金盞祝英台上奉

金盃五月献酒採菖蒲將軍勒馬射邪
奶白鶴含書傳書信捨身去到洞庭湖
六月献酒六陽陽黄香扇枕為爺娘丁
蘭㓹木為父母觀音能救繆莊王七月
献酒秋風涼奶娘穿得好衣裳孝順但
看會一姊割肝去救别人娘八月献酒
是中秋香火遊行透九州威靈顯赫傳
天下福佑民間貫古今九月献酒是重
陽家〻美酒菊花香半天排陣花闌索
海底藏兵包三娘十月献酒海棠清漸
交㮋木動人心孟宗哭竹冬生笋郭巨
埋兒天賜金十一月献酒雪微〻孟姜

烈女送寒衣千里迢〻路又遠鞋尖襪
小步難移十二月献酒年冬歲又盡暫
交来歲又相逢王祥卧氷神通顯感得
鯉魚出水中沙鑼終〻来献酒鼓角雙
〻献酒漿師父飲裡允間酒起頭受保
世間人（保佑肩何法事 隨人變化）（保佑後化財安奉）完

小献一套　告神一全（上節如大献相全）
一盃美酒設因如　高龍承相設軍機
一舉首登龍虎榜　十年陞到鳳凰池
二盃美酒設英雄　李廣將軍落海中
增波浪裡関山月　萬國停前草木紅
三盃美酒起龍顏　李白能回九渡番

玉袍着起君恩重　黄榜開時遇神仙
四盃美酒籙如俞　唐王只爲楊貴妃
春風麁裡花開夜　秋雨梧桐葉落時
五盃美酒甚難當　太公八十遇文王
水向石中流出浪　風從花裡過来香
六盃美酒色新鮮　劉伶飲酒醉三年
金鼓响時荒草地　玉樓人醉杏花天
七盃美酒甚馨香　扣準吟詩十八章
佛石初來衫袖冷　踏花耘去馬蹄茫
八盃美酒甚宣華　富貴只有石崇家
碧玉葉中藏白雪　梔花浪裡起紅霞
九盃美酒笑吟吟　郭巨埋兒天賜金

歌管樓臺聲細〻　鞦韆院落夜沉沉
十盃美酒色鮮新　仙伯英台馬駿爭
蝴蝶夢中家萬里　子規啼破月三更
十一盃美酒笑欣欣　南山射虎李將軍
近水樓台先得月　向陽花木早為春
十二盃美酒勝惶惶　孟常門下正相當
門迎珠履三千客　戶納貔貅百萬強
傳金盞奉金盃奉　上衆師美酒十二盃
師父飲裡凡間酒　起頭受保世間人
依上大献一体未說人名不知姓　不稟鄉村不知名　念人名
隨人變化　化財安奉
天運戊戌年九月　日廣顯壇主人　完

04 『無題（尋魂碗卦科）』 年代なし・三一頁・〈請神・治病・碗卦科〉・一二三×二二三

・起句に再鳴鑼・再通報・再賞香・再斟茶と、ふたたびの奏楽下における請神奉茶の動作を強調しているから、某一科儀の残存後半部であろう。

・主に長患いの病因を、失魂によると判断した場合、患家で行う閭山教得意の尋魂法場である。

・法事の過程としては、まず閭山教派諸神と、その率いる五営兵将の降臨を仰ぎ、ついで五傷神の一郎から五郎までの五名を、一名ずつ、東西南北中の五方向に派遣し、遊離してさまよう魂魄を追跡捜索して連れ帰り、身体にもどすという、肝要な一幕である。

・それから、しめくくりとして碗卦を行う。食器の碗を、卜占の器具に利用し、その転がりかたで、吉凶禍福を占う閭山法術である。しかして、この場合は、魂魄が無事帰着したから、病人はまもなく全快するか、あるいは病態がまだ長引くか、という目前の切実な問題のほかに、悪運の究明にもわたっている。例えば、神仏に掛けた願を、うっかりしてほどきを忘れてはいないか、家中に悪霊がこもってはいないか、風水による支障はないか、門・かまど・井戸・寝台などの方位に冲犯はないか、などである（劉枝萬著『中国道教の祭りと信仰』〈下〉二三九～二五二頁参照）。

・鶏とりわけ雄鶏の辟邪作用はよく知られており、民間信仰をはじめ、法教にもよく利用されているが、この場合とて、例外ではない。しかし鶏血を、普通の用法として塗るのではなく、とかした酒を紅花鶏血酒と称して、五傷神に供え、以て神璽を強化する点に異色がある。

裏表紙

再通鳴鑼再通報　再賞明香再斟茶
有事重〻來拜請　無事不敢乱請神
拜請三十三天大教主　太上五靈聖老君
玉皇七千諸徒衆　閭山三官神九郎
雲頭仙姑諸姉妹　福洲三位大奶娘
左右五營神兵将　唐葛周三大将軍
弟子前傳将口教　古今歴代衆宗師

加扶師男神通顯　大放慈悲降臨来
仙神到壇無可献　聞願酌酒奉神師
師爺勅轉馬頭扶弟子扶持弟子　出差兵
祖師嗟〻發兵出　本師嗟〻發将行
發兵之時連發将　發兵發将請五傷
口吹龍角聲揚〻　招請五傷神一郎
五傷一郎身姓張　住在東嶽好廟場

年登十九為丞相　一年四季領軍粮
大小高官君不做　愿来壇下做五傷
聞着弟子差将来相請　身騎青虎付道場
二聲龍角勝揚〻　龍虎山頭請二郎
五傷二郎身姓侯　住在南山好廟場
年登十八為丞相　一年四季領軍粮
己多高官君不做　愿来壇下做五傷

聞着弟郎角相請　身騎赤虎到法壇
三聲龍角聲揚〻　勅符差将請五傷
招請五傷三郎身姓連　住在西山好廟場
年登十七為丞相　一年四季領軍粮
大小高官居不做　愿來壇下做五傷
聞着師男勅符差将角相請身騎白虎到法壇
四聲鳴角勝揚〻　龍虎山頭請五傷
五傷四郎身姓温　住在北岳北山頭
年登十六為丞相　一年四季領軍粮
大小高官居不做　愿來壇下做五傷
聞着弟子勅符差将角相請身騎黑虎到法壇
五聲鳴角勝揚〻　招請五傷神五郎
五傷五郎身姓鈥　住在中岳好廟場
年登十五為丞相　一年四季領軍粮

大小高官居不做　愿来壇下作五傷
聞着弟郎角相請　身騎黄虎到法壇
再吹龍角聲紛〻　勅符差将請将軍
拜請上元一品唐将軍中元二品葛将軍
下元三品周将軍　唐葛周三大将軍
三元将軍聞着弟郎勅符祭将角相請
飛雲走馬到龍壇
又
口吹龍角勝敢〻　勅符打馬到信洲
去到信洲龍虎山　行兵出戦　五傷郎
招請五傷五郎三元将軍五雷元帥聞着弟郎
差兵祭将角相請身騎猛虎到龍壇五傷到
壇亦愛酒猛虎到壇亦愛鷄捉起金鷄来
祭将金鷄祭将救良民　就此将鷄祭将勅鷄
正言
當初不中狀元科有官不做志氣高老君賜吾

成銅鑼遊行天下斬妖魔俺中南山忠魁若
有下衙奴鬼不遵者拔刀寸斬不留停鷄是天
鷄頭戴龍鳳奇身穿紫羅衣天殺歸天
地殺歸地年殺轉年位月殺轉月方日殺日消
歲時殺時埋藏山神惡殺速走千里(說)將
金鷄点上血差兵祭將顯感靈
哗闹唱

排起　五郎酒来酌起五郎發盃〻盏〻迎敢當
酒来且設酒出處酒来且說酒根源酒是今年
新老酒餅是旧年老餅尾甜如糖辣如姜恰
似似中草放沙糖打在南山過来北山去男
人未敢食女人不敢想留来祭設五傷郎
五傷一郎到又等二郎来二郎騎虎急相催
二郎到又等三郎来三郎到又等四郎

来四郎到又等五郎来　五郎騎虎急相
随　五傷一郎住在東岳東山上東嶽山
上好廟場東嶽山頭好　排兵東岳山尾
好走虎　打破神壇做大屋
折開社廟作戦場　河鵲嗟〻林中宿
豺獅虎豹滿山藏　鷂精兵炉妻帖坐
西山奴鬼哭阿〻　一郎妻領一碗紅花

鷄血酒紅花血酒透心凉壇中有酒君着
食後願有事君着當郎今發尓東方東路
去東方東路去贖魂尋魂不尋他人魂贖
魄不贖他人魄単〻贖轉　来〻　真魂連　后
正魂十二条精神轉本身白　道　五傷一郎白
在白　前　壇中有酒敢食不敢食　多道敢食
敢進不敢進　敢進　差尓東方東路去

領了法旨
五傷一郎去時又著二郎來　二郎騎虎又相隨
二郎住在南岳南山上　南嶽山上好廟場
南岳山頭好走虎　南嶽山尾好排兵
打破神壇作大屋　折開社廟做戰場
阿鵲嗟嗟林中宿　豺獅虎豹滿山崗
翻轉香爐來帖座　西山奴鬼哭响々

二郎來領二碗紅花鷄血酒　紅花血酒透心
涼　紅花血酒居着食　郎今有事居着當
郎今差尔南方南路去　南方南路去尋魂
二郎去時又著三郎來　三郎騎虎又相隨
三郎住在西岳山　住在西嶽好廟場
西嶽山頭好走虎　西嶽山尾好排兵
打破神壇做大屋　折開社廟作戰場

烏阿嗟嗟林中宿　豺獅虎豹滿山崗
翻轉香爐來帖坐　西山奴鬼哭响々
三郎來領三碗紅花鷄血酒紅花血酒透心涼
紅花血酒居着食　郎今有事居担當
差尔西方西路去　西方西路去尋魂
三郎去時又著四郎來　四郎騎虎急相隨
四郎住在北嶽山　住在北嶽北山下

北嶽山頭好走虎　北嶽山下好排兵
打破神壇做大屋　折開社廟作戰場
烏鵲嗟嗟林中宿　豺獅虎豹滿山藏
翻轉香爐來帖坐　西山奴鬼哭响々
四郎來領四碗紅花鷄血酒紅花血酒透心涼
紅花血酒居敢食　郎今有事居敢當
發尔北方北路去（五傷 四郎去）北方北路去尋魂

四郎去時又尋五郎来　五郎騎虎又相随
五郎住在中嶽山　住在中嶽好廟場
中嶽山頭好走虎　中嶽山尾好排兵
打破神壇做大屋　拆開社廟作戰場
烏阿嗟々林中宿　射禦虎豹滿山藏
翻轉香爐来帖座　西山奴鬼嘆啊々
五郎来領五碗紅花鷄血酒　紅花血酒透心涼

紅花酒禁軍着食　後頭有事軍担當
五傷五郎請在法壇座　贖魂公牒對先明
爲筆寫来紅筆票　當壇點火就来燒
燒着人来人長壽　燒着鬼死鬼滅亡
燒着冤家並咒咀　口牙良愿盡潜藏
文牒一角打在東南西北五方十路去五方十
路去尋魂

四贈當兵々好做　當了兵来正知難
三更半夜文書到　狂風猛雨也着行
穿謹草鞋離脚跡　烏洋来滷泥着行
若是文書公牒到　紅旗炎炎也着行
當初未做食好劑　如今食倒濇塘泥
塘泥濇是還好得　濇過深山何樹皮
逢着大樹能腰拗　小樹拿来劑頭枋

上崗口得蒂横排　口咬生姜手拿鞋
十指尖尖如姜笋　一雙足指白如霜
不作漁良身不富　火不燒山地不肥
蕭河能造千盬律　不斬蕭河令不嚴
上山有鬼捉鬼轉　無鬼之時担柴歸
大鬼捉来壇前打馬草　小鬼捉来剝皮袋粗糠
大石疊々郎打哞　小石打哞變塵灰

一把𥨊天掃地訣　二把大小利金刀
三把毒蛇攔了路　四把黑訣暗朦朣
兩手打開朦朣訣　朦朣訣上發毫光
五塲郎五傷郎　五盃血酒賞軍郎
來得威風凜凜　去則相貌堂堂
差尔上天直透天堂
差尔下地　直透十八重地獄

差尔水中　直透水府龍宮　差尔人間
直透城隍神壇社廟　速来速去扶弟子
速去速来扶道塲　五郎住在五龍山
騰馬不用鞭　脚下如雲碁　九流變三千
福主虔誠　茶酒奉送　法门弟子虔誠
敕角奉送　一變二変翻身不見
五塲五郎請了

速来速去扶弟子　速去速来扶道塲
壇中敕下响咚咚　造東壇前福主公
福主公来頭家郎　向尔在塲回在塲
在塲子是係在塲　問尔誠心回誠心
向尔占卦回占卦　要占卦也是不占卦
要占卦紅包大九包得一回来魚錢占卦
卦不靈　人親理不親　三奶夫人是神明

今夜不是小師全討紅包上手先生傳来到此
福主焚香来拜請　焚香拜請衆仙神　口請
伏以灵通三部照賞神明道合乾坤包涵萬相卦者天地合其徳
日月合其明四時合其序鬼神合其吉凶皇天無私灵叔有感
理焚心香一心拜請八卦祖師伏羲大禹文王周公孔子五大聖
賢雲夢山頭鬼谷先生左衛判事陳摶先生右衛掌卦郎糟修先
生傳下乞何孫臏先生鄧康君平管輅郭林袁天罡李淳風先生
太公張良諸葛孔明先生丘寺丞王砷仙先生杜氏九天玄女仙娘每日傳
書玉女奏事功曹排卦童子成卦童郎天下市神將縮天縮地神將

前傳後傳演馬先師本壇主土福德明神虛條千里眼順
風耳妹家本壇祀奉壇炉香火有鑒恭生過往一切神祇
有錄請無士不敢開聖賢
再請三清聖帝六部十極高真王母三奶兵將
扛着香爐請師父　扛着水碗尋師娘
香炉亦愛千人請　水碗亦愛萬家迎
吾師帶兵出先行　師男隨後帶兵来
吾師請在法壇座　結卦仙人出宮来

結起乾宮第一卦　乾宮一卦振天門
結起坤宮第二卦　坤宮二卦振地門
結起震宮第三卦　震宮三卦振人门
晋人門来塞鬼路　鬼神瞅啷断根源
結卦仙人寬心坐　頓角仙人出宮来
天為其来地為其　碗上頓角定為其
頓角先人歸宮去　討占仙人出宮来

大個占頭三十六　小個占頭六十雙
占凶占吉林九娘　争魂奪命李奶娘
不占真恒做買賣　不占做客出外鄉
单占高床床病人　占得長生犯病信士○女○何
日来起病體身中欠安不知病體何日得
平安若是祈保追陰祈福向後三朝兩
日好就將碗卦占分明

若係長纏多日久　就將碗卦占分明
日落西山亦愛轉　水流東海轉頭難
千金難買壽元長　就將碗卦占分明
在好之日往東去西　健旺之時行南走北逢
着有神頭来阻滯　就將碗卦報郎知若
係家中初井二灶三床四门五廳六棟内
外五方四路有沖犯就將碗卦占分明

家中許有老悉未曾還就將碗卦占分明
若係家中妖邪鬼　任来作弄風水屋場有
冲犯就將碗卦占分明卦有八八六十四卦単
求一卦文有三百八十四文內賜六文〻莫亂
動卦莫亂成文通天地卦通鬼神盡在卦中
判斷明白靈卦分明　師男點火来燒九洲屋
打碗祈社廟　祈問此碗看分明　就此斷卦由人变化

收罡收訣三師三童子收罡收訣仙人童子郎
收轉罡頭還師阜　收轉罡尾還師娘
後有十方人相請　罡訣隨身求良民
收罡收訣無可謝　一雙酧拜衆師爺
一拜吾師着辛苦　二拜我師苦労心
三拜吾師傳妙法　四拜千山萬水扶郎
男拜神子時不拜兵拜得兵来法也靈

神亦拜来兵亦拜　師男香火出遊行
差兵禁將轉回壇　不敢重〻閙聖賢
口敢請師登寶座　請降壇前領金錢
燒金錢来化金錢　仙風吹送大羅天
大羅殿来小羅天　大羅殿上進金錢
吾師香火遊行日　法輪常轉日行天
一聲角来二安奉　聲〻安奉衆仙神

上座仙神坐上界　中座奶娘坐中央
口教師爺金爐坐　五营兵將兩邊排
左邊亭鑼右息鼓　亭鑼息鼓不亭兵
皷角安奉满堂衆仙神

05　『無題（造楼請星君）』　年代なし・四四頁・〈請神・祈祷・治病〉・一三八×二一八

・表題を欠くが、内題は「造楼請星君」となっており、これに従う。
・趣旨は、星辰が人間の生死寿命を司るという信仰から、凶星を吉星に転換させる、すなわち祭星改運の法場である。
・東西南北中の五方に按配した五営神軍を、それぞれの方向に派遣して、高楼を建て、もって東斗木徳星君・南斗火徳星君・西斗金徳星君。北斗水徳星君・中斗土徳星君の五星神を迎える。
・ついで、茶・酒・果・銭などを献供し、款待する。
・それから替身（かたしろに災を移す）や勅衣（上着の襟元に神印を捺して魔よけする）などの小法術をも併用したあと、目的たる改運保命の希願を行い、進銭（紙銭を焼却して捧げる）し、送神して終るのである。
・蘇海涵（サソー）『莊林續道藏』二一冊「起土取魂科」があり、その第四節は「取星辰科儀」だが、この場合の十二星辰とは、人間の十二元神すなわち三魂七魄のことで、趣を異にしている。
・法師の自称は、通称「弟子」のほかに、「師男」と「弟郎」の二詞が混用されており、いずれもさきに指摘した如く、やはり客家系閭山教派の用語であろう。

3　所蔵科儀本：05『無題（造楼請星君）』

造樓請星君 內壇告神献酒出壇念五雷咒揚旗律水讃
啄五營兵吹角

口吹龍角聲靈〻　弟郎造樓請梵兵
點集東營九夷兵　兵馬九千九萬人
人〻左排兵頭右勒馬　排兵勒馬到東方
来到東方畫一井　九龍井上造高樓
造起高樓高萬丈　造得闌樓闌揭〻
樓頂尽盖琉璃瓦　樓下尽砌紫金磚

造起琉璃七寶塔　琉璃寶塔放毫光
造起金樓銀筊椅　金樓筊椅請星君
迎請東斗木德星君揭開雲頭看上界揭開雲尾看凡間
看見凡間有何事　有何事告造高樓
南宮弟子因為信士女　進錢保運祈福造高樓
奉請木德星君樓檯寛心坐師男打馬造南樓
五方一起　南樓　西樓　北樓　中樓

再吹龍角聲靈〻　師男造樓請雄兵
點集南營八蠻兵　兵馬八千八萬人
人〻左排兵頭右勒馬　排兵勒馬到南方
來到南方畫一井　九龍井上造高樓
造起高樓高萬丈　造起闊樓闊揚〻
樓頂尽蓋琉璃瓦　樓下尽砌紫金磚
造起琉璃七寶塔　琉璃寶塔放毫光

造起金臺銀筊椅　金枱筊椅請星君
迎請南斗火德星君揭開雲頭看上界揭開
雲尾看凡間看見凡間有何事有何事故
造高樓南閻弟子因為信士女。進錢保運造高樓
奉請火德星君樓枱寛心坐弟即勒馬造西樓
口吹龍角聲靈〻　師男造樓點雄兵
點集西營六絨兵　兵馬六千六萬人

人〻左排兵頭右勒馬　排兵勒馬到西方
來到西方畫一井　九龍井上造高樓
造起高樓高萬丈　造得闊樓闊揚〻
樓頂尽蓋琉璃瓦　樓下盡砌紫金磚
造起琉璃七寶塔　琉璃寶塔放毫光
造起金枱銀筊椅　金枱筊椅請星君
迎請金德星君揭開雲頭看上界揭開雲

尾看凡間看見凡間有何事有何事故
造高樓南閻弟子因為進錢保運造高樓
拜請金德星君樓枱寬心坐師男打馬造北樓
再吹龍角聲靈々師男造樓點雄兵點
集北營五狄兵々馬五千五萬人々々左排
兵頭右勒馬　排兵勒馬到北方
来到北方畫一井　九龍井上造高樓

造起高樓高萬丈　造起閭樓閭揭々
樓頂尽盖琉璃瓦　樓下尽砌紫金磚
造起琉璃七寶塔　琉璃寶塔放毫光
造起金臺銀交椅　金檯交椅請星君
迎請北斗水德星君揭開雲頭看上界
揭開雲尾看凡間　看見凡間有何事
有何事故造高樓　南閻弟子因為信士女

進錢保運造樓枱奉請水德星君上樓寬
心坐師男勒馬造中樓
再吹龍角聲靈々　師男造樓點雄兵
點集中營太保三秦兵々馬三千三萬人
人々左排兵頭右勒馬排兵勒馬到中方
来到中方畫一井　九龍井上造高樓
造起高樓高萬丈　造起閭樓閭揭々

五
樓頂尽盖琉璃瓦　樓下尽砌紫金磚
造起琉璃七寶塔　琉璃寶塔放毫光
造起金檯銀交椅　金枱交椅請星君
迎請中土德星君揭開雲頭看上界揭開雲
尾看凡間看見凡間有何事有何事故造高樓
南閻弟子因為信士女　進錢保運造高樓
来請中斗土德星君請上樓檯寬心　座前郎

打馬上高樓 五方一同吹角 再吹龍角聲船匕
師男造樓請金龜千年金龜子萬歲金龜王
五湖四海金龜聞着師男來召請四足爬抄
赴金鴇 双右左 脚踏上金龜 頭尾背 金龜 頭尾背 上請星君 吹角
弟郎稽首來拜請 稽首拜請匕東斗
木德星君門正開 木德星君降臨來
木德星君三星蓋 信士女 難星移過吉星臨

弟郎左手揺星匕落斗 右手朝斗斗落星
朝下木德三星蓋 難星移過吉星臨
弟郎稽首來拜請 稽首拜請匕南斗
火德星君門正開 七星屡匕下樓梯
左手揺星匕落斗 右手朝斗斗落星
朝下南斗六星蓋 難星移過吉星臨
弟郎稽首來拜請 稽首拜請匕西斗

金德星君門正開 金德星君降臨來
左手揺星匕落斗 右手朝斗斗落星
朝下金德一星蓋 難星移過吉星臨
弟郎稽首來拜請 稽首拜請朝北斗
水德星君門正開 水德星君降臨來
左手揺星星落斗 右手朝斗斗落星
朝下北斗七星蓋 難星移過吉星臨

弟郎稽首來拜請 稽首拜請朝中斗
土德星君門正明 七星屡屡下樓梯
左手揺星匕落斗 右手朝斗斗落星
星要轉來斗要移 移星轉斗保平安
朝下土德星君五星蓋 信士女 難星移過吉星臨
五營角朝五斗 五方一公
弟郎踏起六星連南斗 踏起七星連北斗

南辰能註 長生壽 北斗滌除 災厄難
莫道師男魚星斗 脚踏星斗轉圍圓
弟聲 弟命寶角勝總統直奏天門他明
奉湖天堂請玉帝 奉湖他府請他官
奉南陽閻請獄主 奉湖水府請龍王 三十三天大赦
主南辰北斗請星君 弟子一心拜請護焚心香 一本 三拜
志心拜請昊天金闕玉皇上帝東極青華大帝

南極長生大帝西極浩靈大帝北極紫微大帝
中極無量仁壽大帝上元一品賜福天官中元二
品赦罪地官下元三品解厄水官三元三品三官大帝
上界金精光紫衣菩薩中界銀精光紫微菩薩
下界鐵精光紫微菩薩日月兩宮將天子南北二斗
衆星君東請啟明星君西請長庚星君南辰六使君
北斗七元君日宮太陽星君月府太陰星君東斗

木德星君南方火德星君西斗金德星君北方水德
星君中斗土德星君天河裡內星君天河裡外星君
註福註祿星君貪囊星君移花接木星君
交運脫限星君六丁六甲星君本命元辰星君上界
三十六分星君中界二十四分星君下界十二曜星君
週天滿漢星君携船過渡星君三百六十纏度
星君六十花甲星君三十六禽星君二十八宿星君

東斗角亢氐房心尾箕 南斗斗牛女虛危室壁
西斗奎婁胃昴畢觜參 北斗井鬼柳星張翼軫
中斗斗勻行畢甫栗悖氣羅計星君雷公電母
星君風伯雨師星君文曲武曲星君青龍白虎星君
朱雀玄武星君勾陳騰蛇星君星斗列列衆星君至
尊列殿聖帝請降龍亭寵心寵請座
弟命再請後仙神 再北心香一心拜請東嶽

泰山泰符縣泰安州梁父山東嶽天齊仁聖大帝
南嶽衡山衡州衡山縣看山南嶽司天昭聖大帝
中嶽嵩山河南府登封縣少室山中嶽中天明聖大帝
西嶽華山華州華陰縣大白山西嶽金天順聖大帝
北嶽恒山定州曲陽縣經峒山北嶽安天玄聖大帝
東海龍王南海龍王西海王北海王中海龍王海龍王
城隍府主社壇眞官文官六將南海觀音菩薩金童
玉女十八羅漢十二婆姐註生娘娘眉州城天上聖母千
里眼順風耳諸位仙神請上龍停寬心座弟子再請
左押衙右判官應使者林使者隨行把筆主簿官一王
二王三山國王一顯二顯三四五顯靈官大帝傳信童子
判書童郎抽籤証盟童子把壇仙官執掌夫恩神衆記
功記罪神君靈感馬公一郎過海麻公二郎蔡廖師袁
廖師收魂童子設法童郎開枷脫鎖神將婆悼羅

銅大將軍打官符鐵七郎沉官符鐵八郎彰州府
龍巖縣石仔崗頭涼傘樹下修身得道紫衣菩薩大德
大神師八卦祖師伏羲大禹文王周公孔子五大聖賢
雲望山鬼谷先生顏曾思孟三千徒衆七十二賢文
武仔聖仔賢盤古大王神師人師天仙君觀郎陽大
伯公陰大伯婆水口王爺三百六十進士神壇社廟山神
土地把隘境主公王暨列神祇請上樓栢金爐焚寶

〃
座弟子再請後仙神（回三請）再此心香一心拜請三清老爺
坐正殿老君騰雲往半天生魂師主衙案前（請三回）
（上中下）九法王法曹官法霸李真君通天堂張天尊李
天尊雲頭上座二天尊天師上帝王母仙衆閭山九
郎玉虛師相玄天上帝九天玄女仙娘福州陳林李三
部夫人大番前傳授口教祖本歷代衆宗左右五營神
兵將唐葛周三大將軍衆位仙神請上金爐座

弟郎再請後仙神上座有茶酒未曾斟下座有茶酒未曾斟
先到仙神着等後神齊再請老君衙内三頭六臂仙長短
眉仙四三目仙四眉八表八真仙雲中飛表李真君上宮
連下宮上宮驅邪王太母中宮透邪王母娘下宮斬鬼
相女娘七十二宮花林奴橋頭花童何乜姐栽花劉
九奴買花藥八娘除邪斬鬼劉九娘柳州柳楊縣閭
山三官神九郎左壇驅邪龍瑞王右壇㨿鬼真武師

冀劉楊三聖宗師半天楊和尚收邪陳乜郎奉書梁舍人
回身接引藥仙師　自女再請可也　弟郎龍角聲絕乜請我斧山師父下
金增茅山師主金乜郎張趙張二郎趙侯神主十三郎洪山
寶山雪山三山大聖者面如藍靛黑如雲左手拔起火鐵
斧右手舞起火輪遮追南巡主張趙明大師斧勅符打
馬去到遊溪沙裡縣破肚拵腸朱滿姑煉竿刀彩朱細赤
張法青請降金爐座　再請兵將　向出門外再請天地神明

向入請本家祀奉觀音菩薩金童玉女天上聖母井灶龍君
福德龍神居山帶來大炉香火有靈聖神歷刧神祇請出
樓前　再　門堂上祖考請出東邊為作主人伏望千賢
萬聖時奉至尊一齊來到座　龍神聖眾到龍壇　分祿祝人名未說人名先道計照座名
至尊聖帝星君衆神到座無可獻排筵酌酒奉仙神　排位排座
排筵排盞一杯太上香奉獻蘭府斗沉檀八表爐内分玉篆
金毛獅仔吐祥雲玉兎迎鑾千振破瓶中飛雪身

唐生溪巖諸鶯前鶯前石跳衙路前今時處將香奉
獻　願求福力保團圓　香獻已過須當茶奉獻茶是
茶三月陽春正生芽金童山採到玉女煎出雪花
今日處將茶奉獻願求福力保合家　茶獻已過須當
酒奉獻酒是酒杜康造酒劉伶飲劉伶飲酒月三
更一盃飲過連二盃星君飲酒莫醉盃得高歌處且高
歌得飲酒處且飲醉東海西湖南山隱人生何處不相逢

借問酒家何處有牧童遙指杏花村今日虔誠来
獻酒願求福力添福壽　酒獻已過　須當菓奉獻
菓是粮神農置出五穀永今日虔将粮奉獻願求福
力保康健　粮獻已過須當錢奉獻錢是錢當初世上無
錢使綾羅繖氏做神錢後來蔡倫造紙通三界
三界流傳到如今々日虔將錢奉獻願求福力保延
年奉獻已過　聖帝納受　保運事傷不獻　三獻事可献也

16

還神事傷與献者多　有献者小看何事傷　由人口才變化　念粿說人名来說人名　先通拜縣念座名新退
保運法事就請衆神座献酒排位安座
一來到座　二來領受　三來解脫信士女　求祈解脫。。。。法来
退病　過去　保平安　過去　保合家　過去　保血財有連作法事
着如何法事燒金化財安座　要解連　南辰北斗要進錢
内壇告神　五雷呪　出壇滌水讃
再動鑼鑼再吹角　再點明香再斟茶

弟子焚香来拜請　拜請昊天金闕玉皇上帝
五極五殿大帝　三元三品三官大帝三界紫微菩
薩日月兩宮将天子南北二斗衆星君日宮太陽星
君月府太陰星君東有長庚星君西有啟明星君南辰六
使君北斗七元君過天列宿衆星君河漢星君天曹他府
水國陽間廟　衆神祇請上楼　祐座再請三清老爺天
師上帝王母閭山城隍観音九天玄女三奶道教賢神

18

法門千賢萬聖虚空過往鑒察尊神四值功曹香官
使者玉議掌悪仙官請上楼櫈與可献開瓶酌酒奉仙
神領酬酒是領酒漿領受酒漿扶師男仙神楼祐寛
心座造錢仙人出宮来造錢三師三童子造錢仙人童子
即不知此錢何處出　出在南山石上生
蔡倫将刀去斬竹　石灰爛落爛如棉
就将竹棉来造錢　竹棉造錢做為錢

一錢化十錢十錢化百錢　百千萬貫即為錢
進錢此錢不清浄　九龍法水洒光明
當初世上無錢使　後羅殿王做神錢
后有蔡倫来造紙　蔡倫造紙變成錢
造得一連〻二連　也好買馬并買田
造得一張連二張　也好買花買田莊
也好人間并立契　也好寫表奏玉皇

也好壇前做應用　也好進錢上天堂
恐怕此錢不潔清　九龍法水洒光明
造錢仙人歸宮去　勅衣仙人出宮来
此衣源来何處出　不知何人身上衣
長生保運〇〇身上衣　化為三奶紫羅衣
男人穿着似羅漢　女人穿着似觀音
衣衫背上打有老君印　年月日時歲〻興

日間穿着避災厄　夜間穿着避邪鬼
恐怕衣衫不潔清　九龍法水洒光明
勅衣仙人歸宮去　贊身仙人出宮来
第一贊身上天朝北斗　第二贊身落水奏龍王
第三贊身樂出門　第四贊身好文章
第五贊身壇前好應用　請来押錢上天堂
發贊身不潔清九龍法水洒光明　先此進錢吹角 五方一丕逐一遍

進到三師三童子　進錢仙人童子郎
金錢初〻謹〻夫　金錢初〻艷〻行
勒起馬頭謹〻夫　勒起馬尾艷〻行
金錢不敢久留停　謹〻進奏上天庭
金錢進到東宮東八殿　東宮八殿進金錢
借問金錢何人進　南宮弟子進金錢
脚踏天門雙扇開　白鶴雙〻下金階

白鶴下階啣銭奏　金童玉女接銭入仙宮
金銭中到長生宮内去　長生宮内去救行
口念　金銭走　急走　三轉　東宮八殿卽奏过弟卽再奏南宮門
金銭初匕謹匕奏　金銭初匕謹匕行
勒起馬頭謹匕走　勒起馬尾艷艷行
金銭不敢久留停　謹匕進奏上天庭
金銭進到南宮八殿　南宮八殿進金銭

借問金銭何人進　南宮弟子進金銭
脚踏天門双扇開　白鶴双匕下金階
白鶴下階啣銭奏　金童玉女接銭入仙宮
金銭中到長生宮内去　長生宮内去救行
文書奏　南宮八殿卽奏过弟卽再奏西宮門五方一同依
西宮八殿進过　再進北宮八殿進過　再進　中宮八殿前
金銭初匕謹匕奏　金銭初匕艷匕行
勒起馬頭謹匕走　勒起馬尾艷艷行

金銭進到中宮中八殿　中宮八殿進金銭
借問金銭何人進　南關弟子進金銭
脚踏天門雙扇開　白鶴雙匕下金階
白鶴下階啣銭奏　金童玉女接銭入仙宮
金銭中到長生宮内去　長生宮内去救行
進到中宮中一殿大羅天上金闕殿上進金銭
共成三十三天大教主　南辰北斗進金銭

虔備具立文疏一封金資財帛保運壽資　萬中
到衆龍頭聖旨報卽知　唱讀文疏化疏
文疏行匕卽喧渦　千賢萬聖尽遙聞
是書不是書不是弟子假文書足腔不是榜不
是弟子假表章疏頭寫有大國號疏尾寫有天
運押年皇疏中不寫他名姓单匕寫着　年月日時
八字甚分明上請半天仙鶴行下請奏書保舍人

白鶴御書為郎奏　白鶴含書奏玉皇
天師一代傳一代　弟郎代〻有相傳
千賢萬聖一皆親接跡　得望接跡既過全
接跡仙人寬心坐　保運仙人出宮來
伏以　口念
解煞神　退病　保平安　保合家　保血財
上座齋筵萬品　下座三牲酒醴諸品九儀列在枱前伏乞
四值功曹代民轉奏上界　三界家神祈保　自古人無力

賴神功人福壽是礁賴神恩　家神轉奏上界至
玉帝五殿大帝三界爺列宿星君千賢萬聖保佑信
男信女　平安之日答謝之期有功在前酬恩在後由
弟子如何叩謝　請十二星君保十二歲保運由
人變化口才　弟子無可謝具備有金資財寶一大扛
車答謝天神爺　金錢枝打枝答謝家神祇　具備
大〻傢答謝家星君　具備金錢千千萬〻千答謝

衆聖賢　家中不敢重〻等多句不敢疊〻說多
言好言不敢亂多說　好售不敢再三求
衆神保佑無可謝　金資財寶答仙神
火來化錢龍作御打開金箱玉庫來領受
丙丁紅火來交化　小頭自有分小童子
分小自有分錢童郎分得神〻有分內得聖
聖無酬弱者不得無分強者不可全取

共燒各領內丁紅火交化聖賢領酬
錢山遙遠嫌多無少嫌少無添多者好買馬
小者好花買馬相共騎買花相共插一百二百
小頭分折一貫二貫小頭分真未燒是錢燒來
金箔滿地燒來一半還一半莫把水來打熄空
燒來一還庫官庫利要收起五方庫官庫吏庫
主點收分明莫把大風打熄缺莫把大雨打濕錢

天晴便把扭岁晒日落西山收入庫门鎖足
不足去尋山頭借飾收有足無振減有足
千無足千不貪弟郎于喊郎賠飾着賠钱不
与兆郎身上匙金榜上註郎姓銀牌榜上註
郎名註起信士女真名連真姓真姓真名上天堂一位
星君保一歲二位星君保二歲十位星君保十歲
百位星君保百歲祈保弟子無可謝金錢銀錢答

聖賢打開財庫來領受丙丁焚火裡燒化慢慢
燒慢慢事星君衆神寛心寛且坐弟郎安奉衆
仙神再斟再酌盃中酒再酌再斟瓶中漿送落
酒退落漿退落河海兩分些奉送神仙聖賢
轉仙宮請衆下馬銀送轉起馬金請來下馬酒送
轉起馬漿道事週土法事週隆息々送轉仙神回仙
宮祈保光端不敢閙聖賢龍車龍馬雅雅揚々轉

仙家一心想要車來送也無車路透仙家一心船來送也無
水路透仙家一心馬來送也無陽馬透仙家一心轎來
送也無人路透仙家上無車下無船上無轎下無馬
要歸假又無踮不敢留着仙神宿一宿息々送轉仙
神歸仙宮稽首焚香拜送香煙飄々送神歸

06　『三奶神呪（分花破胎全部）』　年代なし・三八頁・〈祈安胎〉・一三一×二一〇

・幼児の命根は冥界の花園に咲くそれぞれの花に宿っており、健康は花の状態に左右されるから、絶えず手入れせねばならない。しかして、花園は難産死した三奶夫人の主神たる陳靖姑が管理しているから、安産神ないし育児神として、あまねく婦女層に篤信されている。じじつ、三奶教は閭山教得意の法場でもあり、この場合、科儀は専ら三奶神呪で構成されている。

・前段の分花とは、花の株分けのことで、受胎・安胎（安産）祈願を指し、産育ゆかりの花公・花婆・花母・移花金童・栽花童子・沃花童郎・守花老婆・看花小娘・花園土地・十二婆姐・註生娘娘など神がみの厚い庇護によって、安産を確保する狙いである。

・後段の破胎とは、難産を指し、胎児の魂魄がすでに逸脱して、死産のおそれがあるとして、ただちに五営軍を召集し、それぞれ東西南北中の五方に向って追胎し、見つけ次第、関胎してつれ帰り、胎児にもどすのである。故に名称は異なっても、科儀としては、成人患者の離魂をつれもどす尋魂治病と同じである。

・この分花に直結する閭山法としては、栽花があり、花を植える、すなわち健康児の懐胎祈願である。福建葉明生編『閭山教廣濟壇科儀本彙編』に王姥教派の科儀本として「栽花一段」が採録されているが、構成はこの「分花破胎」と異なる。なお、台南閭山教林斗枝法師の抄本に『栽花換斗咒語』があり、嬰児の肥立ちを確保すべく、育児にかかわる神祇が勧請されて、精彩な長文である。

・道場・法場にかかわらず、先賢の神位を設けて、恩師の臨場督励を象徴するしきたりである。普通は白布に物故せる歴代壇主の道号姓名を墨書羅列して壁に掛け、臨時の祭壇を設けるのであるが、ここでは招請神祇に「合壇文武聖賢前傳口教祖本宗師」として先賢を包括し、科儀の結末にも謝師してから送神している例は

珍しい。

・法師の自称は、やはり「弟子」・「師男」・「弟郎」の三詞混用だが、客家語としては細妹（いもうと・女子）があり、転（もどる・帰る）は客家・閩南とも日常語である。

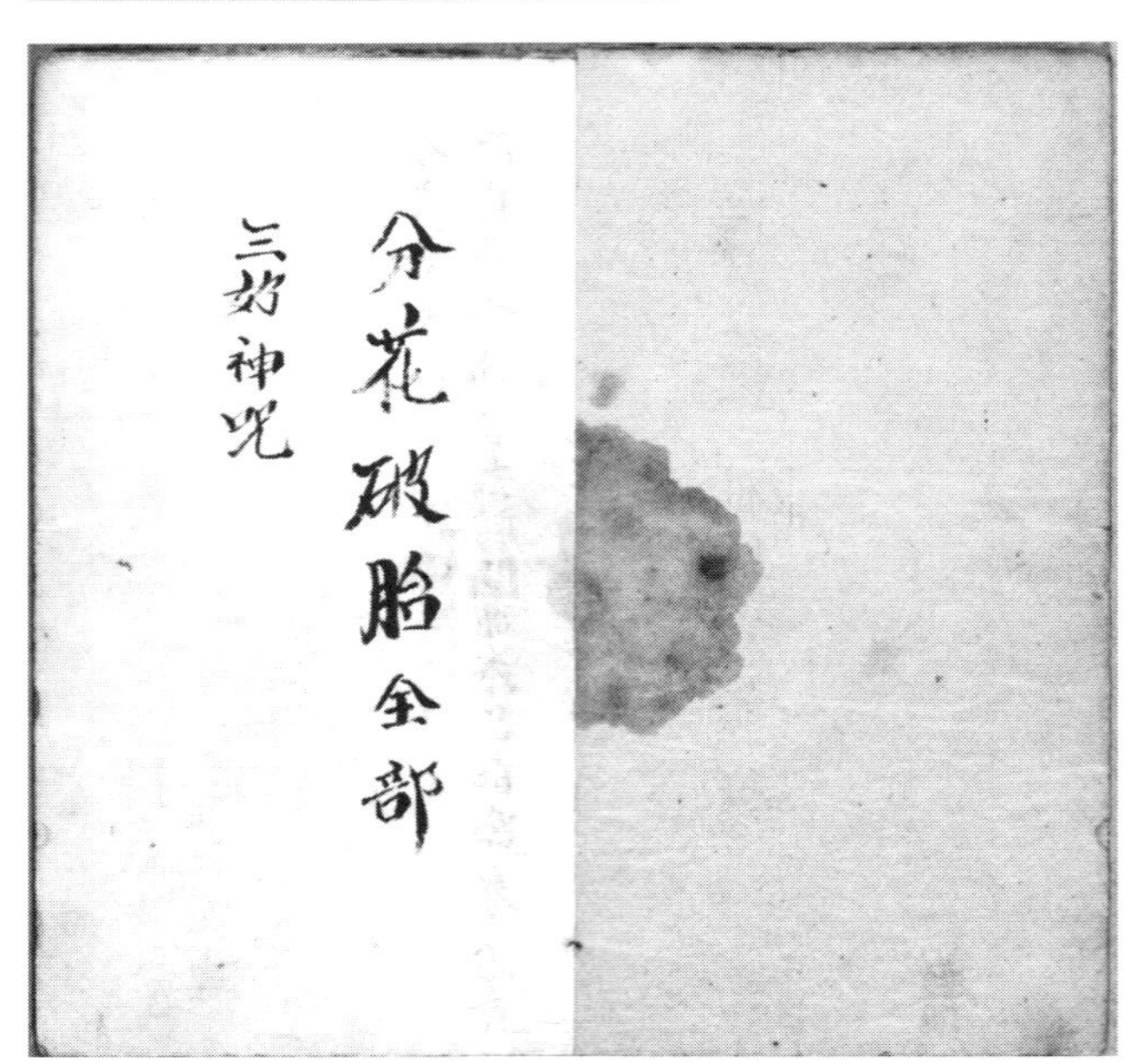

正月元宵二月天三四桃李開滿園五六池
塘花錦秀七八中秋月團圓九冬十月陽春
節十一十二又一年師男焚香來拜請焚香拜請
衆神祇陳家庄上請陳奶父係陳家陳長者
母係月宮葛夫人生下一女神通顯少年學
法遊天下本是南海觀音来得度老君度
法救良民傳授閭山真咒訣驅邪降魔伏鬼

神我娘生在甲寅年登正月十五寅時生下我
娘身我娘眉似九重天上月眼似半天雲内星口
似紅蓮初出水面如桃花色似紅十指尖〻如
姜芽一口牙齒白如霜我娘頭梳龍鳳髻前揷
釵来後揷釵排揷金釵十二行八副羅裙遶繡鞋
手执寶劍五郎遊天下身騎白馬鎮千邪馬上
抛刀併舞劍鬼頭落地亂紛紛弟郎今日當壇
請身騎白馬到龍壇角再吹寶角声揚〻林家
庄上請奶娘拜請西岳樓前林九娘林奶夫人下
凡聞林奶生在乙卯年登七月半卯時生下我娘
身我娘口吹白角連天响山崩石脱鬼神驚師
男今時當壇請身騎赤馬到龍壇角再吹寶角
声揚〻李家庄上請奶娘請出泉洲港海口
鬱魂李命李奶娘我娘生在壬子年登十月半

子時生下我娘身我娘手執珍珠太乙斧斷斷
南朝白蛇精弟郎今時當壇請身騎黑馬到龍
壇（吹角）拜請福州臨水宮三奶夫人親身到觀身
降臨扶師男我娘請上法壇生師男再請朱蒲
姑（吹角）再吹寶角声荷荷師男破胎請蒲姑去到
遊溪沙裡縣破肚留賜朱蒲姑煉筆刀山何仙姑
朱細妹張法青聞着師男分花破胎來拜請

飛雲走馬到龍壇仙神請上法壇寬心生師男再
請後神祇（吹角）再吹寶角声荷荷師男分花請花
婆拜請前蔭花公李四叔後蔭花婆說三娘花
公花婆九州聖母九子生監生大王平痱仙姑殺
花金童劉七娘推符打嘯劉八郎栽花童子沃
花童郎守花老婆看花小娘註生娘娘十二婆
姐花園土地一切神祇合壇文武聖賢前傳口教

祖本宗師五營兵將九州兵馬法門會上壁列
仙神請上法壇㐫可獻開瓶酌酒奉仙神底頭
來領凡間酒起頭愛保世間人單祈保佑沾
災花（男〇〇 女〇〇）本命生於〇〇年〇〇月〇〇日〇〇時（男建 女端）生現凡歲
即刻就對仙神臺前分花向後災如電掃福從雲
生身中之災早賜平安龍頭聖聖保平安奉請
祖師法前發兵出本師壇前發將行發兵之時

建發將發兵發將採花名兵馬發在東岳山頭去（五方）
一兵馬發在南岳上（仝）西岳上（仝）北岳上（仝）中岳兵馬發在五
七三臺山上去五七三臺山上採花歸採花三師三
童子採花仙人童郎採花仙人親下降親身直
到五七三台山去到山上採花回謹請五七三台山上花
林娘花林娘姝出宮來師男採起正月採來桃
花開雲臨八仙降駕來紫氣靈丹齊世界妙

法驅邪兩分開枝〻開花枝〻結枝〻結子〻成人
男人看見開花無打緊女人看見花開心頭酸
奉請王太母娘倒牽羅裙帕花轉花林㳻咏
送花來好花好枝揷在（花〻𩆜〻）金盆內野花野枝送
出別人花園開誠恐（信意）（花女〻）与與十方胎婦有争花
今時壇前仙神一嗇觀分離隔開花園隔離花各
人花園各人管各人路頭各人行恭對仙神奶娘一
嗇觀隔開千金聖嗇分紛明正月花名郎分過弟
郎再採二月花二月排來是茶花雲岩山上正
生菁異味清香泉作引流水皆透到中華二月
花名郎分過郎〻再分三月花三月排來石榴
樹上紅蒙正住居破碌中高結彩樓劉小姐千金
劉氏結成雙三月花名郎分過弟郎再分四月花
四月排來荷花開仙伯來探祝英台梁兄臺

上傳金盞英台臺下奉金盃四月花名郎分過
師男再採五月花五月排來蓮花満池塘三娘
生子在磨房磨房生下皇帝子安名叫做偈財
郎五月花名郎分過師男再採六月花六月
排來是水棉水棉開花白如雪一來也好做錢利
二來也好鎮風霜六月花名郎分過師男再採
七月花七月排黃藤満山崗天上節女會牛郎
七月初七當面會一世良緣與天長七月花名
郎分過師男再採八月花八月排來是牡丹
百箕來第一仙梁相八十登金榜萬古留傳在世間
八月花名郎分過弟（師郎）男再分九月花九月排來
菊花黃家〻美酒菊花香男人飲酒通天下
女人食了歸閨房九月花名郎分過師男再
採十月花十月排來海棠清盞姜烈女送寒

長朝々來到長安路鞋尖脚小步難救十月花
名郎分過師男再採十一月花十一月冬涼排來花蕊
葉不覺輪流又一年彭祖年高八百壽再添
二百寫成千十一月花名郎分過師男再採
十二月花十二月排來楊梅透雪開楊梅暗香開
花就結子々成為半夜手抱嬰孩兒雲臨八仙降
駕來紫氣靈丹濟世界妙法驅邪西分開

枝々開花枝々結枝々結子々成人男人看見無胆
槃女人看見心頭酸奉請王大母娘手牽羅裙
怕花轉花林姊妹送花來好花好枝棒在花童花女
金盆內野花野枝送出別薗開又恐花童女全興
十分胎婦有爭花今日時夜隔斷兩分開各人路頭
各人行各人花薗各人管十三月閏月花閣囙仙
仙衆駕鶴上回天祝上玉皇萬々歲下祈福

主壽南山採花仙人歸宮去栽花仙人出宮
來世間人栽花用黄土法壇栽花用米盆即
時種花即時生看見花樹樹生根行根發葉
能開花金枝玉葉在花盆枝々開花枝々結枝々結
子々成人花公賜有長壽子花母賜尔富貴
兒種花仙人歸宮去養花仙人出宮來養起
前薗花後園花養得黄雲蓋頂紫雲遮雲養

得花名多清秀永花欉是花樹造花仙人歸宮
去分胎仙人出宮來奉請天隔胎來地隔胎日宮
太陽星君來隔胎月府太陰星君來隔胎再請
六丁六甲將軍來隔胎分胎三師三童子隔胎
仙人童子郎隔斷子丑寅卯辰巳午未申酉戌亥
十二生相隔斷胎生卵生化生濕生鬼生四生六道
盡隔開隔斷前世父母不相見今生父母得團圓

隔斷前世兄弟無緣姊妹不相逢今生兄弟姊妹
與天長今則法壇仙神齊前取出清水一盞玉箸
一双生蛋各一粒隔得鷄蛋來向東隔得鴨蛋來
向西隔得兩面不相逢兩面相逢兩邊開隔胎
仙人為宮去怕花仙人出宮來係你親人上壇
牽衫怕轉長命于係你親人上壇牽衫怕轉
富貴兒三魂七魄怕來仙神壇前拜一拜郎爺
保佑童限身無災（無破胎沉池收兵安奉／燒金送至送神）再破胎告神送一請
再吹寶角聲靈々師男啟告衆仙神有事叠々
來告稟無事不敢亂通神千賢萬聖仝作證證明
師男破胎歸扶隨師男破胎無可獻開瓶酌酒
奉仙神伏乞仙神一筶來領受龍頭聖筶扶
師男（角吹）再吹寶角聲靈靈弟郎破胎點雄
兵祖師壇前發兵出本師壇前發將行發兵

之時連發將發兵發將出追胎追胎莫追他人胎
追魂莫尋他人魂身祈花（童女〇〇〇）在好之日往東
去西健旺之時行南走北逢着大肚夫人陰胎
七煞六甲姊妹凶神惡煞作弄驚去三魂失落
七魄失在胎婦肚中今剋破他十月花胎樹不
成破回〇〇〇三魂七魄得成人再吹寶角聲靈
靈師男追胎點雄兵前門開閉鎖後門
開閉精迎請六甲胎婦到來臨發出
東　九夷　東東
南　八蠻　南南
西　管六戎兵馬直從西方西路去々到
北　五狄　北北
中　三秦　中中
東營九夷兵馬去到東方甲乙木々神木煞

化作大肚夫人身日間迷人花童子夜間
迷人花童郎迷人魂攝人魄迷魂攝魄
在爾身聞着法師追胎來召請威風凛
凛到壇前角吹 南營八蠻兵去到南方丙丁火〻
神火煞化作大肚夫人身日間迷人花童子
夜間迷人花童郎迷人魂攝人魄迷魂
攝魄在爾身聞着法師追胎來召請威

風凛〻到壇前角吹 西營六絨兵馬去到西方
庚辛金〻神金煞化作大肚夫人日間迷人
花童子夜間迷人花童郎迷人魂攝人魄
迷魂攝魄在你身聞着法師追胎來
召請威風凛〻到壇前角吹 北營五狄兵馬去
到北方壬癸水〻神水煞化作大肚夫人身日
間迷人花童子夜間迷人花童郎迷人魂

攝人魄迷魂攝魄在你身聞着法師追胎
來召請威風凛〻到壇前角吹 中營太保三秦
兵馬去到中方戊己土〻神土煞化作大肚夫
人身日間迷人花童子夜間迷人花童郎
迷人魂攝人魄迷魂攝魄在爾身聞着
法師追胎來召請威風凛凛到壇前角吹
再吹龍角聲紛紛師男閉胎請將軍上元

一品唐將軍中元二品葛將軍下元三品周將
軍三位將軍聞着弟子閉胎角相請飛雲
走馬到龍壇角吹將軍請上法壇座弟郎再請
後仙神弟郎寶角聲啾啾勅符打馬到
信州去到信州龍虎山龍虎山上請傷神再請
行兵出戦五傷神郎一郎二郎三四五郎壇
頭大將郭三郎聞我弟子角相請身騎

猛虎到壇場再吹嗚角聲荷荷師男破
胎請淄姑去到遊溪沙裡㘜破肚番腸朱
淄姑聞我弟子來相請飛雲走馬到法壇
煉筆刀山朱細妹振法青請降壇前扶師
男再請三元將軍五虎猛將仙神師爺兵
馬將師扶弟子扶隨弟子出関胎吹角祖師壇
前發兵出本師壇前發將行發兵之時連

發將發兵發將出追胎白出閩牌綱左右領訣發出東營九
夷兵馬發在東方東路去東方東路閑胎歸
八蠻兵馬發從南方南路去南方南路追胎回
西營六絨兵馬發從西方西路去西方西路追胎回
北營五狄兵馬發從北方北路去北方北路閑胎轉
中營三秦兵馬發從中方中路去中方中路追胎回
五營兵馬發從五方十路去五方十路閑胎回

壇前追胎不追他人胎單祈追轉硯痛
花童。花女。三魂七魄追轉來吹角壹聲再吹壹角聲
精精閑胎師主出宮來寅年寅月寅日寅時
包胎去相虎娘仔大肚送胎歸卯年卯月卯日卯時包胎
去相兎大肚娘仔送胎轉辰年辰月辰日辰時包胎去
相龍大肚娘仔送胎歸巳年巳月巳日巳時包胎去相
蛇大肚娘仔送胎轉午年午月午日午時包胎去相馬

大肚娘仔送胎歸未年未月未日未時包胎去相羊大肚
娘仔送胎轉申年申月申日申時生有包胎去相猿大肚
娘仔送胎歸酉年酉月酉日酉時生有包胎去相鷄大肚
娘仔送胎轉戌年戌月戌日戌時生有包胎去相狗大肚
娘仔送胎歸亥年亥月亥日亥時生有包胎去相猪大肚
娘仔送胎轉子年子月子日子時生有包胎去相鼠大肚
娘仔送胎歸丑年丑月丑日丑時生有包胎去相牛大肚

娘仔送胎轉角吹　再吹寶角勝紛紛師男破胎請
将軍拜請六甲六丁将軍降臨來将軍來到壇
前出閔胎千里路途閔胎〻就到萬里路上閔胎
胎也來閔到大肚夫人六甲奴妹包胎奴宋氏郎
聞我法師閔胎來召請威風凛凛到壇前閔
到四生六道胎生卵生化生濕生子丑寅卯辰巳午未申酉戌亥十二
生相有包胎六甲六丁将軍閔胎回若是十二宮

頭包胎婆聞着法師閔胎來召請威風凛〻
到壇前愛來爾就來莫聽兩邊人説破説〻
破來不成鉄打燈心郎點過石頭埋火變塵
灰陳奶夫人同爾結同年林奶夫人仝你結奴
妹李奶夫人仝你結庭嬌壇前也有花也有粉也
有胭脂予爾點嘴唇也有長布分你做短衫也有短
布分你做長衣也有猪頭百弍斤也有鴨蛋米

斗大也有鯉魚門前閙壇前件〻也齊備請你
六甲奴妹胎婆娘愛來就來去端姑不在屋
張趙侯三郎出遊行五傷五郎不在壇請你
大肚夫人六甲胎婆到來臨千金聖筶報郎知
若是不到再發兵再閔又不到生擒活捉係有到　下羅幃羅網左右閔訣
再閔胎之法　依收魂之法閔到之時　吹角
羅幃将軍下三匝羅網将軍落九重落得千重
連萬重莫放六甲奴妹大肚夫人包胎奴過他鄉

前門落閂鎖後門落閂精莫放六甲胎神脱離
身閔胎師爺将軍兵馬将帥請上法壇寛心生
将香畫馬花字念咒罡訣
畫井師爺出宮來本祖師教郎畫金井溝一畫
山二畫河三畫龍四畫虎五畫成金井若係六甲胎神
來井上過銅叉鉄叉押落井中藏若係花童女直徙
井上過黄雲蓋頂紫雲遮日沉〻夜沉〻包胎
奴六甲奴妹胎神到來臨前頭親人喊一聲大肚夫

人着一驚後面父母喊一句三魂七魄打在爾肚内
法師請問尔包胎奴大肚婦人娘爾住家鄉在
何方尔家丈夫身何姓爾今自已何姓名從
頭一々說分明師父老々師公聽我南胎婦女
說言章我住陽州府内我家鄉我門一樣香
花樹千年萬載在門前我丈夫身姓宋我身
身姓包々胎奴宋氏郎爾斡痴爾真痴別人

子女偷去做爾記尔々痴呆尔痴呆別人子女
尔包胎問尔招不招蔴繩細紧火來燒問尔伏不
伏蔴索細緊火來烙包胎之時心歡喜送胎之
時正知難不怕尔父官職大不怕尔娘肩毛黄
花細嫩娘銅鞭打尔牙腊骨鉄搥打尔牙腊腔旺
旺喉喉割胎歸打起鳴鑼併戦鼓捉來壇不破
胎回（吹角）損胎三師三童子破胎仙人童子郎

（破胎放幕）大河深々破胎轉小河深々破胎回祖師
教郎盡金丹本師教郎盡金丹（花字）生魂師主
衙樂前一脚跳開吉凶事翻身跳在衙堂前師
男起手我師法師男破胎我師担破尔十月
花胎做來成破回花（童男女）得成人（就此請辛帝迎胎　行房三轉就破用角）
再吹鳴角聲荷荷弟郎破胎請蒲姑
拜請遊溪砂裡縣破肚留腸來蒲姑明着令

時破胎來拜請千鄉萬里扶師男十二宮破遊（用念六帝六丁）
寅年寅月寅日寅時包胎去甲寅將軍帶
胎轉寅生宮頭不放轉花（童男女）三魂七魄奉請
蒲姑寶劍令對相虎大肚娘仔肚内破胎回親
人壇前小大喊三聲（花胎）要轉回身十二條精神轉本身
我奉太上老君勅神兵火急如律令
卯年卯月卯日卯時包胎去丁卯將軍送

胎轉外生宮不放轉花童女○○三魂七魄奉請満
姑寶劍今對姻兜大肚娘行肚内破胎回親人
門前小大歳三聲胎花要轉身十二條精神轉本身我
奉太上老君勅神兵火急如律令
辰宮 再念巳宮 午宮 未生宮 申生
宮 酉生宮 戌生宮 亥生宮 子生宮
丑生宮 此十二宮依前二宮之法 胎破完満合肖送胎婆開門鎖
再吹鳴角聲和〻 師男破胎送胎婆前門開
關鎖後門開閉精奉送胎婆出門庭羅幃將軍
開三迊羅網將軍開九重奉送胎婆過他鄉大肚
夫人六甲姊妹包胎婆宋氏郎來者之時眞戚
風轉者血水満身紅來者肚腹磯磵大轉者肚腹
竹売身來者之時笑有微轉手雙手陰肚腹來者
之時心欣喜來到破爾大肚裡莫怨天莫怨 他莫

怨師公破爾大肚屎怨爾自己偷人男女作爪
鬼角吹聲 口吹龍角勝揚〻奉送陰胎七煞空肚夫人
包胎姊妹宋氏郎六甲奴妹屢屢過他方一送出口
廳二送路上行三送他鄉外里去久〻不敢裡家
行化作青龍歸大海變作猛虎轉山林法門
披角來奉送五臺山下去藏身○回壇收兵收
罡訣 安奉 化財 謝師 送神
長生平安斎

07　『過限壹套』　年代なし・一八頁・〈成人儀礼〉・一二三×二一三

・過限とは、解関過限の謂である。関とは関所、限とはしきりのことで、いずれも交通の障礙になる。しかして、かかる関限は、凶神悪煞のなせる業で、満一六歳に成人するまでの幼少年期が、最もその危険にされされると信じられており、対策として毎年定期的或いは罹病時に、解関過限の法場を行って災厄を克服するのである。

・まず唐・葛・周三将軍に対して、造銭（紙銭を作って献じる）・勅衣（幼児の上衣の背中に老君の印をおす）・造井（井戸を掘って悪霊を追い込み、とじこめる）などの科儀を行ったあと、病人の全快を祈り、残りのあらゆる凶神悪煞をまとめて追い出し、長江の水中に流してかたづけ、一家の平安息災を確保するのである。

・蘇海涵（サソー）『荘林續道藏』二四冊に「下席過関度限科」があるが、科儀全体は、開始の請神から、終幕の送婆姐にいたるまで、多幕で構成され、趣を異にしている。

・なほ、台南林斗枝法師の伝抄本に『祭星咒祭婆咒』があり、生死を司る五斗星君と、冥土の花園の手入れをする育児女神としての一群の花婆姐に対する勧請祈願である。発育保健の機能からいえば、解関過限の延長線上にある科儀である。

・台湾には古くから、肥立ちのよくない嬰児や、病弱体質の子供を、適当な時期に、自家の篤信する神仏へ、一六歳で成人するまでの間、契子すなわち義子にしてもらい、その加護にすがり、もって危機を乗り越え、すこやかな生長を希う風習がある。かかる民間信仰こそ、閭山教にとって、解関過限法場が成立し得る下地であろう。

・この法場に勧請される合壇神祇は、上座が老君をはじめ、唐・葛・周三将軍を含む衆神仙、中座が三奶夫人などの奶娘女神、下座は口教師爺を中にして、五営兵将が両側にならぶ構図になっており、やはり先賢が末席に連なっている。

・法師の自称は、「師男」だけが使われている。

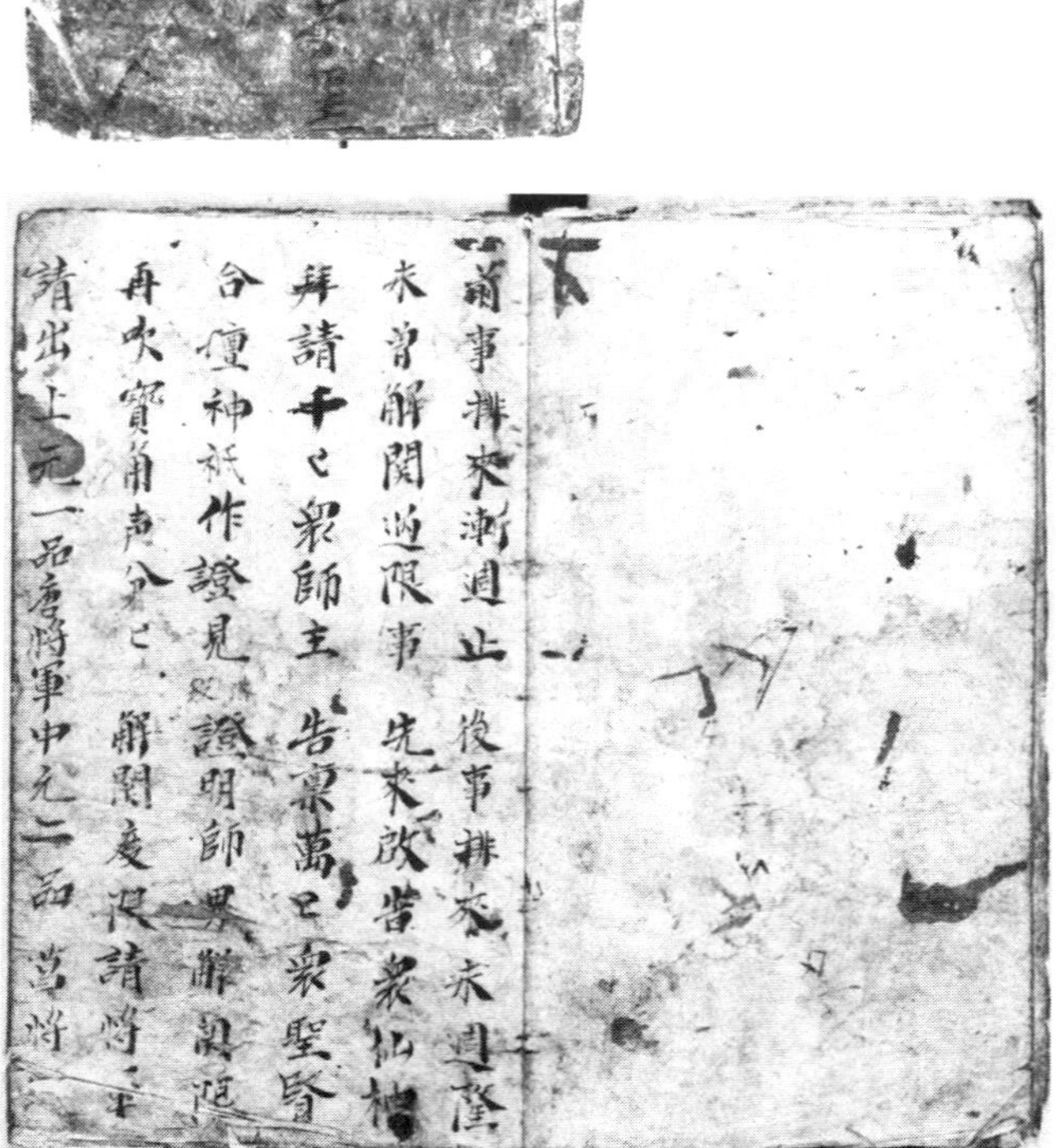

下元三品周將軍　唐葛周三大將軍
三位將軍親下降　親身下降到龍[illegible]
將軍到壇無可[illegible]　閣巖酌酒奉仙神
惟願將軍來領受　解関過限保平安
請出閭山門下造錢三師三童子
造錢仙人童子郎　借問此錢何處出
出在南山石上生　蔡輪將刀去斬竹
石灰淹落碎如綿　就將竹棉來造紙
竹棉造紙[illegible]為錢　一錢化十錢　拾錢化百錢
百千萬貫解関限　若是此錢不潔淨
九龍法水洒光明　造錢仙人歸宮去
勅衣仙人出宮來　此衣原來何處出

不知何人身上衣　正是長生[illegible]醮帶
合家人等身上衣　化為三奶夫人紫羅衣
男人穿着成羅漢　女人穿着似觀音
衣衫背上打有老君印　年月日時歲已興
日間穿着避災厄　夜間穿着避邪鬼
誠恐衣衫不潔淨　九龍法水洒光明
勅衣仙人歸宮去　造井仙人出宮來
造得一步二步連　三四五步到井邊
三奶夫人在上界　五色祥雲蓋井欄
凡信人等直從井上过　黃雲蓋頂紫雲遮
若有煞神閑限井上過　銅鉄叉鉄叉押落
井中藏　若是此井不潔淨　九龍法水洒[illegible]

造井仙人出宮去解関过限仙人出宮来
過限三師三童子　過限仙人童子郎
来請三元将軍勒起馬頭謹是勒起馬尾癸亡
行勒馬来到正月寅生宮頭人相虎亡頭化作
大将軍二月卯生宮頭人相兎亡頭化作大将
軍来到三月辰生宮頭人相龍亡頭化作大将軍
請出三位将軍身穿黄羅蘇紫甲手執七
星寶劍解災殃上来不解他人災下来不解
他人難単祈解脱沾病信士〇〇〇暨帯合家人等
有関有限有災有厄當壇解消災解厄
保平安金銀錢一分奉答三位将軍老
君殿前車送轉来水逆流関限神煞下楊

洲道今晚奉申寅卯辰三位宮頭請到福主有錢無有錢
有錢有錢将錢解过煞神関限退位
寅卯辰宮頭解过了勒馬再解巳生宮亡
生宮頭人相蛇亡頭化作大将軍来到五月
午生宮頭人馬亡頭化作大将軍来到六月
未生宮頭人羊頭化作大将軍請出三位
将軍身穿黄羅蘇紫甲手执七星寶劍
解災殃上来不解他人災下来不解他人難単
祈解脱現病信士〇〇〇暨帯合家人等有関有限
有災有厄當壇解無災無限保平安金銀財
寶一分奉答三位将軍老君殿前車送
轉来水逆流災殃関限下楊洲道今晚来到

宮頭請問福主有錢無有錢　有錢有錢解過　煞神閣限退位

巳午未宮頭解過了勒馬再解七月申生宮　申月

申生宮頭人相猴七頭化作大將軍勒馬來

到八月酉生宮頭人相雞七頭化作大將軍勒

馬來到九月戌生宮戌生宮頭人相狗七頭化作

大將軍請出三位將軍身穿黃羅襪紫甲手

執七星寶劍解災殃上來不解他人災下來不

解他人難也祈解脫染災去口豎帶合家人等

有災有厄有関有限當壇解無関無限保

平安金銀錢一分奉答三位將軍老君殿

車送轉來水逆流閣限煞神下楊州　道　今晚未

到　申酉戌三位宮頭請問神主有錢未有錢　有錢將錢解過煞神閣限退位

申酉戌宮頭解過了勒馬再解亥子生宮　十月亥

生宮頭人相豬七頭化作大將軍勒馬來到

十一月子生宮頭人相鼠七頭化作大將軍勒

馬來到十二月丑生宮頭人相牛七頭化作大將軍

請出三位將軍身穿黃羅襪紫甲手執

七星寶劍解災殃上來不解他人災下來不解

他人難單祈解染災去口豎帶合家人等有

災有厄有関有限當壇解無関無限保平

安金銀錢一分奉答三位將軍老君殿前

車送轉來水逆流閣限煞神下楊州　道　今晚未到

亥子丑三位宮主請問福主有錢未有錢　有錢將錢解過　煞神閣限退位今晚金水角

拾弐関限即解過　回頭再解四季関

正二三月春季有関限　青面将軍解消除
四五六月夏季有関限　紅面将軍解消除
七八九月秋季有関限　白面将軍解消除
十月十一十二冬季有関限　烏面将軍解消除
一年四季有関限　黄面将軍災殃病 解消除
祖師解脱天羅圍　本師解脱地羅網
解脱災殃並疾病　災殃疾病化為塵
今日夜早煞神関限災難送落長江水人従南
斗注長生金錢銀錢燒來奉答五位将軍
煞神関限尽消除　合家人口保平安
我奉太上老君勅　神兵火急如律令
浄念化　向錢報用念
以念吹化財　無心空中有念起煞神鷲

三台星華蓋五鬼難生民金刀並鉄斧收斬
百邪精順者往生去　逆者化微塵聞声速走最急
踪疾病不離身除災消禍保命延壽長齢我奉太上
老君急急如律令　吹角　吊声送関限　用念長声口吹寶角
声楊楊奉送煞神関限悠悠過別方一送煞神
関限出口廳二送煞神関限路上行三送他郷外里
去長江水流不回家若是回頭便轉着楞刀寸斬不留停化
作青龍歸大海変作猛虎轉南山法門鼓角来奉送
五臺山下去蔵身　向回壇金　解関過限既週完
不敢重重閙聖賢　不敢請師登寶座
請降壇前領金錢　燒金錢化銀錢来
仙風吹送大羅天　大羅天来小羅天
大羅天上進金錢　我師香火遊行日
法輪常轉日行天　一声鼓角来安奉

も、各自の厨房で同様に竈君を拝み、疏文を宣読焼却し、これを安衆竈という。しかし、名称は等しく安竈君とは言っても、法教と道教とでは内実が異なる。

・文中に「台湾總督府桃園廳竹北二堡」の記載あり、行政区画としての桃園庁の存在は、一九〇九年（明治四二年）から一九二〇年（大正九年）までで、本テキストの抄写年代が、およそ推定できる。

・この法場に勧請される合壇神祇の階級構図は、前の「過限壹套」と同じく、三段構えに想定されている。まず上座が玉皇・老君・閭山三官などを含む衆神仙、中座が三奶夫人などの奶娘女神、下座は古今歴代衆宗師口教師爺を中にして五営兵将が両側に整列し、やはり先賢が末席に連なっている。

・法師の自称は、ここでも「弟子」・「師男」・「弟郎」の三詞が混用されている。

廣

廣顯壇

口吹龍角声揚〻　啟告三清聖　玉皇

三清玉皇高上帝　太上至靈聖老君

王母七十諸徒衆　閭山三宮神九郎

雲頭仙姑姊妹　福州三位夫奶娘

大播前傳将口教　古今歷代衆宗師

左右五営神兵将　唐葛周三大將軍

千鄉萬里聞着師男要奉祀竈角相請

飛雲走馬到龍壇　仙神到壇無可獻

開瓶酌酒奉仙神　奉請排筵三師三童子

排筵仙人童子郎　東方排來青羅盃

南方排來赤羅盃　西方排來白羅盃

北方排來黑羅盃　中方排來黃羅盃

黃羅酒盃奉仙神　伏乞神師一寄兵弟郎

扶随弟郎要竈君　念起當天大雷公

雷公霹靂飛起空　統兵自有三千萬

五雷顯赫在雲中　下衙妖邪不伏者

五雷攝去影無踪　奉請東方排來安灶師

安灶仙人童子郎　南方排來安灶師

安竈仙人童子郎　西方北方安灶師
安灶仙人童子郎　中方五方安竈師
安灶仙人童子郎　安灶仙人親下降
親身下降扶師男　安竈仙人前頭去
師男隨後入廚來　入門看見好安排
舉漢香風遍九階　兩邊金粧銀世界
介明好事重重來〻　誠恐廚房不清淨
先將法水洒光明　一声龍角勝嫣嫣
不知灶君在何鄉　聞着師男安灶道場
角相請飛雲走馬到龍壇　二声寶角勝介乚
不知竈君在何村　良辰吉日聞着師男安
竈道場　来拜請　飛雲走馬到龍壇

三声寶角勝洲乚　不知竈君在何州
千鄉萬里聞着師男安灶道場角相請
飛雲走馬到法壇　日出東邊一点紅
照見廚房衆灶君　有緣千里能相會
法壇會内再相逢　弟子焚香来拜請
焚香拜請竈君神　拜請東方青帝灶君
臨法會　南方赤帝竈君降臨来
西方白帝竈君臨法會　北方黑帝灶君降臨来
中方黄帝竈君臨法會　五方五帝竈君降臨来
東廚煙主臨法會　司命竈君降臨来
新灶舊灶臨法會　高竈矮竈降臨来
坐竈行灶臨法會　大竈小竈降臨来

在路推馬又搖鞭　在水搖船並采槳
在山利刀劏路来　在街離宮出殿来
請得東宮西殿到南宮北殿来宮〻殿〻
也要到五帝灶君降臨来伏乞五帝令香来到座
龍頭聖箸到龍壇　竈君到壇迎可獻酒瓶斟
酒奉灶君　灶君到座頭受高炉好心香高山綠
水好濃茶一来到座二来領受三来不說人名不
知姓不稟鄉村不知名　来說人名先通州縣說
着今據臺灣總督府桃園廳竹北二堡。。　吉宅居
住奉道投〻神兌民為。。辭土收魂和神送煞解災〻
治病祈求身體康泰事今有植福信士。。壹帶合
家人等祈保治災現病信士本命生於。年

。月。日。時建生現庚。職承天地覆載之深恩感日
月照臨之厚德愧無十善可集千祥但念本年
現季以来切見上宮星辰不順下宮運限多端
誠恐在行之日往東去西旺之時行南走北逢
着凶神惡煞使入本宮為禍生端身染一病
困苦在床求醫無應服藥罔效多方調治
未見平安誠恐住居宅舍一所香火屋場五方
金木水火土有沖犯又恐鬼祟神頭有阻隔未得
痊癒今則合家〻等心中惶〻思無可叩常聞
太上玄科有應匡民濟世之妙典消災解厄之玄
文是以。。等誠心涓取本月。。日虔備兌科一心奉
請三天門下奉行法事定教入疏黃魁小七郎法

起到家啟建道場法事一宗弟子不敢自專
高掛列聖尊容寶像結立法壇首壇請師
登座為作證明今則二壇祀竈發牒來臨弟
子誠心具備茶虔誠高爐好明香高山陸水
好濃茶黃香米酒薦盒成粿齋蔬菓品珍琳
求筒金錢綠索文疏全封列在五方灶君案前

七

一筶覩領之千金信筶領凡儀底頭來領世
間酒起頭愛保世間人未曾保佑先解脫
單祈解脫沾災現病信士女命中所犯當年
太歲喪門白虎五鬼六害五毒九厄年中有
煞月中解日中有煞時中除運宮有煞限
年中解千災百煞解消除恭對灶君案前一

筶覩解脫千金聖筶解消除
一來之時解煞神　二來之時退災病
但祈退脫現信士女　頭上有病身中退
心頭有病退消除　兩手有病兩足退
肚中有病退消除　人有三百六十筋骨節
筋匕節匕退消除　又退災難虎退皮

深山烏雀脫毛衣　急水灘頭龍獻爪
今日今夜不退等何時　恭對竈君案前一筶
來退脫千金聖筶退消除一則之時退災病
二來之時保平安　單祈庇佑現病信士女安
竈股神向後千災自從今日散百病自從今時
除日見之時將日好　時見來是將時安

災退浮雲岀上箭　福來可吃井中泉
移難星是轉北斗　難星移過吉星臨
年月清吉歲季平安　移凶化吉轉禍成祥
求醫有應服藥有靈　無藥自好保佑一更
來得福　二更來是乜得祿　三更來是乜好睡
四更來是乜好眠　五更跳下高床多食
飯可比好人一般行　恰似明鏡一般光　恭對
竈君案前一筶來庇佑龍頭聖筶保平安
保了一條又一條　勸轉馬頭保合家信士暨
帶合六親衆人等　男添百福　女納千祥　財丁廣
進　富貴雙全　書鄉文採　科甲年豐　門庭
光彩　不生災　年月清吉　保安康　士農工商

手藝上迎下請　耕種培收　積谷千倉　生理
一錢起本　萬利收回　讀書名標金榜　門前
照壁畫麒麟　龍樓化作紫金殿　恭對竈君
案前一筶　親保佑龍頭聖筶保合家
保過人丁添血財　先進人丁後添財
保了人丁除百災　時瘟瘴氣不敢來
鵝鴨嗟嗟滿池塘　牛羊放出滿山崗
早辰放出一百隻　夜間收歸陸拾雙
上山食草搖頭擺腦　下塘食水搖頭擺尾
大屋化作安樂國　宅舍化做金乾坤
龍頭生貴子　龍尾出公卿　招財郎君　日
日到　賜福天官　時時來　家堂龍居千載盛

甲第富貴萬年興恭對竈君案前一筶
來保佑千金聖筶保無財不敢重〻多保佑
不敢疊〻說多言　好言不敢亂多說
好筶不敢再三求　竈君保佑無可獻
再酌酒筵奉竈君花再插來酒再獻
春宵一刻值千金　再酌再斟盃中酒

再斟再酌流中醬　灶君飲酒且寬心
請在龍壇且飲醬　昔日王子去求仙煉
得丹成上九天　去到山中方七日
回來世上幾千年　竈君本是聰明子
文疏不用弟郎喧　請出南方丙丁火
◎火化文疏見竈君 三声角 道白 喧經化財 丙丁火化 淨水盞化才訖

化財仙人歸宮去　赦罪仙人出宮來
天上雷公霹靂声　有時落水有時晴
天晴罵天不落雨　落雨罵天〻不晴
無風罵天不起風　天熱罵天〻炎熱
天寒罵天〻時寒　罵寒罵熱較翻壇
唱天罵地原有罪　地官赦罪赦消除

誠恐一年四季燒柴不潔用水不淨燒
雞鴨猪毛狗骨污穢竈君原有罪地官
赦罪赦消除又恐竈前竈背拋棄五穀
割雞殺鴨殺生害命原有罪地官赦罪
赦消除梳頭纏脚披頭散髮梳鬆打髮污
◎穢竈君原有罪地官赦罪赦消除又

恐灶前灶背拋彩線褲洒衣襖服赤身露
體污穢灶君原有罪他官赦罪赦消除
誠恐忤逆父母鬧押兄弟原有罪他官赦
罪赦消除又恐欺善怕惡不忠不孝不廉
不節不仁不義不禮不智穢濁三光原有罪
他官赦罪赦消除誠恐灶前灶背罵大叫
細提男打女離妻別子冤家相罵濁言踐
語原有罪他官赦罪赦消除誠恐生柴濕
草燒火不着火鉗亂動亂燥原有罪
他官赦罪赦消除　灶前灶後煮食酒碗砵
頭里匕哃匕碗盤响連天原有罪他官赦罪
○赦消除又恐賣買私心奸貪財利原有罪

他官赦罪赦消除大秤小斗出入原有罪
他官赦罪赦消除　誠恐損折陰光踏風水也
龍攔塞路頭原有罪他官赦罪赦消除
毒藥江河罪放火燒山罪殺人害命罪有罪
無罪恭對灶君案前原來有五赦匕日开。赦良
愿赦冤家赦咒咀有罪無罪灶君案前一答
親解脫千金聖答赦消除赦了罪來滅了愆
消災解厄大天尊　再酌再獻赦罪酒
再斟再酌赦罪醬　飲得三行米酒漸放
落別離酒盞放金盃　退下酒時退下醬
退下酒盞両分章　灶君案前一答親退座
○奉送灶君轉回宮　東方灶君轉東方

鵝鴨嗟彩滿迴廊　南方竈君轉南方
官非口舌盡潛滅　西方灶君轉西方
牛羊放出滿山崗　北方灶君轉北方
金銀財寶得滿倉　中方灶君轉中方
合家老少保安康　五方竈君請轉鎮五方
一年四季進田莊　本家竈君不敢送

留來福主好燒香　竈君神是竈君神
迎祥集福望降臨　竈君王來竈君王
初一十五上天堂　好事重重奏玉帝
惡事莫去奏玉皇　庇佑合家祈福後
老安小懷壽如康　請我竈君來時三声角
如今奉送角三声　角声請來角声送

三声鼓角送竈君　吹角請三声　消息只是保安康
小士迎聖轉法堂　借問神師何處去
安竈先請精回壇　安尔竈君安門神
門神兩眼看邪精　日裏開門招財寶
夜間封門斬妖精　金爐不息千年火
玉盞常添萬歲灯　安竈道場已週完

不敢重〻鬧聖賢　不敢請師登寶座
請降壇前領金銀　燒金綿衣化銀錢
香風吹送大羅天　大羅天小羅天是
大羅天上進金錢　道法遊行千處轉
法輪常轉日行天　角吹　壇前寶角漸安奉
寶角安奉衆仙神　上座仙神坐上界

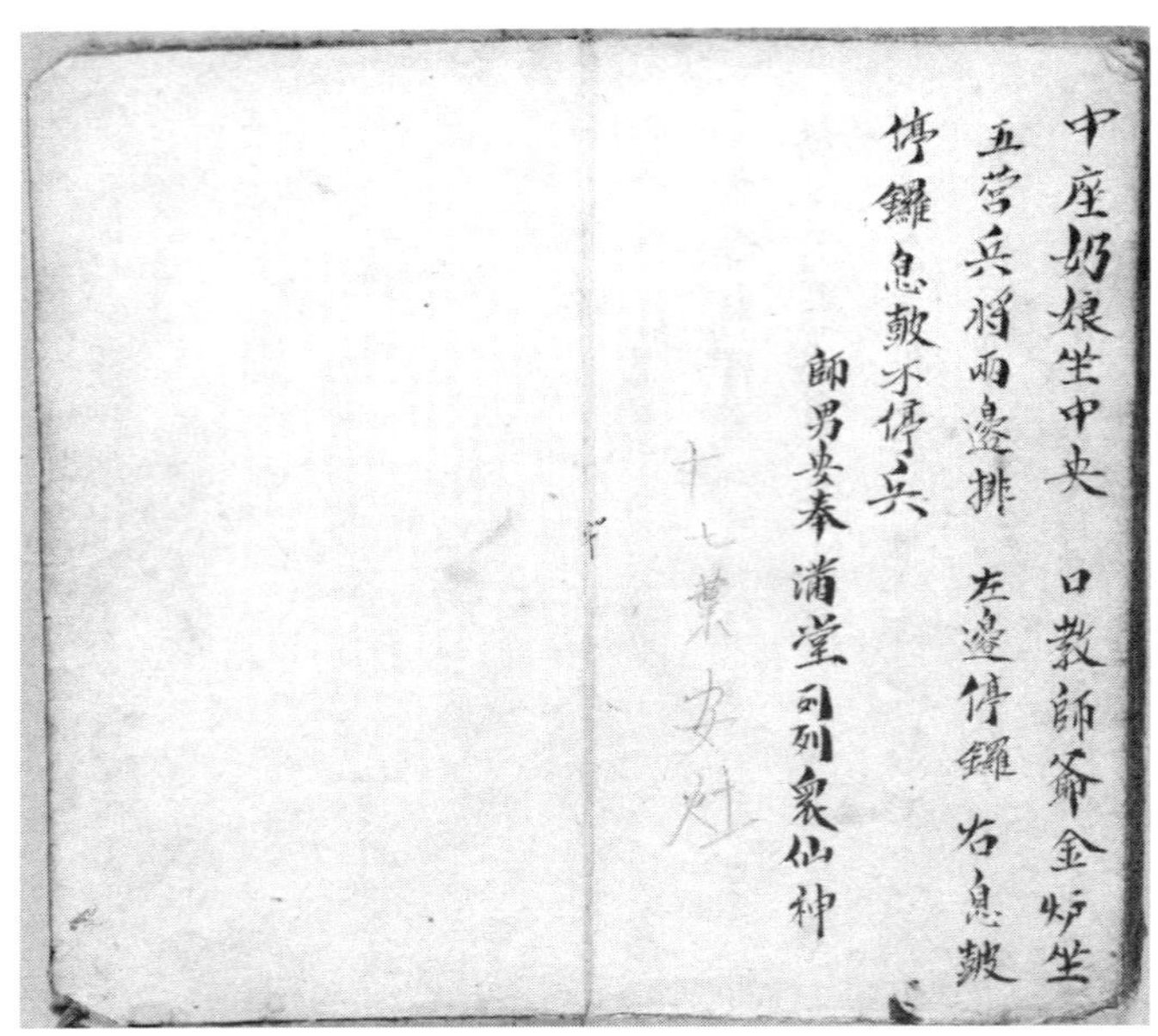

中座奶娘坐中央　口教師爺金炉坐
五営兵将両邊排　左邊傳鑼右息皷
傳鑼息皷不停兵
師男安奉滿堂司列衆仙神
十七葉　安灶

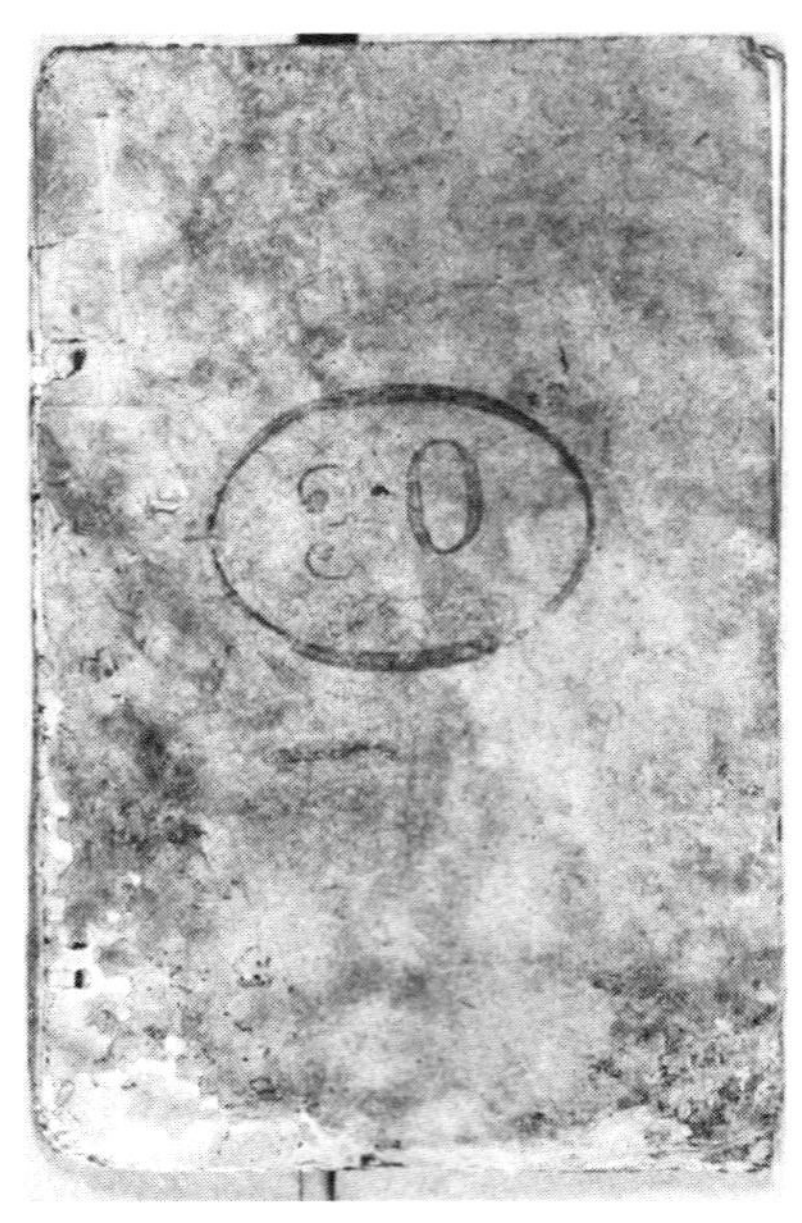

09『無題（放魂科）』　年代なし・三二頁・〈治病〉・一三二×二一四

・原題なし。内容は患家に出向いて行う治病の法場で、科儀は悪霊追放と魂魄保安の二本立てだが、便宜上、終幕の魂魄解放を題目とした。

・罹病は屋内にわだかまる凶神悪煞の祟りだとして、油に浸した松明で、病室をはじめ、家中をくまなく焼きまわったあと、悪霊を追放しながら、その穢れた松明の火を遠方へ捨て去るのである。かように、災殃を外方へ送出する科儀を送火と称し、台湾北部の三奶教派では、做師の法場に組みこまれ、よく行われている。

・病人は悪霊に狙われており、その魂魄は危殆に瀕しているから、対策を講じなければならない。まず、健在無事な魂魄は、臨時に抽出して隠す蔵魂や、他処にあずける寄魂をして安全をはかる。すでに拉致された魂魄に対しては、ただちに五猖五郎・三元将軍・五雷元帥などの神将を派して、追討に赴かせ、放魂（魂魄を釈放）して帰らせ、身体にもどすのである。

・この法場に勧請される神祇の階級構図は、前の数篇同様、三段構えに想定されている。すなわち上座が大教主・太上老君・閭山三官などを含む衆神仙、中座が朱仙姑・三奶夫人などの奶娘女神、下座は古今歴代衆宗師前伝口教を中にして、五営兵将が両側に整列し、いかにも先賢がここでも末席に侍っているようだが、実は然らず、先賢こそが全壇法師の対象主神、つまり主役神祇になっているのである。先賢とは、この閭山教壇のすでに物故した歴代壇主のことで、本壇親度伝教師爺と尊称し、祖師公太・師伯公・師叔公・度師公・師伯・親度師阜などの輩份格付けで法統を示し、一六人の姓名と法号を挙げ、科儀本に編みこんでいる例は珍しい。

・法師の自称は、「弟子」・「師男」・「弟郎」の三詞が混用されている。

一夜法事容意過　四前送火未過陰
弟郎未曾送殃事　先来啟告衆仙神
三十三天大教主　太上五靈神老君
王母七千諸徒衆　閭山三官神九郎
雲頭仙姑朱奴妹　福洲三位大奶娘
大播前傳將口教　古今歴代衆宗師
伽扶師男神通力　大赦慈悲降臨来

聖賢請在金爐座 吹角 師男再請後仙神
口吹嗚角聲靈々 拜謝天地衆神明
拜天為父地為娘 感蒙天地養成人
拜日為兒去學法 拜月為奴仝伴行
天地神明作証見 日月三光作証盟
証盟弟子追陰送油火 追陰喊火求良民
口吹龍角勝華々 勅符傳信請師爺

三更夜半得一夢 夢見火燒鼓角楼
鼓角楼上神兵亂 雙足跳入法壇前
弟郎搖船過東河 東河東海請生魂
茶房裡内請生魂 酒店楼上請生魂
一更請爺々就到 二更請娘着来
三更請爺々就到 四更請娘着来
爺到之時娘着来 輕々移步上壇枱

仝上五方一仝
弟郎搖船過南河 南河南海請生魂
仝上
弟郎搖船過西河 西河西海請生魂
弟郎搖船過北河 仝上 北河北海請生魂
弟郎搖船過中河 仝上 中河中海請生魂
茶房裡内請生魂 酒店楼上請生魂

一更請爺々就到 二更請娘々着来
三更請爺々就到 四更請娘々着来
爺到之時娘着来 輕輕移步上法壇
弟郎龍角勝華々 勅符傳信請師爺
請着天師離天界 請着地師離地尊
黄河橋頭十指界 分兵過渡老師爺
請吾祖師公太

陳富郎二曾法灵師伯公彭普法秀傅法廣
黎漢五郎龔康大郎龔舞二郎龔法傳
陳法康師叔公陳普法清陳法生楊法顯親
嗄師公傅法揚師伯溫法龍張法舞親嗄師阜
張法文各乞三魂爰来扶弟郎乞魂爰来扶師
男　要本壇親嗄傳教師爺

大喊三聲師爰到　小喊三聲師爰来
若係師爺親身到　聖筶落地報郎知
偶蒙吾師一筶到　十五十六月圓圓
師爺請在金爐座　排筵酌酒奉仙神
排上酒来酌上槳　盃盃盞盞要丗賞
鑌爰高爐好心香　鑊輝銀灼好裝茶
長生珍珠满米斗　紅南白布四尺八

梹柳糖茶烟依師口教金銀財寳齊備
帖座排在仙神師爺案前一筶親願爰千金
聖筶願乞儀
低頭来鎮乞間酒　起頭蓋保世間人
上不保天下不保也　单来保佑杞病信女十士
十災隨郎油枝出　萬病隨郎油灯行
有神有煞隨郎油火出頭上身中腸內心火一切

災病退出五方十路去　接火漢子贊災殃
伏望聖賢親証過　乞求聖筶証分盟
扶尔一行又一行　今夜送火扶弟郎
送火送在十字路頭遇着光和尚赤脚覡公
歪心之人古怪之鬼弄栽罡弄吾訣神師打一
他乞孔皆流血肉做三牲血作酒骸骨增路
無人收着係呆心之人来作害逆風點火

自燒身祖師扶郎前本師扶郎後扶將弟
子逢凶化吉改禍成祥大喊三聲不離左右
吾師一筶 扶弟郎 扶將弟郎送災殃
吾師請在金爐座 藏魂仙人出宮来
藏魂四藏他人魂 藏魄四藏他人魄
藏蓋現病信女吉 本命生於○○年○月○日 時建端
生現庚几多歲 三魂七魄化作一枚針吾師
水碗 好藏身邪神不得見惡鬼不知尋鬼
神啾唧斷根源過神壇过社廟吾師罡
訣放先行陽筶藏三魂乞求聖筶藏七魄
藏過一齊又一齊 勒轉馬頭藏合家
今有植福信士○ 暨带合家男女人等老幼大人
細子各各三魂七魄化作一枚針我師水碗好藏
身邪神不得見惡鬼不知尋鬼神啾唧斷根源

過神壇過社庙吾師罡訣放先行阳筶
藏三魂乞求聖筶藏七魄藏尔一人又一
人勒轉馬頭藏六親来々往々六親衆人等各々
三魂連七魄化作一枚針我師水碗肚內好藏身
邪神不得見惡鬼不知尋鬼神啾唧斷根源陽
筶藏三魂乞求聖筶藏七魄藏過一行又
一行勒轉馬頭藏弟郎藏蓋弟郎带有師兄師
弟道友乙多人各々三魂七魄化作一枚針吾師
水碗好藏身邪神不得見惡鬼不知尋鬼神啾
唧斷根源陽筶藏三魂乞求聖筶藏七魄
藏魂仙人歸宮去寄魂仙人出宮来三魂寄
在玉元殿七魄寄在老君衙藏魂藏魄一
時辰 吹角
藏魂仙人当宮去 差兵仙人出宮来
口吹鳴角 陣洋々 龍虎山上 請五傷

請吾五傷神一郎二郎三四五郎開枷脱鎖
郎三郎五傷五郎三元將軍五雷元帥開
着弟子追陰油火送殃來相請身騎猛虎
到龍壇若是五郎三元將軍五雷元帥到壇
傷千金聖筈　振郎知仙神到壇無可献排
筵酌酒奉仙神壇中有酒君着食郎今有
事君担當弟子　送火什字路頭遇着小

鬼仔大鬼王弟郎有事君担當五傷五郎
尔該食得三盃兩盞退殘盃退下酒盃退
下醬猴尔身什路去　五方十路　捉生魂
不捉本庄本縣人　吹角　要捉他鄉外縣子捉來
亳光影下費災殃　姜兵猴將歸宮去
粧身仙人出宮來　亦曽粧身凡家子
粧得身來法家人　粧起頭上一條巾

化作王母手下人粧起腰下一條紅羅帯化
作羅幃羅網大將軍羅幃將軍下三匝
羅網將軍落九重下得千重連萬重
莫放那鬼悪煞入身中借問粧身有何事
油枝　送災送殃出外方　吹角　粧身粧好
粧身仙人為宮去　霜雪仙人出宮來
謹請雪山大聖雪門開　雪山師主降臨來

師男起頭望東山來望南山望見東山南山
雪門開六月湯々天降雪七月陰々雪降霜
十個手指化為十國雪　一口牙齒化為十國霜
弟子頭戴千年兎上雪　脚踏萬年凡上霜
流滴凡上白茫茫　庄頭庄尾落大霜
閭山門下落大雪　師男壇前落大霜
剿雪牛坐霜馬來　師男身着霜雪衣

師男戚霜之時霜就到　戚雪之時雪就来
大霜大雪落在三江口　霜雪飛𡘟降臨来
五方一仝　霜雪師爺到　五方送一請在此戚火勅火吹角吊聲
吊声壇前給出一枝油灯笋　吊声房中燒邪燒鬼不燒人　吹角
祖師嗟〻帯兵到　本師嗟〻帯兵来
油枚師父帯兵到　送殃師爺帯兵来
来到房中無別事　特来房中退災殃　吹角

退災四退他人災　退厄四退他人厄
单祈退脱現病信士女　須上有病頭上退
身中有病身中除　心頭有病肚中退
兩手有病兩手退　雙腳有病退消除
千煞隨部油枚出　萬病隨部油枚行
衆神師爺入房来退病乞求聖筶　退災殃
將此火退病　以后四壇吹角吊声閔魂

口吹龍角聲洋揚　弟郎送火請五傷
拜請五傷神五郎　勒轉虎頭听言章
祖師嗟〻来閔魂　本師嗟〻閔生魂
閔魂不閔本庄本縣子要閔他鄉他縣人閔
到五里之外八十公〻来替災来接火捧
旗捧杖上壇来閔到八十婆〻来代災来接
火拱〻端〻上壇来閔魂閔到三歲孩兒

来接火丢別娘乳上壇来閔到十八姑
交代丢下爺娘上壇来閔魂二十三十掃人来
接火鴛鴦枕上丢別上壇来閔魂閔到十
八滿姑来接火丢別鴛鴦針背上壇来
閔魂閔到士農工商来接火威風凛凛上
壇来閔魂閔到十二生相来接火原形原樣
上壇来閔魂閔到風車龍雄来接火原形原

色上壇来閲魂閲到六畜禽獸之生山豬豸
鹿来接火呼〻哈〻上壇来閲到深山樹木
竹木来接火揺〻影〻上壇来閲魂閲到
山頭俑尾揚尾草蔦烏阿烏雀来接火兩
翼彩飛上壇来閲魂閲到水中深潭魚鰕龜
鱉来接火魚蝦龜鱉接火代災殃接火漢子
愛来只管来莫听兩邊人説破説〻破〻

四咸来鉄打灯心郎點過石頭埋火變塵
灰火頭坐嗟〻火尾坐嗟〻四知接火
漢子到来我主人家中若是接火漢子
到福主門外漸漸企　企定定無人見無人
知代災之人生靈若是到千金聖聖振郎知
接火漢子到　在此求聖聖請師求方向送出東西南北五方求聖
何方有聖吹角吊声
陽間弟子陰間粧　雙脚跳出法院堂

此火原来李母風　如今一送影無踪
火歸南山丙丁竹内去　南方丙丁火内去藏身
有福之人接火添福壽無福之人接火代災殃
接火漢子来贊脱現病信女士　身中去香　由人変化
送出將火喊来接火〻去去　湧急寶王　往生咒　後来回壇　跪下討占
追陰喊火送災回壇無可言不敢重重閙聖賢
一雙酧拜答師爺　拜得師爺討占頭

一拜吾師着辛苦　二拜我師苦勞心
三拜我師傳妙法　四拜千山萬水扶師男
拜得我師坐得高望得遠也知河海水深浅
也知人間吉凶事　也知病體是若何
討占三師三童子　討占仙人童子郎
占出占吉林九娜　争魂奪命李奶娘
占得現病信女士　送火向後三朝兩日好

聖筶落地振郎知　若係迮纏　有几日
陽筶落地扳郎知　日落西山亦愛轉
水流東海轉頭難　竹盞魚油漸漸烏
千金難買壽元長　乞求聖筶扳郎知
三陰落地作占頭　筶仔雖小千斤重
特来人問占吉凶　凶乜来亦知凶　吉来亦知吉
凶乜吉乜占分明　吹角

得蒙吾師好筶頭　人歡喜来鬼嘔愁
討占仙人歸宮去　放魂仙人出宮来
放魂口放他人魂　放魄不放他人魄
單乜放轉現病信士女〇〇　本命生於〇年〇月〇日
〇時建瑞生現庚〇〇歳　三魂早乜三路轉　七魄直從
七路回十二條精神扶本身放魂向後日見將
日好時見来是將時安吾師一筶親放轉

乞求聖筶放魂歸　放過一條又一條
勸轉馬頭放合家信士女〇〇暨帶合家六親衆
人等男婦老幼大人細仔各各頭上三魂脚下七
魄十二條精神轉本身放魂向後合家清吉
人口平安我師一筶放魂轉龍頭聖筶放魂為
放轉一行又一行勸轉馬頭放弟郎弟郎帶
有道友師兄師弟人等各乜頭上三魂脚下

七魄十二條精神轉本身放魂向後法身清吉
體相光明我師一筶親放轉千金聖筶放魂
歸放魂放魄仙人歸宮去折身折影變妝仙人
出宮来折轉頭上一條巾紗巾折轉還師衣解
開腰間一條帶紅帶解開還師襟羅幃將軍
開三匝羅網將軍開九重闹得千重運萬重
莫放邪魔惡鬼亂交同　收盟　收訣　還師身　收兵將　化財

着勞聖賢無可獻　金銀財寶荅聖賢
燒金締來化金錢　仙風吹送大羅殿
大羅天來小羅天　大羅殿上進金錢
我師香火遊行日　法輪常轉日行天
一聲鼓角來安奉　聲聲鼓角安仙神
上座仙神坐上界　中座奶娘坐中央
前傳口教金爐座　五营兵將兩邊排

左邊停鑼右息鼓　停鑼息鼓不停兵
弟郎安奉滿堂列列衆仙神

10 『太上玄科進嶽分銭眞経全部』　年代なし・二五頁・〈治病〉・一三二×二四一

・生命が危殆に瀕している重態の病人に対して行う、他界の魂魄主宰神に献金して贖命し、魂魄の現状を観察するという閭山法場である。故に標題は「太上玄科進嶽分銭眞経」とあり、泰山信仰を踏まえた東嶽大帝への献金を押し出しているが、内題「太上玄科天堂地獄陽間魂宮分銭眞経」の方が、むしろ内容に即している。

・趣旨は、法師が神童（童乩）を「関」の法術によって神懸らせ、使者として他界をへめぐり、献金すなわち紙銭を焼いてまわる路関と、あとに魂宮で魂魄の状態を確認する看魂宮の段落にわかれる。

・路関の道すじは、騎馬で陽間の法場地点から出発し、門口埔路・石版路・烏塗路・赤土路・冷水坑・殺狗坑などを経て、鉄線橋を渡ると、すでに冥界らしく、さらに進んで烏虎林・白舗店・百花亭などをすぎると、やっと奈何橋にたどり着く。橋を渡り、血盆池・涼傘樹・六角亭・観音亭・草仔埔をすぎると、三条大路の土地宮に到着する。ここが分岐点になって、行く手が三本に分れる辻道として、天堂・地府（地獄・陰司城・幽城）・嶽府（魂宮）などへと、それぞれ続くのである。まず嶽府めざして進み、南雲台から天門を入り、霊霄殿に上って玉皇上帝に拝謁し、献金して延命を乞い、この旨を金牌に記録し、退出して分岐点にもどる。ここから地府に向かい、鉄板橋を渡ると五里亭（孟婆亭）を経て、陰司城に至り、冥王に献金して陽城にもどる。引き続き東海岸に向かい、龍王に案内されて、南山の丙丁台に登り献金したあと、いちおう出発点の法壇に帰着する。それから改めて出直し、中州山の嶽府で東嶽大帝に謁見し、献金して消災解厄保運を願い、帰還するのである。

・かかる他界めぐりのコースは、不明瞭な部分や若干の撞着は免れないにしても、総体的に見れば、かなり詳しく、内容も豊富で、閭山教派宇宙観の一端を示している。しかして、地府からもどると、改めて東海岸に行き、龍王に南山へ導かれるくだりは、いかにもしっくりしない。すなわち水国を暗示しているのだが、天師教が祭場に勧請するあらゆる神祇の所在を、天京・水国・地府・陽間の四府に分類する慣例に、つじつまを合せたのであろう。

・魂宮は魂魄を管理する施設で、十二宮にわかれ、嶽府に属する。第一宮は献金して福寿を願った者の名札が掛けてあり、第二宮には机と椅子がたくさんあり、第三宮には魂魄を留める米があり、第四宮には線香と蠟燭がある。第五宮は花園で、百花咲き乱れ、よい花は残すが、悪花は他処に移植する。第六宮には井戸があって、龍神に守られた清浄な水をたたえている。第七宮には七魂が宿り、第八宮は寿宮で、福寿を授ける。第九宮は限宮で、あらゆる関限を解脱し、平安をもたらす。第十宮には、縁起のよい対句を書いた聯が掛けてあり、第十一宮には供物がならべてある。第十二宮では、人間の十二条の精神（元神）がすこやかであるかどうかを観察する。

・文中に「福建省台北府新竹県」の記載あり、行政区画としての存在は、一八七五年（光緒元年）から一八八五年（光緒一一年）までだから、本テキストの抄写年代は清末であることを示している。

・本法場科儀の主役が法師であることは言うまでもないが、この場合は、科儀の執行者に、補佐役として童乩たる霊媒が介在していることが特色である。したがって閩南福佬俗語が混入し、当て字もよく使われている。

・他界めぐりを主題にした法場は、ふつう路関科儀と称する。使者がたどる沿道の地名は悉く関所で、そのつど通行税を払いながら進んでいるからである。いっぽう、落嶽府とも言いならわしている。地獄は地下にあるという通念から、冥土行きを落陰や落地府と言い、これを東嶽に適用ないし誤用すれば、落嶽府となるのである。

・『台湾の童乩』（台南州衛生課発行・昭和一二年）は、台南地方の童乩に対する調査記録で、落嶽府の一節があり、解説されている。著者名は伏せているが、国分直一の旧作である。古家信平「落嶽府からみた霊的世界像」（『台湾漢人社会における民間信仰の研究』第六章・東京出版。一九九九年）は、台南の王法師が行った法場についての詳細な記録である。なお資料として、台南陳榮盛道士が、安平の閭山教法師から抄写した路関科儀本が残されている。また坊間流布の符呪書に見られる数種類の関落陰呪にも、かかる趣向がよく用いられている。これら諸本を比較検討してみると、大綱はともかく、細説がかなり相違していることに気が付く。しかして、かかる現象は、単に永年の流伝経過に伴う必然的「ずれ」とのみは考え難く、民間信仰に密着した閭山教派の細分化背景、およびこの他界めぐりの科儀が活用され得る法場の適応性という観点からも、検討されるべき問題であろう。

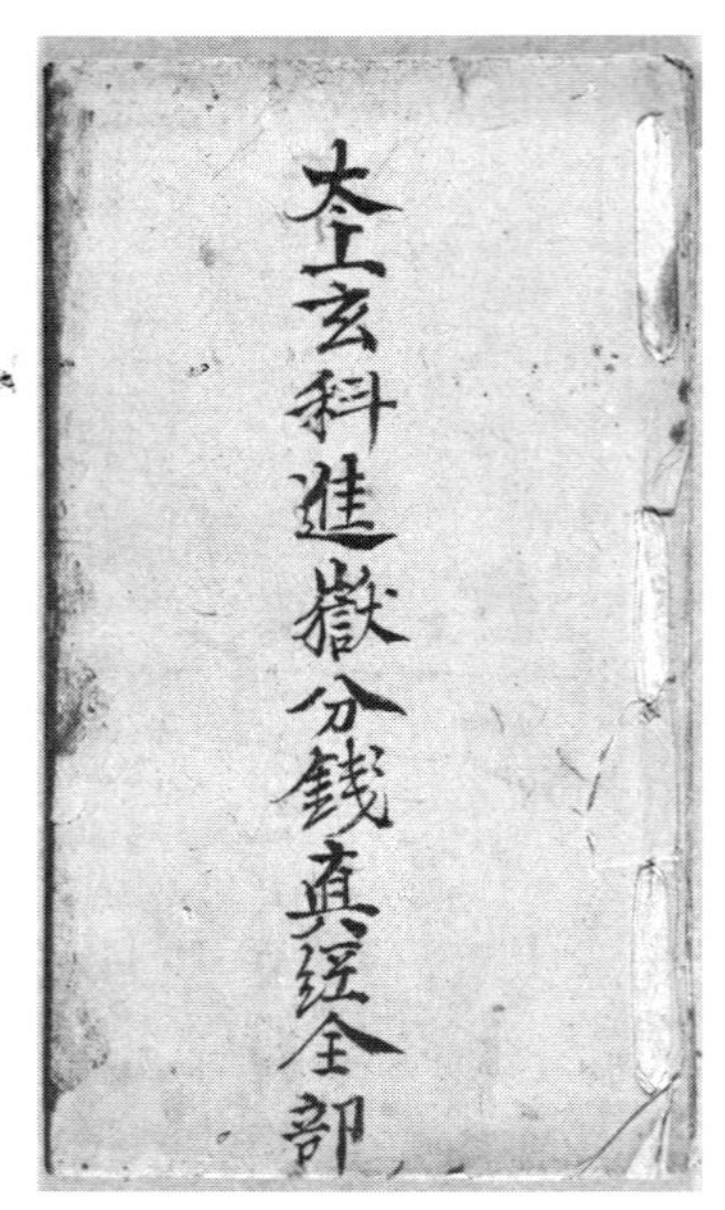

太上玄科。天堂地獄陽間魂宮分銭真經。
祖師纔纔發毫光。本師仙人發毫光。
發起毫光光艷艷。發起毫光艷艷光。
發起照神童毫光 照起神童千理勝。
照起神童萬理明。隨郎路官好行呈。
勒起馬頭謹謹走。勒起馬尾艷艷行

勒起馬頭向青山。
勒馬走出門口埔。
門口路上好秋排
燒錢燒紙買路行。
門口埔路行過了。
石版路上好石獅。

勒起馬尾向三壇
門口埔路白波波
元帥行過献紙錢。
献紙錢買路過。
勒馬來過石版路。
元帥打馬只路來。

元帥行過献紙錢。
石版路上走過了。
烏塗上路烏雲遮。
元帥行過献紙錢。
烏塗路上走過了。
赤土路上赤㖮㖮。

燒献錢献燒紙買路行過
勒馬來到烏塗路。
放大毫光照路行。
燒献紙献燒錢買路行過
勒馬來到赤土路。
元帥打馬只路來。

紅旗艷艷隨君過。
元帥行過献紙錢。
赤塗路上走過了。
冷水坑内青藹藹。
一对烏鴉蕉上叫。
食得此水入口甜。

黑旗艷艷隨君行
献燒錢献燒紙買路行過
勒馬來到冷水坑。
冷水坑下衆青苔。
元帥只水不坎食。
心中三年総四燒

元帥行過献紙錢。
冷水坑内走過了。
殺狗坑中是污穢。
九龍吐水洒清淨。
燒錢燒紙買路過。
殺狗坑内行過了。

燒献錢献燒紙買路行過
勒馬來到殺狗坑。
請出九龍來吐水。
元帥行過献紙錢。
献錢献紙買路行。
勒馬來到鉄線橋。

鉄線橋頂脚搖手也搖
献焼銭献焼紙買路過行
勒馬来到烏虎林
猛虎林内黍人驚
献焼銭献焼紙買路過行
勒馬来到白鋪店

元帥行過献紙銭
鉄線橋頂走過了
烏虎林内猛虎声
元帥行過献紙銭
猛虎林内走過了
白鋪店中酒清香

元帥到此不飲酒
元帥行過献紙銭
白鋪店中走過了
百花亭内黍味香
勸尓行過不可採
元帥行過献紙銭

食了酒醉愛悞人
献焼銭献焼紙買路過行
即刻就到百花亭
挑紅柳緑刈吊人
貪花練酒甚害人
献焼銭献焼紙買路過行

百花亭内走過了
奈何橋頂大慈悲
好心好杳橋上過
元帥行過献紙銭
奈何橋上行過了
血汚池内是血盆

前面就到奈何橋
牛馬二将両辺排
悪心毒行水漂流
献焼銭献焼紙買路過行
血盆池中在許頭
産婦看見心頭悶

有産有難尽解脱
元帥行過献紙銭
血盆池内走過了
凉傘樹頂圓匣音
元帥行過献紙銭
凉傘樹頂走過了

無産無厄保平安
献焼銭献焼紙買路過行
勒馬来到凉傘樹
凉傘樹下好閃身
献焼銭献焼紙買路過行
勒馬来到六角亭

六角亭上開彩彩
吹的好言好音解念
六角亭下好茶湯
六角亭前好茗葉
献焼銭献焼紙買路遍行
勅馬来到観音亭

六角亭下人吹簫
六角亭上起花碍
六角亭柱是玉石
元帥行遍献紙銭
六角亭上走遍了
観音佛祖蓮臺坐

善才良女两边排
十八羅漢两参随
献焼銭献焼紙買路遍行
勅馬来到草仔埔
草仔埔路坪陂陂
献銭献紙買路遍

観音佛祖大慈悲
元帥行遍献紙銭
観音亭下走遍了
草仔埔路草發芽
元帥行遍献紙銭
焼銭焼紙買路行

草仔埔路走遍了　元帥勅到三條路
一條大路透天堂
一條大路透地獄府
一條大路透魂宮
三條大路走遍了　前面就是土地宮
土地宮内献紙銭　献焼銭献焼紙買路遍行

白
請元帥到此。有三條大路。有一條透天堂。有一條透地府。一條透獄府。未知元帥。從何往、請問分明。元帥從條、以去。

唱
勅起馬頭謹謹走　勅起馬尾艶艶行
勅馬来到南雲台　南雲台上駕仙童
看見元帥深下礼　謹接元帥到天門

四員天將來接進　接進元帥入天堂
進入天堂景色新　諸神見礼問何因
白
請元帥下馬了。在灵霄殿上。有大仙太
白星君接引入殿。又有三清殿前。道德
仙官。引見　玉皇上帝。御前朝礼、請
旨。交納保運壽錢九十萬、　朝礼四部主

庫仙官献交保運壽錢。立即金牌註上、
保運信士女、添增福壽、永康寧運限至此
即和平。○三朝礼。元帥全諸位仙官、
下金堦。拜謝金闕出殿回伏望二斗星
君添福壽。註上福祿永無疆。二接元帥
到天門。拜辭天王衆天尉。庇佑信士△弟

子合家老少、壽長春。再請元帥上馬。謝
天君。放下毫光、炎炎出天門。

透陰司

勒起馬頭謹乜走　勒起馬尾艷乜行
勒馬來到鉄板橋　鉄板橋下水波滛
幽冥司官來接引　金童玉女引到幽

勒馬來到五里亭　孟婆娘娘發善心
感蒙慈悲來送行　勒馬來到陰司城
把城神將來接迎　元帥下馬入幽城、
白
元帥値到陰司内　元帥拱手拜司官
礼拜司官心安懐　礼拜兩邊十殿王
一面交納保運壽錢九十萬　恭呈冥王

添壽紀。增福增壽保平安。燒錢燒紙献
陰鬼。請接元帥出幽城。起馬帶兵
回陽城回馬引來東海岸。龍王接引來
送行。勒馬來到南山迖。南山之上丙丁台。
元帥勒馬工臺來。燒化壽錢分神祇
伏望諸神來庇佑。立即添福又增壽。

白
元帥勒馬回龍壇。小法燒錢献金紙
引到嶽府　勒起馬　頭謹之走　尾踟之行
勒馬來到中州山　元帥上山拜司官
五府司官掌善悪　拜遍通判接吾行
下馬移步入嶽府　拜會司官引相見
朝礼　東嶽天齊仁聖大帝。殿下　伏乞

啟奏今據大清國福建省台北府新竹縣
ム保ム庄ム街　念名字說明
為合家人等誠心敬備金資財帛、保運
恭呈。拜献壽錢　凡十萬　准保信士女添福增
壽解除保運。ム身中災厄立即消散。
拜献過畢出嶽府　元帥上馬回蒼亭

引回東州过木城　回轉龍坛下金堦
接引元帥分紙錢到此
看宮開宮門
奉請閻山門下。開宮三師三童子。開宮
仙人童子郎。左請宮公到宮前。右請宮
婆在宮迖。双手打開宮門鎖。打開弟

一宮門弟二鎖門上金牌掛着。府、縣、庄
人示奉請。王爺入宮來細看。看着。名
金牌字。匕多清采。添福添壽永康寧。打
開弟二宮門。請細看。蕭宮椅棹是如何。
要添則添。
打開弟三宮門看魂米。要添則添 收三魂。
打開弟四宮門看香炉。要則添

打開弟五門看花樣。要遲則細看花樣紅
花白花、好花好蕊。留在花園内。悪花也
蕊。送出別園開。燒金送去
打開弟六宮門看水井。五鯉金龍守井中。
要用酒淨
打開弟六宮門。看七魄。燒金收七魄

打開弟八宮門看壽宮增添福寿長。燒金添紀
打開弟九宮門。看限宮有関有限尽解
脱。無関無限保平安。添金增寿
打開弟十宮門看聯対。一対福如東海壽
比南山。一対富貴榮華。添丁字
打開十一宮門看得菜延米碗桶料新

要添則添
打開弟十二宮中。看精神看清彩来
清彩 要添 助神咒　燒金化財 收兵回法
引回勒馬謹謹走　勒起馬頭艷匕行

11　『三奶夫人寶懺』　辛丑（一九〇一）・三九頁・〈頌神〉・一四一×二三二

・寶懺とは、懺文に対する尊称である。「懺」とはいうまでもなく、前非をさとって改心する原義ではあるが、一般に聖人の著述になる経文に配して、経懺と並称され、いわば正読本を補う副読本として、より手軽く読誦されている。

・故に本巻は標題が示す如く、法壇の三奶神前における単調な読経に終始し、はでな科（しぐさ）を伴わないから、テキストとしては厳密に言えば経文類に属し、科儀本の範疇には入らない。

・ひたむきな礼拝頌徳は、賛仰対象としての神祇の霊力を増殖する最も手近にして有効な方法であり、人びとは常に守護神の加護を期待しているのである。巻末に附録されている三奶ともう一柱の合計四女神の誕生日、すなわち陳奶娘正月十五日・林奶娘七月十五日・李奶娘十月十五日・朱満姑八月十五日などが、いわゆる神明生（神誕祭）で、慶祝頌神のために本懺が誦念されることを示している。しかし、こればかりでなく、三奶夫人の法場でさえあれば、必要に応じて本懺が一幕として挿入されることもあり得る。

・三奶夫人の主神である大奶夫人、すなわち臨水夫人陳靖姑の来歴や伝説は、元代・撰者不詳『三教源流捜神大全』でいちおう整理確立されるが、強力な女巫集団を背後に控え、庶民生活に身近な女神として、民間信仰上の裾野は、はてしなく広がっている。しかして、現在民衆が信じているのは、神怪小説『臨水平妖誌』や戯劇「陳靖姑収妖」のすじがきで、宿敵白蛇精との験くらべや葛藤場面は、『封神演義』同様に人気がある。

・本懺の主旨は頌神にあるから、三奶夫人の成神過程などに関する素材は多くない。わずか巻首に、観音が指血を福州閩県の陳家に投胎させて誕生した女子が、生長して閭山に赴き、許真君に師事して法術を学び、もどって黄某と結婚したが、二五歳で古田県に没した。しかし、生前よく法術を行使し、魔よけを行って郷里るのみである。

・これに反し、信者が期待する効果、すなわち御利益の懇請は、かなり多方面にわたって強く打ち出されている。専ら符呪を駆使する巫法で、辟邪殺鬼・治病消災・招福延寿などの個人祈願から、全家族の降吉祥消疫癘・畜養無耗失・買売進銭財・営謀皆吉利・合家眷保安康へと拡張するが、要するに「祈安」に外ならない。この点から言えば、巻末の内題「三奶夫人保安寧寶懺」は適切である。

・臨水夫人は懐妊中にもかかわらず、雨乞いのため、無理に堕胎して難産死し、安産の女神に祀られたと伝えられている。このくだりは、本懺で触れてはいないが、死後、唐朝皇后の難産を救った霊験で臨水殿に勅封されたとあり、祈安に護産催生・催生救産・感通産難などの語句もしばしば使われている。なお、祈安の語句には、賜降麟児・乞女求男従斯願とあり、授胎神たる註生娘娘との習合を示している。さらに、移花転樹救孩児とか摂魂帰体にいたっては、もはや育児神の領分である。

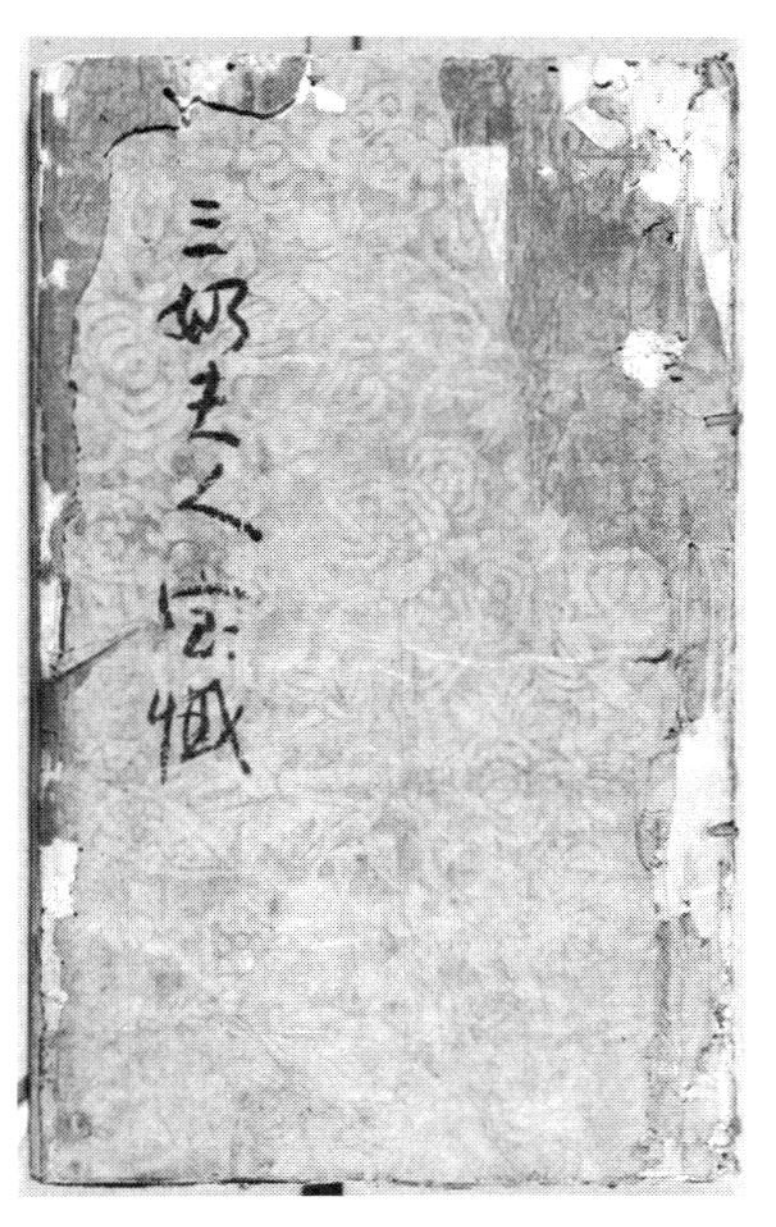

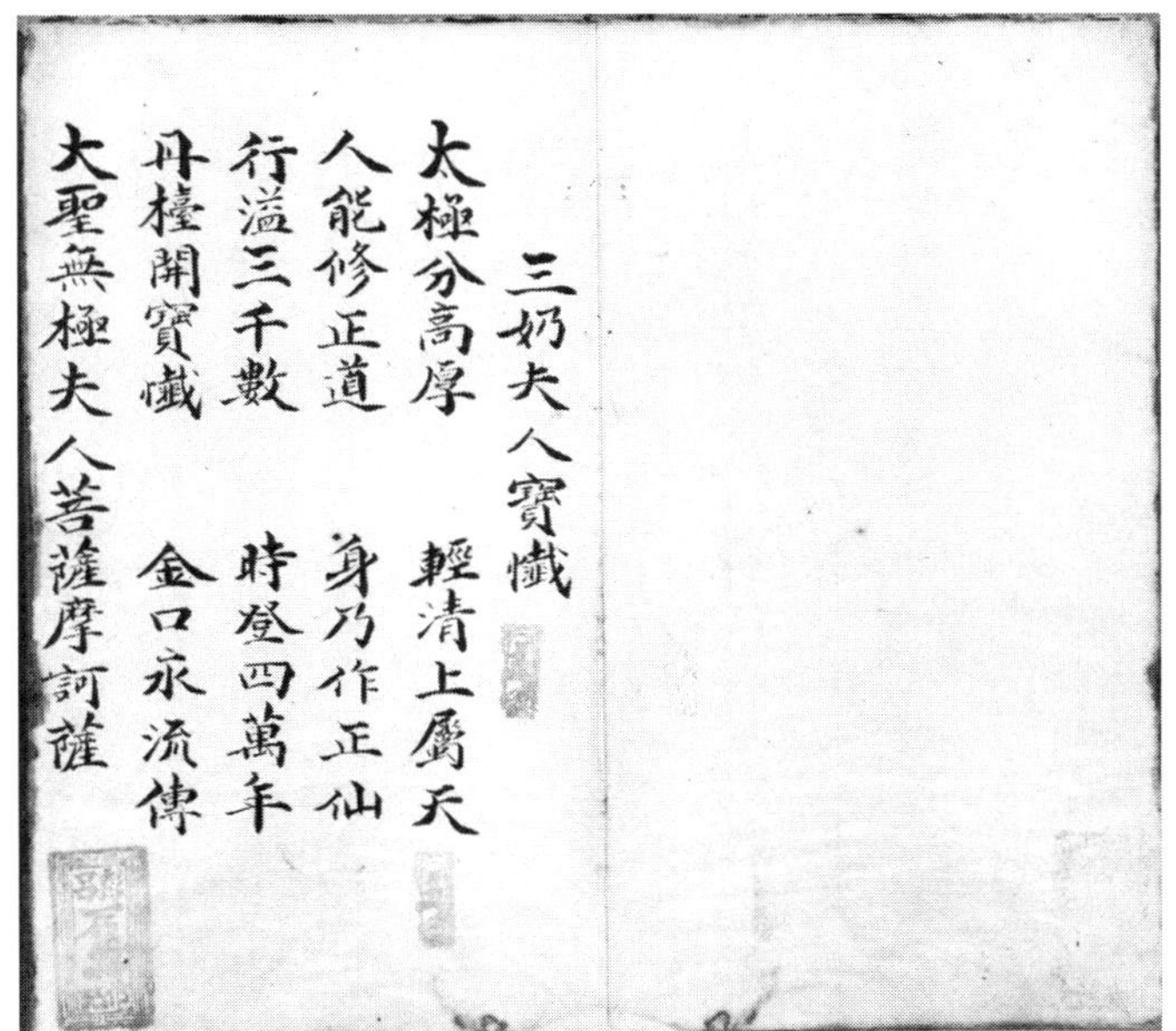

三奶夫人寳懺

太極分高厚　輕清上屬天
人能修正道　身乃作正仙
行溢三千數　時登四萬年
丹樓開寳懺　金口永流傳
大聖無極夫人菩薩摩訶薩

於聞
福建省福州府閩縣南臺下渡尾巷亭
祖殿勅封順天聖母順懿元君臨水夫
人加封平天聖母元君陳大后　閨名靖
姑生於甲寅年正月十五日子時降生
父陳昌長者母葛氏夫人係南海觀音
菩薩指血投胎成童時得金甲神護衛
龍女接引前往閭山大法院授教三年
蒙師許真君賜司幻配黄家至年二十
五歲羽化脱蛻福州府古田縣臨水宮
其夫父黄通適夫黄進士授巡檢職夫
人累顯靈通護國庇民收伏妖魔王封

四次至分廟貌巍峩昭昭如在萬家奉
祀香火千古
陳靖姑　林九娘　李三娘　虎婆江
夫人石夾二夫人馬夫人阮夫人許夫
人曾夫人其在日閩王御賜三十六宮
婆姐宮娥
閭山法師勅賜護法黄楊二大元帥
奏撥五雷院大帥鄧天君保教護法
三位尊聖名號福田臨水夫人正直無
私道顯真巍古田現跡行法有功而有
感是乃威權居世職長陰司普三教真
師傳授三元正法累積玄功方登妙道

恭惟
福州臨水夫人順懿　無極天妃護國
太陰菩薩恭參乾造德大神維妙祠三
閩海立祠宮古田臨水三位奶妹法闈
一宗法道黄七仙翁顯化唐朝大國名
傳天下行顯四方宮民祈禱總皆通士
庶有求隨感應惟有三壇妙覺恭參佛
法瑜珈釋迦如來便成方頂正覺恭投
禮拜傳授天心正法瑜珈三教符籙通
行金剛火首百一將帥擁縱雲中吏兵
數萬參隨左右驅邪殺鬼救病除災碎
壇破廟展法威權移花轉樹乞女求男

必稱人心過厄度橋便隨人願凡有請
求悉皆感通催生救產無方不顯乞賜
祥光降臨法會欽授凡情恭對金容志
心讚揚
志心皈命禮千身調御十號仁師巍巍
萬劫常存蕩蕩四生千古現黄金妙相
展白玉毫光千花捧足百瑤嚴身真如
常住佛陀耶願降道場惟作證
志心皈命禮如來演説秘密有詮五千
十八卷靈文天下人間常紫奉獻現世
禳災迎祥集福登途能與大作津梁鹿
苑玄文龍宮密典海藏常住達摩耶願

降道場惟作證
志心皈命禮明空惜法離欲出纏南辰
正旦西土蜀乾演説真言降龍伏虎手
持金錫降人間救盡衆生咸利物福田
常住僧伽耶願降道場惟作證
志心皈命禮欽奉佛勅鎮在北方展開
皂旗涎天手持七星寶劍收斬邪精玄
元北丰驅雷掣電收攙欃氣脚踏魁罡
龜蛇捧足黒殺天兵擁護六丁六甲扶
持玉女參隨掃除妖精救護羣生北方
鎮天真武玉虚師相
玄天上帝菩薩摩訶薩願降道場惟作證

上分列曜三光下品五行造化品列三
才輕清坤濁人世鬼妖作害方行符法
流傳廣説度厄消災演法經章妙典三
元教主張李梁天尊一切道教師聖尊
菩薩摩訶薩俯降道場惟作證
志心皈命禮南海岸頭普陀山上紫竹
林中號頂聖明佛會作華嚴海會圓通
教主一念尋聲救苦蒙禮赴感信機入
功水消災長福七瑶慈悲觀音示現菩
薩摩訶薩願降道場惟作證
志心皈命禮福州顯跡觀音化身臨水
現形洋洋符法救良民海上行罡殺百

鬼驅邪滅刼感通產難千家救護神功
普變變元人德重功高烜赫宣封護國
無極三位夫人明證天妃菩薩摩訶薩
願降道場惟作證
道契玄元都教主　功神累刼願千春
生生世世在唐朝　宣封古田臨水殿

姊妹三人同得道　共同學法救良民
洋洋符法顯人間　海上行罡施妙法
真言曰唵呵嚧嗶吽婆娑訶
志心皈命禮觀音化現臨水顯形洋洋
符法救良民海上行罡殺百鬼尋聲赴
感護產催生宣封三位無極夫人菩薩

摩訶薩
聖眼威風天地護　强兵猛將護行藏
唐朝國母生產難　顯化神通救死生
生下皇宮皇太人　勅救天下救良人
帝王勅封臨水殿　香火遍行四海遊
真言曰唵呵嚧嗶吽婆娑訶

願滅懺悔信士　多刼生來偷盜業我
今稽首禮夫人惟願消災延福壽
志心皈命禮觀音化身臨水現形洋洋
符法救良民海上行罡殺百鬼尋聲赴
感護產催生宣封三位無極夫人菩薩
摩訶薩

道教三元符法籙　将身學法救陽民
叅隨道法衆功曹　禮拜三元為法主
差撥金剛常擁護　强兵猛将護壇前
便将符法救良民　掃蕩邪魔無踪跡
真言曰唵呵嚧哖吽娑婆訶
願滅懺悔信士　多劫生來姦淫業我
今稽首禮夫人長福消災延福壽
志心皈命禮觀音化顯臨水現形洋洋
符法救良民海上行罡殺百鬼尋聲赴
感護産催生宣封三位無極夫人菩薩
摩訶薩
拜授閭山真正法　行符咒水鬼神驚

蒙師威光符法顯　護身保命有靈通
救人生死定無差　道令玄元差猛将
三山林水有靈通　天下萬民皆欽仰
真言曰唵呵嚧哖吽娑婆訶
願滅懺悔信士　多劫生來妄語業我
今稽首禮夫人惟願消災延福壽
志心皈命禮觀音化現臨水顯形洋洋
符法救良民海上行罡殺百鬼尋聲護
感護産催生宣封三位無極夫人菩薩
摩訶薩
八萬天龍常擁護　百千将帥護行藏
驅邪殺鬼滅踪由　奪命爭魂歸本體

救治凡八災與難　能招百福納千祥
願將法水閭蕉枯　法水洒開白雲外
真言曰唵呵嚧哞吽娑婆訶
願滅懺悔信士　多刼生來綺語業我
今稽首禮夫人惟願消災延福壽
志心皈命禮觀音化現臨水顯形洋洋
符法救良民海上行罡殺百鬼尋聲赴
感護產催生宣封三位無極夫人菩薩
摩訶薩
有道不拘男共女　超凡入聖見高真
聰明正直成根深　自有陰功來助法
驅邪打鬼皆拱伏　給符咒水自然靈

凡人一念告神祇　赴感尋聲親救護
真言曰唵呵嚧哞吽娑婆訶
願滅懺悔信士　多刼生來惡語業我
今稽首禮夫人惟願消災延福壽
志心皈命禮觀音化顯臨水現形洋洋
符法救良民海上行罡殺百鬼尋聲赴
感護產催生宣封三位無極夫人菩薩
摩訶薩
黄七仙翁為法主　行符咒水自天妃
飛符走印顯神通　能救陽民災與難
海上行罡翻妙法　便將法水沃心田
迷魂三體攝生童　感應人間災禍福

真言曰唵呵嚧啤吽娑婆訶
願滅懺悔信士〻多刼生來悪口業我
今稽首禮夫人惟願消災延福壽
志心皈命禮觀音化顯臨水現形洋洋
符法救良民海上行罡殺百鬼尋聲赴
感護産催生宣封三位無極夫人菩薩
摩訶薩
姊妹三人共學法　臨水天下現神通
陰陽二路化橋梁　五路背由隨差撥
地水風火隨教化　移花轉樹救孩兒
如斯聖力不思疑　乞女求男從斯願
真言曰唵呵嚧啤吽娑婆訶

願滅懺悔信士〻多刼生來貪愛業我
今稽首禮夫人惟願消災延福壽
志心皈命禮泉州海口李三夫人身授
瑜珈救良民海上行罡殺百鬼尋聲赴
感護産催生宣封三位無極夫人菩薩
摩訶薩
宋朝宣封為順懿　勅封無極三夫人
靈符禮拜閭山主　給賜天兵扶娘行
千古道通名聲在　三山臨水廟常存
年年歳歳救災難　香火興隆透十方
真言曰唵呵嚧啤吽娑婆訶
願滅懺悔信士〻多刼生來嗔悪業我

今稽首禮夫人惟願消災延福壽
志心皈命禮觀音化顯林九夫人洋洋
符法救良民海上行罡殺百鬼尋聲赴
感護產催生宣封無極三位夫人菩薩
摩訶薩
帝王勅封金字示　廟祠臨水千古存
金冠瑕珮任莊嚴　鳳輦龍車隨所駕
威靈有感通天地　香篆玉爐謝聖恩
鄉民有難來相請　統領天兵下降臨
真言曰唵呵嚧吽哷娑婆訶
願滅懺悔信士。多刼生來痴暗業我
今稽首禮夫人惟願消災延福壽

志心皈命禮天真列女顯跡人間變現
於百仗岩頭住掌風雲雷雨龍乘鶴駕
鳳乘飛空仙童執扇前行玉女擎幡隨
後天雷風雄震動地府塞海堆山有求
即應三十三天勅封和豐宮主馬大三
仙菩薩摩訶薩
志心皈命禮林下殿下釋道三教護法
兵將武職文班將帥聰明正直無私殺
鬼邪妖催生護產攝魂歸體三教同奉
給水勅符盡赴凡心有求禱應諸兵將
帥一切聖賢同臨法筵證明懺悔
尊聖御前求懺悔　一切罪愆盡消除

稽首虔誠皈命禮　将此凡儀呈奉獻
望垂法眼慜凡情　願将微誠奉獻上
求懺三意身業罪　總念禮聖願消除
四生四産業消磨　萬刼千生皆解脱
懺悔消災罪業障　次将吉利保合家
四時清吉永無憂　所将營謀皆吉利
宅舎龍神常擁護　官災口舌悉蠲除
經求買賣進錢財　畜養犧牲無耗失
牛羊放出滿山崗　虎豹豺狼祛外處
合家人眷保安康　皆頼聖賢常庇佑
男增彭祖八百寿　女納麻姑萬載春
諸聖常借護行藏　有頼悉皆随所願

諸聖御前求發願　發願虔誠無退轉
願将法事祝遐齡　願賜威光降麟兇
願将花果供慈尊　道降吉祥消疫癘
願保家門常吉慶　願祈宅舎永昌隆
願得國泰民安樂　地久天長無少欠
願将符法祝信士　世世平安增福寿
今将十願讃夫人　伏望龍天常護佑
瑶懺完滿普回向　回向法會諸聖賢
完滿寶懺悔菩薩摩訶薩
三奶夫人保安靈寶懺　巻終

辛丑年葭月　日廣顯壇重録

陳奶娘甲寅年正月十五日寅時瑞生
林奶娘乙卯年七月十五日卯時瑞生
李奶娘壬子年十月十五日子時瑞生
朱滿姑辛亥年八月十五日亥時瑞生

12　『閭山法戒申表解冤科儀』　年代なし・二八頁・〈申表・治病〉・一二三×二三三

・法戒とは、てほんあるいはいましめの意で、仏教でも仏のいましめに用いられる。しかしてこの場合は、閭山教のいましめを示しているのだが、巻中には触れておらず、教典類と科儀本の混淆もあり得ない。故に「閭山法戒」の四字は、抄写の際における誤写竄入と思われ、正題は「申表解冤科儀」である。

・申表とは申奏表章、すなわち君主に献言することだが、ここでは玉皇上帝への上奏である。しかして表章とは、ふつう顕揚する、いわゆる表彰の意に用いられるが、この場合はそうではない。

・全法壇の構成としては、前段の申表科儀と後段の解冤科儀とに分かれ、前後相応じてはいるが、前段が特に詳細で、後段は簡略にすぎて、単なる付録の如き観があり、全体として申表科儀と称してもさしつかえない。

・申奏表章の趣旨は、法師が依頼者のために、表文を携えて天廷に登り、玉皇に上奏嘆願し、一家の安寧を保つにある。しかして、かかる措置まで講じなければならない原因は、ひとえに家運の衰微で、年年災難・疾病不平安の苦境をのがれるためである。法師がたどる天路の行程は遙けく、玉皇宮の十二門に、いちいち表章を奉りながら進み、やっと朝見をはたす。

・引き続いて投解、すなわち解冤を行ってから、法師は下界にもどり、法壇に帰着するのである。不運の原因は往往にして、怨恨の祟りであると信じられている。しかし「他人の恨みを買う」ことは、必ずしも本人に知覚されるとは限らない。しかもここでは現存の家人のみならず、先祖三代にわたる喧嘩殺人・詐欺行為・裁判沙汰・願かけのほどき忘れなどさえ含んでいる。これら多くの冤を、いっきょに解いてもらうのだから、贖罪せねばならない。それには、祭礼における神酒供え・豚羊などの家畜屠殺・神衣の新調寄進・賽銭・奉納演劇・謝神醮祭などがある。

・台湾北部の天師教紅頭道士が行う醮祭には、開始初日の儀式に必ず解結科儀が組みこまれている。すなわち解冤釈結のことで、三十六条の結冤名目を読みあげ、依頼者に蝶結びにした紐をひっぱりほどかせて、怨恨が解けた意を寓する模倣巫術である。

・法師の自称は、「師男」を多用しているが、「弟郎」・「弟子」も使われている。

賣買郎君収拾店
十八満姑歸羅帳
三歲孩兒莫食乳
男人生時莫通滕
雞啼犬吠即無占
一不早二不遅
信士今日来投解

溪邊瘦子莫撑舡
讀書郎君轉書房
門前大路断人行
女人坐時莫摸頭
弟郎香火出遊行
正是弟郎奏表時
師男今日上三天

不見金童玉女面
信士有事来投解
信士有事投法主
手捧金章奏玉帝
一聲鳴喃勝洋洋
脚踏紫雲七星斗
五色祥雲来捲起

玉皇殿前無人行
師男黄表奏玉皇
弟郎来到九霄雲
奏到玉皇金殿前
師男今日到此方
望見山塔無人行
五亀湧水水沱沱

年月日時皆吉利
青龍頭上為某事
五樓山上置宝殿
屋上盡盖琉璃瓦
水犀牛角為門戶
壇前盡是金磚砌
東置刀鎗火輪界

師男奏表朝玉皇
五亀湧起五樓山
五樓山下置樓樓
星君斗内好藏身
籬壁盡是象牙裝
四圍都是水晶修
南置鉄樹亂排兵

西置王母花薗界
中置紫微大宝殿
黄亀洞裡遶屋轉
前門差出防小障
五傷五郎来湧水
未説乾坤并世界
郎吹鳴喃勝紛紛

北置鉄障断邪精
唐葛將軍把四門
麒麟獅子顛接門
後門差出許玉君
團團湧起水沱沱
且說童子本根原
師男不是非凡人

我是三元祀香主
身穿紫袍龍鳳衣
手抱仙人朝聖簡
口吹龍頭真宝角
信士今日來投解
九霄雲頭看上界
即吹鳴角勝喨喨

老君衙内晉兵人
頭帶朝天五岳冠
脚踏騰蛇八卦龟
角聲吹起奏天曹
師男來到九霄雲
九霄雲裡看凡間
師男奏表上天堂

只因信士某事重
信士有事投弟子
即吹鳴角勝紛紛
十二重門都封鎖
諸位門官歸宮内
今日通天通地府
只因信士良愿/疾病事重

誠心投解亂紛紛
師男奏表上天宮
師男入到玉皇門
十八地獄盡封門
師男角號請出來
老君衙内晉兵人
師男奏表朝玉皇

師男今日進表到
上有仙童來傳接
信士低頭來叩拜
第一門官身姓施
今日師男奏表到
上有金童來傳接
信士低頭來叩拜

請尔門官去通傳
下有玉女接表章
奏上玉皇第一門
手抱金駒銀鎖提
便把金門兩邊開
下有玉女接表章
奏上玉皇第一門

再吹宝角勝紛紛
第二門官身姓饒
師男今日奏表到
上有金童來傳接
信士低頭來叩拜
再吹宝角勝紛紛
第三門官身姓張

奏上玉皇第二門
手抱銅槌穿紫袍
便把金門兩邊開
下有玉女接表章
奏上玉皇第二門
奏上玉皇第三門
虎牙鹿齒抱金鎗

師男今日奏表到　便把金門兩邊開
上有金童來傳接　下有玉女接表章
信士低頭來叩拜　奏上玉皇第三門
再吹宝㖧勝紛紛　奏上玉皇第四門
第四門官身姓曾　手执鉞斧鎮兩門
師男今日奏表到　便把金門兩邊開
上有金童來傳接　下有玉女接表章

信士低頭來叩拜　奏上玉皇第四門
再吹宝㖧勝紛紛　奏上玉皇第五門
第五門官身姓裴　手执大刀加五雷
師男今日奏表到　便把金門兩邊開
上有金童來傳接　下有玉女接表章
信士低頭來叩拜　奏上玉皇第五門
再吹宝㖧勝紛紛　奏上玉皇第六門

第六門官身姓朱　口含宝劒接表章
師男今日奏表到　便把金門兩邊開
上有金童來傳接　下有玉女接表章
信士低頭來叩拜　奏上玉皇第六門
再吹宝㖧勝紛紛　奏上玉皇第七門
第七門官身姓金　身穿紫袍朝天廷
師男今日奏表到　便把金門兩邊開

上有金童來傳接　下有玉女接表章
信士低頭來叩拜　奏上玉皇第七門
再吹宝㖧勝紛紛　奏上玉皇第八門
第八門官身姓張　虎牙鹿齒执金鎗
師男今日奏表到　便把金門兩邊開
上有金童來傳接　下有玉女接表章
信士低頭來叩拜　奏上玉皇第八門

再吹宝喇勝紛紛　奏上玉皇第九門
第九門官身姓蕭　身穿緑袍自逍遥
師男今日奏表到　便把金門兩邊開
上有金童來傳接　下有玉女接表章
信士低頭來叩拜　奏上玉皇第九門
再吹宝喇勝紛紛　奏上玉皇第十門
第十門官身姓連　身穿紅袍金殿前

師男今日奏表到　便把金門兩邊開
上有金童來傳接　下有玉女接表章
信士低頭來叩拜　奏上玉皇第十門
再吹宝喇勝紛紛　奉上玉皇十一門
十一門官身姓鍾　身穿黒袍把天門
師男今日奏表到　便把金門兩邊開
上有金童來傳接　下有玉女接表章

信士低頭來叩拜　奏上玉皇十一門
再吹宝喇勝紛紛　奏上玉皇十二門
十二門官身姓唐　身穿紫袍朝玉皇
師男今日奏表到　便把金門兩邊開
上有金童來傳接　下有玉女接表章
信士低頭來叩拜　奏上玉皇十二門
十二重門都奏過　金童玉女下街來

捲起珠簾朝玉帝　師男奏表見玉皇
再吹宝喇勝連連　表奏玉皇金街前
我是三元祀香主　師男今日靠老君
有事之時黄表奏　無事之時不通聞
只因安龍良愿信士事重　年年家中不平安
今日誠心來投解　祖公良愿盡消除
嗚喇通天通地府　天門地府一齊開

日宮太陽是天子　月府太陰是星君
上極天宮伸奏事　江河至止及山川
年値功曹奏上界　月値功曹奏地府
日値功曹奏水府　時値功曹奏凡間
師男奏表上天堂　金童下來塔上接
玉女下堦接表章　仙童下來親手接
勅符飛上見玉皇　再吹宝喃勝呵呵

師男黄表奏天曹　天有一十八將宿
地有一十八嶽門　上元賜福天官帝
中元赦罪地官神　下元解厄水官帝
陽間有難火官神　東斗高時南斗低
普天星斗煠光輝　西斗低時北斗高
師男喃號請功曹　諸神聞知喃聲响
天門地府一齊開　師男占斷三江水

師男座着九江頭　奏解三師三童子
奏解仙人童子郎　文表奏到東宮東八殿
東宮八殿銜案前　金打紅門双扇開
接表勅符下銜來　借問何人喃聲响
師男奏表上天堂　文表奏到南宮南八殿
南宮八殿銜案前　金打紅門双扇開
接表勅符下銜來　借問何人喃聲响

師男奏表上天堂　文表奏到西宮西八殿
西宮八殿銜案前　金打紅門双扇開
接表勅符下銜來　借問何人喃聲响
師男奏表上天堂　文表奏到北宮北八殿
北宮八殿銜案前　金打紅門双扇開
接表勅符下銜來　借問何人喃聲响
師男奏表上天堂　文表奏到中宮中八殿

中宮六殿衙案前　金打紅門双扇開
接表勅符下衙來　借問何人喃聲响
師男奏表上天堂　只因信士𢇁事重
今日誠心靠老君　勅符聞知喜洋洋
即時下來接表章　只因信士良愿災病事重
年年家中不平安　或夢高來或夢低
或夢打散去東西　或夢上天併落地

或夢裝伴做新郎　或夢上山逢猛虎
或夢下水被蛟龍　或夢行舡併走馬
或夢江河大海中　或夢亡人仝行座
或夢死鬼共枕眠　只因此時夢顛倒
年年災難不離身　只因家中愿頭重
又是口牙來相纏　三時邪師來侵害
四時冤家纏子孫　五時家神通外鬼

六時家宅不平安　七時天羅來蓋命
八時地網來相纏　九時呪子來纏害
十時老愿來相侵　只因信士多災難
年年災難不平安　今日誠心來投解
不知愿頭在何方　或在當天許大醮
或在地府許官符　或在空中許大愿
或在北斗許星君　或在宮中許做戲

或在神廟許做袍　或在宮門許圖帳
或在社廟許豬羊　或在庵堂許齋戒
或在寺廟許香油　或在灶君許酒碗
或在祖公許小心　千般許得成良愿
如今纏子又纏孫　要去投天天無路
要去叩地地無門　合家惶惶無方叩
師男一心叩老君　師男今日奏表後

請出判官除愿頭　千般愿頭今日散
萬般愿頭今日消　師男今日奏表後
信士合家人口保平安　玉皇爺爺寬且座
弟郎讀表一時辰
聖筶接表化表以後庇佑由人口才
衆位神聖寬且座　解冤童子出宮來
一聲宝喃勝連連　解冤童子到檯前
説着何人有呪咀　説着何人有口牙
恐驚信士三代祖公有良愿　三代公婆有口牙
或因呪咀未增解　積在子孫結冤家
或因相打害人命　或因打鬪鬧官方
或因被人來相告　或因寫状去告人
尔若告人人告尔　二家相告結冤家
官非相侵人相告　殺人常命閻充軍

或因軍中許大愿　或因祖堂許三牲
侵害子孫多災病　求神問卜愿來纏
公婆内裡有良愿　兒孫代代不知還
只因年年多災難　延纏代代在子孫
呪罵家神無作主　呪罵天神無眼精
從今解了勞心記　莫去虚空呪罵天
伏望神聖清解脱　千金聖筶解消除
衆位神聖寬且座　師男回身下凡間

13　『送神書』　年代なし・一五頁・〈送神〉・一四一×二一〇

・「送神」とは「請神」に対する法壇終幕の神送りで、この場合は標題に、「慶顕壇」を冠している形式が、(1)番目の「頭壇請神書」と一致していることから、それに対応した完結篇であることがわかる。また抄写も、同一年代の同一人によるものと考えられる。

・「請神」儀式の繁雑鄭重さにくらべて、「送神」儀式はたいてい簡略であり、せいぜい頌辞をならべて神恩を謝し、紙銭を焼いて拝送するにすぎない。故に科儀として、献酒・上疏・送神の組合せで行われたりする。蘇海涵（サソー）『荘林続道藏』二一四冊所収「送神三献供」は、その一例である。

・本巻は標題に壇号を冠し、書きぶりも特異なので、恐らく閭山教派に汎用される科儀本ではなくして、広顕壇という一壇と、その派下が用いる参考書かと考えられる。故に、いかなる科儀に適用され得るかは不詳だが、それだけに用途は限られるであろう。

・いくたの神祇につき、法師が必要に応じて、適宜に採択使用するのだが、衆神に先立って、師爺すなわち先賢が送還されていることが注目される。道場には先賢の神位が設けられているから、当然の措置だが、物故した歴代壇主も、神祇なみに扱われているのである（六番目「三奶神呪分花破胎全部」の解説参照）。

・送神とはいえ、いったん降臨したあらゆる神祇をことごとく送還しているのではなく、末尾で祖霊を含めた若干の神祇には、合家受福禄すなわち福の神として、その滞在を懇望している。家宅神に対する根強い民間信仰の延長と考えられる。

・神祇の帰還を「転」と称しているが、日用の口語で、閩南福佬系も使用しているが、主に客家語で使われており、広顕壇は台湾北部新竹地方の客家系閭山教派であることを示している。

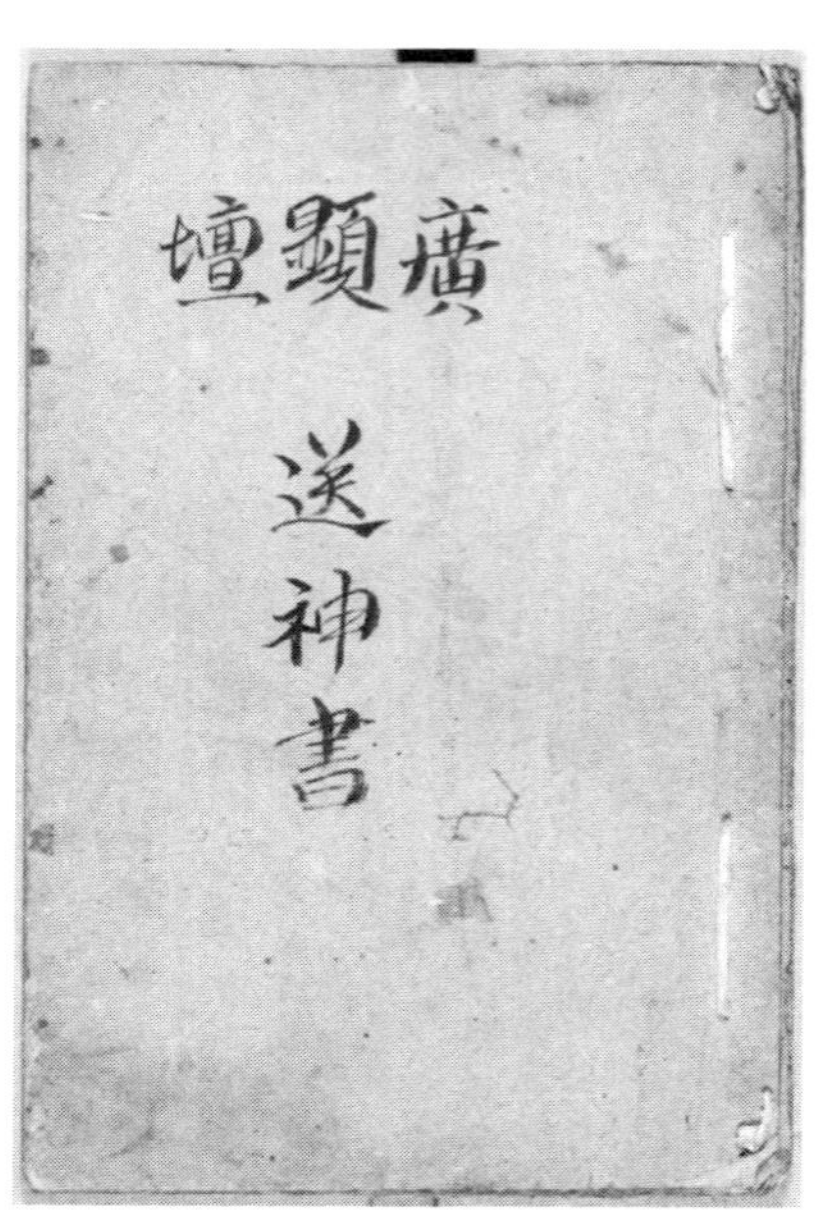

廣顯壇

送神書

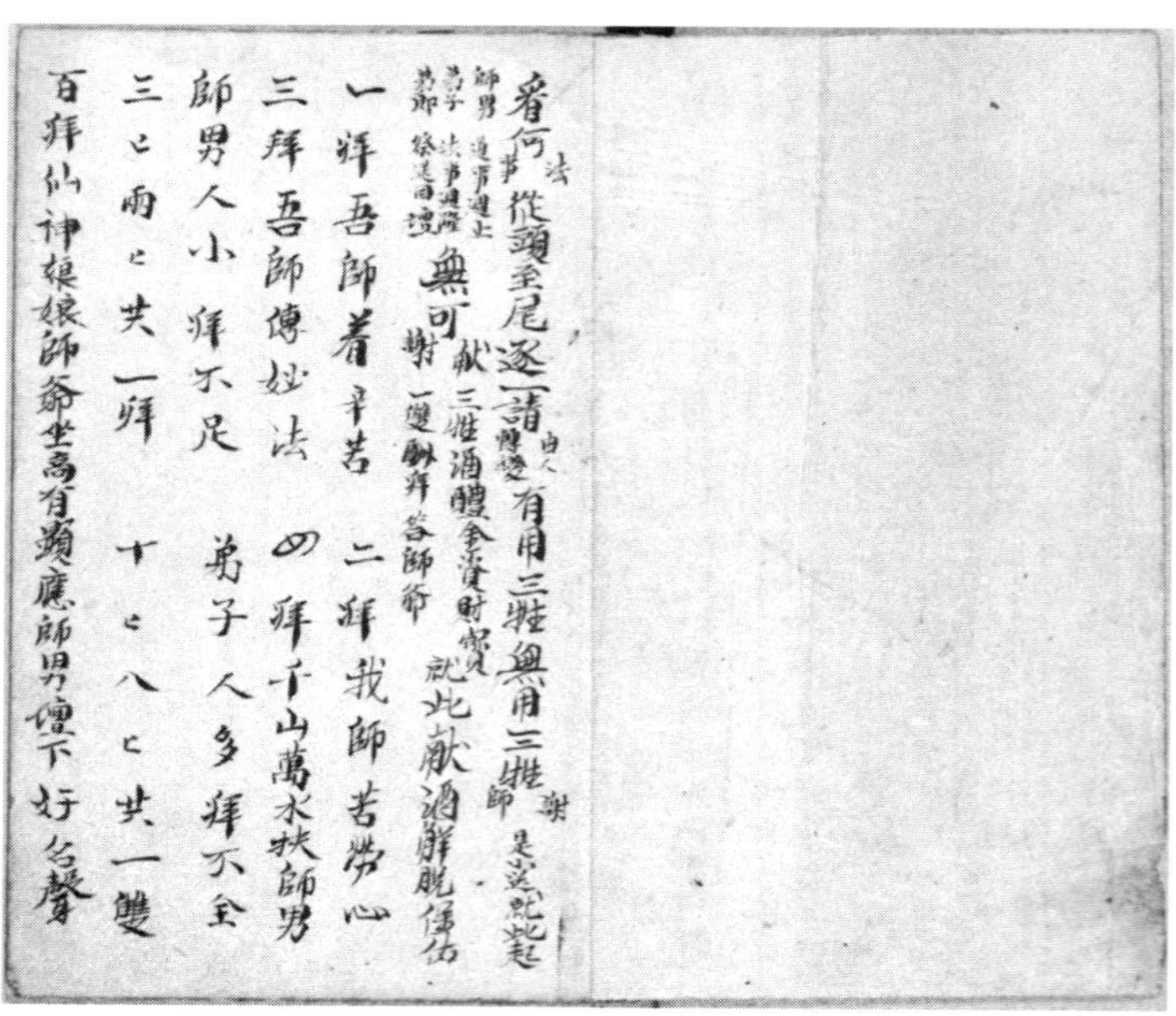

看何事從頭至尾逐一請有用三牲無用三牲師是送就此起

無可獻三牲酒醴金資財寶就此獻酒辭脫保佑

謝一遍酬拜答師爺

一拜吾師着辛苦　二拜我師苦勞心

三拜吾師傳妙法　四拜千山萬水扶師男

師男人小拜不足　弟子人多拜不全

三〻兩〻共一拜　十〻八〻共一雙

百拜仙神娘娘師爺坐高有顯應師男壇下好名聲

・法師の自称は、「師男」・「弟郎」・「弟子」の三詞が混用されている。

吾師可比天上月　師男可比月邊星
月又上來星又上　仝行同上到天光
月又下來星又下　仝上仝下到人家
千處有求千處應　萬家相請萬家靈
不論貧強富貴人相請　香爐罡訣一般行
道事過此法事過隆不敢重〻鬧聖賢不敢
請師登寶座請降壇前扶師收罡收訣收轉

賓頭壇内明日放出十方救良民　收罡收訣三師三童
子收罡收訣仙人童郎　收払一次罡兩次罡三四五次
收轉師男手中藏收払一次訣兩次訣三四五次收
轉師男手指節師男回壇十方人相請添罡添訣
扶師男扶隨師男無可献金資財實答師爺
燒金錢來化銀錢　仙風吹送大羅天
大羅天來小羅天　大羅天上進金錢

我師香火遊行日　法輪常轉日行天
南極星輝開寶殿　陰陽造化變成錢
師爺得錢好買馬　娘娘得米做軍糧
神兵真在暗中藏　道馬無蹤泉在他
法輪常轉日行天　弟子具備金錢銀錢一大扛
東敬奉衆師爺具備支徒金錢答謝衆神祇
金錢一千又一千敬奉衆聖賢具備金銀大娘

敬奉奶娘衆師娘火來化錢龍作浪打開金箱
玉庫串領丙丁紅火來文化小夫自有分小童
子小尾分小童子郎分得神〻有分聖〻無虧
弱者不可無分強者不可全取大神大分細神細分
共燒各領帰山遙遠嫌多無〻嫌小無添多〻者
好買馬小者好花買馬相共騎買花相共插一百
二百小夫分折一貫二貫小头分算火已衆神

信筶領受千金聖筶領受金當財寶不論多小
丙丁紅火交化陽化陰領受衆神領受祈求庇佑
隨郎好得郎要一年四季無災難隨郎要得郎好
壽年長生不老伏乞衆神信筶庇佑。。千金聖筶
保平安（若是治病保此調止）（若係大事上疏進市與北法亭與陸）不承重已閙聖賢不敢
請師發寶座請降壇前領受凡儀。。交子酒小入手
交子酒小入箱酒在案上自斟自酌肉在案前自食自飲
倘有神明不醉近前敢醉倘有仙神聖賢不飽近
前敢飽敢醉為奇敢飽為意拜請衆神自食自
飲食得發香連飽醉含笑歡喜衆神全筶退座。。
送港酒時退落聲奉送仙神轉仙宮請來（焚香拜請　離角拜請）轉
去燒金拜送弟郎一心想變車來送也無車路送仙家
想愛船來送也無人路送仙家想船來送也無水路送
仙家要馬來送也無陽馬到仙家上無車下無船上無轎

下無馬上無帳下無床上無鋪被下無毡不敢留停仙神
宿一宿急急送轉仙神轉仙宮龍車上龍馬上龍車
龍馬雖雖霧霧轉仙家弟郎稽首奉送三清爺送轉
威元七寶殿老君爺送轉羊角山王母送轉桃源洞閭山送
轉九州城天師送轉江西貴信府北帝送轉武當山現音娘
送轉南海岸普庵師送轉揮烟山九天玄女送轉九天宮陳奶娘
送轉福州府古田縣林奶娘送轉西嶽山李奶娘送轉泉州海口
猪姑打馬轉遊溪洪山轉洪山雪山轉雪山寶山轉寶
山茅山送轉歸茅山康温馬趙田大元帥轉天門中壇元
帥哪吒太子送轉長生宮隨時點兵扶師男三元將軍
送轉三元宮五傷五郎送轉信州府龍虎山驅邪殺煞
打神壇花公花姿送轉五七三臺山十二婆姐註生娘送轉
婆姐宮求男乞女有靈通三界菩薩送轉歸庵堂五雷電
母空中霹靂顯威靈五湖龍王歸四海水晶宮青龍白虎

送轉龍虎宮左右天王轉天堂銅馬鐵馬張蕭劉連隨奶
娘楊都督送轉都督府馬將軍歸單營天上聖母
轉眉洲城隍爺為府主仁聖大帝轉東嶽文聖轉文廟
武聖轉武廟三百六十進士王爺為港口東方聖賢轉東方南方
仙神為南方西方聖賢轉西方北方仙神為北方中方聖賢轉中方
五方仙神為五天神為天界地神轉地宮龍神轉社廟山神地
福德爺為龍宮有宮為宮無宮為廟無宮無廟隨郎香火

遊行天下救良民送轉東營九夷兵青旗焰艷出遊行送轉
南營八蠻兵赤旗焰艷出遊行送轉西營六戎兵白旗焰焰出遊
行送轉北營五狄兵黑旗艷艷出遊行送轉中營太保三
秦兵黃旗焰焰出遊行送轉三十六營兵馬打開三百六十五
條香火路條條透到好人家家家來接郎香火處處
來接郎香花不去屋內神師莫去防險家中神師莫
行行一處顯一處行方顯一方千處有求千處應萬家相

請萬家灵不論貧窮富貴人相請香炉水碗一般行
稽首拜送盧醫仙人發藥先師治病公曹退病相女雪山大聖
張趙侯三郎不敢送請轉廣顯法明日十方求良民
再請廣顯法內師爺師娘師伯師收證明保舉師大香師
主小香師爺陽六師陰六師十二神師一堂罡訣衆宗師
不敢請不敢送請轉廣顯法明日十方遊行求良民
拜請本家祀奉觀音娘聖母娘大炉香火有感

龍神門丞戶尉井竈龍君招財童子進寶郎君不敢請
不敢送安轉本家大爐香火保平安春保平安夏得利
秋降吉祥冬降福一年四季合家人等受福祿
稽首安汝堂上祖公祖婆顯考顯妣不敢請不敢送
安轉堂上百子千孫榮華富貴萬萬年逢事過止
法事週隆稽首奉送仙神聖賢轉仙宮來者香煙
緣緣轉者瑞氣騰騰來者土府至尊招財寶轉者

门丞戶尉斬邪精衆神来去保平安衆神歩者
降吉祥来者三〻兩〻一同来轉者十〻八〻一齊歸來
者榮華多富貴轉者榮華富貴萬〻年來者
焚香拜請轉者燒金拜送請神一署到送神一署
歸千金聖署衆神轉仙宮　送神送到大門停歎轉
馬頭保主人送神送到門樓下歎轉馬頭保合家送神送
到仙宮神廟殿内去弟郎回壇明日十方人姻請再請再

望衆神師爺扶持弟郎香火遊行十方

14　『鶏歌書全部』　年代なし・四二頁・〈辟邪〉・一三四×二四三

・標題を「鶏歌書」となし、名称のみならず、内容も一風変った科儀本である。終幕で銅鑼・太鼓を鳴らし、香を焚き、茶を供えて神送りするが、歓送される神がみは、三十三天大教主・太上五霊神老君・王母七千将徒衆・閭山三官神九郎などを含み、これらが道場に勧請されており、法師は諸神祇になりかわって、人びとに鶏歌をきかせる趣向である。

・鶏（鷄）歌とは、鶏についての低俗な語句に、節をつけて誦することである。鶏の生態・来歴・境遇などをはじめ、農夫・漁民の守るべき公徳から、はては家庭生活における女性の婦徳にまで及んでいる。主旨は勧善だが、口調は軽快・諧謔にして、この点では巷間流布の歌仔冊と異ならない。ただし俗語や宛字が多く、客家語もまじって、読みにくく、意味不明瞭の個所もある。

・「唸鶏祭将一段」（葉明生編『閭山教廣濟壇科儀本彙編』二一四頁）は、文末が欠落しており、完本ではなく、分量も少い。しかし文中に「鶏歌」と称し、素材や用語はやや異なるといえども、まさしく同工異曲の鶏歌書類である。仁天三教祖本功曹が、天兵天将を率いて降臨されたので、鶏を供物としてささげ、法師が神祇に代って鶏のことを誦し、神軍を犒（ねぎら）って、法場が終るのである。

・鶏歌科儀が適用されるのはいかなる場合か、詳らかではないが、法師がその辟邪性を常用している現実から推して、限られた制煞道場と考えられる。由来中国で、鶏は霊性ある家禽とみなされてきたが、かかる観点よりすれば、鶏歌の趣旨はまさにその功徳賞揚にほかならないのである。

・元来中国では、鶏の信仰が卓越しており、特にその辟邪作用はよく知られている。桃都山の金鶏が黎明を告げて長鳴すれば、幽鬼が去るという伝説以来、陰気を抑制して陽気を助長する特性は、民心に深く浸透して、幽霊が鶏鳴を恐れて退散する説話が数多く伝承されている。したがって鶏自体が辟邪力を具有した霊禽とされるのも自然な考えであろう。鶏血は台湾の法教でもよく利用されており、「勅符」では雄鶏のとさかを傷つけて流血させ、符になするつけて霊力を賦与したりする。鶏鳴は駆神のみならず、またさまよえる魂魄を呼びもどす収魂ないし安魂定魄の作用もあるとして、多方面にわたり、利用されているのである（劉枝萬著『中国道教の祭りと信仰』〈下〉一八三～二〇〇頁「魂ぶ鶏」参照）。

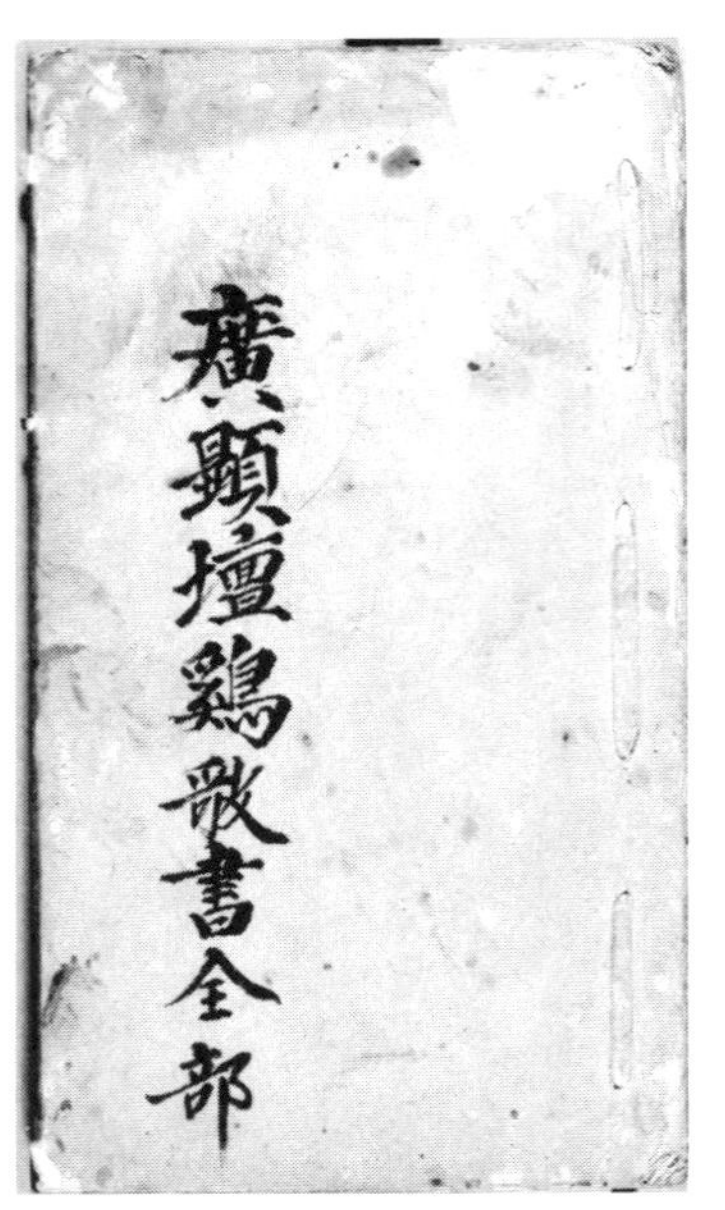

口吹寶喃声揚匕啟告壇前祈福郎
今晚為基祈福係好事問你祭傷四
祭傷内白祭傷唱祭傷之時大匕金鷄捉
一隻三年老酒揤來開法師壇前
祭神傷鷄來便設鷄出處酒來便
說酒根源酒係今年新老酒餅係

仙人送我金雞卵一双拿轉張婆店裡
㨾李婆脇下㨾出來金雞生卵之時只
好日出世之日只好時出世之時五兄弟
廿〻籠食谷廿〻籠啼婆婆籠門來開
哥在東來妹在西大哥丟在半天朝
北斗着娘吽做鳳凰雞二哥丟在
崑崙山上去着娘吽做山雉雞三哥丟
在水中去着娘吽做水火雞四哥丟
在田中去着娘吽做田雞五哥丟在
人家裡着娘吽做報曉雞鵝姓董鴨
姓康金鶏原來身姓梁身是姓梁名
五德隨姓安名梁寿昌金雞仔紫

灵雞生得頭高尾又底頭帶金冠
朝北斗〻身尽着紫羅衣一双八爪
揭虫虵〻更好啼不敢啼黄〻昏投契
上門來二更好啼不敢啼誠恐冤家
呪咀不敢啼三更好啼不敢啼口牙良愿
不敢啼四更好啼不敢啼誠恐夫妻拆
散里五更好啼正當啼正是金雞報曉時
啼声細音 大種金雞啼細声昨夜偷食鴨公声尔
爺話尔四好食拗断箸𠋫甲爺争老
君殿前只口霊丹妙藥水点轉細細金
雞啼大声啼大聲細細金雞啼大聲一村啼過
二村鳴主人歡喜鬼神驚誰人听我金雞

唱何人听我紫雞啼三清玉皇听我金
雞唱紫雞啼　五更雞鳴須早起早早
起來朝王登殿正當時左邊打起龍鳳鼓
右邊敲起紫金鐘龍鳳鼓响文官到
紫金鐘响武将斉文武百官排左右三呼
萬歲拜丹墀 科白 覌音娘乚听我云云早早
起來敲鐘播鼓念何𠇍 科白 王太母娘听
我云云早早起來下起羅網收邪迷馬上
抛刀不出梢鬼头落地乱紛乚閭山老爺
听我云云梼邪濤鬼正當時三奶夫人听我云云
教郎行罡作法正當時前傳口教歷代
宗師听我云云教郎行符呪水正當時

三元将軍五營将帥听我云云扶郎香火遊
行正當時　五斗星君列宿星𢙣听我云云听郎
昇文奏表正當時本家祖公妣听我云云蔭佑尔
個兒孫屡代着朝衣陰府仙神說不尽
回头説出衆人知今晚斗斗斗斗九十百
歳公乚听我云云早早起來喊起阿𠇍哥阿
三哥阿滿哥起來撿肥種作正當時耕浔田禾
睛阿公呵嗌勸男仔倫歡喜耕浔田禾歪
阿公罵懶尸挨乚凭乚又一日乚夬口畫喊肚
飢白音阿公尔口知尔口知生勢一日做口兜明日
再做口会遅今冬太平年収租糶谷唉美乚
讀書郎君听我云云剔起銀燈吟詩書十年窓

下無人識一舉成名天下知一舉首登龍虎
榜十年身到鳳凰池耕田郎君听我云云
撿肥種作正當時一頭鉄鈀促頭犁鉄鍤
促糞箕鱉壳促蓑衣脚鋤促笥箕鴨仔
促牛屎腰下帶个扭頸歪吡篇蝦公老蠏
提轉麁糟嫲草蜞蛙仔提轉哄鴨姆去
到上坵水哇哇脚鋤鋤在田欿下下坵水
浩浩脚鋤鋤在田上今冬太平年不用
做大家田頭坐來唱歌哩囉嗹來唱太
平年哩囉嗹顛三到四來唱太平歌磨
利禾鐮來倒樹擦利斧頭來劏禾担梯
上樹撳鮮仔搜岁屌堀提鵝婁急水

灘頭控箞仔軟風凹裡控蕞筍廚內
鮮魚偷食貓荀中甘蔗食水牛三歲
孩兒做生日磨豬肝苴腐吹鐃打角
噴銅鑼涯妮細涯十八歲養裡涯正養
涯哥㓾畨歌不用做開倉粟谷嘆呵呵云云
做衫司阜听我云云剪刀尺仔撿縈襒衫
正当時上家有茶有酒有点心步步又
构針下家無茶無点心目羨羨想心事
偷剪下不衫旗偷剪三尺六轉來做褲腰
偷剪七尺芋仔布轉來司阜娘做條褲
司阜教得好手藝偷布真真無人知云云
捲猪司阜听我云云出庄做生理緯身裙

挍在肩頭工笛仔一响應千里工屋同年媽
有個狩仔司阜掛涯械剔吼别人工夫愛
用本司阜敎淂好手藝担張櫈仔掛
在墻壁上喀肥喇云云鍋烧口水粿好里一
個豬白音六十錢白音雞仔五介分已多賤
分好生里云云生理郎君听我云云担籠仔
去赴墟去到大路礌裡放交跌人在
東來貨在西奴手攬緊膝頭上噯噴
呮險險跌舟一塊膝頭皮跌着廣東容
人逐好得跌着貴漳泉學老人白音尔毋肢云云
只個生理四做伊轉来犁埔種蕃薯云云
好生理時好生理從頭逐一設尔知去

下省好補艮去到省裡十三行買弖雪
花大白糖上蘇州買弖綾羅並緞綢過
潮州買茶油與城府買弖布過来台湾府
買弖錦隆布井忈布司阜布五色布不設尺
若要富水浸布一本賤萬利真真賤錢
好生理云云捉魚郎君听我云云搖般打網
正當時梢公会打網梢婆会搖槳呀日
上打潭上打倒一尾大泑羌呀日下打
潭下打倒一尾鯽魚嬈網一㓮㓮在潭
底下㓮倒一尾大鯉魚嬈兩子爺𡊨落
潭底下鯉嬈扛起来放在般倉下看
見鯉嬈吡呀呀目咖咖鱗鬃匕尾揞匕

爺又話斈去賣又嫌人秤大嬢又話斈
轉未做生日見子又話斈轉做親家咖毋还
係夲老倚白音只介新鮮魚四通賣自己煮
来食走去上屋討倒一碗生白老糟嫡放
鍋中下嗟々呎々嗟々煮得鯉嫡紅伻伻
呰呀々鮮鰲々尾捨捨扛起来放在棹

中下氣伻伻爺来取頭壳嬢来坐尾
捨見子取介肚岩下攏箸一下掛分咖爺
打一下箸頭嫡𨂿落棹脚下呰呀呀
同年嫣走来看涯介子白音吾个児怎
么跌落棹脚下呰呀呀问尔一家还係
檫食子射食爺賭愽郎君听我云云

掐影計彫宝丕彫介揚鉄丕烏牛
庠浮水連軟迩月仔斗倈石斗子
牛斗做出去食了剗刕分銀还好
渴食了涯朋友分銀乞天理年依宝
雲一下轉重三疊四跳四门虎柏壁
跌落嵌目下岩重龍上天性大海海

裡攢嬰七斗身迹摟出分踖落去
三九嚴頭五十一孤畨单只又着裡
一介孤畨倍三隻甚么生理當渴吼云云
男人畧畧設過去回頭設出女人
知令晩一二十三四十五六十七八十生讀阿婆内白科白
操起大嫂子二心旧三媳婦满嫂

子阿満妹孫嫂子早早起来熬茶
煮飯正當時飯仔煮得無沙並冇
谷長年月工夫伯小叔家官官娘
食得愉喜飯仔煮爛里菜仔煮咸
里丈夫走轉来抽條灯心掘打舟
佷個皆媒皮涯介孩子愛食乳

已多辛苦冇人知云云一芓婦人甚賢
良終日食里敬家娘銅盆倒水娘
洗面鑼灼燋火娘梳粧担張校椅
堂上放輪来輪去做穿娘十字街
頭講論呵嘂頭家娘甚賢良云云二
芓婦人面黄々終日食了罵家

娘又罵家娘潮呰姐唊呰嫲嘿剛嫲
实額嫲爛日嫲鋏牙鈀打頸花会啬
家保護舅公芓去娚分涯奵嫂好過
家逢着正月半満旧公芓去娚奵々
嫂嫂羽伻伻大嫂拏個籮走去工
苗挼一挼々得一籮大秋茄二嬸拏

介籃走去下菌㨂一㨂㨂得一籃大
秋瓜搭人買倒三介半糸肥猪肉拏
轉屋放在鍋中下嗟々吼吼嗟々炒得
一鉢肥菜茶氣伻々放在桿中下大
嫂走来食三碗二嫂走来食三甌
三嬸冇好助拏倒一介鈌呰匏杓

嫲鉢底拑一下食渴三四匏杓嫲食
渴屎肚脹呱匕頭更當平過二更做
笛吹三更勝過栢仔銃四更勝如雷鳴
五更肢成氣門悶打一聞孤在簷下
好了一介花狗嫲十字街頭人講論
呵噹頭家娘與食肥菜云云一苛婦人

口似花清早起来掃厠下人客迎入
屋坐在厠中下撈火熟煎茶坐渴欠
剁雞開老酒官家丈夫無在屋寡人
買魚又買肉相待人客辞佴匕欸匕喜
喜别家十字街头人講論呵噹頭
家娘会權家云云一苛婦人面烏鳥

終日食了罵丈夫又罵丈夫四燒火又
罵丈夫四哄豬又罵背毋晃子又罵四背
飽薯薯三介人客走入屋三盤四碟做
四出灶茶灶背捉蟮鯀攬渴面烏烏十
字街头人講論此苛婦人好嫁炉云云勤
煯婦人听我云云早早起来飯仔煮好

里頭面梳正里水仔担穀衫褲洗淨
里奴嫂商量各人尋手藝大嫂尔做
花二嬸未績蔴满姑學綉花經有布
幼咄匕綉有荷包烟袋睛哼哼打扮
丈夫晃子出屋擺一擺人人呵噹尔
姆尔嬸好手工云云懶尸婦人四听金

雞唱四听紫雞啼繁睡繁迷痴睡里
三日四夜四得腥繁睡繁迷痴日出半
天高三叔公牽牛磻頂上天吊兔火年
郎三更半夜牽件上無好懶人涯懶
人睡得到天光扒起來日頭半天高
問門趾撳倒兩堆大目屎走去厮下
飯甑打開來肚内生有蜘蛛絲走去
灶食兩碗臭溲茶二脚双双去過家
去到上家有茶食三碗下家無茶
說宽家說得二家人相打中央拍掌
嘆嘎嘎遇着一隻花狗嫲脚膣咬
一下哇哇呱呱無待呱終日會走害

自家轉來勤勤做勤勤績十五績到
月半邊績到六兩紗有經又無纏有
直又無横上家去借紗連問四五家
下家去借綀連問七八人四使借上屋
有介草鞋鉋正正落得涯麻紗撿轉
來同年嫣打落涯一介月經四出手快
快脚三十二日耕出來耕來布眼過淂
捧頭古布墘大過巴掌嫲無多亦無火
耕倒犬四布家官又話做條褲大夫人
話做頭布尔好酒尔好績耕倒犬四
布涯愛做条裙正月十五來去巡妹
孫自家裁裁剪剪裁裁做里三斤

四兩芋㐈仔做好一條裙着緊上村過
下村人人呵嗾涯條芋布裙着里三年五
載冇識洗四十九介月冇曾漿掷在長江
水里洗洗得一坑水又汶掷在塘裡洗
驚㝵鯉嫲哈哈淮蝦公看見打乱退老
蟹看見打撇車看牛阿哥仔看見擲
笠蔴㚷㚷嫂嫂扛起一條裙扛在篱
裡晒篱又斜扛壁裡晒壁又存樹裡晒
樹擱筠扛在大埔頂裡晒睡到三更賊
吠狗狗吠賊賊冇瘟収走涯條裙㚷
嫂走去看冇見一條裙投明鄉保甲首走去查
還係嶺背看牛仔掷去撈蝦公篙

禾鷄噴轉來就着在庄裡过人人呵
嗾涯條裙十字街头人講論呵嗾頭家
娘甚温存〻一等婦人與食大糖巴想
里三四年想食大糖巴逢着那日家官丈
夫無在屋走上棚掃倒三籮谷自家
籠籠倒七斗五升三合米自那舂舂
㝵米頭白如雪米腰白如霜担在長
江水裡洗挑轉鍋頭甑上炊炊㝵一甑
尖天並尖地撈起放在舂臼裡自家旺
旺噫噫舂舂倒一介大糖巴看倒無人
咬一下剩倒一㐈碓了呱家官門裡
入糖巴藏在被數下家官門裡出

穧巴那出来古係古性正㦕涯介
齊巴曽拔油蔴做么穧巴四有油蔴
那在門裡肴一真噯嘖呗还係官俾
狗虱姗枝穧巴訂唱鷄歌多来天
大光四唱之時又話無言章自古
流傳係東生四係覡公打顛聲一
来承蒙主人公快快斬竹做鷄籠做
介鷄籠眼捨捨狐猶狗(白畫)無待哌二
來承蒙主人婁昨日食尔米头米節
甚使多一日食尔三合米三日食尔
九合粮昨日打節一盏花一籠績手
裡那介鷄栢个上厮攏下厮下厮攏

在后門出狐狸吊鳿婁拖狐狸四愛吊
鳿婁四愛拖分涯覡公阿ゝ哥捉轉来
去剮剮介雞鴿箸敬奉三清玉皇高
上帝雞脾雞脳脯好有肉分涯唱歌
叔雞尾雞屎吻無人愛分尔兩送肴
覡儕噗得吡呀呀鷄介並鷄腸賞分煑
点心頭家娘打起

再通鳴羅再通鼓　再賞明香再斟茶

有事重重來拜請　無事不敢請仙神

三十三天大教主　太上五灵神老君

王母七千將徒衆　閭山三宮神九郎

15　『無題（符式簿）』　年代なし・一一九頁・〈符式〉・九五×二二一

・古例にのっとった符式（符を書く際の手本）の資料として重要なものである。現在では道士でも、これほどの内容のものは使えないいし、現在の法教では使われていないといわれている。表紙もなく、かなり傷んでいるが、それぞれの符は鮮明で貴重な資料である。

・なお、この資料については、本書後編で詳細に解説する。

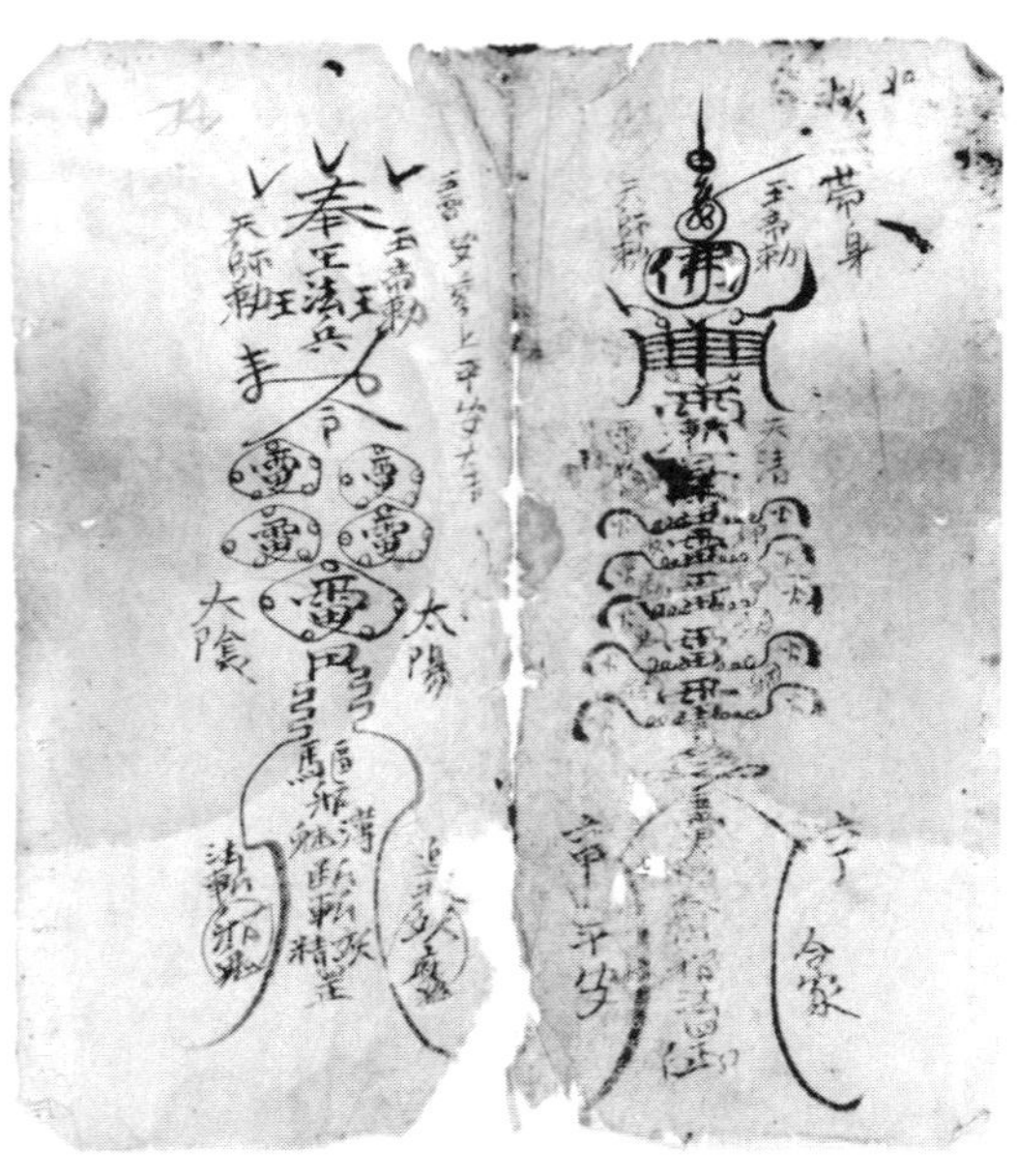

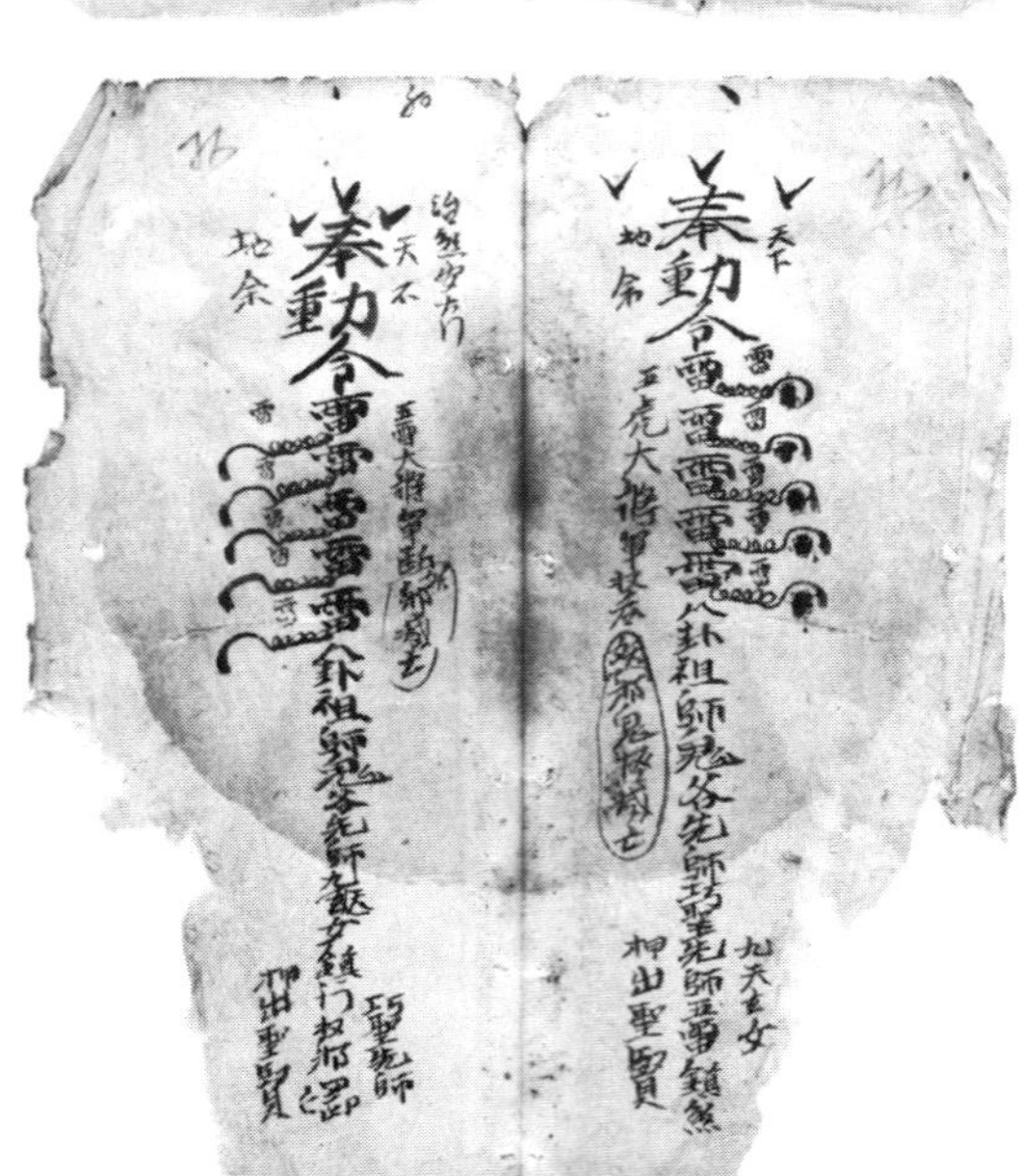

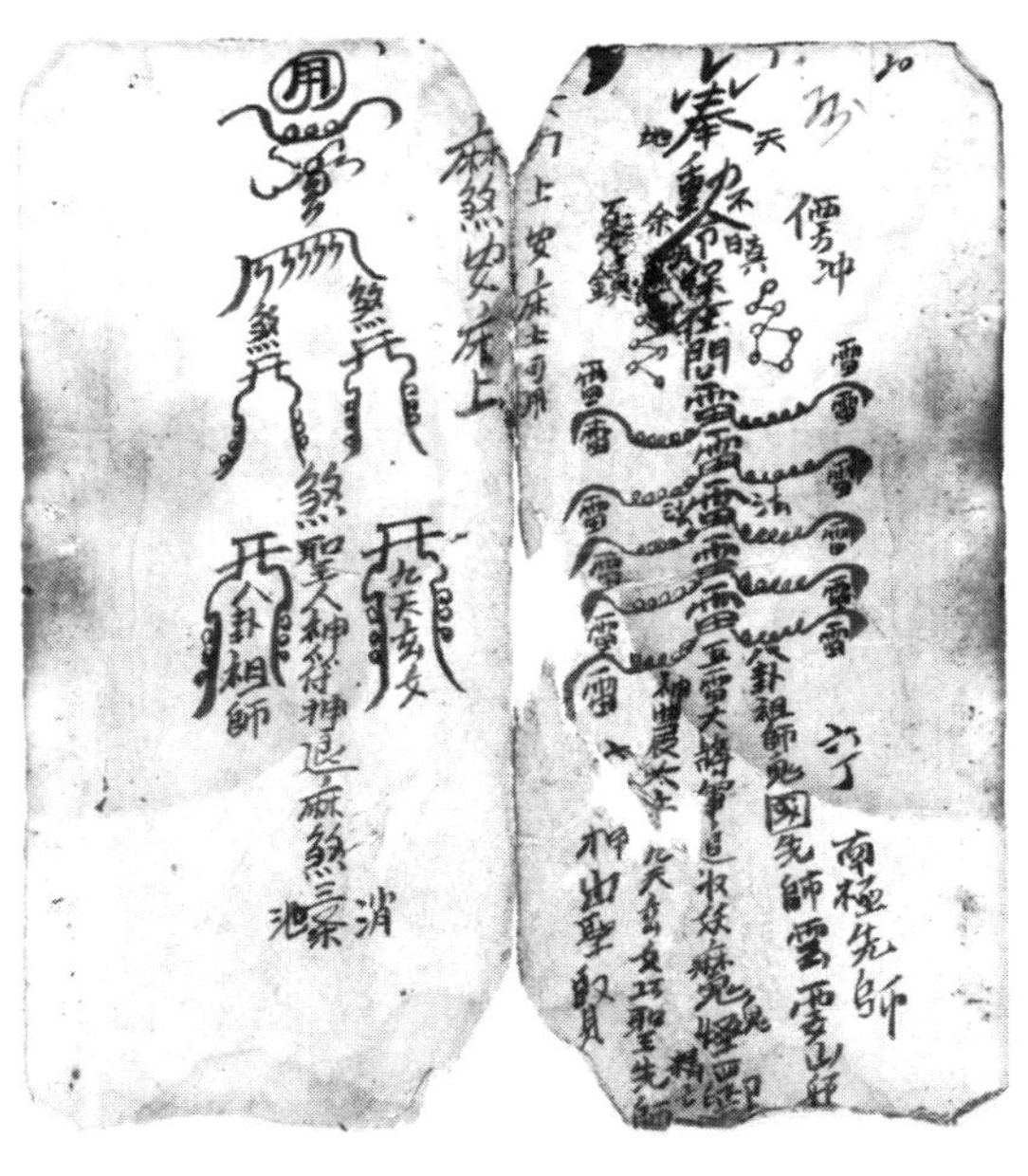

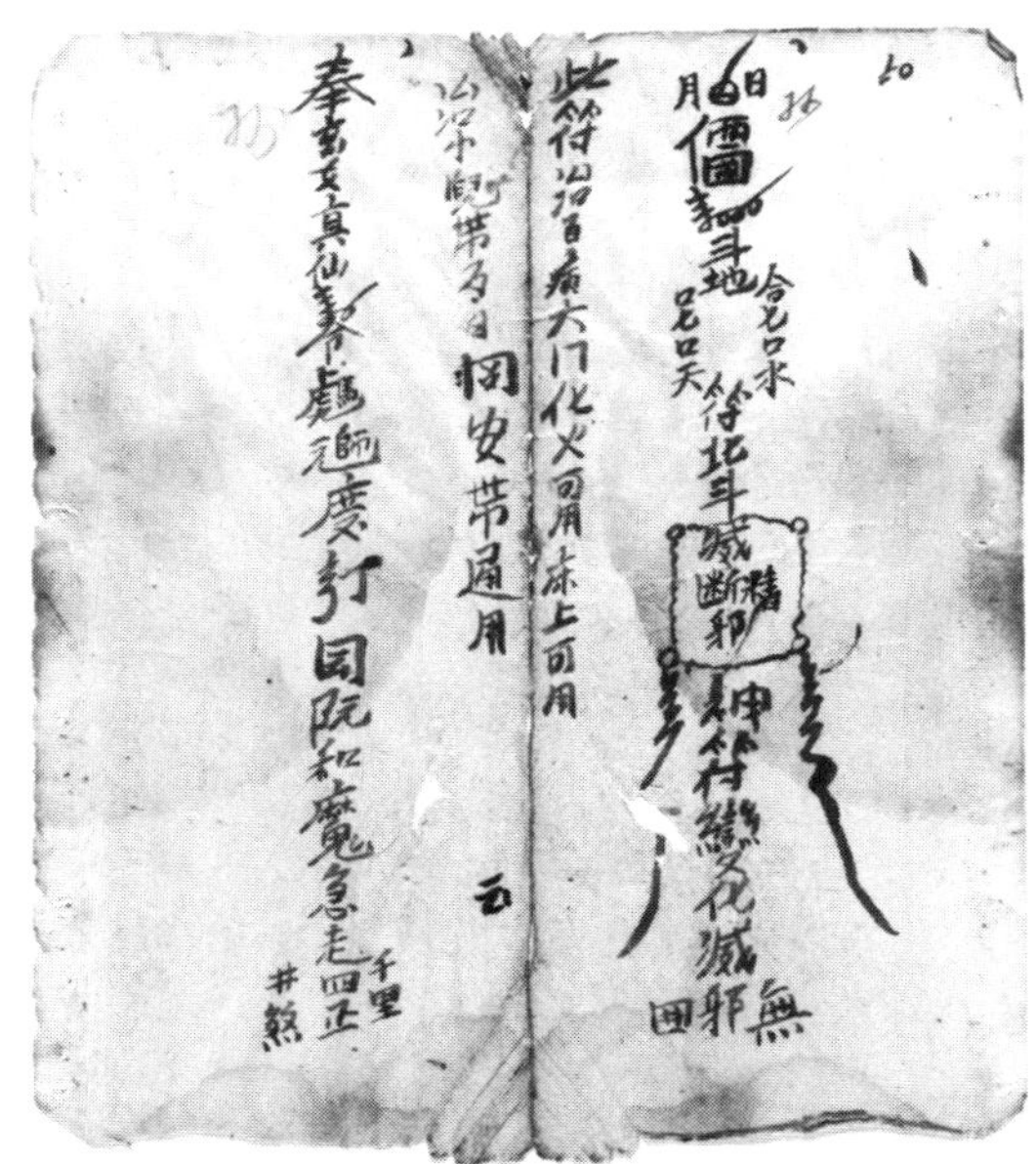

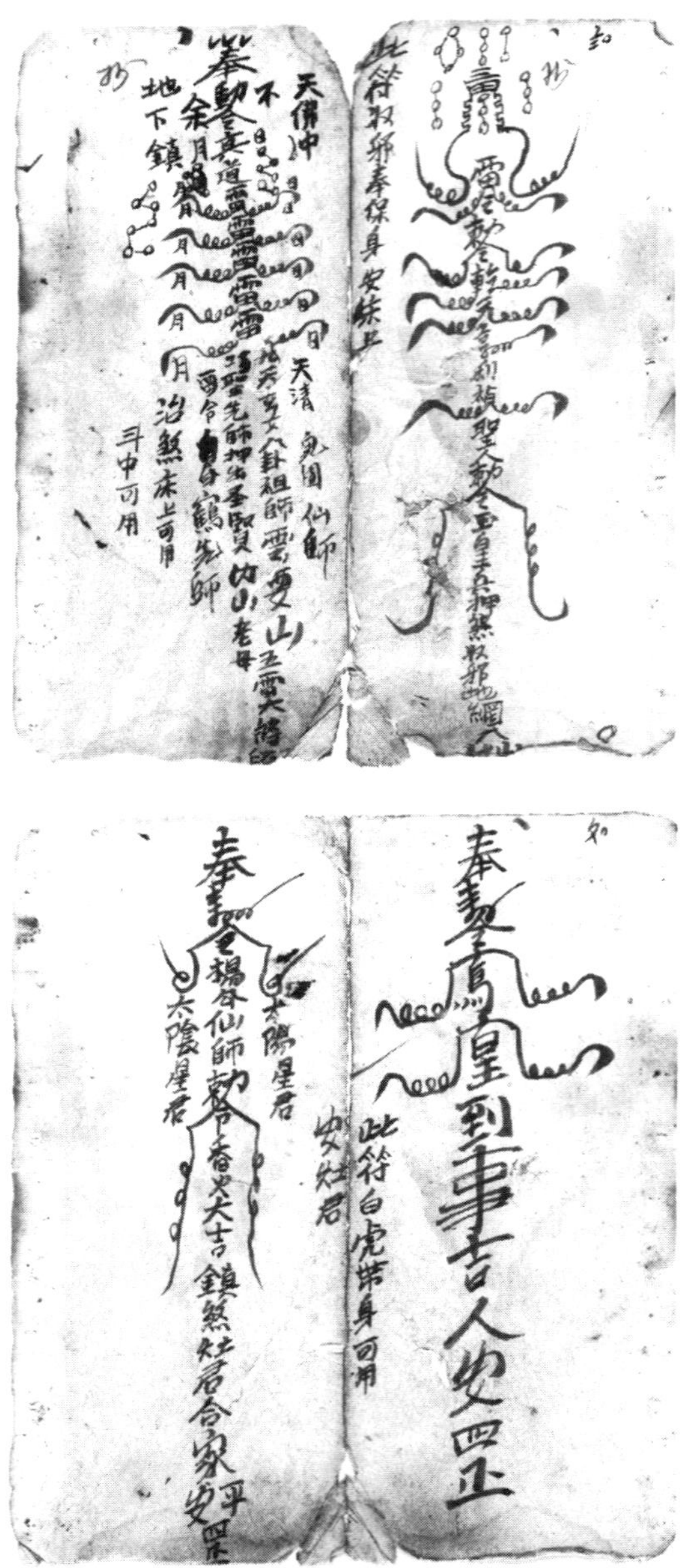

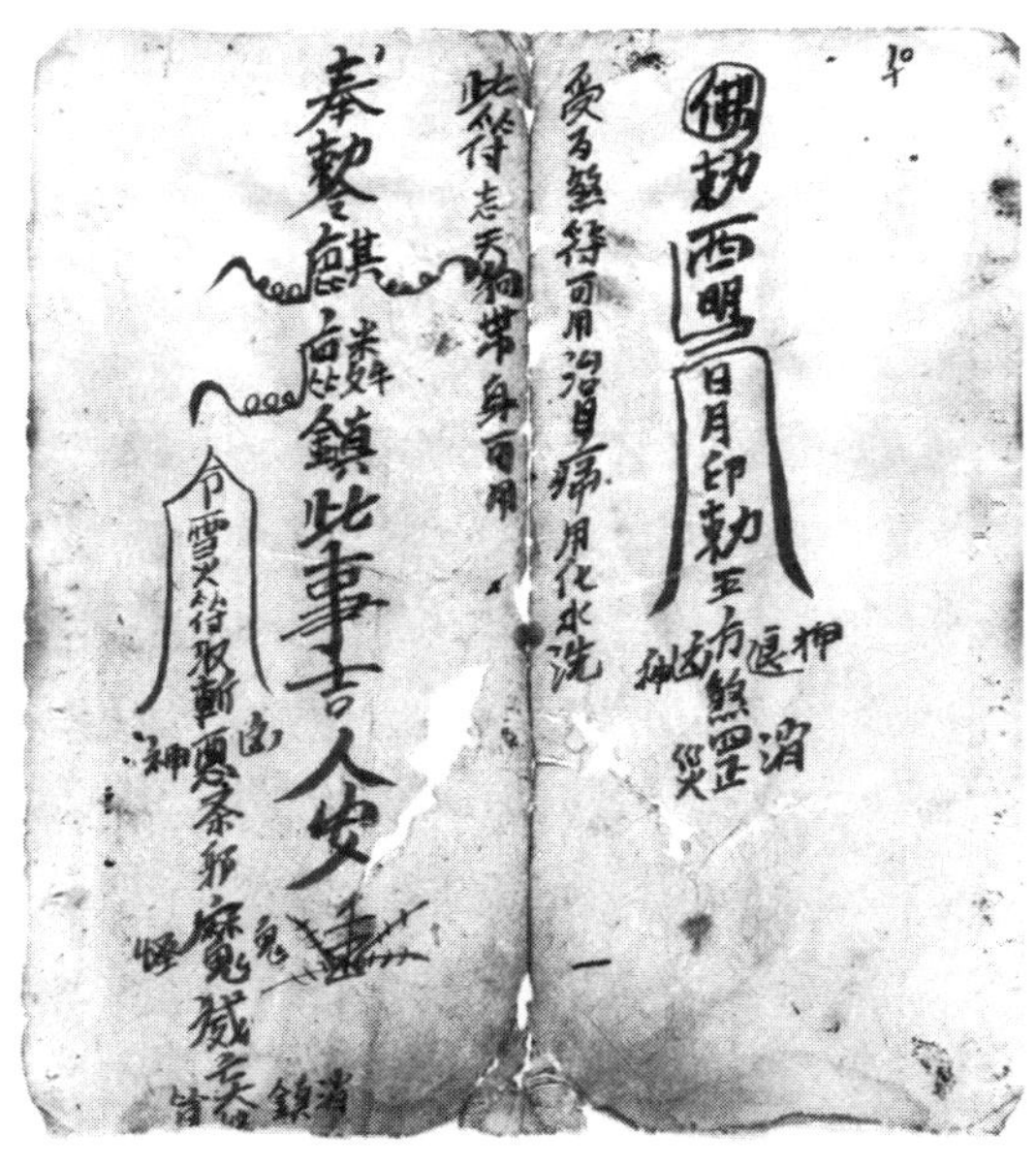

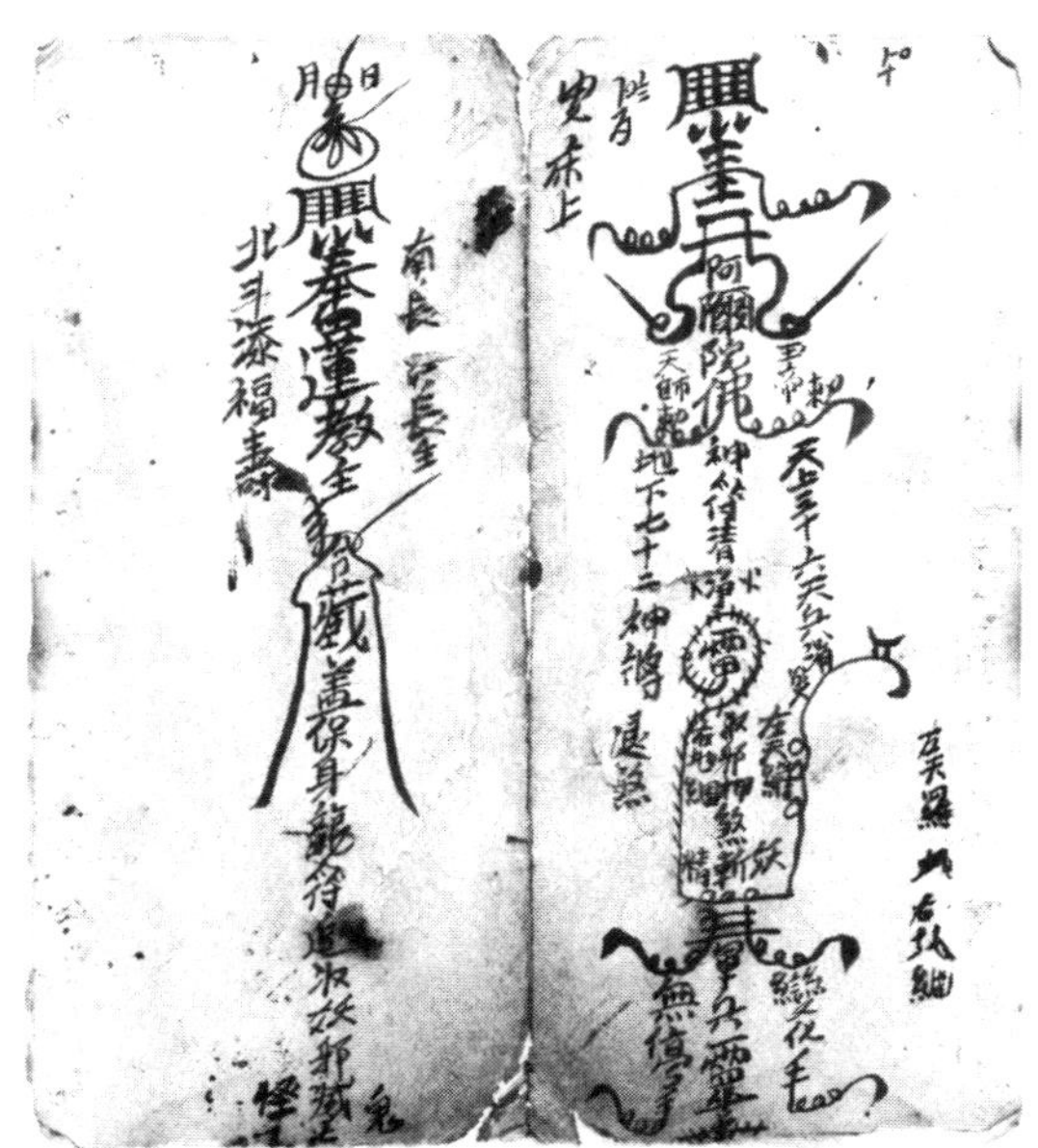

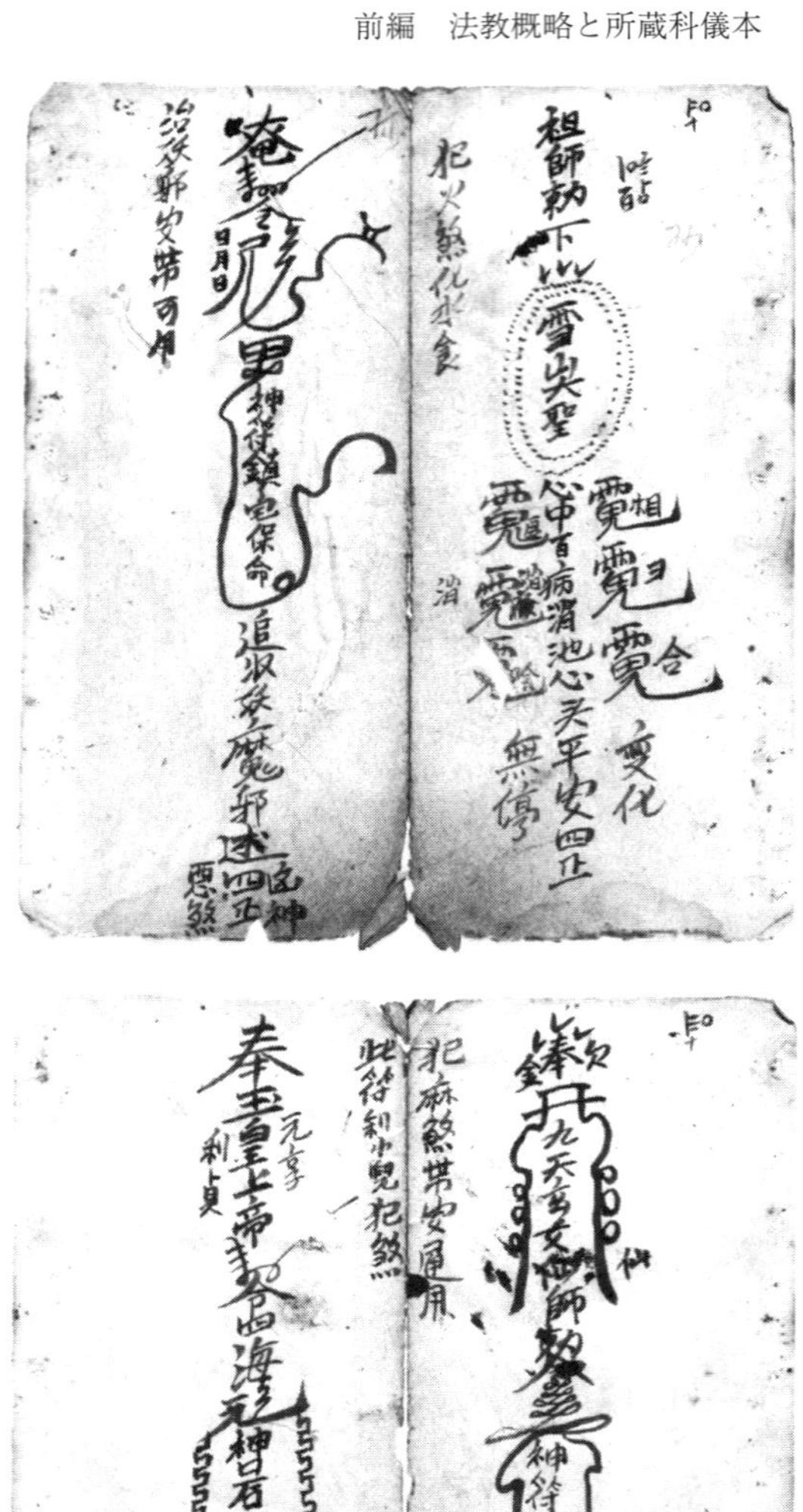

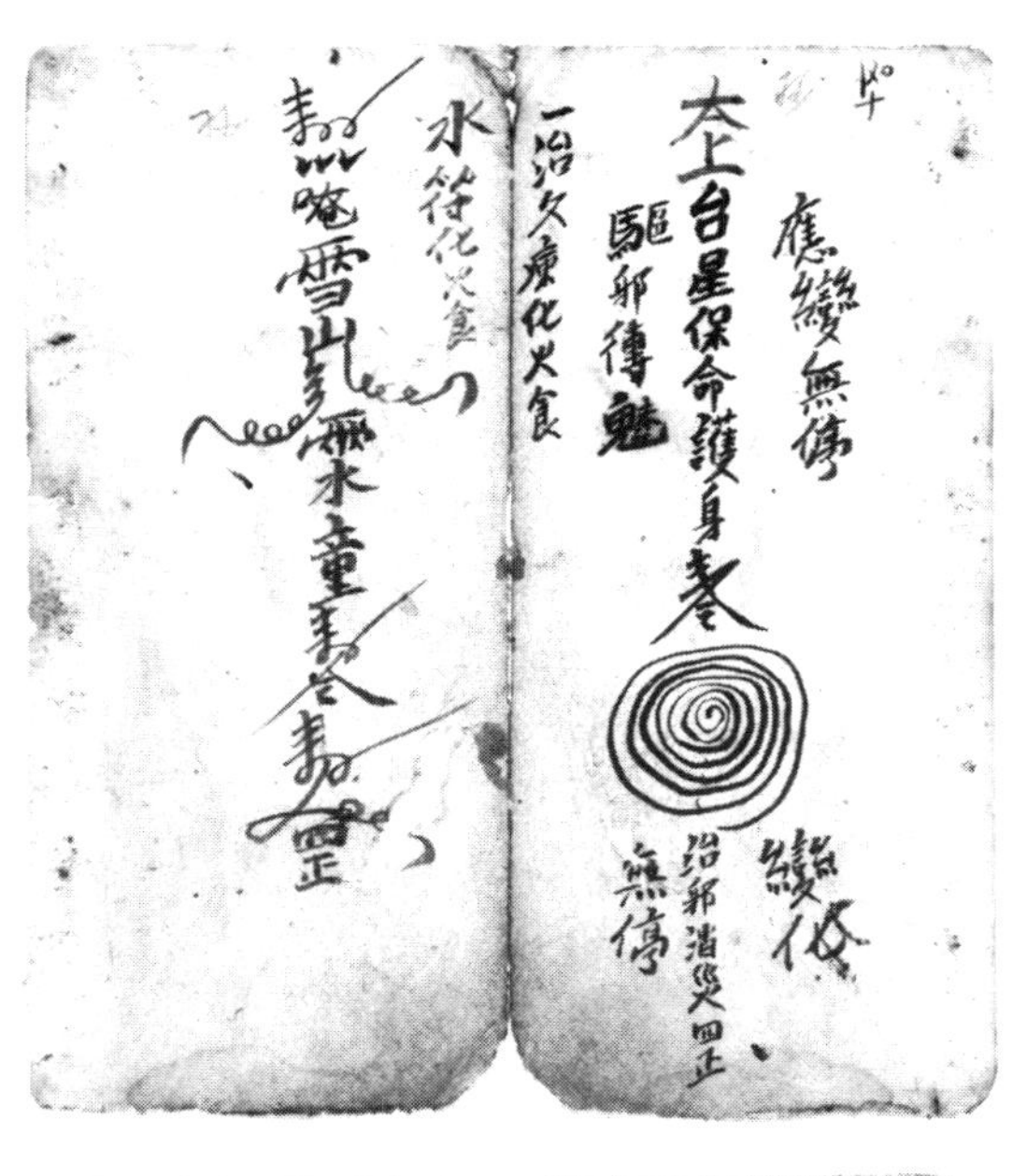

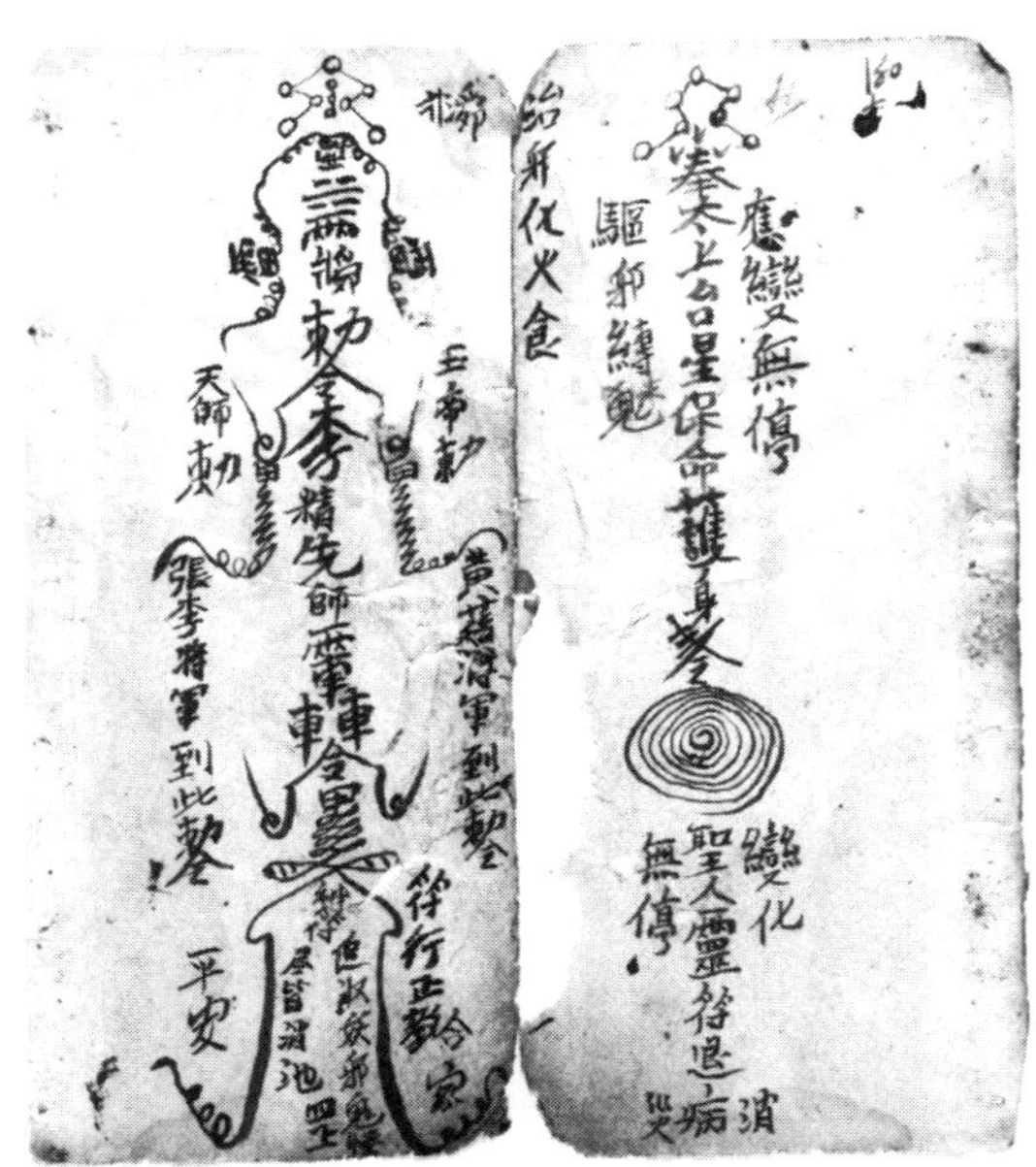

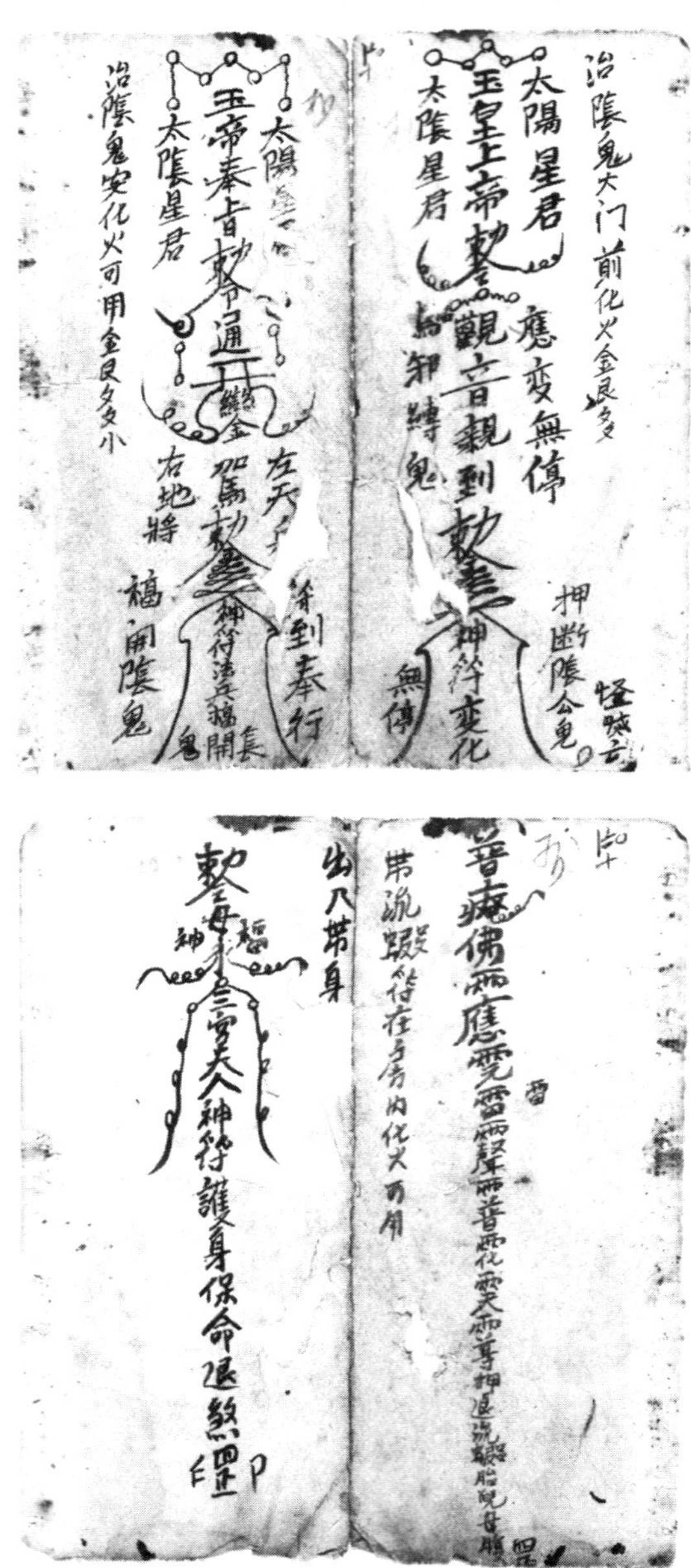

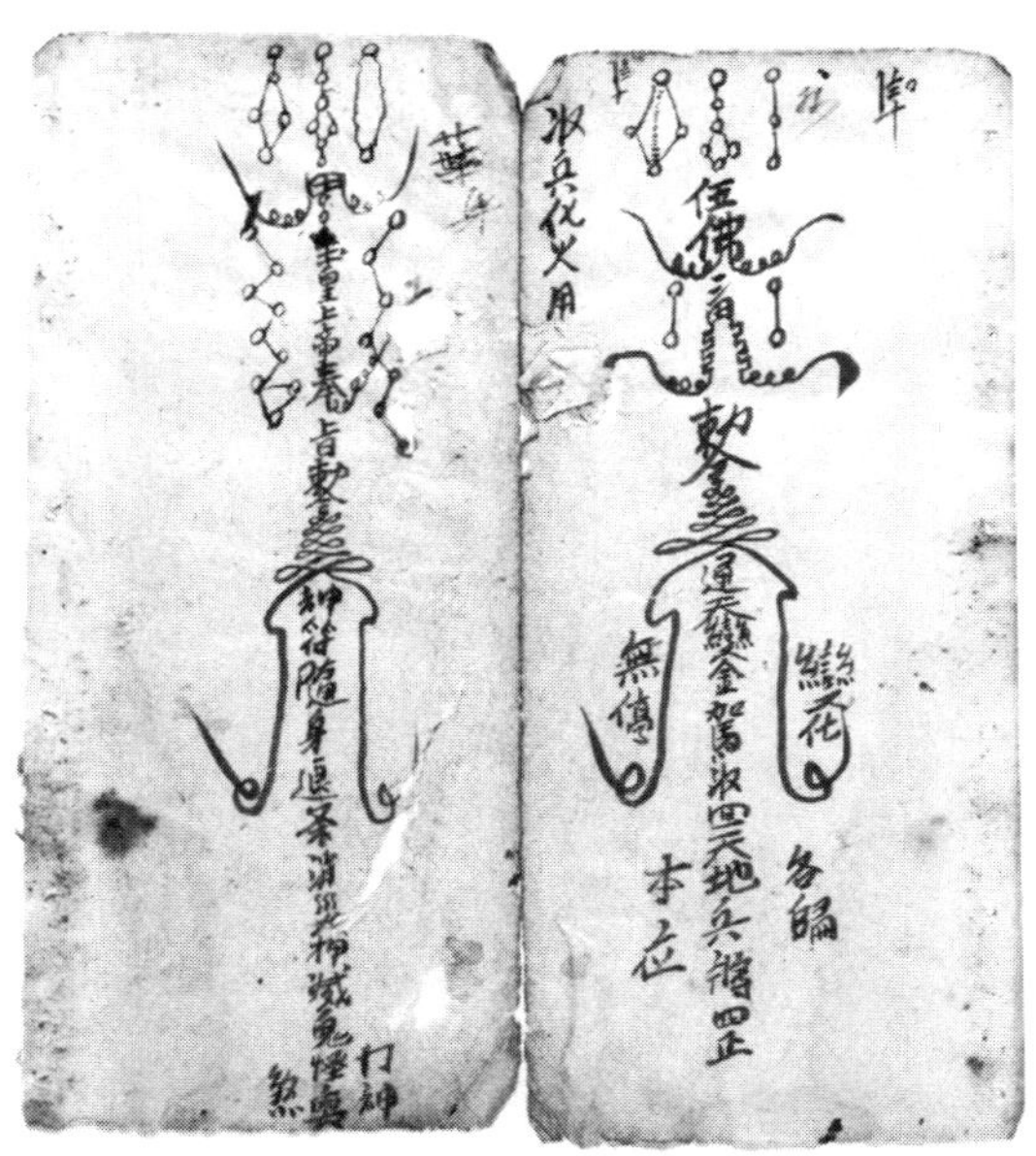

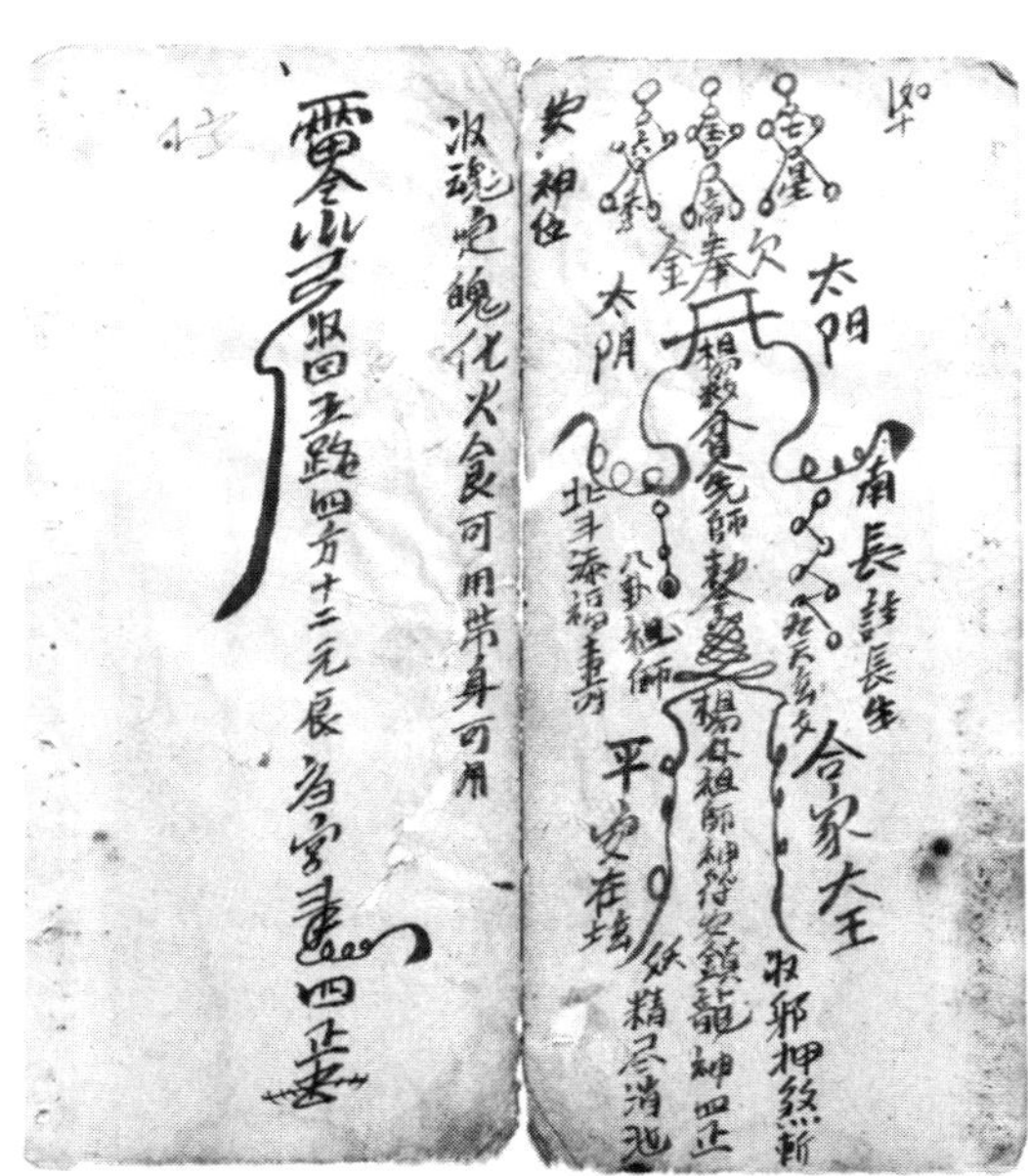

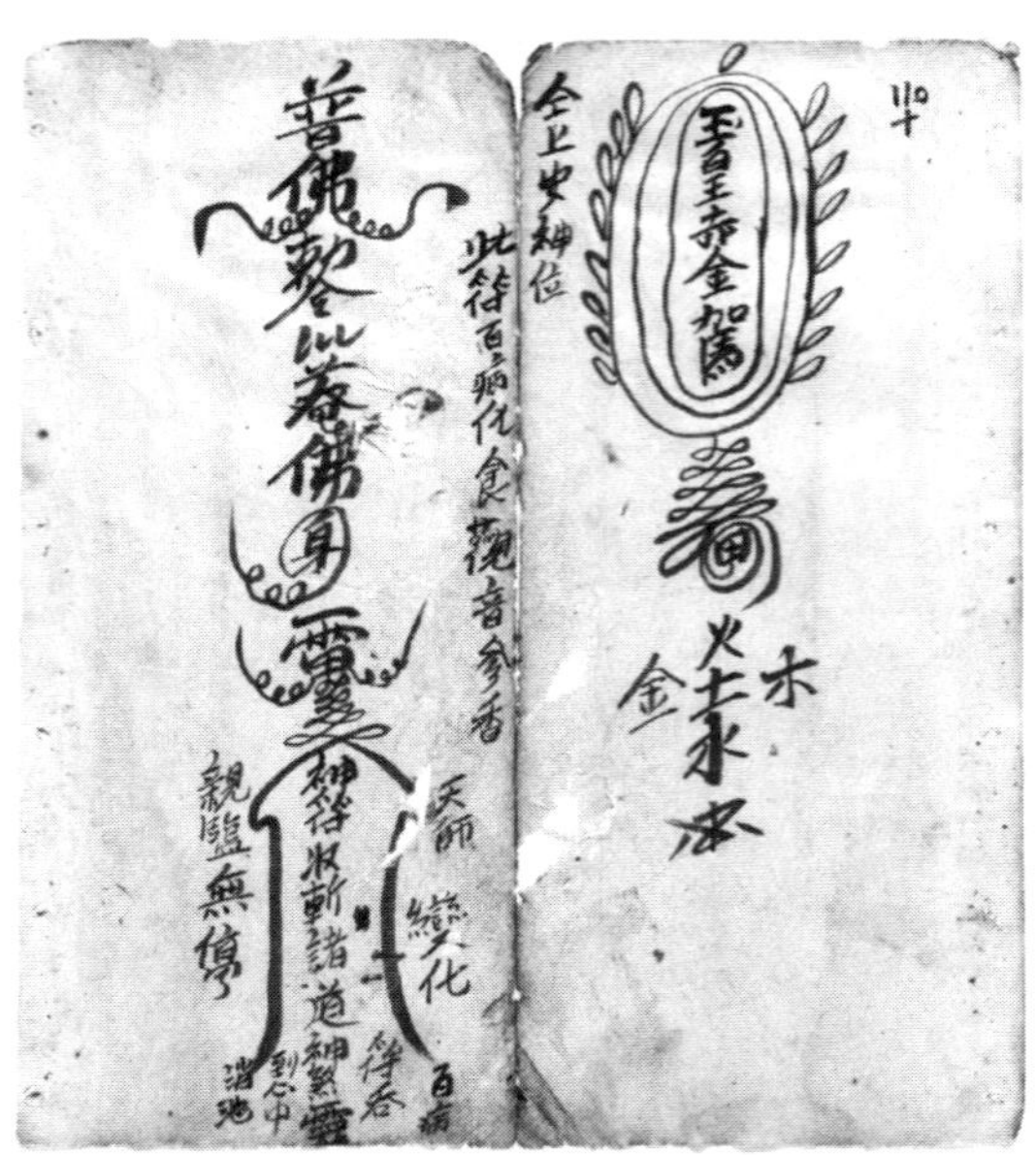
天師
變化
親臨無停

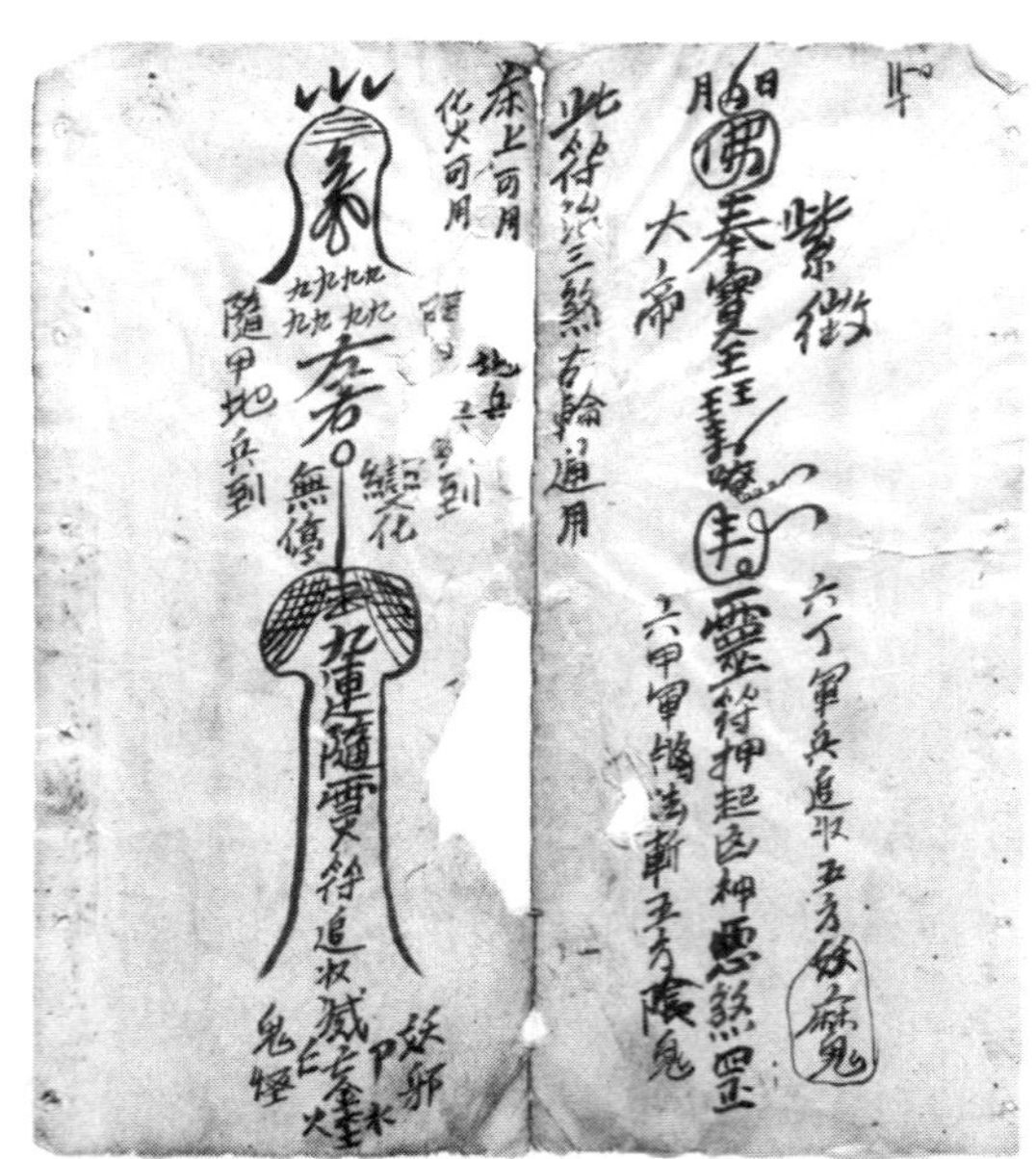
紫微
大帝
六丁軍兵追收五方妖魔鬼
六甲軍隨斬五方陰鬼
隨甲地兵到
變化
無停

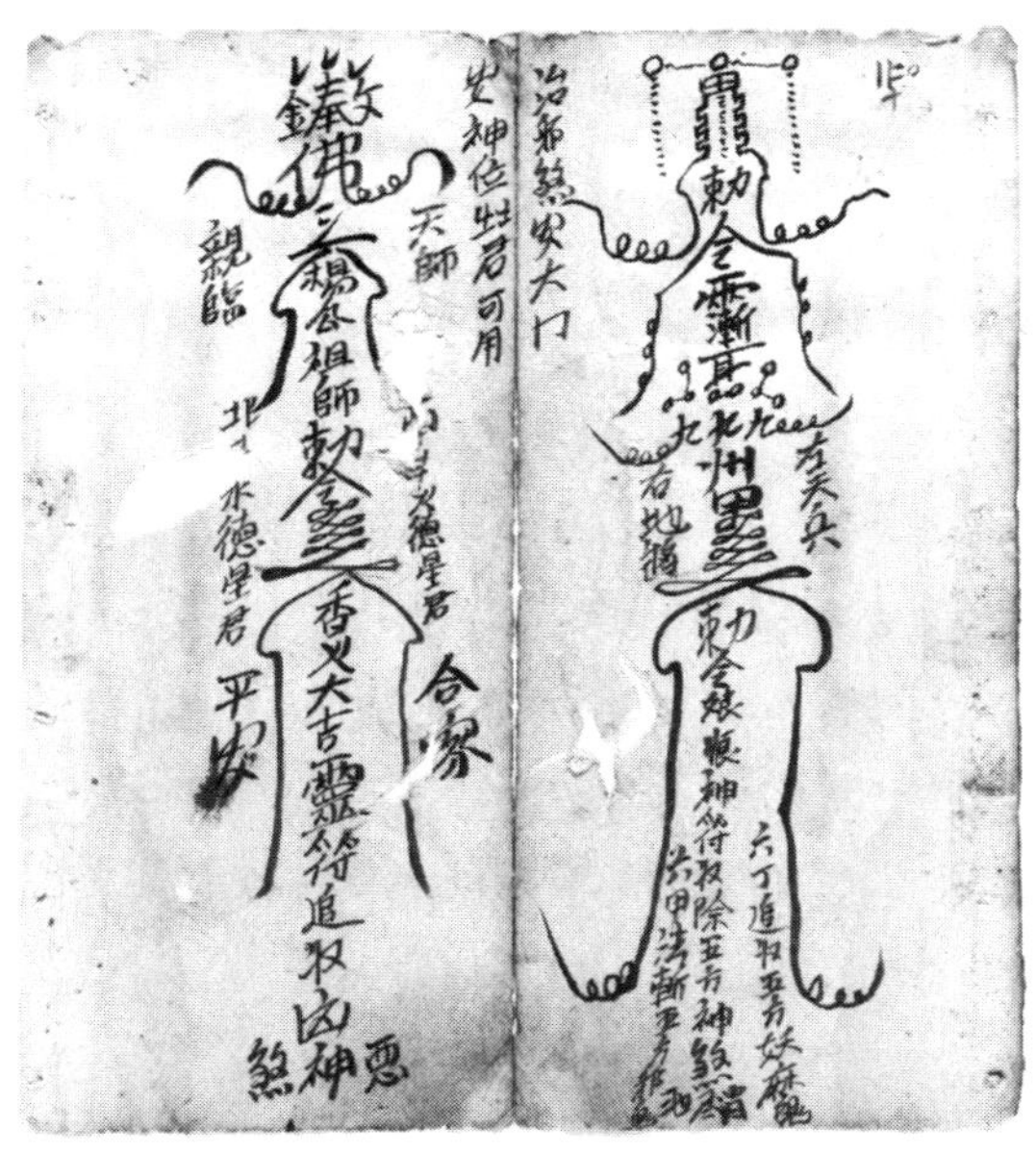

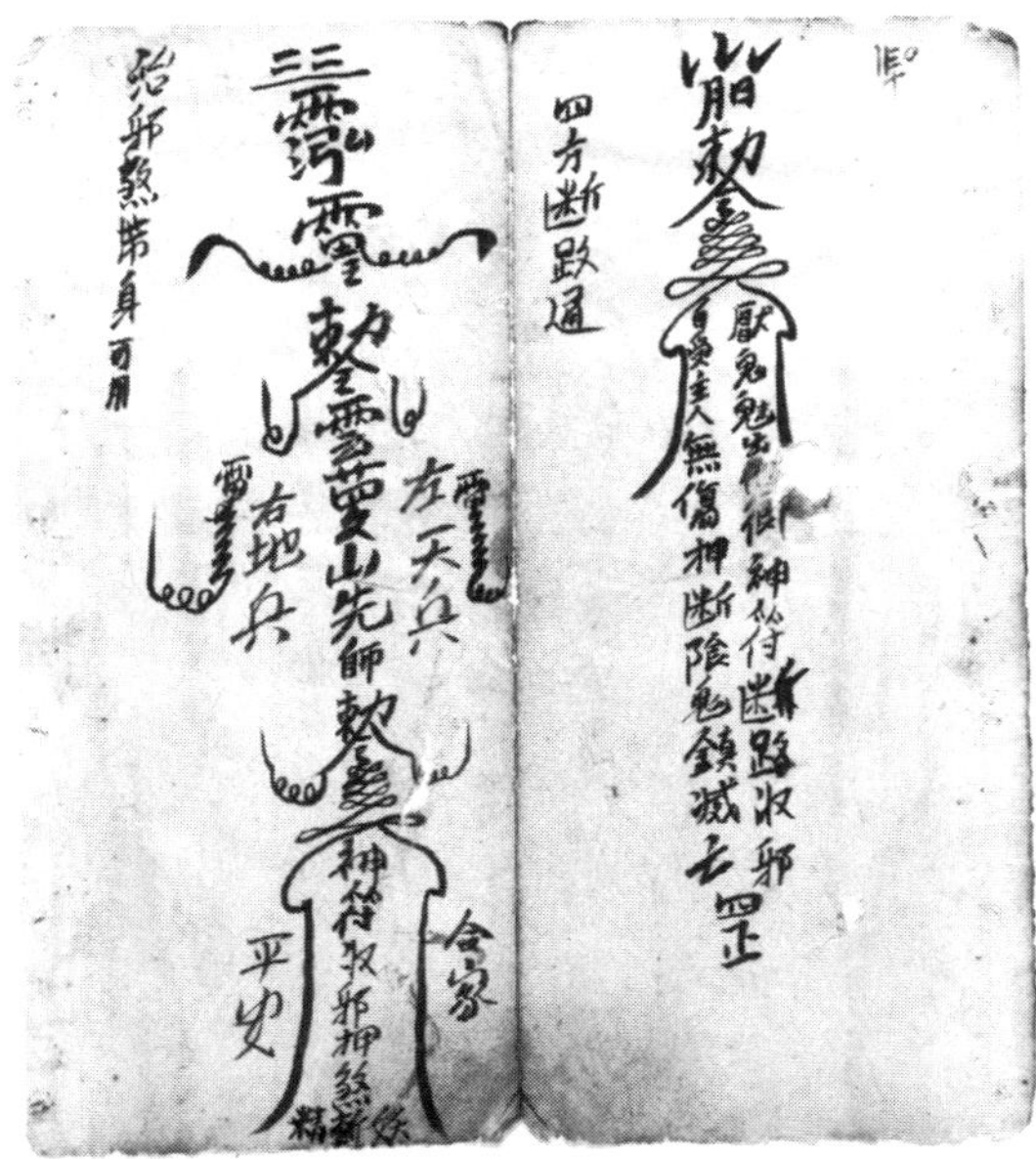

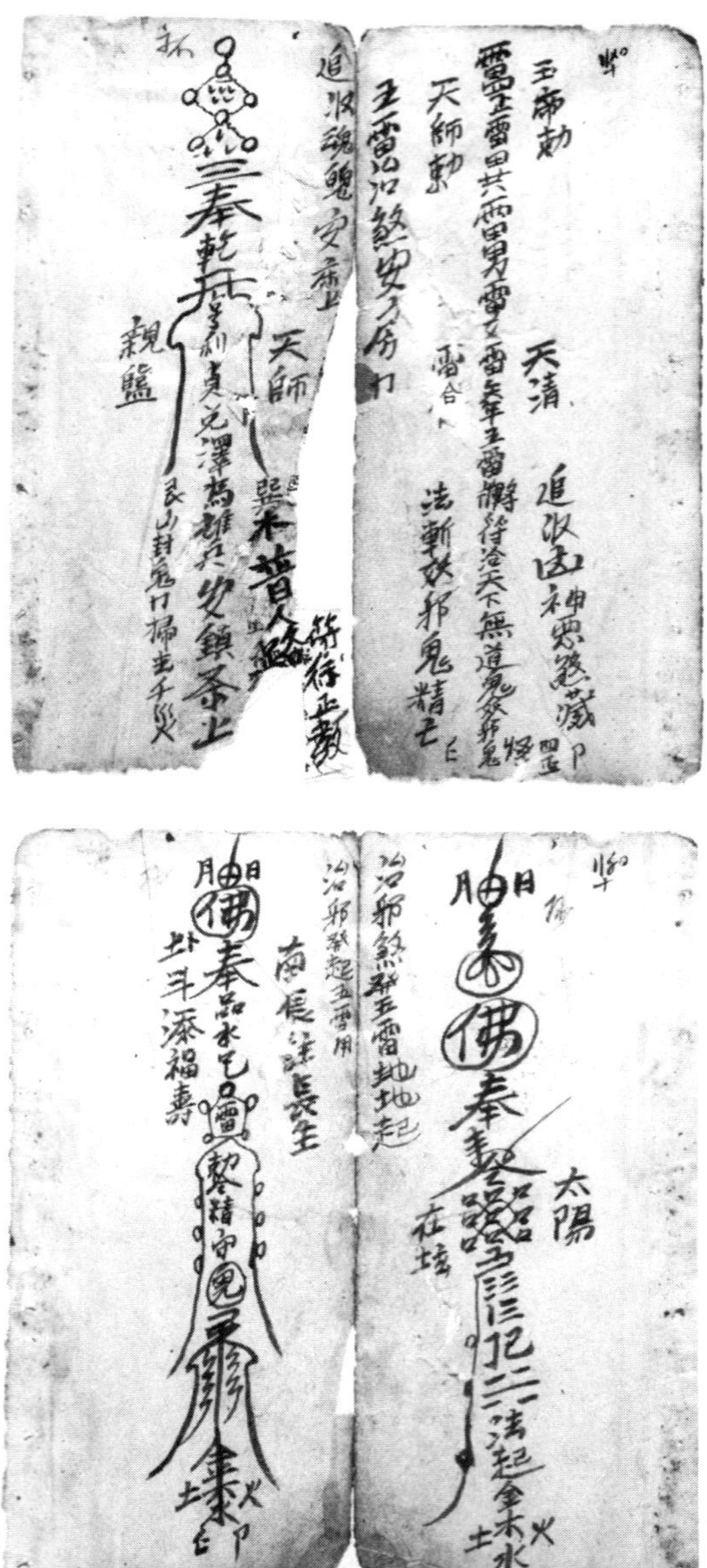

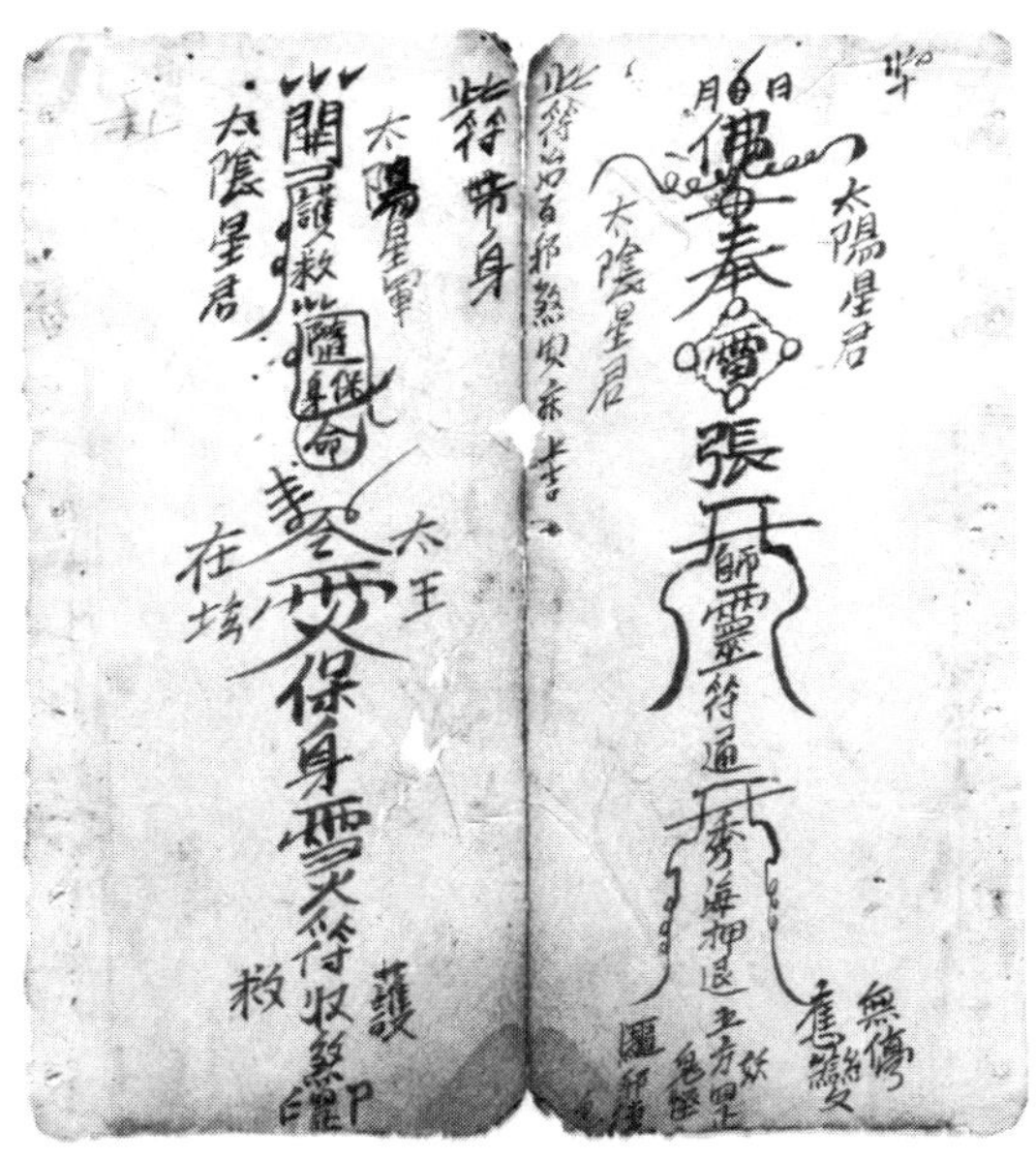

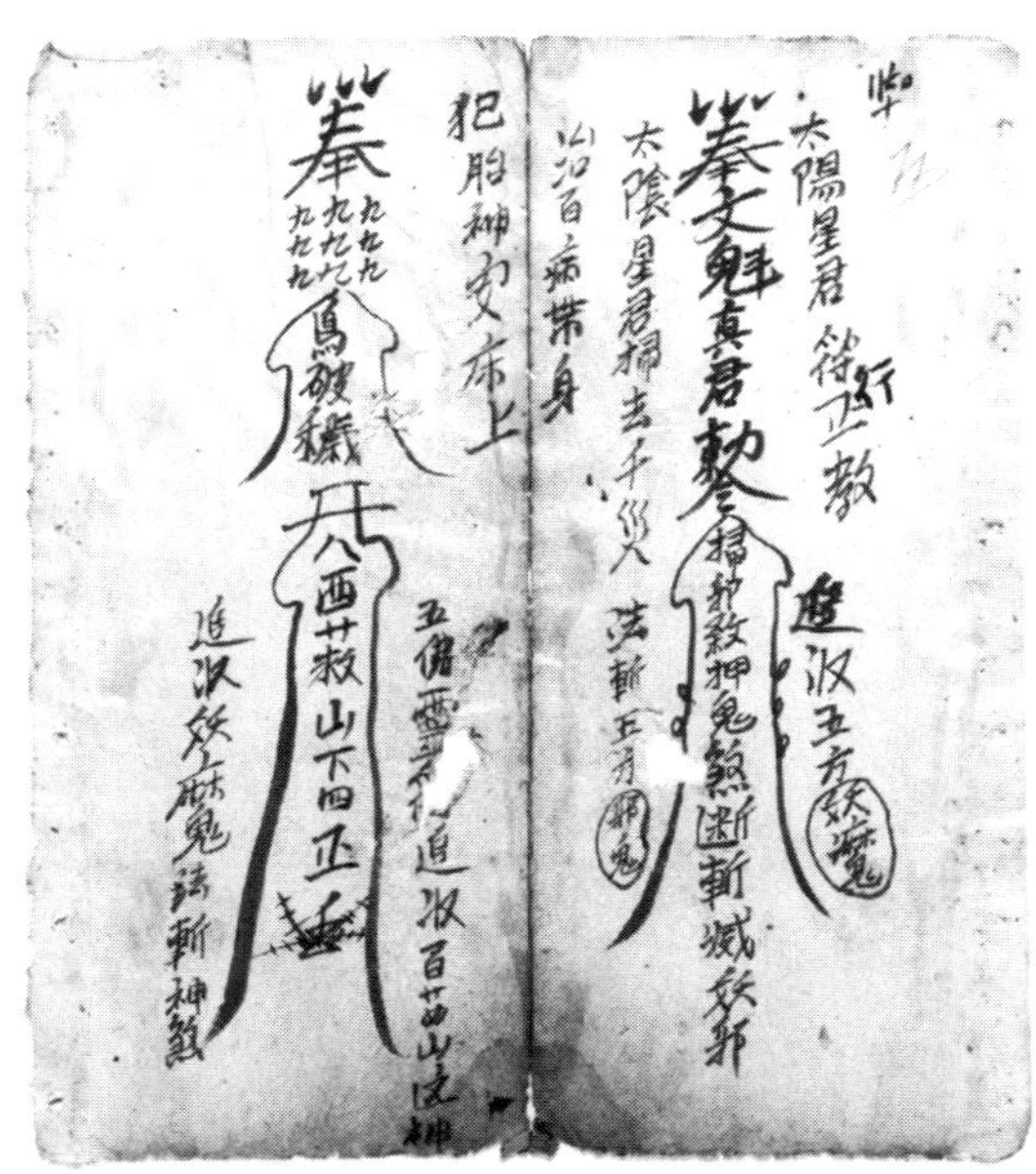

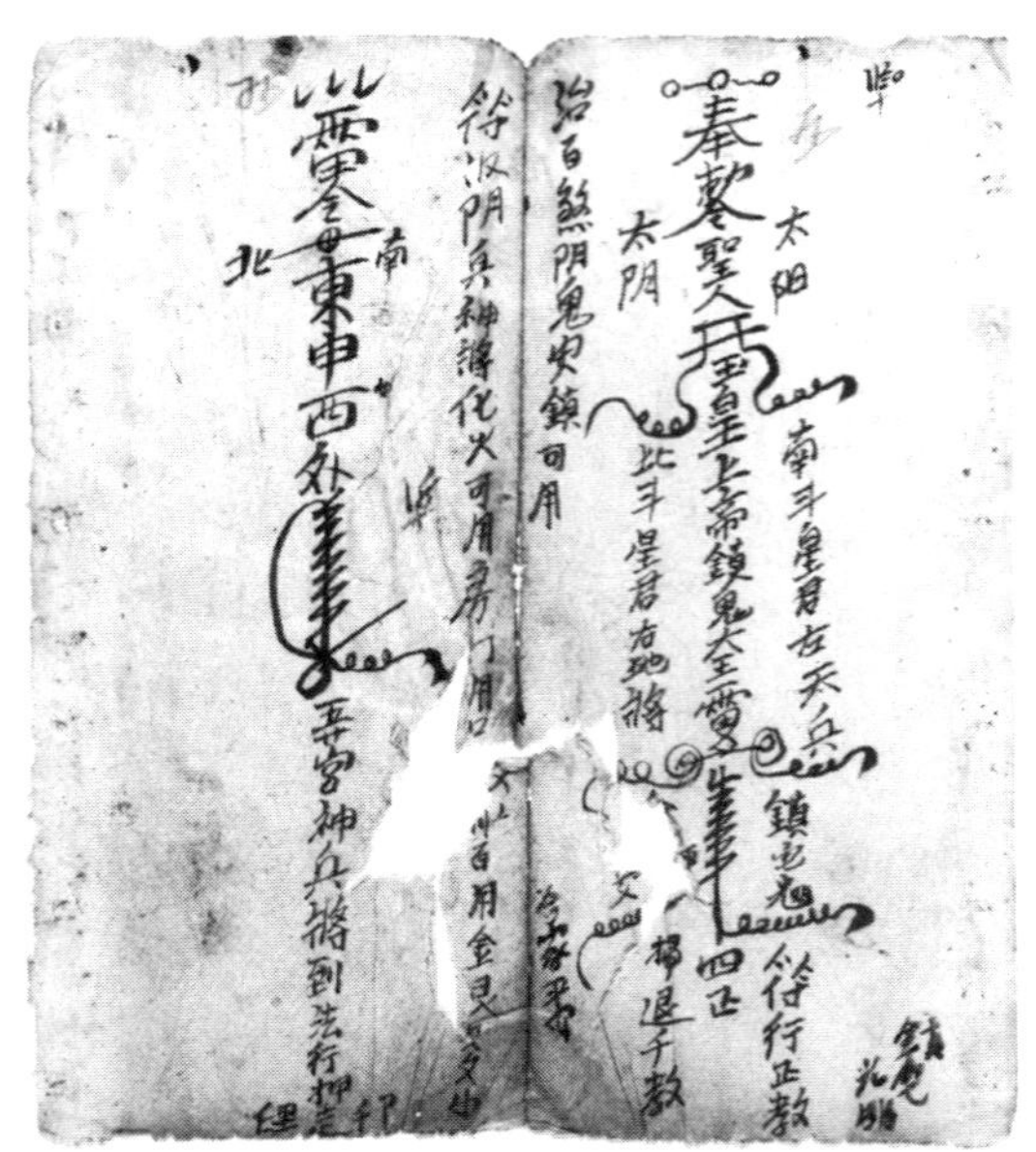

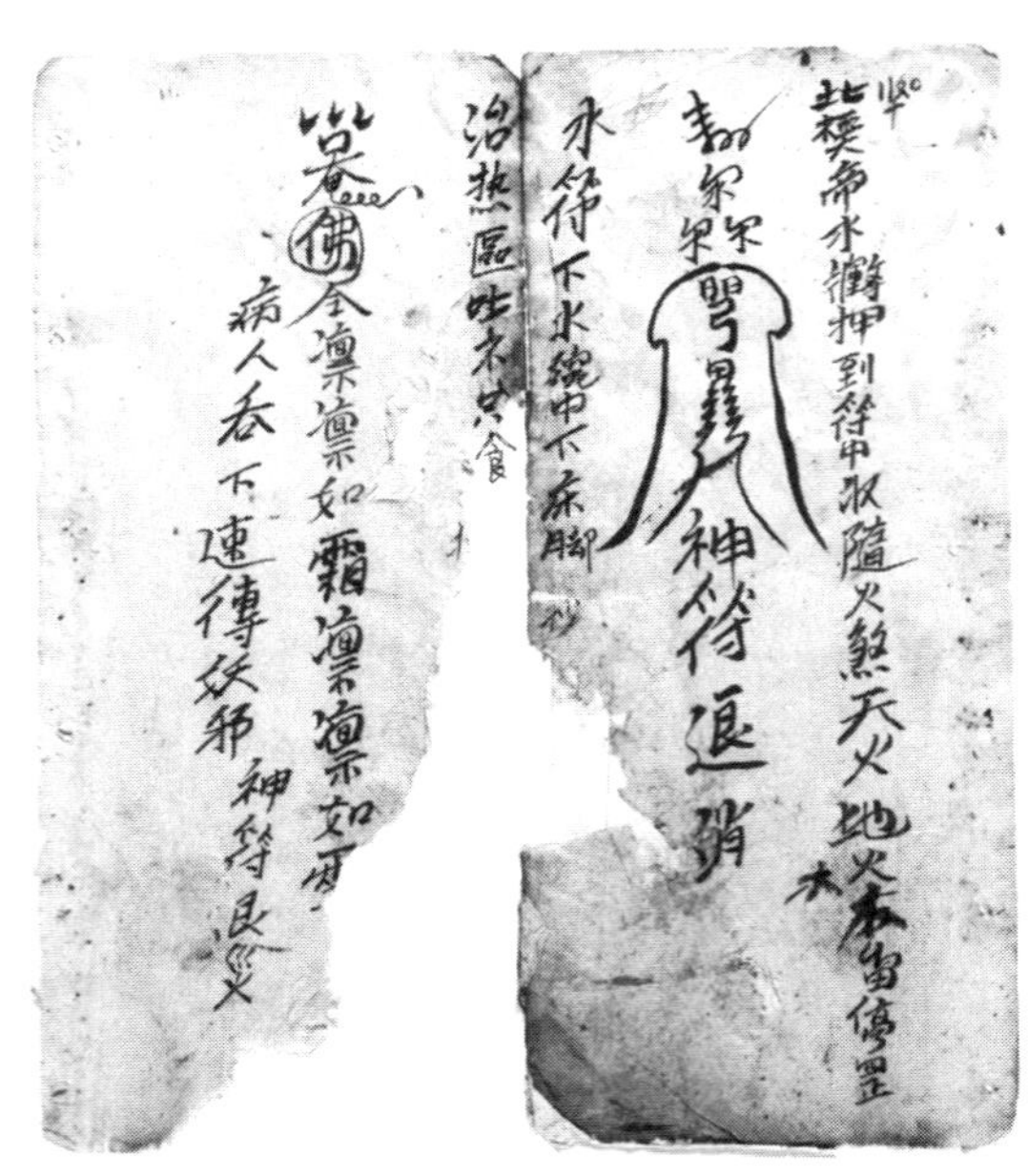

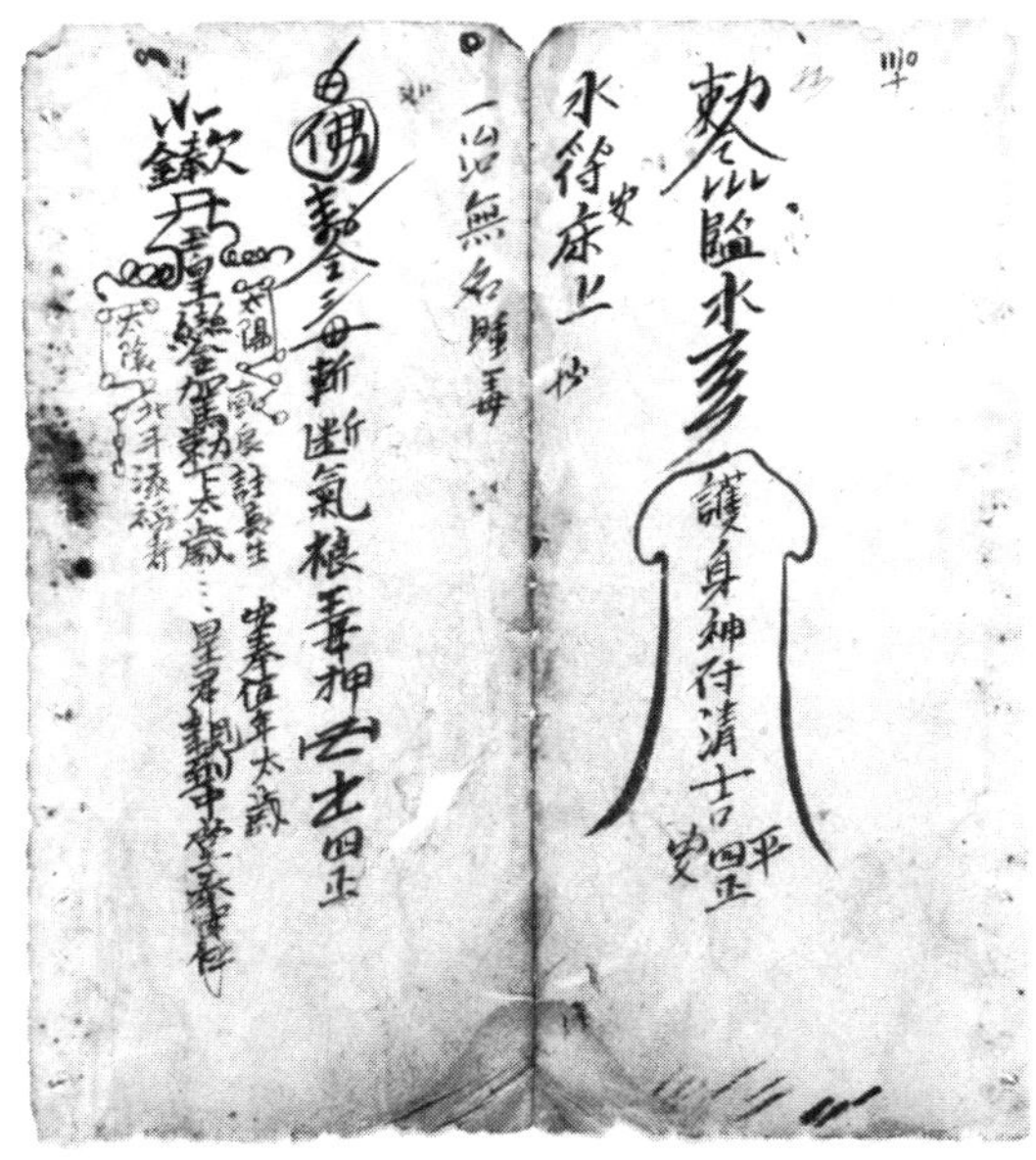

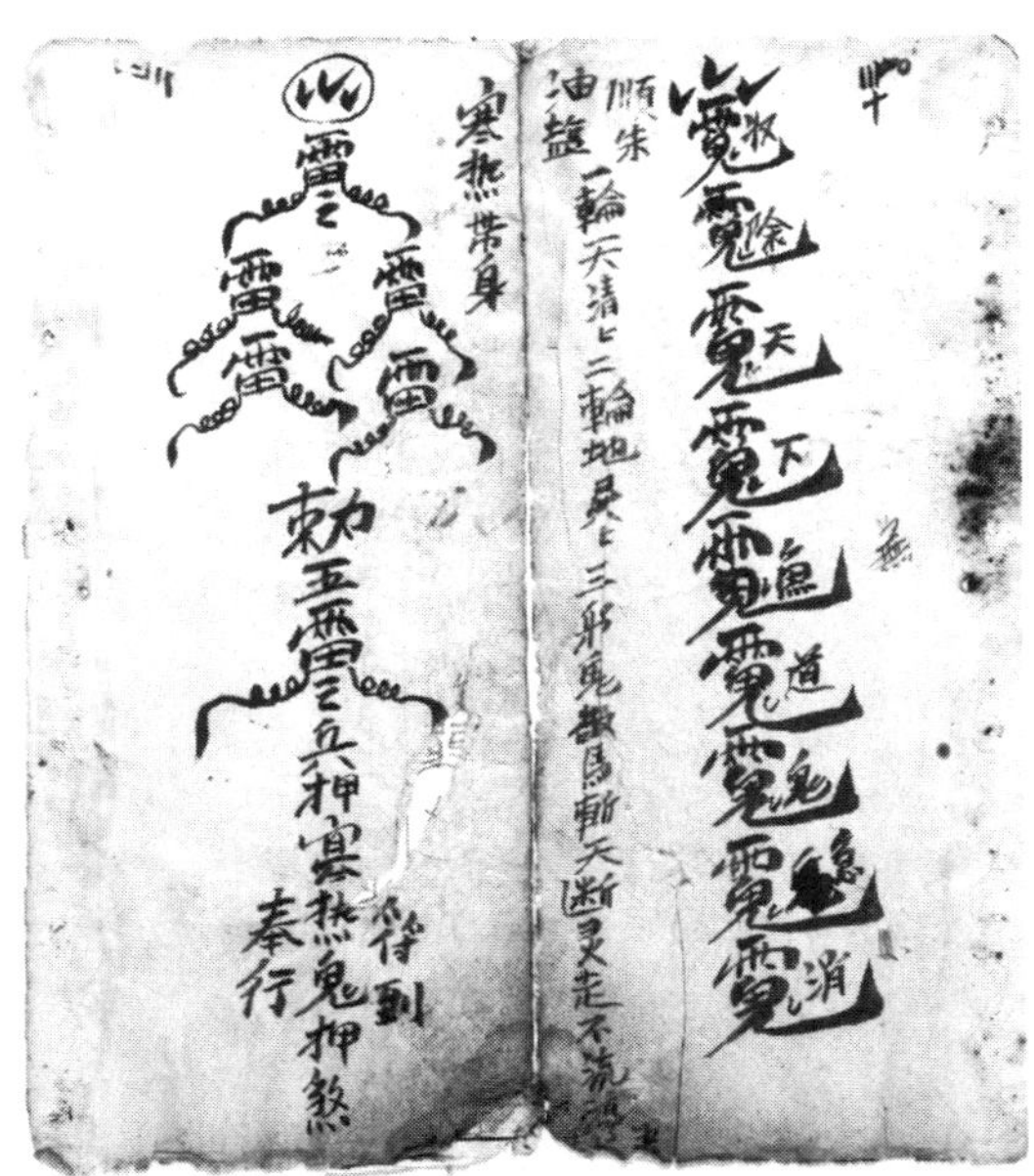

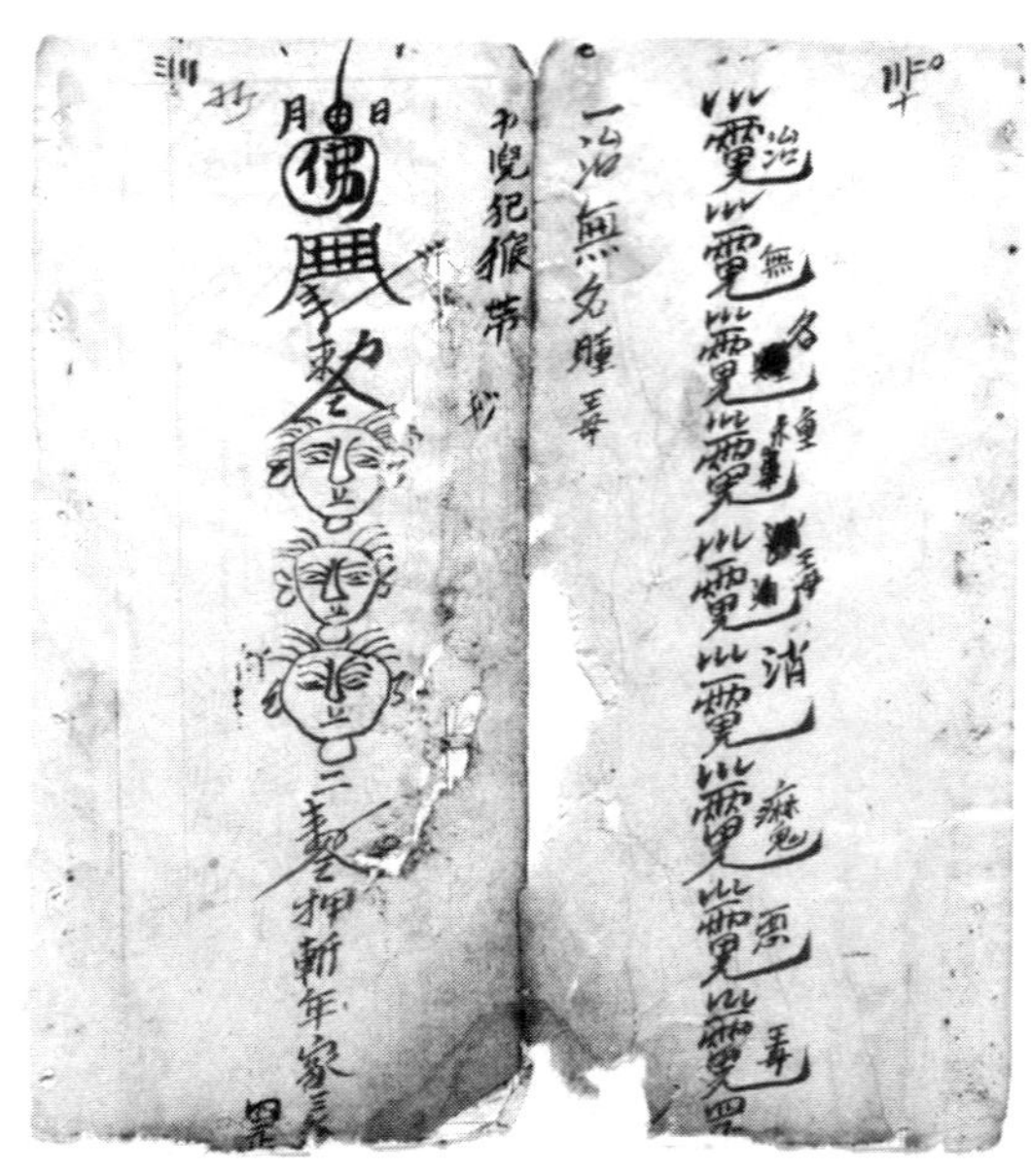

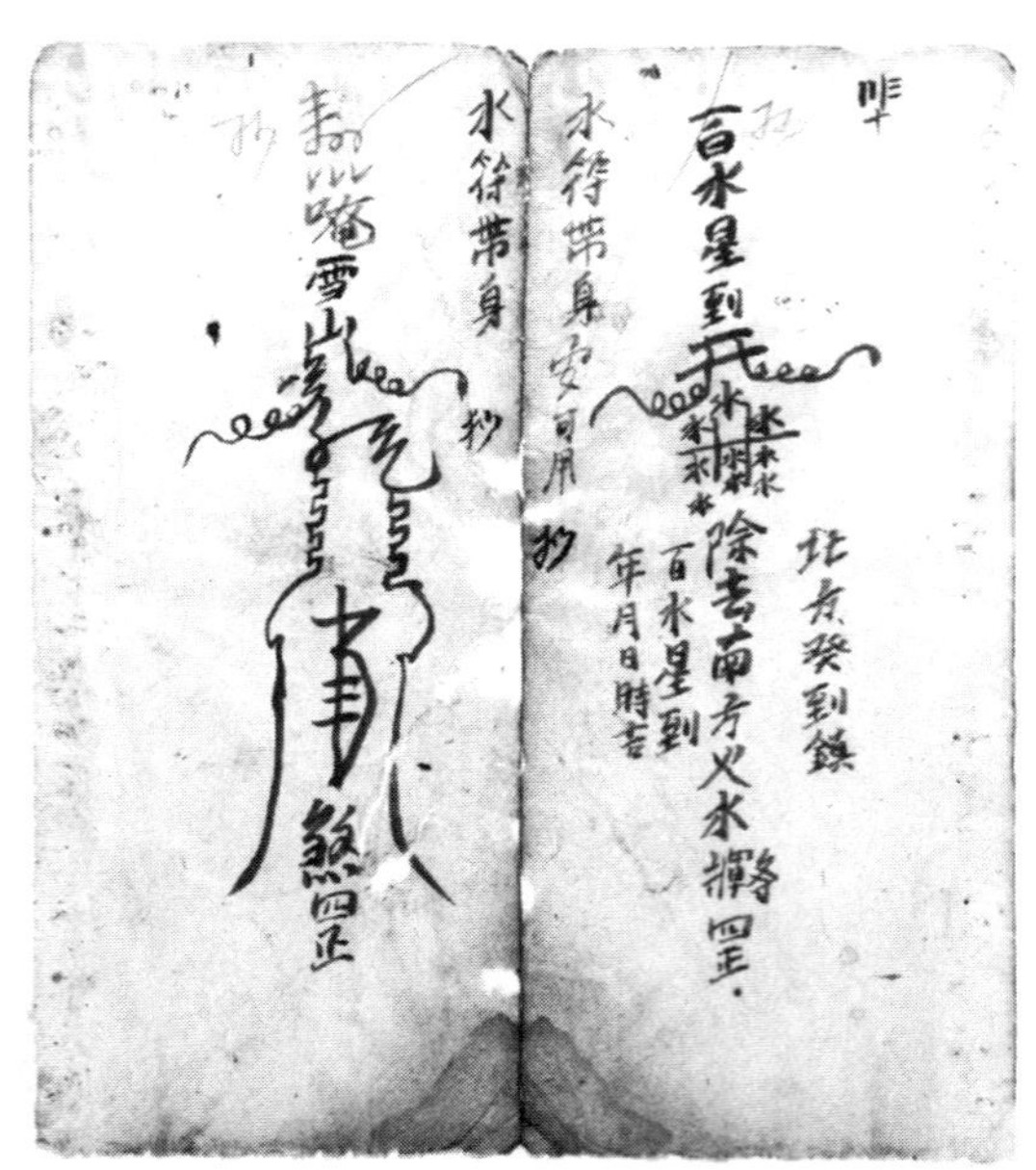

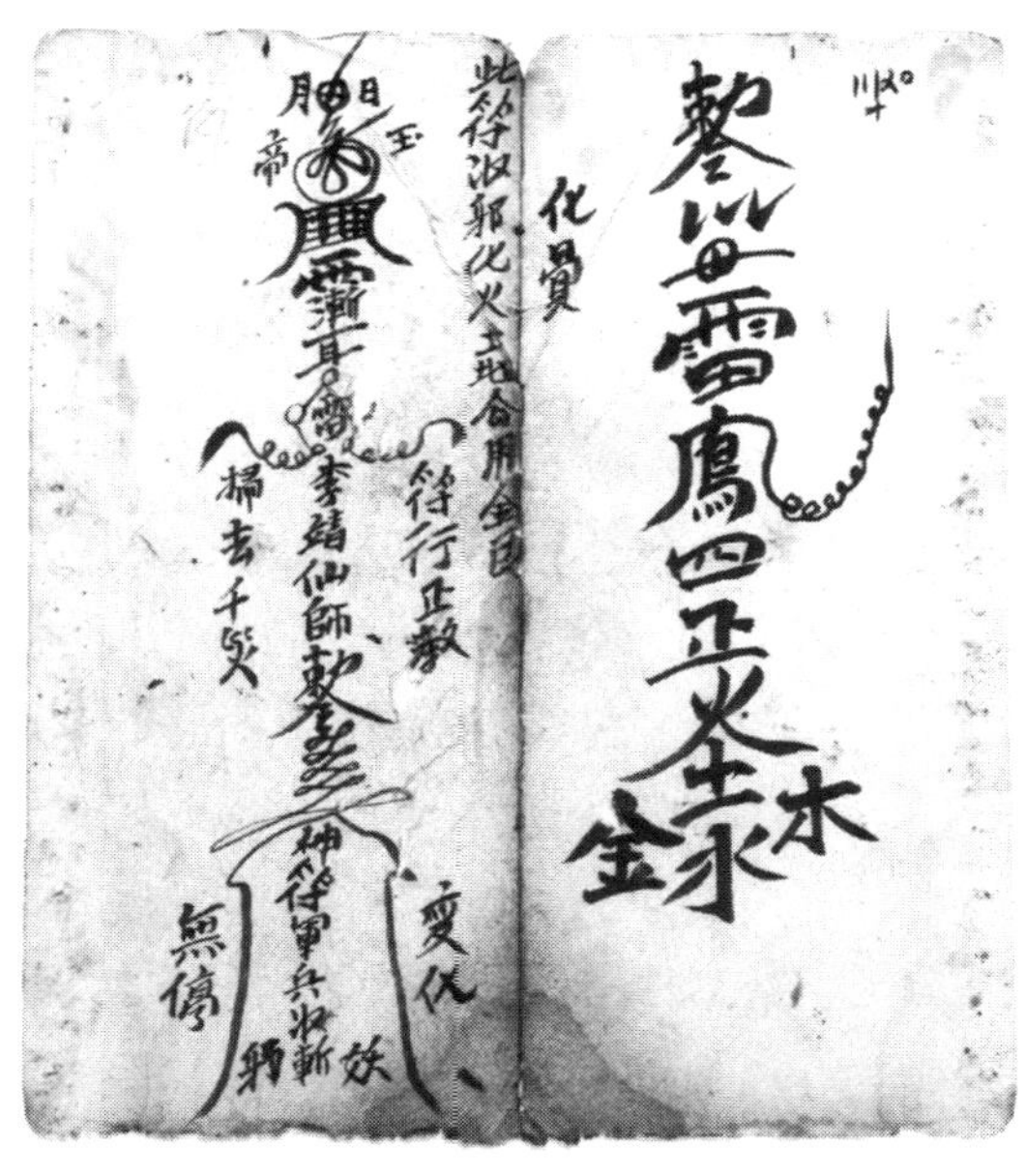

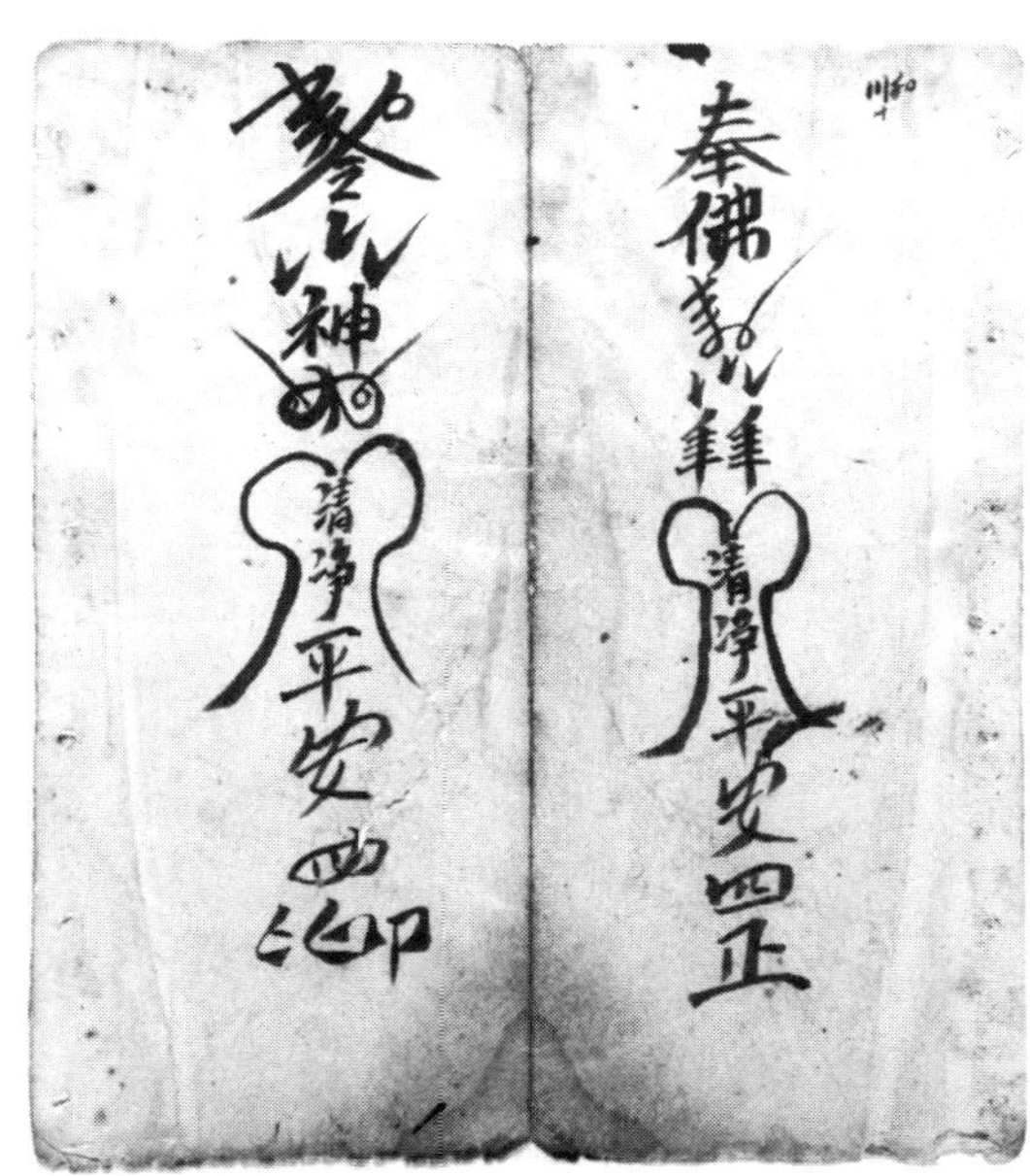

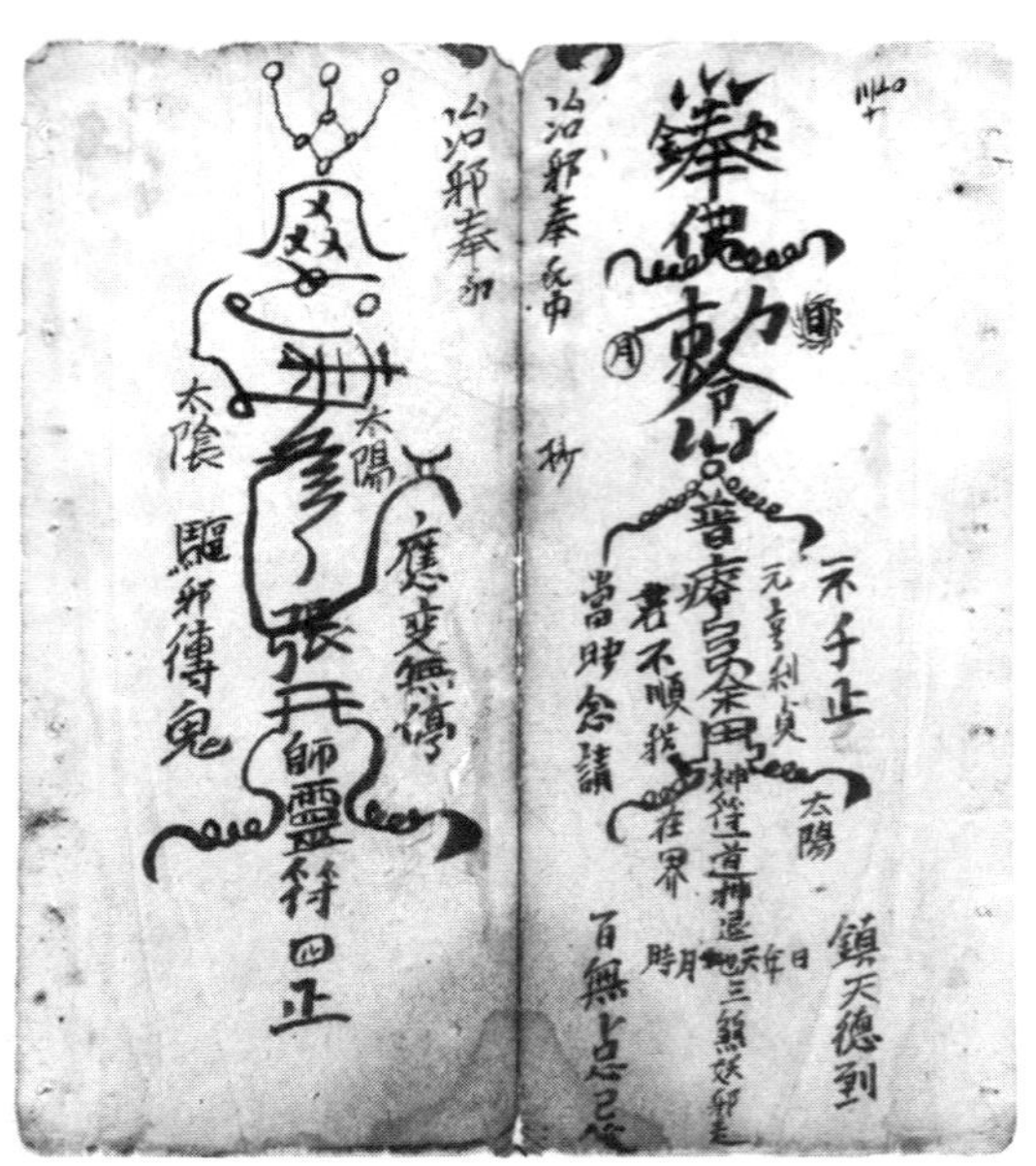

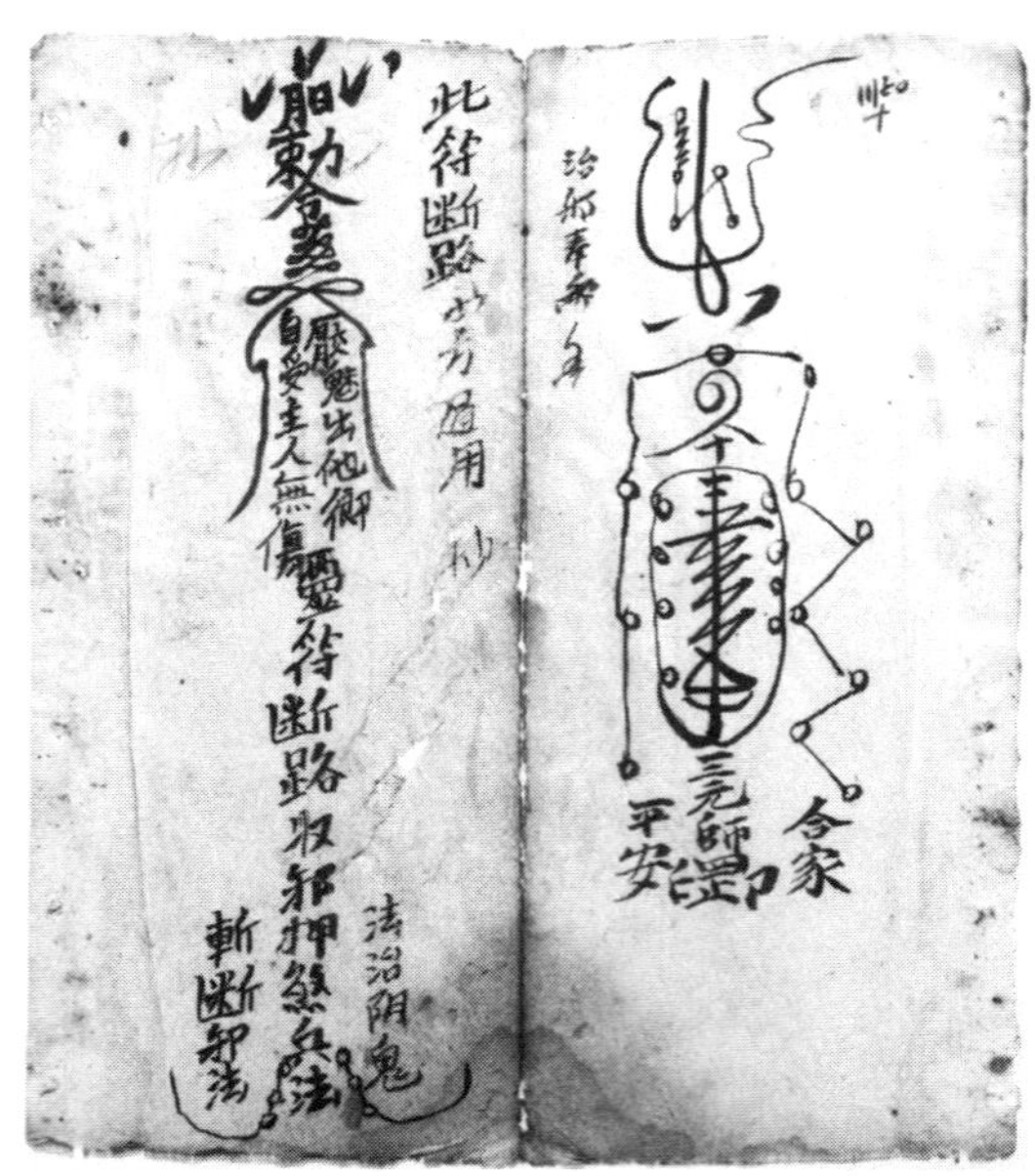

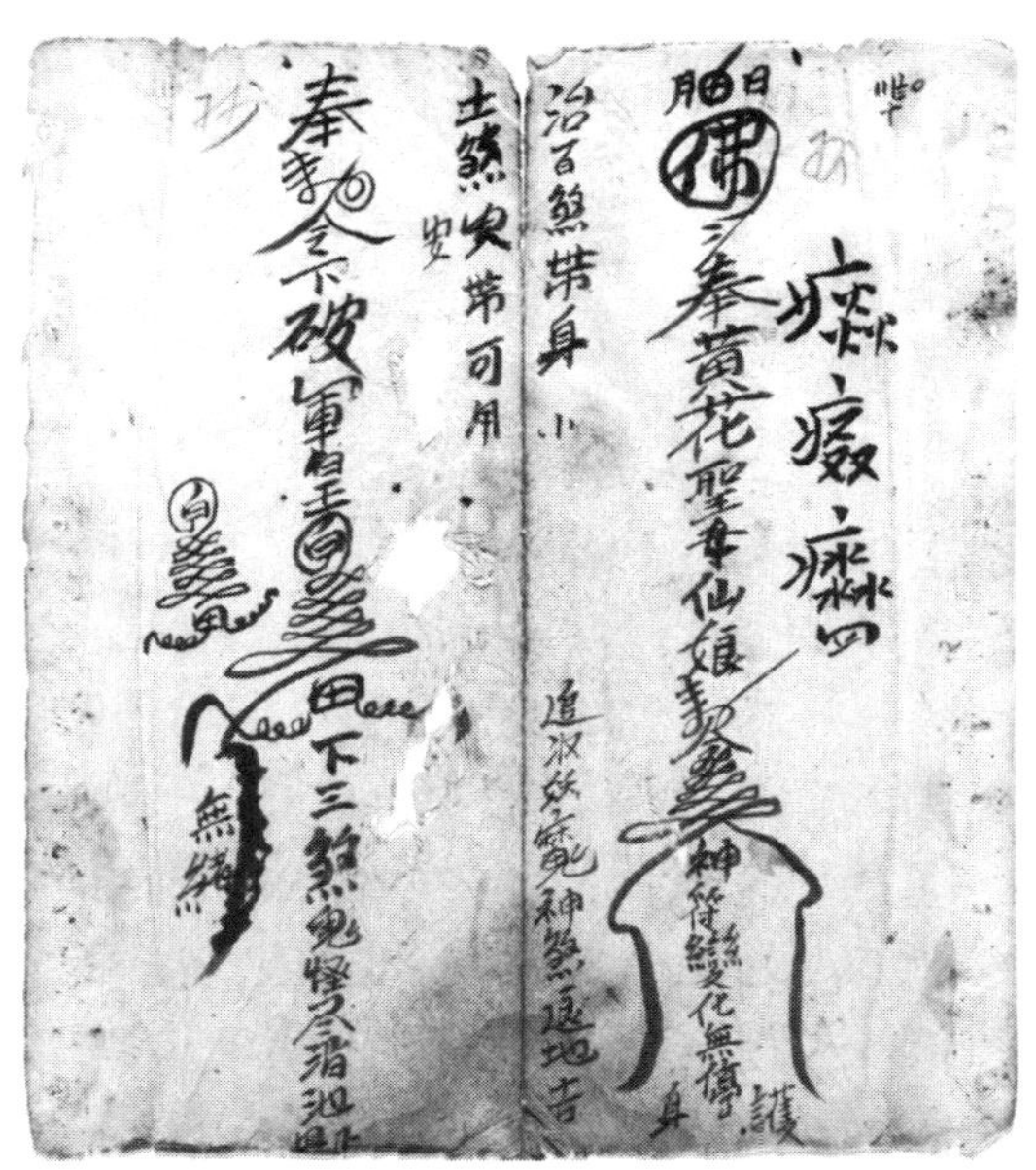

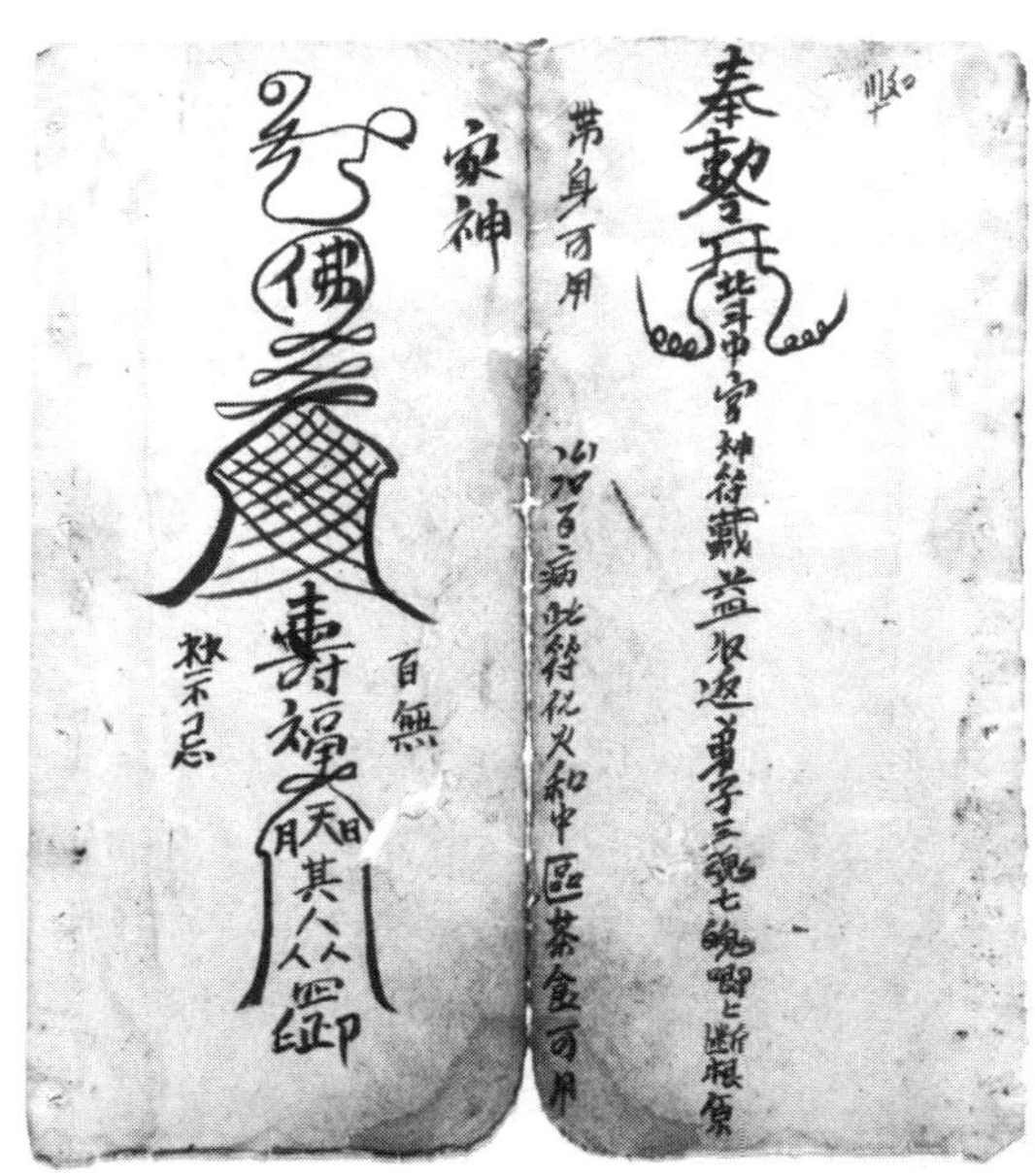

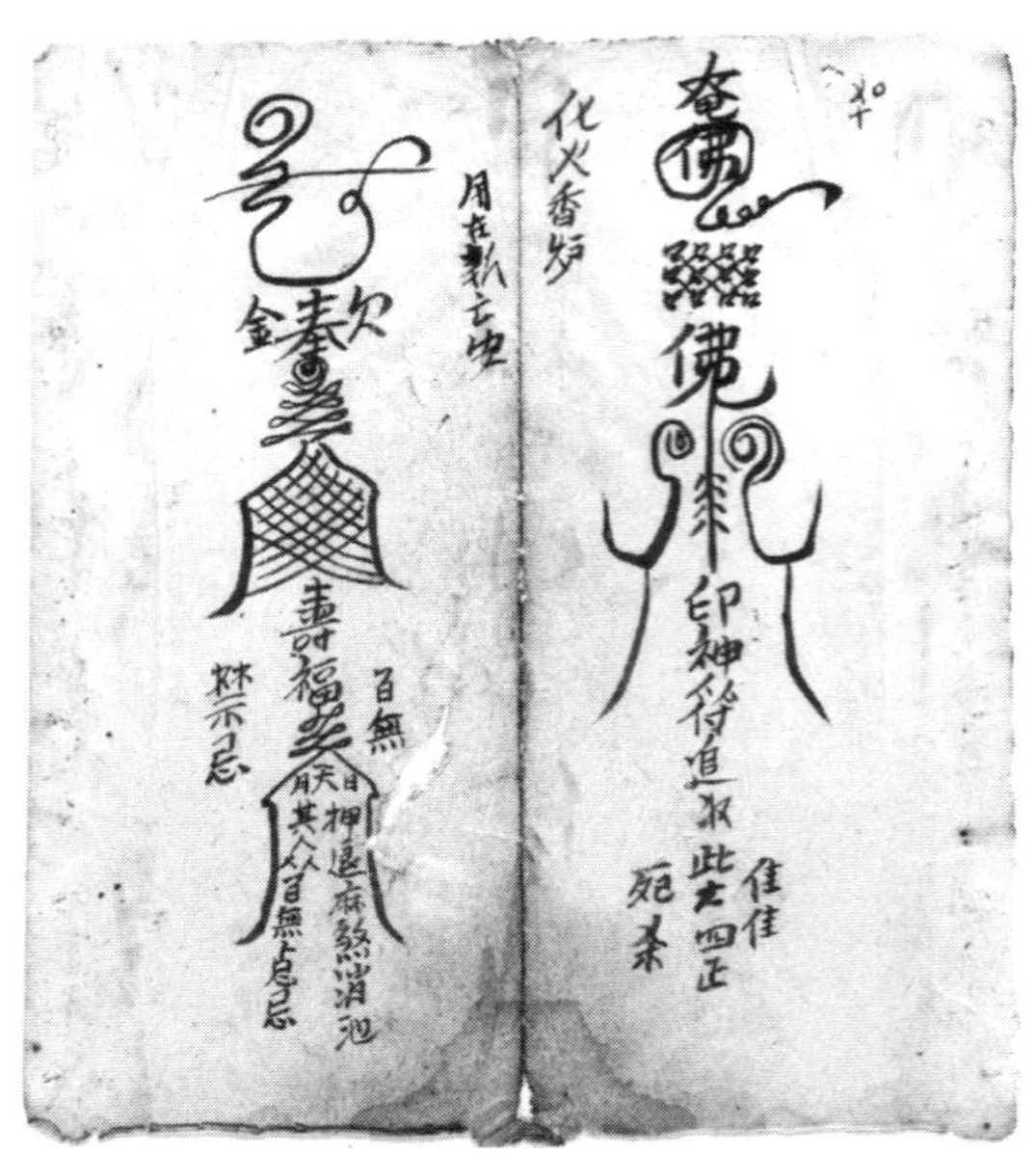

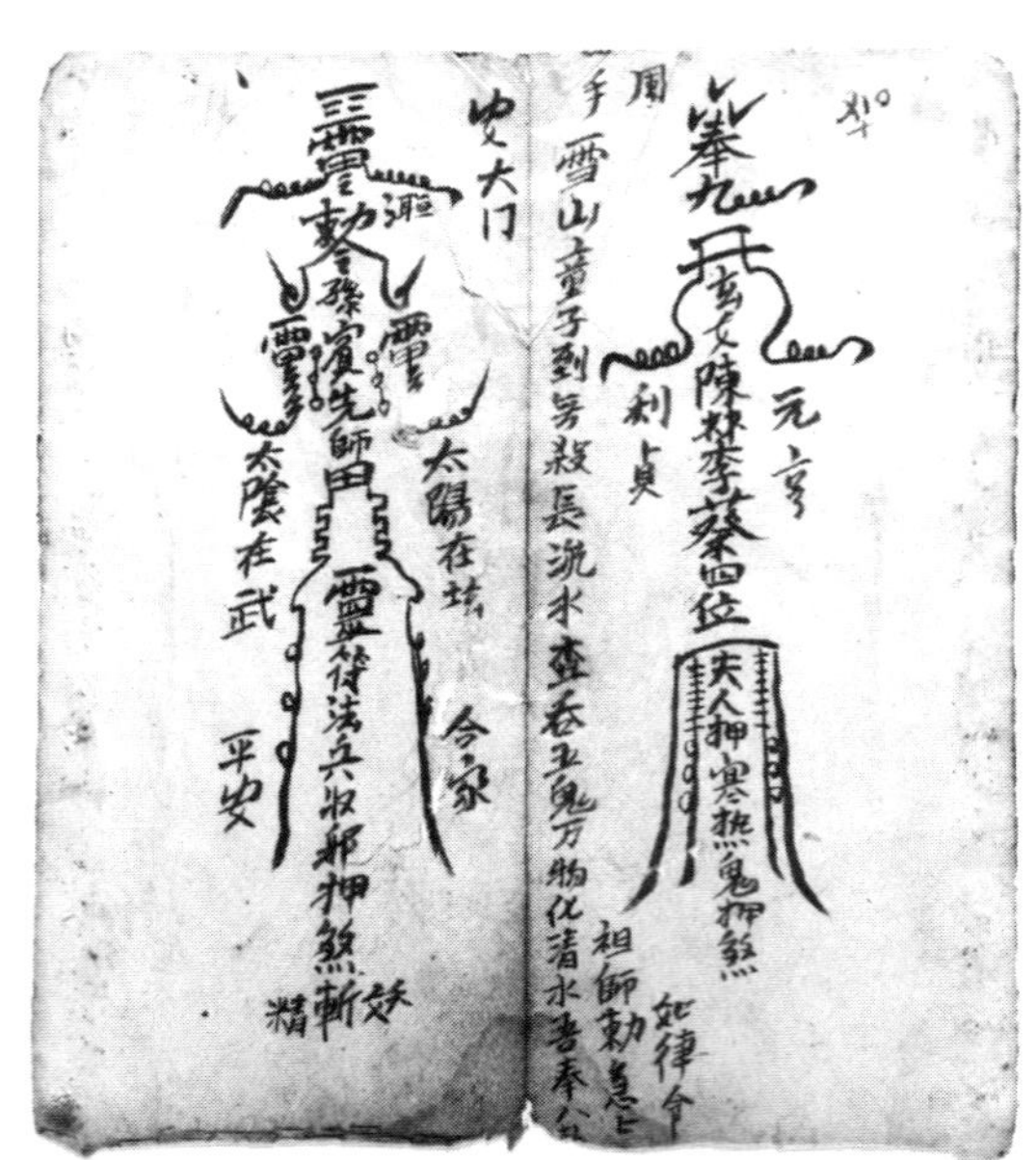

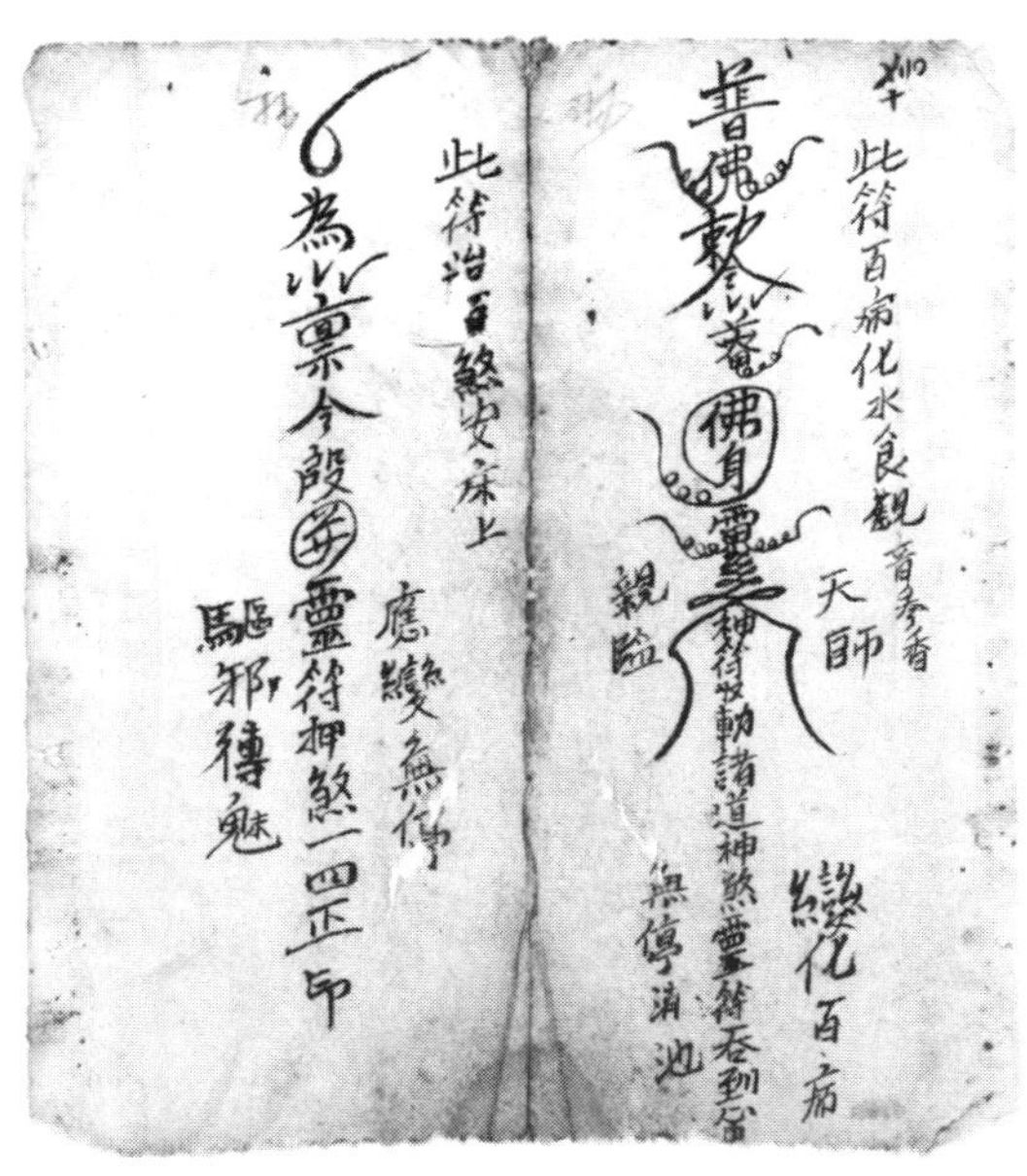

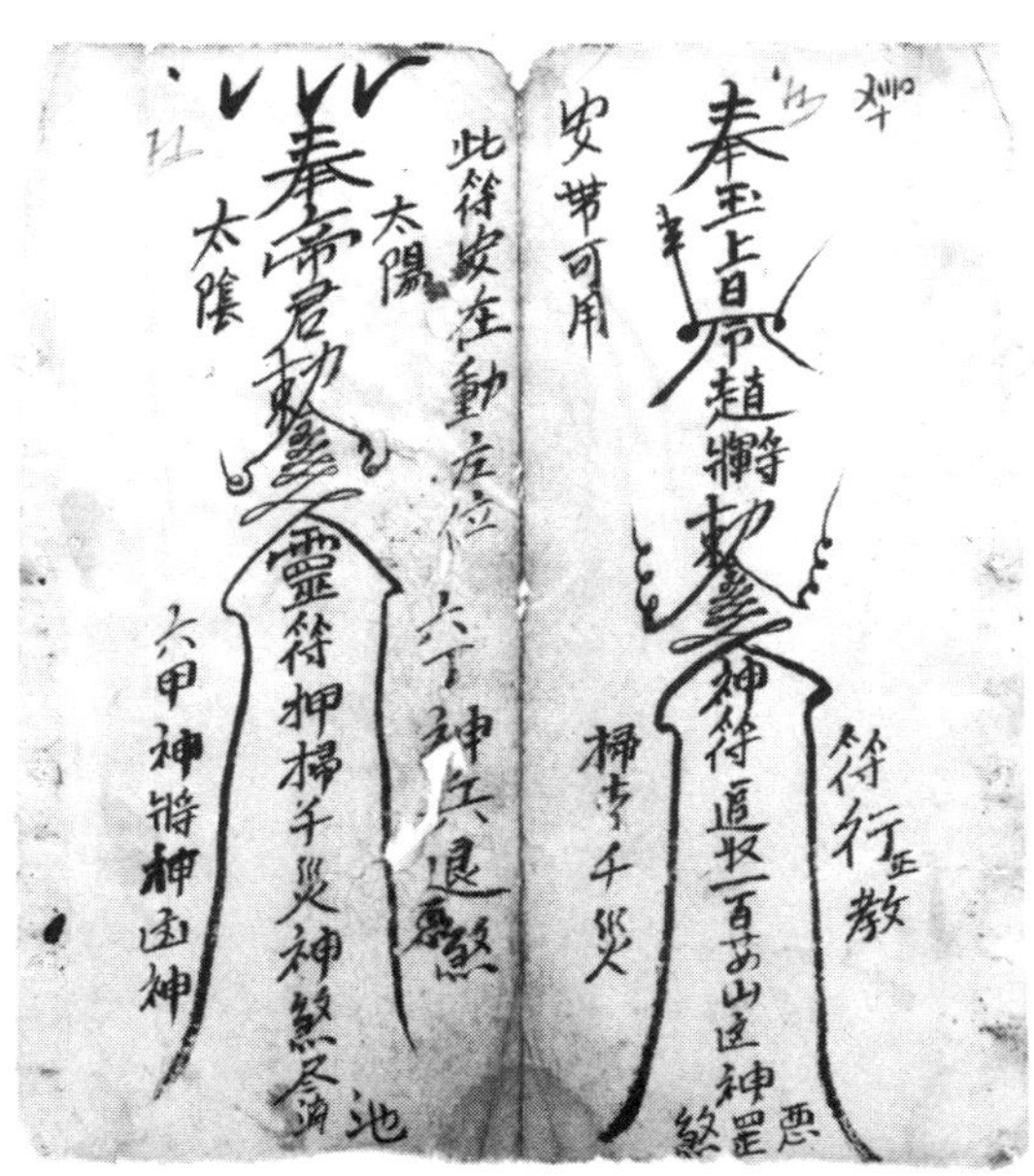

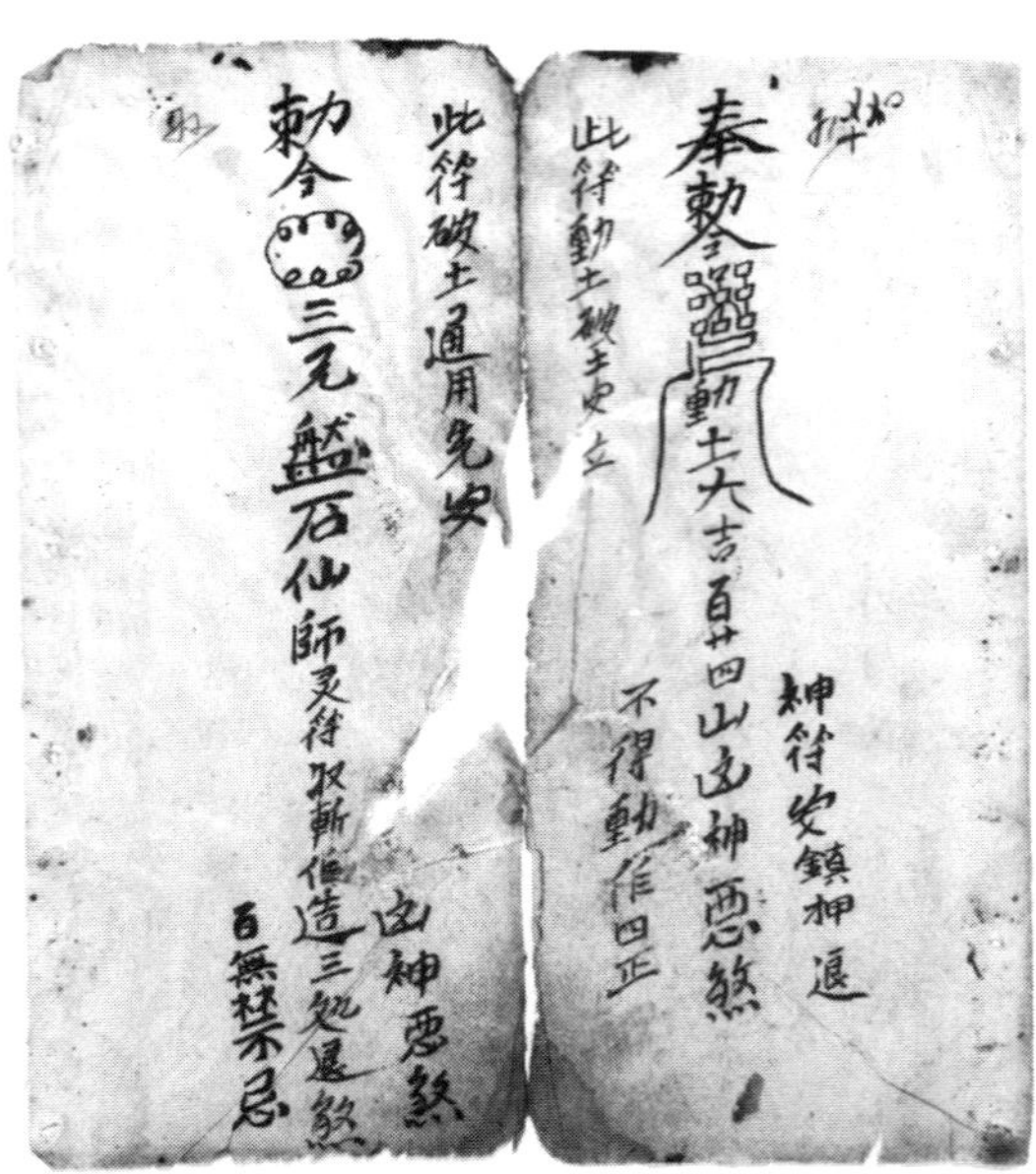

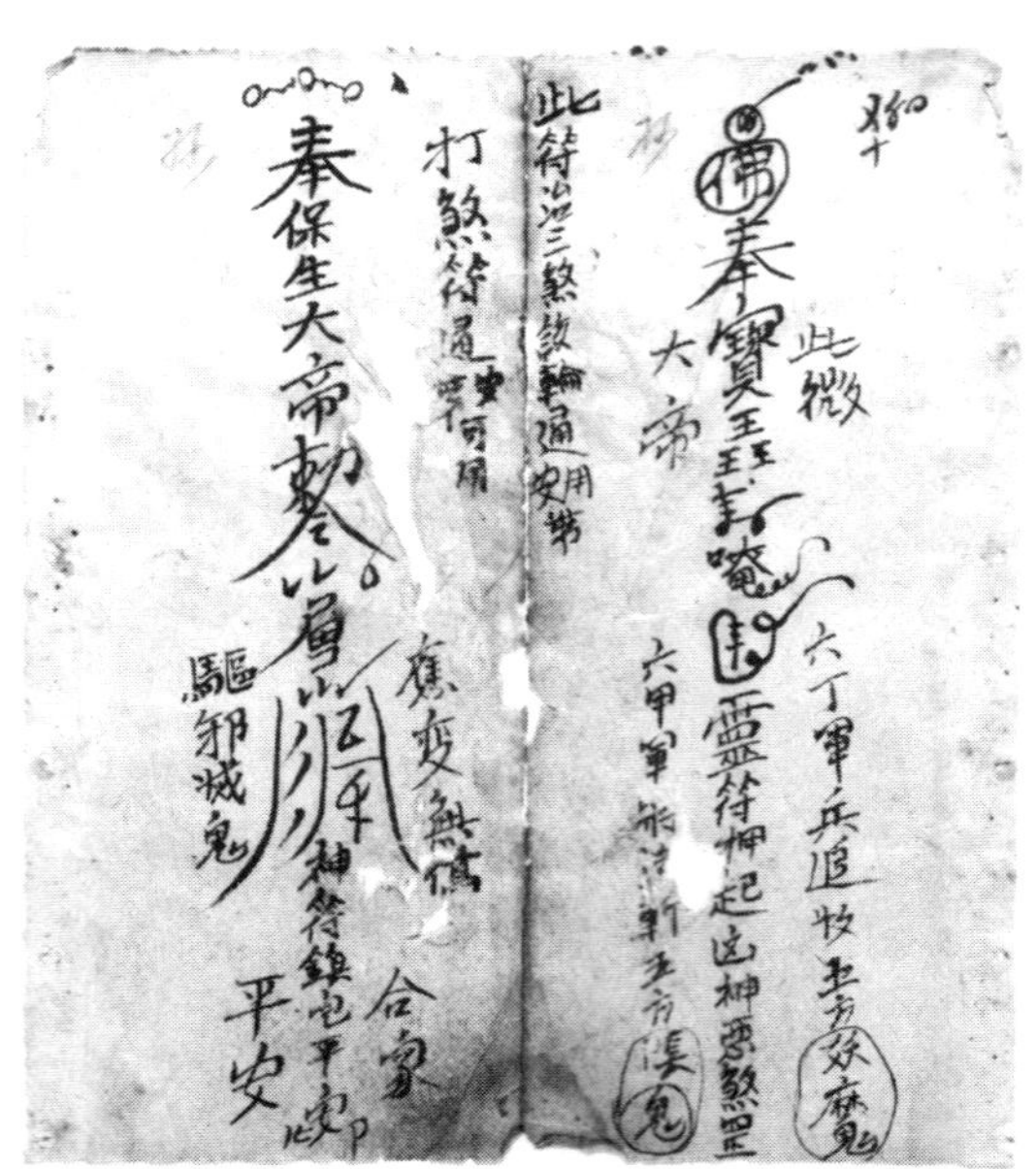

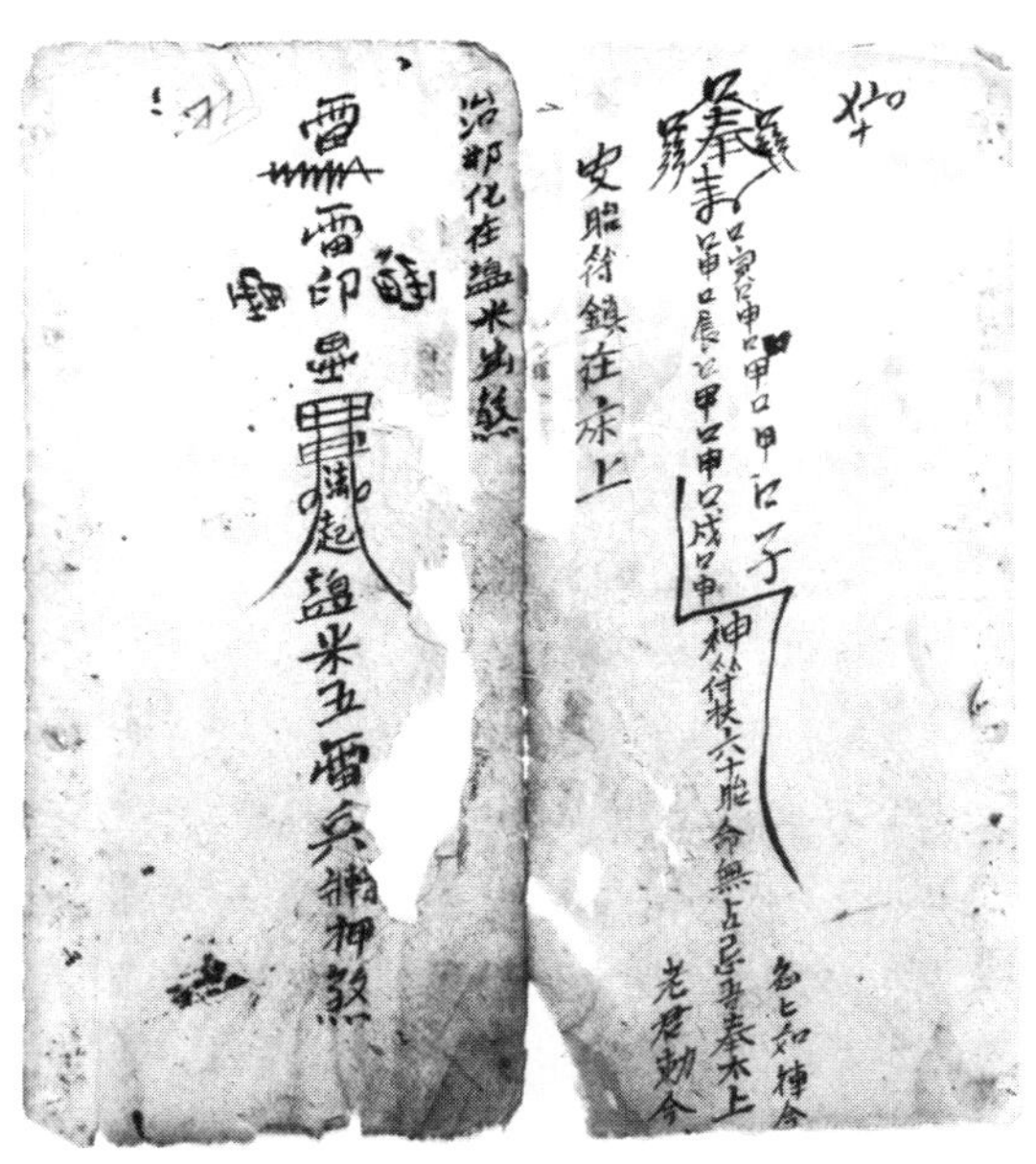

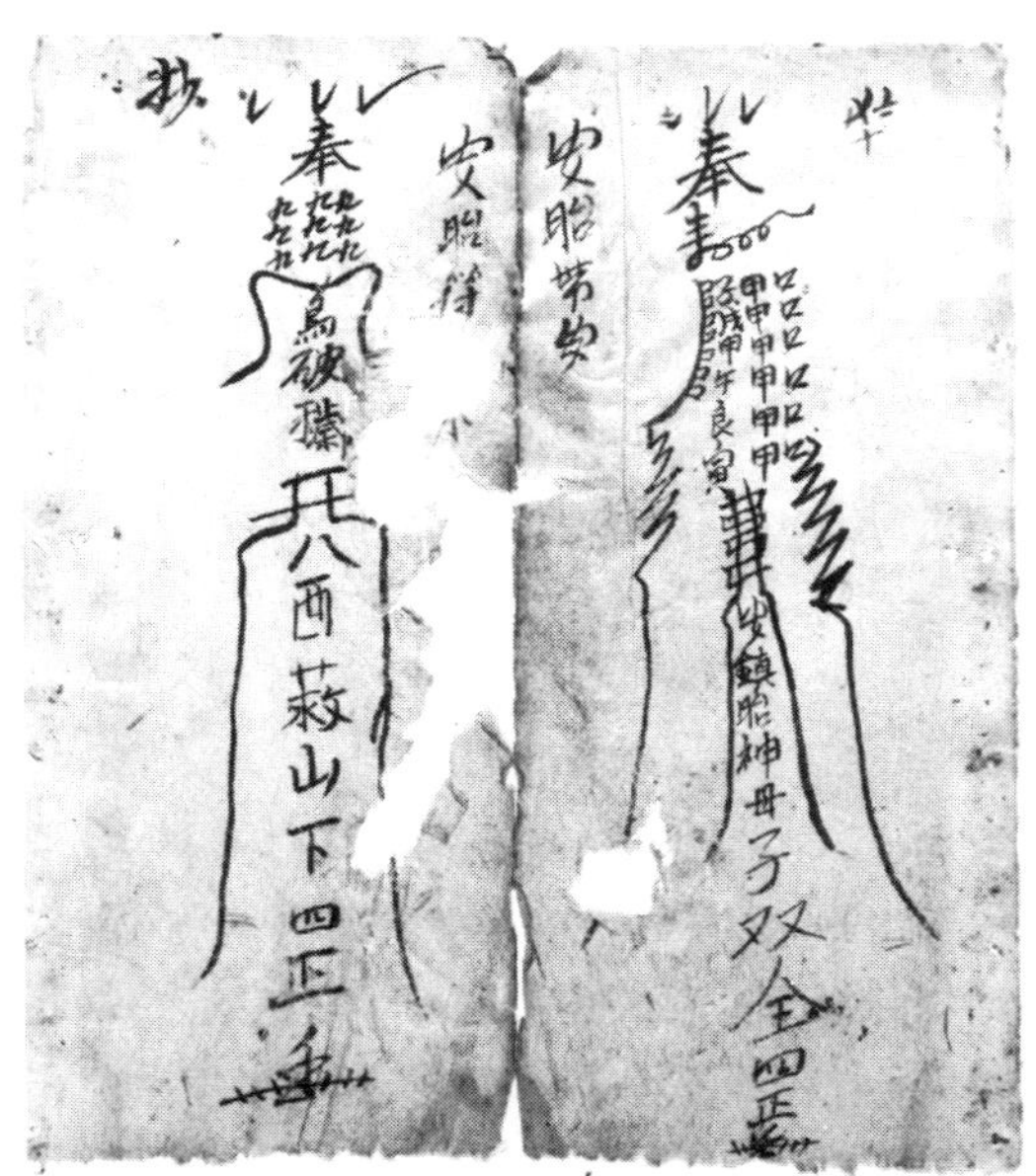

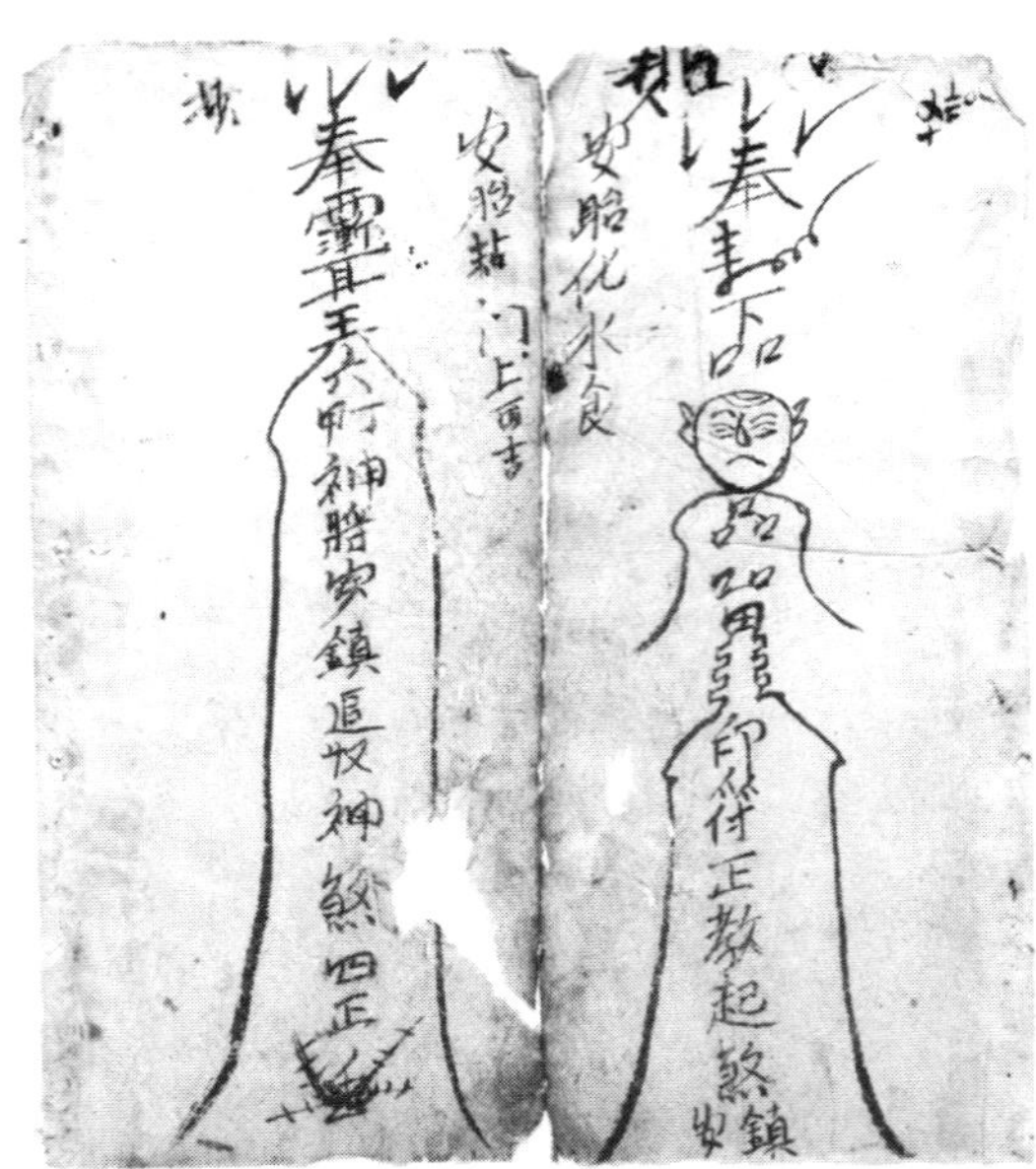

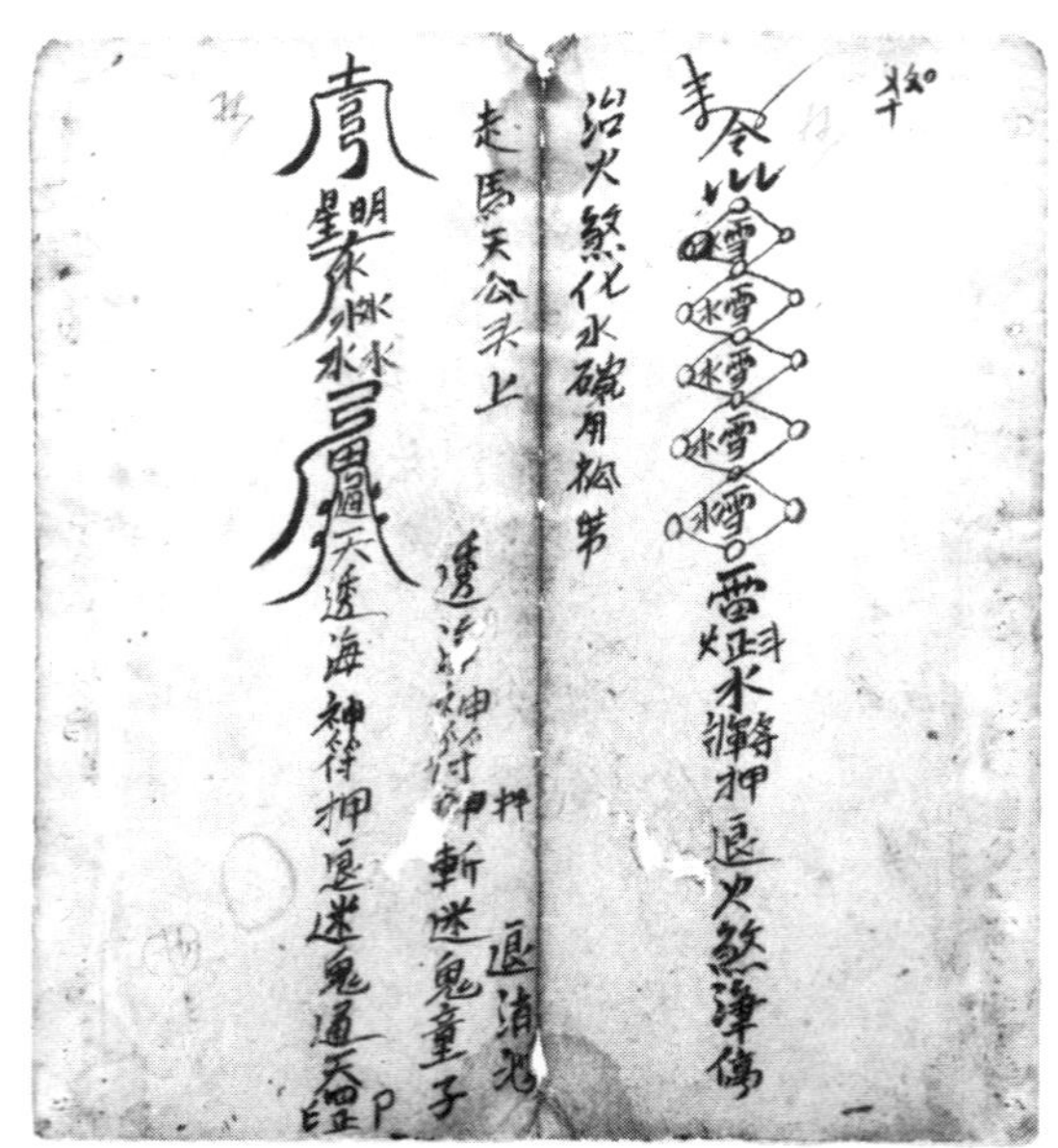

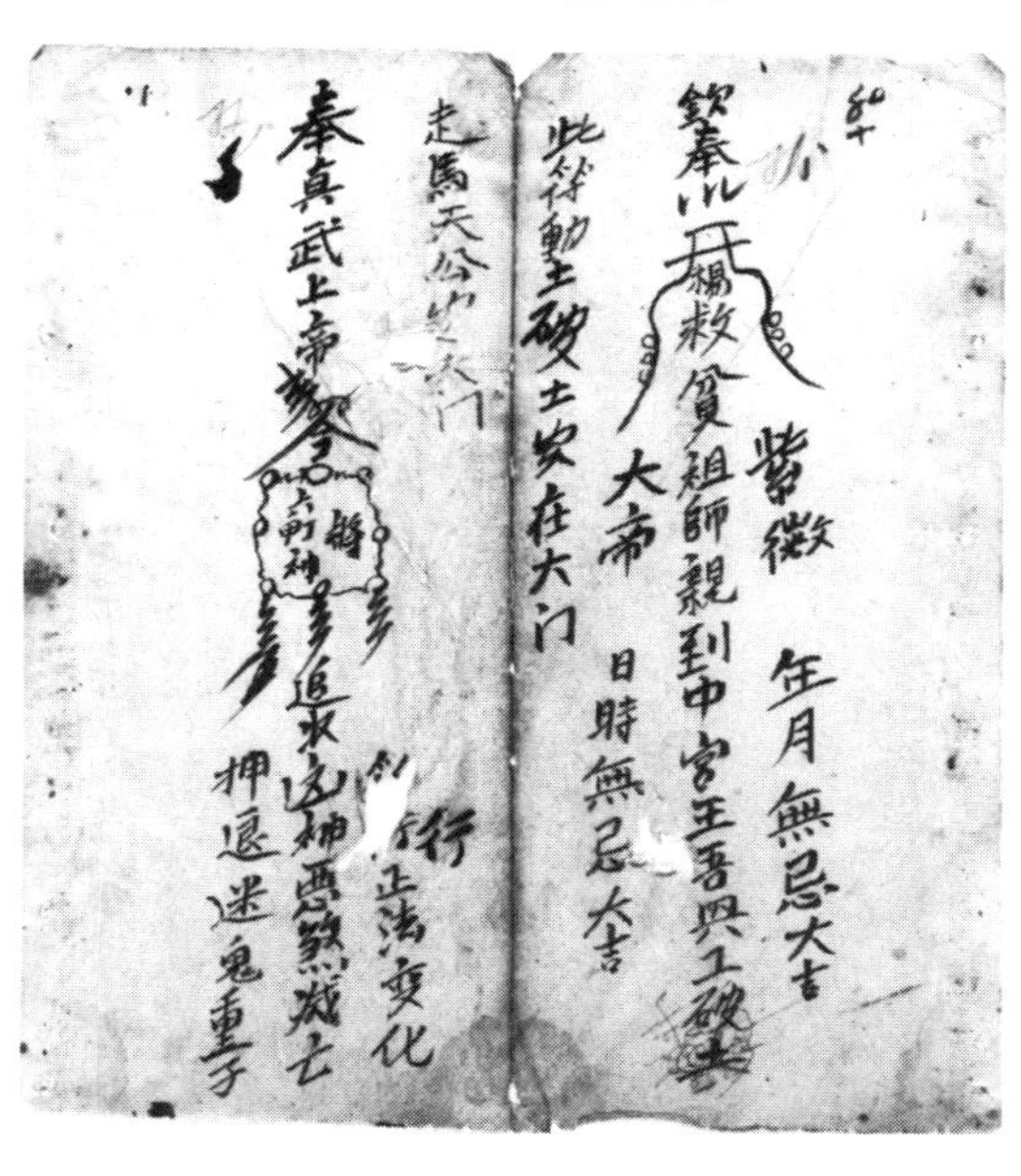

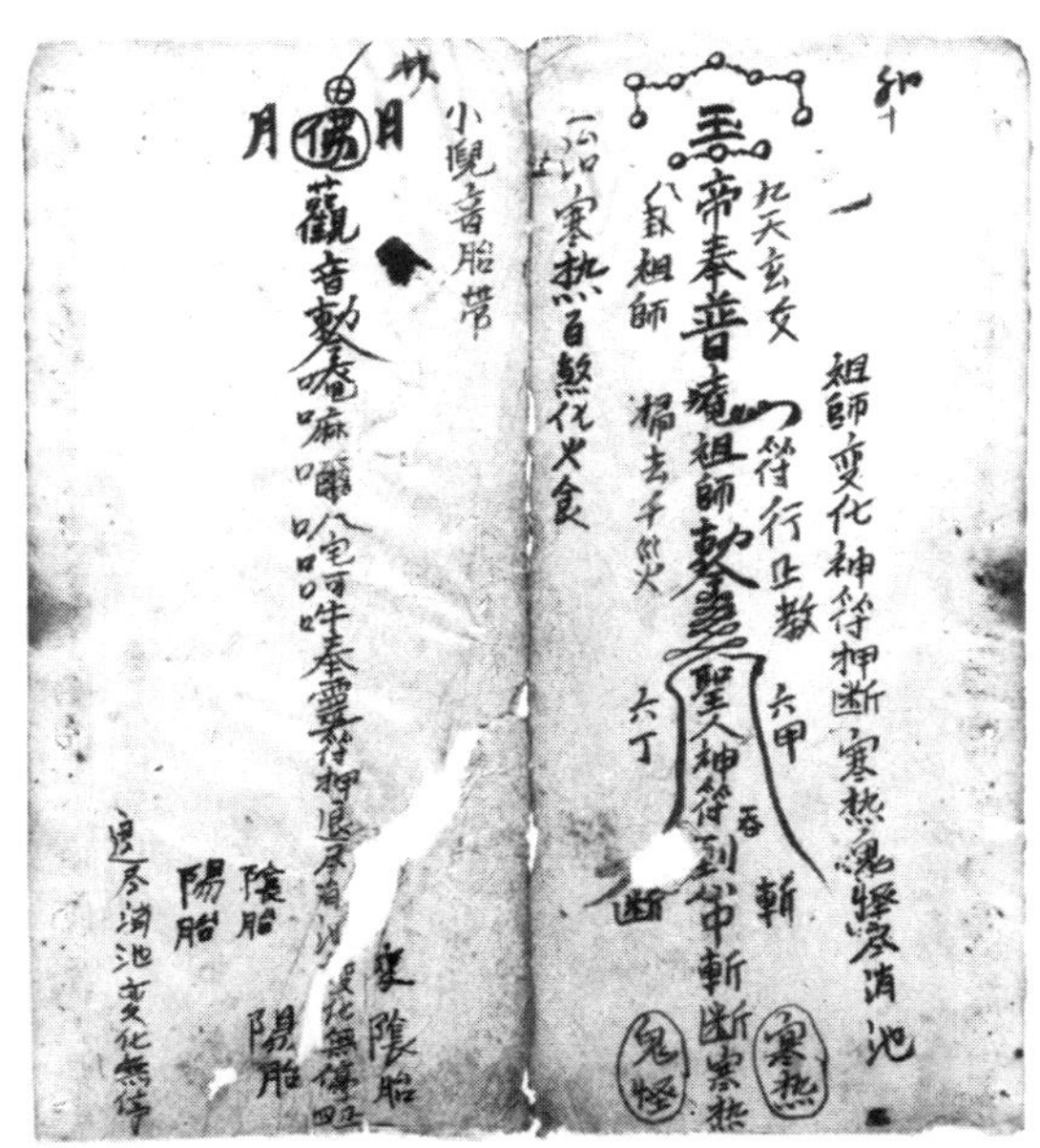

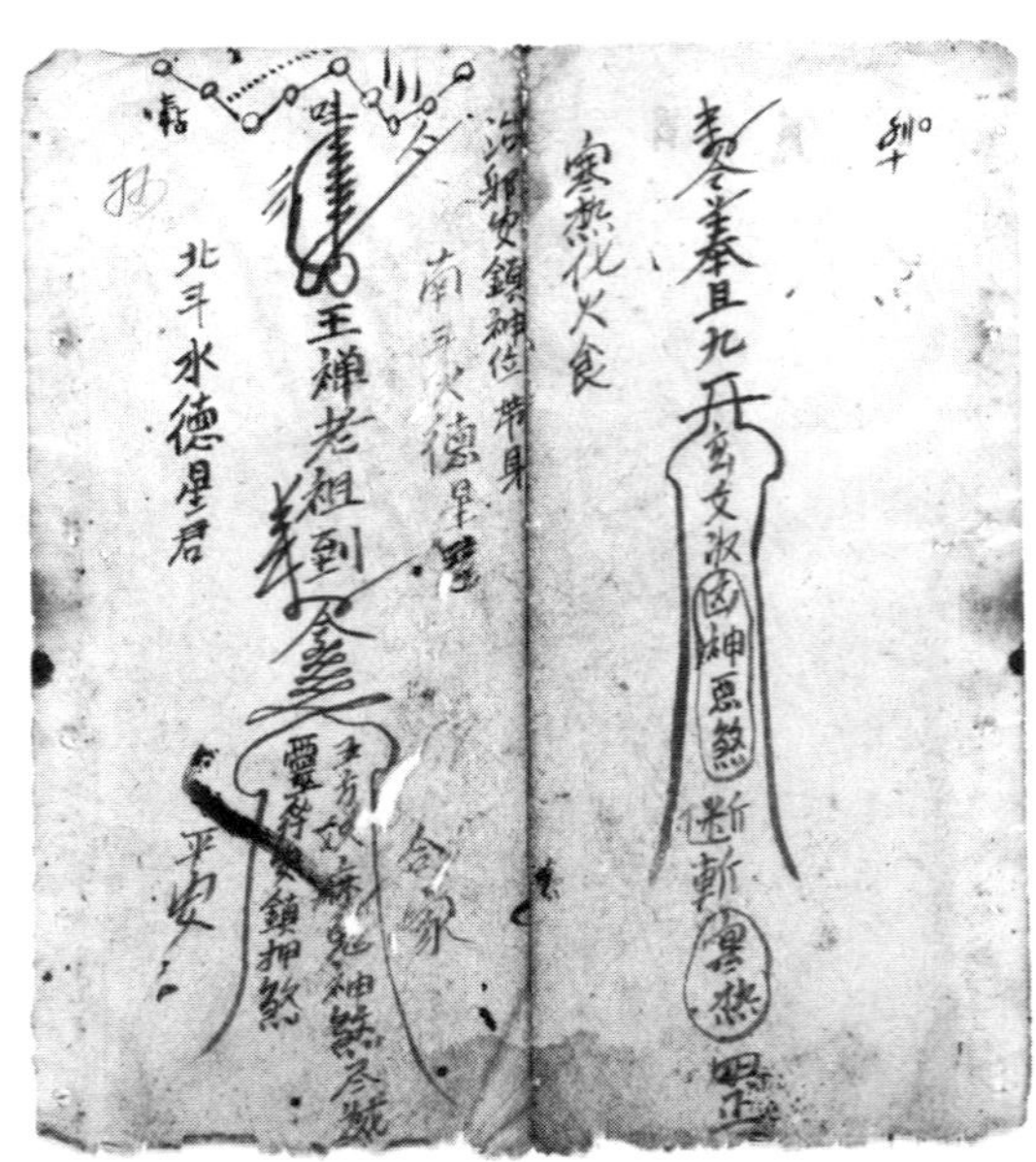

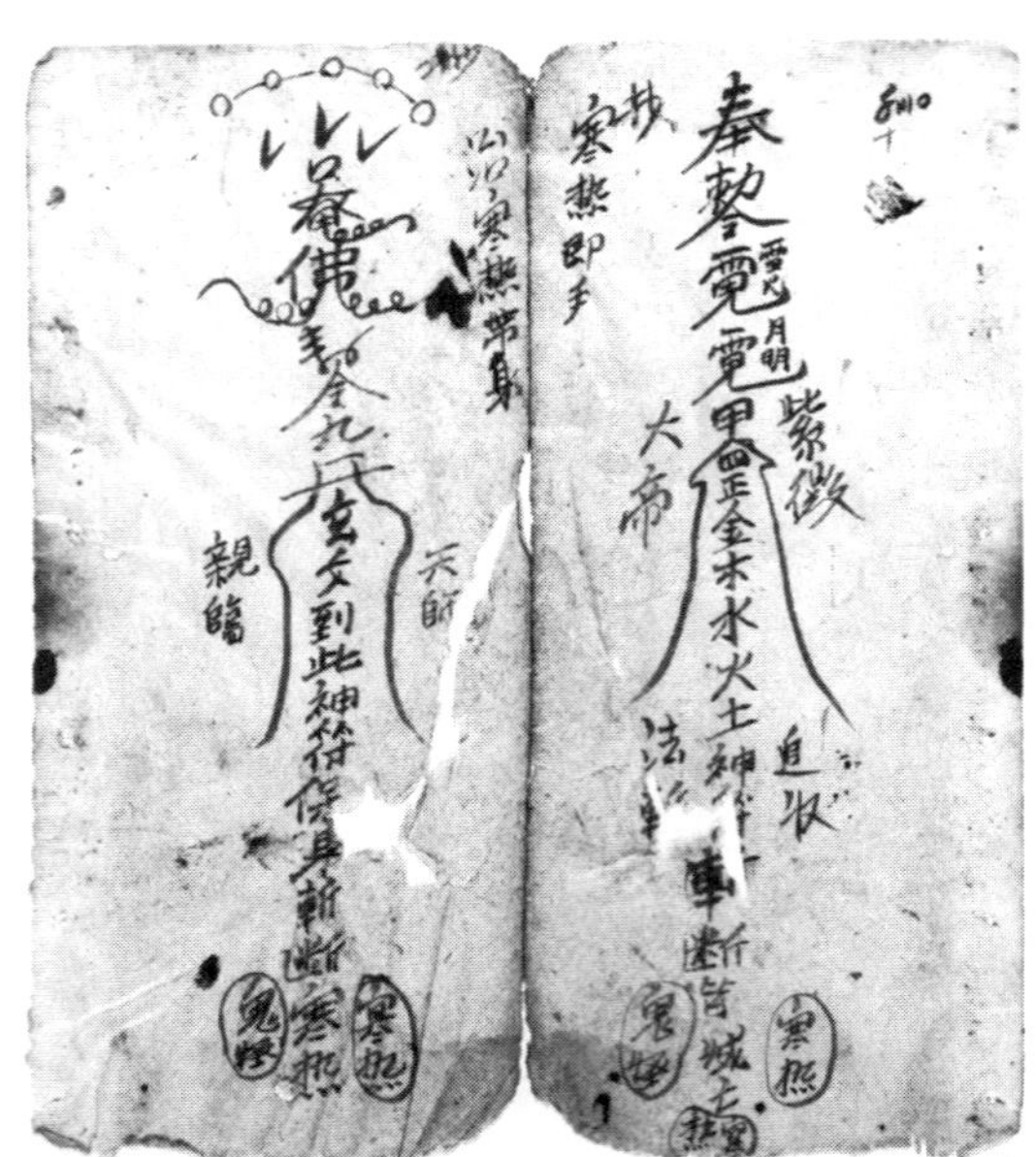

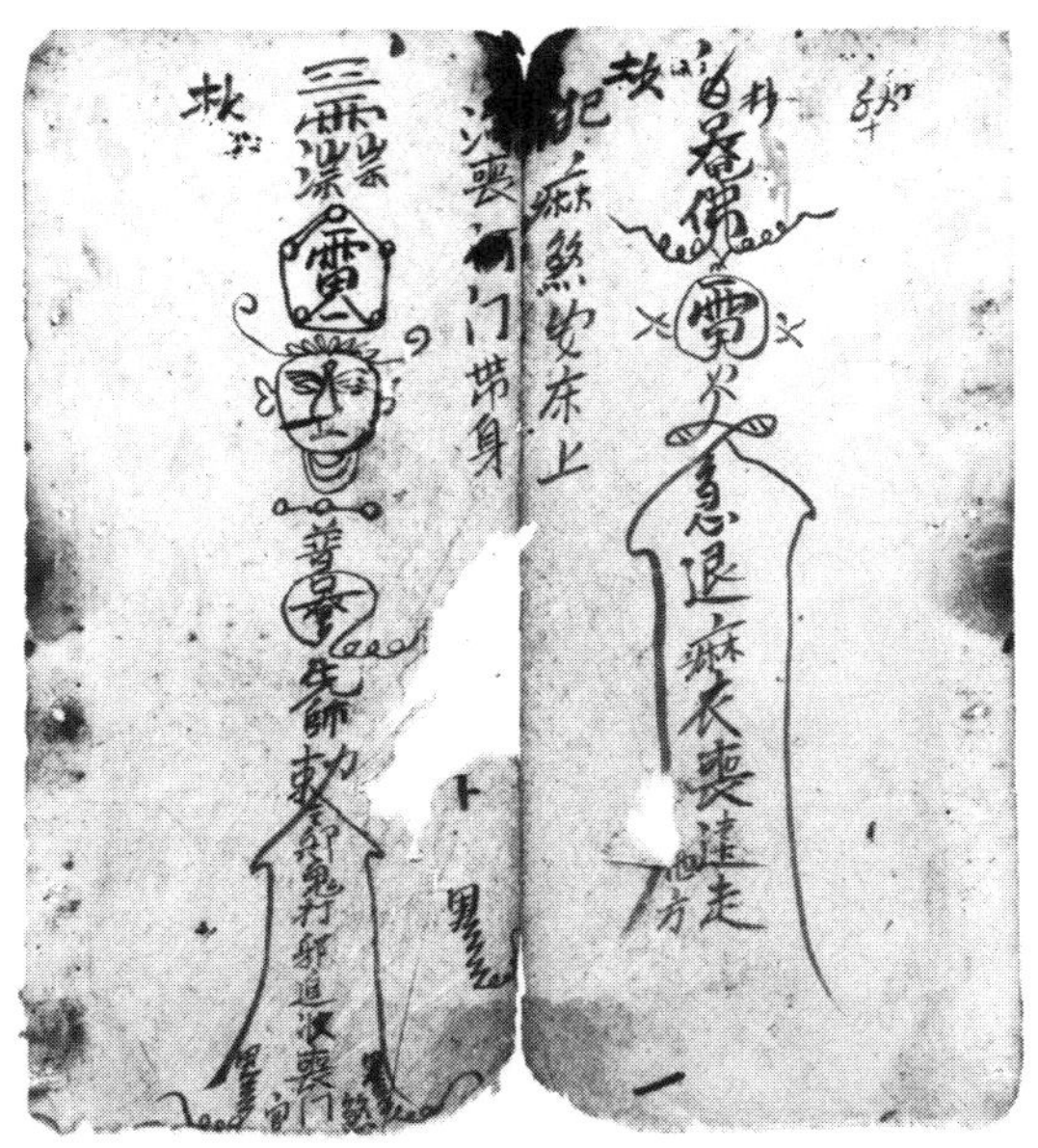

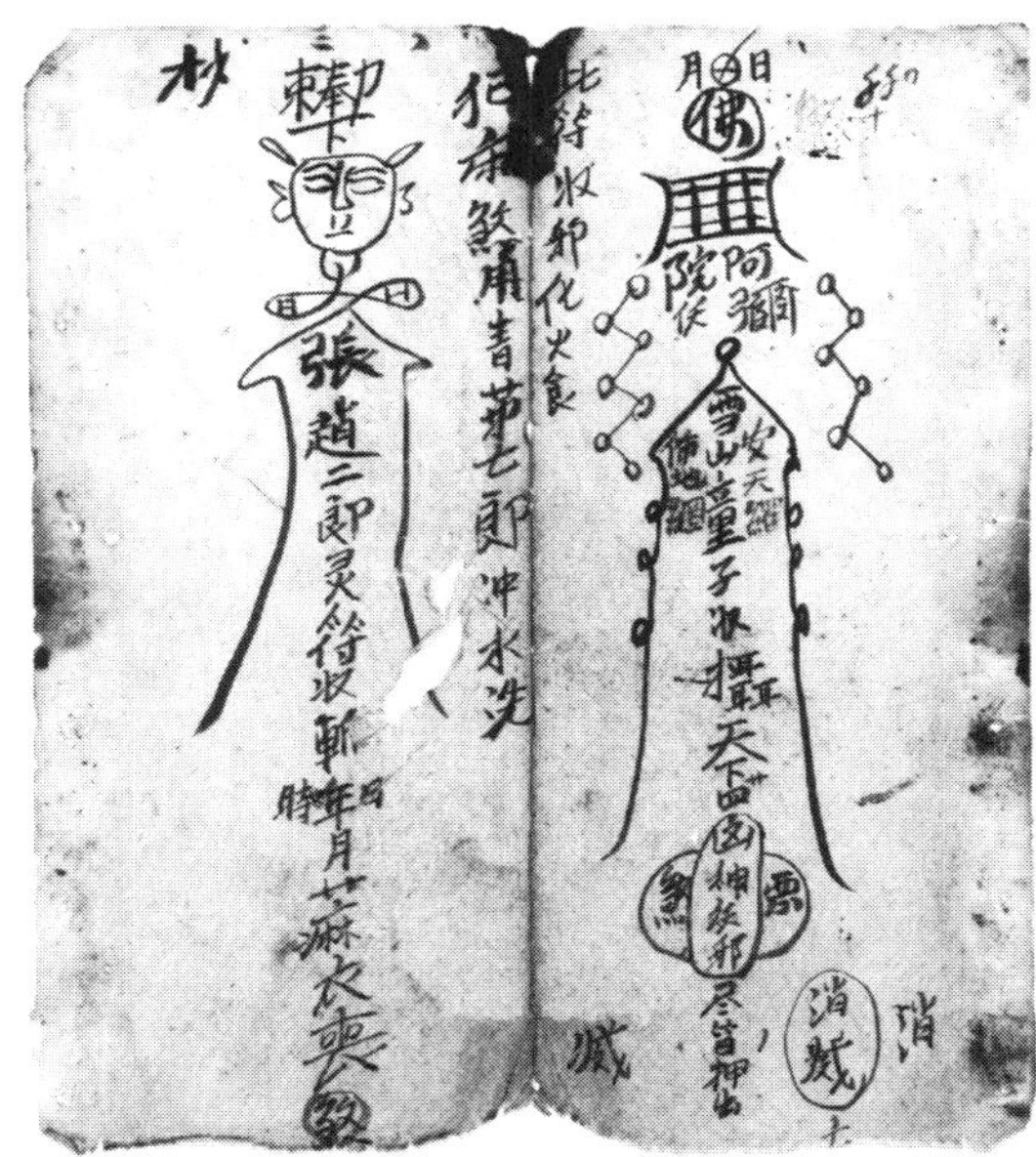

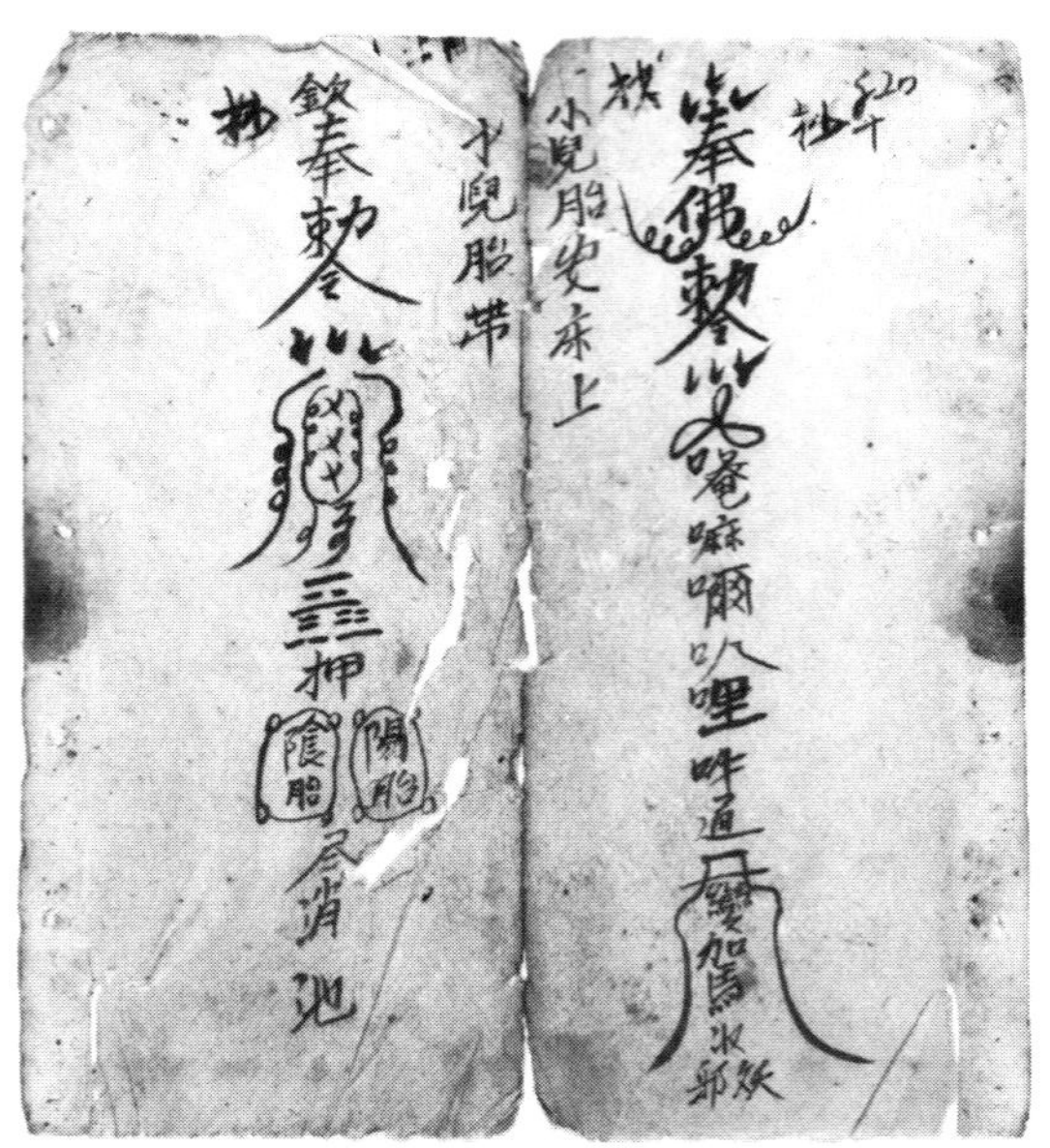
欽奉勅令
小兒胎帯
小兒胎安床上
陽胎
陰胎

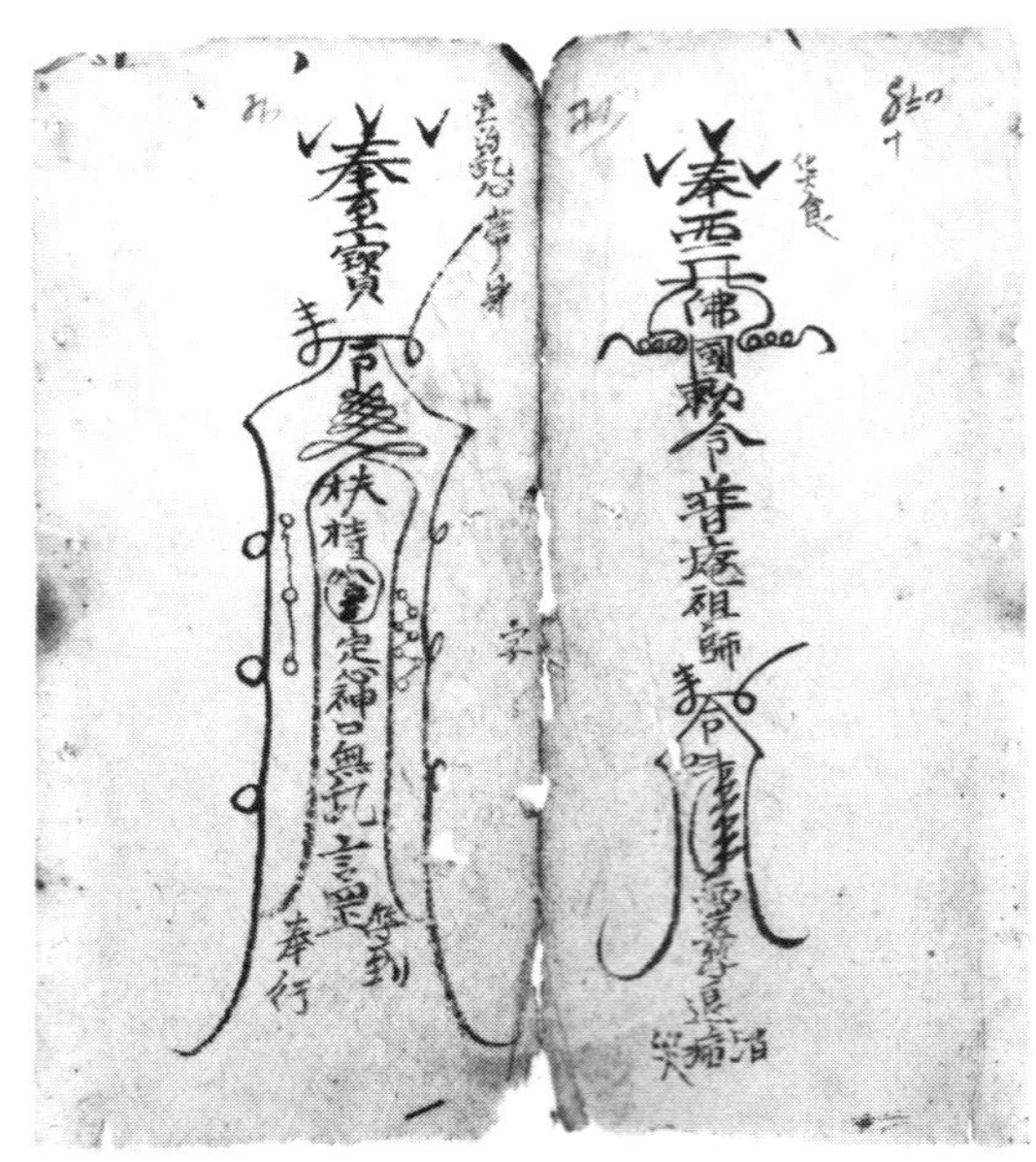

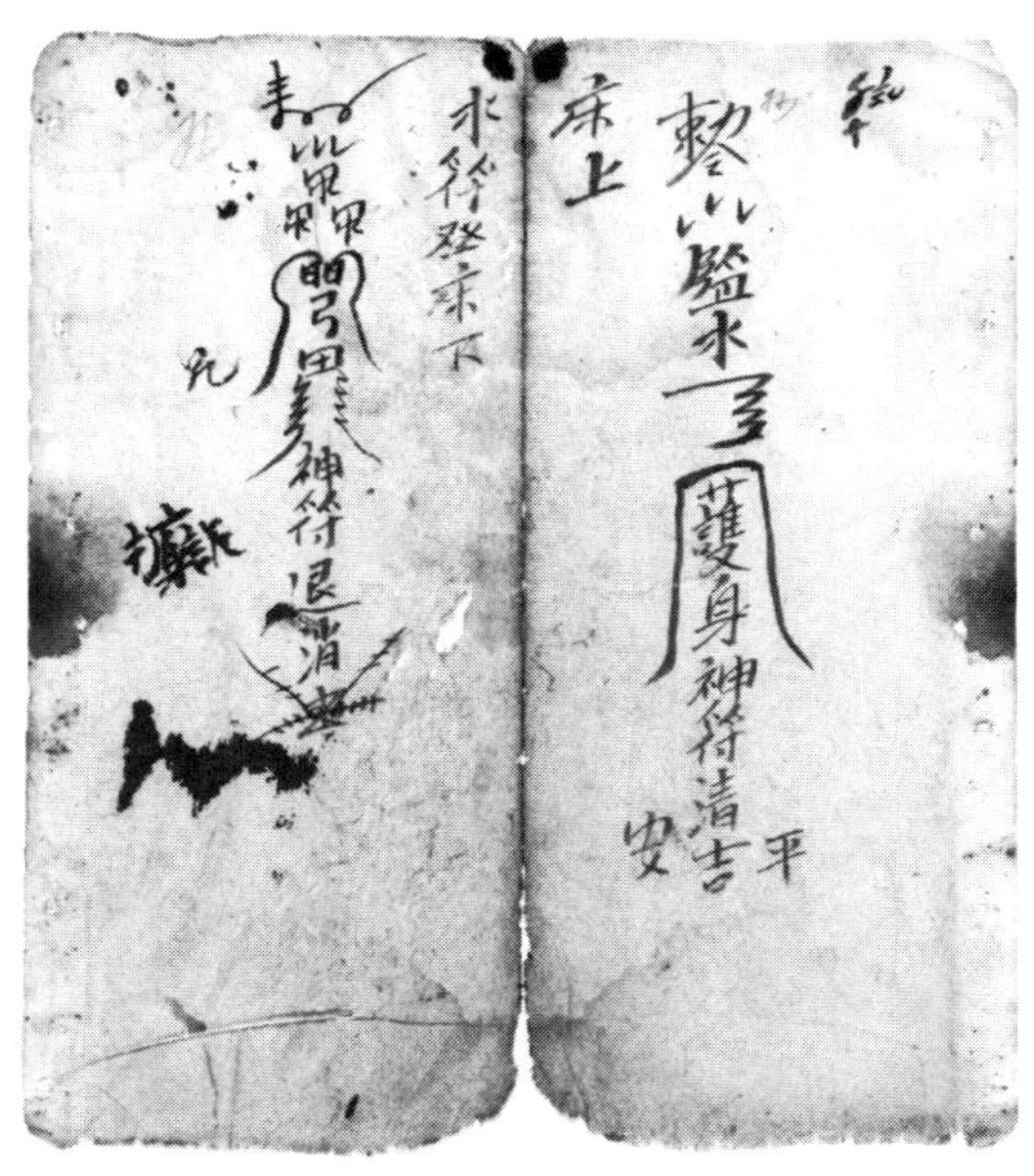

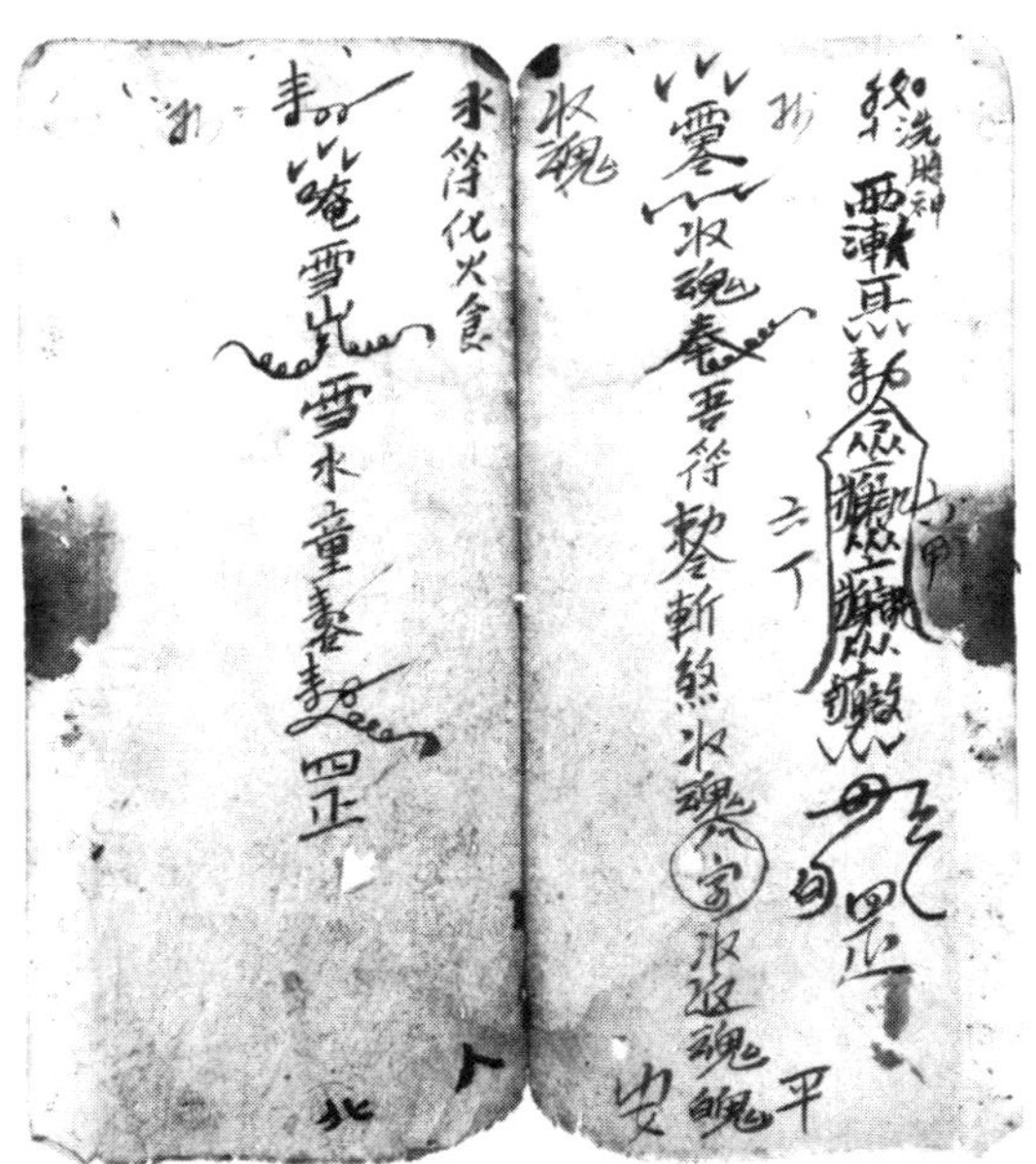

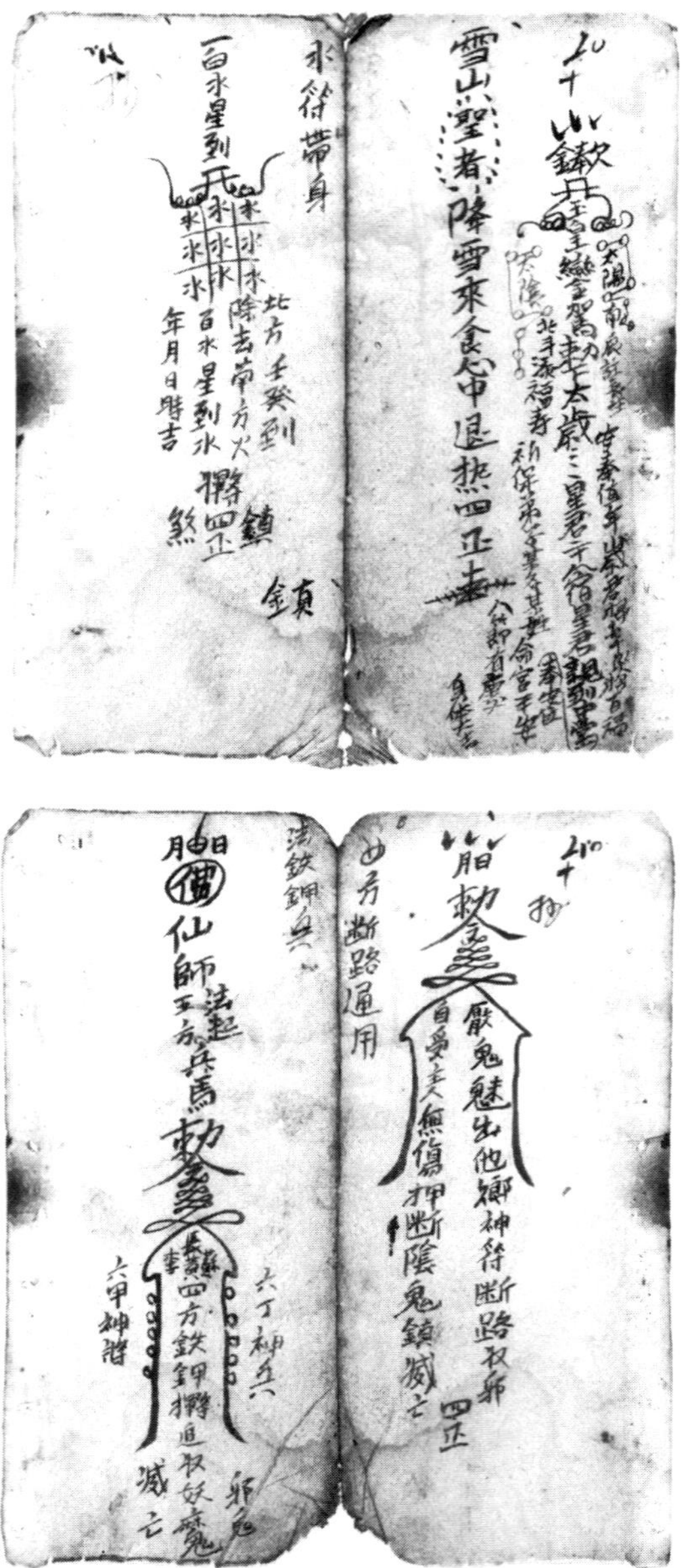

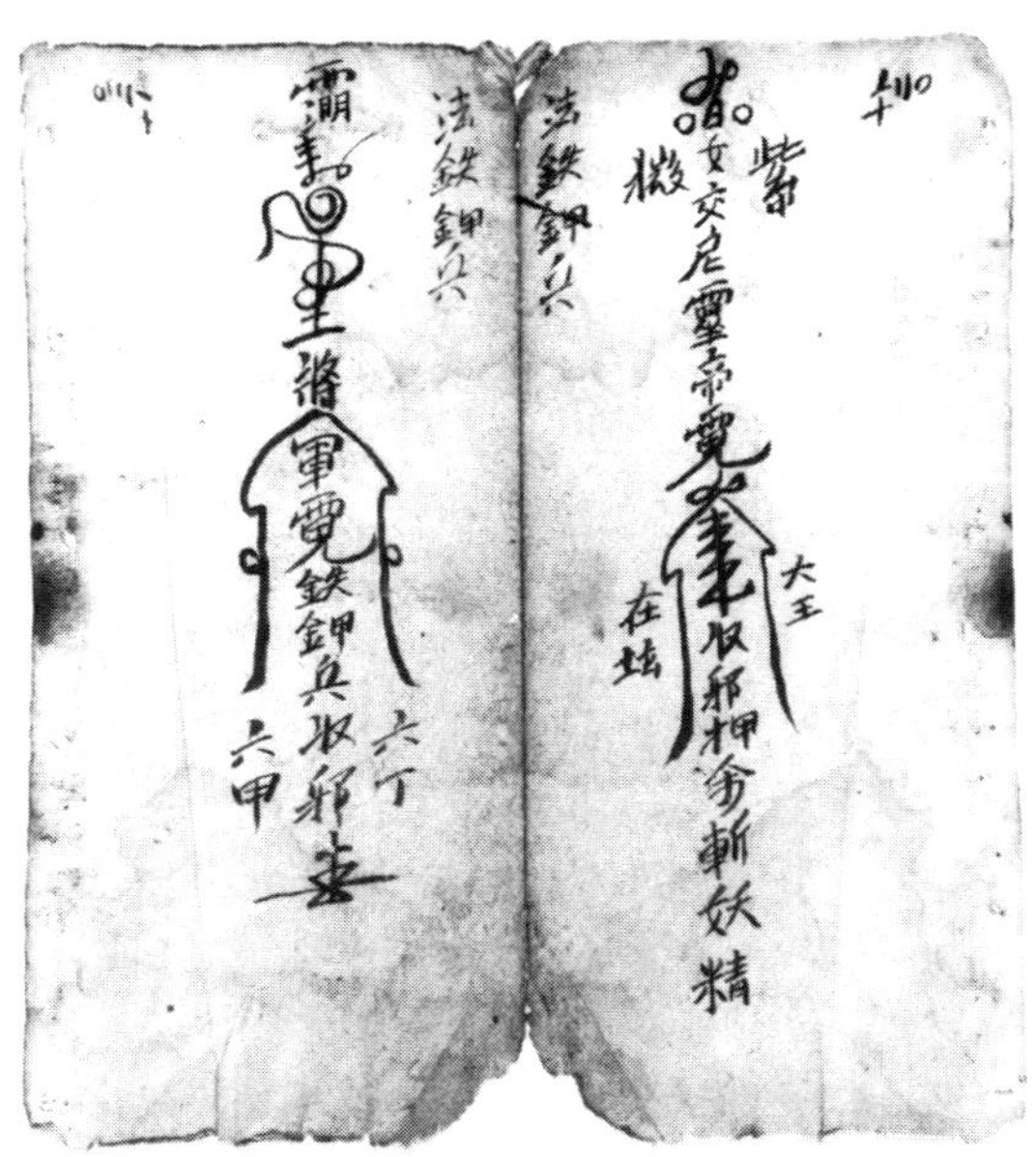

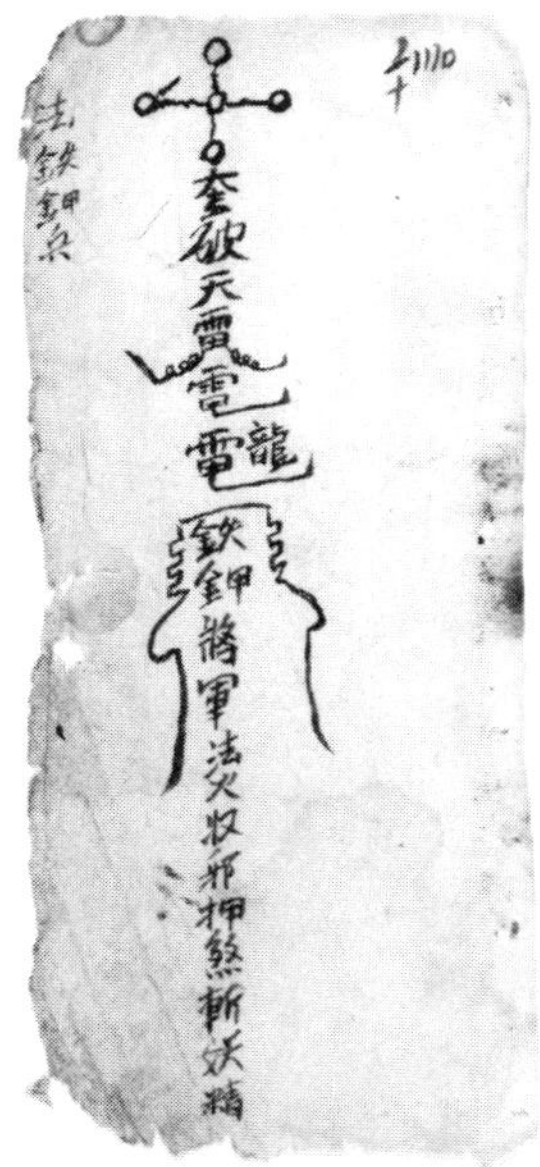

16　「閻山法院給出五郎将軍追身捉魂文牒一道急速施行」天運壬寅（一九〇二）・一枚・〈文牒〉・四六一×四六七

・悪霊を召し捕るよう命令する文書である。公文書に似せた形式となっている。「大日本国台湾台北県新竹北門外崙仔庄」とあり、日本統治の浸透が示されている。

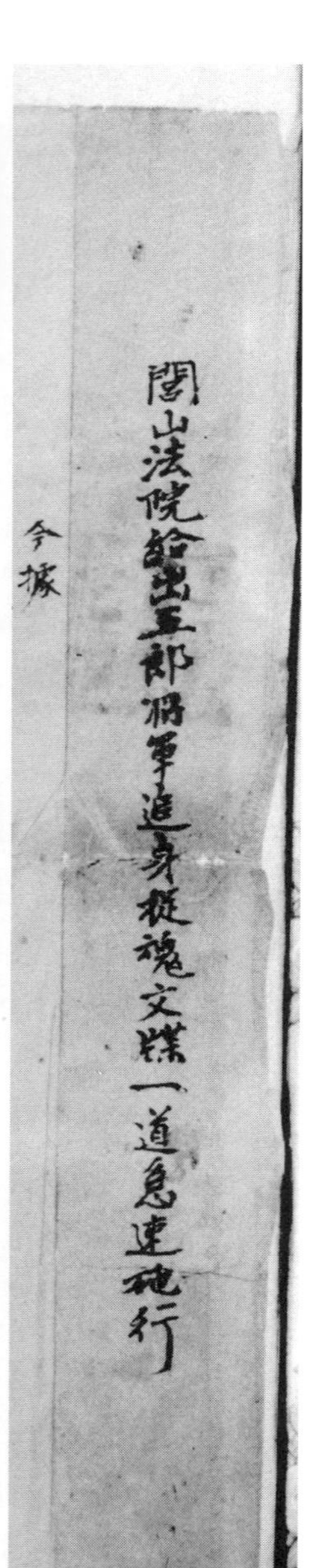
閻山法院給出五郎将軍追身捉魂文牒一道急速施行
令據

3　所蔵科儀本：16「閭山法院給出五郎将軍追身捉魂文牒一道急速施行」

大日本國臺灣臺北縣新竹北門外崙仔庄陳清玉家内居住奉
道授神為買男被干人揚説通言邪心現往香山大庄陳水家中藏有一人陳合十五歲
買遇陵戊内李泗為子頂嗣三月十五日吉特生一身不回家内是以涓取壬寅年九月廿
日值向廣顯壇呈法像誠心敬備金資財帛列在案前修牒一紙即日本院御差
三元教主五傷五郎五虎猛將陰兵神軍到壇領牒一角火速前去香山大庄陳水家内
土地門神送出陳合身中三魂七魄即刻捉到李泗家中陳合真正三魂七魄尋回本
家不得去處將身交轉李泗早賜團圓所有關津河渡神宮隘處毋勻阻擋

如有不遵法力者定依
閭山法院玄科拷案前究罪施行
須至牒者
右仰差

三元將軍
五道兵將
五傷猛將
本境土地
家祀神祇

准此火速捉到

天運壬寅年九月二十九日本壇發行

的限今宵亥子二時中回繳

17　『閭山法戒』　嘉慶二一（一八一六）・二九頁・〈教壇の戒律〉・一三一×二四三

・教壇の戒律を示したもので、施術のためというより教壇内部の規範を示した文書であろう。修身の教科書のようなものであり、世間のモラルと対立する内容ではない。

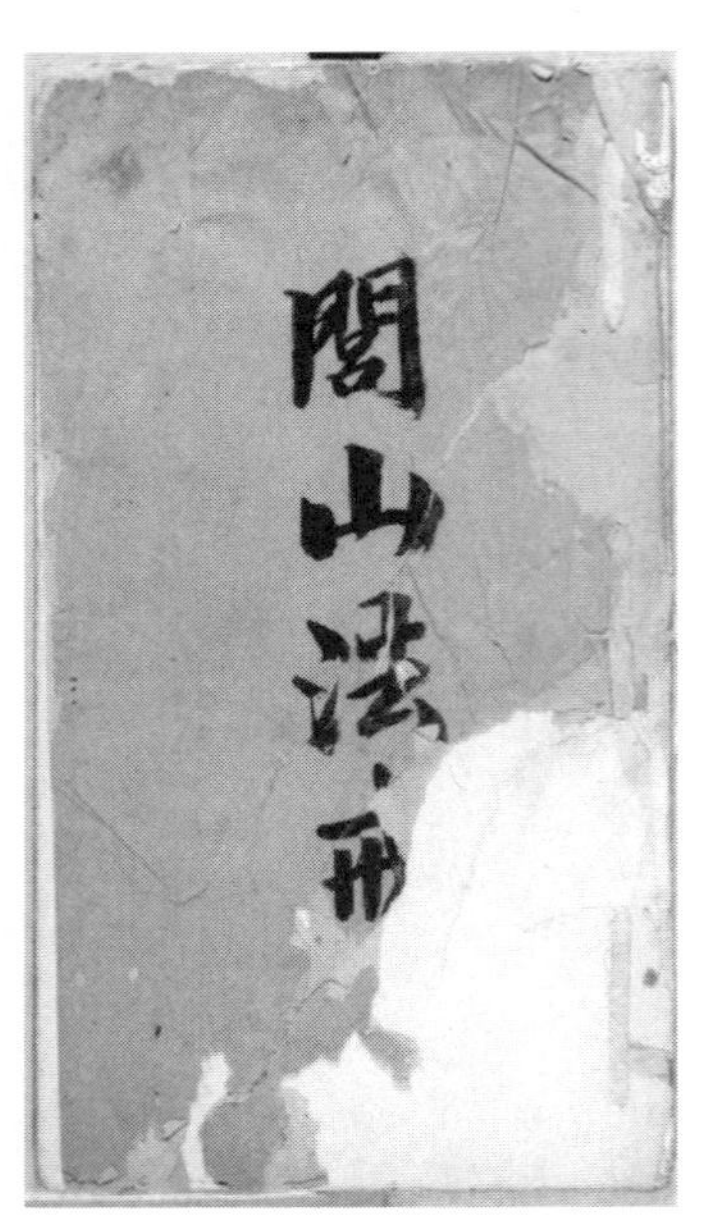

金橋一座透上天　要斬邪心忤逆人
世事不居貪與富　行法之時一般平
龍歸大海虎歸山　傳法飢寒百般難
行盡已多凶險路　十里過了九重山
不怕郎門官職大　投我法門着下街
好好低頭聽我言　稽首皈依拜工玄
拜天拜地謝三光　乾坤化氣得成人

拜謝水府龍宮帝　感謝水土養成人
拜謝家堂併祖公　祖宗蔭佑尔家門
人無祖宗誰蔭佑　人無父母托誰生
拜爺一拜謝爺恩　懸勤苦耕養見身
拜娘一拜謝娘恩　三年乳哺養育身
拜謝房門諸眷屬　鄉里僯舍來往人
拜見証明保舉人　通引結亀奏諸師
東皇西姥併章老　整頓衣冠拜上皇
拜見三清玉皇帝　八表龍虎二真君
拜見西真王大母　七十二宮捐女娘
拜見三官神九郎　平山漢帝大高真
拜見祖師及本師　當壇傳度老師爺
本師便是尔爺娘　莫作村中通路郎
尔莫人前罵師主　莫在人家罵師爺

本師聽知四歡喜　生魂不來護尔身
禮拜師父得週完　點起星燭耀光明
謹請南方火德星　火德星君降臨來
北斗七星覩下降　星燭明燈照新臨
燭燃灯多乞光亮　引童弄座聽戒文
五虎將軍來等接　諸司兵馬乱交横
看見含元七寶殿　琉璃琥珀放毫光
金鳥玉炉香馥郁　玉女擎花入法門
龍虎將軍兩邊立　九郎兵馬兩边排
花童引入弄內座　聽受勅令保君身
受戒法官寬且座　香湯沐浴洒淨清
寶瓶神水碗中藏　萬里風波霹靂光
一洒弟郎親骨肉　面如紅粉出顏容
金字銀牌度付尔　五路出入鬼神欽

下衛妖魔閙見怕　邪魁鬼怪盡潜藏
老君堂前咲粉已　弟郎遠路到仙門
王母仙茶食一盞　玉女香湯食一双
宜得香灯來供僕　番與世人去傳揚
一聲鳴角勝洋已　啟復受度花童郎
問尔金釵借一對　付吾師主出釘橋
口教香錢來磧座　本師法訣度郎身
弟子捨錢師捨法　大家相捨見義情
得尔錢時謝錢恩　保尔施財弟子郎
若是誠心來受法　法身清吉寿命長
啟復壇中百客官　聽我戒約手中藏
僧人四戒四成道　師人四戒法四行
良宵當樓宣法戒　勸善行善悪莫爲
愚人聽我閭山戒　便是聰明智慧人

賢者听我閭山戒　尽忠尽孝奉君親
老者听我閭山戒　寿山高聳福弘深
和尚听我閭山戒　便是西天羅漢仙
秀才听我閭山戒　名標金榜状元郎
婦人听我閭山戒　傳我閭山好法門
客人听我閭山戒　一錢起本萬両収
再吹宝角勝洋已　啟復新臨弟子郎
還當誠心來受法　還當賺繳到法當
還當保寿除災厄　還當受法要行香
還當求男併乞女　還當度法修陰功
再告新臨弟子郎　從今莫作両心腸
尔若負心師不度　有法不度負心人
老君七十二教度弟子　不度三腸両肚人
玉母裝橋度弟子　不度違心忤逆人

畫虎畫皮难畫骨　知人知面不知心
多少口甜心裡苦　几多佛口蛇心人
本師戒法直千金　受法之人側耳聽
男人要听女人戒　朝中天子有諫臣
好心好意受法度　衆師福寿護郎身
修得好心得好報　児孫騎馬置田莊
若然敬重神尊主　恰似紅日上東山
月月持炉併換水　晨昏早晚好燒香
水向石中流出浪　風從花裡過來香
男人要過好書堂　女人要過惡家娘
荣華富貴前修定　下賤貧窮命安排
穿金帶銀前世修　騎馬糶谷有陰功
當生受得來生福　今世修積後世功
五男二女修身好　夫妻長命施長齋

夫妻孝順同心意　祀奉上祖一炉香
長短高低相含忍　前世修來共枕眠
夫妻相打莫埋怨　落水天晴莫怨天
男女悲啼莫打罵　几多前世托來生
子女便是香炉不　有子有孫得飽煖
兄弟和順如魚水　姊妹同娘共乳生
打虎不如親兄弟　幹事不如屋下人
人生飽煖敬天地　成人長大敬爺娘
爺係天時母係地　几多憐得成人時
十月懷胎多受苦　三季洗爛五條裙
父母在堂須敬奉　莫把高聲罵爺娘
妻子孝順同心染　子孝何須少黃金
目連是實報娘恩　看經念佛母昇天
董永賣身須離父　丁蘭刻木爲爺娘

孟宗哭竹冬生笋　曹安殺子救親娘
孝順但看曾一婦　割肝去救别人娘
儞舍如同親骨肉　莫把閒言失人情
酒要食時事要理　切勿人家生是非
不愁家貧愁鄉破　休愁家裡少黄金
見人富貴心歡喜　莫把心頭似火燒
秤尺升斗依公道　神明鑒察知人情
園内有花任君採　園外有花君莫求
寡婦門中君莫去　閒偈店裡損精神
謀人妻子佔人田　富貴榮華有几年
大道戒君三件事　戒酒除花莫賭錢
三朝滿月酒莫食　婦人產難不須行
天上鴻鷹尔莫食　地下細毛不須嘗
上繩馬纜君莫踏　碓舂籠磨尔莫坐

四曾洗面莫燒香　四曾湯口莫告神
弟子娟女勤燒香　見孫世代置田莊
便把香炉尋宗祖　且作水碗尋根源
莫作鷄母哺鴨仔　三朝落水别離娘
孝順還生孝順子　忤逆還生忤逆兒
黄連苦時根亦苦　甘草甘時葉亦甘
不信但看簷前水　點匕落地不差移
師爺來時要接傘　師娘來時下街迎
入門但看人古事　觀看顏容便得知
世事且憑君子説　是非休听小人言
朝會慶識須進貢　年冬歳盡要毛兵
戒法真言説不尽　便將指戒匕君身
第一戒君敬上蒼　蒼天保佑世間人
天有萬物濟人民　人無一物濟天廷

第二戒君敬重地　篔來地土出黄金
萬物皆從地中出　皇土不載等閑人
第三戒君敬水府　滔亡流接不曾停
水府莫洗污衣裳　莫來觸冒海龍王
第四戒君敬父母　養子須知父母恩
不得高聲相應口　不得違逆父母心
第五戒君敬祖先　清明時節掛帋錢
人有祖宗水有源　蔭佑尔門大吉昌
第六戒君敬本師　本師常在尔心頭
尔若負心瞞了意　生魂不來護尔身
第七戒君莫貪花　爲人貪花損精神
酒不醉人亡自醉　花不迷人亡自迷
第八戒君敬三光　三光謹照世間人
暗室若然無盡在　回光還照覆盆人

第九戒君出入處　告嘱神師方可行
誠嘱師主有靈應　任君天下去遊行
第十戒君敬尊主　晨昏早晩好焼香
初一十五供香茶　持炉換水莫抛遺
但凡出入要小心　風波浪裡亦無沉
筆頭指人三世寃　殺人放火罪不免
太上法籙傳天下　祖代相傳度萬民
若能真受老君牒　勝似箕陽水陸濟
度脱前生諸悪業　鑊湯炉炭化蓮花
受得老君親度牒　命終喜上大羅天
新臨弟子勞心記　指戒常在尔心頭
如今戒法都説尽　我將法物度新臨
仙冠一頂出斬𧄍　藏影強兵几萬人
龍虎將軍隨左右　出入行藏驅鬼神

衣衫一領錦衣紅　驅瘟治鬼藏無踪
若是出入行藏處　着起之時鬼神欽
時師不知衣出處　張趙三郎始得知
左右証明作証見　度付橋頭受法人
今師度尔一炉香　萬古流傳在法堂
若是五路遠近去　焚起香煙告上皇
今日當壇度弟子　護鎮家門大吉昌
本師給尔一水碗　化作五湖四海通
若是五方凶吉事　合家人口水中藏
法印一顆甚分明　印中雕出三重城
千兵亦從法印轉　將帥叅隨戰印行
仙帕原是王母置　亦有紅青及白黃
王母宮中親給出　度付橋頭花童郎
此筆一枝不非常　墨硯磨水出晶光

書符寫表神欽伏　置田立契大吉昌
緑羅鞋仔繡鴛鴦　躬着方圓見上皇
若是出入行藏處　化作蓮花足下生
本師度尔一面旗　時々招集九州兵
若是屯兵併集將　招集天兵及地兵
雨傘一把黒如雲　開傘之時天地昏
若是四方出入處　藏得天兵及地兵
開傘之時鬼神伏　三十六巻度臨身
本師度尔一勝筊　判凶判吉定爲凭
今日當壇度弟子　陰陽落地討分明
再吹宝角勝洋々　啟告三清及玉皇
北嶽楼前度弟子　傳授三元符法靈
法物一齊付弟子　三元諸牒度新臨
諸牒度與郎護身　法身永遠得成人

一願師男家富貴　二願夫妻得團圓
三願兒孫多興旺　四願人口得平安
五願風調併雨順　六願國泰萬民安
七願金銀日日進　八願六畜滿山崗
九願米谷盈倉積　十願香火護家門
今日當壇法門開　扶持弟子大吉昌
本師戒法說不盡　分明撥將度新臨
三十六營度付尔　問尔能承不能承
能君承者保君身　兵隨卯轉將隨身
三十六營兵馬度付尔　出入邪鬼皆欽伏
諸神悪鬼尽潛藏
今日當壇親度尔　百年正是扶身符
弟子頭戴漢朝天　脚踏北斗七星罡
手執七星北斗竹　郎今起身甚分明

一枝斗竹號貪狼　弟子轉身拜玉皇
二枝斗竹是巨門　弟郎今朝拜老君
三枝斗竹是祿存　弟子今朝受法文
四枝斗竹文曲星　弟子度法拜千秋
五枝斗竹號貞（廉）常　弟子拜見兩營兵
六枝斗竹武曲星　弟子授法藏五瘟
七枝斗竹轉馬（破軍）星　弟子授法救萬民
東方青帝金龜王　五方一仝
結起七層併宝塔　九宮八卦甚分明
五虎龍王鎮北斗　新臨金龜肚中藏

嘉慶貳拾壹年丙子歲端月下浣穀旦

弟子張法生盥手敬錄大吉

18　『閭山戒』　年代なし・三三頁・〈教壇の戒律〉・一三七×二三六・17と類似した内容。

金橋一座透上天
世事不居貧與富
龍歸大海虎歸山
行盡已多三險路
不怕郎們官戟大
好好依言聽我言

要斬邪心忤逆人
行法之時一般般
傳法飢寒百般難
十里過了九重山
收我法門着下街
抄手皈依拜上仙

拜天拜地謝三光　乾坤化氣得成人
拜謝水府龍宮帝　感謝水土養成人
拜謝家堂併祖公　祖宗蔭佑尔家門
人無宗祖誰蔭佑　人無父母托誰生
拜爺一拜謝爺恩　懃勤苦耕養兒身
拜娘一拜謝娘恩　三年乳哺養成人

拜謝房門諸眷属　鄉里隣舍來往人
拜見證明保舉人　通引結竜奏請師
東皇西姆併阜老　護橋傳法籙諸生
傳報壇前花童郎　整頓衣冠拜上皇
拜見三清玉皇帝　八表龍虎二真君
拜見西真王大姆　七拾二宮相女娘

拜見三官神九郎　平山漢帝大高真
拜見祖師及本師　當壇傳度老師爺
本師便是尔爺娘　莫作村中過路郎
尔莫人前罵師主　莫在人間罵師爺
本師聴知四歡喜　生魂不來護尔身
禮拜師主得過了　點與星燭耀光明

謹請南方火德星　火德星君降來臨
北斗七星親下降　星燭明燈照新臨
燭燃灯點多亮耀　引童斗坐聴戒文
五虎将軍來答接　諸師兵馬乱交横
肩見含元七寶殿　琉璃琥珀放毫光
金影玉爐香馥郁　玉女攀花入法門

龍虎将軍両邊立　九郎兵馬両邊排
花童引入斗内座　聴受勅令保君身
受戒法官寛且座　香湯沐浴洒潔清
寶瓶神水碗中藏　萬里風波霹靂光
一洒弟郎親骨肉　面如紅粉出顔容
金字銀牌度付尔　五路出入見神欽
下衛妖魔聞見怕　邪魔鬼怪盡潜藏
老君堂前笑粉粉　弟郎遠路出仙門
王母仙茶食壹盞　玉女香湯食一甌
夜得香灯来供養　留與世上去傳揚
一聲鳴角勝洋洋　啟復受度花童郎
問尔金釵借一對　付我師主出釘橋

口教香銭未績座　本師法訣度郎身
弟子拾銭師拾法　大家相拾見義情
得尔銭了謝銭恩　保尔施財弟子身
若是誠心来受法　法身清吉壽命長
啟復塲中百客官　聴我戒約斗中藏
僧人四戒四戒道　師人四戒法四行
良宵當壇宣戒法　勸善修行悪莫爲
愚人聴我閭山戒　便是聰明智慧人
賢者聴我閭山戒　盡忠盡孝奉君親
老人聴我閭山戒　壽山高聳福彌深
和尚聴我閭山戒　便是西天羅漢仙
秀才聴我閭山戒　名標金榜狀元身

婦人聽我閭山戒　傳我閭山好法門
客人聽我閭山戒　一錢起本萬両収
再吹寶角勝洋洋　啟後新臨弟子郎
還當誠心來受法　還當陳縱到法堂
還當保壽除災難　還當受法要行香
還當求男併乞女　還當度法修蔭功
再告新臨弟子郎　從今莫作両心腸
尔若勇心師不度　有法不度勇心人
老君七十二教度弟子　不度三腸両肚人
王母裝橋度弟子　不度遠心忤逆人
画虎画皮難畫骨　知人知面不知心
多少口許心裡苦　幾多佛口蛇心人

本師戒法直千金　受法之人側耳聽
男人要聽女人戒　朝中天子有諫臣
好心好意來受度　衆師福力護郎身
修得好心得好報　児孫騎馬置田庄
若然敬重神尊主　恰似紅日上東山
月月持齋併換水　晨昏早晚好燒香
水响石中流出浪　風從花裏過來香
男人要過好書堂　女人要過悪家娘
栄華富貴前修定　下賤貧窮命安排
穿金帯銀前世修　騎馬糶谷有蔭功
當生度得末生福　今世修積後世功
五男二女修身好　夫妻長命施長諸

夫妻孝順同心意　祀奉上祖一爐香
長短高低相含忍　前世修來共枕眠
夫妻相打莫埋怨　落水天精莫怨天
男女悲啼休打罵　幾多修種托生來
子女便是香炉不　有子有女得飽煖
兄弟和順如魚水　姊妹同娘共乳生
打虎不离親兄弟　幹事不如屋下人
人生飽煖敬天地　成人長大敬爺娘
爺係天時母係地　幾多懮得成人時
十月懷胎多受苦　三季洗爛五條裙
父母在堂須敬奉　莫把高聲罵爺娘
妻子孝順同心樂　子孝何須少黃金

目連是寶報娘恩　看經念佛母超昇
董永賣身殯葬父　丁蘭刻木為爺娘
孟宗哭竹冬生笋　曹安殺子救親娘
孝順但看曾一姊　割肝去救别人娘
憐含如同親骨肉　莫把閑言失人情
酒要多食事多理　切勿人家生是非
不愁家貧愁鄉破　休愁家裡少黃金
見人富貴心歡喜　莫把心頭似火燒
秤尺升斗依公道　神明鑒察知自明
薗內有花任君採　薗外有花君莫求
寡婦門中君莫去　娼花店內損精神
謀人妻子佔人田　富貴榮華有幾年

大道戒君三件事　戒酒除花莫賭錢
三朝満月酒莫食　婦人產難君莫行
天上鴉鶿尔莫食　地下狗肉不須嘗
牛纜馬纜君莫踏　碓舂籠磨尔莫坐
四曾洗面莫燒香　四曾湯口莫告神
弟子相女勤燒香　児孫世代置田庄
便把香爐尋宗祖　且作水碗尋根源
莫作鷄母哺鴨仔　三朝落水別離娘
孝順還生孝順子　忤逆還生忤逆児
黄蓮苦時根亦苦　甘草甘時葉亦甘
不信但看簷前水　點〻落地不差移
師爺來時要接傘　師娘來時下街迎

入門但看人古事　観看顔容便得知
世事且憑君子説　是非休聴小人言
朝會変誠須進勇　年終歳盡要屯兵
戒法真言説不尽　便将拾戒〻君身
第一戒君敬上蒼　蒼天保佑世間人
天有萬物滑人民　人無一物滑天庭
第二戒君敬重地　筭來地土出黄金
萬物皆従地中出　皇土不載筭閑人
第三戒君敬水府　滑〻流接不曾停
水府莫洗污衣裳　莫來觸冒海龍王
第四戒君敬父母　養子方知父母恩
不得高聲相應口　不得違逆父母心

第五戒君敬祖先　清明時節掛紙錢
人有宗祖水有源　蔭佑尔門萬萬年
六戒師男敬本師　本師常在尔心頭
尔君勇心牖了意　生魂不來護尔身
第七戒君莫貪花　為人貪花損精神
酒不醉人人自醉　花不迷人人自迷
第八戒君敬三光　三光謹照世間人
惜室若然無晝夜　田光還照覆盆人
第九戒君出入處　告嘱神師方可行
誠祝師主有靈應　任君天下去遊行
第十戒君敬尊主　晨昏早晚好燒香
初一十五供香茶　持炉換水莫拋遠

但凡出入要小心　風波浪裏亦無沉
筆頭指人三世寃　殺人放火罪不免
太上法籙傳天下　祖代相傳度萬年
名能真受老君牒　勝似冥陽水陸齋
度脱前生諸罪業　鑊湯爐炭化蓮花
受得老君親度牒　命終直上大羅天
新臨弟子労心記　拾戒常在尔心頭
如今戒法都說盡　我將法物度新臨
仙冠一頂出軒轅　藏影強兵幾萬人
龍虎将軍隨左右　出入行藏驅鬼神
衣衫一領錦衣紅　驅瘟治鬼滅無踪
若是出入行藏處　着起之時鬼神欽

特师不知衣出處　張趙三郎始得知
左右證明作証明　度付橋頭受法人
夲师度尔一炉香　萬古流傳在法堂
若是五路遠近去　焚起香煙告上皇
今日當壇度弟子　護鎮家門大吉昌
夲师給尔一水碗　化作五湖四海通

若是五方㐫吉去　合家人口水中藏
法印一顆甚分明　印中雕出三重城
千兵亦從法印轉　将师叅隨戰印行
仙帕原是王母置　亦有紅青及白黄
王姥宮中親給度　度付橋頭花童郎
此筆一枝不沵常　墨硯磨出水晶光

書符寫表神皈伏　置田立契大吉昌
緑羅鞋仔繡鴛鴦　躬着方圓拜上皇
若是出入行藏處　化作蓮花足下生
夲师度尔一面旗　時時招集九州兵
若是屯兵併集将　招集天兵及地兵
雨傘一把黑如雲　開傘之時天地昏

若是四方出入處　藏得天兵及地兵
開傘之時神鬼伏　三拾六巷度新臨
夲师度尔一勝筶　判㐫判吉定篤憑
今日當壇度弟子　陰陽落地討分明
再吹蹇角勝洋洋　啟告三清及玉皇
北徽樓前度弟子　傳授三元符法霊

法物一齊付弟子　三元誥籙度新臨
誥牒度與郎護身　法身永遠得成人
一願师男家富貴　二願夫妻得團圓
三願兒孫多興旺　四願人口得安康
五願風調併雨順　六願國泰萬民安
七願金銀日月進　八願六畜滿山崗
九願米谷盈倉積　拾願香火護家堂
今日當坛法門開　扶持弟子大吉昌
本师戒法説不尽　分兵撥将度新臨
三拾六営兵度尓　問尓能承不能承
能君身護君身兵隨印轉将隨身
三十六営度付尓　出入耶兇尽潜藏

諸神悪煞皆欽伏　今日當坛度师郎
弟子頭戴漢朝天　脚踏七星北斗罡
手执北斗七星竹　下衛妖魔尽滅亡
一枝斗竹號貪狼　弟子奉答拜玉皇
二枝斗竹是門巨　弟子今朝拜老君
三枝斗竹是祿存　弟子今朝受法文
四枝斗竹文曲星　度付弟子拜千妹
五枝斗竹號廉貞　弟子拜見兩営兵
六枝斗竹武曲星　弟子受法滅五瘟
七枝斗竹轉弼星　弟郎受法救良民
東方青帝金亀王　五方罡　结起七層弁宝塔
九宮八卦甚分明五湖龍王鎮北斗朴臨入亀肚中藏

19　『閭山瀍（法）戒科文』　明治戊戌（一八九八）・九一頁・〈教壇の戒律〉・一二六×一二三五

・入り組んだ内容で「召八仙告神」が三頁、「在此上壹點斗法語」が三頁、それ以降は大きな文字で経典のように記され、道徳を説いている。教壇の戒律とみてよいだろう。経典の一〇頁目に「大清天下廣東道恵州府陸豊県吉康都△甲△村居住皈依奉」とあり、広東陸豊の系統を示している。

召八仙告神

角鳴連一聲　一聲鳴角透天門　三界靈通勅符使
四值功曹渋舍人　上請天龍開天路　一防閉塞狐狸門
中開人門一條路　北方排兵塞鬼路　世上人人皆得度
香焚寶篆奏天京　法語章章呈聖帝　中間教主度群仙
見説四聖當來分聖衆　摩爺肚裏結修來　出世之時天擁護
遊行殺鬼救萬民　帶兵打從北方出　酆都六洞斬妖精

六洞鬼神收五洞　只留一洞放長生　妙法通行諸天下
但凡作事請神仙　敕三十三天大教主　金臺御史玉清宮
三省四臺靈寶主　太上玄元道德尊　十極高真隨御輦
無邊聖衆是靈兵　三教流傳通教主　妙法流傳救萬民
桃源洞中王太姥　花林妙妹衆仙姑　江洲法曹節度使
恭官教主九郎神　左典横山九郎主　右典蒙山十郎神
文疏上通天帝勅　下通五海許晶王　平山高漢帝
太子七位衆靈王　淮南述主趙候聖　茅山師主金七郎
前傳併口教　祖本衆功曹　合座五營神兵馬
三元五虎大將軍　有事當壇來啟告　無事不敢亂通呈
今則坐斗受度　結龜發手通秉奏知陰六師陽六師
証盟保舉師章鐵老師　結勘畫號來相請　大顯神通護師男

在此上臺點斗法語

第一盞燈起貪狼　點起壇前耀日光　今日當壇度弟子
八畔都師列成行
第二盞燈巨門星　供養三清及玉皇　傳度公文并法籙
合家人口保千春
第三盞燈起祿存　供養神仙及老君　今日當壇親度法
香火遊行出外鄉

第四盞燈文曲星　吾今點起甚分明　九郎街前親供養
弟子遊行香火去
第五盞燈廉貞星　點起之時艷艷明　都司街前親供養
蔭佑弟子壽遐齡
第六盞燈武曲星　供養六部眾師尊　今日當壇授公據
符書顯赫法威靈
第七盞燈輔弼星　左輔右弼照郎身　今日當壇度正法
扶持弟子永嶒嶸
破軍一盞是凶星　點起之時百鬼驚　原是赤帝第三子
毫光照破鬼神壇　點斗師公寬且座　扶橋唱法出頭來
密語變身　上座用七祖訣　金龜訣　白鶴訣　念護身命經
正音念

太上經曰　皇天生我　皇地載我
日月照我　星辰榮我　諸仙舉我
司命與我　太乙任我　玉震召我
三官保我　五帝衛我　南辰相我
北極佑我　金童持我　玉女從我

六甲真我　六丁進我　雷電隨我
八卦尊我　九宮循我　陰陽宗我
四時成我　吾命看我　太清玄我
三官陛降　上下往來　無窮不息
金飯玉醬　向求自至　虛梵日月
與為盟誓　魁魓魖魋魒魓魕
所求者得　所向者合　所為者成
種種變成　與道合真　何神不伏
何令不行　前有朱雀　後有玄武
左有青龍　右有白虎　上有華蓋

下有魁罡　神通光顯　威鎮十方
愛我者生　惡我者亡　爭我者殃
謀我者病　靈童相女　三十六百
常在吾傍　執印捧符　太上經曰
金籙玉書　二十四符　與星列耀
火急如律令勅
上座請八仙　排菓盒　口味雞酒
鳴角連一聲聲聲直透九天門　拜請
上元盤古置天地　九老仙人住太原
太上老君治世界　住在南天羊角山

對下引前如勅令　老君收放在身邊
七十二仙隨左右　青龍白虎兩邊排
請取伊許仙人兩個眼　相隨尊主上西天
徐甲仙人三個眼　只因行住到西湖
聞吾師男角聲請　二仙降赴五龍壇
角鳴來相請拜請　白鶴仙師身着緋
原來凡世吃香煙　長脚仙人長一丈
一家骨肉在青天　聞吾師男角聲請
二仙降赴五龍壇
角鳴連三聲拜請　東皇仙人衛州住

住在東海石源鄉　骸骨仙人住在波斯國
肚穿七吼透心肝　聞吾師男角聲請
二仙降赴五龍壇
角鳴連四聲請取　張府天師掛傜衣
手持雷令治凡世　董仲仙人有符法
凶神惡煞送江河　聞吾師男角聲請
二仙降赴五龍壇　上座祝香語 (曰)
纔聞一炷名香拈來以座前插在金爐之上
上祝　當今皇帝　聖壽無疆
下為文武官僚同增祿位未蒙給度先乃

祝香之意　師司即括中華
大清天下廣東道惠州府陸豊縣吉康
都ム甲ム村居住皈依奉
道斗下傳法落疏新臨弟子嬰一心拜投
大洞法主本師鄧宗千郎壇下授接香火
坐斗護運今則謹取　月　日逐是生甲
旬中迎動師主行兵上宅開啟道場結
起閭山大殿法壇面請十二部師在壇
作證今有師主未敢自便將此茗香落
在金爐祥煙馥郁瑞氣氤氳上獻

三清教主太上老君王姥閭山三奶夫人
法主仙姑前傳後教祖本宗師中獻
四府聖賢無邊靈祝
一願皇王萬歲　二願國泰民安
三願傳符度法　四願宅舍光輝
五願五營鎮宅　六願兵馬長存
七願父慈子孝　八願香火興隆
九願師男吉慶　十願壽命延長
更奠新臨弟子。自今傳法以後家門
康泰人口咸安災消萬狀福集千祥出

入千兵擁護萬將扶持符書端正法籙
光明常蒙龍天庇佑感賴宗師威光如
上良因志心稱念香煙遍滿天尊不可
思議功德
一聲鳴角應乾坤　傳與場中衆師尊
坐定男人並女眷　各人安位且聽言
老君殿前出金榜　招取天下秀才人
文人便封文官職　武人便封武官名
天下賢愚盡招討　七十賢士選官名
祖代相傳天心法　降魔殺鬼救萬民

有意投師來學法　何須念佛請真言
脱落白衣還父母　直將名字掛仙宮
一聲嗚角勝洋洋　禮謝六親遠路来
遠者登山及涉水　近者鄰人看師尊
賢者且看上聖面　各人親自討坐塲
老者聽恩看功德　少者抛離細女娘
愚者聽賢同念善　有事同心共修行
閭山戒文勸老少　百年有路去西天
等我度法付弟子　大家同作證盟人
再吹嗚角聲紛紛　啟告尊王衆仙神

閻羅天子正殿坐　五海龍王鎮五門
王姥七千將徒衆　二千師姥出宮門
閭山三官鎮寶殿　淮男師主作證盟
五傷將軍鎮五道　五營兵馬兩邊排
祖本宗師兩邊坐　官員阜老作證盟
南嶽書生同度法　扶橋唱法兩邊排
瀍門鑼鼓響連天　七寶明燈照堂前
若出秀才來舉選　老君親自度新臨
一聲嗚角勝洋洋　聲聲直上透天堂
請出閭山門下持戒三師三童郎

出宮共同持戒行　新臨弟子聽言章
（白）上復新臨弟子ム　吾老君殿前原有
十戒問爾能持不能持能受不能受答
能持受爾若能持能受者憑君口語度郎身
教郎一世得清平　唱法
傳爾場中諸阜老　東鄰西舍及鄉村
兄弟爺娘及叔伯　六親姉妹及姑姨
天師開壇傳符法　蒙親玉步到仙場
莫作啾魚唧爵佛　大家側耳聽言章
混沌初開三教主　大唐凡世至今傳

世尊傳下波羅密　孔子教得好文章
老君教人斬百鬼　三尊教主古人傳
儒釋二教休要道　且說法主道根源
老君原是天符帝　本住無上大羅天
且道閭山三官主　十二道法總一般
閭山法訣果有驗　九郎符法許人傳
香爐淨水向前使　金鞭木笏至今傳
戒內不得下人拜　裙衫安起五龍壇
今日壇前受法戒　一一從頭聽戒言
第一孝順爾父母　懷躭乳養義難忘

爺是天時母係地　幾多艱辛養成人
十月懷胎娘身上　三年洗爛己條裙
養子少時多抱惜　娘眠濕處子眠乾
父母在時須敬奉　莫把高聲應爺娘
第二孝順本師爺　恰似哺養一般同
出入得入相敬重　皆因符法有人傳
第三莫說吾師父　山有來龍水有源
無樹花從何處發　無祖法從何處來
第四同鄉莫說破　恰似手足一般同
上家有事同去做　下家有病同去醫

第五兄弟相和睦　如魚似水喜相逢
打虎須要親兄弟　人無兩世共娘生
第六夫妻相和順　夙緣種菓得成雙
自有自無休嗟嘆　命中生定不由人
第七莫逞稱殺命　得食香信害衆生
殺人一命還一命　冤冤相報幾時休
自養頭牲無大害　偷盜將來損自身
第八勸君勤耕業　莫學賭博美頭錢
虛了錢財忘家計　將我符法把如閑
第九有事相和息　莫去州縣稱英雄

廢除日仔荒田地　心虚不敬吾神明
第十平等保君身　莫學受邪魅閙戦身
禍因悪積為心害　福縁善慶自心生
見人富貴心歡喜　莫把心頭似火燒
自家打掃門前雪　休管他人瓦上霜
無益之言休開口　非干己事免勞心
十戒原來至於今　聽者是爾養老身
再祝新臨弟子郎　行營未得三朝滿
一床莫與女人眠　莫與女人邪眼咲
茶湯莫與養君身　酒醉莫在穢中睡

莫将悪語去傷人　路逢花色君莫採
紅花莫插香爐前　逃攔破屋君莫折
千年古井爾莫塡　但逢知己修本分
莫去人前説短長　香火原來各有主
不愁符法不遊行　未得法時行孝順
莫去法了負除心　莫學雞母捕鴨子
三朝落水不認娘　孝順還生孝順子
忤逆便生忤逆兒　莫學虧心百羅鳥
翻身忤逆食爺娘　不信但看古人語
簷前滴水不差移　此十勸　或十戒了　不用勸

一聲鳴角勝洋洋　弟子樓女引到斗中央
金龜背上安養老　新臨弟子坐朝堂
啟復龍壇賢弟子　一條心信好煎湯
未上龍壇不敢説　入吾龍壇説原因
初開天地有三教　頭戴天冠坐帝堂
度得凡間秀才子　人人望爾做高官
第二教主釋迦尊　佩帶金襴丈六身
度得凡間僧萬衆　樓臺殿上好安身
第三教主是老君　頭戴金冠着白衣
度得法門諸弟子　人人妙法有靈通

三教壇前有十勸　流傳後代勸新臨
惟有師家多尊貴　遊行天下救萬民
男人聽勸轉富貴　女人聽勸轉光明
老者聽勸添福壽　少者聽勸轉聰明
秀才聽勸高職位　師人聽勸十方行
三戒壇前有十勸　勸爾新臨弟子君
一勸新臨弟子郎　傳吾香火護郎身 救良民
且須敬答父母恩　十月懷胎母艱辛
三年乳哺多艱苦　娘眠濕處子眠乾
熱天養兒隨日過　寒天養子受苦辛

溪頭洗破冷冰水　出門踏盡雪冷霜
脚冷将來娘身隱　手冷放娘脇邊藏
三年摇斷籃箕竹　三年洗破己條裙
三年嚼了己口飯　三年汚爛己多衫
爺是天時娘是地　天地團圓養君身

世上慈恩孝順子　父母在堂莫去遠
若然去遠早回家　路上逢人賣菓子
買歸家裏奉爺娘　慈和生得慈和子
忤逆還生忤逆兒　不信但看簷前水
點點落地不差移　莫學虧心百舌鳥

翻身忤逆食爺娘　世上教人行孝順
若得孝順永傳揚　此是閭山第一勸
勸得新臨受法文
二勸新生弟子名　傳吾香火護郎身救良民
且須報答師父恩　爺娘百年歸壽去

麻衣掛體淚連連　師父教郎多辛苦
教罡教訣用心力　十宵九夜勞心力
煩勞師父點茶湯　年朝時節來相探
無信來時也無心　莫做路邊破傘子
致郎有口也無心　遠望師爺好接傘

莫交過步正來留　有義弟子傳千里
無義之徒莫傳他　牽牛學法牽牛轉
牽馬學法牽馬回　治家養老須正法
流傳香火萬人傳　此是閭山第二勸
勸約師男受法文
三勸新臨弟子君　傳吾香火 護郎身 救良民
莫將巫狀暗害人　上村下里人怨嘆
教君香火要流傳　錢財相借要分明
酒肉相待是人情　錢財相借不分明
從此相交不放心　酒中不語真君子

財上分明大丈夫　此是閭山第三勸
勸約新臨受法文
四勸新臨弟子君　傳吾香火 護郎身 救良民
陽春三月早耕種　勤耕播種般般有
抵應家門事事寛　賊盗二家莫去纏
道是親時莫認親　貧居鬧市無人識
富在深山有遠親　好閑懶惰莫去做
一朝無食怨何人　此是閭山第四勸
勸約新臨受法文　此勸度徒弟 花童不用説
五勸新生弟子君　傳吾香火 護郎身 救良民

師家兄弟如魚水　莫爭爾我損君身
家家有事同去做　家家有病同去醫
鈴刀鼓角相共使　夙世姻緣會中人
此是閭山第五勸　勸約新臨受法文
六勸新生弟子君　傳吾香火 護郎身 救良民

大道戒君三件事　戒酒貪花莫賭錢
三朝滿月酒莫食　婦人產難不須行
莫食天上雁鵝肉　五腥厭穢不須嘗
地下狗肉莫思量　水中七星魚莫食
牛繩馬纜爾莫踏　爾莫坐於籠並坐碓

若是鄉人來相請　斗米還人石義恩
做師無錢不斷後　閭卦無錢卦不靈
此是閭山第六勸　勸約新臨受法文
七勸新臨弟子君　傳吾香火 護郎身 救良民
八十公公爾莫救　月內孩兒爾莫醫

隔骨屍勝爾莫救　三般無鬼也有神
若然醫得此病好　退爾香火損君身
此是閭山第七勸　勸約新臨受法文
八勸新生弟子君　傳吾香火 護郎身 救良民
枯死樹下君莫坐　孤門寡婦爾莫行

深坑歪橋君莫過　空屋無人君莫宿
薗内有花任君採　園外有花君莫貪
若係（科考赴試日 行營治救日）　不論日夜去遊行
莫學房中起邪厄　炙魚不熟害君身
爾若依吾三戒勸　留君頭白在陽間
此是閭山第八勸　勸約新臨受法文
九勸新生弟子君　傳吾香火（護郎身 救良民）
遊行天下莫與（女人）說　莫與女人共櫈坐
莫接女人手中茶　三朝七日莫下拜
別人先拜便來回　惟有法師多尊貴

莫學鄉人穿破衣　此是閭山第九勸
勸約新臨受法文
十勸新生弟子君　傳吾香火（護郎身 救良民）
不曾洗面莫燒香　不曾淨手莫告神
弟子誠心勤燒香　兒孫世代置田庄
驅邪打鬼有感應　治家養老保千春
爾若依吾三戒勸　神明庇佑旺家門
惟有道家多文字　說的無窮也無盡
一怕金烏落西去　二怕玉兎上東升
三怕金龜下海去　四怕衆親要歸家

傳法弟子斗中座　不久度師給物來
在此給法物
爐
香爐一座祖相傳　莫交連夜失香煙
早晩持爐弃換水　交君家眷福祿昌
碗
水碗化作白玉毫　放在座前起風波
變化之時波浪起　合家人口海中藏
玉印一顆定乾坤　東西日月鎮長存
印
印着人時人長生　印着邪鬼鬼滅亡
今日當壇親給付　封塞城隍社廟門
符
符法一本最靈通　神通廣大法力嚴

不論貧富來相請　亦將符法一般同
帽
仙冠一頂五嶽山　東西日月轉團團
青龍白虎居左右　神鬼一見心自寒
傘
雨傘一把甚風光　六十七骨匠人粧
開傘之時連天陣　合傘之時似鐵城
扇
扇子一把最清凉　閭山殿前給付郎
出入之時將來撥　莫將扇子去撩娘
衣
緋衫原是老君衣　述主三郎收回歸
弟子出入行營將衣着　化作羅網及羅幃
鞋
綉鞋一雙甚風光　良工美女親手粧

今日壇前親着起　朝拜三清及玉皇
（筆）此筆一枝不非常　墨硯魔出水晶光
書符寫表神皈依　置田立契大吉昌
仙帕原是王姥置　亦有紅青及白黃
王姥殿前親給度　一朶紅雲遮法堂
（旗）一轉紅旗隊隊起　三轉祥雲盖我身
今日當壇度弟子　弟郎常駕五營兵
（酒）一盃米酒甚馨香　給付新生弟子郎
王姥殿内親煉造　吃了福禄壽延長
（飯）本師賜爾白米飯　粮田萬頃莫抛荒

大小男女勤耕種　時時飽煖足風光
本師賜爾一碗茶　陽春三月發萌芽
初一十五供上聖　合門人口享榮華
老君符牒最威靈　世上流傳作古今
法門弟子親授接　治救殺鬼保家門
（訣）七祖一把似蓮花　也好治邪好養家
禍福吉凶來相請　邏罡把訣使無差
（筶）筶子一對定陰陽　特來給付弟子郎
若許去時乞勝筶　不許去時陰又陽
不論鄉民來相請　全憑此筶定吉凶

兩勝一陽為上吉　三陰屢屢爾莫行
龍角一把不非常　吹嚮之時請玉皇
神兵聞知來集會　邪鬼聽見自滅亡
若有行營治救日　門前招轉五營兵
笏板原是木格州　下得江南十九州
執笏之時神鬼伏　道君庇佑壽千秋
馬鞭原是竹根全　三十六節便相連
三教壇前親給付　差兵急速去遊行
鈴刀活劍白如霜　指人長生鬼滅亡
搖嚮之時天地暗　畫地即時化江河

戰鼓一面响咚咚　打响之時似雷王
若有鄉人来相請　驅邪破廟鬼神驚
金鑼一面响綫綫　打破神壇社廟来
邪神惡鬼来鬧戰　一聲鑼响衆兵來
羅經一個甚團圓　二十四字定乾坤
八卦陰陽並子午　喝散凶煞及惡神
一枝錫杖放毫光　我佛流傳鎮十方
百萬天龍常擁護　打破血盆及鍋湯
目連救出親生母　萬代流傳入法堂
鄭張陰府親朋見　釋迦弟子坐蓮臺

一條布袋口賒些　付與弟子袋香花
若有十方人相請　治救香錢駕五車
神杖原来何人置　師主流傳護法壇
銅馬三郎置此杖　趙侯三郎置君兵
若要行兵治救日　九州城内點君兵
今日當壇度弟子　香火遊行出外鄉
啟復受法弟子郎　若是有意心來學法
交郎永世得清平　若然有錢來學法
交郎不久趁錢歸　若是空手來學法
交郎不久空手歸　若是金銀來學法

不久担銀財寶歸　若是牽牛来學法
交郎不久牽牛歸　若是牽馬来學法
交郎不久牽馬歸　負心負意来學法
教郎香火法不行　原是有本便有利
無本利從何處来　牒誥是郎護身寶
符法是郎養老身　笏板是郎盐酒肉
鑼鼓是郎吹飯甑　水碗是郎養魚塘
馬鞭是郎牽牛索　師刀是郎割禾鐮
師杖是郎禾担子　符本是郎青菜園
勝筶是郎早谷種　牛角禾倉及米廪

硯池是郎黑泥坵　陽春耕作不用牛
符法是郎長生保命宮　若然聽吾法戒者
老者差爾去遊行　若然不聽吾戒語
何須今日假發心　世上萬般都曉諭
千萬記取莫忘恩　新臨若能依此戒
蒼天不負修善人　説曰　啟復新生弟
子ム吾本師戒爾　不入法門君不戒
入吾法門聽戒言　天上雁鵝君莫食
地下狗肉君莫食　水中七星魚爾莫食
鯵鮍皮鱺蜆君莫食　龍蛇虎肉爾莫食

弟子謹記在心頭　呵新科弟子爾
去出遠屋姐公姐婆邊就師爺面前
求筶若許去時乞勝筶不許去時陰
又陽三陰之時不可行爾若勝筶放
大胆　欽奉大沓師主能十四郎娘能
丙拾四郎娘陳廿六郎張仙八郎度爾
一進法門千邪皆伏前光後暗
又奉度師張仲二郎范魁一郎黃欽
五郎張應三郎張賢正郎張欽顯郎
度爾出入神欽鬼伏毫光萬里

又奉度師鄧法清鄧宣滿郎劉萬三郎
劉玄一郎邱鳳一郎黃祖一郎黃正一郎
巫欽侍郎度爾前光後暗身高影大
又奉度師鄧顕伍郎鄧斌四郎鄧佑滿
郎張總滿郎張旺德郎鄧豐富郎度
爾星辰光彩運限亨通無災無殃
又奉生魂度師張流賢郎鄧廣田郎
親度師鄧宗千郎度爾健如龍活如虎
又奉上聖兵士五營兵馬以後門外
招集護爾法身清吉體相光輝吾本

師問爾煩要右營兵士左營兵士廿
五名護爾若要左右營兵士親護爾右左
營回轉本師邊五營兵馬一平分
一聲鳴角甚分明　啟告上座八仙尊
在此米荳分兵撿閣
今日度法都完滿　五營兵馬未曾分
六部都師壇前坐　九州兵馬兩平排
聽我師主親囑咐　流傳法教要分兵
手拿閣子甚分明　兩營兵馬微微笑
分兵大使分定兵　點兵元師點定數

點定兵馬作兩邊　兩營兵馬旗下等
硬弩角弓軍把定　旗鼓分開作兩邊
鎗刀戲前排兩行　四拾八州諸兵馬
各各分開作兩行　點兵大使來點算
兩營兵馬各平分　抛鬮落地甚分明
再吹鳴角勝惶惶　啟告壇前衆兵郎
排兵便請排兵使　點兵便請點兵人
若得撿得左營兵　右營回轉本師邊
若是撿得右營兵　左營回轉五營前後衙
隨手拈鬮為定令　各撿鬮子各為憑

上請東王公作證見　下請西王母作證明
鬮子抛落弟子撿　只憑鬮子取分明
伏望聖賢為定准　抛鬮落地甚分明
再吹鳴角勝紛紛　告聞上座八仙尊
分兵法事已周止　撿任法事又來呈
新臨弟子若然撿得前任者前任翁
川相叅隨弟子去遊行若然撿得後任
者後任得江南祖師出兵郎本師出兵
郎
大喝三聲齊入米　共同入米兩平分

一楮姻縁二楮福　三楮文章及口牙
有有無無莫怨我　爾有本師在前頭
抛往檢　将米苴散兵五營分完　送神
今宵度法已週完　奉送合座衆仙神
三清上聖歸紫府　騰雲直上大羅天
金闕玉皇歸上界　地府真官轉酆都
水府大帝歸海島　陽間聖哲各歸宮
老君仙神扶弟子　王姥治邪扶相隨
閭山九郎扶弟子　五營兵馬扶相隨
祖本功曹隨衙坐　證明弟子度新臨

今日法文都週完　手拏牛角轉陽凡
相請衆師同作證　南辰北斗作證明
六親眷屬鞠躬揖　衆親師扶起一員官
衆人扶起　師主下臺　七祖訣変
存变閭山座壇椅棹又為七層寶塔又
為蓮花寶殿存变弟子身化為蓮葉
水珠吾今下座之時發起一陣狂風二
陣猛雨吹動滴落五湖四海而藏神來
無處討鬼來無處尋啾啾唧唧斷其根
源
扶起花童弟子　弟子拜聖　拜父母　拜師父　拜六親

3　所蔵科儀本：19『閭山瀍（法）戒科文』

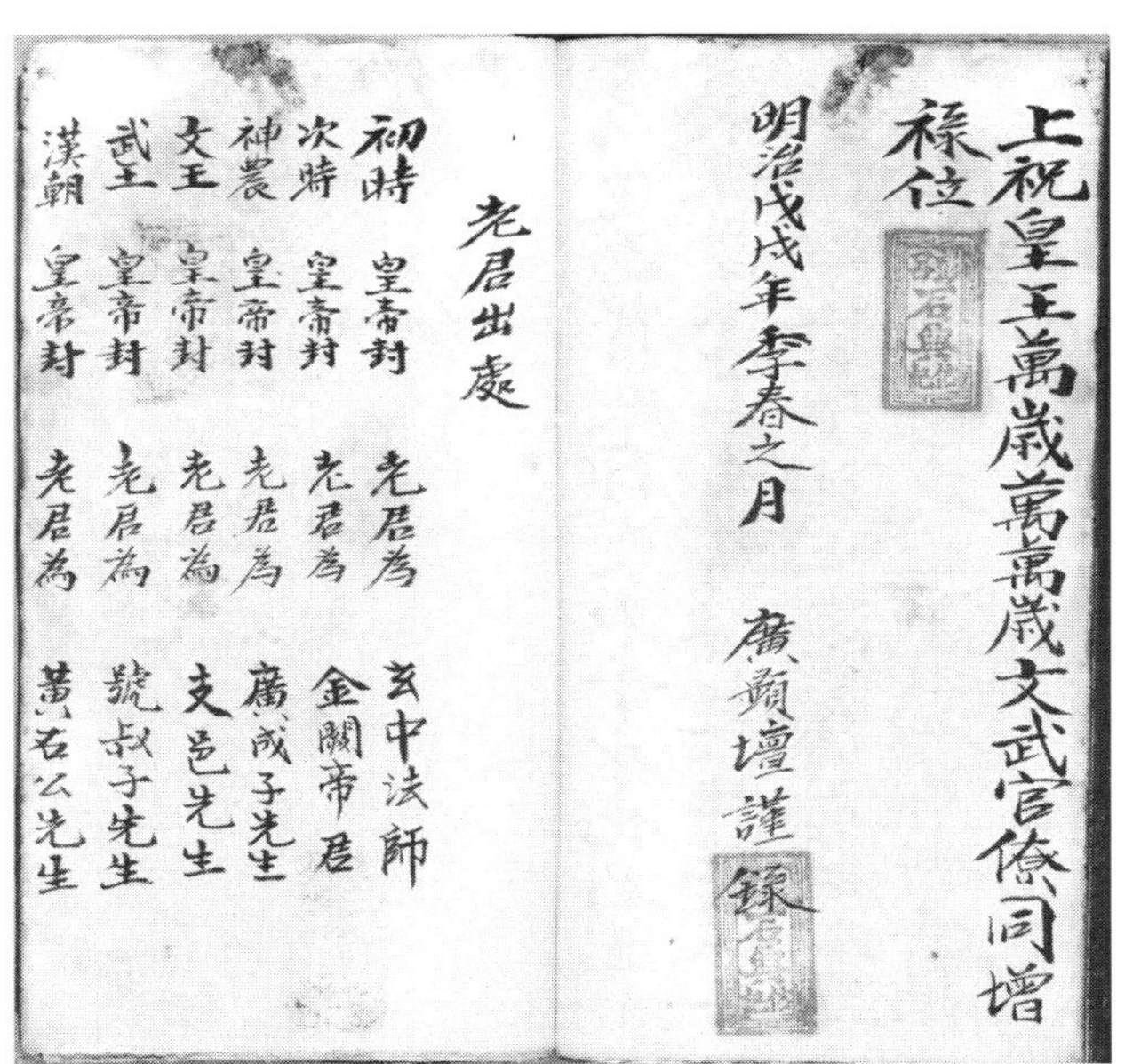

上祝皇王萬歳萬萬歳文武官僚同增
祿位

明治戊戌年季春之月　廣頼壇謹録

老君出處

初時　皇帝封　老君為　玄中法師
次時　皇帝封　老君為　金闕帝君
神農　皇帝封　老君為　廣成子先生
文王　皇帝封　老君為　支邑先生
武王　皇帝封　老君為　號叔子先生
漢朝　皇帝封　老君為　黃石公先生

20 『大度奏科』 嘉慶丁丑（一八一七）・三六頁・〈教壇の内部文書〉・一三三×二三八

・「変橋一套」が二頁あり、「大度奏科」「奏十二門」「奏十二街」「安九州科文」などの段が続く。亡師すなわち壇主が死んで神となることを示すもので、道統をたどる系図のような意味合いも感じられる。信徒には関係のない教壇内部の文書と思われる。「度」とは「あの世」など別次元の世界に移ることを意味するので、「大度奏科」とは師をあの世に送ることを示す。壇の師が死んで神となる過程では、閻魔も丁寧にあつかい、天界への道を案内するという内容であろう。

變橋一套

祖本師存変爲吾身不是吾身変爲奏書

舍人真身保奏亡師歸宮

祖本師存変水碗化爲五湖四海藏蓋弟子

三魂七魄家師衙内藏身靈神鬼不聞見

祖本師存変兆橋化爲五色祥雲直透三

十三天保奏亡師弟子△朝参玉帝定職分班

祖本師存変兆米化爲陰陽兵傍送亡師弟子

△朝参上帝定職分班

大度奏科

一声鳴角声洋洋　亡師勒馬上天堂

勒住馬頭执住鞭　便有十八送郎姊行

學法之時圖養老　誰知玉音召歸仙

好亡登橋朝教主　切莫回頭看世間

尔若回頭君不奏　不奏亡恳背義人

是微听我親戒說　亡師执諾向先行

保舉証明親識認　勅賜官戒付姊郎身
今日上擂听囑咐　勝箸田家報郎知ゝ
左營兵馬忙苛接　右營兵馬向先行
亡師火急金橋上　姊郎今打疊上天堂
殿前兵馬送姊郎去　神兵傍送到天庭
玉皇勅奏忙ゝ去　所有地府攞第粮
田君里社修路　傍送亡師去求官
前頭也有第粮荷　一心專望去西天
（便話）放復亡師弟子只管向前不少看
后尊亡爺ゝ吾亢師保奏ム
一声嗃角勝連ゝ　亡師今日离亢閘
閘眼便行陰府路　三魂七魄去求官
一魂住在公婆位　且爲公婆鎮家門
年節三時受供佛　善爲神通蔭見孫

二魂奏歸靈床位　所爲神通正靈宮
一日三時領供佛　萬人嗟嘆看香炉
三魂奏歸何處去　隨你本師去遊行
（便話）亡師弟子只管向前不要看后尊亡
爺亡行莫動塵笑莫露齒整頓衣冠好去
做官看顧子孫听吾法師保奏
一奏仙冠併衣服　身旁相隨朝老君
二奏身襟併官誥　玉郎［illegible］隨見三清
三奏龍鞭併宝劍　門前第馬送姊郎行
四奏坐下龍校椅　頭帶仙冠朝老君
五奏親隨打涼傘　六奏玉女同隨行
七奏黃雲漸ゝ起　八奏青雲步ゝ高
九奏仙童下茶飯　十奏亡師上天庭
下飯之時仙家菓　百般滋味任你嘗

欽光之時娜便去　身騎白馬向先行
亡人去到柰河橋　柰河橋下脫衣裳
亡師衣裳不要脫　直去西天朝玉皇
過如前頭餓虎山　嘈亡餓虎得人驚
有罪之人過不得　受戒亡師過不難
過如餓虎到河沙　黑河白浪有龍蛇
亡師騰雲橋上過　直去西天見玉皇
過如河沙到黃泉　黃泉路上巳多般
黃泉路上三條路　一條大路透西天
上條大路透上界　下條大路獄門前
中條大路明如鏡　亡師舉步向先行
十殿王官下衙并　勅將使者奏滷關
閻王殿前俱頂息　地獄化作水中蓮
衆殿明王齊拱手　亡師揖別便登程

過如地獄到天堂　行到七十二州中
獨角仙人現身到　蓬萊仙人在此間
每年仙桃四結子　今年結子正當時
亡師近前吃一個　千年萬載不回鄉

奏十二門　文狀十二張

法鈴寶角响紛紛　正到老君第一門
第一門官封史臣　手執銅鎚能巳人
急喚使臣來引過　引娜直過一重門
今有文狀一大分　掂下頭門莫鎖門
第二門官蕭尚書　仙果服頭帶金魚
亡師近前親口說　持爐換水不會跡
急喚使臣來引路　引娜直到二重門
今有文狀有一緣　掂下門頭莫鎖門
第三門官董判官　靜眉努眼近前看

見是法門親弟子　引郎直過三重門
今有銀錢一大分　帖下門頭莫鎖門
第四門官黄史臣　金毛獅仔兩边存
急喚使臣來引過　引郎直過四重門
今有銀錢一大分　帖下門頭莫鎖門
第五門官龍虎君　厮前街下萬餘人
看見法門親弟子　低頭含咲亦無言
急喚使臣來引過　引郎直過五重門
今有銀錢一大分　帖下門頭莫鎖門
第六門官玉女娘　仙人對面咲呵呵
兩個仙人奉茶飯　教君不用見閻羅
急喚使臣來引過　引郎直過六重門
今有銀錢一大分　帖下門頭莫鎖門
第七門官天證明　六曹案典下街巡

手下強兵三五萬　厮前街下似雷鳴
第八門官身姓劉　為人不善進香油
專望七星北斗王　與郎勾消除簿書
急喚使臣來引過　引郎直過八重門
今有銀錢一大分　帖下門頭莫鎖門
○在此燒識認状
第九門官玉女娘　見尔先祖及公婆
上祖公婆來識認　安排酒席請郎過
急喚使臣來引過　引郎直過九重門
今有銀錢一大分　帖下門頭莫鎖門
第十門官轉輪王　知輕識重我知恩
萬事不過生死路　僉是老君傳法人
急喚使臣來引過　引郎直過十重門
今有銀錢一大分　帖下門頭莫鎖門

十一門官身姓韓　身邊不見有一人
山中百高啾〻叫　琉璃宝殿轉團〻
急喚使臣來引過　引嫏直過十一門
今有銀錢一大分　帖下門頭莫鎖門
十二門官一千兵　脚踏騰〻五色雲
望見君家打戰鼓　常聞鼓角應天霄
急喚使臣來引過　引嫏直過十二門
今有銀錢一大分　帖下門頭莫鎖門
○奏十二街
弟郎鳴角勝旋〻　亡師打扮好妥排
好乘雲頭步〻上　奏嫏直上紫金堦
奏上第一〻重街　蓬島仙師兩邊排
好〻影身來恭拜　見了抽身上二堦
奏上第二〻重街　四大猛將兩邊排

好〻影身來恭見　見了抽身上十堦
奏上第十〻重街　哪吒元帥兩邊排
好〻影身來恭見　見了抽身十一堦
奏上十一〻重街　雄兵華光兩邊排
好〻影身來恭見　見了抽身十二堦
奏上十二〻重街　十二都師兩邊排
好〻影身來恭見　見了抽身上金堦
望見老君大帝主　仙童玉女下街迎
啟復亡師須正到　堦前下馬換衣裳
左右兵馬寬且坐　亡師相見帝王宮
恭見玉皇大帝主　玉皇含笑喜紛〻
亡師當時親啟口　願賜官職與君身
老君當時親保送　奏送釋迦御案前
恭君釋迦尊王聖主　平山漢帝及夫人

茆山教主叅拜了　回拜普庵祖師爺
拜見三壇神法主　合座祖本衆宗師
上有雷公并電母　下有水火藥有兵
哪吒太子叅見了　回見六曹案與官
借問喝閙有何事　有何事因入門來
亡師傳言開口說　衆師听我說言章
說得橋頭度法日　現今公諾在身邊
何州何縣無官長　何州何縣無官員
伏望本師親識認　願差官戒與君身
三十六員隨左右　護娜累乚向先行
左右兵郎權驅住　亡師受戒要分明
祖本二師來引上　勝售回來报郎知
鳴角連乚將一声　亡師直到御堦前
茆山爺乚當殿座　左右兵馬兩邊排

閭山九郎來宣召　便將諸籙給分明
告牒橋頭親比對　全無差錯一紫乚
保舉師公來保舉　証明師主作証明
南岳書生親造諾　御前案工有娜名

亡師弟子封得
三界伏魔大使戒
行營斬鬼大使戒
九州点兵大使戒
總兵
二十四州
左右布正大使戒
勝售回來报郎知

亡師弟子封得光祿大夫職勝答回來報郎知
左朝尚書職
大朝知州
鎮國都御使
工相國公職

相女封得紫微宮管兵夫人職勝答回來報郎知
正宮夫人職
正殿
管兵夫人職
金殿

陰陽二路無書信　金憑勝答報郎知
金牌榜上注娜姓　銀牌榜上注娜名
伏望仙師親賜職　低頭下拜玉皇恩
伏望仙師親保舉　逍遙快樂在天宮
一声鳴角响洋〻　傳報倉官給俸粮
打開金庫并宝庫　支給亡師請料粮
支給亡師弟子相好隨今粮米启來閉亡轉回

敕得亡師弟子娜　尔今受職好風光
尔在天堂受官職　弟郎南斗作長生
我是老君親弟子　奏亡奏到本師邊
奏送亡師將職証　領兵回轉在陽間
當時謝拜老君畢　郎時回到衆星君
回步踏着南斗號　保我壽命得千春
南斗便添郎福壽　北斗消除災厄門

老君隨我行香火　回轉陽間救良民
祖本二師親送出　統兵普度〻十方
本師教傳天下勝　香火遊行到十方
玉皇殿前親加戒　低頭下拜便回身
出離瑜珈香水院　統兵步〻駕雲回
十二門官親送出　龍車寶號出天堂
左手開除龍鳳府　右手開除金殿門
出郎天門三五步　翻身回到半天門
撥開雲頭看下界　回身退步轉凡間
桃源洞裡風吹散　風吹蓮花朵〻翻
陽河丁石難抛舍　我今與尒別千春
我是凡間薦度師　領兵回轉救良民
是尒神兵尒帶去　是我陽兵我帶回
尒在天宮多快樂　吾今回步轉凡間

背手扚断雲中路　翻身賭到五台山
閉眼之時到本宅　折断金榜下海中
凡師化作一梅針　忍落海中無處尋
天師無尋處　地師無處尋
鎖廟門帶兵回壇

安九州科文
羅啾〻時角啾〻　弟郎帶兵踏九州
未置乾時先置坤　先將社廟鎮鄉村
未置坤時先置乾　先將社廟正當源
手把九州九道訣　天下邪魔走不徹
脚踏九州九道罡　魔〻盡轉作戰場
且說九州初出處　九兄九弟共爺娘

當初武王生鉄卵　生下軒轅皇帝身
還得九天玄女爲夫婦　半夜子時生九児
生下九子多精緻　九子原来座九州
安鎮豫州大戦兵　豫州兵馬笑吟〻
勤轉馬頭端正座　下馬美酒酌三巡
豫州兵馬寛且変　弟郎再変兗州兵
安鎮兗州大戦兵　兗州兵馬笑吟〻

安九州兵以上一同唱

豫　燕　荊　徐　雍　梁　青　揚　冀

點九州兵唱

弟郎帶兵打從豫州城裡過　郎到燕州水茫〻
来到荊州節度使　衆兵迎接喜揚〻
打動鳴鑼併戦鼓　送郎直到徐州鄉

打從徐州城内出　黄斑爲虎乱交横
過去前頭雍州界　兆藜衣神両辺排
伏望法師帶兵轉　一齊送到梁州来
望見梁州掛金榜　安民不少乱驚惶
當到青州賞五營　听聞戦鼓响咚〻
来到揚州天火發　將軍殺鬼乱忙〻
踏工冀州親曝時　衆年帯把九州門

若是有勅併有印　便是吾師兵馬行
若是無罡又無勅　便是下衛爲禍神
不許容情和貴法　敲刀寸斬不留存
放火燒除邪家屋　回来点集五營兵

大奏橋用口味口数猪糊醬烟茶
酌盒一架黄精一束猪首五牲烏巾一條鞋
襪一双白米三升三合口数錢一千三百卅文

護奏儀一百文依

師所傳不可缺少至囑叮嚀無悞

告神点兵文房劄閣口教開廟門化牒入棺織戒

若子孫屡年推翻終身牒佩帯爲官憑勿化

嘉慶二十二年丁丑歲二月　甘清河法生抄錄

21　『閭山大度奏科』　戊戌（一八九八）・四五頁・〈教壇の内部文書〉・一三七×二三六

・20と同様、「変橋一套」が二頁あり、「大度奏科」「奏十二門」「奏十二街」「安九州科文」などの段が続き、きわめて近似した内容である。

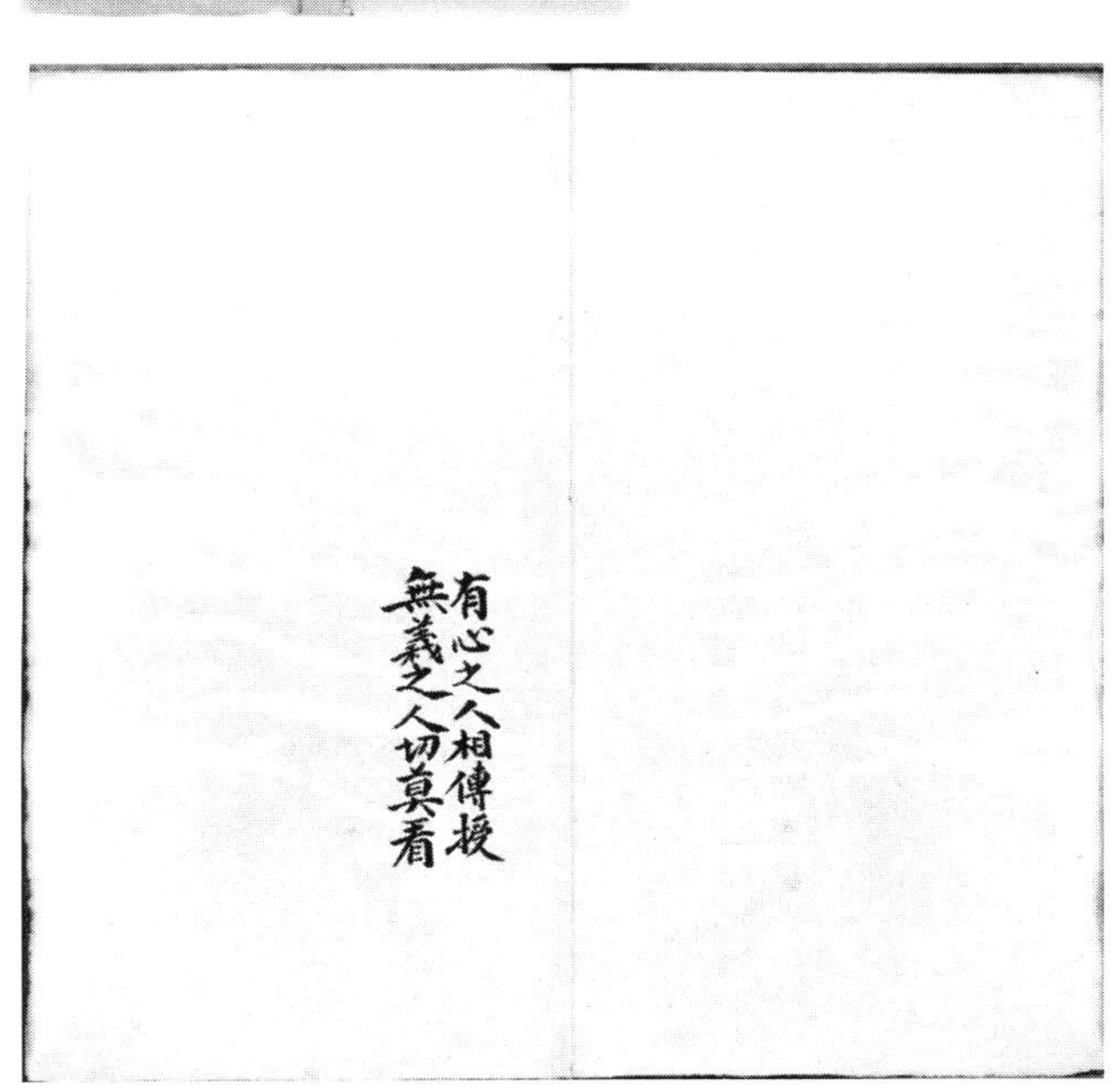

變橋一套

祖本師存變〻〻為吾身不是吾身〻〻変為奏書

舍人真身保奏亡師歸宮

祖本師存変〻〻水碗化為五湖四海〻〻藏蓋弟子主人三

魂七魄衆師衙内好藏身靈神鬼不見聞

祖本師存変〻〻此橋化為五色祥雲直透三十三天保奏

亡師弟子　朝参玉帝定職分班

祖本師存変〻〻此米化為陽陰兵傍送亡師弟子相女

朝参閻山法門定職分班

大度奏科

一聲鳴角勝洋洋　亡師勒馬上天堂

勒住馬頭執住鞭　便有十八神明送郎娘行

學法之時圖養老　誰知玉旨召歸仙

好好登橋朝敎主　切莫回頭看世間

爾若回頭君不奏　不奏亡恩背義人

是欲聽我親戒説　亡師執誥向先行
保舉證明親識認　勅賜官職付娘郎身
今日上橋聽囑咐　勝箬回來報郎知
左營兵馬怗等接　右營兵馬向先行
亡師火急金橋上　娘郎今打疊上天堂
殿前兵馬送娘郎去　神兵傍送到天庭
閻山勅奏亡師去　所有地府運軍粮
田君里社修貼路　傍師送亡師去求官
前頭也有軍粮等　一心專望去西天
便話　啟復亡師弟子只管向前不必看後尊
尊卑卑吾教主保奏。上法界
一聲鳴角勝連連　亡師今日離凡間

閑眼使行陰府路　三魂七魄去求官
一魂住在公婆位　且為公婆鎮家門
年節三時受供儀　善為神通蔭兒孫
二魂奏歸靈床位　所為神通正靈宮
一日三時領供儀　萬人嗟嘆看香爐
三魂奏歸何處去　隨爾本師去遊行
便話　亡師弟子只管向前不要看後尊尊卑
卑行莫動塵笑莫露齒整頓衣冠好去
做官看顧子孫聽善法主保奏上法門
一聲奏仙冠併衣服鳴角勝連連　牙笏相隨朝老君
二奏身牒併官誥　玉印恭隨見三清
三奏龍鞭併寶劍　門前軍馬送娘郎行

四奏坐下龍椅椅　頭帶仙冠朝老君
五奏親隨打涼傘　涼傘遮身到仙宮
六奏金童隨郎娘身　後有玉女扶郎娘行
七奏黃雲漸漸起　一条雲橋透仙宮
八奏青雲步步高　五色祥雲蓋郎娘行
九奏仙童下茶飯　後有香女奉茶湯
十奏亡師上天庭　教主扶郎娘見玉皇
下飯之時仙家菓　百般滋味任爾嘗
飲完之時郎娘便去　身騎白馬向先行
凡人去到奈河橋　奈河橋下脫衣裳
亡師衣裳不要脫　直去西方朝玉皇
過如前頭餓虎山　嘈嘈餓虎得人驚

有罪之人過不得　受職亡師虎送行
過如餓虎到河沙　黑河白浪有龍蛇
亡師騰雲橋上過　直去西天見玉皇
過如河沙到黃泉　黃泉路上已多般
黃泉路上三條路　一條大路透西天
上條大路透上界　下條大路獄門前
中條大路明如鏡　亡師舉步向先行
十殿王官下街等　勅符使者奏須聞
閻王殿前俱頓息　地獄化作水中蓮
衆殿明王齊拱手　亡師相別便登程
過如地獄到天堂　行到七十二州中
獨角仙人現身到　蓬萊仙人在此間

每年仙桃　結子　今年結子正當時
亡師近前吃一個　千年萬載不同鄉
奏十二門　文狀不二張
法鈴寶角响紛紛　正到老君第一門
第一門官封史臣　手執銅槌能己人
急喚使臣來引過　引郎娘直過一重門
今有文狀一大分　帖來頭門莫鎖門
第二門官蕭尚書　仙菓脹頭帶金魚
凡師近前親口説　持爐換水不曾踈
急喚使臣來引路　引郎娘直到二重門
今有文狀有一紙　帖下門頭莫鎖門
第三門官董判官　靜眉努眼近前看

見是法門親弟子　引郎娘直過三重門
今有錢銀一大分　帖下門頭莫鎖門
第四門官黃史臣　金毛獅子兩邊存
急喚使臣来引過　引郎娘直過四重門
今有錢銀一大分　帖下門頭莫鎖門
第五門官龍虎君　廳前街下萬餘人
看見法門親弟子　低頭含笑亦無言
急喚使臣來引過　引郎娘直過五重門
今有錢銀一大分　帖下門頭莫鎖門
第六門官玉女多　仙人對面笑呵呵
兩個仙人奉茶飯　教君不用見閻羅
急喚使臣來引過　引郎娘直過六重門

今有錢銀一大分　帖下門頭莫鎖門
第七門官天証明　六曹案典下街迎
手落强兵三五萬　廳前街下似雷鳴
第八門官身姓劉　爲人不善進香油
專望七星北斗主　與郎娘勾消除簿書
急喚使臣來引過　引郎娘直過八重門

今有錢銀一大分　帖下門前莫鎖門
在此燒識認狀
第九門官王女多　見爾先祖及公婆
上祖公婆來識認　安排酒席請郎娘過
急喚使臣來引過　引郎娘直過九重門
今有銭銀一大分　帖下門頭莫鎖門

第十門官轉輪王　知輕識重我知恩
萬事不過生死路　念是老君傳法人
急喚使臣來引過　引郎娘直過十重門
今有銭銀一大分　帖下門頭莫鎖門
十一門官身姓韓　身邊不見有一人
山中百鳥啾啾叫　琉璃寶殿轉團圓

急喚使臣來引過　引郎娘直過十一門
今有銀銭一大分　帖下門頭莫鎖門
十二門官一千兵　脚踏騰騰五色雲
望見君家打戰鼓　常聞鼓角應天雷
急喚使臣來引過　引郎娘直過十二門
今有銀銭一大分　帖下門頭莫鎖門

奏十二街

弟郎鳴角勝縂縂　亡師打粉好安排
好乘雲頭步步上　奏郎娘直上紫金堦
奏上第一一重街　蓬島仙師兩邊排
好好躬身來參拜　見了抽身上二堦
奏上第二二重街　四大猛將兩邊排
好好躬身來參見　見了抽身上三堦
奏上第三三重街　捉縛枷拷兩邊排
好好躬身來參見　見了抽身上四堦
奏上第四四重街　虎枷虎擒兩邊排
好好躬身來參見　見了抽身上五堦
奏上第五五重街　五虎猛將兩邊排

好好躬身來參見　見了抽身上六堦
奏上第六六重街　六丁六甲兩邊排
好好躬身來參見　見了抽身上七堦
奏上第七七重街　三十六員兩邊排
好好躬身來參見　見了抽身上八堦
奏上第八八重街　三洞魔王兩邊排
好好躬身來參見　見了抽身上九堦
奏上第九九重街　天蓬天猷兩邊排
好好躬身來參見　見了抽身上十堦
奏上第十十重街　哪吒元帥兩邊排
好好躬身來參見　見了抽身十一堦
奏上十一一重街　雄兵華光兩邊排

好好躬身來叅見　見了抽身十二堦
奏上十二重衙　十二部師兩邊排
好好躬身來叅見　見了抽身上金堦
望見老君大帝主　仙童玉女下街迎
啟復亡師須正到　堦前下馬換衣裳
左右兵馬寬且座　亡師相見帝王宮
叅見玉皇大帝主　玉皇含笑喜紛紛
亡師當時親啟口　願賜官職與君身
老君當時親保送　奏送釋迦御案前
叅君釋迦尊聖主　平山漢帝及夫人
茆山教主叅拜了　同拜普庵祖師爺
拜見三壇神法主　合座祖本衆宗師

上有雷公併電母　下有水火藥有兵
哪吒太子叅見了　回見六曹案典官
借問陽間有何事　有何事因入門來
亡師傳言開口說　衆師聽我說言章
記得橋頭度法日　現今公誥在身邊
何州何縣無官長　何州何縣無官員
伏望本師親識認　願差官職與君身
三十六員隨左右　護郎娘累累向先行
左右兵郎權軀住　亡師受職要分明
祖本二師來引上　勝筶同來報郎知
鳴角連連将一聲　亡師直到御堦前
茆山爺爺當殿座　左右兵馬兩邊排

閭山九郎來宣召　便將誥籙給分明
告牒橋頭親比對　全無差錯一紫紫
保舉師公來保舉　証明師主作証明
南岳書生親造誥　御前案上有郎娘名

亡師弟子封得
三界伏魔行營斬鬼大使職
九州點兵總兵大使職勝答回來報郎知
二十四州左右布正大使職

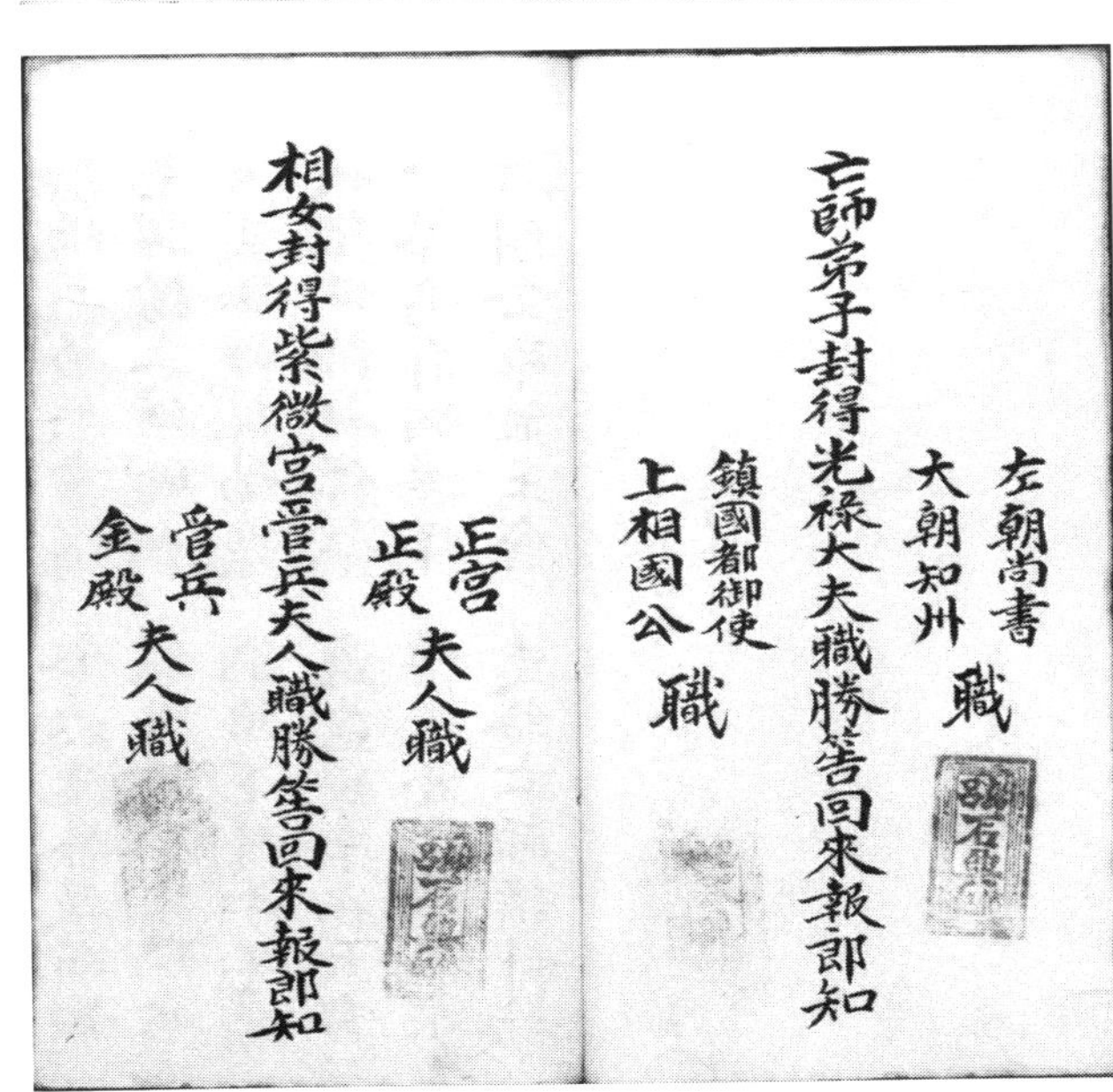

亡師弟子封得
左朝尚書職
大朝知州職
光祿大夫職勝答回來報郎知
鎮國都御使上相國公職

相女封得
正宮正殿夫人職
紫微宮營兵夫人職勝答回來報郎知
營兵金殿夫人職

陰陽二路無書信　全憑勝善報郎知
金牌榜上注郎娘姓　銀牌榜上注郎娘名
伏望仙師親賜職　低頭下拜玉皇恩
伏望仙師親保舉　逍遥快樂在天宮
一聲鳴角响洋洋　俾報倉官給俸粮
打開金庫並玉倉　支給亡師請料粮
支給亡師弟子相女隨公粮米　後來関亡轉回
啟得亡師弟子郎娘　爾今受職好風光
爾在天堂受官職　弟郎南斗作長生
我是老君親弟子　奏亡奏到本師邊
奏送亡師將既訖　領兵回轉在陽間
當時謝拜老君畢　即時回到衆星君

回步踏着南斗説　保我壽命得千春
南斗便添郎福壽　北斗消除災厄門
老君隨我行香火　回轉陽間救良民
祖本二師親送出　統兵普度度十方
本師教傳天下勝　香火遊行到十方
玉皇殿前親加職　低頭下拜便回身
出離瑜珈香水院　統兵步步駕雲回
十二門官親送出　龍車寶號出天堂
左手開除龍鳳扇　右手開除金殿門
出却天門三五步　翻身回到半天門
撥開雲頭看下界　回身退步轉凡間
桃源洞裡風吹散　風吹蓮花朵朵翻

隔河丁石難抛舍　我今與爾別千春
我是凡間節度師　領兵回轉救良民
是爾神兵爾帶去　是我陽兵我帶回
爾在天宮多快樂　吾今回步轉凡間
背手拗斷雲中路　翻身踏到五台山
閉眼之時到本宅　折斷金榜下海中
凡師化作一梅針　跌落海中無處尋
天師無尋處　地師無處尋
鎖廟門帶兵回壇

安九州科文
鑼鍬鍬時角鍬鍬　弟郎帶兵踏九州
未置乾時先置坤　先將社廟鎮鄉村
未置坤時先置乾　先將社廟正當源
手把九州九道訣　天下邪魔走不徹
脚踏九州九道罡　處處番轉作戰場

且說九州初出處　九兄九弟共爺娘
當初武王生鉄卵　生下軒轅皇帝身
選得九天玄女爲夫婦　半夜子時生九兒
生下九子多精緻　九子原來座九州
安鎮豫州大戰兵　豫州兵馬笑吟吟
勒轉馬頭端正座　下馬美酒酌三巡
豫州兵馬寬且座　弟郎再安燕州兵
安鎮燕州大戰兵　燕州兵馬笑吟吟
安九州兵以上一同唱
(豫)(燕)(荊)(徐)(雍)(梁)(青)(揚)(冀)
點九州兵唱
弟郎帶兵 打從豫州城裡過 即到燕州水茫茫

來到荊州節度使　衆兵迎接喜揚揚
打動鳴鑼並戰鼓　送郎直到徐州鄉
打從徐州城内出　黃班烏虎亂交橫
過去前頭雍州界　兜鍪衣神兩邊排
伏望法師帶兵轉　一齊送到梁州來
望見梁州掛金榜　安民不必亂驚惶
畨到青州賞五營　聽聞戰鼓响咚咚
來到揚州天火發　將軍殺鬼亂忙忙
踏上冀州親囑咐　衆軍勞把九州門
若是有勅並有印　便是吾師兵馬行
若是無罡又無勅　便是下衛爲禍神
不許容情和責法　敲刀寸斬不留存

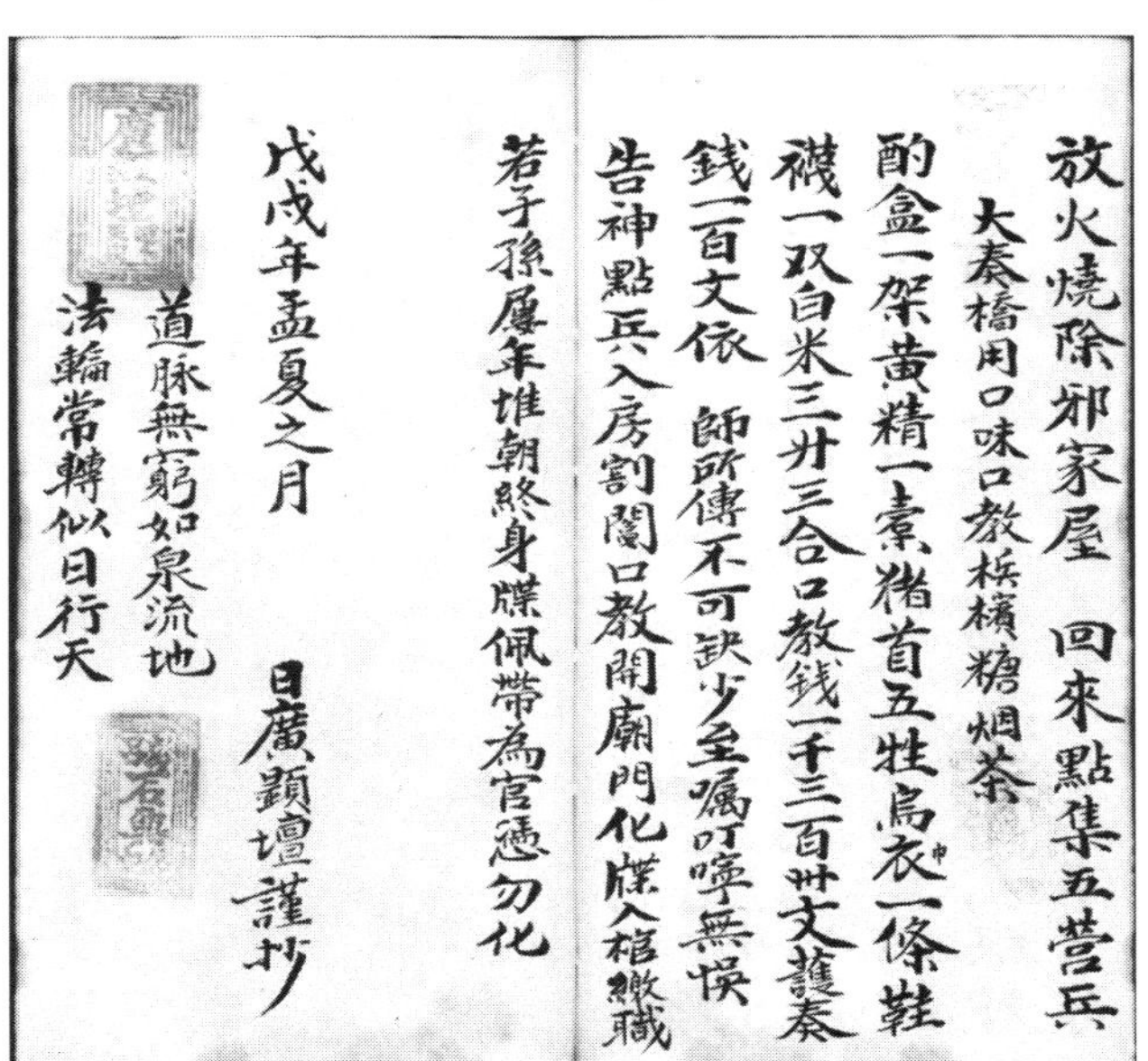
放火燒除邪家屋　回來點集五營兵
大奏橋用口味口敎梹榔糖烟茶
酌盒一架黃精一索豬首五牲烏衣一條鞋
襪一双白米三升三合口敎錢一千三百卅文護奏
錢一百文依　師所傳不可缺少至囑叮嚀無悞
告神點兵入房割闔口敎開廟門化牒入棺繳藏
若子孫屡年堆朝終身牒佩帶爲官憑勿化

戊戌年孟夏之月
日廣顕壇謹抄
道脉無窮如泉流地
法輪常轉似日行天

22　『離房書科　全部』戊戌（一八九八）・三五頁・〈教壇の内部文書〉・一三七×二三三

・21に続いている、セットになっているものと考えてよいだろう。「離房書科」と「小奏橋書科」からなる。房は病人がいる部屋であり、離房とは〈魂魄が離れる＝死〉を意味する。亡くなった人に、離房をうながし、神仙界に生まれかわってほしいという祈りを表す。これは一般の人の死であって、法師・壇主ではないと思われるが、この派は穢れを嫌い葬式をやらないから、この科儀は内輪のものとも思われる。

有心之人要相傳
無義之人切莫看

(吹)

離房書科

弟即鳴角聲皇皇　請出歸朝弟子郎宮相女娘

戠拾幾年在世上　誰知今日兩分張

大限到來鄉着去　孝男孝女断肝腸

六親眷屬盡抛別　百亢丢却上天堂

不怕夫妻肝腸断　如今莫望共論量

啟教仙魂寬且座　聽我法師說真言
且說職魂學法日　只望千載保安康
年節常備軍粮料　或是進奉有卿名
今日祀神年限滿　且隨法旨上天堂
誠恐三魂入地府　又怕七魄入冥鄉
今宿請師來保奏　差兵相送上九天
閤內請亡離嘆別　孝男近前把酒醬
奉献職魂酒一盃　離別男女去無蹤
家業等件盡拋却　一心專望赴仙宮
第二獻酒哭啾啾　六親眷屬實難留
孝子近前把盃酒　如今莫望轉回頭
第三献酒泪千行　靈前美味百般香

孝子近前把盃酒　不見爾父母把口嘗
四盃四莫四枝花　仙魂飲酒不思家
即刻離房嘆別後　請出黃羅涼傘遮
五献亡魂事事通　離房把酒四五鍾
今夜離房辭嘆別　保奏職魂赴仙宮
献酒已訖事將週　請亡御錢把火燒
離房公文有一道　將來火化與亡收
仙魂親來收拾去　合當紅火李交燒
口吹角鳴响唛停　傳報壇前孝子人
尒父母今夜離別去　我今代嘆尒歡心
一嘆當初學法時　一心專望百年期
只望與夫妻同偕老　誰知今日兩分離

二嘆共場受職郎　依師飯戒師明香
朔望持爐併換水　年節須要辨軍粮
三嘆少年用牲時　打男罵女淚悲啼
今夜離房嘆別後　尓ム不必在生時
四嘆職魂命不長　兄弟拋離兩分張
是夜保奏登仙後　直上南嶽拜法王
五嘆同枕共席鄉　如今別爾上天堂
與尓姻緣情捨難　三更夢裡再相逢
六嘆男孫及女孫　不論貧富一般同
今夜辭別歸仙去　家門日日靄春風
七嘆房內媳婦娘　三時茶飯早思量
從今辭別歸天界　或時早晚奉茶湯

八嘆承香大孝郎　如今別尓上天堂
朔望持爐常敬奉　小心伏祀一爐香
九嘆坐椅衆房床　閒房衣架及籠箱
自今離房辭別後　架上休望掛衣裳
十嘆鳴角奏師郎　好心奏送上天堂
明日十分人相請　陰間房扶叅行香
職魂十嘆辭別去　從今去后不回鄉
十嘆亡師相女已週完　還有十別替爾言
一別拋離神法叅　朝晚莫望來燒香
傳報壇前男共女　香爐不得生塵灰
二別共枕結髮鄉　何知由命不由人
從今與尓分別去　若要相逢在夢中

三別承香大孝娜　從今別后断思量
陽春秋天三方鬃　朝晨早起習文章作萱生
四別鄉親及屋鄰　娜今去后不回程
陰陽二路難相見　尒處里仁爲美人
五別男孫及女孫　從今去後不春冬
莫作職魂在世上　小心看顧在家門
六別門前簷共街　幾條街道幾重門
十字路頭今斷後　斷除脚跡不見人
七別本師傳香火　先年傳度保安宼
今晚辭凡來赴任　泰山門下認郎名
八別家中兄和弟列祖嫂　大家孝順爾爺娘
香爐便是爾師面　小心敬奉一爐香

九別本師命不長　如今命盡入黄鄉
離房嘆別歸仙去　領官受職坐朝堂
十別祖堂及屋鄰　香爐水換今離身
囑咐男孫多祀奉　年朝奉朝及屯兵
仙魂今晚嘆別去　從今莫望轉回程
嘆別囑咐甚分明　尊魂不得久留停
房内風光捨却去　紫雲乘貼上天廷
借起鳴鑼併戰鼓　引轉壇中便登程
引䰟童子來引路　金童玉女引亡行
幢幡寶蓋樓等前　諸兵將帥又來迎
若有鬼神攔截路　一刀兩斷不容情
一步請亡亡着去　二步請亡亡着行

出門逢着諸親眷　深深唱　起裡身
踏着雲頭第一朶　職魂来壇叅帝君
伏望亡師相女端正座　定除心胆莫驚惶
爾若驚惶我不奏　去到途中兩分張
引至壇中請師央聰支粮起馬
離房書科看大小由人變用

小奏橋書科
口吹鳴角嘘霙霙弟郎再告上仙神啟告
三清玉皇高上帝太上五靈李老君　由變用
有事當該来告請無事不敢向神言是日晩請
師來保奏未曾奏亡赴仙宮高座法壇同作證
千金上勝落龍庭

祖師綵綵點兵出本師綵綵帶兵行爲郎奏
亡赴仙宮　在此變橋奏
口次鳴角咬洋洋　啟請歸朝宮弟子相女婦
今日祀神年限滿　叅隨法旨上天堂
請爾真魂真影到　真魂真影到橋樑
一聲鳴角達雲霄　職亀移步上金橋
左請東王公来作證　右請西王母作証明
皇老尊公同作證　証明保舉作証明
牒身宮誥付亡去　前途執炤甚分明
我亀前来親領受　火輪焼化與亡收
凡間並無來阻閙　奏師祝咐慢行遊
今有赴任弟子相女〻法〇妙

先年拜投太洞法主本〻爐前承傳香
火引進後學度師〻郎壇下受度文誥
一宗歸身佩奉保命延生只望百年祀
法何知大限當終今見法身去世文誥
存陽未全繳化無憑執證難入仙玆向
今月　日屆亡〻七之期陽間孝子〻虔
備允科請師至家啟建繳連賞將道場
一中今則道場告畢法士週隆當壇架
起仙橋一座保奏職魂仙宮受職今奉
上聖御前勅給赴任科儀俱一給付
一給赴任職官仙冠一頂紫袍紗帽一付
一給歸宮相女金冠霞帔一付朝衣一身

一給仙帶一條朝笏一端玉印一顆掌印官一人
一給令旗二面兵士二人欽鑼二面唱轟二人
一給凉傘一柄夫一人掌扇一把兵士一人
一給鼓樂一付吹手四人辦食厨子六人
一給大轎一乘人夫四名金童玉女一對
一給駿馬一疋鞍轡齊全馬夫一人
一給兵士三百名隨身兵士十二人出入兵士二十名
一給旗號六名兵士六人五色旗五面兵士五人
一給毎月俸錢三萬貫文俸米二名衆兵在外
一給頭蹬一付人夫齊全油鹽醬醋逐月支足
一給官誥凡道勘合已甬財櫃凡禮內入向錢充足
外憑硃印封完仍具繳連公文一道書號分明

當聖俱一給付職兎　親身頭受聽師保
奏
一嗎赴任弟子相女　或馬或轎人夫簇簇車馬碌碌
行莫動塵笑莫露齒馬去用鞭好好登程
赴任不得回頭轉面看左看右直往仙宮叅聖
受職親身轉面而志

一聲嗚角　洋洋　啟復赴任弟子相女卿
真魂真魄聽師奏　聽師保奏上橋樑
三魂渺渺前頭去　七魄茫茫晉仙兵
左有金童引亡去　右有玉女伴亡行
壇前鑼鼓響潺潺　仙魂今夜上桃源
上有一路卿莫去　下有一路卿莫行

中心一路爾便去　直到仙宮受榮封
勸　卿去勸卿行　勸卿勤馬起前程
失力捶扛登程去　勞收文憑謹叅隨
上壐要取官憑据　合同比對甚分明
聞道仙宮多快樂　虎榜金牒有爾名
一請登程卿上馬　二請登程上馬行

三請衆兵方擁扶　紅旗火焰向先行
引魂童子引魂去　判魂　使判魂行
口吹寶角嘹皇皇　祝付歸朝弟子相女卿
泰山原有十二路　尊主原有十二街
仙魂衣冠整頓起　郎今保奏上金橋
左邊金童引亡去　右邊玉女判亡行

奏上尊主殿前一街連二街　双身二將兩邊排
三街連四街　四員神將兩邊排
奏上五街連六街　六曹案典兩邊排
七街連八街　八表仙人亡引上
奏上九街連十街　十部師主引亡上
奏上十一十二街　十二部師引亡上
十二部師來等接　職魂今晚朝（老居母娘）
十二街頭叅法主　叅拜法主便求官
孝　近前侍亡拜　侍亡拜謝上仙聖
叅拜三座四座神尊主　五座六座衆宗師
衆師衙頭都拜過　便呌本師認鄉名
祖師爺爺親認識　本師識認職龜身

男　白　　女　（六）

若是本師識認了　千金上勝報郎知
口吹鳴角哱重重　尊主衙內看合同
取出先日後學勘　合同比對甚分明
伏望上仙親筆判　爲郎勅賜好官員
今有新任弟子　上聖御前勅封（城隍公王）職位
勅封（処司伯公）職位　千金上勝
今有新任相女。　王姥衙前勅封（一品國姻）夫人之職
勅封（案察隨任）夫人之職　千金上勝
一聲鳴角唛洋洋　尊主含笑封官鄉
打開金冠封冠職　加封官職與亡行
先來去了冗衣服　（紫袍紗帽金冠霞帔）付鄉穿
法物一一同勅賜　上仙衙下一員官

上仙打開七寶庫　支給新官俸祿錢
每月俸錢三萬貫　每月俸米有二担
月月支粮須要足　三時茶酒與卿嘗
寒來便賜寒衣服　熱來便賜熱衣裳
上聖再賜馬一足　凉傘一柄蓋身行
勸亡爾在宮中座　我今不敢送行程

我是九州節度師　領兵回轉救良民
明日十方人相請　諸兵仝我去遊行
啟請分魂三童子　分魂三師三童郎
今有新任弟子相女　一魂仙宮受職位
二魂回守一爐香　三魂分為守坟墓
七魄回家看子孫　親身轉面而面

壇前鑼鼓角啼摧　衆師勒馬各回歸
五營兵馬押兵轉　送程夫力親回來
祖本宗師扶弟子　扶我弟子引亡歸
引亡退下十二街十一門　十二部司送下來
十　九　十郎師主
退下八門連七街　八表仙人引七歸

六　五　六曹案典
退下四門連三街　四員猛將送下街
二　一　祖本二師
十二街頭郎退轉　脚踏紫雲乘下來
一斷金橋回壇內　我回陽道去遊行
回轉東西南北路　門門須要下金關

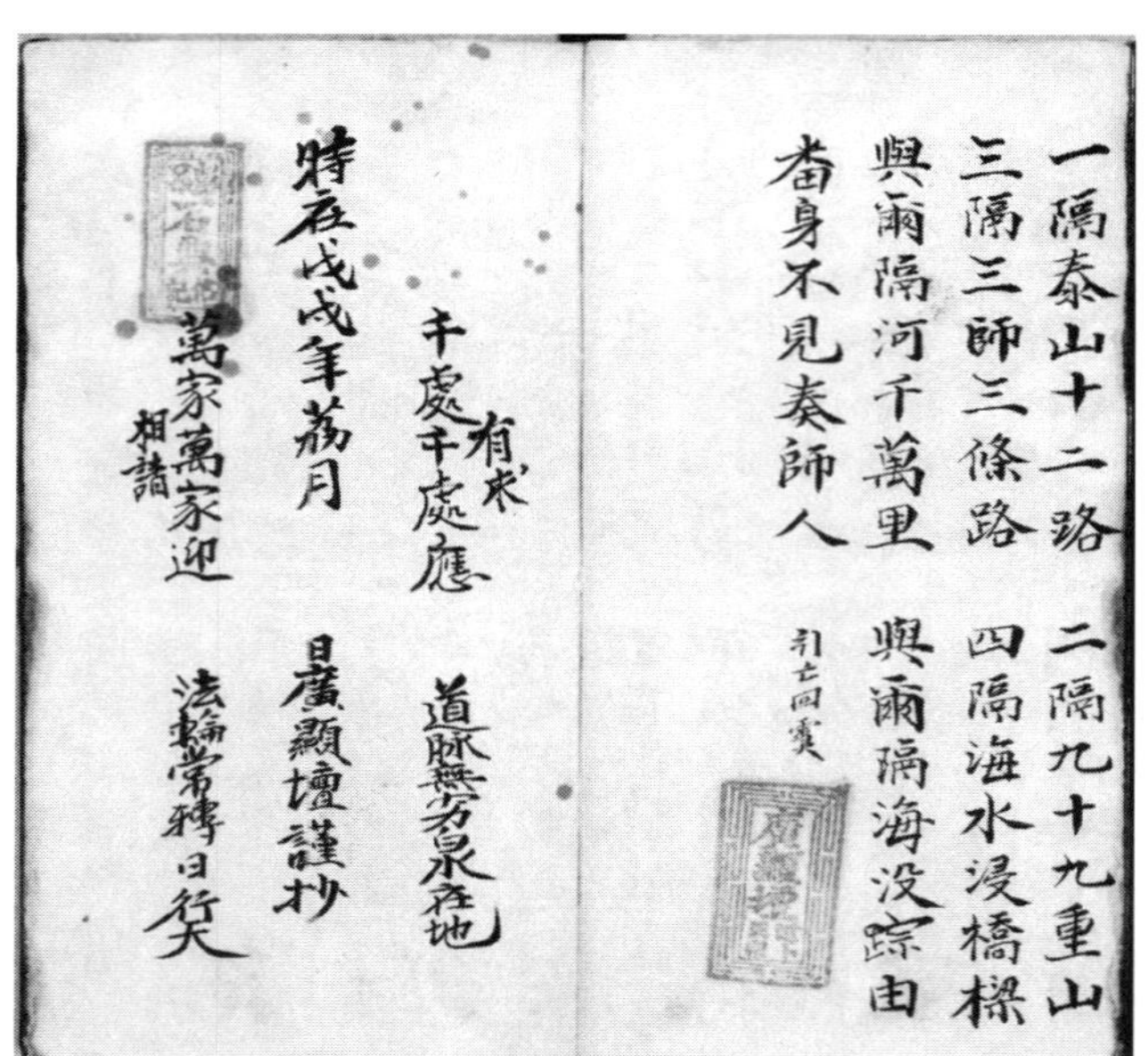

一隔泰山十二路　二隔九十九重山
三隔三師三條路　四隔海水浸橋樑
與爾隔河千萬里　與爾隔海没踪由
奢身不見奏師人

有求千處千處應　道脉無穷泉在地
特在戊戌年菊月　日廣顯壇謹抄
萬家萬家迎相請　法輪常轉日行天

23　『無題』　庚子（一九〇〇）・四〇頁・〈断簡〉・一二九×二四一

・表紙がなく、傷みが激しくて、内容は不詳。ただ、印章が押してあること、三奶夫人の名や閭山門下の文字が見えること、年代が記されていること、末尾に「造符科儀」の一文が付されていること、などからある程度の内容は復原できるかもしれない。

身中之災早賜平安伏望仙神一筈親保佑韶
頭聖菩保平安口次龍角聲揚揚奉請 王母娘娘
[illegible]王母殿前取出一枝梳桃竹分開
葉戎羅漢五百神[illegible]

[illegible]南河南河南海收魂回魂杆九嶽山頭收魂[illegible]
西海收魂回魂杆四枝先不起[illegible]河北河北[illegible]
杆五枝[illegible]果超中河五河四海收魂回壇荼燒傷[illegible]
他人魂贖魄不贖他人魂單單贖轉在病信　三魂
從三路轉七魄直從七路歸壇前係爾親人本城
三聲三魂轉小喊三聲七魄歸魂歸體本

三魂七魄一仝歸祖師嗟嗟發兵出本師嗟
行九夷兵馬發在東方東路去東方東路收
發在南方南路去南方南路收魂回六戎兵[illegible]
在西[illegible]西路去西方西路收魂轉五[illegible]
北方北路去北方北路收魂回[illegible]秦兵馬
合[illegible]魂轉五方十路[illegible]魂回東

[illegible]嶽山頭收魂轉北
頭收魂轉五嶽山頭收魄回東方傷害方
勿牛撞[illegible]撞傷食藥毒打刀殺雷霄火
瘡傷大石砍着傷喉拘啥嗽傷蛇咬虎咬傷看　八樹
熱吊頸傷桃水三焦七日傷十八傷亡宮中收魂轉
十八宮内收魄回東方煞南方煞西方北方煞林吓响

聲煞穿麻致白煞穿官凍官煞十八神煞宮内收
魂轉神煞宮内收魄回兵馬發從山頭嶺尾收魂康
溪坑港口收魄回園頭田尾收魂轉園中圃下收魄回
三叉路頭四叉路尾十字路頭廿四路邊收魂回橋頭
橋尾橋頂橋下收魂轉隔溝隔圳隔山[illegible]
寸南河隔　隔外隔縣收魂轉隔洋隔[illegible]

[illegible]魂回天庭之中雲程之外收魂轉九州界外
内收魄回冥鄷都之中地獄之内收魂回千里路途[illegible]
路上收魂回十里之外五里之内收魂回州城縣市四大城
門内外收魂回街頭巷尾庭前庭後收魂回上庄下庄庄
頭庄尾收魂回上家下厝厝内厝外收魂回親戚四親六
戚收魂回大伯嬸姆兄弟姪妹收魂轉大姑小姊姑姨舅

[illegible]收魂回廳邊牀舍厝前厝後收魂回失魂之處散
魄之鄉返一跟尋災災現病信[illegible]頭上三魂脚下
七魄十二條精神親人門前大叫三聲收魂轉小叫三
聲收魄回收得魂歸身魄歸体真魂速正魄十二條
精神轉本身　吹角　再來奉請
中[illegible]統領三十六營神兵將帥前去凶神宮

[illegible]惡煞宮内收魂回天羅之中收魂轉地網之
回　再來奉請本境土地統領三十六營神兵將帥前
去城隍府主廟内董理李二大爺大二童子陰陽司官
文武二判後殿夫人宮中收魂轉城隍府主廟内收魄回
軍馬前去東嶽天齊仁聖大帝幽冥教主十地菩薩廟
内收魂轉東嶽殿内收魄回觀音佛祖十八羅漢注生娘

媽十二婆姐殿内收魂轉出巡三百六十進士王爺年下
兵將案前收魂轉軍馬將師前去當年太歲喪門白
虎五鬼六害凶神惡煞金神七煞九良三煞麻衣神煞
空棺重棺煞麻衣三煞案前收魂轉兵馬前去遊鄉
太子過山大王打獵將軍山神土地河泊水官水母娘
[illegible]收魂轉豬身婆姐血光夫人飛天七煞走馬[illegible]

[illegible]收魂回五方七娘迷魂童子攝魂童郎案前收[illegible]
轉十八傷亡東南西北中兵馬前去一太歲二太陽三喪門
四太陰五官符六死符七歲破八龍德九白虎十福德
十一天狗十二病符十三飛廉欄杆歲破竹木二怪三災
八難七煞八敗五毒九厄宮中收魂轉兵鄉二十四里
冤家咒咀口牙良虚陰魂孤鬼妖邪精怪案前收　郡家七十二姓

魄回軍馬前去上[illegible]三十六天罡下員七十二地煞單
成一百單八煞廿四凶神三百六十惡煞宮内逐一跟尋
現病信　歲頭上三魂脚下七魄三魂直從
三路轉七魄直從七路回親八三大叫三聲三魂轉小叫
三聲七魄回魂要轉魄要回十二精神轉本身　吹角口白　燒金高台
[illegible]龍角叫山頭二聲龍角到山中三聲鳴角到

收魂太子轉回家奉請　上座仙神中座三奶
夫人下座五營兵將收魂師毋馬五[illegible]轉竹師父馬五
娘統領三十六營神兵將帥前去山頭嶺尾庄頭庄尾
失魂之處散魄之鄉跟尋現病信　歲　日
得病濕散三魂失落七魄半天路上未得轉梳桃綠
竹招魂回被落深潭古井未得轉金錢線索贖魂

回過河過海無橋無船失驚未得轉醫班玉尺收
魂回天羅地網纏身網縛未得轉金剪撥断開路
贖魂回黑暗朦朧饑凍受寒未得轉衣衫色米贖
魂回攔路神鬼攔來阻擋未得轉免唐王印押魂回
門丞把隘有阻擋金紙錢銀贖魂歸陽間有錢買官職
今間有錢好贖魂贖魂不贖他人魂贖魂不贖他人魂

魂單贖轉信　現庚　歲魂要歸魂要回三魂七魄
一齊歸親人大叫三聲三魂轉小叫三聲七魄回一造金橋
叠魂轉二造銀橋叠魄歸三朶金橋親叠轉三魂七
魄轉本身伏以今念　弟子三炷明香恭望采納請在金
炉之上列坐奉請
陳林李三奶前傳口教祖本宗師儒道釋三教宗

師門外天地神祇日月三光虛空過往一切神祇本
家祀奉南海觀音聖母娘娘家堂列列神祇一切宗
師各各請降金炉之上受納明香供儀扶持弟子當坛
收魂急救良民收魂不收他人魂贖魂不收他人魄但念
臺湾台北縣新竹城内外　處居住奉
道投神爲　禳災解厄收魂治病祈安求福

信　敬告魂病信　本命生於　年　月　日時
建醮生命庚　歲祇因　以來出東去西行南走北逢及妖
邪惡煞作弄失散三魂驚散七魄至此回歸家中得沾
一于疾病困苦在身求神問卜未得痊安合家人等心中
惶惶思無可叩常聞道宗顯教有應能治濟世安民
是以消取本月具備凡料請師到家啟建道場今則頭

壇已過二壇已周中壇收魂轉竹來臨告稟諸位聖賢
發出五營兵將速去五方十路逐一跟尋收轉現病信
頭上一魂身中二魂脚下三魂三魂直從三路轉七魄直從
七路歸尋回本壇押上魂竿之上交付原體身中之災早
賜平安自古男人轉竹從左轉女人轉竹從右行左轉三
轉鬼歸體右轉三魂回身弟子左手化作銅叉右手化作

鐵叉銅叉又轉鐵叉又轉若然不轉陳林李奶發出五
營兵將帶轉現病信　真名連真姓將生月日真名字
自古道入家門定家聲入法門隨吾法家行如今三魂
七魄化作衣衫剪刀鏡尺竹尾之上莫作迷魂邪魂侵身
能作真魂正魄扶體魂竿行的快身中災病好的快魂
竿行的緩身中之病　有延纏速速行去速速好免

得合家大小受煩惱道家排來金木水火土當壇　動
鳴鑼並戦鼓小去當壇助尔三陣鼓角威風凜凜速速
行上去　頭上三魂已到脚下七魄未曾歸如今順
順利利直從右轉再行三轉交付脚下七魄祈求眾神庇
佑滿身中一病立即平安　速速行上去　三魂也已到七魄也
二刀未知失落十二條精神在何處而去今夜收魂桃

枝竹一枝衣衫一領化伊原形原體直從失魂之處敦魂
之鄉東西南北有失魂有失魄有着驚有着嚇有冲有犯
有神煞阻隔竹尾泥重向在此方而去奉請五方土地帶轉
三魂七魄一份金銀答謝本境土地帶轉三魂七魄親人大
叫三聲三魂轉小叫三聲七魄回魂歸身魄歸體十二條精
神轉本身天有五雷公在中土地公家內灶君公灶為一家

之主今夜安灶文疏上封奉在灶君案前靈霄寶殿保
奏合家大吉老少平安有功在前答謝在後竹尾向在灶
君案前酬拜三二双拜得灶君有食共有春明早起来
行路恰春云拜得灶君公明早起來行路恰威風一頓食
的二三碗工凶神不得見惡鬼走無踪尋灶已週尋床
三師三童子尋床仙人童子郎来知現夜眠床位長生福
壽鋪在何方法師不知爾自己郎知竹尾向在眠床拜的
三二双尋着三歳囝仔床公婆八十公公眠床神尋着床公
婆日夙加走夙毋也不辣辣趁明早快起來勅桃尋着
眠床公明日行路恰威風一頓食得二三大碗砙加走夙毋
不免辣辣杜竹尾向得對年年大富貴竹尾向得正一
年四季免病痛尋床已週壇前大小男婦老幼不知

河人是你親何人是你戚相同你相生之(相差)人上壇來怕魂
相刑相尅之人莫向前速速行去尋親尋戚三師三童子
尋親尋戚仙人童子郎受尔手扶魂竹親人來怕魂不論
左右行一轉向在三奶面前来拜謝古人言說有功在前
答謝在後感蒙列位衆神統帶兵將前去五方十路尋
歸魂魄交付原體尔自己得病在床不能起来恭香禮拜
就將綠竹一枝剪刀鏡尺衣衫包米化作三魂七魄當在
壇中拜謝列位尊神魂到壇前深深拜深深下拜衆仙
神拜得仙神心歡喜原心歡喜保平安祈保平安添福壽
福如東海壽南山收魂仙人歸宮去落魄仙人出宮來是
你親人上壇怕魂轉舉起衫褸怕魄轉親人大叫三聲三
魂轉小叫三聲七魄回魂歸體来魄歸身三魂七魄一仝

歸閭山門下勅竹三師三童子勅竹仙人童子郎仙人斷
竹用劍斬師男斬竹用口牙咬斷冤家並咒咀口牙良歷
盡消除疋竹仙人歸封魂仙人出宮来
老君玉印出宮來印魂頭來印魂尾邪鬼惡煞不敢塊
壽元食得百弍歲老君玉印印魂中年月日時健如龍
印魂仙人歸宮去插竹仙人出宮來魂竿插在二樑下出
神兵無過別家食鹽米了鹽船到食米米了米船來老
君勅賜紅花炎神兵火急如律令收罡童子收罡轉收訣
仙人收訣回閣時收入罡訣内急時放出救良民感是行
罡作法日再罡再訣扶師男收魂道場已週完不敢重
重閭聖賢不敢請師登寶座請来壇下領金錢一
份金錢答仙神一顆玉印押邪精打開三百八十九條我

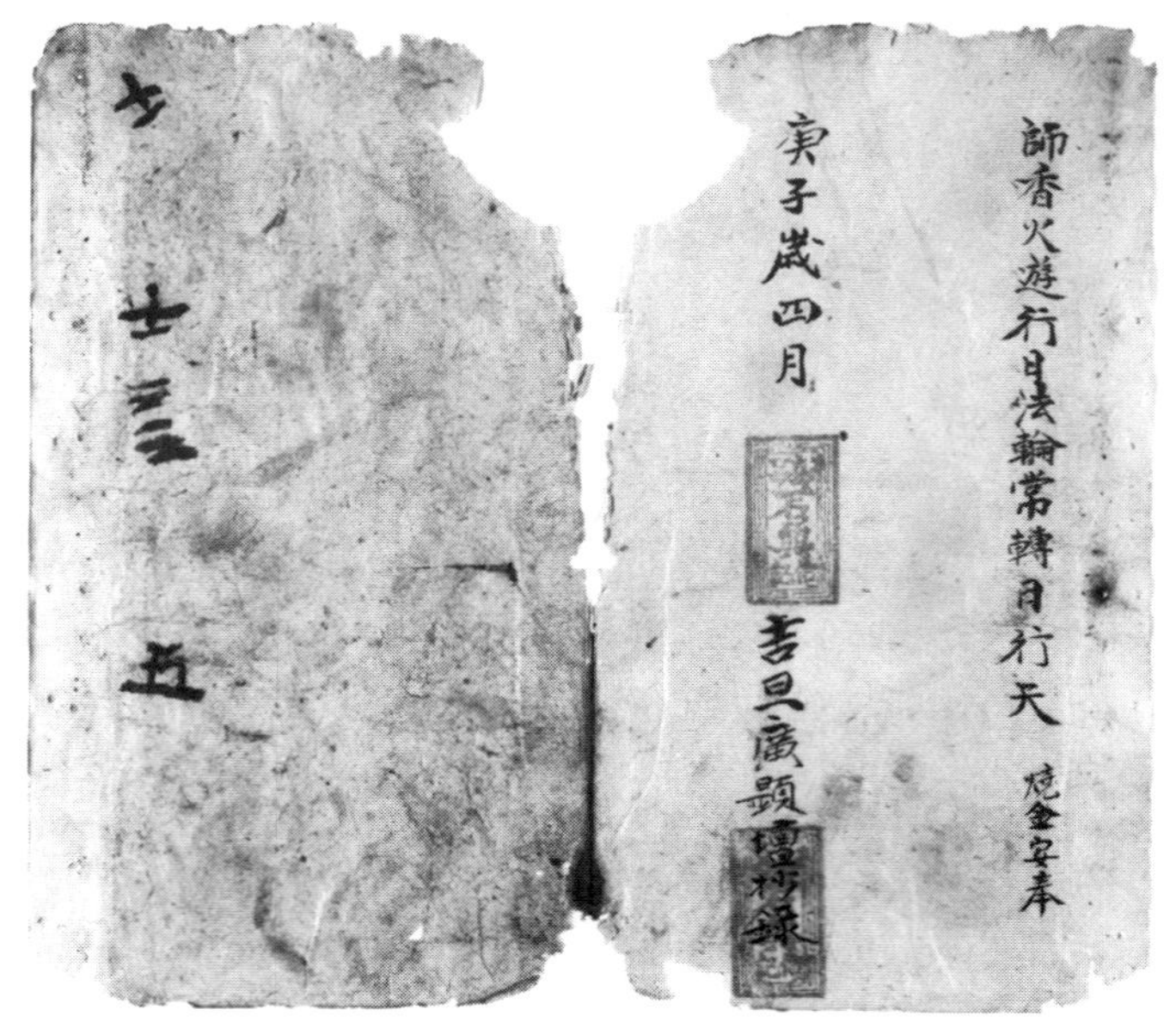
師香火遊行日法輪常轉月行天
焼金安奉
庚子歲四月
書目蔵頭

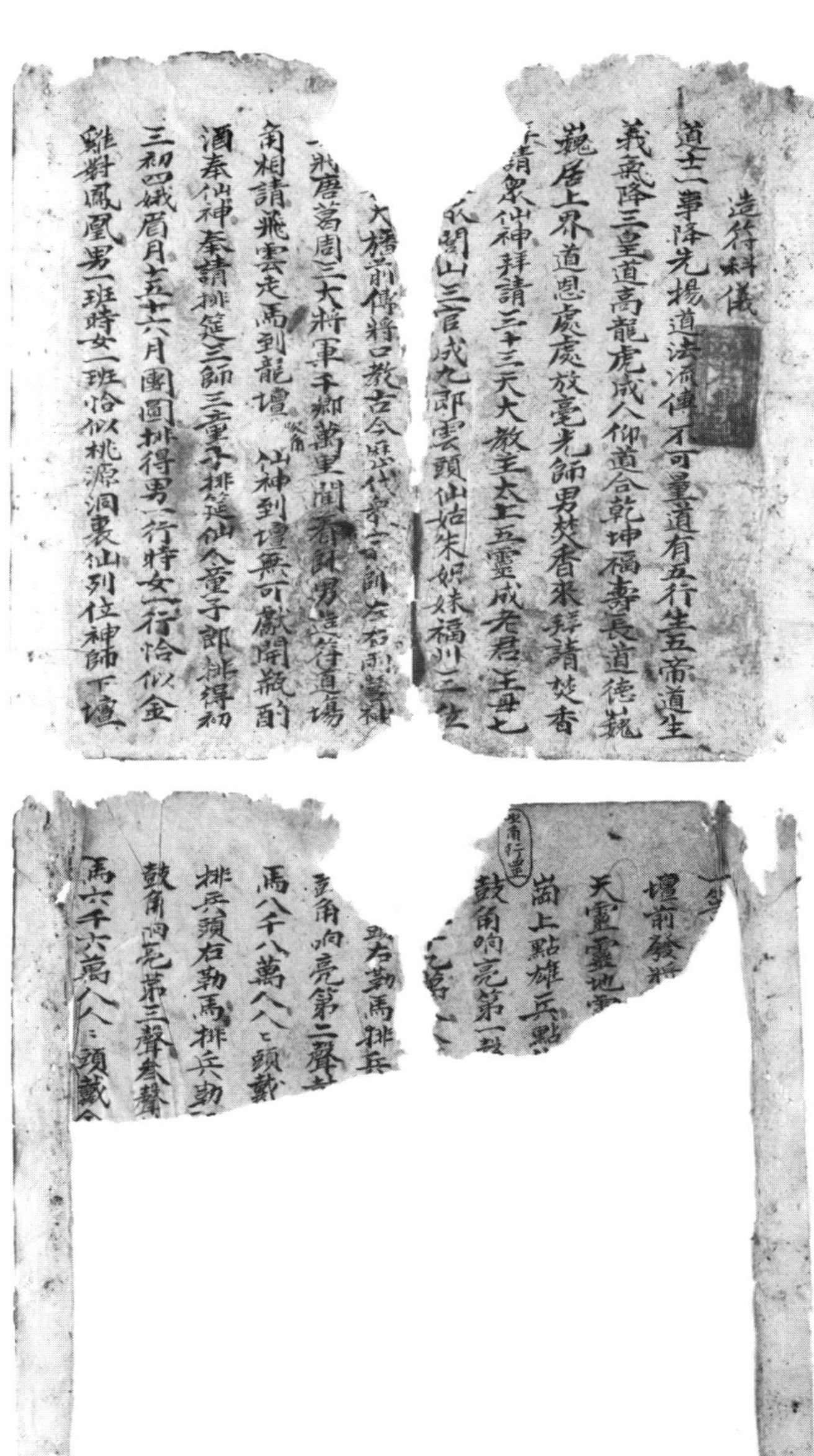

左排兵頭右勒馬排兵勒馬到龍壇（吹角）
鼓角响亮第四聲四聲鼓角點北營點集北營五狄兵
兵馬五千五萬八八八頭戴金盔身穿甲手執長鎗大友旗
左排兵頭右勒馬排兵勒馬到龍壇（吹角）
鼓角吹來第五聲五聲龍角點中營點集中營太保三
兵馬三千三萬八八八頭縛紅巾身穿甲手執金鎗

左排兵頭右勒馬排兵勒馬到龍壇（吹角）
點集左營天仙兵兵馬差唆扶郎身點集右營地仙兵
兵馬彩彩扶郎身點集前營祖師兵兵馬彩彩扶郎身
點集後營本師兵兵馬彩彩扶郎身點集六六三十六
營兵將齊降赴爲郎帶兵到龍壇（以下勅劍水雞鴨）
此水非凡水坎府森羅水德宮湧泉下浪滔流波出北海

出在東震黄華巽氣鈴此水賜天天清賜地地靈賜海海
復賜山山又長賜人人長生賜鬼鬼滅形吾奉九天玄女南
泉菩薩賜水律令
吾此劍非凡劍七星燦爛指天罡森於太陽垂光茫黄神
佛依非牛斗看將點化而陰陽此劍指天天清指地地靈
指人人長生指鬼鬼滅亡吾奉玄天上帝賜劍走

此雞者非是凡禽出在西方兌金龍之巳瓜昂出雞者
雞之羽毛阿阿數聲輕輕報午一聲五德俱全就此金雞冠
五更報得家家曾情
上血勅符科將顯威靈　雄公雄公捉来壇前典威
風鵰神出凶神並惡煞天煞從天去地煞地潛藏年
年位
煞消散月煞潛藏日煞歸位時煞埋藏聽吾勅令惡煞走
月方

無蹤　雷神雷神血酒賜明一點施天上合天清天若不
負日月光明二點施地下合地靈地若不負草木長生三點
施將將扶我身我有官將香火大興官將佑我道法通靈
雨不相扶功帝為神唵奉雷霆律令邪魔皈正
[illegible]起宗師大教主有益玄伊張真君頭帶兩儀[illegible]
[illegible]手執五雷風雷藏妙訣御踏金
[illegible]保舉宗師保大天尊
道高龍虎伏德重鬼神欽兵隨印轉將聽令行天清
地靈靈玄壇元帥速降來臨　以下行罡作法念咒
雷令一聲天地動刀飛三尺鬼神驚符鎮九州龍虎伏法
治五方不正神造得符靈法有靈靈符法水救良民大病
不用師男三口水小病不用我師一張符造得符靈法

靈靈符法水救良民　吹角　造符道場已週完不敢
重重鬧聖賢不敢請師登寶座請降壇前領金錢
一陣仙風來吹送香風吹送大羅天財似無窮法無窮
法輪常轉日行天　吹角　壇前鼓角漸安奉鼓角安奉
衆仙神上座仙神坐上界中座奶娘坐中央前傳口教念
[illegible]兩邊排左邊停鑼右失鼓停鑼息[illegible]
[illegible]堂列列衆仙神

太歲庚子年四月　日廣顯坛抄錄

24　『無題』　年代なし・五二頁・〈断簡〉・一〇八×一三〇

・これも表紙もなく、傷みも激しくて、内容は不詳。ただ、通常の縦長の紙でなく、正方形に近い罫紙のようなものに記され、符式や薬方なども記されているので、あるいは覚え書きのようなものであったかもしれない。

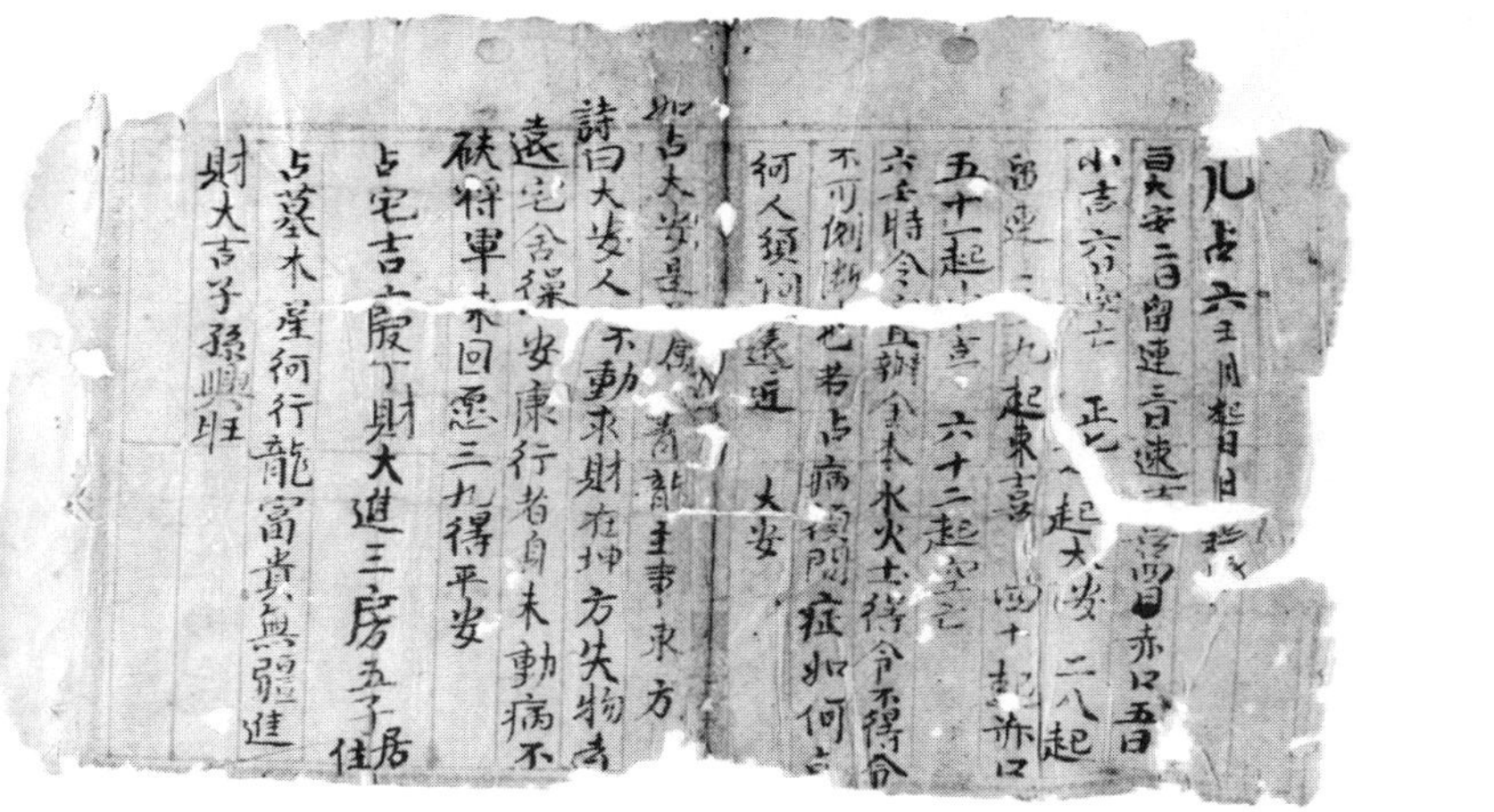
凡占六壬月將日時[illegible]
四大安三日留連三日速喜[illegible]四日赤口五日
小吉六日空亡　正七[illegible]起大安　二八起
留連　三九起速喜　四十起赤口
五十一起[illegible]吉　六十二起空亡
六壬時合[illegible]五行金木水火土得令不得令
不可例斷也若占病須問症如何[illegible]
何人須問遠近　大安
如占大安是[illegible]屬木青龍主事東方
詩曰大安人不動求財在坤方失物去
遠宅舍保安康行者自未動病不
妖將軍未回恩三九得平安
占宅吉[illegible]財大進三房五子居住
占墓木星何行龍富貴無疆進
財大吉子孫興旺

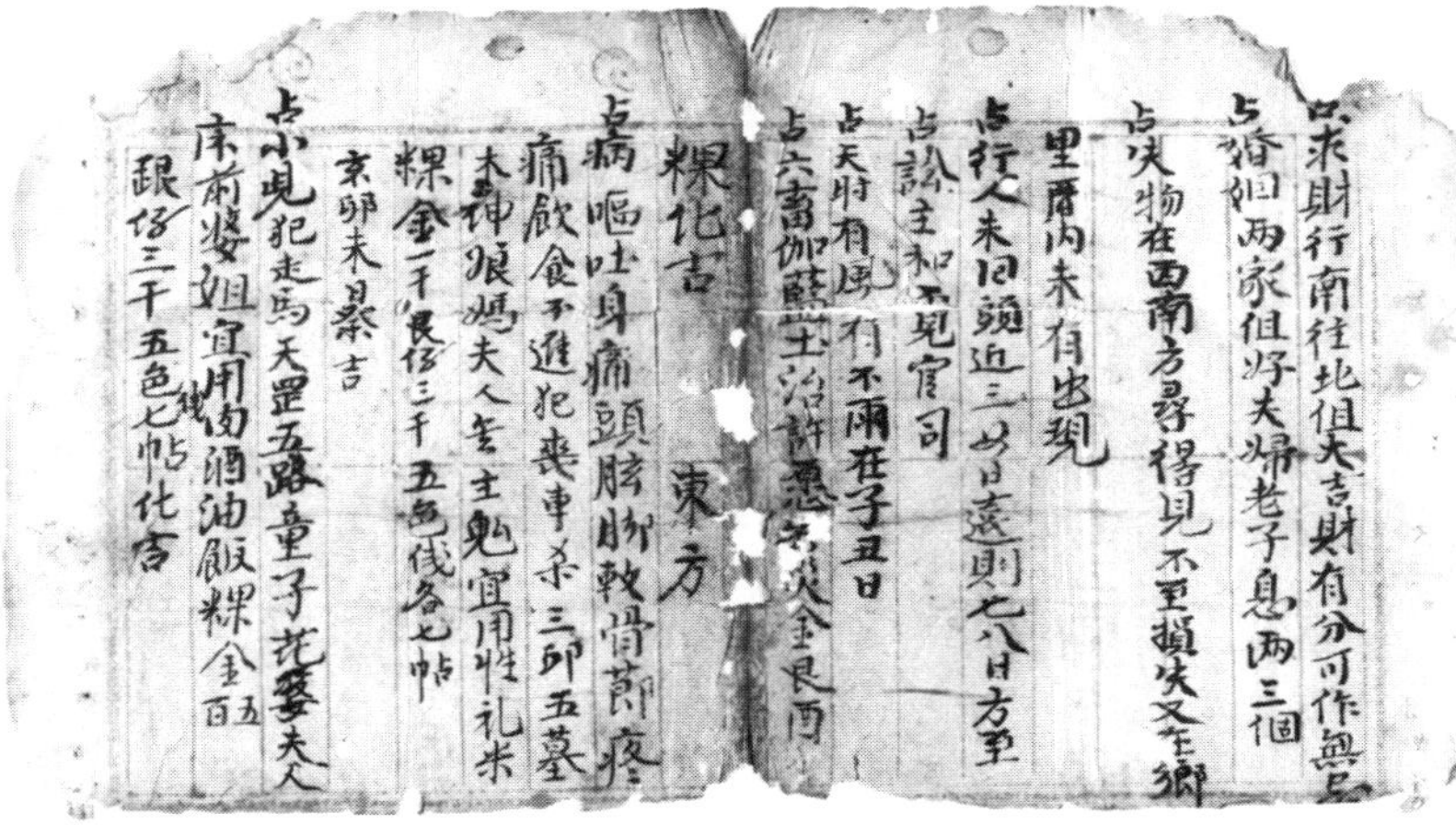
占求財行南往北但大吉財有分可作無[illegible]
占婚姻兩家但好夫婦老子息兩三個
占失物在西南方尋得見不至損失又在鄉
里屠內未有出現
占行人未回頭近三四日遠則七八日方至
占訟主和不見官司
占天時有風有不雨在子丑日
占六畜伽藍土治許愿[illegible]金艮酉
粿化吉　東方
占病嘔吐身痛頭膝腳軟骨節疼
痛飲食不進犯喪事杀三郎五墓
木神娘媽夫人生主鬼宜用牲礼米
粿金一千銀仔三千　五色錢各七帖
亥卯未日無吉
占小兒犯走馬天罡五路童子[illegible]夫人
床前婆姐宜用肉酒油飯粿金五百
銀仔三千　五色七帖化吉

北占留連是屬水乃玄武主事北方
詩曰留連事難成求財日未明官事
只宜緩出路未回程失物東南方怨
討方祿情病人下舌恩解澤必安寧
占宅不出人堵病浮工湯破財人丁失損
占墓木星於小主見昌小兒下水女吉
男昌
占婚姻大疑雖成亦虧言語爭競競不吉
占求財未得些規近有三分遣適則話本

占失物是東方人偷去急尋方得見
占行人有阻滯應申子辰日
占雨落千里未子射雷電起
北方占病主有惡未還脚冷並寒熱犯
着北方山神土地水鬼夫人等主鬼
家神若女人病是落水鬼北方即吉如就
就時不痊七日必重宜刈摺作不用酒
粿金香帛祭吉

占小兒犯着產死鬼注生娘媽床前婆姐
前世父母金銀五色錢化吉
北占速喜屬火乃是朱雀主事南方
詩曰速喜喜來臨求財女離上尋物在南方
方失必見有傳音官事有福德病者
無福侵行人停使呈謀為密相心
占失物是親人偷去南方尋得見
占求財宜往西南方財有利息
占行人各阻滯應在下日丑寅午戌日見信音

占天時不雨天旺明時
占病主熱兼流汗脚手疼痛口渴頭
胲犯着五方遊神丁八夫人紅面相公
灶君流羅為殃主三日退不退用金
良保隨用黃白錢各式帳弓箭十付
三牲粿酒菜飯各三碗代人一名向南方
占小兒病熱出班犯天罡婆阻挑灯三娘
天罡閩煞用金良紙五色錢用牲礼
油飯代人一名向西南方化吉

大吉
如占赤口屬金乃是虎主事
小兒病盤 詩曰赤口主口舌官事須知防失物難得
着赤口 見出路主驚惶病人有暗鬼悮是
出西方因舌口愿如重主身亡行人
立上至只恐有災殃
占婚姻　吉
占屋宅大不吉　占求財不吉
占墓虎砂逼傷　不吉
占失物急尋東南方尋寶貝物近缺
器急心尋方見蹤則難尋又曰入虎
口吞去恐有加交加尋不亦見
占天時生風有
西方占病西方得來冷起至身腰耕痛
寒熱氣嗽犯西方損傷亡兎五路遊
罡禪師宜用金銀保五色錢各七帖
三牲粿壹酒各七碗代人一身菜飯
向西方祭之即愈如其人腦腫恐人
有下麻打他又恐有誓詞未吉不解

便凶
占小兒病犯着天罡婆姐遊山功曹
土地宜作福保運可安身吉
小吉
如占小吉大吉屬木乃是蜘　主事六合
詩曰小吉大吉昌求有福高陰人來報
喜失物在坤方行門外至交圍甚
是強凡事皆和合病者皆上倉
占宅大吉昌
占墓木星行龍貴人昌可安三庚大興
占婚姻宜寅卯未夫或三子可配到
到老有終
占失物在西方一時便見如久不見坑
邊有女人報說
西方占病人身體疼痛脚手酸頭重
氣嗽心熱犯着山林土地公當
境二位等主家神用金銀保粿
肉菜飯化如腰皮痛是木

壓土神起 土吉
占小兒犯着東方木神注娘〻美
德夫人花藍婆姐走馬天罡婆姐
毋大金艮[illegible]黄白錢各七帖三牲
一付代人一身[illegible]西方祭之化吉
以占空亡屬土乃曰勾陳 主事
詩曰空亡事不長陰人多來張求
財信息行人有災殃失物在土裡
官事有損傷病人產難鬼斛
急得安康[illegible]
占宅不安官事動作進退
占墓[illegible]土生 絶 水走山飛 不吉到
底益强
占婚姻有始無終夫妻相克不死亦離
占失物在東方沉於[illegible]土中主申日見
云是賊偷去物埋在土裡難尋
占求財主餘本勿去求
占行人眼前至身有災殃申 子辰日身動動

東南方 占病人主流汗發熱氣嗽 虛[illegible]犯
著五方三廟遊神宜起土則減七日
不退宜作福如女人犯落水鬼產死
死鬼禳即吉
占小兒犯着斗天夫人五路童子婆姐前
前世父母司命灶君宜用三牲大金艮紙
黄白錢各七帖茶飯祭之吉 又不安家
先香火着或旧愿未還須祈禱
凡占病疾病先從卦中尋本命犯
來占是日神何物者所犯何鬼病難
醫鬼旺財難保命鬼杀臨身湯
滿無靈
仙傳 寒熱方奠藥單服 另黄[illegible]二錢
同藥草寫符符連單尾[illegible]藥串封
批一符一錢服一張帶在身上前未到
一時一道符則安
白信[illegible] 炉底[illegible] 常式錢
梹榔式錢 知母錢半 烏梅[illegible]粒

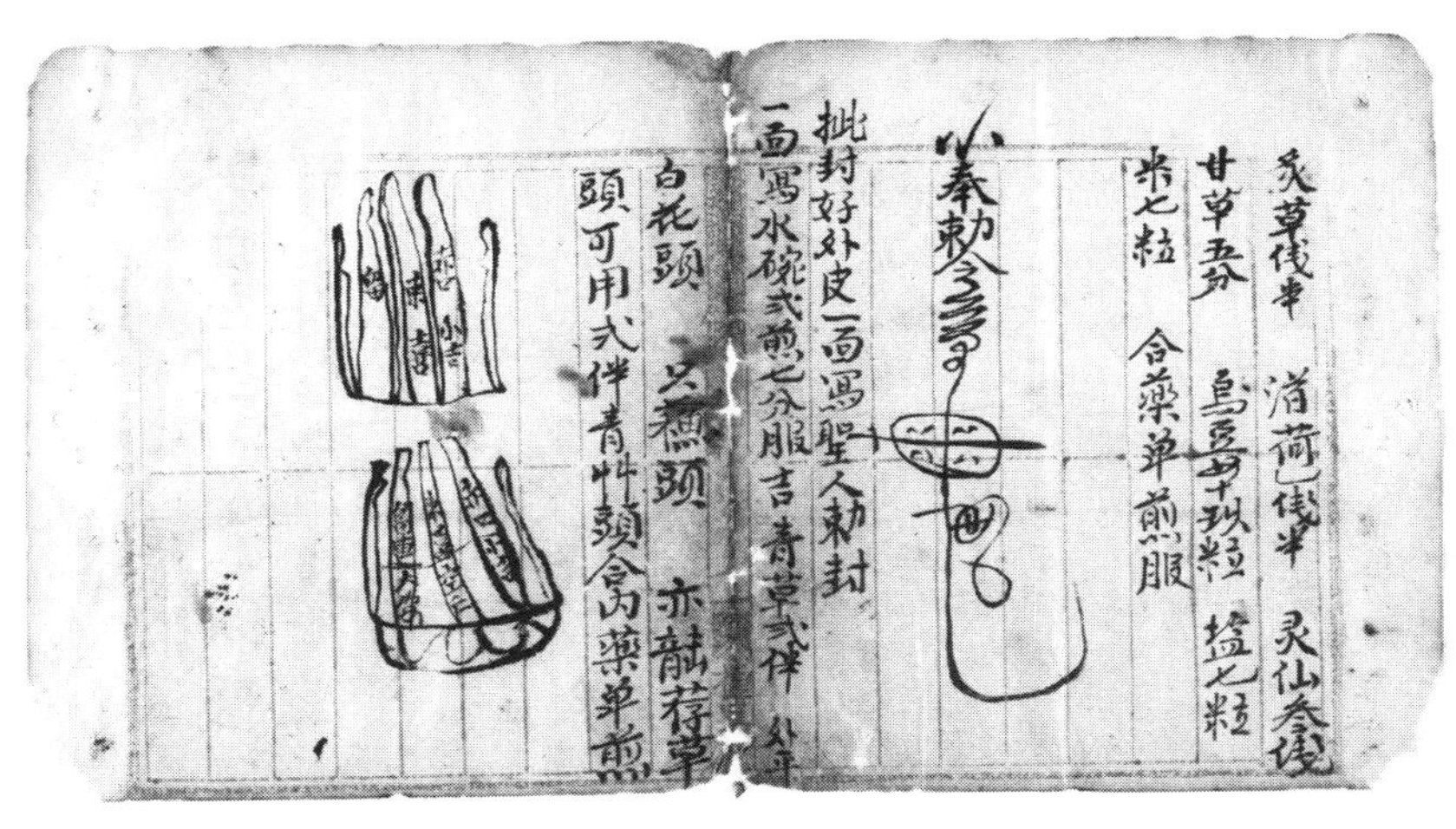

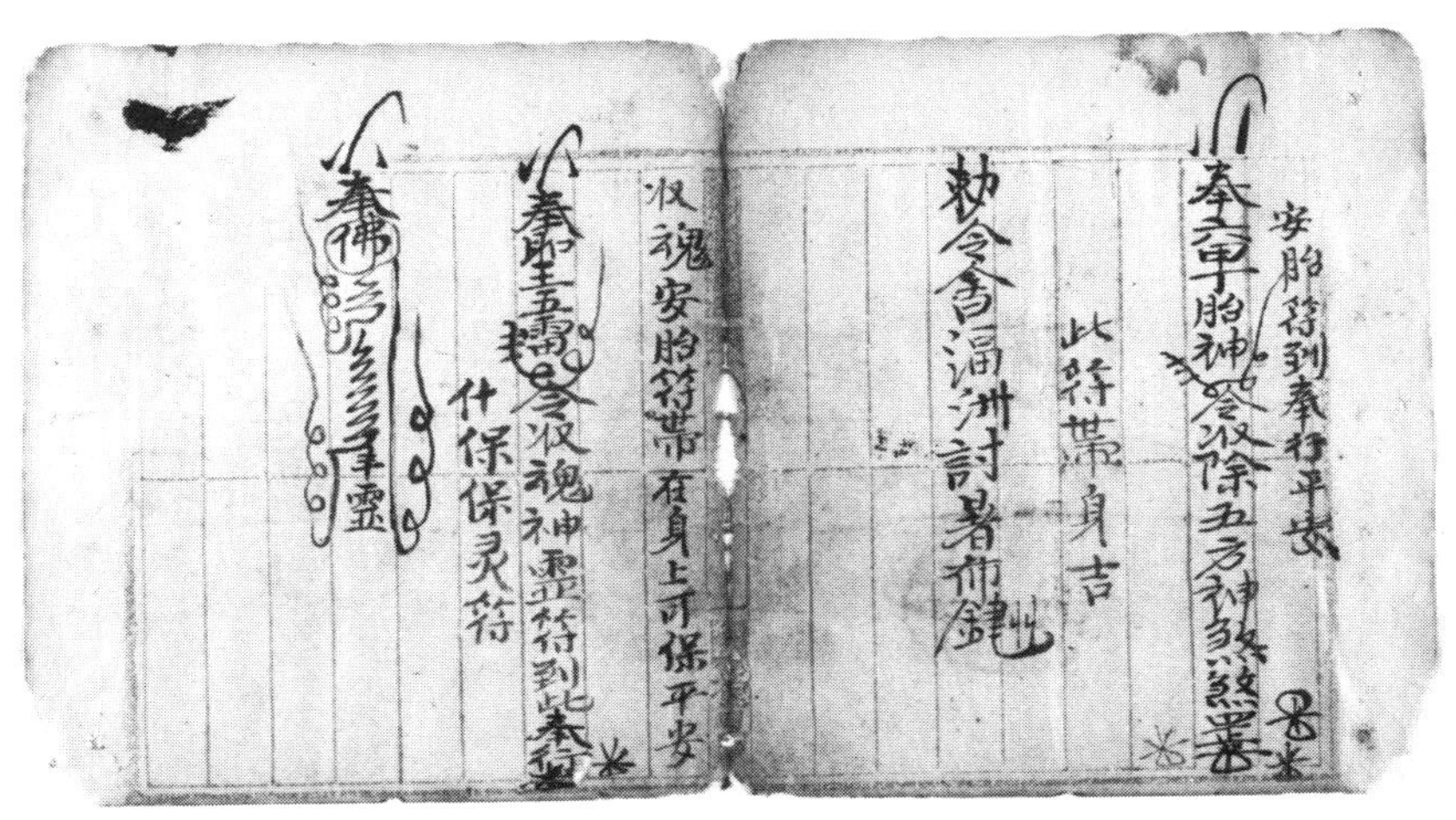

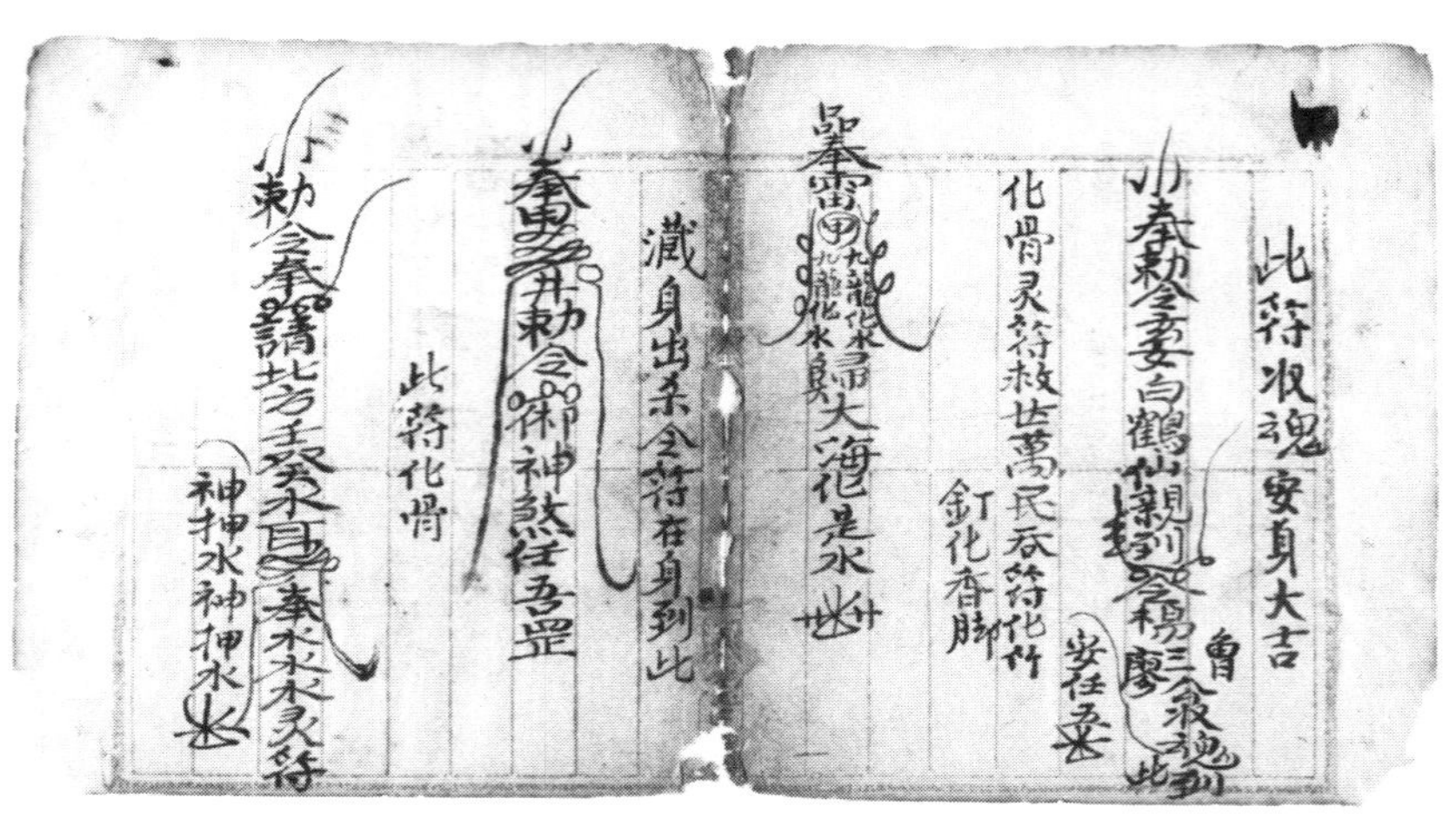

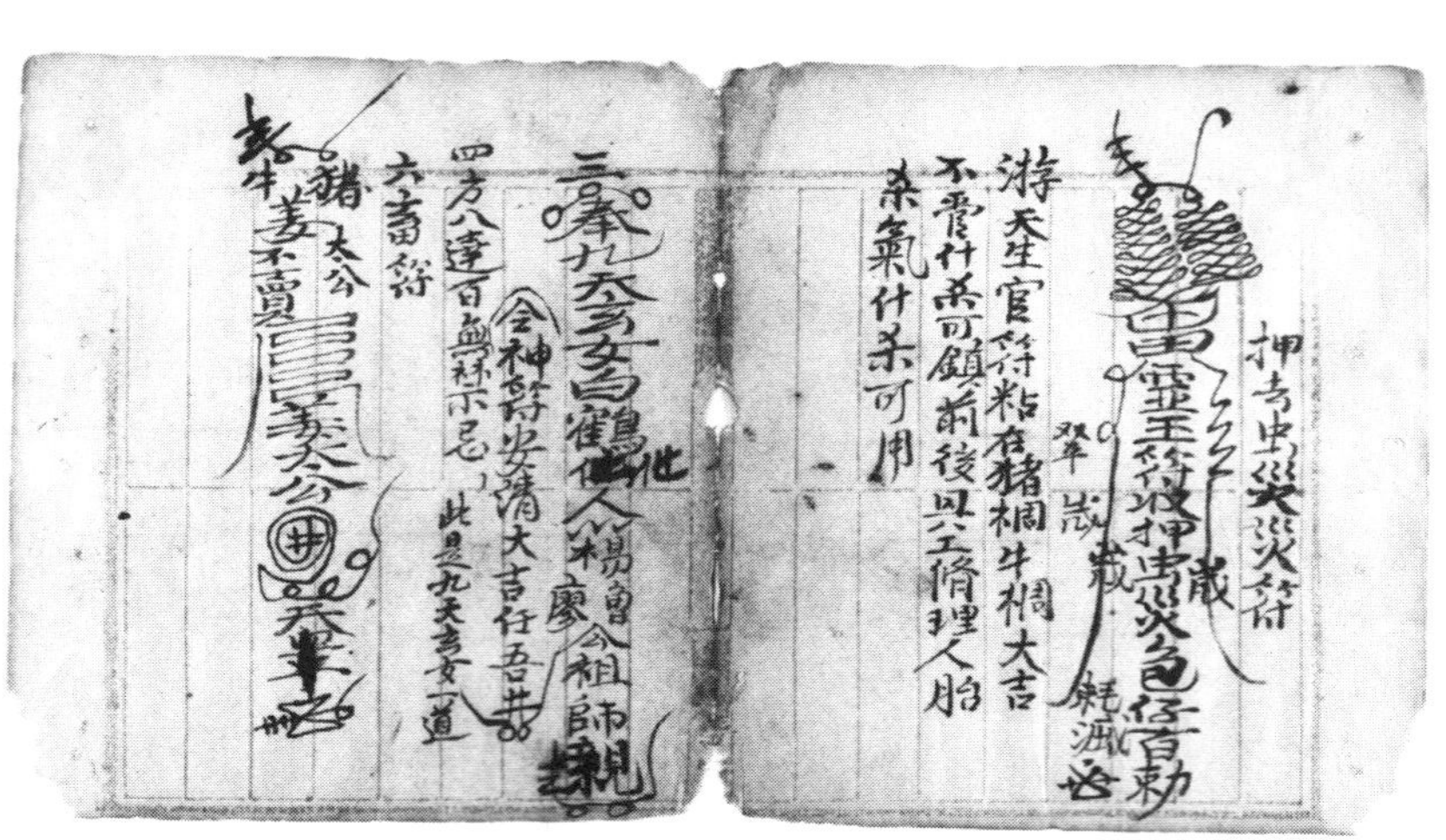

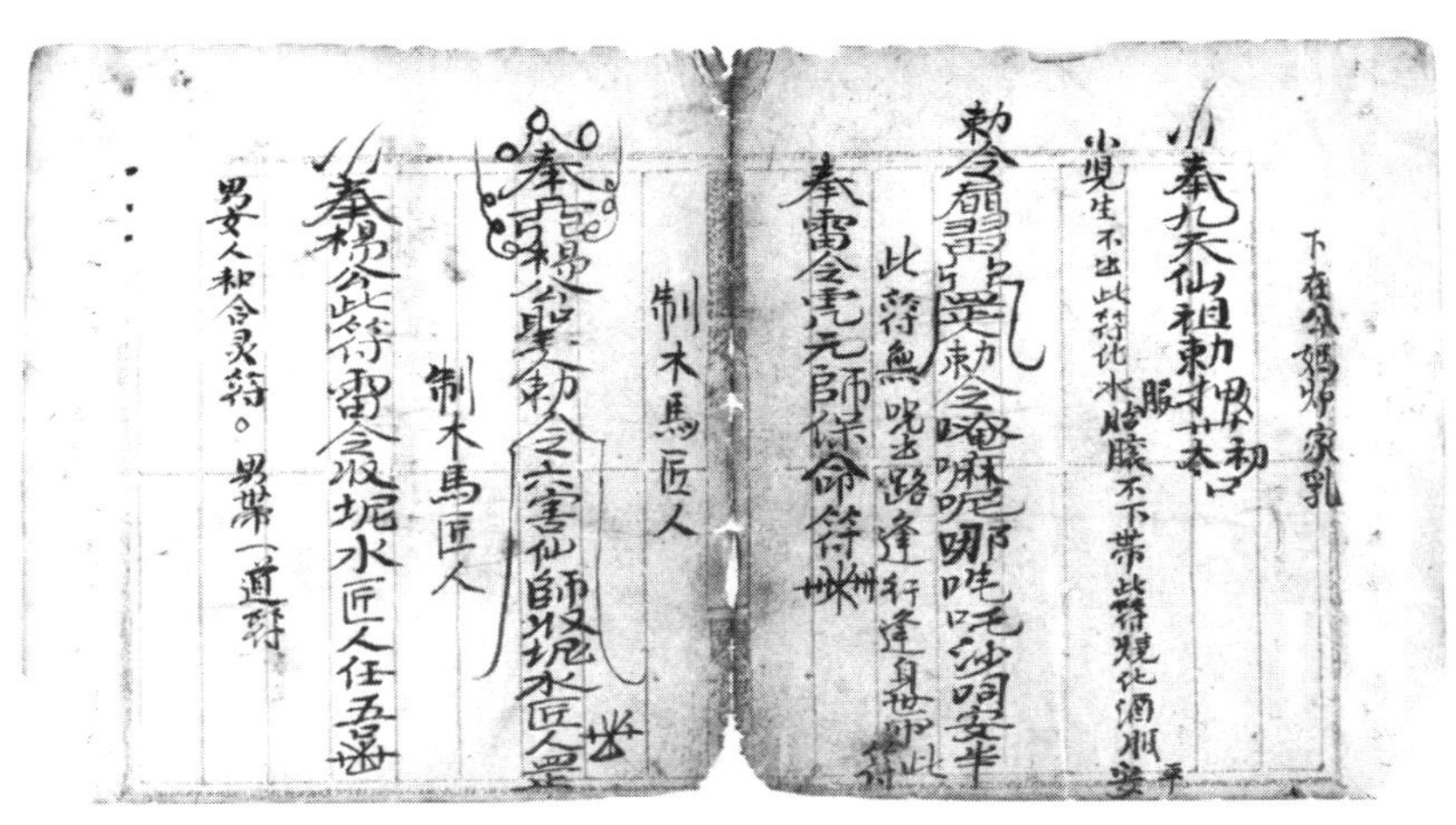

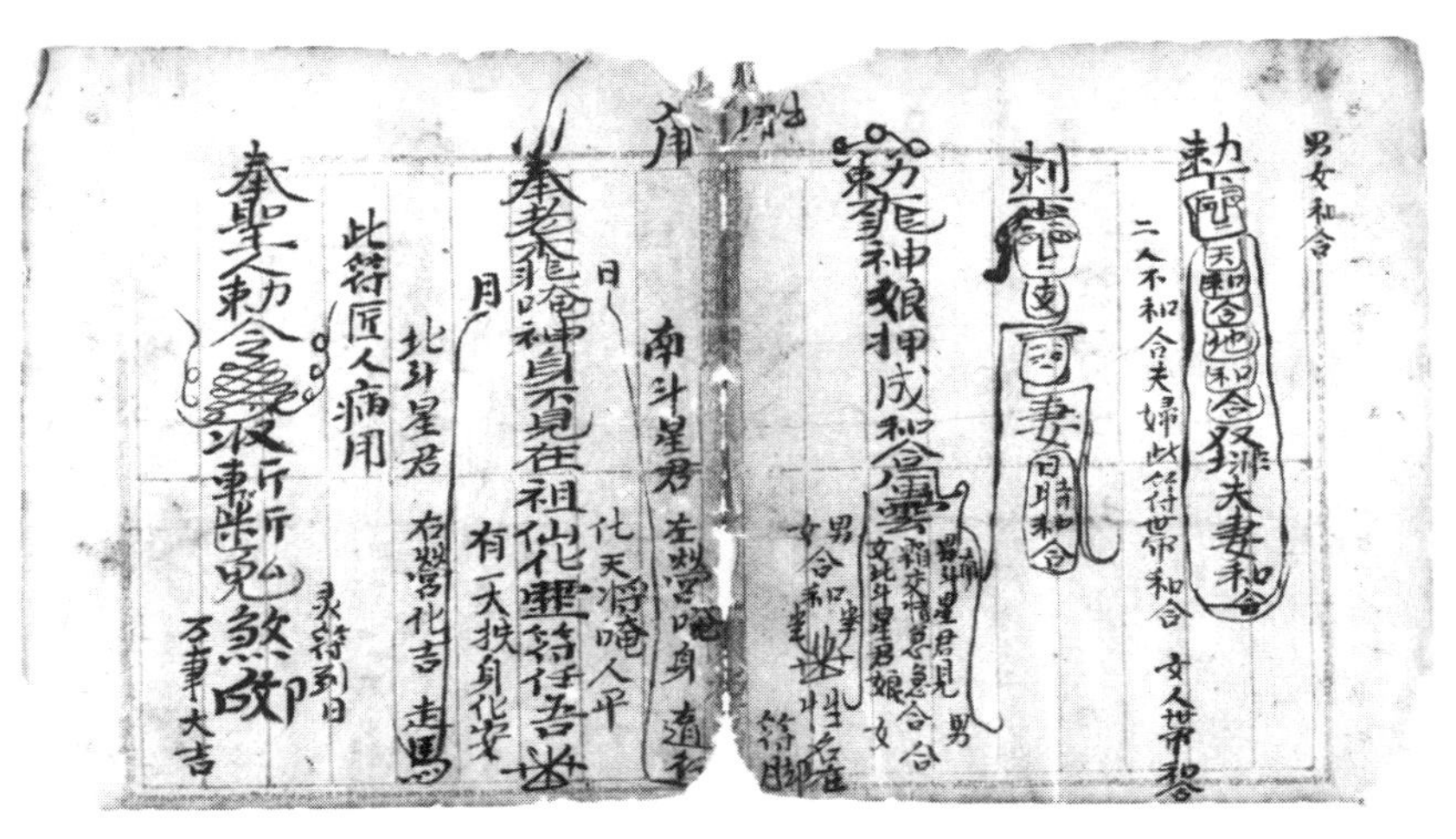

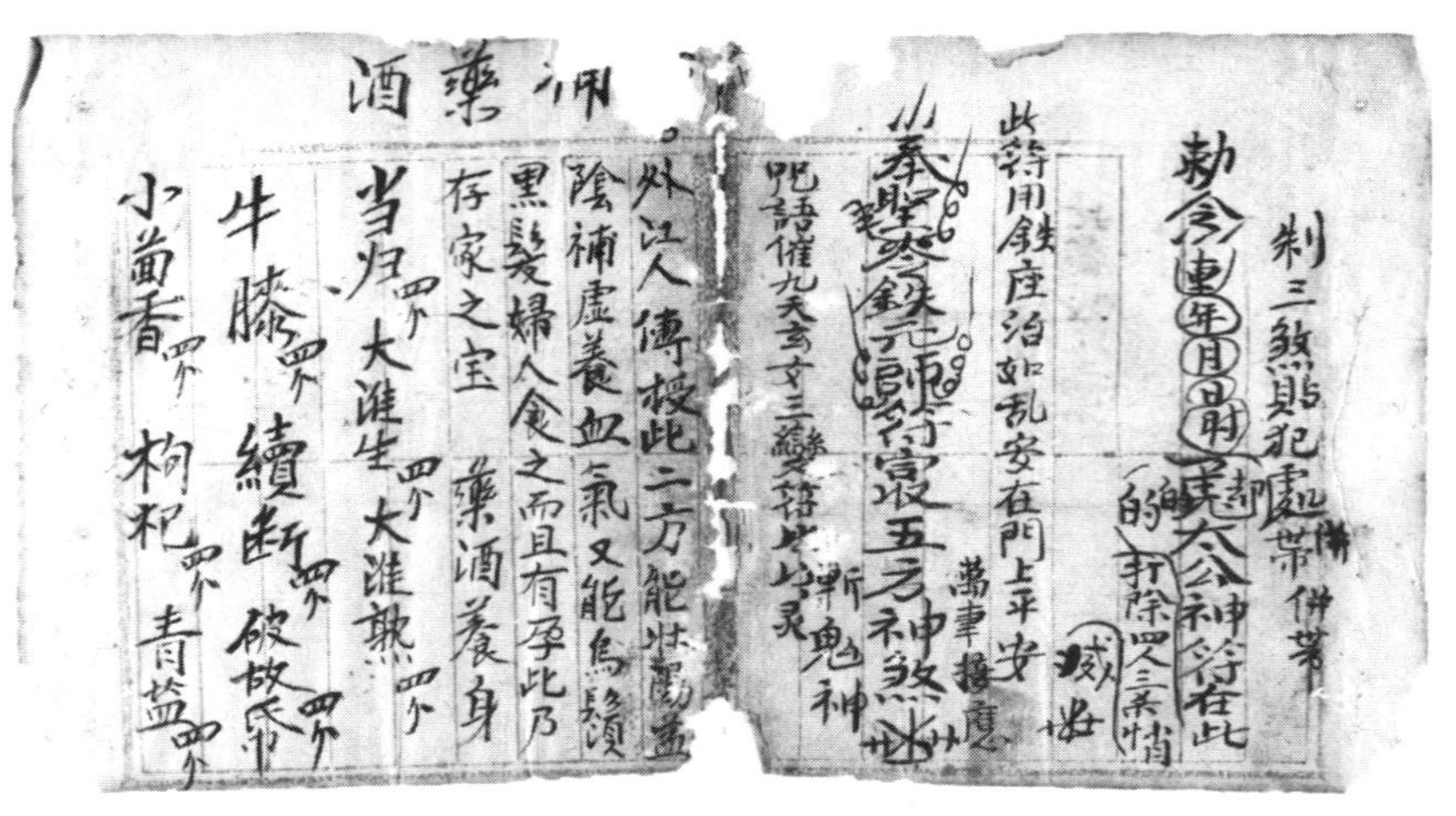

補藥酒
外江人傳授此二方能壯陽益
陰補虛養血氣又能烏鬚
黑髮婦人食之而且有孕此乃
存家之宝　藥酒養身
当归　大淮生　大淮熟
牛膝　續断　破故帋
小茴香　枸杞　青盐

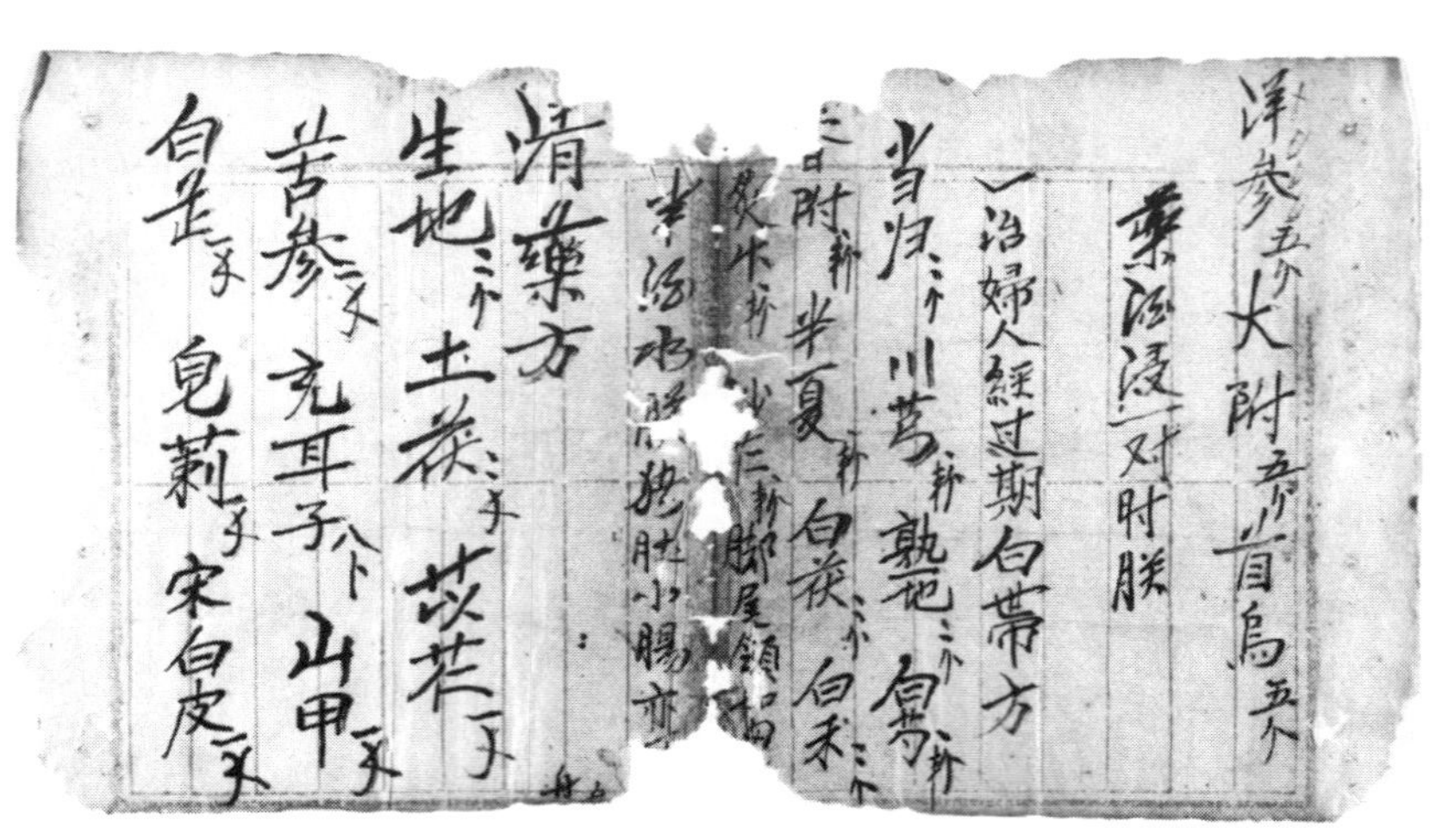

洋参　大附　首烏
一治婦人経过期白帯方
当归　川芎　熟地
附　半夏　白茯　白术
清藥方
生地　土茯　苡茌
苦参　充耳子　山甲
白芷　皂莉　宋白皮

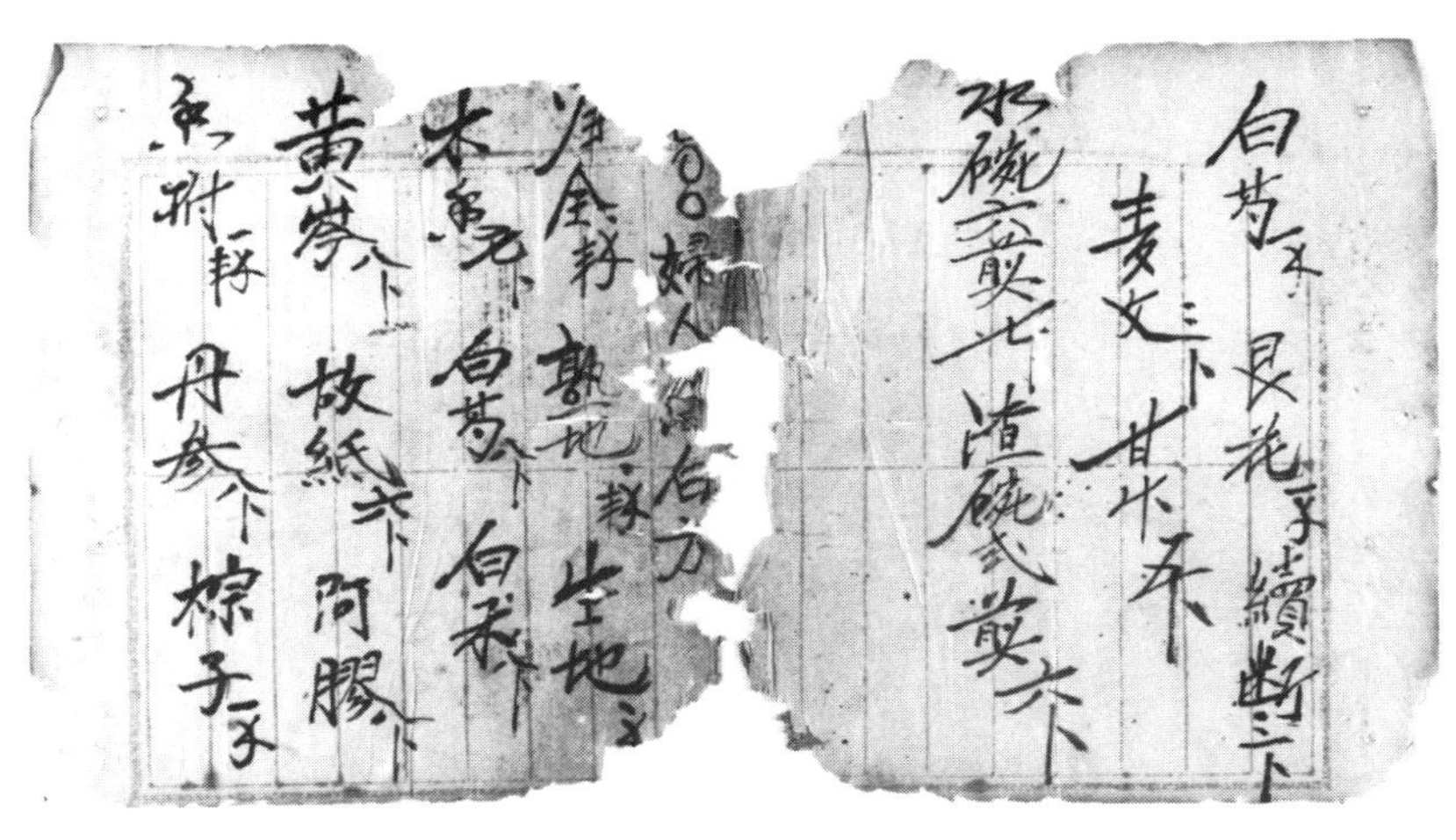

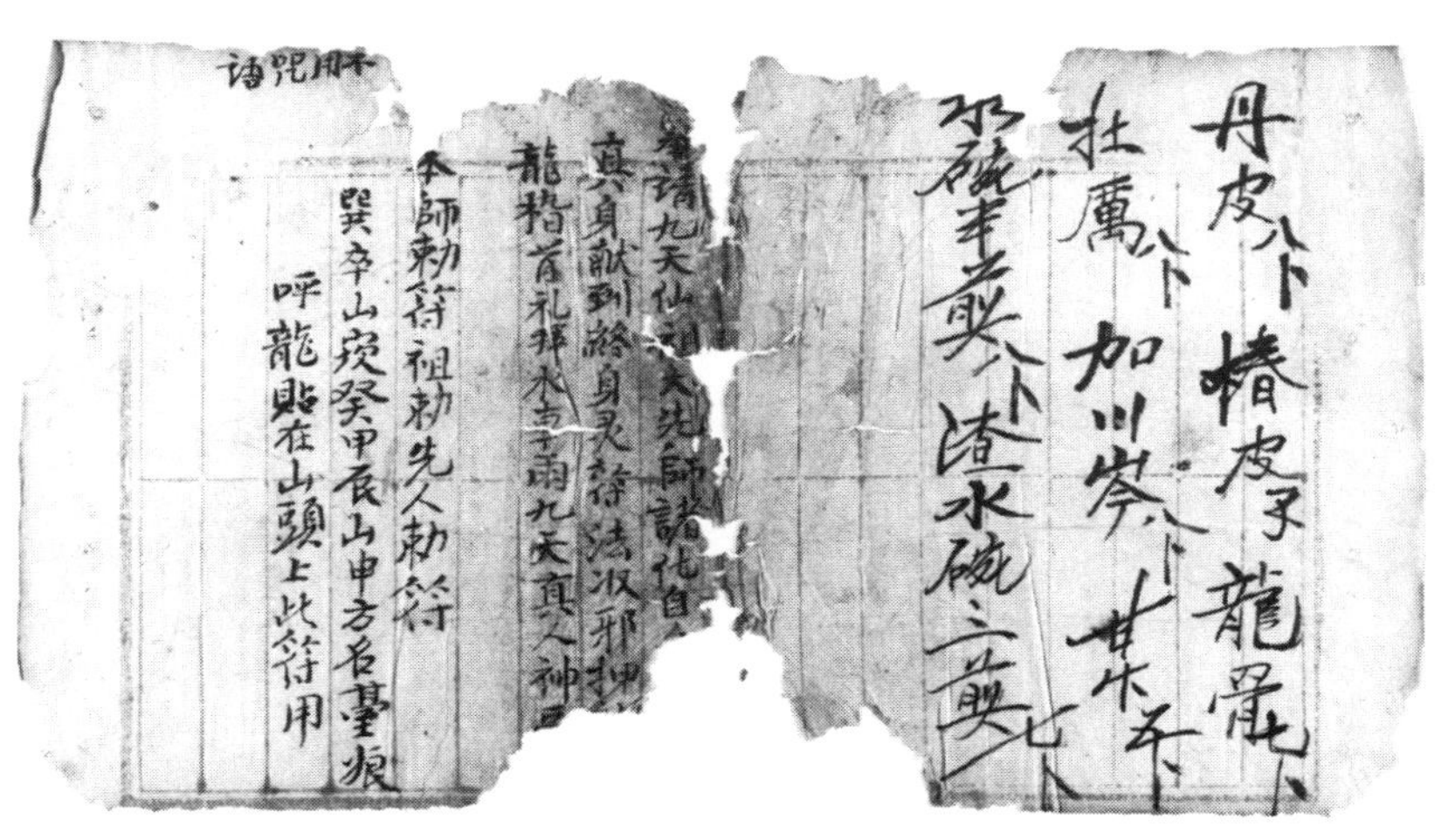

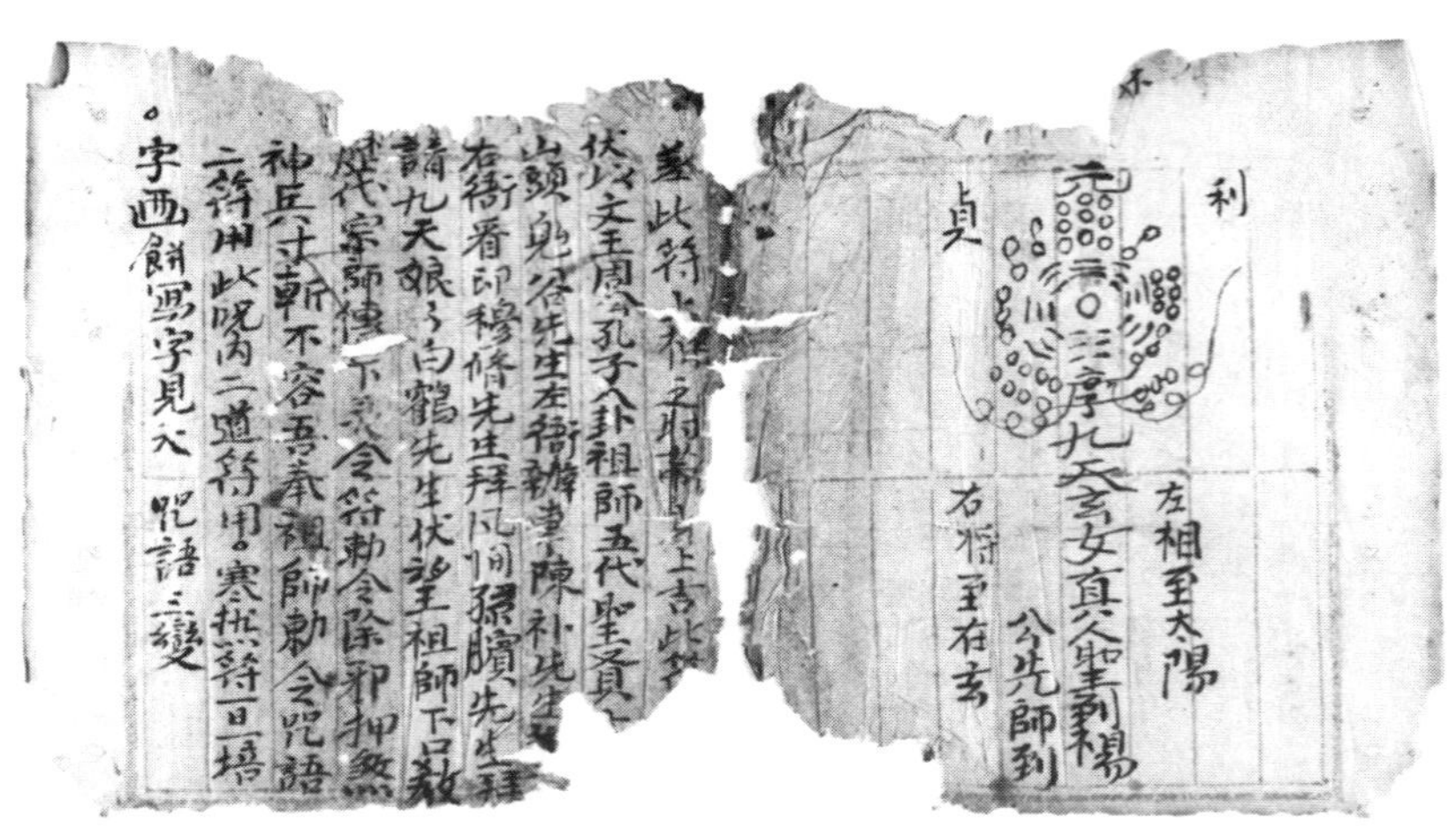

利

左相至太陽

九天玄女真人[illegible]揭

公先師到

右將至在玄

貞

此符上樑之財帶身上吉此符

伏以文王周公孔子八卦祖師五代聖賢

山頭鬼谷先生左衛[illegible]陳朴先生

右衛[illegible]穆脩先生拜[illegible]孫臏先生拜

請九天娘娘白鶴先生伏望祖師下凡救

歷代宗師[illegible]下[illegible]令符勅令除邪押煞

神兵寸斬不容吾奉祖師勅令咒語

二符用此咒內二道符用[illegible]寒[illegible]符一日[illegible]

字晒餅寫字見[illegible]　咒語三變

此符上樑之財帶身上吉此符上樑用吉

揭

公平

左右添福壽

[illegible]龍[illegible]急

[illegible]大吉

[illegible]

押煞神兵寸斬不容吾奉祖師勅

令咒二符用[illegible]保平安

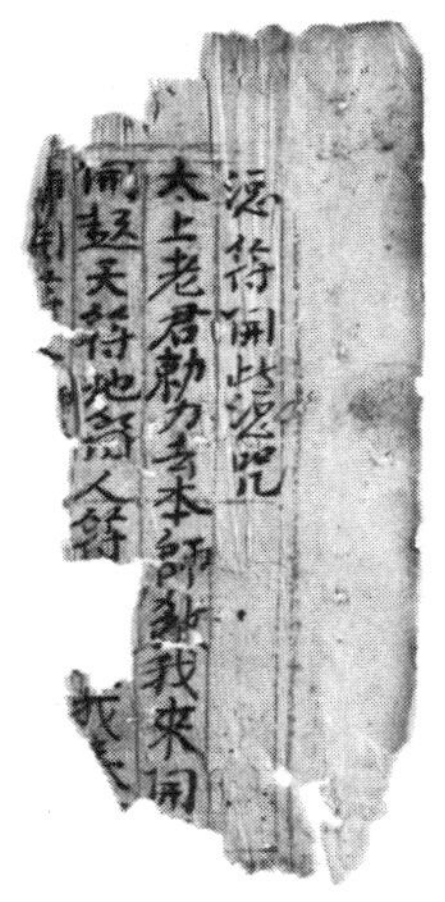

後編　符式簿の解読

第四章　総説

一　符式簿とは

標題はないが、各種の符式を収録した符書である。書類の決まった書き方を書式というのにならって、符令（フウリエン）の書き方を符式というから、これを一冊にまとめれば、符式簿になる。法事の進行過程において、符令と呪語は配合して行われるから、法師が手本として依拠し用いる伝抄本は、たいてい両者混合の符呪簿になっている。しかし分載したものもあって、この場合は符簿と呪簿になり、符令が一般に符仔（フウア）と呼ばれるのにならって、符簿も符仔簿（フウアボオ）と俗称されているのである。そもそも、法師の修業学課としては、

1：駆邪押煞法、すなわち魔除けや加持祈禱の要領。
2：呪法、すなわち呪文の唱えかた。
3：符法、すなわちおふだの画きかたと使いかた。
4：指法、すなわち指を組み合せて秘術を行使するやりかた。

5：止血法、すなわち神懸って怪我した童乩（タンキイ）に対する止血手当て。

などが挙げられる通り、符法は呪法と共に、修行過程における比重が極めて大きい。故にたいていの法壇は、それぞれの師伝による符式簿を備えており、必要に応じて画符の手本として用いているのである。符の正称は符令（フウリエン）だが、単に符（フウ）とも言い、殊に俗称の符仔（フウア）が、日用語としてよく使われている。市井に法壇をかまえ、営業を行っている法師は、暇な時を利用して、需要度の高い符令を画き貯めておき、また法事執行中の時間節約にもしているのである。

符令書写の礼儀作法は、童乩が神卓前で起立し、或いは跪いて、乱暴に殴り書くのとは反対に、法師は椅子に腰掛けて卓上に向い、一途に精神をこめ、せいぜい低声で勅符呪をつぶやく程度で、落ち着いて、もの静かに行われ、高声や派手な所作を伴わない。

符式簿は、その内容から言えば、符式という単一資料に対する覚え書きとか記録にすぎず、羅列しただけだから、強いて分類すれば、雑録の如きものである。従って体裁は、科儀本の如く整然とせず、首尾が揃わず、重複再録もあって、いかにも雑然としている。しかし、教派および法壇の所在地という背景は、おのずから反映されており、ここでは台湾北部の漢族移住民に即した一面がにじみ出ている。例えば用途が、辟邪治病に偏重していることは、往時の開拓がいかに困難を極めたかの一証でもある。実際、病苦にあえぐ庶民にとって、かかる符令は、しばしの安らぎを与える、一服の気安め薬でもある。

二　所蔵符式簿について

本符式簿の表紙を含めた巻頭数葉は、破損が著しいために破棄されており、もはや完璧ではない。各葉の右上隅には、旧式簿記数字が書かれており、第四葉に始まり、六三葉目に終っている。故に残存葉数は六〇葉で、欠落葉数は三葉である。符令の数から言えば、一枚の紙を二つ折にして表裏となし、各面に一符ずつ記載するので、一葉二符が原則だが、一面二符も四例含まれており（15・56・114・117各号符）、逆に重複や略式もあって（56・79・85・90・111・112・119各号符）、加減すれば、現存実数は一一六符になる。もし巻頭の欠落三葉に記載されていると推定される六符を加算すれば、一二二符の多数に上り、一冊の符式簿としては、相当な分量である。しかして、これらの符式すべてが、かつて常用されたとは断言できないにしても、その用途がかなり広く、閭山教法師の営業範囲を示しており、興味深いのである。なお、旧式簿記数字とは、碼子・暗碼・数目字或いは蘇州碼・蘇州数碼などという、往時商家の記帳のみならず、一般家庭でも、出納簿に広く使われた、一種の暗号数字で、次の如くである。〡若しくは一（1）、〢若しくは二（2）、〣若しくは三（3）、〤（4）、〥（5）、〦（6）、〧（7）、〨（8）、〩（9）、十（10）。

三　符令とは

符令の性格は、符文から見て、漠然とした、神威加護のもとに、無病息災を祈るだけの、穏和な「お守り」である平安符と、神軍を出動して、悪霊を討伐し駆逐する、荒荒しい魔除けの辟邪符という、消極的「文」と積極的「武」の相違がある。しかして本符式簿所収は、法師が法場に使うものであって、廟寺が信者に頒布するものではないから、当然後者の「武」が主流で、大半を占めるわけである。さらに詳述すれば、平安符とは、地域社会の主要廟宇たる宮廟（キヨンビオ）が、常時発行している、該廟の主祀神を主体にした、正式の護り札である。その趣旨は、平安すなわち無事でおだやか、平穏を期するにあるのだが、範囲が広く、漠然としているので、用途も多岐にわたる。霊界の攻防戦において、攻撃目標の明確な積極的符令ではなく、守備を旨とした消極的符令である。従って、用途は曖昧模糊で、用法が転用されやすい。身に帯びれば護身符となり、正庁に貼れば家宅安鎮の鎮宅符になるのみならず、往往にして、大門へ外向けに貼り出して、辟邪符にも誤用されている現状であり、かなり融通性のある、身近な符令である。

四　符令の材料

符文を書きつける材料は、紙のほか、布帛・木竹・鏡面・鉄器・岩石など、各種の物が使われている。しかのみならず、時には人体の患部へじかに書いたり、甚だしきは筆墨を使わず、人差し指や剣先だけで、虚空に符式を画く、目に見えない暗符(アムフウ)も、希に行われている。しかしここでは主旨から外れるので、詳論を避けて、若干付言するに留める。

まず鏡面とは、手鏡など小鏡の表面に、朱筆で画かれる符式のことであり、開光鏡によく使われている。偶像は神霊の容器にすぎないから、新造の神仏像は、その材質のいかんを問わず、開光点眼すなわち開眼供養で魂（神霊）を注入せねばならない。正式では、道士や法師が、予め鏡面に符文を画いた手鏡を左手に持ち、天空からの光線を新像に反射しながら、右手の朱筆で新像の各部へ、丹念に朱を点じるのである。しかし略式ならば、開光鏡を使用しない。また、玄関に掲げて悪霊の宅内侵入を防ぐ、辟邪鏡の鏡面にも、希に朱筆で符式や神名を書き添える風習がある。次に、鉄器の場合だが、該当物件としては、主に犁頭符を指している。犁とは農具の唐鋤(からすき)のことであり、犁頭(レエタウ)とは唐鋤の刃の部分で、銑鉄鋳造だが、まだ穢れていない新品に限る。

朱筆で符式を、底部へじかに書くのだが、近年は黄色紙に画いた朱符を貼りつけて代用しているのもある。獅頭・八卦・山海鎮などの辟邪物同様に、これも玄関や大門上に取り付けて、外邪の侵入を禦ぐ呪物だが、特に土煞の祟りに効き、十二日も経てば安全だと、その特効を強調しているのもある。地表の土を鋤き起し、法力を以て、地中に潜む悪霊を、天日に晒して駆逐するという思考である。また路煞(ロオソア)、すなわち人込みに紛れ込んで、往来を徘徊する煞鬼を制御するため、交通の要衝に設ける風習もある。しかし、かつて台南地方でよく見掛けたこれらの習俗も、近年は次第に廃れている。一面、犁頭符は法力が極めて強いため、私家ではあまり使用しないが、曽ては地域社会が主体として、要港の事故防止や、陸地における河川の治水などにも、よく使われたと伝えられている。その方法は、犁頭符を氾濫河川の水底に沈め、もって水中に潜む妖怪を制圧するというのである。さらに岩石の場合だが、そもそも庶民にとって、符令とは、神聖にして犯すべからざるものなればこそ、かえってその始末にも困惑するのである。紙符は使用済みしだい、たいてい焼却して霊界にもどすのだが、木板や竹杙に画いたのは、屋外の原地点に放置して、その自然腐朽にまかせるのである。しかし石彫の場合は、逆にその永存が目的であり、澎湖島の石碑型鎮煞符が、これに該当する。季節的魔風制止のため、村外の海岸に建てているのだが、一見して墓碑の如きである（120号符参照）。

通念として、符令といえば、紙に書写か或いは印刷された、紙符を指しているのだが、その大きさは一定せず、まちまちである。由緒ある大廟巨刹には、高さ約一メートル、幅約五〇センチの平安符の版木が残存している例もあるが、もはや実用されてはいない。また醮祭の如き盛典には、かなり大型の天師符が道場に展示されることもあるが、希有な例にすぎない（19・68各号符参照）。多くの廟寺が大量に発行している平安符は、高さ約三〇センチ、幅約二〇センチが普通である。しかし近年は、人口の増加とその都市集中によって、生活様式が変化し、住宅難や教育の普及などに伴って、ますます小形化し、殊に門戸に貼り出す辟邪符は、縁起が悪いとて、人目を憚るため、著しく縮小し、高さ約一三センチ、幅約四センチになって、伝統的水符とほぼ同じ寸法になっている。例えば、筆者が曽て親炙した、台北の老道士が、日常手書きしていたのも、この極小符令である。しかのみならず、市井で営業している符法師が、多量に使用しているのも、たいていこの極小短冊であり、全部手書きで、数量は一法場で百枚を超えることもある。

五　所蔵符式簿の材料

かかる状況を、本符式簿所載の符令に照らせば、その用途から推して、すべて手書きで、殆どが高さ約二〇センチ、幅約八センチの短冊と考えられる。ただし動土符（83号符）と断路符（40・70各号符）は、柳符や竹符としての用途をも兼ね備えているので、竹杭や水杭を地面に打ち立てるため、杭へじかに書いたり、或いは紙符を貼りつけなければならないから、面積に応じて、更に細長く書いたものである。実際、その例証は至るところの五営の施設に認められ、珍しくはないのである。しかして、かかる法壇製作の辟邪符や治病符は形態が小さく、廟寺発行の平安符は概して大きいという慣例はあるにしても、それは単なるしきたりにすぎず、特に規定があるわけではない。殊に近年は急速な現代化に伴って、住宅が狭くなり、かかる環境の推移で、廟寺の平安符も、かなり恣意的に製作される趨勢である。例えば、最も有名な媽祖廟の平安符さえ、高さ二六センチ、幅五センチという細長い短冊型で、取り扱いやすくなっているのがある。

因みに、紙符ではなく、布符で目につくのは、すべて大型の旗旛である。まず廟祠が、神軍の長期駐屯標識としている黒令旗は、四角形の黒色布地だが、旗面は符式構成で、大きさは高さと幅が、共に約一メートルの、ほぼ正方形である。また火伏せの火醮における拍火部科儀で、道士が両手で振りかざす、火部旗という布旛は、「北斗水神滅火灾罡」と書いた消火の水符で、高さ約一五〇センチ、幅約三〇センチの幟である。次に、醮祭の際、祭場の広場に設けられた燈篙に、掲揚される招神旛も、巨大な布符で、「五極大帝尊神降臨鑑醮罡」と書いたのもあり、高さ約四メートル、幅約三〇センチの極めて細長い幟が、風にはためいて、絶好の目印になるのである。

六　符紙の材質と色

符式を画く符紙の、伝統的紙質は鼓仔紙であり、やや黄色味を帯びているので、黄鼓仔紙（ソコアツア）とも言う。桂竹の繊維を主材料とした、手漉きの竹紙である。繊維が粗くて厚い粗製品は、紙銭や塵紙にしかならないが、薄手の上質紙は、帳簿や書状・書画などに使用され、符紙としても最適である。しかし昭和初年から、機器紙（ケエキイツア）すなわち機械で製造した、安価な薄手の洋紙が出回り、主に広告のちらしなどに使われるようになった。これが符紙としても用いられ、現在では印刷のため、洋紙が主流になっている。しかし、手書きが原則の符令だから、いまでに墨付きのよい鼓仔紙にこだわっている法師もある。

符令といえば、人々は黄色い紙に書かれた呪語を思い浮かべるほど、符紙としての黄色は定着しているのである。実際、黄色を五行に配すれば、中央の土にあたり、漢民族にとって、高貴な色彩であることは、よく知られている。故に黄色紙を神聖な符令に用いるのは、当然の思考であり、社会の通念でもある。これは筆記小説にも散見しており、例えば『西遊記』（四五回）では、三蔵法師が虎の妖怪と雨乞いの験くらべをするくだりでも、虎妖は黄色紙の符令を焼いて法力を発揮している。黄紙符に次いで、多用されているのが、紅紙符である。漢民族にとって、見た目に美しい色彩であるのみならず、また陽気にして、かつ慶祝歓喜のめでたい色でもある。その発想は、赤色に辟邪作用があるという認識であり、生命の維持に不可欠な血液からの連想とも解釈されているが、いずれにしても、その意義は正月に門戸に貼る春聯と同じである。かくして、晩近は紅紙符がその特効を信じられ、濫用されている傾向である。次が黒紙符で、現に根強く実用されている水符が、最も有名である。五行に配すれば、水は北方にあたり、五行色では黒色になるからである。黒紙は烏墨紙（オバクツア）とも称して、収魂符や調五営符にも、その使用を規定している符式簿がある。また黒布では、前記の宮廟に常設されている黒令旗や、火醮の拍火部科儀における布旛には、招水神の水符が画かれているので、とうぜん黒布を用いる。しかのみならず、火醮では、祭場の門戸に貼っている紅紙黒字の春聯も、いっせいに水符同様の、黒紙白字に取り替えるのである（23・52・54・61・62・112・115・118各号符参照）。しかして、黄・紅（赤）・烏（黒）の三色に次ぐ青（緑）色紙は、陰気にして不吉だから、喪家の春聯にしか使用されていないようだが、実は然らず、希に符令としても使われている。白紙をも加えて、五行に応じた五色の符令を、ほぼ同じ枚数で、一壇の法事に充てている法壇もある。しかしその使用法は、黄符を除いたその他の四色（青・紅・白・黒）を、一年中の四季に振り当て、法場挙行すなわち使用時の季節に合った色符に重点を置いて、適当にその枚数を増すのであり、目的は主に治病と改運である。また瘟疫流行の際に、青紙に画き、これを閉した玄関の戸の隙間に差し込んで、疫鬼の屋内侵入を阻む避瘟符がある。さらに、新宅入居の進宅（入厝〔ジッツウ〕）の際、宅地の地主神に庇護を祈って門上に貼る進宅符の書式は、他符と違って、縦書きではなく、青紙に横書きして、春聯の横批の如く、門上に貼らねばならぬと規定している符式簿もある。なお、前記の法師は、五方色に応じて、白紙の符令をも加え、五色を揃えているのだが、所詮、白紙は見た目に縁起が悪く、従ってその効力も疑わしいというのが、むしろ庶民の感覚である。

七　符令の書写器具

往時における唯一の勝れた書写器具である筆・墨・紙・硯の四品は、一組で文房四宝として、重宝がられたのである。しかして、筆墨を用いる符令は、今日でこそ民間信仰の底辺に沈淪して、僅かに命脈を保ち、すでに昔日の面影はないが、かつては根強く書画の一端を支えてきたのである。黒い墨は、紙をも含めて、黒色以外のたいていの物体には書けるので、しごく便利であり、符紙は前述の通り、黄色紙が多用されているので、符令と言えば、まず黄紙黒字が思い浮かぶほどである。しかして、書写に先だち、筆・墨・紙・硯には、それぞれの呪語を唱え、「勅（テク）」して浄化せねばならないので、墨條をしきたり通り硯で磨り、現今既成の安直な墨汁は使用しない。

次に、符令の色分けは、慣習として、紙色を基準にするのだが、紅符すなわち赤色の符令だけ、赤紙に墨筆で書いた符令、すなわち紅紙墨字と、朱砂を筆につけて黄紙に書いた符令、すなわち黄紙紅字との、二様に混用されている。前者の紅紙墨字は、師伝に従い、用途に応じて、符式簿に規定されているのだが、ただ平安符には、その格式を高めて、臨時安置の神位に準じ、赤紙に墨書きされることもある。しかしこの場合は、あくまでも異例であって、常態ではない。手近な赤色の顔料といえば、料理用の紅花米（アンホエビイ）すなわち唐紅（とうべに）や、ペン習字の赤インキなどもあるが、すべて論外であり、写符に使えるのは、朱砂すなわち丹砂（たんしゃ）だけである。

赤い色は紅色で、朱色はやや黄ばんで朱砂紅（ツウソアアン）と言い、峻別すれば異なる色彩だが、現状では混用されている。墨書の場合と同じく、紅銀朱條（アンギンツウテアウ）（朱墨）を紅銀朱盤（朱硯）に磨り、紅銀朱筆（朱筆）にふくませて、黄紙に書く符令は、もとより高貴だが、辟邪符の一式には、わざわざ紅紙に朱書して、その効力を高めるべく指定している特例もある。由来、紅色には辟邪力があるから、紅紙は黄紙よりも優れ、紅朱字は黒墨字に勝るというのである。動物は失血すれば死亡する認識から、血液を生命の根源として神聖視し、例えば画き上げた符令に、鶏冠血を塗りつけて霊力を与える、「勅符」の法場も然りである。しかしこれとは別途に、朱砂に対する信仰もある。朱砂は辰砂とも称し、天然の塊状鉱石として産するのだが、主成分は硫化水銀で、服用すれば、やがて上仙すなわち昇天して仙人になれるという、仙丹の霊薬にもつながるのである。

例えば、陳巌なる若者が、美女と同棲しているうちに、女は獣性を露わして、暴行するようになった。思い当たる節があり、道術を心得た知人に退治を頼んだ。知人が墨書きの符令一枚を、空中めがけて投擲すると、女は一声叫んで屋根に跳び上った。続けて、丹朱で画いた二枚目の符令を投げ上げるや、女は墜落して雌猿の正体を現わしたという説話（『宣室志』）は、治妖制邪でも、丹朱符の霊力が墨書符に勝るという、社会通念を伝えているのである。

実際、丹朱符は尊いけれども、反面は恐ろしいというのが、庶民の実感である。しかのみならず、朱砂に雄黄をまぜて書きあげた符令を、辟邪符として佩帯すれば、瘟気を避けて伝染病にかからないというのもある。

なお、写符の顔料としては、黒墨と朱砂のほか、黒紙には、白字しかはっきり書けないから、水符の如きは、水(ツイ)粉(フン)という胡粉(ごふん)のような固形の白粉(おしろい)を、つぶして水に溶かし、やはり筆で書くのである。しかし、火醮の布旛の如き大型の布地には、煩を避けて、固形粉塊のままで、手っ取り早く書く場合もある。

さらに附言すれば、以上は黒字・赤字・白字という、いずれも単色の符令だが、極めて希な用例ながら、調五営符式を黒紙に画くのに、東西両営は水粉で白字を書き、南・北・中の三営は、朱砂で紅字を書くとか、或いは一枚の符令で、黒字を主にした符文の中に、僅少の朱字を割り込ませるという、いわば混色符を収録している符式簿もある。

八　符式の文字・記号について

符式は、文字・記号・図案や模様などで、構成される。シャーマンが神懸って、紙銭に殴り書く、全く符式をなさない、いわゆる童乱符(タンキイフウ)とか仙術仔符(センスウアフウ)もあるが、埒外である。書体は、いかなる書き方でも差し支えないが、ここでは専ら折り目正しい楷書が使われている。事実、画符の実況を観察しても然り、しっかりした筆致で慎重に書かれ、決して気休めや興味本位とか、或いは他人の悪筆をさげすむ言葉の、乱筆を極めた「画土符仔(オエトオフウア)」ではない。また印章などによく使われている、難解な篆書体も、希に使用されている。

さらに神秘性を増し、或いは特定事物や鬼神の象徴として、種種の工夫や加工も施される。言わば人々の悲願をこめた、はかない文字の遊戯でもある。既成文字を幾字か組み合せた、道教式合成偽字がその最たるものである。相似の字形や同音の文字を借用して、故意に誤写する場合もある。例えば、「動」を「勅」とみなし、「池」を以て「除」に替え、「法」で「發」を代用し、「仙」を「先」に代え、「且」を「請」、「封」を「風」に代えるが如きである。次が文字の解体による欺瞞法であり、一字を二字に分解して、読めなくするのである。この方法を逆にすれば、文字の重ね書きである。いかに字画の少ない簡単な文字でも、二字を重ねて書けば、ごてごてと乱雑に入り交った模様になって、判読が困難になる。かくて、下手な筆跡の金釘流文字を「鬼画符」、すなわち「幽霊が書いたお札のようだ」と、悪筆を嘲る風潮もあるが、これを裏返せば、不可解こそが、符令のとりえだとも言えるのである。

これらはすべて、香具師がわざと神秘めかして、世人の目を欺く暗号の如き江湖字である。香具師の秘訣を江湖訣と称し、下世話に「江湖一点訣、講破不値三厘銭」（香具師渡世には、こつがある。種をあかせば、三文のねうちもない）と言われるゆえんである。殆ど原形を留めないほどの極端な文字くずしも、また目を晦ます一法である。

例えば、符文に常用されている「勅令」二字も、その好例であり、意味は司令神の主動神に対する「命令」である。さらに詳述すれば、本符式簿に限らず、台湾で見られるあまたの符令を包括し、共通している符式用語としては、「勅令」が最も目立ち、殆ど不可欠の語句になっている。その語意は、上級高位神が下級低位神に「命令」して働かせるという、ありふれた言葉にすぎない。しかしこれこそ助陽抑陰、すなわち陽神という善霊を鼓舞増大し、もって陰鬼という悪霊の跳梁跋扈を制圧する、符令の基本理念である。これに反して、中国の伝統的符令用語である「急急如律令」は、殆ど使用されておらず、むしろ奇異な現象を呈している。すなわち北方系の道教的「律令」とは、発生的に相異なる過程を経てきた、これは南方系法教の「勅令」系統であることを示しているのである。

次に、文字の部分的模様化、すなわち文字の局部的変形も、しばしば行われている。例えば、最も多用されている「鬼」と「天」の二字は、最後の筆画で開いた両足を、縦長に延ばして垂らしたり、さらに巻き鬚模様化もしている。最後が、文字全体、或いは一部分の図案化や模様化で、これは単なる装飾と、特別な意味付けとに分けられる。特定神仏を象徴する記号も、この範疇である。

符令そのものから言えば、もちろん文字が主体になっているのだが、人々の観念では、神秘性の根源は、不可解な図形に含まれているとされている。故に符令の書写行為を「写符（シャフウ）」とは言わず、「画符（オエフウ）」と称し、民衆は符令を絵画と見なしているのである。その他、俗字や台湾語の宛字も、諸所に紛れこんでいるため、符文の解読は容易ならず、時に困惑することもあるが、かえってそこに謎解きの面白さも秘められているのである。

しかして、文字の部分的図案化の例としては、記号が最も目立っている。すなわち、文字の最後字画を延長して、装飾模様となした、このくねた交差曲線模様は、本符式簿では随所に使われており、合計二七例もあって、かなり多用されている。内訳は、「令」字との結合が最も多くて、二〇例もあり（1・20・26・27・30・31・32・39・40・41・64・70・71・81・82・97・100・105・110・120各号符）、「鬼」字は三例だけで（25・34・38各号符）、残りの四例は、その他の字か、或いは不詳である（35・72・74・76各号符）。

因みに、前述の江湖訣といえば、手品の種（たね）もどきの手法も利用されることがある。例えば、碗に水を盛って、真上から符令を焼き入れ、飲み薬として、病人に服用させるのは、ありふれた民間療法だが、点火には、もちろんマッチやライターなどが用いられる。しかし、たまに点火の秘法も行われている。法師が長く伸ばした爪の中に、微量の燐をしのばせ、さりげなく指をはじいて落すと、水面にわずかな目立たない青い炎が立つ。それを手際よく符紙に燃え移らせれば、忽ち赤い火炎となり、めらめら燃えて、環視の人達には、念力による自然発火の如く見えて、無性に有難られ、いっそうその薬効が妄信されるのである。

要するに、「民はこれに由（よ）らしむべし、知らしむべからず」（『論語』「泰伯篇」）の故知が、符令や呪語などにも、及んでいるのである。

九　符令の薬用

服用する薬餌としての符令は、病苦にあえぐ庶民にとって、一縷の望みである。従って、本符式簿における収録でも、重きをなしており、合計一六例が記載されている（但し一例は重複のため、実数は一五例）。すなわち、「食」一例（53号符）、「化食」一例（35号符、但し符式は79号符と重複しているため、「化水食」の簡略である）、「化水食」四例（18・79・91・93各号符）、「化火食」八例（22・23・24・33・97・99・105・109各号符）である。

まず53号符の「食」について言えば、そのまま即座に食べられる、特製紙の符令もあるが、ここは原簿の破損による記載欠落で、やはり「化火食」と推測される。さらに、「水食」といい、「火食」といい、表現は違っても、実際は同一の行為に対する、異なった表現にすぎない。すなわち前記の、水を盛った碗の上で符令を焼いてその灰を水に落とし、まぜて病人に服用させる、民間療法である。しかし生水を飲む習慣はないから、水とは冷滾水（リエンクンツイ）、すなわち冷めた湯のことである。従って、73号符「化火、和沖瓯茶、食可用」とは「化火沖茶食」、つまり湯と茶の違いで、沸いたばかりの熱い茶に符令を焼き入れるのである。

一風変った療法だが、別本符式簿にも「此符三張、作三限、焼下薬湯、食之即癒」という説明があり、符令三枚を三回に分け、その都度、一枚ずつ、焼き灰を煎薬に混ぜて服用すれば、効果覿面だというのである。符令を溶かした水だから、台湾でも符水（フウツイ）と称するが、俗語は符仔水（フウアツイ）である。その起源は古く、後漢末、太平道の張角が、民衆に符水を服用させる治療法で、教団の勢力を伸ばした史実は、よく知られている。

一〇　符令の構成と天人相関的宇宙観

符令を起立した人体に見立て、上部の書き出しを符頭、下部の書き終りを符脚と称し、それぞれ特定の記号が設定されている。その意義は、符令自体の権威の象徴であり、霊力発揮の保証でもある。さらに譬えれば、人が身なりを整え、衣冠を正すが如きでもある。

(1) 符頭

最も常用されている符頭は、「vvv」或いは「ᵛvᵛ」の、平行や三角形に配置した三個の鈎形、すなわち点を打って跳ね上げた形の三清記号である。三清とは、玉清境・上清境・太清境なる、三清境主宰神の略称である。中央の「V」記号は、玉清境の元始天尊を、「霐（ホン）」字で象徴しているが、これは幽深すなわち奥深い有様という意味の、正字でもある（41号符参照）。一方、向って右側の「V」記号は、上清境の霊宝天尊（太上道君）を、「霯（テエン）」字で象徴しているが、これは道教式合成偽字である。同様に、向って左側の「V」記号は、太清境の道徳天尊（太上老君・老子）を、「⿱雨爾（ビエン）」字で象徴しているが、これも道教式合成偽字である（122号符参照）。しかして、かかる三清の配置は、恒常の道観や宮廟における奉祀はもとより、臨時醮祭の三清壇でも、この序列は固定しているのである。三清信仰の篤さを反映して、本符式簿に収録されている三清記号は、専用だけでなく、混用の例をも含めて、合計五一符に使われており、これは重複を控除した、実数一一六符の全体から見れば、その比率は約半分になる。日月星辰などの天象を、主体にしている符頭としては、まさに尋常ならざる現象であり、三清符頭の功徳が、人々の脳裏にしみこみ、三清信仰は、牢乎として揺るがないのである（1・2・3・4・5・10・16・17・18・20・23・24・33・35・37・39・40・43・47・

48・49・51・53・54・57・58・59・62・63・65・66・67・70・77・80・82・86・89・91・92・93・95・102・107・108・109・110・113・114・115・116各号符参照）。

次に、よく使われている記号には、三台星がある。三小円を三角形に配置し、上の一星と下の二星を、それぞれ短線でつなげた「[illegible]」の記号である。二十八宿星図の胃宿と同形だが、これは紫微星を守護する星座である（38・50・80・97・104各号符参照）。各星を、上台星（向って左下）、中台星（中央高位）、下台星（向って右下）と称し、その地位は、下界の三公にも擬せられるほどの高貴な星神で、人々の禄寿を司るとして崇敬されているのである。また小円と「十」字を組み合せた「⊕」も使われており、星辰を表示している（1・55・103各号符参照）。

なおこの両側に、「日」字と「月」字を配した記号は、しばしば登場しているが、これは大地の萬物を育む、天上の三光たる日・月・星の象徴である。しかして、三光を配した符頭様式は、三式あるが、これはその第一式として、最も常用され、合計一二例にも及ぶ（7・17・36・44・45・46・60・64・71・98・105・120各号符参照）。同じく、星辰記号としては、屈折曲線と、三小楕円を包んだ円形構成の「[illegible]」図形も、僅かながら使われている（1・17・44・64各号符参照）。次の第二式は、三星や七星などの星辰記号に、「日月」や「太陽・太陰」などを配した方式が九例ある（10・26・27・32・46・50・56・68・116各号符参照）。さらに第三式は、星辰記号を欠くが、三清記号「[illegible]」の下に、「日月」二字を配したのが四例あり（40・67・70・106各号符参照）、「日月」を「太陽・太陰」や「太陽星君・太陰星君」などに書き替えている四例（2・47・48・82各号符参照）を加えれば、合計八例になる。しかしその意義は、いずれも上記の二式と同じである。

なお、例外として、上の三台星やその他の星辰記号などが欠落し、下の「太陽星君」と「太陰星君」だけが残ったのもある（12号符参照）。さらに附言すれば、別本符式簿には「吾奉紫微大帝・日月星君・北極大帝勅令」という符式があり、上級神祇に伍し、三光の神祇としての称号に、「日月星君」は、まさにふさわしいのである。また小円を横棒で貫いた「⊕」は、「⊕」の代用変形記号と見られる（46・51・55・63各号符参照）。その他、「天」字を挟んで、両側に「日月」二字を配した記号（74・76各号符参照）や「雷」字を挟んで、両側に「日月」二字を配した記号もあり（10号符参照）、これらの記号は、特定神仏の紋章にもなっているのである。なお、符令の冒頭を飾って、その威厳を誇示する符頭なればこそ、殊に重視され、従って変化にも富んでいるのだが、甚だしきは分離式多重（主に二重）構成の符頭も工夫され、二二例にも及んで、異彩を放っている（1・5・9・10・26・27・30・31・32・38・46・55・56・60・78・80・86・97・105・106・110・116各号符参照）。

(2) 符脚

符脚は、「罡（コン）」字が最も多く、罡星のことで、北極星を指し、北極罡星君として、人間の禄籍を司る星神である。しかし一般には、天罡星として信じられており、北斗七星の第七星で、人々の生死を司る重要な星神である。さらにこれより推して、民衆にとっては、むしろ三十六天罡が身近である。すなわち七十二地煞と抱き合わせて、『水滸伝』ゆかりの立役者たる一〇八柱の妖星邪神になるのだが、『封神演義』（九九回）では、共に斗部に隷属し、天罡星三十六位名諱と地煞星七十二位名諱が挙げられている。しかし台湾の民間信仰では、前者が三十六柱の天神であるのに対して、後者は七十二柱の地下の邪神で、両者は正邪善悪相反しており、符脚の「罡」字に、符令全体の辟邪作用がこめられているのである。またこの点では、走馬天罡信仰とも矛盾している（94・96各号符参照）。

なお、符脚としての図形は、「⊠」を基本とし、簡略化した「⁂」から、これに尾ひれをつけて誇張したのや、草書体の如く、極端にくずしたり、簡単な図形などが、廟寺から発行されている、おびただしい平安符や辟邪符などに使われている。しかし、いかに乱脈を極めていても、「罡」字と共に、悪霊制御の意をこめているのである。「印（イン）」字もかなり用いられており、これは該符令主体神の印章を指し、その霊力を表しているのである。実物の神印は、法印とも称し、強い辟邪力を具えた法器として、法場で常用され、壮厳な祭典には、黄色の布で丁重に包んだ神印の模型が、神像に準じて奉祀される。そもそも天師教は、創教当初から印璽にこだわった教派で、官印の威光に倣って、それに霊力を認め、天師印と宝剣は、伝家の宝器ないし正統派の証左として、今に伝えられている。歴代天師の直筆符令は言うまでもなく、天師符の図柄である教祖張道陵の画像にも、必ず印剣が画き添えられている（19・68各号符参照）。なお、『封神演義』（六五回）では、殷郊の番天印が強力な武器になっている。実際、道教や法教を問わず、儀礼で扱う文書や符籙にも、神印が頻繁に使用されており、各地の廟寺が発行している夥しい平安符にさえ、いちいち捺印されて、主神や本尊の霊力とその正当性を誇示している。かように、神印の超自然的霊力観念は、民間信仰に溶け込んでいるのである。

符脚は、もちろん符頭と同じく、原則としては、一記号ないし一字だけでも、事足りるものだが、時には霊力増強の一策として、複数で用いられることもある。すなわち二重符脚だが、二字あるいは一字と一記号の上下重ね型と、二字嵌めこみ合成型の両型に分けられる。まず「罡（コン）」字と「印（イン）」字を上下に積み重ねた「罡印」は、80号符の一例しかない。次が「印」字を、「卩（ふしづくり）」部首と「E」とに割って、中に「罡」字を挟んだ「罡印」が一二例で最も多い（1・4・5・10・29・42・47・66・69・74・80・94各号符）。最後が、「罡」字と「⊠」記号を上下に重ねた「罡⊠」の七例である（33・49・55・89・90・92・117各号符）。

しかし符令の体裁は、必ずしも符頭と符脚が揃い、首尾が整っているとは限らない。符頭だけで符脚がなく、逆に符頭が欠けて符脚だけのものもあり、符頭・符脚とも無くて、符文だけになっているのもある。多種多様だが、その霊符としての効力は、全く同じであると信じられている。

⑶符胆

符頭と符脚を設定すれば、胴体にあたる符文を符身とでも称すべきだが、かかる名称は、使用されていない。しかし多くの符令では、最も肝要な心臓部に、符胆（フウタア）が設定されている。人間にとって、胆気・胆力とか、或いは大胆などと言うように、胆（きも）が生命力の根源と見なされている。故にこれを符令に適用すれば、符胆こそ、その符令が発揮する霊力の核心であると信じられ、符令神秘化の有効な方法として用いられているのである。福建地方では、これを符袋とも称しているが、発音の相似による転訛語と思われる。

符胆の様式は、特殊な記号とか字体や模様であり、道教式合成偽字も使われている。いわば超自然的霊力の根源を示す暗号であり、例えば「天」・「鬼」・「䨮（せき）」などの変形字体を宛てたりしている。しかして、これらの符胆は、符文の内容とは関係なく、遊離した特定の一字や図形として、符文に嵌め込まれるのが慣例だが、実際は符文の一字を利用して、それを適当に変形あるいは大書し、兼用している場合もある。いずれにしても、目立つ大字や図形が特徴である。これらについては、各号符において、そのつど実情に合せて指摘し、解説を加えた。なお、符胆の位置は、たいてい符文の中段にあるが、希に下段に設定されていることもあり、甚だしきは符脚に重ね書きして、混淆あるいは同一視されている場合もある。しかのみならず、教派や伝承の相違によって、その解釈も異なり、明確な観念を持っている法師はなく、解釈も曖昧なので、語弊を避けて、ここでは「符胆」なる用語を回避し、代りにこれを「霊力の集中、ならびにその発揮点」として解説した。

一一　合成偽字と辟邪

道教式合成偽字「䨮（せき）」は、ひときわ目立っており、本符式簿では、五符に見られるだけだが（1・38・64・92・113各号符）、台湾各地では、辟邪符はもとより、安胎符などにさえ組みこまれて、広く使われている。臨時性の符令はおろか、玄関や正門に設ける、恒久的辟邪施設の剣獅や麒麟神獣牌にさえ、取り入れられ、広範な民間信仰における辟邪偽字として、定着している。その文字としての構成は、上段「雨」と中段「漸」、および下段「耳」の三段になっているが、実は「雨」と「聻（せき）」の二字合成である。部首としての「雨（あめかんむり）」は、「雷」の代用字で、雷神を指しているのだが、この場合は雷神の威力を背景にした、より霊力の強い「聻」であることを表しているのである。人が死ねば鬼となり、さらに鬼が死ねば聻となり、かくて人間が鬼を恐れるが如く、鬼もまた聻を恐れるから、辟邪作用があるという。いわば毒を以て毒を制する、迂回した思考である。これより演繹（えんえき）して、広汎な邪霊に対する威嚇偽字として、常用されているのである。「⿳雨漸耳」字が崩れて、「耳」が欠落した「⿱雨漸」偽字が、シンガポールの華僑に使われており（大形徹等編『道教的密教的辟邪呪物の調査研究』）、著者が台湾で採集した標本には、「耳」が「戓」という偽字に変っている例もある。これらは要するに、辺疆社会にありがちな、崩れた現象であり、かえって聻信仰の根強さを反映しているのである。

口頭の呪語に等しく、神秘めかして不可解がとりえの、手書きの符令なればこそ、その判読はもとより容易ではなく、解釈も一致せず、従ってその解明は困難である。しかし、文字と図形を含めて、判読できる部分だけでも、ある程度の解読は可能なので、大意はほぼ把握できる。

典型的辟邪符の例を挙げれば、まず上段には、高級神祇の称号が記され、これが命令を発する司令神、すなわち下命神となる。続けて中段には、下級神祇が記され、これが高級神の命を奉じて、下段に記されている、悪霊を排除する派遣神という構成である。故にこれが、本来符令として発揮する霊力の根源であり、主動神すなわち全符の主体神でもある。しかし、あまたの符令を検討してみると、必ずしも悉くこの典型的符式に則って、構成されているとは限らず、略式も軽視されることなく、一概に通用している。

例えば、司令神を欠き、或いは主動神を欠くとか、甚だしきは両者とも欠落しているのみならず、神仏の名号が全くない符令さえ行われている。一見して不合理な欠陥符令の如きだが、実は然らず、頻繁な使用による手間の省略とか、機密保持などの理由もあるが、たいていの符令は呪語と配合しており、たとえ符令には欠けても、呪語に織りこまれておれば、埋め合せがつくのみか、機密も保てるのである。さらに、特定の付随呪語がない場合でも、法事の際に、法師が実情を斟酌し、適宜に神仏を選定して、呪語や祝詞に織りこんで応用するという、融通がきく場合もある。

一二　所蔵符式簿の特色および解説にあたっての方針

欠字・難字や判読困難な図形もあるが、以下、通し番号を順次、各符ごとに解説する。しかして、符文は便宜上、これを上下二段、或いは上中下の三段に分ける。なお、台湾では、近年一般図書の如き印刷製本の符書も、市販されるようになったが、社会不安を反映した、猟奇本位の偽作が少くない。奇を衒った恣意的捏造で、甚だしきは放(パン)符(フウ)して、他人に危害を加える邪法、すなわち符仔路(フウアロオ)という黒巫術のいかがわしい符式までが、まことしやかに公開されている現状である（96・107各号符参照）。

符文は、いつに伝統を重んじ、教派や師伝によって、繁簡さまざまであることは言うまでもない。しかし要するに、書画でもあるのだから、それぞれの筆致や画風の差異による、個人差や優劣は免れない。また生半可な法師ほど、文字を簡略化して、逆に複雑な図形にこだわって、変化をつける傾向がある。総じて、常用される実用性の高い符令ほど、符式が簡略化される現象もあり、例えば水符（23・52・54・61・62・112・115・118各号符）や化骨符（63号符）の如きがそれである。甚だしきは、「勅」や「虎」の一字だけでも、辟邪符としての効能があると信じられているほどである。

由来、符令の名称は夥しいが、本符式簿の収録記載は、その実際用途によって区分されており、いずれも聞き慣れた伝統的名称ばかりで、新奇なものはない。しかし、符令の用途は必ずしも単一とは限らず、多面にわたって利用される場合もあり、従ってその名称も、自から異なるのである。例えば辟邪符は、たびたび平安符に転用されており、この場合はそのつど、随所で指摘するに留めた。また名称欠落の符令は、内容に応じて推定し、適宜に分類した。

本篇の主眼は、法教における一教派の使用符令に対する解読である。故に符文の書き方や、書写の際に唱えるべき呪語とか、必然的に伴う禁忌などには、敢えて触れなかった。

特定文字や図形の頻用度は、とりもなおさずその重要性の反映でもある。しかし神仏名号の頻出度は、神格の高下にかかわらず、もっぱら法師の教派と、その場合における神人関係の親疎を示しているのである。故に各符の解説で、繁をいとわず、参照すべき符令の番号を列挙したのは、かかる理解に資するためである。

難解ないし不可解な図形や文字の組み合せこそ、符令のとりえであり、それなるが故に、陽の当らない閉塞社会の底辺で、生活苦にさいなまれている人々に、一縷の望みを与え、命の糧ともなるのである。いわば気休めの精神安定剤でもあるのだが、古い因習とはいえ、悠久な伝統と深厚な民間信仰に支えられて、今日にいたるまで、なお も息づき、脈々と生き続けているのである。

中国大陸東南沿海の早期移民を主体とする台湾住民の信仰は、辺境社会の性格を帯びて、すでに著しく変容している。その民間信仰従事者を基準にして分類すれば、道士・法師・霊媒の三層に分けられる。しかして、中間層の法教を奉じる法師こそ、民間信仰の主な担い手である。教派としては、閭山（三奶と法主公を含む）・徐甲・客仔・普庵・嘛呢などがあるが、とりわけ三奶教が普及している。いずれも赤鉢巻きを標識として、紅頭法という巫術を行使し、加持祈禱をする一種の行者に過ぎないが、紅頭法の名目は夥しい。すなわち調営から、駆邪押煞・消災解厄・招魂・妊娠・安産・育児などに及び、はては希に死者儀礼にさえたずさわる者もあるほど、庶民生活と密着しているのである。しかして、本符式簿収録の符令は、早期資料であるだけに、往昔の開拓社会を反映して、実に多彩である。殊に普庵祖師が、しばしば登場しているから、普庵教法師の伝抄本と推定されるが、内容は多岐にわたっている。しかのみならず、閭山教との習合現象も、深厚である。総じて、内容はあまり教派に拘泥することなく、みな一様に扱われており、雑駁な民間信仰の面目、躍如たるものがある。

漢字の用法は、原符令についてのみ、符文通りに正字と略字を併用して、原文を保ち、記述では当用漢字に従った。また、振り仮名では、日本語は平仮名、台湾語は片仮名で区別した。

附言すれば、華南地帯における、符令図形解読の先蹤としては、いちおう De Groot: *The Religious System of China* vol. 6 が挙げられる。福建地方における民間信仰で、九式の象徴図形のうち、「升る」・「降る」および「五行」の三式は、『道法会元』巻四に拠っているのだが、「龍」・「鬼」・「雲」・「雷」・「去る」・「来る」の六式は、いずれも捏造の如きで、信憑性が薄いことは、本符式簿の実例に徴して明らかである。すなわち九式とも、法教の実態と乖離しており、符令研究困難の一端を示しているのである。

総覧すれば、本符式簿所載の符令に展開されているのは、霊界における、息詰まるような、絶え間のない、鬼神の闘争に他ならない。しかして、正邪善悪の葛藤において、「邪不勝正」とか「邪不闘正」などと言われているように、邪はとうてい正に太刀打ちできず、正神は必ず邪鬼に勝って、衆人に無病息災の平安な生活がもたらされるという、庶民のはかない願望がにじみ出ているのである。畢竟、これらの符令に画かれているのは、絢爛たる法教の世界であり、その素地は、孤島台湾を含め、華南から西南一帯の広域にわたり、人々が安心立命の糧（かて）として帰依している、根深い民間信仰なのである。

第五章　各符の解説

［編集部注］　各タイトルには、「符文の冒頭……末尾」（分類）を、写真には、《〇号符》「符文の脇に記されている説明」と「解説にまとめられた符文の全文」を、それぞれ付した。符文の□は欠字を、◆は記号を示す。

1号符「玉帝勅……合家平安」（保身符）

説明に「帯身」とあるが、「帯」は俗字の「帶」となしている。すなわち、平安符を転用した、肌身離さず携帯する、お守りとしての保身符である。符式は、道教式合成偽字とか、記号や模様などが主体になっており、独特な構成である。

符頭は、希な四層構成で、複雑にして、かつまた分離式でもある。その上層は、小円と「十」字を組み合せて星辰を示す「⊕」記号である（単独記号としては「総説」および55・103各号符参照、「日月」二字と組み合せた三光記号は7・17・36・44・45・46・60・64・71・98・105・120各号符参照）。第二層もやはり星辰記号だが、上に屈折曲線を載せて、三小楕円を包みこんだ円形模様「◆」である（「総説」および17・44・64各号符参照）。第三層は、常用されている三清記号だが（「総説」参照）、第二層との間に、「佛」字が介在しており、三個並列の「V」記号は、両側の二つが変形している。しかもその位置は、甚だ妥当を欠き、慣例としては、上層すなわち符令の先端に据えるべきであることは、すでに「総説」で述べた通りである。下層は、五星の星宿図だが、その構造は、二十八宿星図の「星宿」とは、似て非なるものである。五星の配置は「◆」となっており、上下に分れ、上の星辰を示す二個の小円は離れているが、下の三

《1号符》「帯身」
「玉帝勅、天師勅、佛、(天羅地網図形)、天清雷火、(五雷火図形)、六丁六甲、□□□發、合家平安」

星はそれぞれ短線で連結している。しかのみならず、上の二星と下の三星の位置は、その中間を、巨大な四角形網目模様で隔離されて、なおさら目立たなくなっている。かように、四層構造符頭の例は少なく、その希少価値を以て、本号符の格式の高さを誇示しているのである。しかして、各層が直結せず、中間に符文を挟んだ分離式多重符頭は、符式の常套であり、事例が少なくない（「総説」および5・9・10・26・27・30・31・32・38・46・55・56・60・78・80・86・97・105・106・110・116各号符参照）。

符文は、三段に分れる。上段は、「佛」と「靋（せき）」の二字だけだが、その中間に天羅地網を表わす四角形網目模様が挟まれている（16・17・60・64・105各号符参照）。「佛」字は、最後の筆画を伸ばして、全字を円く囲んでいる。その両側には、「玉帝勅」と「天師勅」の二句を配しているが、これは玉皇大帝と張天師連合の、定型化した、希な複数司令神である（2・16・25・42各号符参照）。「靋」字は、その両側に、「天清」と「雷火」の二句を配している。しかして、この場合の「佛」とは、主動仏のことを指しているのだが、後述の如く、普庵祖師を指していると推定される。なお、靋（「総説」および38・64・92・113各号符参照）は邪鬼や悪霊などに対する威嚇の偽字だが、ここではまた本号符にこめられている霊力の中心、ならびにその発揮点をも示しており、符文とは遊離しているのである。

中段は、「雷」を五字連ね、各字の下部両隅から、三巻きの鬚模様を八字髭型に延ばし、その先端に「火」字を嵌込んでいる。雷火とは、落雷の轟音と稲妻を神格化した、雷公と雷母という一対の夫婦神を指している（15・16・47・103各号符参照）。この五字連続の鬚つき「雷」字は、二式ある五雷記号のA式に当り（3・4・5・10・58各号符参照）、全体で雄渾な図形を構成している。

下段は、[illegible]状のくねった交差曲線と、両足の如く股を広げて垂らした二本の曲線合体の、変形「令」字（「総説」および20・26・27・30・31・32・39・40・41・64・70・71・81・82・97・100・105・110・120各号符参照）、及び「五雷大將□□□法」で、判読不能が三字あり、「發（ホアツ）」を同音の「法」と、故意に誤写している（「総説」参照）。またその両側に「六丁」・「六甲」と、「合家」・「平安」の対句を配している。

本号符について、符式の面から見れば、いかにも複雑すぎて、それだけに難解であり、常用の符令ではないことを仄めかしている。実用性の高い符令ほど、符式が単純化される傾向があり、これは需要と供給という実際面から見ても、首肯できる現象である（「総説」参照）。

三巻きの巻き鬚模様は、他の文字にもつくが、ここでは「雷」字につけ加えられている。しかして、かかる八字髭型の「雷」字記号は、本号符のほか、3・4・5・10・25・41・58・78・123各号符にも見られ、合計一〇例で、比率はかなり高い。無論これは単なる虚飾ではなく、実は威力の誇示にほかならないのである。

上段円囲いの「佛」字は、さらに巻き鬚模様の尾を引く例もあり、高位仏菩薩の漲る霊力、すなわち霊験あらたかな神通力を誇示しているのである。事例としては、13・35・36・44・45・53・55・60・71・74・75・79・98・105・120各号符があり、本号符を加算すれば、合計一六例になり、使用頻度の高い手法である。そのうち35・36・53・74・75・79各号符は普庵祖師で、98号符は観音仏祖、105号符は阿彌陀仏、120号符は仙師で、各一例しかないから、確率から推して、本号符の主動仏も普庵祖師と推察される。

しかして、「合家平安」こそ希求の目的であり、家宅正庁の神卓上か燈梁（天公炉や字姓燈などを吊す梁）に貼る、平安符の常套語である（12・25・32・39・41・50・69・78・86・100各号符参照）。

符文を整理すれば、「玉帝勅、天師勅、佛、（天羅地網図形）、天清雷火、（五雷火図形）、六丁六甲、□□□發、合家平安」となる。大意は、「司令神たる玉皇大帝と張天師の命を奉じ、普庵祖師が主動神として、五雷神ならびに六丁六甲（5・36・38・82・92・97・113・120・122各号符参照）の神軍を率いて天降り、不運の民家に赴き、雷火を猛烈に発して悪霊を退け、また天羅地網を張りめぐらして一網打尽にし、もって個人のみならず、全家族の息災をも護る」という、広域の護身平安符である。

符脚は、「印」字を縦に割って、中に、「罡」字を挟んだ「罡印」二字の重複式であり（「総説」および4・5・10・29・42・47・66・69・74・80・94各号符参照）、複雑な符頭とは、ほぼ見合っているのである。全構図から見れば、本号符は人の意表をついた、複雑にして、特異な図形を以って奇を衒うという、いかにも神秘めかした符令である。また、構図が複雑であれば、それだけ人々にとって、その霊験に得心がいくという、符令の好適例でもある。

2号符「奉玉帝勅……法斬邪鬼」（五雷平安符）

説明に「五雷、安房上、平安大吉」とあり、病室の入口に貼る五雷平安符である。符式は、文字を多用しているが、組み合せは複雑である。

符頭は、三清記号（「総説」参照）と符文中段の火「雷」字の両側に配した「太陽」と「太陰」との組み合せで、第三式三光記号になっているが、「太陰」の「太」字を「大」と誤写している（「総説」および40・47・48・67・70・82・106各号符、ならびに32・68・78・116各号符参照）。

符文は、三段に分れる。上段は、「奉王發兵勅令」とあり、「發兵」とは、軍人の徴集や、軍隊をおこすなどの意味もあるが、ここでは専ら軍隊の出動を指している。しかし「發（ホアツ）」字を、同音の「法」と誤写している（27・78・120・122・123各号符参照）。なお「法」字の両側に、それぞれ「王」字を配し、更に外側に「玉勅令」と「天師勅」の二句を配している。

中段は、「雷」を五字まとめた五雷神で、B式五雷記号を構成している（45・46・64各号符参照）。各字の配置は、まず小ぶりな四字を、二字ずつ二段に積んでから、最下層を大ぶりな一字で占めて、全体の代表字になっている。しかし五字とも、それぞれ五雷総攝符の図形になっているのが注目を引く（「附記」参照）。この五雷神の下に続いてい

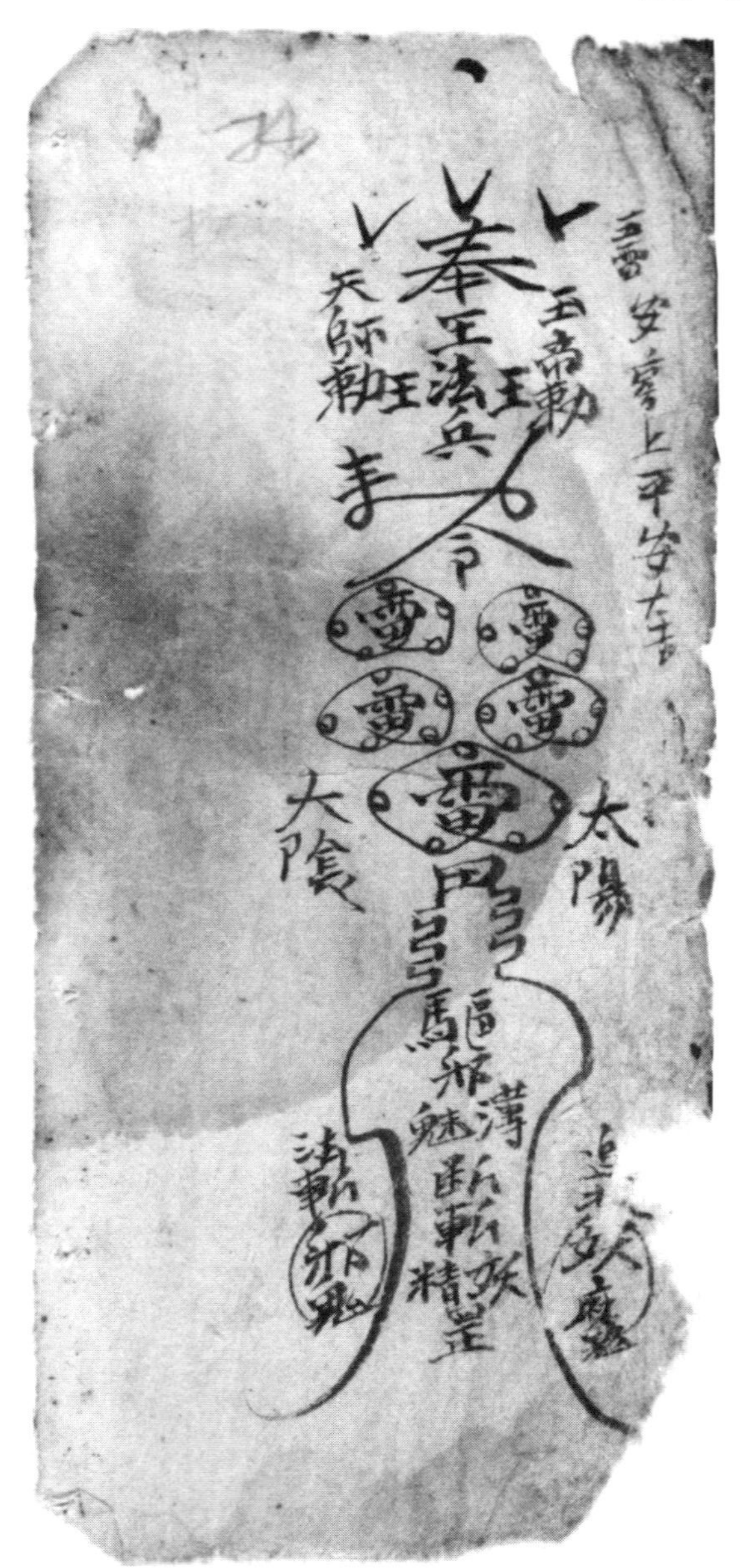

《2号符》「五雷、安房上、平安大吉」
「奉玉帝勅・天師勅、王王王發兵、勅令、（五雷図形）、驅邪縛魅、追収邪魔、断斬妖精、法斬邪鬼」

るのが、変形「鬼」字である。

下段は、「驅邪縛魅、断斬妖精」とあるが、「縛」字は「薄」と誤写している。さらに両側に、「追収妖魔」と「法斬邪鬼」の対句を配している。

符文を整えれば、「奉玉帝勅・天師勅、王王王發兵、勅令、（五雷図形）、驅邪縛魅、追収邪魔、断斬妖精、法斬邪鬼」となり、三字の「王」を重ねた「三王」とは、三神に率いられた三隊のことだが、悪霊排除の語句も重複している。大意は、「主動神としての五雷元帥が、司令神たる玉皇大帝と張天師の命を奉じ、三隊の神軍を率いて天降り、民家に赴き、猖獗跳梁する雑多な妖精・魑魅・魔鬼などを征討し、五雷總攝符の偉力で一掃して、患者を救い、治癒させて、さらに一家の平安を護る」というのであり、もっぱら五雷神威力の誇示である。

なお、上段における玉皇大帝と張天師の連合司令神は、定型化した複数司令神の希な例である（1・16・25・43各号符参照）。また中段の変形「鬼」字は、「田」字とその下に垂れた二本の曲線で構成されており、垂線は「儿（にんにょう）」部首の模様化である。しかして、この変形「鬼」字は、符令に常用されているが、符文の内容とは遊離しており、単に本号符が保有する霊力の根源、ならびにその発揮点を示しているにすぎないのである（「総説」および7・9・13・19・25・30・31・33・34・38・39・44・52・54・67・72・78・83・87・88・89・91・94・101・108・111・112各号符参照）。符脚は、「罡」字だけで、符頭の複合式に較べて、かなり簡略である。

総体的に見れば、大げさな五雷記号と変形「鬼」字で、威厳を誇示して、貫禄を備えた符令である。

〔附記〕符文中段における五雷の標記としては、「雷」を五字並記すれば事足りるのに（88号符参照）、ここでは毎字を更に五小円のある曲線で取り巻き、(雷)の紋章にし、単独でB式五雷記号にもなるという、二途兼用の珍しい例である（45・46・64各号符参照）。『道法會元』巻五六には、これを五雷総攝符と称して、五雷全体の符式とみなしており、「右符書雷字畢、添五圏、云雷一・雷二・雷三・雷四・雷五・招巽文・能治瘟疫瘴氣傷寒沙沴一切邪病」とある。「雷」字は、上の「雨（あめかんむり）」部首と、下の「田」字で構成されているが、「田」を書きおえても筆を休めず、そのまま「雷」字全体を囲んで、おもむろに時計回りに、五個の小円を、膨らみをつけながら、ゆるやかに書き続ける。しかして、小円毎に、「第一の雷神、第二の雷神、第三の雷神、第四の雷神、第五の雷神」と唱える。かくして仕上げた五雷総攝符は、山川の悪気によって起る激しい高熱疾患をはじめ、急性脳貧血や、その他の妖気による一切の災害に対しても、特効があるという、強力な辟治病の効力を説明しているのである。

なお、この五雷総攝符では、「雷」字を包む曲線が、最後の字画から続いており、小円を内側に包みこみ、全体がふんわりとした、円い外形になっているのが特徴である。民間ではまた、この類の図形を五大蛮雷とも称し、その源流を、五方あるいは五岳に応じているとも見なしているのである。

3号符「奉勅令、五雷鎮煞……妖邪鬼怪滅亡」（五雷鎮煞符）

説明はないが、次の4号符と対（つい）になっているので、同じく「治煞、安大門」で、春聯の如く、表門の両側に貼って、悪霊の侵入を防御する五雷鎮煞符である。しかして、「雷」字の片側だけの巻き鬚模様から見て、本号符は、住宅正門の向かって右側、すなわち上聯の位置に貼るものである。符式は、殆ど文字だけの構成で、字数が多いだけに、排列はやや乱雑である。符頭は、三清記号である（「総説」参照）。

符文は、三段に分れる。上段は、「奉勅令」とあって、その両側に「天不」と「地余」の対句を配しているが、「勅」字を「動」と誤写し（4・5・6・10各号参照）、「不」字は「下」と誤写している。しかし「天不地余」の意義は、不可解である（4・5・10各号符参照）。

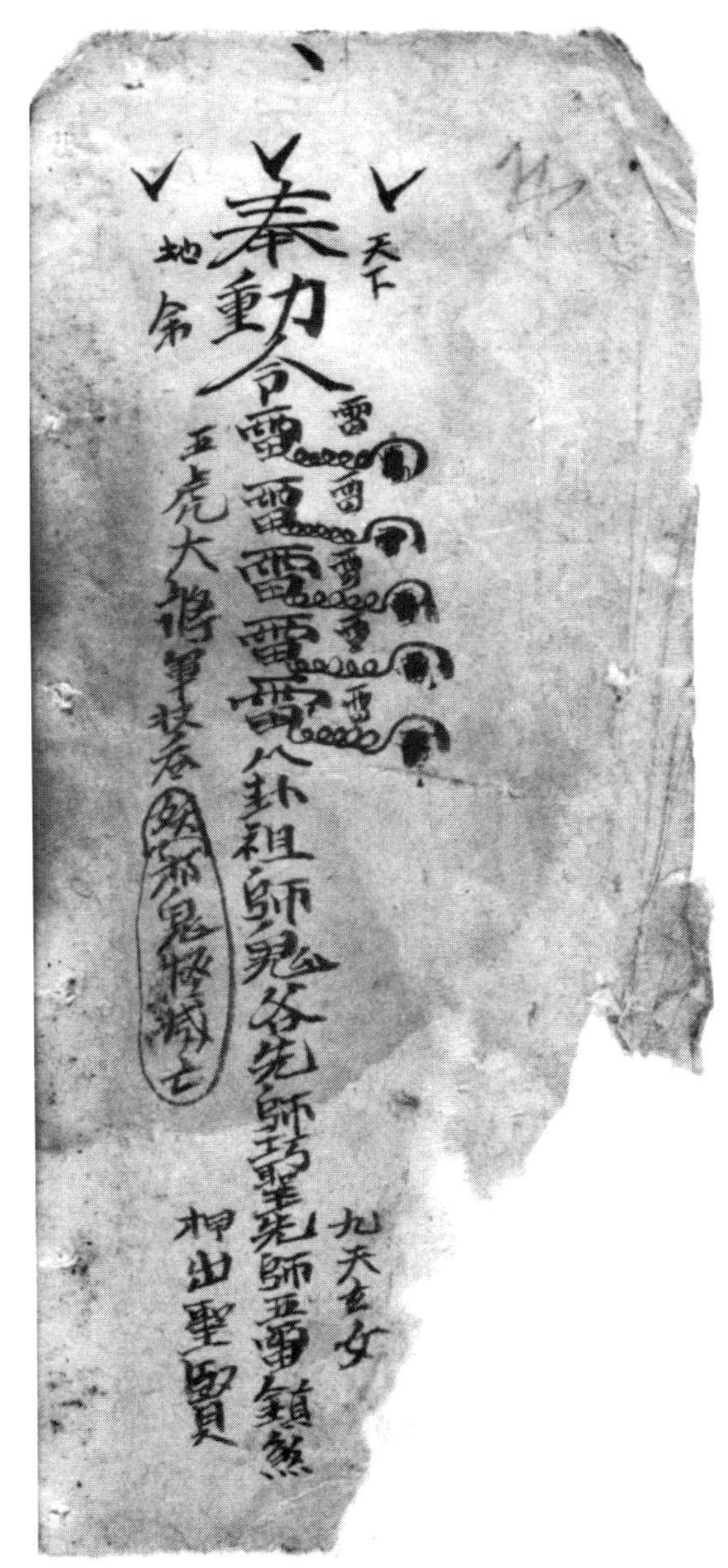

《3号符》（説明なし）

「奉勅令、（五雷記号）、五雷鎮煞、押出聖賢、八卦祖師・九天玄女・鬼谷先師・巧聖先師・五虎大将軍収呑、妖邪鬼怪滅亡」

中段は、大型の五雷記号として、「雷」を五大字連書し、各字の向かって右下に、五巻きの巻き鬚模様をつけており、さらに細字の「雷」を加えている。しかして、次の4号符でも、片方の鬚だけで、両符は一対(つい)の符令として対応し、合成すれば、完全な形の八字髭型A式五雷記号となる（1・4・5・10・58各号符参照）。さらに枠を広げて、単に巻き鬚模様の八字髭型「雷」字としてならば、例証はさらに多くなる（1・4・5・10・25・41・58・78・123各号符参照）。これらはいずれも2号符の五雷総攝符と同じく、五雷神の紋章で、雷神威力の誇示でもある。なお、向かって左側に、別行として「五虎大将軍収呑、妖邪鬼怪滅亡」とあるが、「將」字を「將」と誤写している。

下段は、「八卦祖師・鬼谷先師・巧聖先師・五雷鎮煞」とあり、両側に「九天玄女」と「押出聖賢」二句を配している。「押出聖賢」とは、一騎当千のつわものが、轡を並べて出陣することである（4・5・10各号符参照）。

符文を整理すれば、「奉勅令、（五雷記号）、五雷鎮煞、押出聖賢、八卦祖師・九天玄女・鬼谷先師・巧聖先師・五虎大将軍収呑、妖邪鬼怪滅亡」となる。大意は、「五雷神が主動神として、八卦祖師（4・5・6・10・32・77・97各号符参照）、九天玄女（4・5・6・8・10・20・32・38・77・97・99・102各号符参照）・鬼谷先師・巧聖先師・五虎大将軍諸神の援軍で、大挙して天降り、病家に赴き、群がる妖邪鬼怪などの悪霊を征討するのだが、とりわけ五虎大将軍が奮戦して、強敵を食い殺しまくり、全滅させて患者を救い、もって一家を守護する」というのだが、司令神は不詳である。

鬼谷先師とは、戦国時代の鬼谷子のことである（4・5・10各号符参照）。台湾の民間信仰では、馴染のうすい神祇だが、卜筮の始祖として、占卜師の職業祖師と仰がれており、道士にも択日師を兼業する者があるので、自営の道壇によく勧請され、崇敬し祭祀されているのである。巧聖先師すなわち魯班は、いささか場違いのようだが、実は客家人の守護神として、勧請されているのであって、閭山教とも深くかかわっているからである（4・5・10各号符参照）。

虎神が悪霊を呑み殺すという、「呑魔食鬼」は、激烈な手段による辟邪法だが、その淵源は古い（77号符参照）。虎神はまた土地神と配合し、共に地霊の象徴として、台湾の民間信仰に深く根をおろしており、虎将軍と尊称されているが、通称は虎爺である。さらに、張天師の騎乗にもなって、天師の法力を増強している（62・68各号符参照）。簡略な三清記号の符頭に対応して、符脚も省略されており、形式としては不完全である。総覧すれば、衆神を揃えておりながら、片側だけの巻き鬚模様を誇示し、視覚的安定性を欠いた。型破りの符令である。

4号符「奉勅令、五雷大將軍断……妖邪滅亡」（五雷鎮煞符）

説明に「治煞、安大門」とあり、前の3号符と対をなし、正門の向かって左側、すなわち下聯の位置に貼る、五雷鎮煞符である。符式も3号符同様、乱雑な多字構成である。符頭は、同じく三清記号である（「総説」参照）。

符文は、三段に分れる。上段は、やはり「奉勅令」三字で、その両側にも「天不」と「地余」の対句を配しているが、「勅」字を「動」と誤写し（3・5・6・10各号符参照）、「不」字も「下」と誤写している。しかし、「天不地余」の語意は不詳である。

中段も、同じく八字髭型のA式五雷記号だが、「雷」を五大字連書し、各字の向かって左下に、五巻きの巻き鬚模様をつけ、それぞれ細字の「雷」を加え、3号符とは反転しており、鏡に映った、左右反対映像の趣がある（1・3・5・10・58各号符参照）。なお、八字髭型「雷」字を重点にすれば、例証がさらに増える（1・3・5・10・25・41・58・78・123各号符参照）。しかのみならず、向かって右側には、別行として、「五雷大將軍断、妖邪滅亡」とあるが、「將」字を「將」と誤写している。これは3号符の、「五虎大將軍収呑、妖邪鬼怪滅亡」に対応しているのである。

下段は、「八卦祖師・鬼谷先師・九天玄女、鎮門収邪」とあり、両側に「巧聖先師」と、「押出聖賢」の二句を配している。しかして、この場合の「押出聖賢」とは、諸神が出揃って戦場に赴くことである（3・5・10各号符参照）。

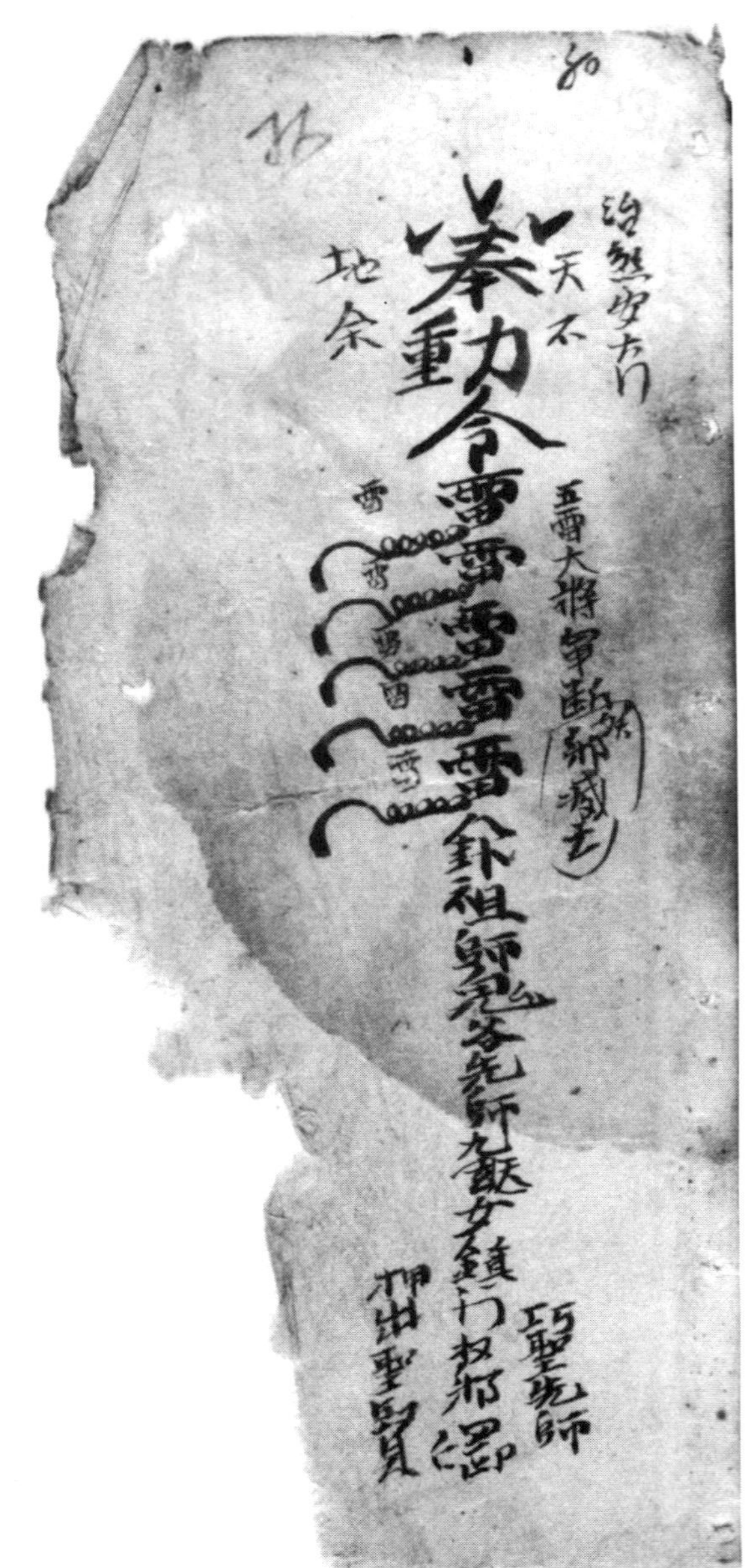

《4号符》「治煞、安大門」
「奉勅令、（五雷記号）、五雷大将軍断、押出聖賢、八卦祖師・九天玄女・鬼谷先師・巧聖先師、鎮門収邪、妖邪滅亡」

符文をまとめれば、「奉勅令、（五雷記号）、五雷大將軍断、押出聖賢、八卦祖師・九天玄女・鬼谷先師・巧聖先師、鎮門収邪、妖邪滅亡」となる。大意は、「五雷大将軍が主動神として、八卦祖師（3・5・6・10・32・77・97各号符参照）・九天玄女（3・5・6・8・10・20・32・38・77・97・99・102各号符参照）・鬼谷先師（3・5・10各号符参照）・巧聖先師（3・5・10各号符参照）諸神の加勢で、天降って、祟られている民家に赴き、総攻撃して、妖邪煞鬼どもを、一挙に殲滅し、門戸を厳重に警備して、家人を守護し、平穏無事をもたらす」というのだが、司令神は不詳である（3号符参照）。

符脚は、「印」字を、「卩（ふしづくり）」部首と「E」とに割って、中間に「罡」字を挟んだ「罡印」二字の重複式である（「総説」および1・5・10・29・42・47・66・69・74・80・94各号符参照）。3号符は、符脚が欠落しているのに対して、本号符は同じく三清記号の符頭であるにもかかわらず、折り目正しく符脚を備えており、より完璧である。全符としても、3号符同様、片肺だけの均斉を欠いた、不安定な構図の、特異な符令である。

5号符「奉勅令、五雷大將軍追収……妖魔鬼怪精亡」（五雷収妖符）

説明に「大門上、安床上可用」とあり、表門に貼るべきだが、便宜上、寝台に貼ってもさしつかえないという、辟邪符の一種である五雷収妖符である。符式の構成から見れば、本号符は、前記の3号符と4号符とを組み合せて、三幅対になっており、戸外に向けて門に貼るものである。その位置は、春聯における横批の場所、すなわち邸宅門（ムン）楣（バイ）（門斗（ムンタウ）・かもい）中央の、剣獅獣牌・山海鎮・白虎鏡などの辟邪符を掛ける位置である。但し病床への転用は、この一枚だけを、寝台上部の横木の中央に貼るのである。

符式は、文字を多用しているが、複雑である。符頭は、常用されている三清記号（「総説」参照）を主体にして、その下にある第二式三光記号とを合せて、一組の分離式二重符頭を構成しており、10号符に類似している（「総説」

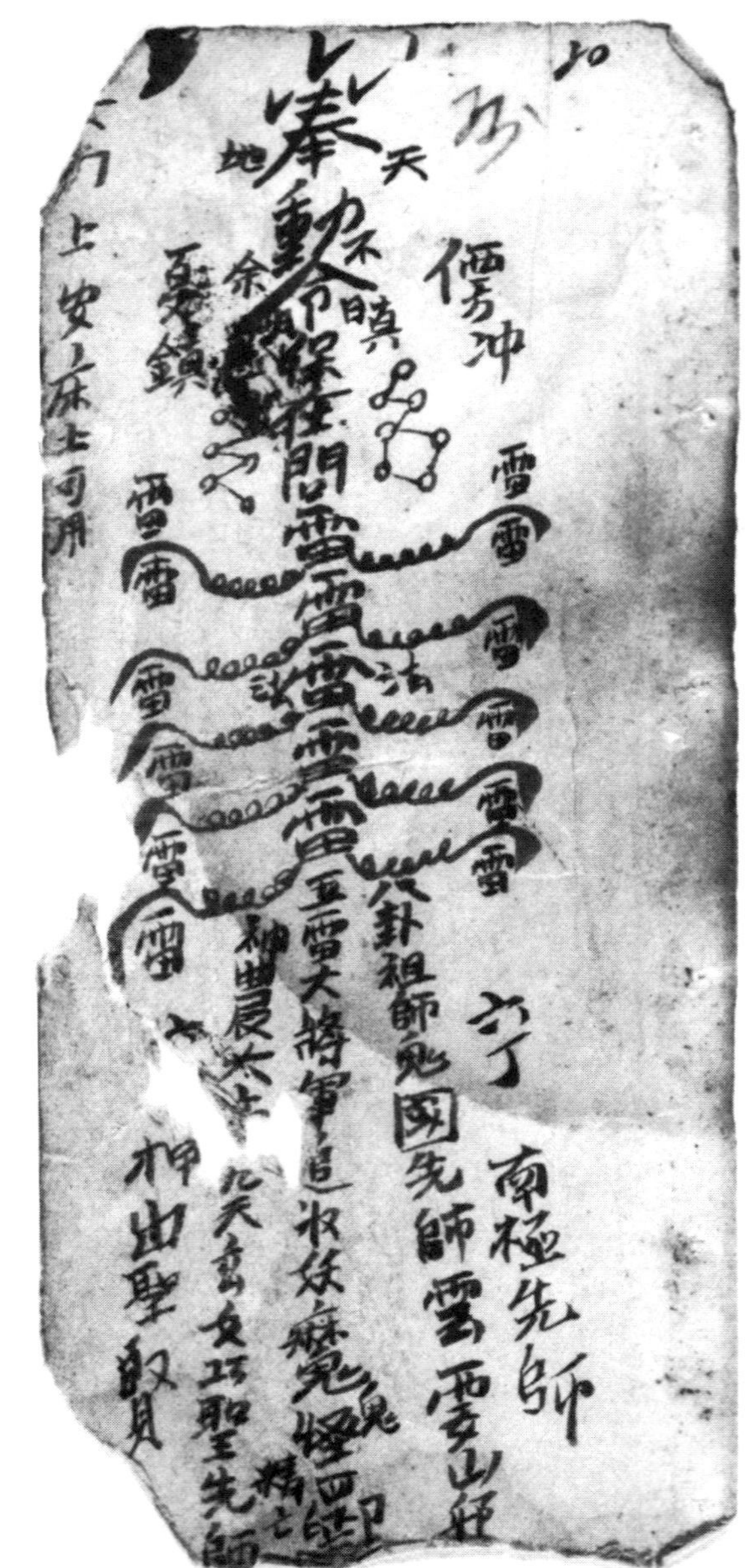

《5号符》「大門上、安床上可用」

「奉勅令、（五雷記号）、五雷大将軍追収、押出聖賢、八卦祖師・神農大帝・南極先師・九天玄女・鬼谷先師・雲夢山先師・巧聖先師・六丁六甲、妖魔鬼怪精亡」

および1・9・10・26・27・30・31・32・38・46・55・56・60・78・80・86・97・105・106・110・116各号符参照)。第二式三光記号とは、星辰記号に「日月」や「太陽太陰」を配した方式だが(「総説」および26・27・32・46・50・56・68・116各号符参照)、その配置は、必ずしも一様ではない。よく目立つ星辰記号は、北斗七星と南斗六星だが、その星座配置は、本号符では10号符とは逆に、北斗七星が向って右側で、南斗六星が左側になっている。しかして、この晴れがましい星座とは裏腹に、符文上段「令」字の両側には、「日月」二字が、細字で隠されているのは、あたかも10号符の大字七組みの「日月」とは対蹠的である。

符文は、三段に分れる。上段は、「奉勅令、保在問」とあるが、上句の「勅」字は、「動」と誤写し(3・4・10各号符参照)、下句の「保在問」は、不可解である。さらに、「奉勅」二字の左右内側に、「天不地余」四字を配し、外側には「佛冲下鎮」四字を配しているが、「佛」字は、「亻(にんべん)」部首と「西方」二字を合成した、「僊」の偽字になっており(109・120各号符参照)、「下(ハア)」字も、故意に同音の、「夏」と誤写している。しかし、これらの意義も不詳である(3・4・10各号符参照)。

中段は、「雷」五字を大きく書き連ね、各字の下から左右に向けて、五巻きの巻き鬚模様をつけ、さらにその両側巻き鬚の末端に、細字の「雷」を六字ずつ配しているが、最上の一字は、無意義な竄入にすぎない(3・4各号符参照)。この五字連続の鬚つき「雷」字は、二式ある五雷記号のA式である(1・3・5・10・58各号符参照)。さらに、八字髭型「雷」字を重視する場合もある(1・3・4・10・25・41・58・78・123各号符参照)。また中央の大「雷」字の両側に、それぞれ「法(ホアツ)」字を配しているが、同音「發(発)」字の故意の誤写であり、「発雷」とは「落雷」のことで、雷神の威力を暗示しているのである。

下段は、「五雷大將軍追収、妖魔鬼怪精亡」とあるが、「將」字を「將」と誤写している。この行の向かって右側に、「八卦祖師・鬼谷先師・雲夢山先師・南極先師・六丁」を配しているが、鬼谷先師では、「谷(コク)」字を同音の「國」と誤写し、

「先」字が欠落している。さらに、左側には「神農大帝・九天玄女・巧聖先師・六甲」などの諸神を配しているが、「押出聖賢」の一句を加えており、これは神々が勢ぞろいして繰り出すことである（3・4・10各号符参照）。

符文を整理すれば、「奉勅令、（五雷記号）、五雷大将軍追収、押出聖賢、八卦祖師・神農大帝・南極先師・九天玄女・鬼谷先師・雲夢山先師・巧聖先師・六丁六甲、妖魔鬼怪精亡」となる。大意は、「某司令神の命を奉じ、五雷大将軍が主動神として、八卦祖師（3・4・6・10・32・77・97各号符参照）・神農大帝・南極先師・九天玄女（3・4・6・8・10・20・32・38・77・97・99・102各号符参照）・鬼谷先師（3・4・10各号符参照）・雲夢山先師（10・41各号符参照）・巧聖先師・六丁六甲（1・36・38・82・92・97・113・120・122各号符参照）諸神の加勢という仰々しい陣容で、総出陣して天降り、病家に赴き、患者に祟っているすべての悪霊を征討し、全滅して治癒し、もって一家に永く安寧を保たせる」というのだが、前記の二符同様、司令神は不詳である。しかして、符文から見れば、大規模な神軍を動員した、ものものしい陣容の、積極的な符令である。

符頭が二重の分離式であるのに対応して、符脚も「印」字を縦に割って、「卩（ふしづくり）」部首と「E」にし、中に「罡」字をはめこんだ「罡印」二字の重複式である（「総説」および1・4・10・29・42・47・66・69・74・80・94各号符参照）。全体としては、均衡がとれた、荘重な符令である。

〔附記1〕符文中段を占め、「雷」字の下に五巻きの巻き鬚模様を二本つけた、あたかも八字髭の如きB式八字髭型五雷記号「雷」は、2号符で解説したA式五雷総攝符以外の、五雷神のもう一式の紋章であり、前者が原形で、これはその亜形である（1・3・4・10・25・41・58・64・78各号符参照）。この二式のほか、さらにC式の「雷火」二字型がある（1・15・16・47・103各号符参照、但し1号符はB式と重複共用）。かかる五雷記号の符式への頻繁な使用は、とりもなおさず、その特効と重要性を強調しているのにほかならないのである（1・3・4・10・25・

35・41・58・64・78各号符参照）。しかして本号符では、これを五個もつらね、しかも両翼に、小「雷」字を一〇字もつけて、合計三組で、一五字の多きに上っている。さらに符令中央の面積を占めて、著しく目立ち、五雷法の卓越した辟邪力を遺憾なく強調誇示しているのである。

〔附記2〕3・4・5号の三符は、符式の構成・勧請される神仏名号の配置や主旨などの各面から見て、明らかに三幅対である。しかして、かかる複数の「組み符令」は、ひとえに用途に応じたものであるとはいえ、長い伝統に培われてこそ、今日までその命脈を、保っているのである。この符式が相似し、同一法場において、同時に使用される「組み符令」を、別本符式簿から整理すれば、合計一九例もある。その組み合せは、最も単純な「対（つい）」としての二符組から、一四符組まであり、かなり多岐にわたって、かつ多彩である。

A．二符組　二組しかなく、各々対（つい）になっている。

（a）制煞符――三十六天罡と七十二地煞の二符に分れる。

（b）天羅地網符――天羅収治邪気と地網殺邪鬼穢の二符に分れる。

B．三符組　臨水三宮夫人符――陳氏夫人（臨水夫人・陳靖姑）、林氏夫人（林九娘）、李氏夫人（李三娘）の三符に分れる。

C．四符組

（a）四聖者符――張公聖者・蕭公聖者・劉公聖者・連公聖者とあるが、五聖者であるべきなのに、李公聖者が欠落したため、四聖者になったのである（次の五符組参照）。

（b）四塩神符――鎮東方塩神呉和・鎮南方塩神楊太公・鎮西方塩神□□・鎮北方塩神柳文□の四符に分れる。

塩神の信仰は、顕著ではないが、その根底は深く、塩の辟邪力に基いているのである。火渡りの儀式では、烈火に対して、大量に投入される。また少量の塩と米を混ぜ合せたのを、つかんで投げ散らす撒塩水（シャクヤムビイ）という辟邪法は、法場はもとより、民間でもしばしば行われている祓浄行為である。

D．五符組　一一例もあって過半数を占め、圧倒的で、神軍の五営がその根幹になっている。征討軍を五部隊に編成し、各隊の駐屯地を、方角によって東西南北の各営に分け、司令部を中営と称する（30・51・120・121・122・123各号符参照）。

しかして、ここに掲げたc・d・e三符は、たとえ五神の姓が同じでも、符式はそれぞれ異なっている。

（a）五営符――東営・南営・西営・北営・中営の五符に分れ、各符とも一尊の神像を画いているだけで、神名は記されていない。

（b）五営符――東方神君・南方神君・西方神君・北方神君・中央神軍の五符に分れる。

（c）安五営鏡符――新廟の落成後に、神像を奉安する入廟安位儀式に先んじて、逸速く、すでに侵入している悪霊を締め出すため、廟内五方向の壁に貼る鉸刀尺鏡符（カアトオチオキヤフウ）に添えて、さらに辟邪力を高め、もって万全を期する、辟邪鎮宅符である。鉸刀とは鋏、尺は物指のことで、これに鏡を加えれば、辟邪力を具有した、三揃いの日用品になる。これらを、一辺約四〇センチの正方形か、或いは横が少し長い矩形の五色紙に画けば、五枚で一揃いの鉸刀尺鏡符、略称鏡符という、符文がなくて、器物の絵だけの、特殊な符式になるのである。しかして、ここではさらに五方に応じた、東方張元帥・南方蕭元帥・西方劉元帥・北方連元帥・中央李元帥の五符を、それぞれの鉸刀尺鏡符に加えて使用するのである。

（d）安厝鏡符――前記とほぼ同じだが、名称が異なり、符式も同じくない。やはり鉸刀尺鏡符に添えて貼る、五式の辟邪鎮宅符であり、東方張元帥・南方蕭元帥・西方劉元帥・北方連元帥・中央李元帥に分れる。

（e）安五方符――法事を催す際、法場に充てる民家を中心にして、四方に貼って、外邪の侵入を防ぐ辟邪符であり、東方張公聖者・南方蕭公聖者・西方劉公聖者・北方連公聖者・中央中壇元帥に分れる。

（f）五営符――地域社会の主要廟宇である宮廟（キエンビオ）を中心にして、五営の神軍を布陣する際、廟地の中営と信仰圏境界の四営に分散して貼る符令であり、東営康元帥・南営趙元帥・西営黒元帥・北営白元帥・中営李元帥に分れる。

（g）請営符――五営の設営に当って、神霊の降臨を奉迎する符令であり、東方康元帥・南方趙元帥・西方馬元帥・北方白元帥・中央中壇元帥に分れる。

（h）五営魔山法符――各営軍団の名称であり、東営九夷軍・南営八蠻軍・西営六戎軍・北営五狄軍・中営三秦軍に分れる。しかし南営の「蠻（バン）」字は、発音の相似によって、「萬」と誤写している。また西営の「戎（ジョン）」は、字形の相似によって、「戒（カイ）」と誤り、再転して同音の「界」に誤るという、ごく希な二重の錯誤を犯している（120号符参照）。夷狄蛮戎が、野蛮な異民族の呼称であることはいうまでもないが、これをあえて神軍の名称にあてたのは、ひとえにその勇猛果敢なるが故であり、また中営が秦を称しているのは、華夷大同の世界を暗示しているのである。

（i）五方雷符――五方に配した雷神であり、東方蛮雷・南方雷・西方蛮雷・北方雷・中央雷に分れる。

（j）踏火五営符――慣例として、神誕の大祭典には、廟寺の前庭や村落の広場で、火渡りの儀礼を行って、神霊の更新ならびにその健在を確認するのだが、その際、外邪の侵入を禦ぐためにも、五営を設ける必要がある。しかして、各営に貼られる符令は、極めて複雑な符式で、東営雷令尊神・南営火化水龍王・西営水火輪元帥・北営都天太極・中営五湖四海龍王などに分れる。

（*k*）五営符――「雷火風霜雪」五字を、一字ずつ各営に割り当てた、普通の符式になっていない、型破りの五営符である。しかして、一符につき一字だけを用いるのだが、各字とも更に五小字に別れている。例えば、

「雷」は五字で、その一字を中心にして、他の四字が上下左右を取り囲んでいる格好である。符令全体で、気象を示しているのだが、その意義は不詳である。また「風(ホン)」字は、同音の「封」と故意に置き換えているが、常套の欺瞞法にすぎないとはいえ、風神を女神とみなして、封姨と称した前例もある(『博異記』)。

E．六符組　六神請五営符——g符と同じく、五営の開設に際して勧請され、符令として、各営に分配して貼るものである。六神は、四季を司り、四方に属し、五行に配しているのである。すなわち青龍神は、春季で、東方に属し、木に配している。朱雀神は、夏季で、南方に属し、火に配している。白虎神は、秋季で、西方に属し、金に配している。玄武神は、冬季で、北方に属し、水に配している。縢蛇(とうだ)神と勾陳(こうちん)神は、仲陽で、中央に属し、土に配している、となっている。

F．一四符組　踏火符——j符と同じく、火渡りの儀礼において、法師が使用する符令だが、具体的用法は不詳である。すなわち金将軍・木将軍・水将軍・火将軍・土将軍・張聖君・正神文将軍・正神武将軍・三壇元帥・大聖天王・五雷黒帝・五部陰兵・妙応祖師・観音菩薩などだが、不可解な神仏も含まれている。

6号符「九天玄女……押退麻煞三煞消除」(治喪門麻衣煞符)

説明に「麻煞、安床上」とあり、忌中に遺族が寝台に貼る、治喪門麻衣煞符である(20・31・103・104・106各号符参照)。麻とは、喪事に着る麻衣、すなわち喪服のことで、死穢を悪煞邪霊が、嗅ぎつけて群がるのである。符式は、図形と文字を混用して、かなり際立っている。符頭は、「用」字の最後の筆画を延ばして、全字を円く囲んでいるが、他例がなく、意義不詳である。

符文は、三段に分れる。上段は、三層の曲線図案だが、やはり他例がなく、不可解である。

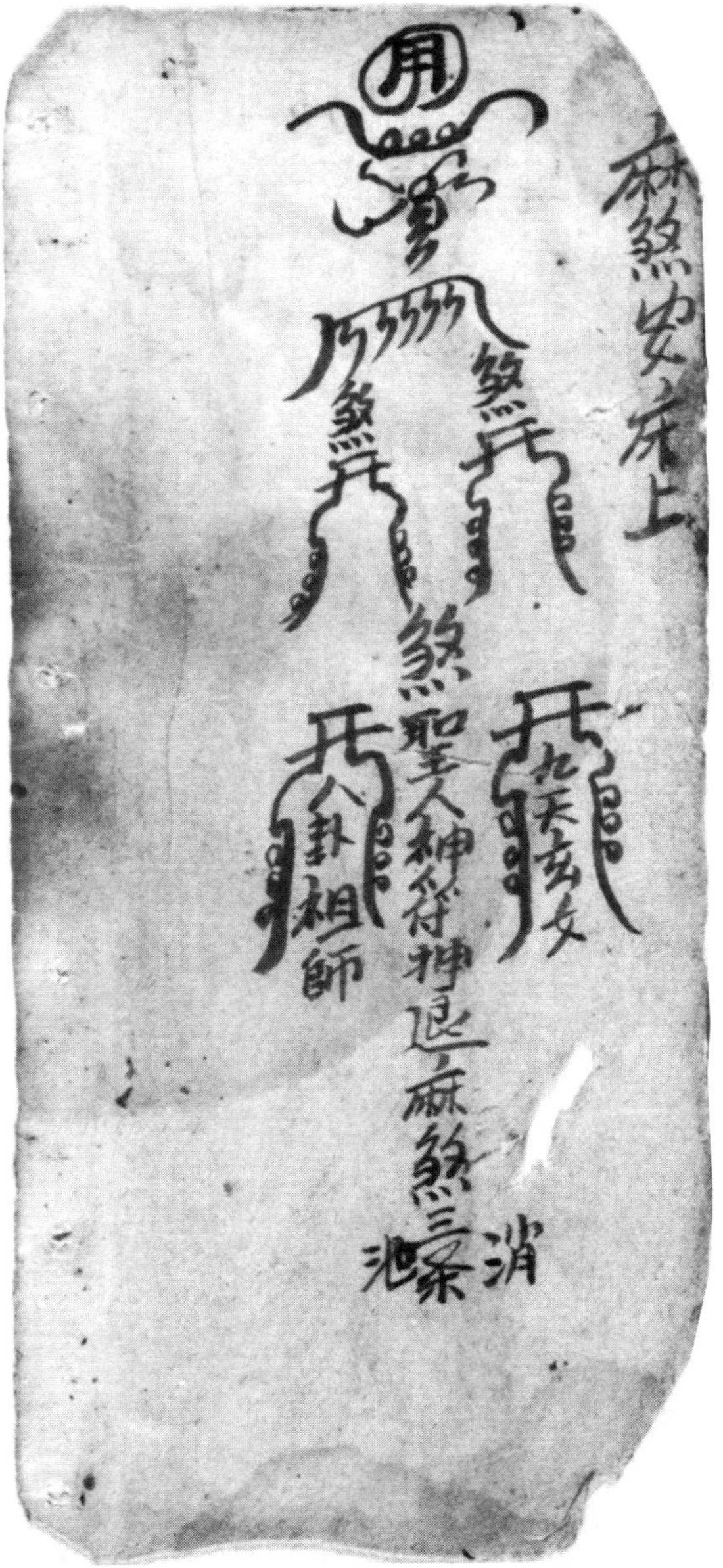

《6号符》「麻煞、安床上」
「九天玄女・八卦祖師、聖人神符、押退麻煞三煞消除」

中段は、逆三角形配置の「煞」三字と、四方に分散した四字の「天」で構成されている。しかして、この場合の「煞」字は、濃霧の如く煞気のたちこめている状況で、事態の容易ならざることを暗示しているのである。いっぽう、「天」字は二本の足を分離し、股を広げて垂下した曲線で、全体として[illegible]の鳥居型に画かれている。これら四個の鳥居型変形「天」字は、この場合はただ四方に分散配置されて、遍(あまね)き霊力の存在を示しているだけで、符文の内容とは直結していないのである。しかし、変形「天」字の用例は、二二例にものぼり、その使用頻度の高さは、民間信仰への、浸透の深さを語っている（「総説」および16・20・27・32・43・46・49・50・56・61・68・73・77・90・95・99・102・107・109・116・118各号符参照、ただし本号符の四字を除き、複数としては46号符の二字のみで、残りは全部一字だけである）。

下段は、「聖人神符、押退麻煞三煞消除」とあって、符文の中核をなしている。三煞（20・31・43・48各号符参照）は、中段における三字の「煞」に応じているのだが、「煞」字を「柔」となし、「消除」の「除」字を同音の「池」と誤写している。さらに、両側に「九天玄女」と、「八卦祖師」を配している。

符文を整理すれば、「九天玄女・八卦祖師、聖人神符、押退麻煞三煞消除」となる。大意は、「九天玄女（3・4・5・8・10・20・32・38・77・97・99・102各号符参照）と八卦祖師（3・4・5・10・32・77・97各号符参照）が、主動神として協力し、神軍を率いて天降り、喪家に赴き、霊符を行使して、兇悪な麻衣煞や、三方から攻めよる三煞どもを、征討して、障害を排除し、もって葬儀を滞りなく運ばせ、かつ一家の安寧を保たせる」というのだが、司令神は不詳である。

符頭が、簡略な「用」字の図形化に対応して、符脚も、省略されている。符文の形態から見れば、上段の図形と中段の変形「天」字が、特に目立って、神秘感を湛えた符令である。

〔附記〕符令の名称について言えば、本号符では単に麻煞と略称しており、20・103・106各号符の説明も然りである。しかし103号符の符文では、麻衣喪となし、106号符の符文では、麻衣喪煞となしている。また104号符の説明では喪門、その符文では喪門煞としており、一致してはいないが、総合すれば、すべて喪門麻衣煞である。さらに、煞鬼の員数を、本号符と20・36・67・72各号符で三煞としているのは、三人組の悪煞を指し、「犯三煞」とは三方塞りで、絶体絶命の窮地に追いこまれることだが、これは人間の三魂観念に応じているのである。また20・67・95・106・118各号符で、年月日時の四単位の四煞にしているのは、一年間すなわち年がら年中、絶え間なく跋扈している悪煞を、指しているのである。

7号符「佛勅北斗……滅邪無遺」(治病符)

説明に「此符治百病、大門化火可用、床上可用」とある。あらゆる病気に効き、表門で焼くか、寝床に貼ってもさしつかえないという。汎用の治病符である。符式はかなり特殊で、文字と記号や模様を混用し、構成にも特徴がある。符頭は、「日月」二字の中間に、小円と「十」字を組み合せた星辰記号「⊕」を挟んだ、第一式三光記号である(「総説」および17・36・44・45・46・60・64・71・98・105・120各号符参照)。

符文は、三段に分れる。上段は、「佛勅斗地」四字に続いて、「含七口水」と「口七口天」の二行に分れ、最後は再び「符」の一字になっている。しかして、「佛」は「亻(にんべん)」部首と「西國」二字を組み合せた、道教式合成偽字で、「西天佛國」すなわち印度を指しており(13・109各号符参照)、「含」字は「合」と誤写している。

中段は、「北斗滅精断邪」の、一句だけである。

下段は、「神符變化、滅邪無遺(ウイ)」とあるが、「遺」字は故意に同音の「囲」と誤写している。「神符變化」とは、本号符が発揮する霊力は、絶えず更新して増強され、悪霊の出方しだいで、相手がいかに増長しても、これに対抗

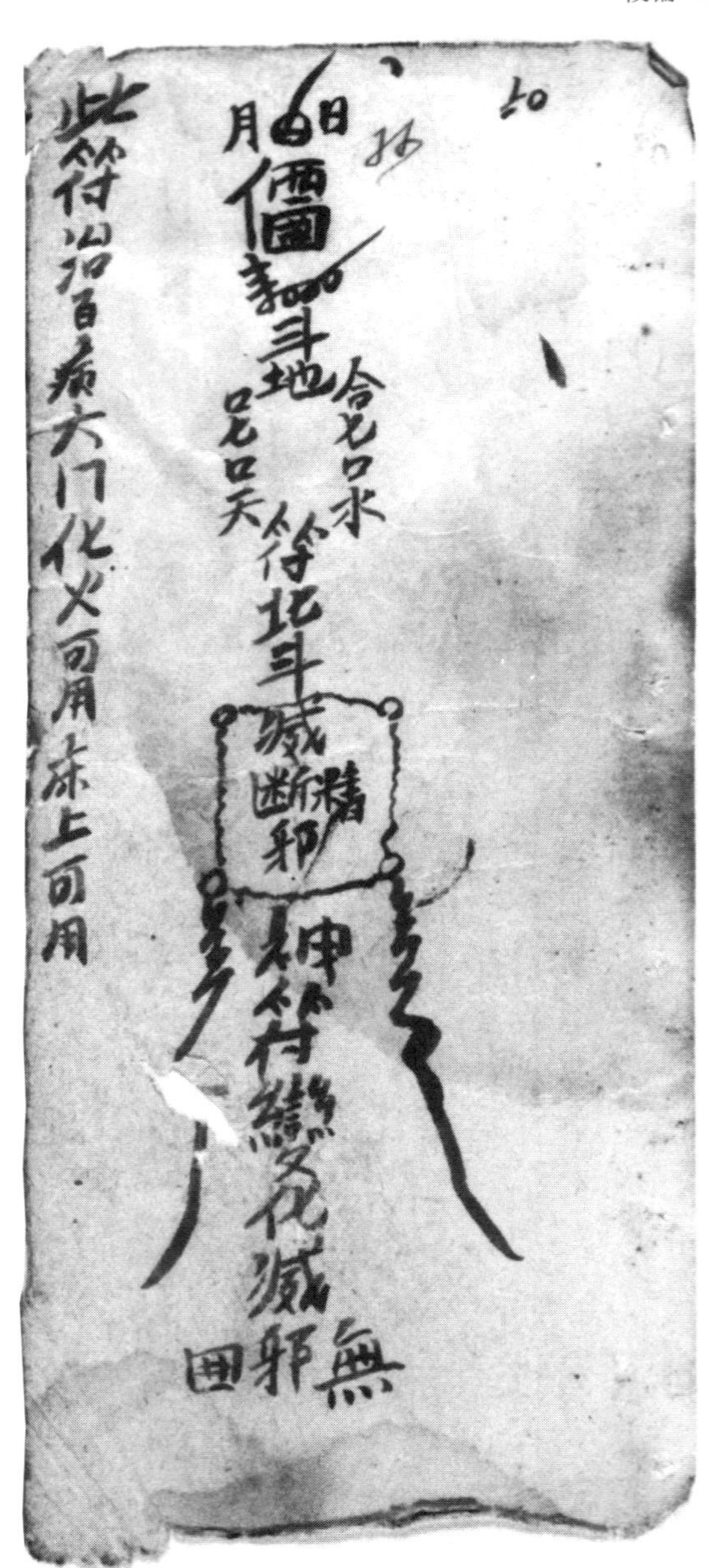

《7号符》「此符治百病、大門化火可用、床上可用」
「佛勅北斗、滅精断邪、神符變化、滅邪無遺」

して、なお余裕綽綽たることを示しているのである（26号符参照）。この異語同義の用例としては、「変化神符」（97号符）・「正法変化」（96号符）・「変化無停」（16・18・22・24・26・30・35・37・64・71・98各号符）・「応変無停」（22・24・26・46・68・80・86各号符）などがある。

さらに推論すれば、上段の西天仏は、観音仏祖を指すと考えられる。また「含七口水、口七口天」とは、法場において、法師が七回も口に水を含み、上に向けて、霧状に吹き出す法術を指しており、目的はやはり浄穢辟邪だが、この場合は直接関係がなく、いかにもそぐわない感じである。続いて中段には、四個の小円を四角にならべ、小円と小円の中間を、短線で結んだ正方形で、「田」字に擬し、その下部両角から、曲線の両脚を垂らした図形がある。これも符文の内容とはかかわりなく、「鬼」字の変形図案で、本号符における霊力の中心、ならびにその発揮点を表しているのである（「総説」および2・9・13・19・25・30・31・33・34・38・39・44・52・54・67・72・78・83・87・88・89・91・94・101・108・111・112各号符参照）。しかして、かかる変形「鬼」字を包括した符令は、全部で二九符もあるが、中でも原字形の痕跡を留めないほど、極端に変形しているのが九例あり、本号符もこれに含まれている（13・33・34・39・54・87・89・111各号符参照）。

符文を整理すれば、「佛勅北斗、滅精断邪、神符變化、滅邪無遺」となる。大意は、「司令仏たる観音菩薩が、北斗星君を遣わし、主動神として、神軍を率いて天降り、患家に赴き、霊符の威力を発揮して、祟っている妖精邪鬼どもを討ち、ことごとく剿滅し、もって家人の難病を救い、健康を快復させる」というのである。

特殊な符頭を備えているにもかかわらず、符脚を欠き、均勢が取れていない。総じて、北斗信仰に基づく、厳粛であるべき符令だが、冗句を交えて、見劣りがする構成である。

8号符「奉玄女真仙勅令……急走千里井煞」（小児治病符）

説明に「治小児、帯百日□、安帯通用」とあり、小児の病気に対し、百日間帯びさせるか、或いは家に貼っても差し支えないという、小児治病符だが、「帯」は略字の「帯」となしている。符式は、一行の文字だけで、いたって簡略である。符頭は、省略されている。

符文は、三段に分れる。上段は、「奉玄女真仙勅令」とある。

中段は、「虎馬元帥度□」六字だが、「虎」と「馬」の二字は、左右に併記して、合体の如くになっている。「元帥」二字も、同様に抱き合せているが、「帥」字は「師」と誤写しており、最後の一字は判読できない。

下段は、「□阮和魔、急走千里井煞」の二句一〇字だが、上句の第一字は判読できない。

符文を整理すれば、「奉玄女真仙勅令、虎馬元帥度□、□阮和魔、急走千里井煞」となる。玄女真仙とは、九天玄女のことだから、大意は、「司令神たる九天玄女の命を奉じ、虎元帥と馬元帥が、主動神として、神軍を率いて天降り、罹病児童の家に赴き、祟っている邪魔悪煞を、千里の彼方に駆逐し、もって病源を除き、病人を全快させる」というのである。この最も穏便な刑罰として、悪霊群を遠方の辺疆に追放して、禍根を絶つ対策は、いわば流刑（るけい）にも等しいのである（105号符参照）。

符頭がないのに対応して、符脚も「罡」字だけで、首尾とも簡略である。総合すれば、「説明」に病症が明示されていないのみならず、符文にも判読できない個所があるため、明確な解釈は困難である。故に符令として、それなりの来歴はあるにしても、永年の度重なる伝抄の、誤写による欠陥は覆えず、いたずらに形骸のみを留めた符令である。

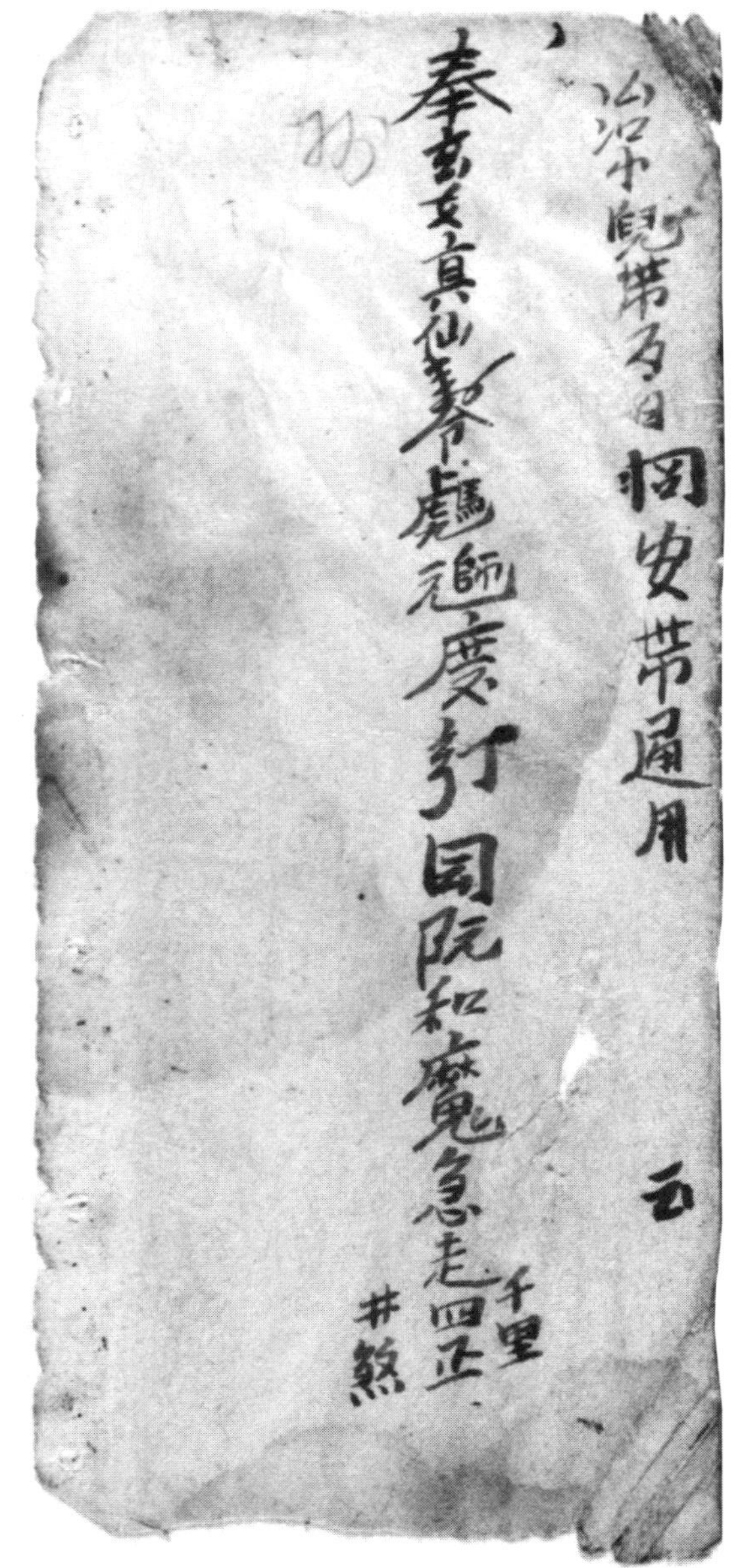

《8号符》「治小児、帯百日□、安帯通用」
「奉玄女真仙勅令、虎馬元帥度□、□阮和魔、急走千里井煞」

〔附記〕本符式簿における九天玄女は、かなり頻繁に登場している（3・4・5・6・10・20・32・38・77・97・99・102各号符参照）。玄媧娘娘すなわち上古の女媧氏のことで、天を補修した伝説は、人口に膾炙している。民間信仰では、仙娘（センニウ）とも呼ばれて、親しまれ、殊に法教では、陰邪制圧の高位神祇として、崇められている。『封神演義』における、妖怪統御の最高女神としての職能が、庶民に浸透しているのである。さらに推論すれば、本号符の場合は、その女性たる、母親としての育児の天分をも、反映しているのである。

9号符 「雷令……地網入□」（収邪保身符）

説明に「此符収邪、奉保身、安床上」とあり、「奉」とは、この場合は、「帯」のことで（67・68・69各号符参照）、身に帯びるか、あるいは寝台に貼っても、悪霊を制圧できるという、収邪保身符である。

符式は、字画の一部が変形誇張され、一見して複雑なようだが、実は一行の文字だけで成り立っており、単純な部類である。しかして、重点は下段の文句に集中されている。符頭は、星座の集合で、上下に分れ、上部は中斗三星をはさんで、左右に二星と西斗四星を配し、下部は、位置を符文上段変形「鬼」字の下にずらした、三座の三星、すなわち九宮という、複雑な分離式二重構成符頭である（「総説」および1・5・10・26・27・30・31・32・38・46・55・56・60・78・80・86・97・105・106・110・116各号符参照）。

符文は、三段に分れる。上段は、「鬼、雷令、勅令」五字だが、「鬼」字の構成は、「田」字の上に「三」字をのせ、下部両角から、二本の直角屈折曲線を長く垂らして、八字髭型の巻き鬚模様にした、変形「鬼」字である。しかしこれは、ただ本号符にこめられている霊力の凝集、ならびにその発揮の源点を示しているだけで、符文の内容とは

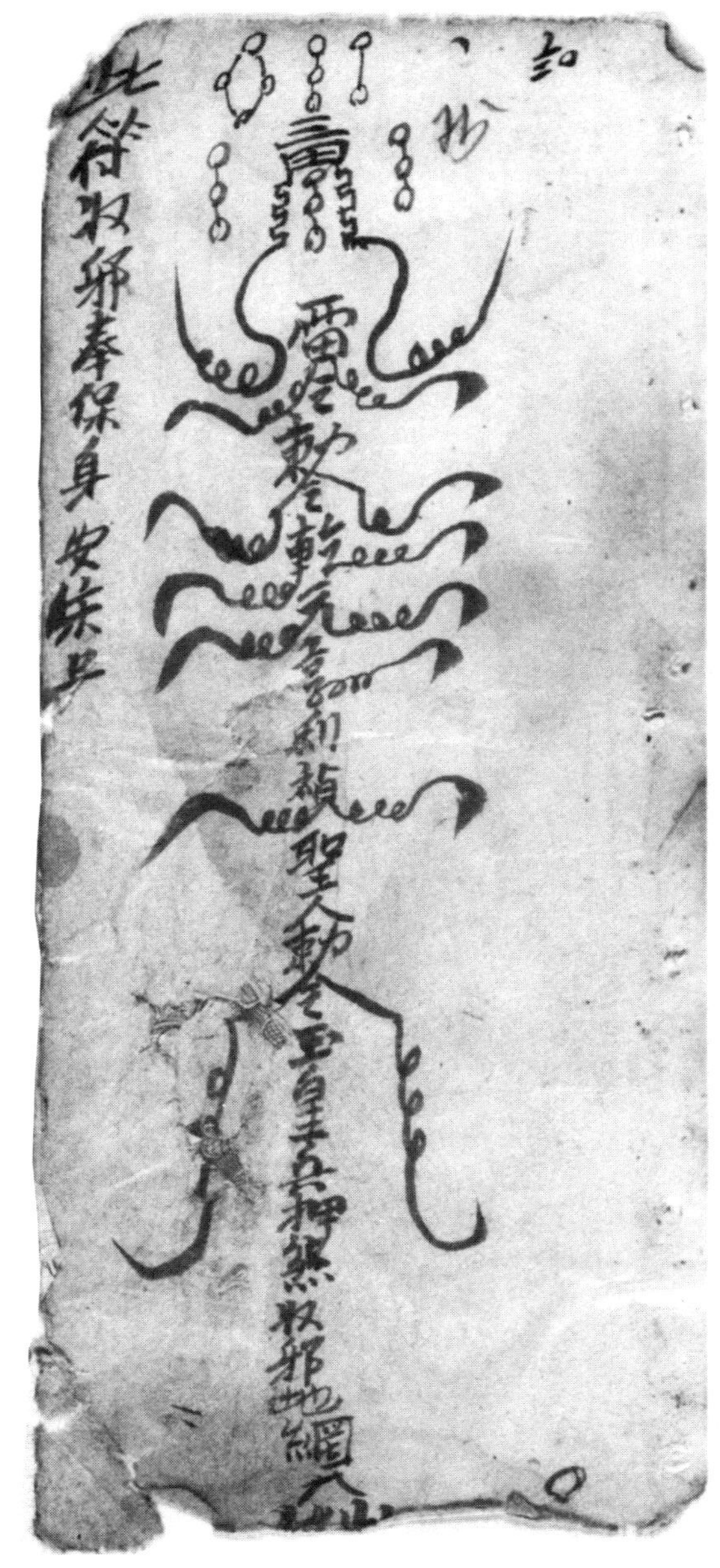

《9号符》「此符収邪、奉保身、安床上」
「雷令、勅令、元亨利貞聖人、勅令玉皇、兵押煞収邪、地網入□」

遊離しているのである（「総説」および2・7・13・19・25・30・31・33・34・38・39・44・52・54・67・72・78・83・87・88・89・91・94・101・108・111・112各号符参照）。「令」は二字とも、「人（ひと）」部首の両端を、三巻きの八字髭型巻き鬚模様にして、権威を誇示している。

中段は、「乾元亨利禎聖人」七字で、「乾元禎」三字には、それぞれ下部両端に、上記の如き八字髭をつけており、「享」字だけ片方についていて、書き落としだが、いずれも威力の表示である。「乾元亨利禎」は周易乾卦四徳「元亨利禎」の誤写であることはいうまでもない（21・41・43・44・67・77・108各号符参照）。八卦は、その神秘性によって、魔除けの超自然的霊力があると信じられ、その八角形の意匠が、辟邪物に普く利用されている現象は、周知の通りである。符令にしばしば登場する、八卦祖師すなわち伏羲氏の信仰は、かかる観念の延長に外ならず、ここでも八卦祖師を指しているのである。

下段は、「勅令玉皇、兵押煞収邪、地網入□」である。

符文を整理すれば、「雷令、勅令、元亨利貞聖人、勅令玉皇、兵押煞収邪、地網入□」となる。大意は、「司令神たる八卦祖師が、玉皇上帝に命じ、主動神として神軍を率い、天降って患家に赴き、法器の雷令すなわち令牌（10・24・41・50・51・58・68・78・104・114各号符参照）を用いて、雷神を駆使し、かつ天羅地網を張りめぐらし、祟っている悪霊どもを拿捕して治罪し、もって重病を癒し、病人を救う」というのである。「聖人」は24号符にも見えているが、ここでは司令神の伏羲氏を指しており、最高神たる玉皇上帝が、主動神に格下げされているとは、すなわち神仙界の秩序における下克上であり、意外な着想である。

なお、「勅令」は、上下二段に各一句ずつ嵌めこまれており、重複した二重勅令で、よく用いられている符式だが、上段のは意義がなく、ただ下段の句を強調し、厳重な軍令であることだけを示しているのである（12・23・26・27・38・41・60・81・109各号符参照）。「地網」は、16号符に「左天羅、右地網」とあり、105号符にも「安天羅、佈地網」とあって、網の罠をしかけて、敵を一網打尽にするというのだが、台湾北部の紅頭法師が常行している法場には、打天羅地網の一幕がある。いかめしい符頭を戴きながら、符脚を欠き、この点では、いかにも不安定な感じである。

全構図より見れば、本号符は符文のおおげさな巻き鬚模様の変形によって、あたかも鳥が双翼をはばたかせて、天空を飛翔するが如き姿勢で、躍動感に満ちた符令である。

10号符「奉勅令真道……白鶴先師」（五雷治煞符）

説明に「治煞、床上可用、斗中可用」とあり、原則として病床に貼るのだが、斗燈と称する升の中に入れて拝んでもさしつかえないという、強力な魔除けの五雷治煞符である。しかしこの場合の斗燈とは、晴れやかな地域社会の公祭である醮祭に使用されるのではなく、私家の延命長寿を希う、控え目な補運祈安などの礼斗法会に用いられるものを指しているのである。

符式は、5号符と大同小異で、主に符文で構成されているが、図形もあって、排列は乱雑である。符頭は、三清記号（「総説」参照）を頂点にして、下の符文に食い込んだ第二式三光記号と合わせて、一組の分離式二重構成符頭になっている（「総説」および1・5・9・26・27・30・31・32・38・46・55・56・60・78・80・86・97・105・106・110・116各号符参照）。しかして、この第二式三光記号とは、星辰記号に「日月」「太陽太陰」などを配した方式だが（「総説」および26・27・32・46・50・56・68・116各号符参照）、その配置に異色がある。まず星辰記号として、北斗七星と南斗六星の星座配置は、5号符とは逆に、北斗七星が向って左側に、南斗六星が右側になっている。さらに、符文中段の「雷」字をはさんで、右側に「日」字と左側に「月」字が横ならびになっているが、この「日月」は一組だけではなく、七組も積み重なって、広い面積を占めている。すなわち日月星辰という、天上の三光が、地界に遍く、その恵みを降り施していると

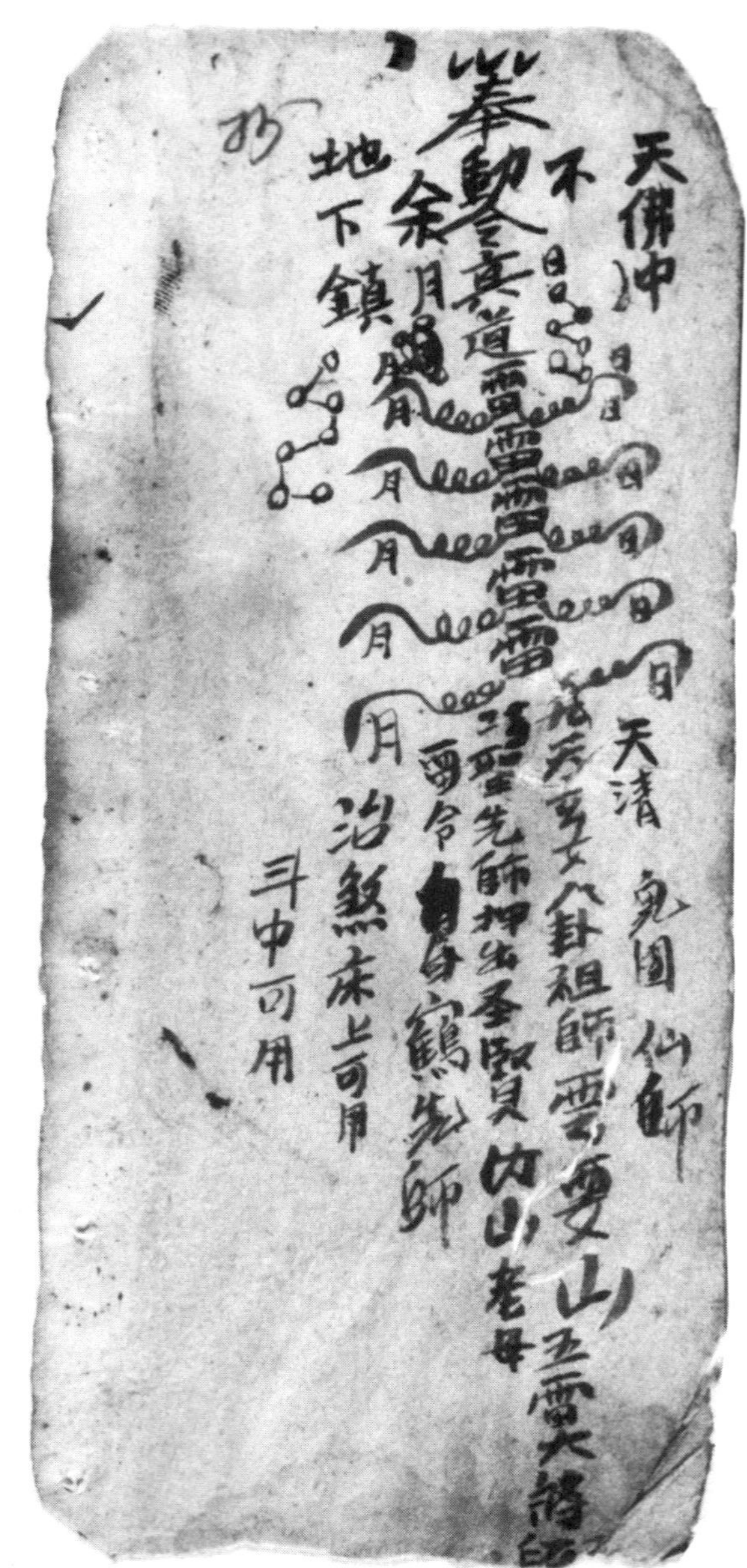

《10号符》「治煞、床上可用、斗中可用」

「奉勅令真道、(五雷記号)、五雷大将軍、天清雷令、押出圣賢、九天玄女・八卦祖師・雲夢山先師・鬼谷先師・黎山老母・巧聖先師・白鶴先師」

いう、かなり目立った独特な配置である。

符文は、三段に分れる。上段は、「奉勅令真道」五字だが、「勅」字を「動」と誤写しており（3・4・5各号符参照）、「真道」は意義不詳である。さらに右側に「不」と「天佛冲」を合せた四字を配し、左側に「余」と「地下鎮」を合せた四字を配している。この語句は、また「天不地余、佛冲下鎮」とも組み替え得るが、意義はやはり不詳である（3・4・5各号符参照）。

中段は、「雷」字を五大字連続し、各字の下部両角から、外側に向けて、三巻きの巻き鬚模様をつけた、八字髭型のA式五雷記号であり（1・3・4・5・58各号符参照）、この場合は、下に続く五雷大将軍の紋章にすぎないのである。しかし、これをただ巻き鬚模様の、八字髭型「雷」字と見なせば、例証はさらに増加する（1・3・4・5・25・41・58・78・123各号符参照）。

下段は、「五雷大將軍、押出聖賢」の二句九字だが、「將」字を「將」と誤写している。さらに、両側に「天清」と「雷令」の、二句を添えているが、「天清」とは晴天のことである。しかして、「五雷大將軍」は4号符と5号符にも見えているが、ここでは最後の「軍」字が半分欠落している。「押出聖賢」では、「聖」が略字の「圣」になっており、妖邪を駆逐すべき任務を帯びた諸神が、総出陣することである（3・4・5各号符参照）。左側の「雷令」は、常用されている法器の名称だが（9・25・41・50・51・58・68・78・104・114各号符参照）、ここでは落雷のことで、右側の「天清」と合せて、「天清雷令」となる。すなわち青天の霹靂とは、急激な雷鳴で、悪霊を脅かす、五雷大将軍威力の頂点である。あとは加勢諸神名の羅列だが、九天玄女（3・4・5・6・8・20・32・38・77・97・99・102各号符参照）・八卦祖師（3・4・5・6・32・77・97各号符参照）・雲夢山先師（5・41各号符参照）・鬼谷先師（3・4・5各号符参照）・黎山老母・巧聖先師・白鶴先師などの諸神を含めている。しかしこれらの諸神名には、誤写や脱字も多い。雲夢山先師では、「夢」字を「要」と誤り、「先師」二字が欠落している。鬼谷先師では、「谷（コク）」字を「國」と誤っている。黎山老母では、

「黎（レエ）」字を「内（ライ）」と誤っているが、別の伝抄符式簿では、「靈（リエン）」と誤っている例もある。これらは主に、発音の相似に由る、ありがちな誤謬だが、字形に由る誤りもある。

符文を整理すれば、「奉勅令真道、（五雷記号）、五雷大將軍、天清雷令、押出圣賢、九天玄女・八卦祖師・雲夢山先師・鬼谷先師・黎山老母・巧聖先師・白鶴先師」となる。大意は5号符に似ており、「某司令神の命を奉じ、五雷大将軍が主動神として、九天玄女・八卦祖師・雲夢山先師・鬼谷先師・黎山老母・巧聖先師・白鶴先師衆神の援護で、雷部の諸神を率い、天降って病家に赴き、五雷を轟かせて、群がる凶神悪煞などの邪霊を討伐し、尽く駆逐して、病人を快復させ、さらに一家を守護する」というのである。しかして、多神を動員した神軍であるにもかかわらず、司令神は不詳である。

符脚は、「印」字を「卩（ふしづくり）」部首と「E」に割って、中に「罡」字を挟んだ、「罡印」二字の重複式であり（1・4・5・29・42・47・66・69・74・80・94各号符参照）、符頭の重厚にして複雑な構成に、ほぼ見合っている。

最後に、全構図より見れば、本号符は神軍の編成に神名を列挙して、その精鋭を積極的に表明した符令である。なお、符文はかなり複雑で、霊力をたたえて、威圧感を与える符令でもある。

〔附記1〕3・4・5・10各号符は、図柄と構成から見れば、相似符式の符令であり、その特徴は、上段の乱雑さと下に勧請される神祇の多様性に認められる。本符式簿に収録されている、多数神祇勧請の符令は、これらしかない。5号符の一〇柱が最高で、本号符の八柱がこれに次ぎ、あとは3号符の六柱、4号符の五柱となっている。さらに、これら四符の共通神祇にしぼれば、鬼谷先師・九天玄女・八卦祖師・巧聖先師・五雷将軍の五柱である。苦しい時の神頼み（かみだの）で、能（あた）うかぎりの神仏にすがる、せっぱつまった庶民の、切実な心情がにじみ出ている。従って、かかる符令の用途は、専ら重態病人に対して用いられ、さらに五雷将軍（5・42・88各号符参照）

に期待される効用として、「迅雷」の速効性も加味されているのである。

〔附記2〕この10号符令下段に列挙されている神々のうちでは、白鶴仙師だけが、なじみの薄い神祇だが、かえって穿鑿（せんさく）の余地がある。台湾で、「白鶴」の名称を冠した神祇としては、一般に白鶴祖師を指している。清初の順治年間、白鶴拳という格闘技法を創案した、福建の方七娘で、後世武術館の祖師として奉祀され、台湾では拳法の有力な一派となっている。行神すなわち職業の守護神として、拳師が神位を設けて崇祀しているのみならず、村内に小祠を設けて、村廟の如く、一般村民も参詣している例さえある。しかし、いかに武力に制邪作用があるとはいえ、時代が比較的新しく、しかも地方における一介の女流拳闘師が、たやすく民間信仰に定着するとは限らない。

一方、民間伝抄符呪簿の請神呪に、白鶴童子が記載されている例がある。すなわち、『封神演義』に頻繁に登場する、白鶴童子とか白鶴童児である（11・15・50・51・54・59・63・67・72・75・76・99各号符参照）。元始天尊の高弟として、崑崙山の玉虚宮を守護し、使者ともなり、あるいは天尊の片腕として戦場にも臨み、大活躍しているのである。その正体は白鶴であり、青空にはばたく白鶴の勇姿は、まさに天地という両界を結ぶ聖鳥にふさわしいのである。また別の普庵教法師の伝抄符呪簿の請神呪には、五雷神・六丁六甲・値日天兵・二十八宿・行星神・十家将軍・十二時神などの諸神に伍して、白鶴童子も名を連ねている。さらに、台湾北部の紅頭法師が行う補運科儀でも、開始の請神道場には、勧請される諸神仏の中にも白鶴仙師が入っているから、天廷諸神の一柱には違いないが、使者としての下級神祇にすぎない。あまつさえ、台湾法教の法場には、「奏状」の一幕がある。法師が白鶴先師に為り変って、天廷の老君に文書を届けるのである。なお、「仙（セン）」と「先」の二字は、同音で通用しているのである。

以上はさておき、神人関係において、最も切実なのは、做契子（ツオケエキヤア）の風習である。契子とは、義子すなわち養子のことである。肥立ちのよくない嬰児や病弱な児童の健康と生長を祈って、満十六歳の成人になるまで、仮に神仏の養子になって、その庇護をこいねがうという「給神做契子（ホオシンツオケエキヤア）」の習俗が、古くから行われている。対象神仏は雑多で、儀礼も繁簡さまざまだが、その一例に白鶴先師が関与している。天神たる孫関大帝を契父とし、配偶神たる大陰夫人を契母として、その契約書を「契日月疏」という疏文にして、これを白鶴先師に托し、天廷に届けてもらうのである。しかして、疏文には「勞白鶴先師、達此口意、到宮拜迎契父孫関大帝・契母大陰夫人位下」とあって、白鶴先師の天地両界を行き交う、使者としての職務が、明記されているのである。

11号符「奉勅令、鳳凰到、事吉人安」（治白虎煞符＝白虎符、鳳凰符）

説明に「此符白虎、帯身可用」とあり、「此符」と「白虎」の中間にあるべき「治」字が欠落した、病人が肌身に帯びる治白虎煞符、略称白虎符である。しかし符文の主動神を基準にすれば、通称の鳳凰符となる。符頭は、省略されている。

符文も、一〇字だけで、二段に分れ、いたって簡潔な構成である。上段は、「奉勅令鳳凰到」とあり、下段は、「事吉人安」の一句だけで、合せたら「奉勅令、鳳凰到、事吉人安」となる。

大意は、「某司令神の命を奉じ、主動神として天降った鳳凰が、患家に飛び来って、祟っている白虎神を撃退して、病人を保護し、治療して全快させ、もって好運に向わせる」というのだが、下命した司令神は不詳である。すなわち霊鳥である鳳凰をもって、白虎神を制禦するという思考である。

白虎神は天狗神（14号符参照）と共に、凶悪な煞神として、「犯着白虎（ホアンテオペエホオ）」の祟りが恐れられており、流年すなわち

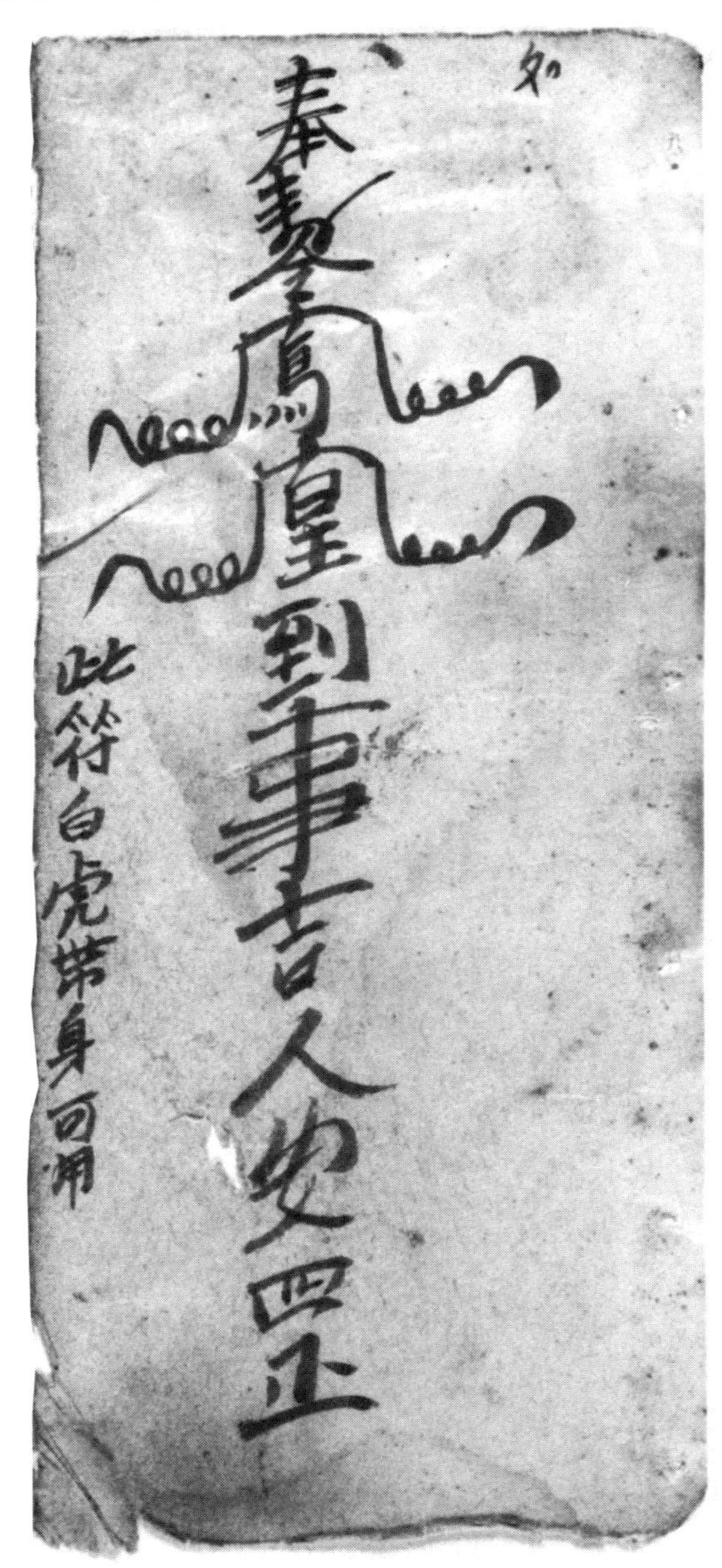

《11号符》「此符白虎、帯身可用」
「奉勅令、鳳凰到、事吉人安」

歳廻りの悪い者が、ややもすれば遭遇して罹病するという、悪霊凶煞である。殊に「白虎呑胎」とは、婦女が白虎煞に当れば、胎児を呑み奪われて、生涯妊娠できない石女（うまずめ）になるという俗信である。白虎神のみならず、黒虎神もまた胎児を害するので、妊婦は夜間外出を控える風習がある。さらに新生児も、その歳廻りによって、白虎関の煞があり、対策として、白虎神に生三牲すなわち生肉の供物を供えて送り出し、白虎符を焼くか、あるいはこれを土中に埋めたりして、災厄を絶つのである。

しかして、「鳳凰」二字は、その「几（きによう）」部首の下端から、それぞれ外側にのびた三巻きの巻き鬚模様のせいで、あたかも翼をひろげて、天翔る巨鳥の如き雄姿となっているが、これはまた本号符に含まれている霊力の根源、ならびにその発揮点をも表しているのである。なお民間信仰における鳳凰の神格は、いうまでもなく九鳳破穢天尊だが（49・90各号符参照）、ここでも患家の邪穢を浄化する、破穢の意がこめられているのである。

符頭がないのに照応して、符脚も「罡」一字だけの簡略さである。全構図より見れば、本号符は僅か数文字だけで、単純素朴だが、それだけにかえって雄勁でもあり、簡便にして実用的な符令の古態を、漂わせているのである。

12号符「奉勅令、楊公先師勅令……合家平安」（安灶君符、安神位符）

説明に「安灶君」とあり、「灶（ツアウ）」は「竈」の略字である。新築家屋への入居とか、分家して新所帯を構え、新しく竈を設置した際、その上の壁に安位、すなわち勧請して鎮座させる灶君（竈神）の安全を確保し、さらにその霊力を高めて、一家を守護する安灶君符であり、あらゆる神仏を包括した、安神位符の一種でもある（32・34・39・100各号符参照）。

符式は、その書写繁簡の程度から言えば、中庸に属し、一行の文字を主軸にした、単純だが、伝統的な書式である。

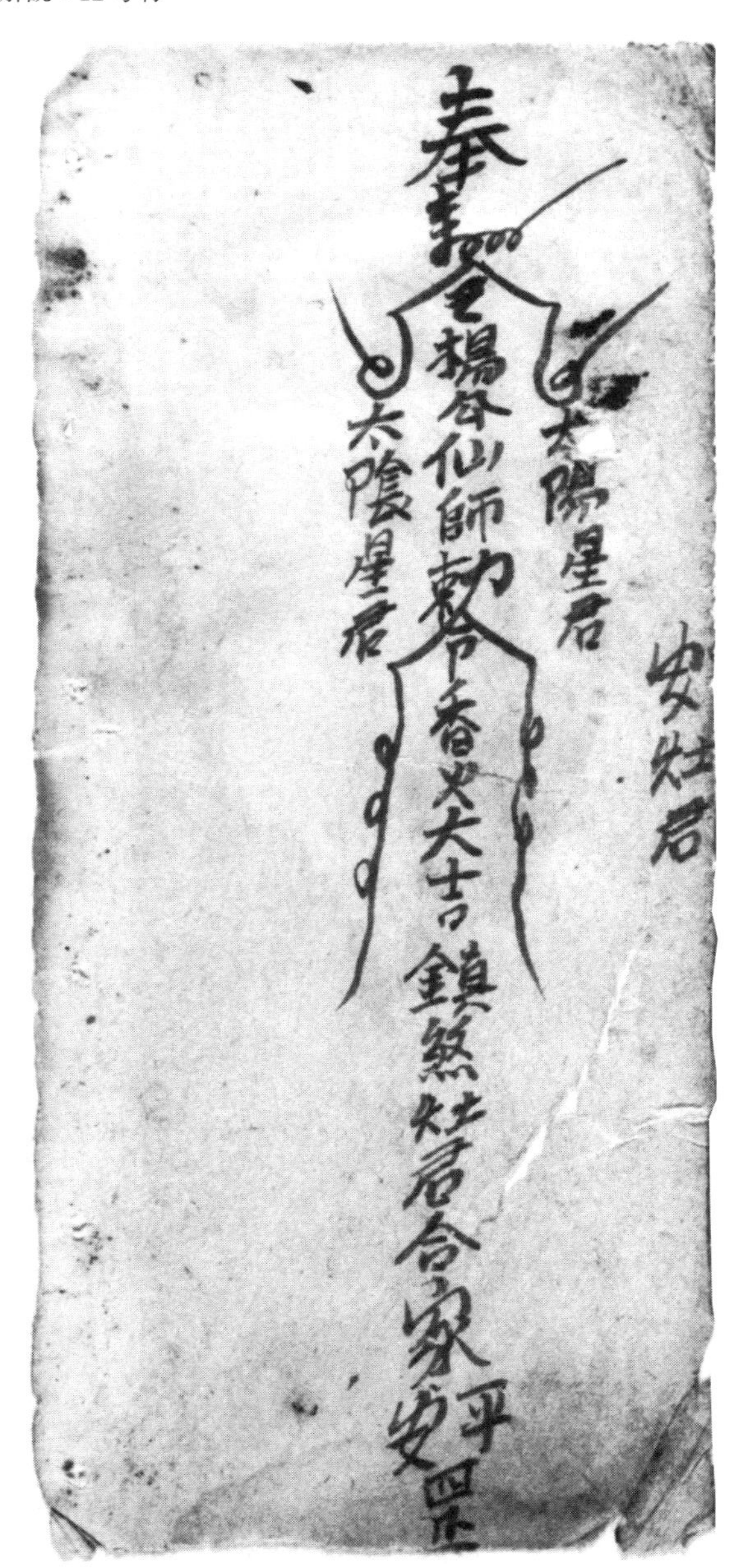

《12号符》「安灶君」
「奉勅令、楊公先師勅令、香火大吉、鎮煞灶君、合家平安」

符頭は、分離式二重構成だが、上の三台星やその他の星辰記号が欠落して、下の「太陽星君」と「太陰星君」だけが残り、単独に符文上段の両側に配置されている、変形符頭である（「総説」および26・27・46・47・48各号符参照）。

符文は、三段に分れる。上段は、「奉勅令」だけで、中段は「楊公仙師勅令」とあり、下段は「香火大吉、鎮煞灶君、合家平安」とある。しかして、上段と中段の「令」字は、いずれもその「人（ひと）」部首の両端に、垂下した一巻きと三巻きの巻き鬚模様の曲線が、画き加えられて図案化し、文字だけの単調な符文に、そこはかとなく趣を添えているが、これはまた威力の表示でもある。

符文を整理すれば、「奉勅令、楊公先師勅令、香火大吉、鎮煞灶君、合家平安」となる。大意は、「司令神たる楊公仙師が、灶君を主動神として、天降って某家に赴き、一家の守護神として駐留させ、篤祀されることによって煞気を鎮め、もって全家の平安無事を確保する」というのである。

楊公仙師の「仙（セン）」字は、同音「先」の誤写である。すなわち楊救貧のことで、楊救貧先師（32号符）・楊公祖師（39号符）・楊救貧祖師（95号符）などとして、勧請されている。唐代の楊筠松（よういんしょう）の号で、地理風水師や大工・左官などの祖師、すなわち職業守護神として信仰されているが、その灶君との関係は不詳である。強いて言えば、新竈も一種の建造物と見なされ、その位置や方向は、家相ないし地相にもかかわるからとも考えられる。要するに、楊公先師が灶君を鎮座させており、換言すれば楊公先師が、灶君の就任に立ち合っているのである。

しかして、下段の語意は、一家の司命神としての灶君が、朝夕礼拝されることによって、香火が盛り上り、霊感が高まって強化されれば、必然的に家中にわだかまっている煞気邪霊も、居たたまれなくなり、ついに鎮圧駆逐されて、無病息災の「合家平安」という、究極の目的へとつながるのである。

すなわち安灶君符とは、極めて用途の限られた特殊な符令であり、一家人の存亡を支配する司命神としての根強い竈神の民間信仰が、基底になっているのである。じっさい、「合家平安」こそ、庶民の願望を端的に表現した常用語であり、廟寺で発行している平安符にも、たいてい使われており、本符式簿にも少なからず用いられている（1・25・32・39・41・50・69・78・86・100各号符参照）。この点から見れば、本号符の本質は、鎮宅符でもある。

そもそも、竈神の起源は遠く、古代の五祀に遡るが、それだけに後世の信仰も根強い。台所の一隅に新しく竈を設けた際、使用に先立って、まず竈神を勧請して奉祀せねばならない。しきたりとしては、縦約三〇センチ、幅約二〇センチの赤紙に、「司命真君神位」などと墨書したのを、焚口近くの壁に貼りつけて自家の祀神となし、茶と四菓などのわずかな供物をそなえて拝むだけという、いたって素朴でささやかな儀式にすぎない。同時に、縦約二〇センチ、幅約七センチの短冊型黄色紙に墨書した本号符を、神位の左右いずれかに並べ、貼りつけてその場所を警戒し、かつ清浄を保つのである。その意義は、新しい神位へ、灶君の神霊が順調に導入される隙に乗じて、悪霊が紛れこんで正神になりすまし、人々の祭祀を享受しながら、かえって災害をもたらすという、逆効果の事故を防ぐ手段である。これは、神像や神位とは、単なる神霊の容器にすぎないという、民間信仰の通念である。

欠陥符頭に対応して、符脚も簡略な「罡」字だけである。符式から見れば、本号符は語句の穏和な、消極的だが、頼もしい符令である。

〔附記〕辟邪符すなわち魔除けのお札は、その符式の構造として、高位の某神が低位の某神に命じて、悪霊邪鬼の征討に赴かせるという段取りが、定型になっている。故に「勅令」すなわち命令は、一条の符令につき、一句だけで事足りるわけだが、本号符ではかかる原則を破り、上段と中段に分離して、各一句ずつ嵌めこまれている。これではいかにも、「屋上、屋を架す」に等しく、文脈から見れば、上段の「奉勅令」三字は、筋からはずれた余計な存在である。かかる二重勅令の手法は、本符式簿でも随所に取り入れられており（9・23・26・27・38・41・60・81・109各号符参照）、単に一符だけの恣意的試作や偶然の誤写ではない。しかし、ひるがえってこの用法を、「行け、行け」と続けざまに、人を督励して急がせるが如きに当てはめれば、重複勅令とは、その語意を強めた、上級神の「厳命」を示しているると理解できるのである。

13号符　「西佛勅令五方、押退凶神煞消災」（辟邪符）

説明に「治百煞符、可用治目痛、用化水洗」とあるが、「治」字を「受」と誤写している。また「化水」とは、「焼化入水碗」のことで、焼いてその灰を碗の水に溶かし、目を洗えば痛みがとれるという、あらゆる悪煞を退治して、その祟りに起因する眼病を治す、眼病治療専用の辟邪符である。

符式は、わずかな文字だけで、いかにも簡単なようだが、符文を故意に乱して、難解である。符頭は、省略されている。符文は、三段に分れる。上段は、「佛勅西」の三字だけである。中段も、「明鬼日月」の四字だけである。下段は、「印令五方煞」とあって、両側に「押退凶神」と「消災」の二句を、それぞれ振り分けて、配している。しかし、「印」字は符脚の移位竄入であり、「令」字を「勅」と誤写し、「凶」は俗字の「㐫」となしている。

中段は異質で、整合していないからさておき、上下二段だけで符文を整えれば、「西佛勅令五方、押退凶神煞消災」となる。大意は、「五方神将は、司令仏たる観音仏祖（「附記」参照）の命を奉じて、主動神となり、神軍を率いて天降り、病家に赴き、祟っている凶神悪煞を攻め退けて、病根を絶ち、もって眼病を癒し、患者を救う」というのである。

さすれば符脚は、上の余った「印」字を降して付け加えれば、「罡印」二字の重複式になって、なおさら重みがつくのだが、欠落した符頭とは対蹠的である。中段の「ㄩ」形曲線と「几（きにょう）」部首を組み合せた図形は、変形「鬼」字で、符文の内容とはかかわりなく、単に本号符に内包されている霊力の凝集、ならびにその発揮点を示しているにすぎないのだが、用例が頗る多い（「総説」および2・7・9・19・25・30・31・33・34・38・39・44・52・54・67・72・78・

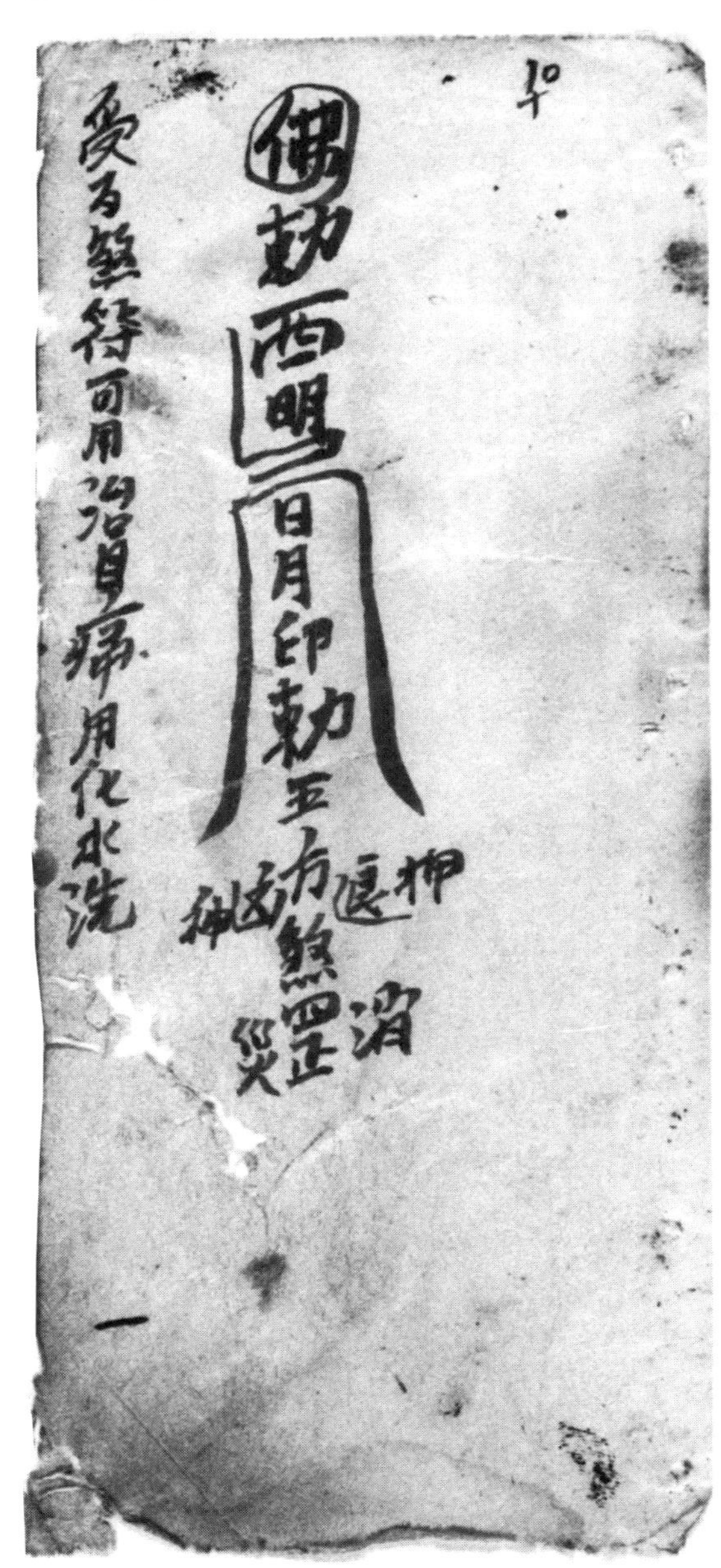

《13号符》「治百煞符、可用治目痛、用化水洗」「西佛勅令五方、押退凶神煞消災」

83・87・88・89・91・94・101・108・111・112各号符参照）。とりわけ7・33・34・39・54・87・89・111の八符は、本号符と軌を一にして、ほとんど原字形を留めないほどの、極端な簡略図形になっている。さらに、この「鬼」字の下の、「日」・「月」二字は、「明」を分解した拆字（テアジイ）であり「鬼」字の上の「明」字に続いて「明明」の一句となる。「明」とは「明眼」のことで、物がはっきり見える健全な視力を指し、これを強めれば「明明」となり、「明明白白」と言うが如く、「とてもはっきり見える」意味として、本号符の眼病治療用途を暗示しているのである。

総体的に見れば、本号符は、奇異晦渋にして、なじみ難い独特な符令である。

〔附記〕符文上段の「佛」字は、最後の筆画をのばし、円く字をかこんだ「佛」か、あるいはさらに字画を、三巻きの巻き鬚模様の尻尾状にのばした「佛」や、「佛身」二字、もしくは「身」一字だけを、円囲いしたのもある。いずれにしても、その意義は、法力の強大な高位の仏菩薩たることを、暗示しているのである。

しかして、かかる「佛」字の円囲い意匠は、用例にかなりの幅があり、決して単一仏菩薩の紋章ではなく、普庵祖師・観音仏祖・阿弥陀仏・仙師などを包括している。詳述すれば、まず単純な円囲いの例が最も多く、普庵祖師三例（36・53・74各号符）、観音仏祖二例（13・98各号符）、阿弥陀仏一例（105号符）・仙師一例（120号符）で、その他六例（1・44・45・55・60・71各号符）は不詳である。次が巻き鬚付きの円囲いで、75号符の一例しかなく、普庵祖師を指している。最後が「佛身」二字の巻き鬚付き円囲い（79号符）と「身」字の円囲い（35号符）だが、いずれも一例のみで、どれもやはり普庵祖師である。要するに、全体としては、普庵祖師が最も目立つ存在である。しかして、本号符上段「佛勅西」は、「西仏の命令」という意味だが、西仏とは109号符と、すでに7号符で解説した西天仏國、すなわち印度の観音仏祖と考えられるのである。

14号符「奉勅令、麒麟鎮此、事吉人安」（治天狗煞符＝天狗符、麒麟符）

説明に「此符治天狗、帯身可用」とあるが、「治（テイ）」字を発音の相似によって、「志（チイ）」と誤写している。病人が肌身につける治天狗煞符、略称天狗符である。しかし11号符にならって、符文の主動神を基準にすれば、通称の麒麟符となる。天狗神は白虎神と共に、歳廻りの悪い者が、得てして犯しやすい天狗関の凶悪な煞神であることは、さきの11号符で既に解説した通りだが、本号符はそれと対（つい）になっている。

符頭は省略されており、符文も一一字だけで、二段に分れた、簡略な構成である。上段は、「奉勅令麒麟鎮此」とあり、下段は「事吉人安」の一句だけで、合せたら「奉勅令、麒麟鎮此、事吉人安」となる。

大意は、「某司令神の命を奉じ、主動神として天降った麒麟が、患家に馳せ来り、祟っている天狗を撃退して留まり、病人を保護し、治病して全快させ、もって安寧と吉祥をもたらす」というのだが、下命した司令神は不詳である。

すなわち、聖獣である麒麟の威力をもって、邪悪な天狗神を抑制するという、11号符の鳳凰対白虎と同じ趣向である。しかして「麒」字は、下端両角から外側に向けて、それぞれ三巻きの巻き鬚をのばしているが、「麟」字は、「鹿（しか）」部首の「广（まだれ）」最後の筆画をのばして、巻き鬚模様にしているだけで、「粦」には欠けている。これは11号符に徴してもわかるとおり、両側にあって釣り合うべきものを、抄写の不手際で、片方が欠落したのであって、本来の符式ではない。すなわち11号符が瑞鳥たる鳳凰の飛翔であるのに照応して、これは霊獣たる麒麟疾駆の雄姿である。なお、この巻き鬚つき「麒麟」二字は、本号符における霊力の集中ならびにその発揮の原点、すなわち中心であることをも示しているのである。

符頭がないのに対応して、符脚も「⧖」記号だけだが、筆画を増し、図柄を著しく複雑化している。全体から見

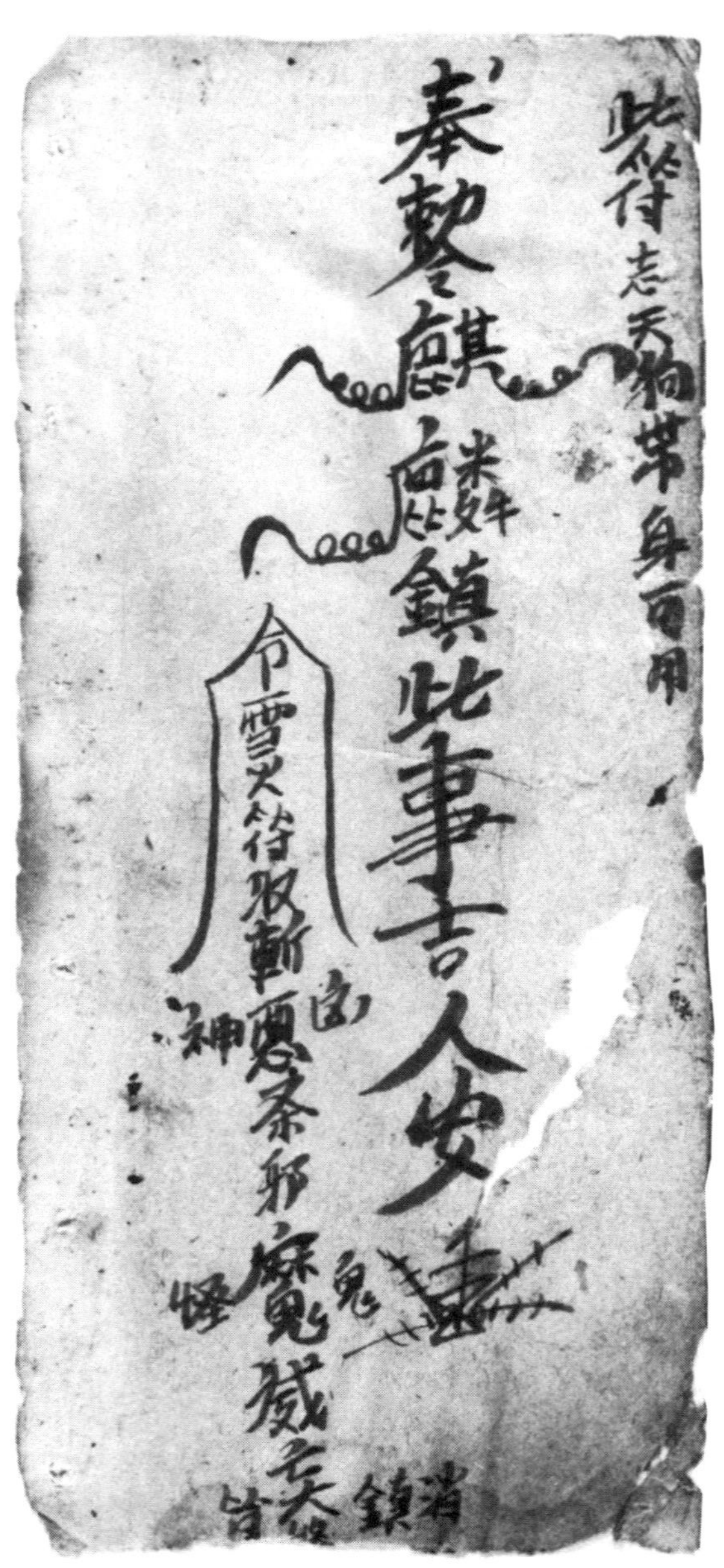

《14号符（右側部分）》「此符治天狗、帯身可用」「奉勅令、麒麟鎮此、事吉人安」

れば、本号符の字数は少いが、11号符同様、やはり古態をたたえた、雄渾な符令である。

〔附記1〕関煞とは、八字（ペエジィ）すなわち生年月日時によって、必然的に遭遇する、難病を含めたもろもろの災厄であり、この関煞を背負った生れつきが、帯関煞の運命である。換言すれば、人生の旅路において、しばしば通過せねばならない関門であり、天狗関はその一関として、幼児や少年期に起りがちである。しかして、天狗関煞は、白虎関煞と並び称されるが、本符式簿にはこの一例しかなく、他の法師の符式簿でも、わずかに伝抄されているだけなので、天狗煞の祟りは、諸悪煞のうちではあまり起らず、したがって目立たない存在でもある。なお、霊鳥鳳凰と聖獣麒麟が、悪煞たる白虎と天狗を制御するとは、まさに奇抜な着想である。別の符式簿にも制天狗符が載っているが、符式は全く異なっている。強敵に対抗する猛犬としては、『封神演義』や『西遊記』に登場する楊戩の哮天犬が有名だが、関煞の天狗は正反対の、忌まわしい悪霊であり、そのせいか、この別本符式簿では、型破りの符式になっている。一本の長い曲線が基本で、その両端を小さい輪に巻き、全体を平仮名「ひ」の形にくねらせて、これを一匹の竜に見たてるのである。さらに「馬」の細字を三六字、曲線の右旁に沿い、書き連ねて仕上がるのである。竜と馬の結合した図柄だから「竜馬」であり、駿馬の意味になって、悪犬としての天狗を抑え、その悪行を阻止するのである。また馬の力量が犬に勝るという、家畜としての貴賤観念をも反映しているのである。なお、「馬」の三六字という数は、三十六天罡に応じており、この場合は三十六騎の神将も睨を利かしているのである。

〔附記2〕11号符の鳳凰と本号符の麒麟とは、いずれも想像上の瑞鳥と瑞獣で、四瑞に属し、また鳥獣として、対（つい）をなしているが、民間信仰における実情としては、むしろ麒麟の比重が大きく、麒麟符の方が多用されている。例えば、台湾北部の天師派紅頭道士が行う醮祭では、しきたりとして麒麟符が常用されている。祭場の清浄を確保するためで、三清壇と三界壇それぞれの入口、および宗派の教祖たる宗師神位の三ヶ所に貼るのである。しかし単独の符令ではなく、浄符と水符とを組み合せた三幅対で、麒麟符をはさんで、右旁に浄符、左旁に水符が並ぶ。かくして神聖な道場を、麒麟符は安鎮し、浄符は辟邪し、水符は悪火を制圧するのである。

これら三符の符式は、麒麟符が、高さ約二〇センチ、幅約五センチの短冊形赤紙に、「vvv麒麟到此罡」と墨書するのである。符頭の三清記号と符脚の「罡」字を除けば、符文はわずか四字にすぎないが、堂々とその臨場を誇示し、悪霊を威圧して、その覬覦（きゆ）を許さないのである。次の浄符は、高さ約一五センチ、幅約四センチの小ぶりな短冊形黄色紙に、朱筆で「vvv勅令清醮壇内潔浄」と楷書する。三清記号の符頭だけで、符脚を欠くが、符文は祭場の浄化を高らかに謳っている。あとの水符は、高さ約一八センチ、幅約四・五センチの、やはり短冊形の黒紙に、水粉（ツイフン）の溶液をつけた筆で、「vvv勅令☵」と白字を書く。三清記号の符頭だけで、符脚はなく、符文は「勅令」二字と、八卦の坎卦である。坎卦は「坎爲水」で、水の象徴だが、この場合の用途は単に防火のみならず、実は聖水による浄化の意味合いをも含んでいる。三符がそろって、万全を期し、かつ祭場に生彩を添えているのである（23号符参照）。

15号符「奉勅令、雷火符……大□消鎮」（治天狗煞符＝天狗符）

前掲14号符左側の余白に書かれており、説明はないが、同じく治天狗煞の辟邪符である。符式は、文字だけの平易な構成だが、やや難解である。符頭は、省略されている。

符文は、三段に分れる。上段は「奉勅令、雷火符」の二句六字であるべきだが、本号符は追加記載であるため、

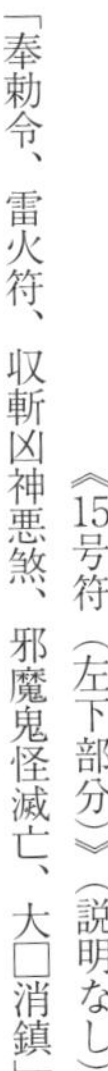

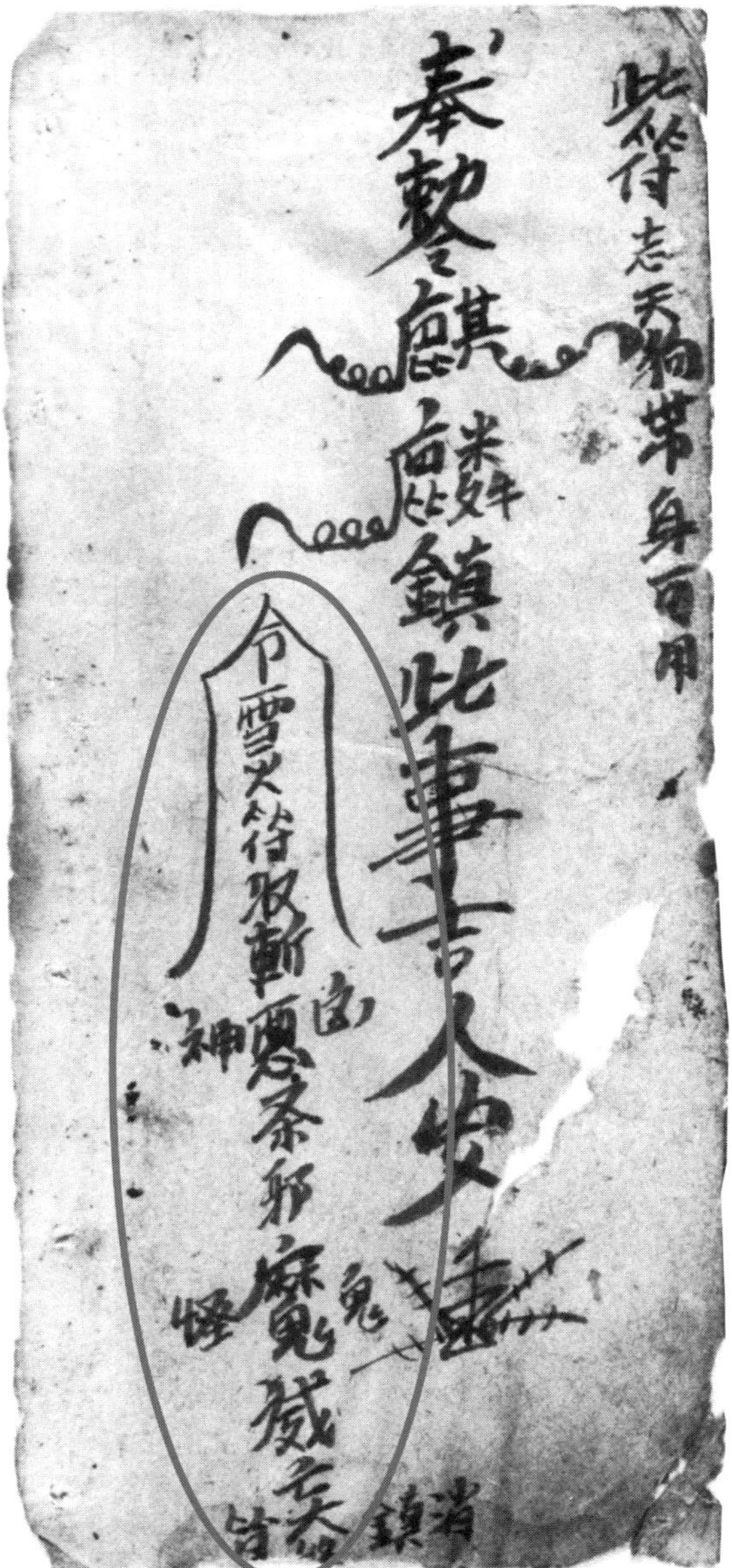

《15号符（左下部分）》（説明なし）
「奉勅令、雷火符、収斬凶神悪煞、邪魔鬼怪滅亡、大□消鎮」

割り込みで余白が狭く、やむをえず、「令」字の上に書かれるべき「奉勅」二字が、省略されている。さらに、「雷」字は「雪」と誤写しているが、同じ手法が47号符にも用いられているから、或いは故意の誤謬とも思われる。「雷火」とは、雷公と電母という、一対の夫婦神を指している（1・16・47・103各号符参照）。

中段は、「収斬凶神悪煞」六字だが、「凶神」二字は行の左右両側に、一字ずつふり分けており、「凶」は俗字の「囟」となしている。また「悪」も、俗字の「悪」になっている。さらに、「煞」は同字である「殺」の俗字「杀」を、一点をぬかした「杀」として、回りくどい誤写をしている。

下段は、「邪魔鬼怪滅亡、大□消鎮」の二句一〇字だが、下端は余白がないため、「大」の下の一字が欠落しており、さらにやむなく「消鎮」二字を、行の向って右側にならべている。なお、左側にも「符」字があるが、これは上段の「符」字と重複しており、不要な竄入である。

符文をまとめれば、「奉勅令、雷火符、収斬凶神悪煞、邪魔鬼怪滅亡、大□消鎮」となる。大意は、「雷神が某司令神の命を奉じ、その符令を授かり、主動神として、天降って患家に赴き、符令の霊力を発揮し、さらに轟音と稲妻を駆使して、祟っているすべての悪霊を捕えて斬殺し、討滅して治病し、もって病人の一命を救う」というのだが、司令神は不詳である。しかして、「凶神悪煞」と「邪魔鬼怪」二句は、内容が重複してはいるが、あらゆる悪霊を網羅しているから、当然、天狗煞も包括されているのである。

符頭がないのに対応して、符脚も省略されている。全体から見れば、略式ながら、わりあいに整った符令である。

16号符「奉玉帝勅……変化無停」（辟邪治病符）

説明は「安床上」とあるだけだが、病床に貼って、患者を悪霊の侵害から護るための、辟邪治病符である。符式は、文字を主体にしているが、符文がやや乱れ、変形や図案もあり、複雑にして、かつ不規則である。符頭は、三清記号だが、位置がずれて、符文上段開始の、網目記号の下にめりこませた、常用されている、転位倒置式になっている（17・18・23・33・35・54・62・63・65・66・80・86・93・94・95・108・112各号符参照）。

符文は、三段に分れる。上段は、「（四角形網目模様記号）、三巻きの八字髭をつけた、変形『奉』字、鳥居型変形『天』字、阿彌陀佛」とあるが、「彌」字を「隬」と誤写し、両側に「玉帝勅」と「天師勅」の、対句を配している。しかして、「佛」字は最後の二本の筆画をのばして、左右に分け、三巻き八字髭型の巻き鬚模様にしており、いわば八字髭つき「佛」字である（30・35・39・46・67・102・103・107各号符参照）。

中段は、「神符清浄」の四字だけだが、両側に「天上三十六天兵消災」と「地下七十二神將退煞」の、対句を配している。

下段は、「火、火、雷、収邪押煞斬、（変形文字）、軍兵靈、（変形文字）」とあり、「収邪押煞」の両側に、「左天羅」と「右地網」の対句を配し、「斬」字の両側に、「妖」と「精」の二字を配し、「軍兵」の両側に、「變化」と「無停」の二句を配し、「靈」字の両側に、変形文字を配している。

これらを検討してみると、まず上段の鳥居型変形「天」字は、「大」部首の広げた二本の足を、普通は垂れ下った曲線か、或いは三巻きの巻き鬚模様にしているのに、ここでは一巻きだけの、跳ね上った曲線にしており、特殊な意匠である。この「天」字は、符文の内容とは関係なく、ただ本号符にこめられている霊力の中心、ならびにその発揮点を示しているにすぎないのである（「総説」および6・20・27・32・43・46・49・50・56・61・68・73・77・90・95・99・102・107・109・116・118各号符参照）。次に、下段の始まりである「火」字は、中段「浄」字の両側に、一字ずつ書かれているが、二字重複は火力の強さを表しており、一字だけで事足りるもので、位置も「雷」字の下にあって、「雷火」となる。すなわち、落雷の轟音と、稲妻を神格化した、雷公電母という、一対の夫婦神である（1・15・47・103各号

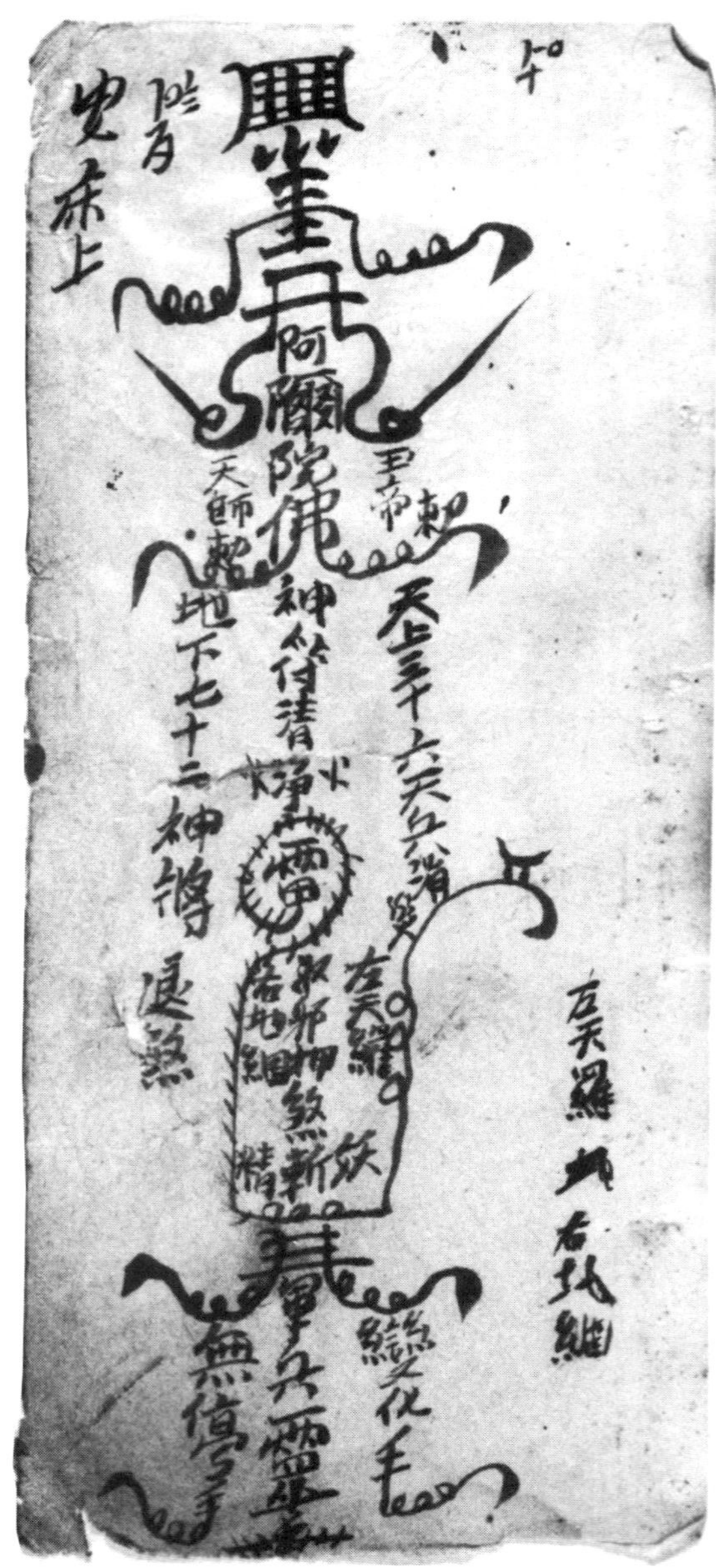

《16号符》「安床上」

「奉玉帝勅・天師勅、阿彌陀佛神符清浄、天上三十六天兵消災、地下七十二神將退煞、雷火収邪、押煞斬妖精、左天羅右地網、□軍兵靈、變化無停」

符参照）。またこの「雷」字は、最後の筆画をのばし、ぐるりと円形を描いて、字を包みこみ、さらに延びて、アラビア数字「2」の如くなり、それに曲線の尾をつけた形になっている。しかもこの長い曲線は、所々にチョンチョンをつけ、あるいは三巻きの巻き鬚状にしているのは、雷神の威力を強調しているのである。「斬」と「軍」両字の中間にある、「三」字の両端に、八字髭型の巻き鬚模様をつけた変形文字は、判読が困難である。最後の「靈」は、俗字の「霊」を用いているが、「靈」と誤写している（70号符参照）。さらに、両側に変形文字があり、これは合体して、一字になるものだが、やはり判読は困難である。

なお、全符を通じて、八字髭型の巻き鬚模様をつけた字は、合計四字にものぼり、躍動感を与えているが、これらはいずれも威力の表現である。また「打天羅地網」は、台湾北部紅頭法師の得意とする法場で、「延寿」や「補運」などの法場と組み合せて、しばしば行われている（9・105各号符参照）。次に、「変化無停」（18・22・24・26・30・35・37・64・71・98各号符参照）は、「応変無停」（22・24・26・46・68・80・86各号符参照）や、「神符変化」（7号符参照）・「変化神符」（97号符参照）・「正法変化」（96号符参照）などと同義で、本号符に漲る霊力は、固定しておらず、絶えず変化して、何時いかなる場合でも、妖邪を制圧するに余りあり、邪はとうてい正にかなわないという、信仰の理念を表示しているのである。

符文を整理すれば、「奉玉帝勅・天師勅、阿彌陀佛神符清浄、天上三十六天兵消災、地下七十二神將退煞、雷火収邪、押煞斬妖精、左天羅右地網、□軍兵靈、変化無停」となる。大意は、「司令神たる玉皇大帝と張天師の命を奉じ、阿弥陀仏（105号符参照）が主動仏として、天兵神将と雷公電母を、率いて天降る。病家に赴いて、符令を行使し、天羅地網を張りめぐらし、雷鳴と閃光を発して、邪霊や妖怪どもを、一網打尽にし、もって清浄を保ち、病人の高熱を下げて治病し、その災厄を救う」というのである。

しかして、本号符に勧請される司令神は、通例の一神ではなく、玉皇大帝と張天師の連合であり、定型化の希な複数司令神になっている（1・2・25・42各号符参照）。これほど仰々しいのは、けだし希有な例であり、重態患者に対して用いられる符令と推定される。

中段両側の、天上三十六天兵と地下七十二神将は、合計一〇八員の武将で編成されている、神軍の陣容を誇っているのだが、この員数は、三十六天罡と七十二地煞に応じているのである。『封神演義』や、『水滸伝』ゆかりの、星辰の名称だが、台湾の民間信仰では、三十六柱の天神と七十二柱の地下の邪神ともされており、この点では、矛盾しているのである（「総説」および94・96各号符参照）。

符頭が三清記号だけであるのに対応して、符脚も簡略な「⊠」記号である。全構図より見れば、いかにも乱雑にして、無気味な図柄の符令である。

〔附記〕上段符文の網目記号は、本符式簿では、1・17・60・64・105各号符に見えている。縦横の罫線を組み合せた、網目模様で、縦横ともに五線だが、60号符だけ横線が四本で、一本欠落した、誤写になっている。下段に「左天羅」・「右地網」とあって、余白にもこの句が書かれており、網目模様は天羅地網を、表わす記号と考えられる。なお、網目記号はこの外にも、四縦五横の保身符がある。符式は、縦四本と横五本、合計九本の短い直線を、組み合せただけの、簡略な図形にすぎない。これを普通の符令と同じように、紙に画いて、ふだん身に帯びるのだが、咄嗟の場合には、棒で地面に図形を画くだけでも、いちおう間に合うという、辟邪の効能が信じられている（片岡巌著『台湾風俗誌』）。要するに、天羅地網と四縦五横は、似て非なる図形である。しかのみならず、日本の九字護身法の暗符とも、似てはいるが、畢竟、異なるものである。

17号符「奉白蓮教主勅令……追収妖邪鬼怪滅亡」（保身符）

説明はないが、符文から見て、失魂による病人の、肌身に帯びる保身符である。符式は、ほとんど文字だけの構成で、一見して単純なようだが、符文が少しずれており、内容にも、難解な点がある。

符頭は、第一式三光記号（「総説」および7・36・44・45・46・60・64・71・98・105・120各号符参照）と、やはり星辰記号で、上部に屈折曲線を載せて、三小楕円を包みこんだ円形模様（「総説」および1・44・64各号符参照）、並びに三清記号（「総説」参照）という、普通は一図形だけで、独立して使われる符頭を、三図形も積み重ねた多層構成の、希な例である。それだけ権威の高揚と、霊力の強化を、示唆しているのである。なお、この三清記号の位置は、符文上段の、網目記号の下に潜んでおり、常用されている転位倒置方式になっている（16・18・23・33・35・54・62・63・65・66・80・86・93・94・95・108・112各号符参照）。

符文は、三段に分れる。上段は、「（網目記号）、奉白蓮教主勅令」とあって、両側に「南辰註長生」と、「北斗添福寿」の対句を配している。

中段は、「藏蓋保身靈符」六字だが、「靈（リエン）」字は、発音の相似によって、「龍（リヨン）」と誤写している。

下段は、「追収妖邪滅亡」六字だが、両側に「鬼怪」二字を配している。

符文を整理すれば、「（網目記号）、奉白蓮教主勅令、南辰註長生、北斗添福寿、藏蓋保身靈符、追収妖邪鬼怪滅亡」となる。大意は、「司令神たる白蓮教主の命を奉じ、某神が主動神として、南北斗両星君の助勢で、天降って患家に赴き、すでに離脱している病人の魂魄（こんぱく）を回収し、これを暫時収蔵して、その生命の安全を確保する。それから魂魄を拉致せんとして蝟集（いしゅう）した、妖邪鬼怪などの悪霊どもを、天羅地網を打ち広げ、捕獲して掃滅し、然る後、魂魄

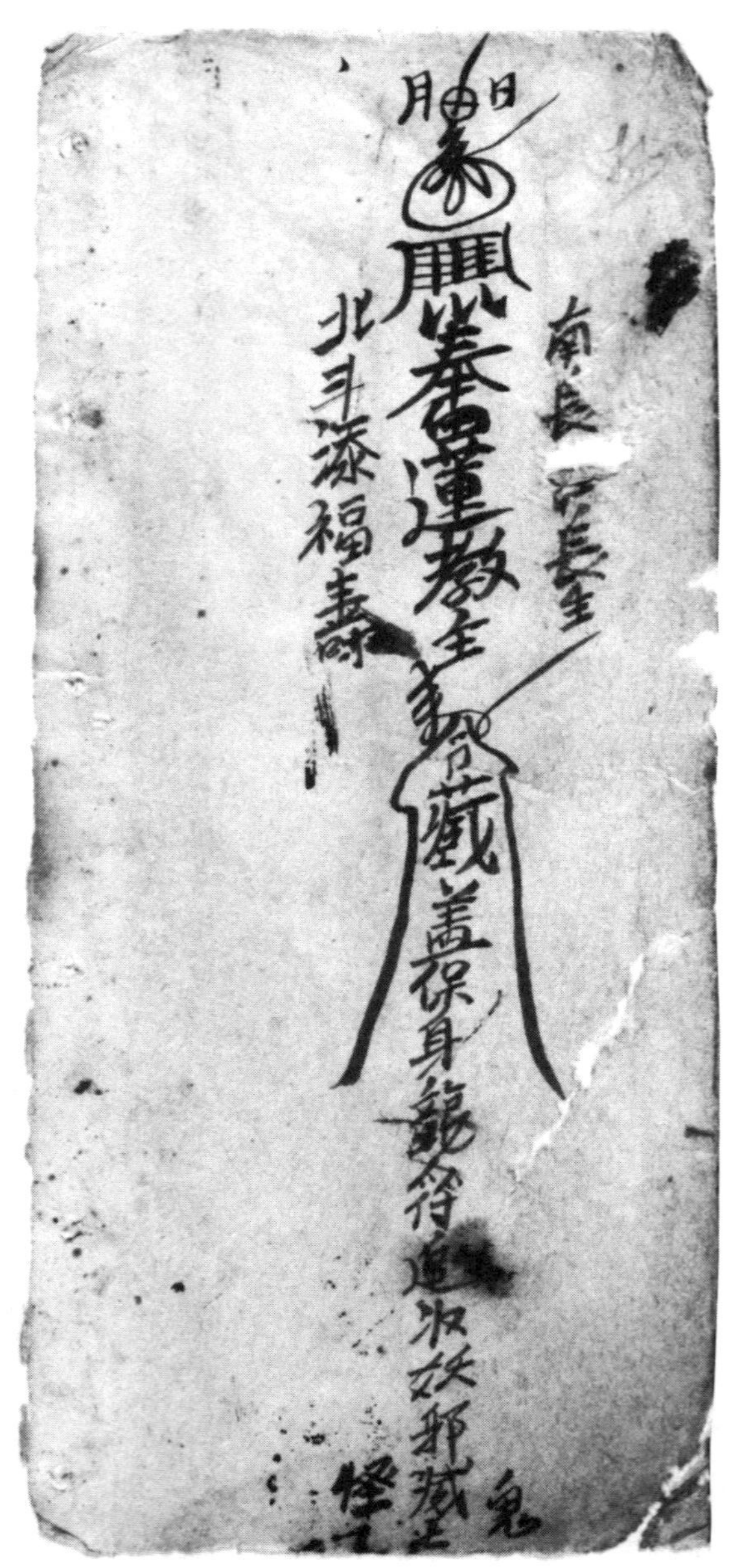

《17号符》（説明なし）

「（綱目記号）、奉白蓮教主勅令、南辰註長生、北斗添福寿、藏蓋保身靈符、追収妖邪鬼怪滅亡」

を病床にもどして治癒させ、さらに南北斗両星君の庇護で、長生させる」というのである。

網目記号は、天羅地網を表している（1・16・64・105各号符参照）。「南辰註長生」と「北斗添福寿」の対句は、累次用いられているが（32・45・56・116各号符参照）、言うまでもなく、南斗星君（南斗六星）が人間の生を司り、北斗星君（北斗七星）が死を司るというのが正しく、「北斗添福寿」とは、単に縁起をかついだ、故意の誤謬にすぎないのである。「南斗註生、北斗註死」は、『捜神記』以来の古い信仰で、今でも民間に固く信じられており、生殺の権を握る司命神なればこそ、この際、患者の衰弱した魂魄を、保護するのにふさわしいのである。

中段の「藏（クン）」とは、大切にしまい、「蓋（カム）」とは覆いかぶせることで、「蓋藏（カムクン）」とは、覆い隠す意味である。蔵魂の一法として、身体から離れた魂魄を、法師が小壷に収蔵して、蓋（ふた）をかぶせ、もって悪霊の侵害を防ぐ蓋魂（カムフン）法が、些細な法事として、民間でしばしば行われているから、本号符は、その際使用されるものと推測される。上段の「勅令」二字だけに、変形文字が用いられており、あまつさえ「令」字は、「人（ひと）」部首が、両側に長く垂れ下って模様化し、目立っているのは、これが厳重な軍令であることを、示唆しているのである。

なお、司令神としての白蓮教主は、絶えて見られない特例である。そもそも、白蓮教といえば、弥勒仏を信奉する、仏教的秘密結社として、歴代の官憲に抗し、殊に清代の叛乱は、よく知られている通りだが、本号符が指す白蓮教との脈絡は、明かではない。台湾の澎湖島は、最も早く開発された地域で、民間信仰も複雑だが、法教の弱少派として、白蓮教を掲げる一派が、天師教に混在し、残存していると伝えられている。しかし、その実態は不詳である。

複雑な符頭を頂いているのにひきかえ、符脚が欠落しており、不安定な感じである。総覧すれば、本号符は、符式では中庸を得ているが、その蔵魂という用途において、特異な符令である。

18号符「祖師勅下雪山大聖……心頭平安」（制火煞符）

説明に「犯火煞、化水食」とあり、火神の祟りに起因する高熱病患者に、焼き灰を碗の水にとかして飲ませる、熱さましの制火煞符である（「総説」および35・53・79・91・93各号符参照）。符式は、図形や道教式合成偽字のため、やや複雑になっている。

符頭は、三清記号だが（「総説」参照）、慣例を破って、その位置を、符文上段の下に移している。すなわち常用されている、転位倒置式の三清記号であり（16・17・23・33・35・54・62・63・65・66・80・86・93・94・95・108・112各号符参照）、故意に文脈をくずして、判読をさまたげ、もって符令としての神秘性を保つ一法である。

符文は、三段に分れる。上段は、「祖師勅下雪山大聖」とある。中段は、「心中百病消除」とあって、その両側にそれぞれ「雨鬼」二字と、「相々合退消除」六字の、各一字ずつを組み合せた、道教式合成偽字を配している。しかして、「除」字は同音の「池」、「々」記号は相似の「ヨ」と誤写している。下段は、「心頭平安」とあり、両側に「変化」と「無停（テイ）」の二句を配しているが、「頭」字を「头」と誤写している。「変化無停」（16・22・24・26・30・35・37・64・71・98各号符参照）とは、「応変無停」（22・24・26・46・68・80・86各号符参照）・「正法変化」（96号符参照）・「神符変化」（7号符参照）・「変化神符」（97号符参照）などと同じく、悪霊の勢力増長に対抗して、本号符の霊力もおのずから、変化更新しながら、増強の一途をたどって、制邪するというのである。

符文を整理すれば、「祖師勅下雪山大聖、相々合退消除、変化無停、心中百病消除、心頭平安」となる。祖師は、本符式簿における登載頻度から見て、普庵祖師を指していると考えられる。故に大意は、「普庵祖師が司令仏として、雪山大聖に命じ、主動神として患家に赴き、火煞の邪霊を討伐し、もって熱病患者心頭の高熱を、下げて治療し、

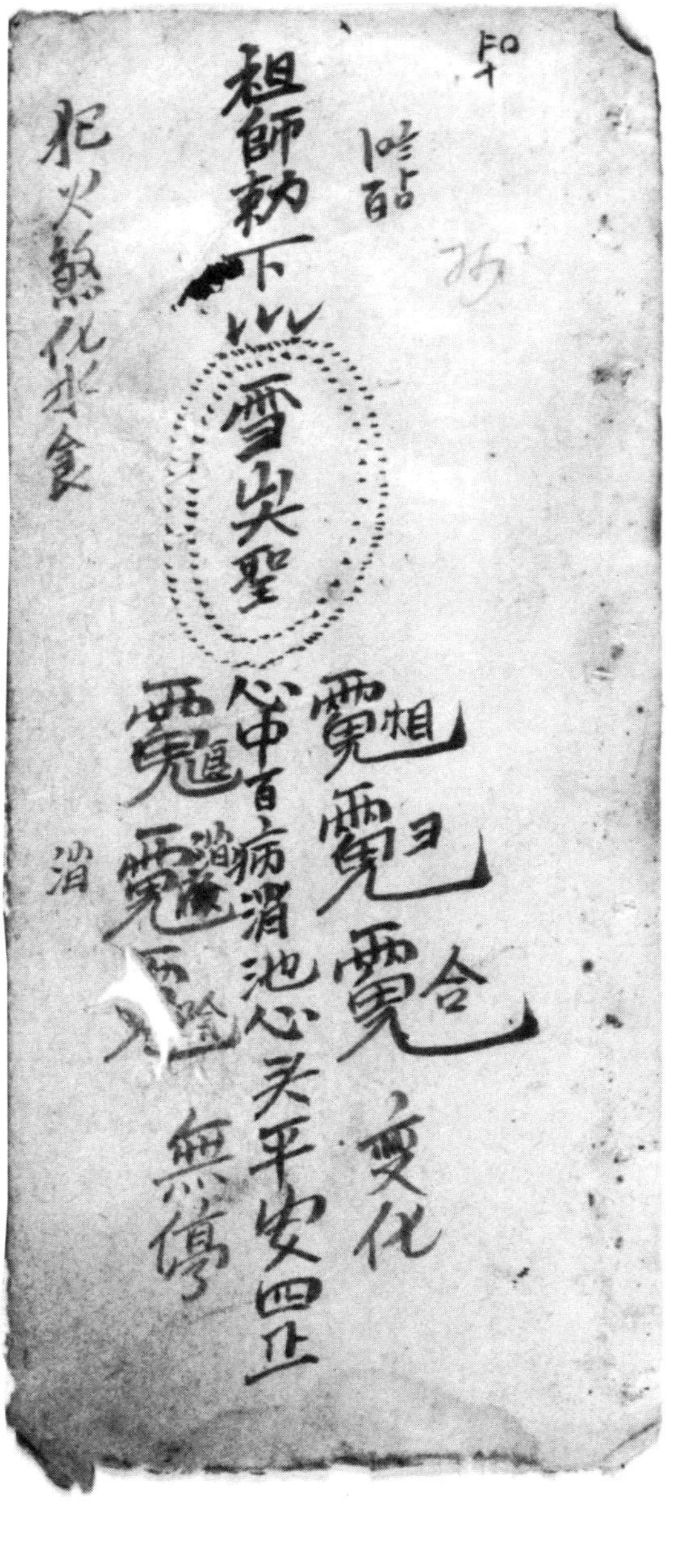

《18号符》「犯火煞、化水食」
「祖師勅下雪山大聖、相々合退消除、変化無停、心中百病消除、心頭平安」

快復させる」というのである。

しかして、上段の「雪山大聖」四字は、二重の点線圏で、楕円形に囲まれている。この図式は、二重ではなく、一廻りだけの点線圏だが、117号符にも用いられ、まさに、豪雪降りしきる高山を、象徴しており、全符に含まれている、霊力の発揮中心をも示しているのである。雪山大聖という神格は、冷寒を武器とする雪神だが、同類の神格には、117号符の雪山聖者も退熱に効き、105号符の雪山童子は収邪を能くし、77号符に附随する呪語の、雪山童子は寒熱鬼を制し、115号符は水符で、その主動神を雪山雪水童と称し、62号符の某神は、雪山の名称を冠しているなど、さまざまである。また別の普庵教法師の伝抄符式簿には、雪山聖者類似の称号として、雪山聖祖と雪山王者もあって、かなり変化に富んでおり、民衆のこれに対する関心の強さが推しはかられるのである。

要するに、雪神の効能とは、雪の寒冷をもって熱病を制するという、実際の治療法に基づく思考だが、これは更に火渡り儀式の秘法にも適用されている。台湾北部の実例では、符式は本号符と異なるが、符文に「雪山大聖者降雪來」とあり、法師は「拝火之時冷如霜」と雪山聖者呪を唱えながら、符令を燃えさかる炭火に投入する。火熱を下げて、跣足で踏み渡る信徒の火傷を防ぐのである。

なお附言すれば、中段を広く占めている「雨鬼」二字の合成偽字は、かなり目立ち、しかもしばしば使われている（57・59・101・121・122各号符参照）。おもうに、「𩃬(き)」字は、「𩆵(せき)」の偽字だから、「鬼」と「漸」は相通じ、「䨲」は「靈」（1・38・57・59・64・92・113・122各号符参照）の代用と考えられ、その意義は霊力の表示である。なお、「雨」は「雷」の代用字で、「雨(あめかんむり)」と「鬼(きにょう)」部首の組み合せは、雷神と鬼霊の共存を示唆しており、さらに別の字を組み合せた三字合成体は、五雷符章と称して、巫医の祝由科に治病の霊符として、しばしば用いられる。

さらに称号について附言すれば、雪山神（62号符参照）が最も基本的神格であることは言うまでもないが、ここでは大聖、117号符では聖者と称揚され、たかが降雪を司る気象神としては、いささか不相応な升格である。そもそも、大聖とは至聖と同じく、孔子の如き、比類なく智徳のすぐれた人を称するから、名実が相伴わず、僭越の誹りを免れない。しかして、これを孫悟空自任の斉天大聖（『西遊記』四回）になぞらえれば、いかにも諧謔的表現で、民間信仰のずさんな一面にすぎない、と了解できるのである。

符脚は、「罡」字だけで、符頭の三清記号に対応して、いずれも簡略である。総覧すれば、本号符は複数の合成偽字が特に目立ち、その特異な体裁によって、符呪の不思議な世界を反映した符令である。

〔附記〕台湾南部で盛行している普庵教法師の伝抄符式簿にも、雪山大聖符が二式収録されているので、勘合してその異同を略説する。まず第一式は、略式で標題がなく、ただ説明に「化水食洗」とあり、水に焼き入れて病人に飲ませたり、身体を洗ったりして熱を下げる、いわば退熱符である。符文は、「奉勅令雪山大聖」の七字に、符脚の図形を加えただけの、いたって簡潔な符式で、その実用性の高さを反映しているのである。次の第二式は、この18号符とほぼ同様の類似符式で、前符の簡略なるに反して、これは煩瑣である。その符文はやはり、上・中・下三段に分れる。上段は、「欽奉楊公勅令、雪山大聖」の、二句一〇字である。上句は、司令神を楊公に擬しており、すなわち唐代の楊筠松で、地理風水師や大工・左官などの祖師たる職業神だから、この場合にはあまりそぐわないのである。しかして称号では、楊公祖師（32・39号符）、楊公仙師（12号符）、楊救貧祖師（95号符）、楊救貧先師（32号符）とあって、大同小異である。これに対し、下句の「雪山大聖」四字も同じだが、これを取り巻く点圏、すなわち点々の輪は、やや趣を異にしている。

点線は降雪の状態で、楕円圏は高山の雪原を象徴している。18号符では単に二重、すなわち大小二つの重なった楕円形の点圏にすぎないが、ここでは時計とは逆廻りの点線で内側に続ける、いわばアラビア数字の「6」を書く要領で、点々を打ち続けるのである。約二廻り半になっているのだが、長さや圏数にかかわらず、秘訣は「点」の数にかかっている。符式のわきに、現用数字ではなく、わざと蘇州碼の数字で「一〇八」と指定している。「一百零八」といえば、まさに三十六天罡と七十二地煞の合計であり、一つの「点」が一人の武将で、全体として雪山大聖が率いる手勢の、辟邪力あふれる神軍の精鋭部隊なのである。患者の高熱は祟りが病因だから、魔除けせねば根治できないという思考である。中段は、符文がなく、ただ「雨鬼」二字とその他の一字を組み合せた三字合体の、五雷符章とも称する道教式合成偽字六字を、これも三字ずつ、二行に分けて配置している。しかして、その組み合せた六字は、18号符では「相々合退消」という、悪霊排除の語句だが、ここでは「相王冷区肖除」となって意味がとれず、長年にわたり、度重なる伝抄過程に起りがちな誤写と思われる。

19号符「庵勅令□……追収妖魔邪鬼凶神悪煞」（鎮宅護身符）

説明に「治妖邪、安帯可用」とあり、家に貼ってもよいし、肌身につけてもさしつかえないという、鎮宅護身符である。符式は、変形文字や図形が目立つが、あまり複雑ではなく、ほぼ中庸を得ている。符頭は、欠落している。符文は、三段に分れる。上段は、「唵勅令、（曲線図形）、『田』字と曲線合成の変形『鬼』字」とあり、さらに曲線図形の左側に「日・月・日」の三小字を配している。中段は、「神符鎮宅保命」の六字である。下段も、「追収妖魔邪鬼」六字だが、「鬼」は偽字の「述」になっている。その下は余白がないため、やむなく「凶神」と「悪煞」の二句に分けて、両側に配しているが、「凶」は俗字の「凶」となし、「悪」も俗字の「悪」になっている。すなわち、妖魔邪鬼と凶神悪煞で、あらゆる悪霊を網羅しているのである。

なお、上段の変形「鬼」字は、符文の内容とは関係なく、単に本号符が発揮する霊力の集中、およびその発揮点を示しているにすぎない。かくの如き霊力の源点には、たいてい特定の文字や図形が当てられており、本符式簿に

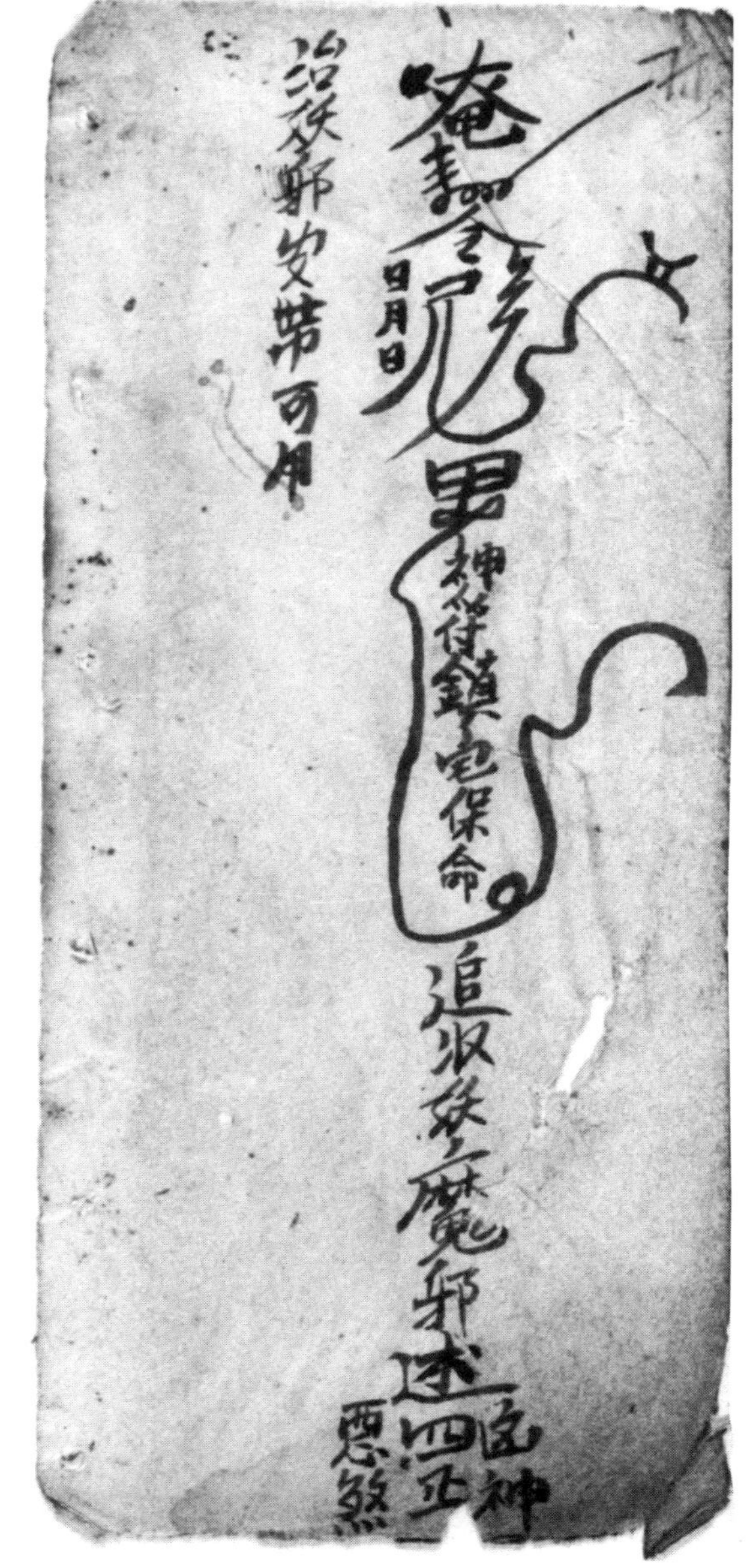

《19号符》「治妖邪、安帯可用」
「庵勅令□、神符鎮宅保命、追収妖魔邪鬼凶神悪煞」

収録されている用例も少なくない（「総説」および2・7・9・13・25・30・31・33・34・38・39・44・52・54・67・72・78・83・87・88・89・91・94・101・108・111・112各号符参照）。また上段の「唵」字は、普庵祖師の記号で、「勅令」の下にある曲線図形と「日月日」の三小字を含めて、いかなる主動神を指すかは、不詳である。

これらを踏まえて、符文を整理すれば、「唵勅令□、神符鎮宅保命、追収妖魔邪鬼凶神悪煞」となる。大意は、「司令神たる普庵祖師の命を奉じ、某神が主動神として、神軍を率いて天降り、祟られている民家に赴き、霊符を行使して、盤踞しているすべての悪霊を征討し、一掃して邸内の穢気を清め、一家の生命を保ち、平安をもたらす」というのである。

符頭がないにもかかわらず、符脚は「罡」字になっており、やや不均衡な感じである。全構図より見れば、いかにも奇怪な図形が目立ち、神秘感をたたえた符令である。

〔附記1〕符文中段に、「神符鎮宅保命」とあるように、人々の鎮宅符に期待する効能は、神仏の善霊を留めて、悪霊の侵入を防ぐという、「福は内、鬼は外」の両面性にあるのだが、とりわけ重点は前者におかれており、「鎮宅公明」なればこそ、「合家平安」が得られるのである（50号符参照）。じっさい、その用途において、鎮宅符と平安符は截然と区別し難く、従って用法も同然である。平安符は広く一家と個人を護るものだから、貼りつけ展示と「お守り」としての携帯の両途に使うしきたりだが、鎮宅符の場合は、その名称の通り、邸内に貼りつけるのが原則ではあるが、「説明」のように家族が肌身に帯びるのに流用してもかまわないのである。ただ希に醮祭など、地域社会における大祭典のあとで、各戸の信従に頒布される、張天師の画像を刷りこんだ大型の天師符も、鎮宅符の一種だが、これは貼るだけで、携帯はできない（「総説」および68号符参照）。

家中の最も神聖な部屋は、いうまでもなく正門入口を入った正庁、すなわち玄関である。その中でも、とりわけ序頭すなわち入口に向かった正面の、神仏画の軸を掛ける場所で、神仏像を奉安する横長の神明卓が据えてある。卓上の位置は、神仏が中央で、公媽すなわち祖先の位牌は右側（向かって左で、下座にあたる）に安置される。したがって、鎮宅符は公媽と反対の左側（向かって右で、上座にあたる）に貼る慣例だが、現今はあまり位置にこだわらず、庁頭の空いた適当な場所に貼られる。もう一箇所は、灯梁である。正庁の入口近くには、一本の梁が架してあるが、これは荷重を支えるとか、或いは単なる装飾でもなく、専ら天公炉や字姓灯などを吊すために、設けられたものである。梁の中央に小型の香炉を吊し、屋外の天空に向かって、天公すなわち玉皇大帝や三官大帝を拝む際に、線香を挿す特設の香炉である。鎮宅符や平安符は灯梁の真ん中で、屋外に向けて貼るのだが、近年はぞんざいになって、一般の辟邪符と混同し、誤って門戸の外側に貼られることもある（1号符参照）。

〔附記2〕普庵（「菴」とも慣用し、いずれも「いおり」を指す）とは、宋代の高僧である慧慶禅師のことで、後世、霊験が著しいために、法教の一派として、普庵教の祖師に奉じられているが、教派としての実績に乏しく、閭山教の分派に等しい。称号はさまざまで、普庵先師（104号符）・普庵祖師（97・109各号符）・普庵佛（28号符）などだが、普安祖師と誤称されることもあり、市販の符呪書には普庵大徳老和尚としている例もある。簡称には、普佛（35号符、但し本号符の再録である79号符では、「普」字を「菩」と誤写）と庵佛がある。

しかして、「庵」字は頗る変化に富み、「广」を取り除いた「奄佛」（75号符）と「艹」に代えた古字の「菴佛」（35号符）がある。「广」を「口」に代えた「唵」（19・23・36・62・85・115各号符）は、「唵」字の代用で、梵語omの音訳だが、仏教における禁呪の発声である。「口」を上部に移した「罨」と「罨」は、いずれも偽字だが、「罨佛」（53号符）・「罨佛」（102・103各号符）・「普罨」（104号符）などの用例がある。「广」を「疒」に代えた「痷」（28号符）は、「痷」字のことで、ぶらぶら病・神経症・やせる病・足なえの跛病など、いろいろな病症を指すが、ここではその符令の治病効力を「普庵」に掛けた故意の誤写であり、「普庵」(67・97・109各号符)の用例がある。なお、「唵」と「罨」は、普庵祖師の専用文字にもなっており、例えば澎湖島には、赤紙に墨で「普唵祖師神位」と大書して、庁頭に貼った法壇がある。さらに、別法師の符式簿には、庵祖や普奄公などの特称もある。

20号符「欽奉九天玄女仙師勅令……三煞退除」(治喪門麻衣煞符)

説明に「犯麻煞、帯安通用」とあり、肌身につけるなり、床の上に貼りつけるなり、いずれにしてもかまわないという、忌中に用いる治喪門麻衣煞符である(6・31・103・104・106各号符参照)。符式は、若干の図形を除き、ほとんど文字だけで構成されているため、複雑ではなく、文辞も整っている。符頭は、三清記号である(「総説」参照)。

符文は、三段に分れる。上段は、「欽奉九天玄女仙師勅令」一〇字だが、「欽奉」と「九天」の中間に、変形「天」字が介在している。しかして、始めの「欽奉」二字は、「欽」字を「欠(あくび)」部首と「金」字に割って、中に「奉」字をはさんだ合成偽字になっている(32・39・56・67・76・116各号符参照)。あとの「令」字は、最後の筆画をのばして、[図形]状のくねた交差曲線にしてから、二本に分けて、左右に長く垂れさげている。これは意義不詳の場合もあるが、希に変形「鬼」字にも使われている。しかしわずか三例だけで、ほとんどは本号符の如く、「令」字の神威誇示図形として使われており、本例を含めて合計二〇例にものぼる(「総説」および1・26・27・30・31・32・39・40・41・64・70・71・81・82・97・100・105・110・120各号符参照)。変形「天」字は鳥居型で、ひろげた二本の足を、それぞれ三巻きの巻き鬚模様にして、全図形を誇張しているが、この場合は符文の内容とはかかわりなく、ただ本号符に含まれている霊力凝集の所在、ならびにその発揮点を示しているにすぎないのである(「総説」および6・16・27・32・43・46・49・50・56・61・68・73・77・90・95・99・102・107・109・116・118各号符参照)。

《20号符》「犯麻煞、帯安通用」
「欽奉九天玄女仙師勅令、神符安鎮、追収年月日時・麻煞・三煞退除」

中段は、「神符安鎮」の四字だけである。下段は、「追収年月日時麻煞三煞退除」とやや長くなっているが、「日時」二字は、「年月」の両側に一字ずつ配しており、「退除」も一字ずつ「三煞」の両側に配置している。しかして、三煞の「煞」字を「杀」となし（6・31・43・48各号符参照）、「除」字も故意に同音の「池」と誤写している。

符文を整えれば、「欽奉九天玄女仙師勅令、神符安鎮、追収年月日時・麻煞・三煞退除」となる。大意は、「司令神たる九天玄女（3・4・5・6・8・10・32・38・77・97・99・102各号符参照）の命を奉じ、某神が主動神として、その符令をたずさえ、神軍を率いて天降り、喪家に赴いて、群がる麻煞・三煞・年月日時煞などの悪霊を、追討捕縛して排除し、もって葬儀を完遂させ、平安をもたらす」というのだが、主動神は不詳である。

要するに、運気が衰えている喪家の弱味につけこんで、あまたの悪霊が蝟集して祟るという、「弱り目に祟り目」の伝統的観念だが、この麻煞すなわち麻衣（喪服）に、しつこくつきまとう煞鬼の外に、三人組の「三煞」（6・36・37・67・72各号符参照）と四人組の「年月日時」煞鬼（6・67・95・106・118各号符参照）をからませ、複合型にしているのは、けだし独特な認識であり、民衆の麻煞に対する畏怖感を、端的に表現しているのである。

三清記号だけの符頭に対応して、符脚もなく、首尾とも簡略である。全構図から見れば、外形は均整がとれており、内容もわかりやすい符令である。

21号符 「奉玉皇大帝勅令……帯水消解」（制煞符、収魂符・鎮魂符）

説明に「此符制小児犯煞」とあり、児童がややもすれば、遭遇して罹病しやすい煞神の祟りを鎮める、小児の制煞符だが、内容に鑑みて、収魂符ないし鎮魂符でもある。符式は単純なようだが、符文下段は文脈をなさず、不整然である。符頭は、省略されている。

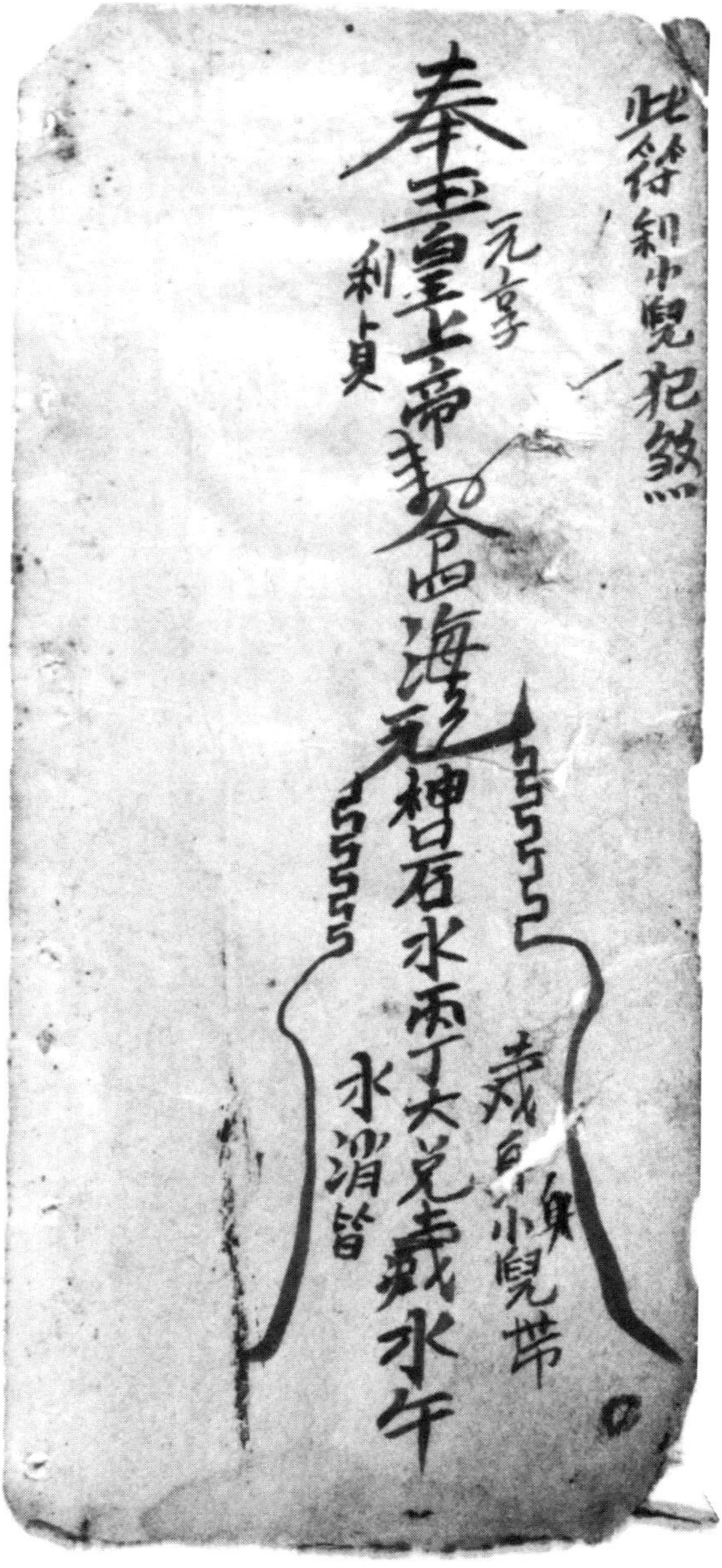

《21号符》「此符制小児犯煞」

「奉玉皇大帝勅令、四海元神、口石水丙丁、大兑□水午、□身小兒、帯水消解」

符文は、三段に分れる。上段は、「奉玉皇上帝勅令」とあるが、両側に「元亨」と「利貞」四字を配しており、「亨」字を「享」と誤写している。「元亨利貞」とは、いうまでもなく周易乾卦四徳の語句で、八卦の辟邪力を暗示しているのだが、この場合は、玉皇上帝の最高神格付けと、神秘化にも利用されているにすぎず、符文の内容とは遊離しているのである（9・41・43・44・67・77・108各号符参照）。

中段は、「四海元神」四字だけである。しかして、「海」字は下部の右角に「ϟ」形のジグザグ曲線を加えているが、その意義は不詳である。また「元」字は、「儿（にんにょう）」部首の両端から、左右に垂らした、巨大な直角屈折の曲線が目立つが、これは「元」字をかりて、本号符に内包されている霊力の中心、ならびにその発揮点をも表しているのである。

下段は、「口石水丙丁大兑㦰水午」とあって、向って右側に「㦰身小兒帯」、左側に「水消解」の句を配している。しかして、「石」字は、一点を加えた「石（せき）」になっており、砕石の形を象っているのだが、両字は通用し、同字と見なされている。「兑（だ）」は「兌」と同字で、八卦の第二の名称である。この場合は、上段における「元亨利貞」に対応しているのだが、しっくりせず、不可解である。「㦰」は右側の語句にも一字あるが、意義不詳の偽字である。「帯」は、俗字の「帯」になっている。最後の「解（カイ）」字は、故意に同音「皆」と誤写している。符文を整えれば、「奉玉皇大帝勅令、四海元神、口石水丙丁、大兑□水午、□身小兒、帯水消解」となる。

後段がくずれているため、正確な文意はつかめないが、大意は「司令神たる玉皇上帝の命を奉じ、某神が主動神として天降り、失魂して罹病した小児の家に赴き、その四海すなわち四方八方に離散した元神（魂魄）を回収し、体内にもどして、災厄を解消し、全快させる」というのである。嬰児とか幼児や少年の魂魄は、弱弱しくて、かつ不安定なので、ややもすれば身体より離脱飛散したり、あるいは凶神悪煞などの祟り神に拉致されて罹病し、甚しきは死亡するため、収魂や蔵魂の法術が、民間に浸潤し、盛行しているゆえんである。

符頭の欠落に対応して、符脚も省略されている。構造としては、永年の伝抄による誤写の畜積で、符文後段がくずれた、欠陥符令である。

22号符「太上台皇星勅令……變化無停」（治病符）

説明に「一治久病、化火食」とあり、焼いて灰を水に溶かして飲めば、長患いに効くという、専用の治病符である（「総説」および23・24・33・97・99・105・109各号符参照）。符式は、字数が少くて単純なようだが、文脈に乱れがあり、図形も特異である。符頭はないが、符文上段の「台星」とは三台星のことで、これが符頭を兼用しているのである。

符文は、三段に分れる。上段は、「太上台星保命護身勅令」とあり、両側に「應變無停、駆邪縛魅」の二句を配しているが、「縛」字を、「傳」と誤写している。中段は、渦巻き模様の図形だけである。下段は、「治邪消災」四字で、両側に「變化」と「無停」の句を配している。また上段では、「保命護身」と「勅令」の位置が、入れ違っており、上段両側と下段両側の語句にも、重複や異同が認められる。しかして、上段の「応変無停」（24・26・46・68・80・86各号符参照）と、下段の「変化無停」（16・18・24・26・30・35・37・64・71・98各号符参照）二句は、「正法変化」（96号符参照）・「神符変化」（7号符参照）・「変化神符」（97号符参照）三句と同じ意味である。

すなわち、本号符の霊力は固定しているのではなく、絶えず湧き出で、たとえ時と場合によって、強弱の差はあっても、それは常に悪霊の魔力を越えており、妖邪がのさばって、人々に危害を加える隙を与えないよう、制圧しているというのである。しかのみならず、本号符と24号符、および26号符の三例は、「変化無停」と「応変無停」を同一符令に嵌めこんだ、同義成句の重複使用で、とりもなおさず、該符令にあふれる辟邪効能の強調にほかならないのである。

符文を整理すれば、「太上台皇星勅令、保命護身、應變無停、駆邪縛魅、治邪消災、變化無停」となる。大意は、

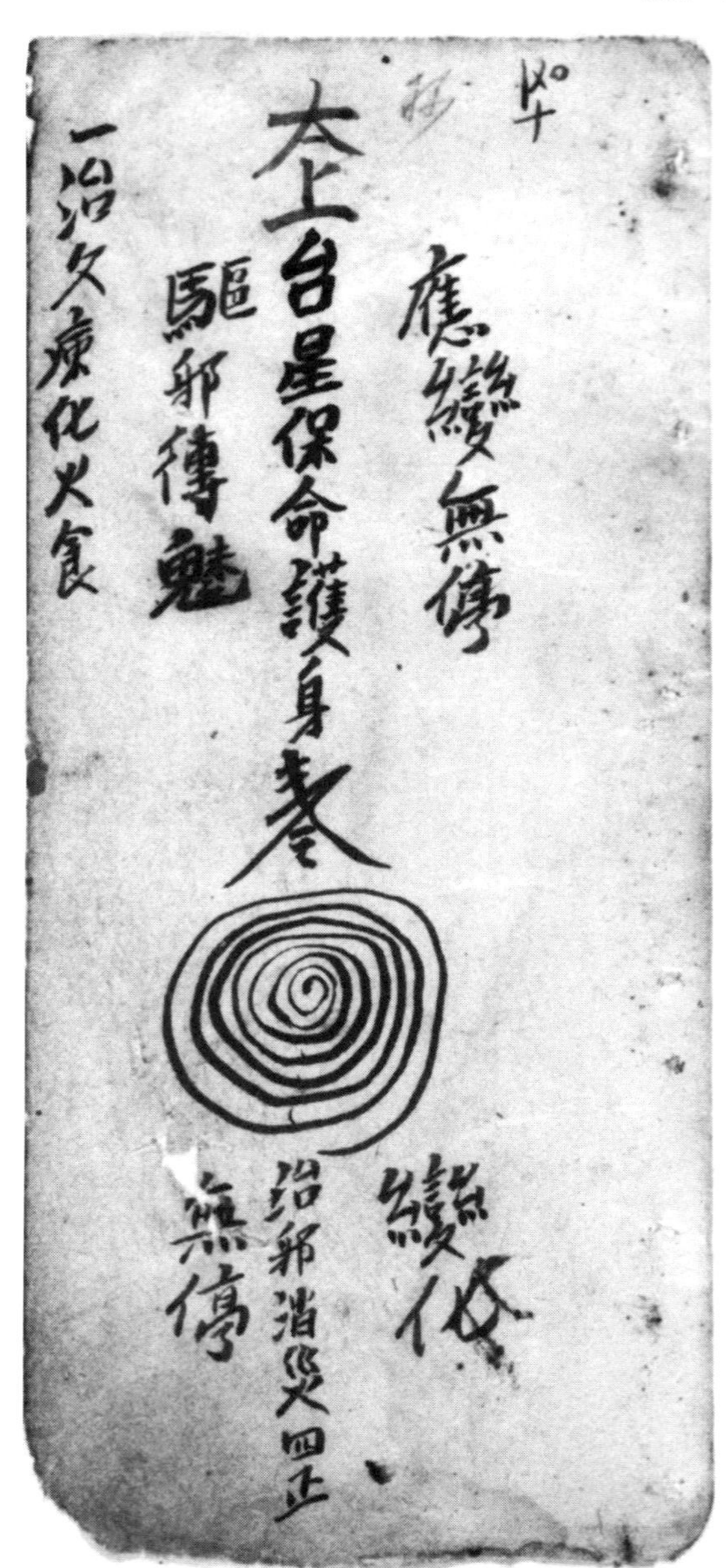

《22号符》「一治久病、化火食」
「太上台皇星勅令、保命護身、應變無停、駆邪縛魅、治邪消災、變化無停」

「司令神たる三台星の命を奉じ、某神が主動神として、神軍を率いて天降り、患家に赴き、法力を充分に発揮して、絶えず祟っている魑魅魍魎を捕縛消滅し、もって病者の長患いを根治し、その一命を救う」というのだが、主動神は不詳である。日月星辰には、一般に霊力があると認められているが、符頭に位置して威厳を保ち、睨みをきかすべき三台星が司令神になっているのは、けだし異例である。

なお、中段を占める渦巻き模様は、本号符にこめられている霊力の根源、ならびにその発揮点を示す特殊記号だが、『抱朴子内篇』の入山佩帯符にも見えている通り、由緒正しい辟邪図形である。あまつさえ、この渦巻きは巨大にして、時計廻りに八圏もある念入りな模様で、その力強さを誇っている。おもうに、治癒し難い長病みは、執拗な邪魅の仕業だから、そのつきまといに対抗するには必須の図形である（24号符参照）。

三台星の兼用符頭は、無きに等しいが、符脚は「罡」字になっており、この点ではやや不均衡である。総括して、本号符の符文は、いたって簡略ながら、かえってその渦巻き模様の記号だけが、ひときわ目立つ、異様な符令である。

23号符　「唵勅雪山雪水童、勅令勅令」（水符）

説明に「水符、化火食」とあり、焼いてその灰を水にとかし、熱病患者に服用させる、熱さましの符令である（「総説」および22・24・33・97・99・105・109各号符参照）。符式は、しきたりに従わず、記号や模様が少くて、わずか一二字だけの、短くて簡潔な文字の羅列にすぎず、型破りである。符頭は、三清記号だが（「総説」参照）、頂点には位置せず、故意に無意義な変形「勅」字の下に置かれており、常用されている転位倒置式符頭の一形式である（16・17・18・33・35・54・62・63・65・66・80・86・93・94・95・108・112各号符参照）。

符文は、二段に分れる。上段は、「唵勅雪山雪水童」七字だが、「唵」字は普庵祖師の記号であり（19・28・35・

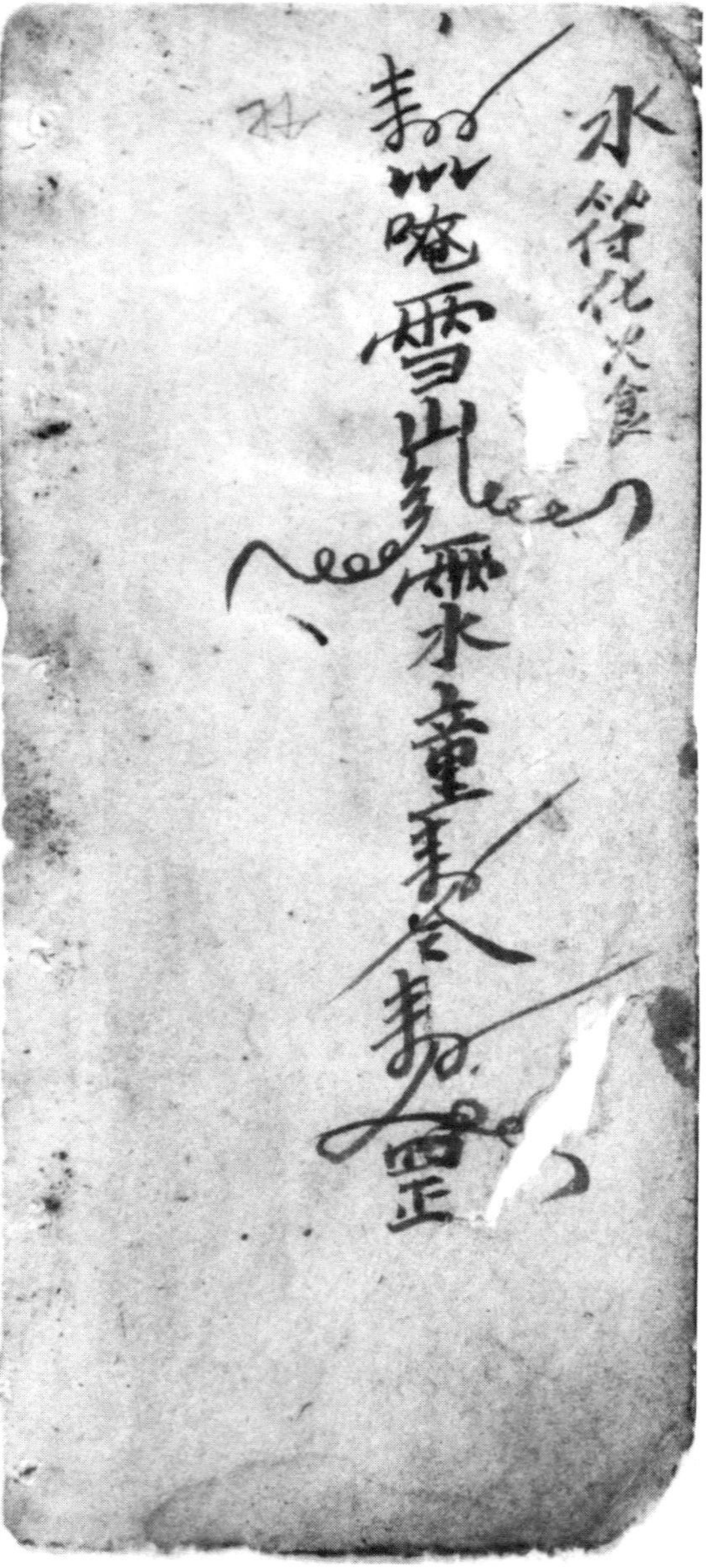

《115号符》

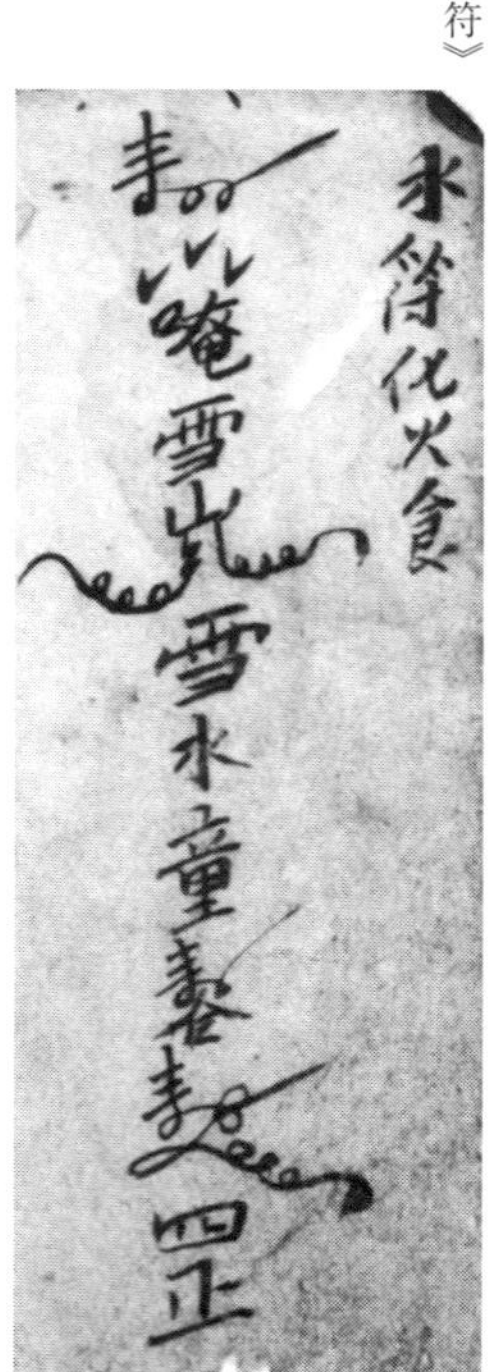

《23号符》「水符、化火食」
「唵勅雪山雪水童、勅令勅令」

36・53・62・67・75・79・85・97・102・103・104・109各号符参照)、また「雪」字は「雨」と誤写している。下段は、変形「勅令、勅令」四字である。

符文を整理すれば、「唵勅雪山雪水童、勅令勅令」となる。大意は、「司令仏たる普庵祖師が、雪山の雪水童を主動神として、患家に派遣し、寒冷な降雪で病人の高熱をさまし、治癒して快復させ、もってその一命を救う」というのである。しかして、かかる高熱治療の用途よりすれば、雪山大聖(18号符)・雪山聖者(117号符)・雪山神(62号符)・霜雷神(53号符)・雪山童子(77・105各号符)などの降雪に等しく、ともに制火煞符の範疇に属する符令であって、「説明」に表示しているような水符とは、やや趣を異にしている(「総説」および52・54・61・62・112・115・118各号符参照)。

なお、上段「山」字の下端両角から、大げさな八字髭型の巻き鬚模様をつけているが、これは「山」字をかりて、本号符に含まれている霊力の中心ならびにその発揮点を示しているのである。次に、下段の「勅令」は、一句二字だけが、上段普庵祖師の下に置かれるべきものを、故意に下段に移しているのみならず、さらに二句が重複している。しかして、かくの如き二重勅令の意義は、上級神仏の厳命を暗示し、たびたび用いられている(9・12・26・27・38・41・60・81・109各号符参照)。とりわけ本号符では、二句が上下に分離しておらず、文脈から外れ、符文の末尾で連結している符式は、115号符と一致しており、極めて特殊な手法である。

なお附言すれば、符文上段「雨水童」の「雨」字を、「雪」の誤写と認めたのは、本号符の再録である115号符に拠ったからである。またその裏付けとして、台南地方の別本符式簿所載の例がある。その符文は、「勅令唵雪山雪水童子」とあって、本号符に酷似しているのだが、主動神は「雪山雨水童」ではなく、やはり115号符同様の「雪水童子」になっている。ただ用途は、ひとしく熱病患者の解熱にあるとはいえ、用法は焼き灰を水にとかして服用させるのではなく、「此符治退熱佩身」とあって、肌守りにするだけで、解熱の効果が期待できるというのである。実際、雪水といえば、雪解け水のことだが、ここでは雪雨すなわち霙(みぞれ)を指しており、やはりその低温が利用されるのである。

符頭の簡略な三清記号に対応して、符脚も「罡」字だけである。概観すれば、本号符は簡潔にして平凡、わずかな字数だけの、穏和な語句で構成された、消極だが、まとまった符令である。

〔附記〕水符とは、水そのものを象徴する、火難除けのため、家の正門に貼り出す護符、すなわち広範な辟邪符の一種である。黒紙に白字で、「水徳星君」と書いたのが最も多く、よく知られ、常用されている。水は五行思想で、北方の黒色に属するからであり、したがって符文は白字でなければ、はっきり見えず、ふだん白紙に墨書する、白紙黒字とは正反対の、黒紙白字である（「総説」参照）。水徳星君と火徳星君は、対として、相共に水神と火神の代表と見なされており、水火は人々の日常生活にとって不可欠だが、反面では災害をもたらすので、畏敬されて、符文にも組みこまれている（39・100各号符参照）。しかし、この防火を主な効能とした、黒紙・白字・水徳星君の水符こそが、水符の本筋であるにもかかわらず、本符式簿には収録されておらず、記載されているのは、本号符を含めて、いずれも水徳星君以外の水神をあしらい、熱病患者に対する解熱の効能を謳った、前記の如き、趣を異にした傍系の水符ばかりである。一見して不合理なようだが、火事はめったに起きる災害ではないのにひきかえ、往昔の台湾は瘴癘の地で、熱病が絶えなかったからである。

逆に、近年は人口の増加と都市集中によって、火災が頻発しているため、本筋の水符が復活しており、一例を示せば、次の如きものがある。黒紙白字の古態は墨守されているが、一枚毎の手写ではなく、多量印刷に変っているので、白字は純白ではなく、やや灰色がかっている。大きさは、幅六センチに対して、高さは符文が長くなっているため、二〇センチにのびた短冊形である。符式は、符頭の三清記号と、符脚の「罡」字をそろえており、符文は「北帝勅令、水徳星君到此」とある。文意は、「司令神たる北極玄天上帝の命を奉じ、水徳星君が主動神として天降り、当地の火災を防ぎ、もって人々を救い、安住させる」というのである。けだし、北極玄天上帝と水徳星君の主従関係は、水が五行では、北方に属することに拠っているからである。

なお、黒紙白字の原則は固守されていながら、符文としての文字ではなく、判読できない複雑な紋様にくずれているものもある。また、この水符の変った用途としては、祭典の際、道場の前面上方に貼り出すこともあるが、この場合は道場の単なる火伏せのみならず、聖水による祭場浄化の意義も、こめられているのである（14号符参照）。同じく、祭典では火渡りの過火儀式に、神輿に貼りつけて、担ぐ信徒たちの火傷を防ぐ風習もある。

24号符「奉太上台星勅令……退病消災」（辟邪治病符）

説明に「治邪、化火食」とあり、焼いた灰を水にといて飲む、辟邪治病符である（「総説」および22・23・97・99・105・109各号符参照）。符式は、22号符に類似し、基本的には同一符式である。符頭は、北斗七星と三清記号（「総説」参照）の、合成二重符頭で、符令としての権威が強調されている珍しい例である。その形態は、43号符と同じだが、北斗七星は星座の組み立てが少し違っている。

符文は、三段に分れる。上段は、「奉太上台星保命護身勅令」とあり、両側に「應變無停」（22・26・46・68・80・86各号符参照）と、「駆邪縛魅」の二句を配している。中段は、渦巻き模様である。下段は、「聖人靈符、退病消災」とあり、両側に「變化」と「無停」の二句を配している（16・18・22・26・30・35・37・64・71・98各号符参照）。

符文を整理すれば、「奉太上台星勅令、保命護身、應變無停、駆邪縛魅、聖人靈符、變化無停、退病消災」となる。大意は、「司令神たる三台星の命を奉じ、某神が主動神として、神軍を率い、天降って病家に赴き、霊符の法力を振い、祟っている悪霊どもを捕縛消滅し、もって患者の重病を治し、その一命を救う」というのである。故に両符の相違は、前者に符頭と符文上段の「奉」字が欠けているのに対して、後者には備わっており、下段は前者が「治邪消災」

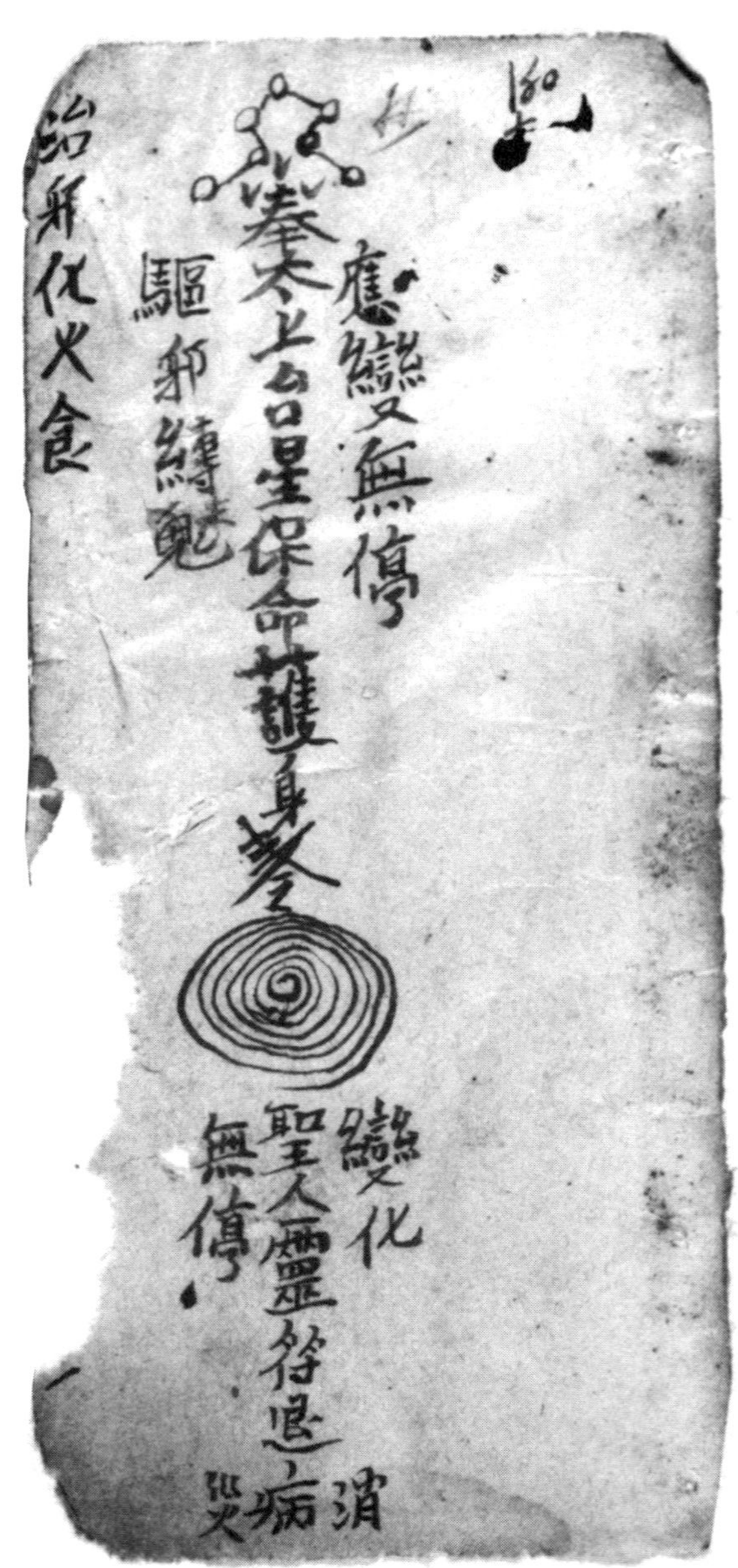

《24号符》「治邪、化火食」
「奉太上台星勅令、保命護身、應變無停、驅邪縛魅、聖人靈符、變化無停、退病消災」

の四字のみだが、後者は「聖人靈符退病消災」と詳細になっているだけであり、主旨も異ならない。中段を占める、渦巻き模様の意義も同じである。

しかして、「説明」に謳われている効能は、前者の長患いに対して、後者は邪魅の制御だが、病因は悪霊の祟りだから、両者は抵触しないのみならず、因果関係でもある。

なお、後段の「聖人」は、9号符にも見えており、八卦祖師すなわち伏羲氏だが、本号符では三台星に命令されて行動する、中級ないし下級神格なるが故に、当て嵌まらず、不詳である。また「霊符退病消災」の句は、109号符にも用いられており、「本符令をもって祟りを除き、病気を治す」という意味だが、「神符退消」（52・112各号符）や「神符退災」（53号符）などの略語も用いられており、符令の常套語である。しかして、「靈」は俗字の「靈」となっている（35・36・39・46・49・68・78・79・80・82・85・98・100・109各号符参照）。

符脚は、22号符が符頭を欠いているにもかかわらず、規則正しく「罡」字を備えているのに対して、本号符は逆に、厳しい符頭を持ちながら、符脚がなく、いかにも不安定な感じである。総合して、駆邪治病をかかげてはいるが、わりあい柔軟にして消極的な符令であり、全構図より見れば、22号符同様、渦巻き模様が際立って目を引く、特異な符令である。

〔附記〕既述の如く、本号符と22号符は相似符式であり、従って符文中段の渦巻き模様は、全く同一の図形である。しかして、その先蹤はつとに『抱朴子』における、入山の際に佩帯する辟邪保身符に認められることは、前述の通りである。しかしその意義と形態は、必ずしも同じくはないので、別本符式簿所載の諸例について、いささか検討を加える。

まず渦巻きの方向だが、いずれも中心から外側へと、時計の指針と同じく、ひらがなの「の」字を書く要領で、左廻り（すなわち向って右廻り）だけで、反対廻りはない。その因って来たるゆえんは、左位は右位に勝るという、左尊右卑の伝統的観念に基いていると思われる。次に、廻る圏数は、本号符の如き八圏は、むしろ異例の多圏で、普通は四乃至三圏だが、後者が最も多い。四圏は雷神辟邪符と水符の各一例だけだが、三圏は水符二例と、北帝符・安胎符・普庵治眼病符・姜太公畜瘟符各一例の合計六例が最も多く、普遍的な渦巻き意匠になっている。

最後に注意すべきは、この渦巻き意匠と文字の合体である。本号符と22号符は、ただ渦巻きだけでも、それなりの意義はあるのだが、文字と組み合せれば、その作用はもっと明確になる。さらに文字は、渦巻きに包みこまれているのみならず、逆に文字を中心にして、その最後の字画が、すなわち渦巻きの起点にもなっているのである。最も多用されている文字は、「井」字で、七例中の四例を占めて、過半数になる。しかして、その意義は、水符の場合ならば深井を表わし、深い井戸水ほど冷いという思考である（105号符参照）。ただし、北帝符の場合は意義不詳であり、まして姜太公治畜疫符では、説明に「此符治猪牛瘟神符、安鎮大吉」とあって、家畜の疫病流行の際、小屋に貼る防疫の畜類護符になり下っている。しかし水符でも、僅か一例だけだが、「井」字ではなく、「艮（こん）」字になっているのがある。すなわち易の卦名だが、その水との関係は不詳である。

次に、安胎符は妊婦がつける肌守りだが、文字は「佛」字で、この場合の渦巻きは、仏法の宏大無辺なるを誇示しているのである。

最後が普庵治眼病符だが、説明に「此符眼痛食」とあって、痛みの激しい眼病に対する応急手当てとして、水に焼き入れて患者に飲ませる符令である。文字は「獅」字で、この場合の渦巻きは、百獣の王としての獅子の猛威を誇っているのだが、符文に「普庵鎮安煞」とある通り、「普庵祖師が獅神を使わしめとして、悪煞を鎮圧し、もって病人の激痛を鎮め、その眼疾を治癒する」というのである。

25号符「勅令、玉皇勅……合家平安」（鎮宅平安符）

説明はないが、符文から推測すれば、悪霊を家中から排除する、鎮宅平安符である。符式は複雑で、記号や変形文字・合成偽字などを含み、難解である。符頭は、前の24号符と同形の北斗七星記号に、中斗三星を包んでおり、この両星座を含む符頭は、110号符にも見られる。

符文は、三段に分れる。上段は、記号と「勅令」二字である。記号はさらに、八卦と文字の合成を以て、41・78・104各号符に対応している。八卦は「坎（かん）卦であり（41号符震（しん）卦、78号符艮（こん）卦、104号符離（り）卦）、辟邪の寓意である。文字は道教式合成偽字で、「雨（あめかんむり）」部首の下に「彖」と「爿（しょうへん）」を加えており、構成としては104号符の「雨」・「祟」・「氵」合成と、41号符の「雨」・「弘」・「氵」合成に類似している。しかして、41号符の「霐」が玉清を象徴していることから推せば、この「〓」は104号符の「〓」とで、上清と太清を示し、三字ぞろいで三清記号になっているのである。さらに、八字髭型の巻き鬚模様をつけた「雷」が（1・3・4・5・10・41・58・78・123各号符参照）、一字を頂点にして、二字を下方の左右両側に配し、八卦と三清を覆っているが、三「雷」字の巻き鬚をつなげた形態は、あたかも法器の雷令、すなわち令牌の輪廓を象徴しているのである（9・10・41・50・51・58・68・78・104・114各号符参照）。続いて「勅令」とあり、その両側に「玉皇勅」と「天師勅」の対句を配しているが、これは玉皇大帝と張天師連合の、定型化した希な複数司令神である（1・2・16・42各号符参照）。「令」字は「人（ひと）」部首の両端に、大げさな八字髭型の巻き鬚模様を付して、よく目立っている。

中段は、「李靖先師雨轟令」とあるが、「靖」字を「精」と誤写しており、その両側「黄□将軍到此勅令」と「張李將軍到此勅令」の二句を配している。しかして「將」字は、「いずれも「将」と誤写している。

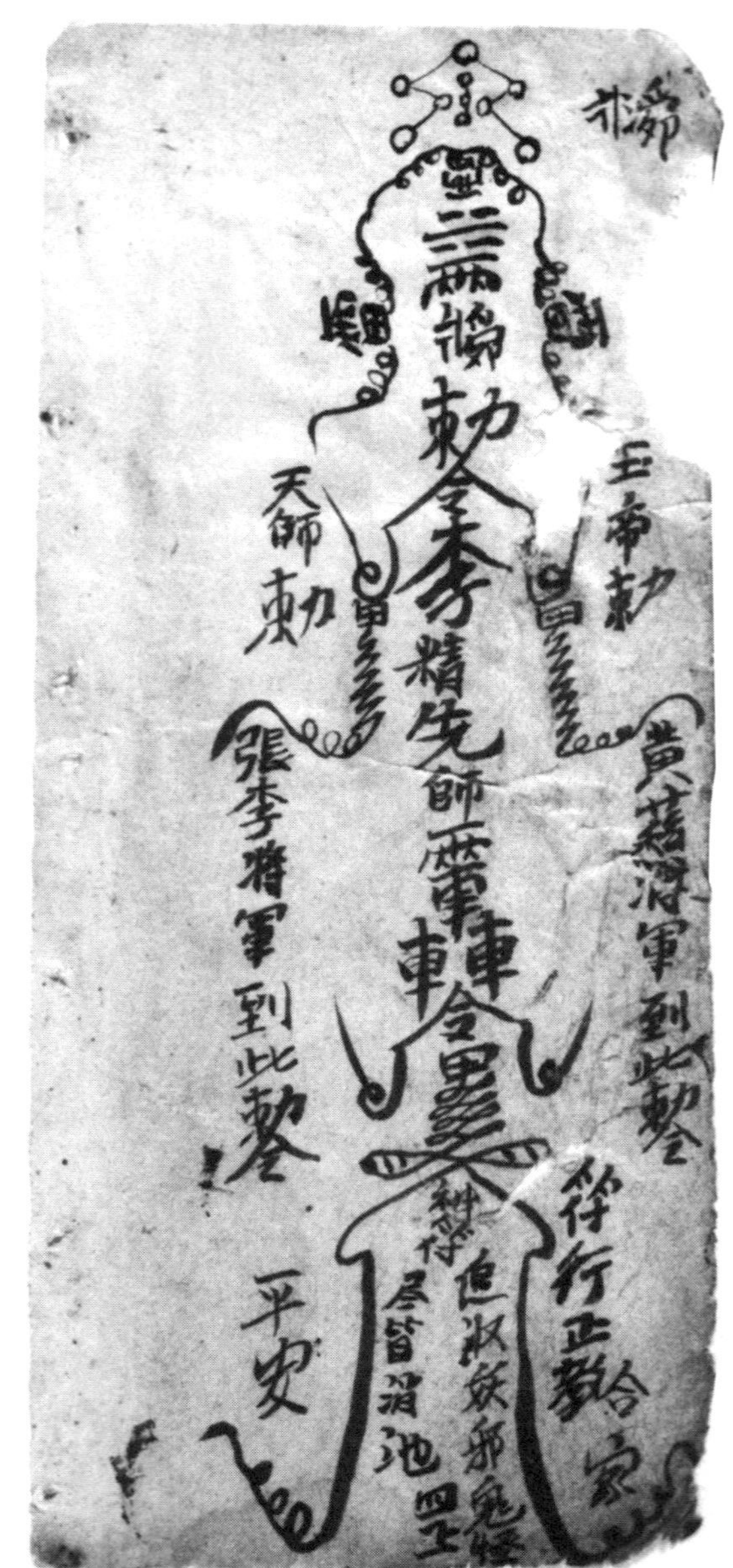

《25号符》（説明なし）

「（坎卦）・（三清）・（雷令）、勅令、玉皇勅、天師勅、李靖先師雷轟令、黄□將軍到此勅令、張李將軍到此勅令、符行正教、神符追収、妖邪鬼怪、盡皆消除、合家平安」

下段は、「鬼、符行正教、神符追収、妖邪鬼怪、盡皆消除」とあるが、「鬼」字は、「田」字と〰状のくねた交差曲線模様、および巻き鬚模様の合成変形字体になっている。さらに「盡」は俗字の「尽」となし、「除（ティ）」は故意に同音の「池」と誤写し、また両側に「合家」と「平安」の対句を配している。

しかして、本符式簿におけるこの交差曲線模様は、意義不詳の場合もあるが、最も多用されているのは、変形「令」字であり、かくの如き変形「鬼」字としては、34号と38号の二符を合せて、僅か三例にすぎない（「総説」参照）。中段の李靖先師は、64号符にも登場しており、李天王すなわち托塔天王のことで、がんらい仏教の毘沙門天だが、『封神演義』では哪吒の父として人口に膾炙し、民間ではその武雄と武器の宝塔をもって、制邪の威力を信じられているのである。同じく、中段の「雨轟令」は、「雨」字が上段にも含まれており、いずれも「雷」の略字として用いられているから、これも法器の雷令すなわち令牌を指していると思われる。下段の変形「鬼」字が、符文の内容とは関係なく、ただ本号符に含まれている霊力の所在、ならびにその発揮点を示しているにすぎないことは、他の諸符と同じである（「総説」および2・7・9・13・19・30・31・33・34・38・39・44・52・54・67・72・78・83・87・88・89・91・94・101・108・111・112各号符参照）。

符文を整理すれば、「（坎卦）・（三清）・（雷令）、勅令、玉皇勅、天師勅、李靖先師雷轟令、黄□将軍到此勅令、張李将軍到此勅令、符行正教、神符追収、妖邪鬼怪、盡皆消除、合家平安」となる。大意は、「司令神たる玉皇大帝と張天師の命を奉じ、李靖が主動神として、黄・張・李と某姓の四将を率いて天降り、民家に赴き、法器の雷令を使って五雷神を召し、猛威をふるって妖邪鬼怪を征討し、もって祟られている一家に、平安をもたらし、繁栄を助ける」というのだが、「合家平安」こそ究極の目的として、平安符が重宝がられるゆえんである（1・12・32・39・41・50・69・78・86・100各号符参照）。

なお、「勅令」は三箇所に使われており、上級司令神の下級神に対する命令だから、上段における玉皇大帝と張天師二神の李靖に対する場合はともかく、中段の「黄□將軍到此勅令」と「張李將軍到此勅令」は、いずれも「勅令」の位置が顚倒しており、「勅令黄□將軍到此」と「勅令張李將軍到」とすべきことは明らかである。しかのみならず、一符における「勅令」の三句使用は、前例がなく、型破りだが、もし枠をゆるめて、これを二重勅令の延長、あるいは変形と見なして、後の二句は前句の語気を強めているにすぎないとも解釈できるのである（9・12・23・26・27・38・41・60・81・109各号符参照）。

符頭が簡略な二星座の組み合せに対応して、符脚も「罡」字だけである。本号符は、符文から見れば、ものものしい神軍をくり出した積極的符令であり、構図としては、複雑にしくまれ、いかにも威厳に満ちて、安心感を抱かせる符令である。

〔附記〕符文下段の「符行正教」については、さらに穿鑿の余地がある。正教とは、邪教に対する正しい宗教だが、ここでは符仔路の黒巫術（「総説」参照）に対抗する、中国南部一帯における民間信仰に基づく、普遍的な法教の諸派を指している。すなわち本符式簿所載符令の基盤だが、この正当な法教を推し広めるための符令を標榜しているのである。故に50号符では「符行正教、掃退千教」として数々の邪教を否定し、25号符では「符行正教、神符追収、妖邪鬼怪」として、諸神の加護による悪霊の制圧を謳い、91号符では「符行正教、起煞鎮安」として専ら悪煞を鎮め、43・48・64・81・97各号符では「符行正教、掃去千災」として、究極の安住を掲げているのである。

26号符「玉皇上帝勅令……鬼怪滅亡」（治陰鬼符）

説明に「治陰鬼、大門前化火、金銀多」とあるが、「銀」を略字の「艮(こん)」となし、末尾の「少」字が欠落している。幽鬼の激しい祟りに触れた際、金紙・銀紙など、適量の紙銭といっしょに、門前で焼き、供物を供えて祓い清める、治陰鬼の辟邪符である。符式は、符文両側の配置語句が多いため、一見して複雑なようだが、構成としては、むしろ単純である。符頭は、東斗五星記号を主体にした、三重構成の複合式である。

符文は、三段に分れる。上段は、「玉皇上帝勅令」とあって、その両側に「太陽星君」と「太陰星君」二神を配しているが、「令」字は「人(ひと)」部首の両端を、それぞれ巻き鬚模様にしている。中段は、「（中斗三星記号）、観音親到勅令」とあり、両側に「應変無停、駆邪縛鬼」の対句を配している。下段は、「神符変化」から、左側の「無停」に続いて、「変化無停」にもなり、さらに右側の「押断陰公、鬼怪滅亡」に続いている。しかして、上段の太陽星君と太陰星君は、符頭に属しており、日月星辰が本来具有している霊力を示す、第二式三光記号である（「総説」および10・27・32・46・50・56・68・116各号符ならびに12・47・48各号符参照）。中段の中斗三星記号は、東斗五星記号と合せて、符頭であるべきものを、故意に分離して、符文に繰り入れたのであり、この分離式三重構成符頭は、符令神秘化の一策でもある（「総説」および1・5・9・10・27・30・31・32・38・46・55・56・60・78・80・86・97・105・106・110・116各号符参照）。「勅令」は、上段にもあって、重複しており、二重の命令とは、上級の厳命督励を示しているにすぎないのである（9・12・23・27・38・41・60・81・109各号符参照）。

なお、「令」字は、最後の筆画をのばして、[illegible]状のくねた交差曲線模様にし、両足を広げて左右に垂した図形になっており、神威の誇示と共に、本号符における霊力の中心、ならびにその発揮点をも示しているのである。この交差

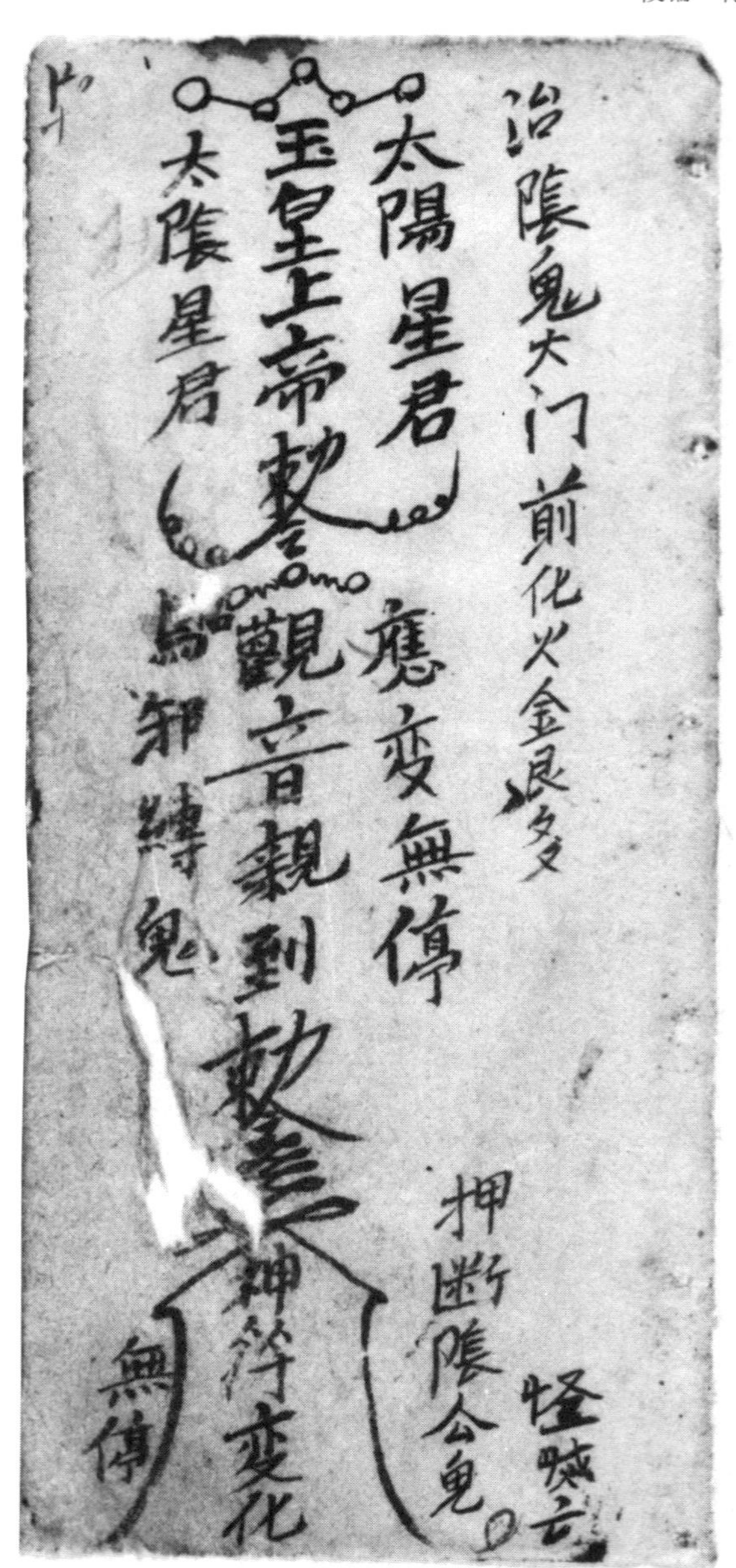

《26号符》「治陰鬼、大門前化火、金銀多」「玉皇上帝勅令、観音親到、應変無停、駆邪縛鬼、押断陰公、神符変化無停、鬼怪滅亡」

曲線模様は、意義不詳の場合もあるが、変形「鬼」字にもわずかながら、三例使われている。しかし最多はこの「令」字で、本号符を含め、全部で二〇例の多きにのぼっている（「総説」および1・20・27・30・31・32・39・40・41・64・70・71・81・82・97・100・105・110・120各号符参照）。

下段の陰公とは、無縁仏のことで、台湾の開拓は困難を極めて、犠牲者が頗る多く、浮かばれない厲鬼の最たるものとして、祟りを恐れられているのであり、往昔の恐怖に満ちて緊迫した生活環境を反映しているのである。中段の「應変無停」（22・24・46・68・80・86各号符参照）と、下段の「変化無停」（16・18・22・24・30・35・37・64・70・98各号符参照）は、「正法変化」（96号符）・「神符変化」（7号符）・「変化神符」（97号符）などと同義で、いずれも本号符は、悪霊の跳梁跋扈に対して、いついかなる場合にも即応して、霊力を調節発揮し、対処できる。

すなわち、符令の霊力は、固定しているのではなく、対抗悪霊の勢力やその出方次第によって、停滞することなく、いかようにも伸縮して、融通が効くという、法力の強さとその弾性を強調しているのである。実際、「道高一尺、魔高一丈」すなわち「道義が一尺でも伸びれば、それを乗り越えて、魔力は一丈も伸びる」という、正邪葛藤の極端な比喩があるように、邪悪ははびこりやすいのである。しかし、いかに頑強な悪鬼に対しても、神仏が行使する正法の霊力は、絶えず更新強化して、それを凌駕し、優位を占め、制圧しているので、霊界の秩序は常に保たれて、揺るがないというのである。

なお、22号符と24号符は、いずれも本号符同様に、一符式の中で、「應変無停」と「変化無停」という同義の語句を、故意に重複して用いている。おもうに、これは悪霊に対する高圧的恫喝だが、裏返せば、すなわち人々に対する、くどくどしい慰撫の言葉とも受けとれるのである。

符文を整理すれば、「玉皇上帝勅令、觀音親到、應変無停、駆邪縛鬼、押断陰公、神符変化無停、鬼怪滅亡」となる。大意は、「司令神たる玉皇上帝が、観音仏祖に命じ、主動神として、神軍を率いて天降り、祟られている家に赴き、盤踞している無縁仏や悪鬼どもを、征討して滅亡させ、もって家運を挽回し、不運の一家を救う」というのである。しかして、主動神たる観音仏祖は、98号符には司令神として登場し、35号符ではただ間接的に関与しているだけで、普遍的に篤信されている仏菩薩の身分にそぐわず、むしろ意外な現象である。

複雑な符頭を備えているにもかかわらず、符脚を欠いている点では、著しく均衡を失している。総じて、体裁はあまり整ってはいないが、一見して、威風堂堂たる符令である。

27号符「玉帝奉旨勅令……福開陰鬼」（治陰鬼符）

説明に「治陰鬼、安化火可用、金銀多少」とあるが、「銀」を俗字の「艮(こん)」となし、「少」字は「小」と誤写している。前出の26号符と同じく、陰鬼を討滅する治陰鬼符だが、使用法は、玄関に貼り出すなり、門外で焼却してもさしつかえないというのである。ただし、いずれにしても、やはりいくばくかの金紙と銀紙の紙銭を焼き、供物を供えて祓わなければならない。しかし紙銭の用途から考えれば、金紙銭は陽神に献じるのに対して、銀紙銭は陰鬼に施すものだから、この場合は前号符同様、対象は陰鬼に重点が置かれており、分量は銀紙銭を多めに焚かねばならないのである。符式は、前号符をふまえた同型に属し、中庸を得た構成である。符頭は、北斗七星記号と、符文中段の両側にずらした二星記号二座、すなわち西斗四星とを組合せた、分離式三重符頭である（「総説」および1・5・9・10・26・30・31・32・38・46・55・56・60・78・80・86・97・105・106・110・116各号符参照）。

符文は、三段に分れる。上段は、「玉帝奉旨勅令」六字で、「令」字はその「人(ひと)」部首の両方先端に、一圏を巻き上げた模様を付しており、両側に「太陽星君」と「太陰星君」二神を配している。中段は、「通天鑾駕勅令」とあって、両側に「左天兵」・「右地將」の対句を配している。下段は、「紙符法兵、福開陰鬼」とあるが、余白がないため、

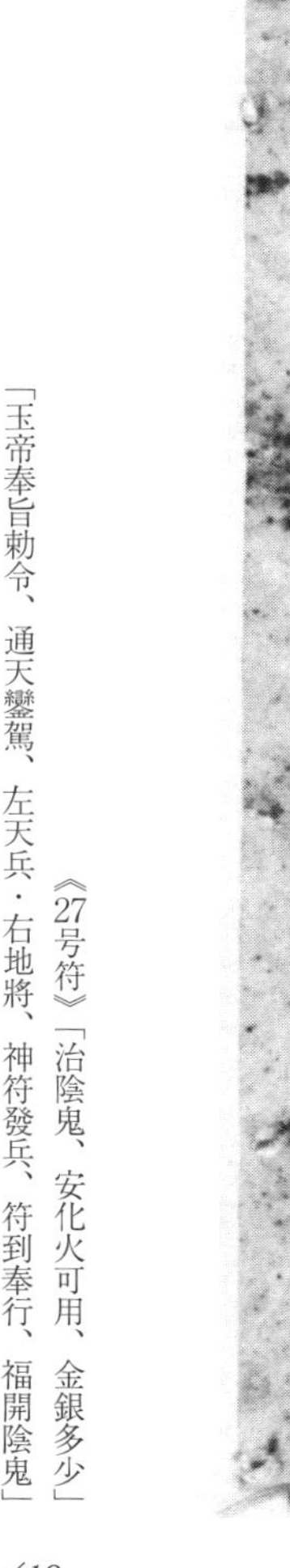

《27号符》「治陰鬼、安化火可用、金銀多少」
「玉帝奉旨勅令、通天鑾駕、左天兵・右地將、神符發兵、符到奉行、福開陰鬼」

「陰鬼」二字は、やむなく「開」字の両側に、一字ずつ分配している。また「福」字は「楅」、「陰」字は「侌」と、それぞれ誤写している。さらに全行の両辺、すなわち外側には、「符到奉行」と「福開陰鬼」の二句を配しているが、「福」字は「福」と誤写している。

しかして、上段の「太陽星君」と「太陰星君」、すなわち日月という一対の天体は、符頭に属し、符令に霊力を添えている、第二式三光記号であることも、既述の通りである（「総説」および10・26・32・46・50・56・68・116各号符、ならびに12・47・48各号符参照）。また中段の「天」字は、二本の足を分離し、股を広げて垂下した曲線の先を、八字髭の巻き鬚模様にした鳥居型になっており、本号符における霊力の中心、ならびにその発揮点でもあることを示している（「総説」および6・16・20・32・43・46・49・50・56・61・68・73・77・90・95・99・102・107・109・116・118各号符参照）。

中段の鑾駕とは、がんらい天子の車駕だが、ここでは神輿を指し、高位神祇降臨の意である。34・56・116各号符には「玉皇鑾駕」とあるが、30号符と107号符は共に、本号符同様の「通天鑾駕」で、天廷と下界という、神人両界をつなぐ交通機関である。「勅令」も前符と同じく、上段のと重複しており、二重勅令になっている（9・12・23・26・38・41・60・81・109各号符参照）。さらに、この「令」字もまた前号符同様、最後の筆画をのばして、[illegible]状のくねた交差曲線模様にし、両足をひろげた変形図柄で、その霊力を強調している（「総説」および1・20・26・30・31・32・39・40・41・64・70・71・81・82・97・100・105・110・120各号符参照）。下段「神符發兵、符到奉行」とは、事態が切迫しているため、「携えた霊符を直ちに行使して、強敵を一掃せよ」と督促しているのである（58・110各号符参照）。しかして、「發兵」の「發（ホアツ）」字は、同音の「法」と誤写しており、軍隊の出動だが、ここでは神軍の出陣である（2・78・120・122・123各号符参照）。同じく、下段の「福開陰鬼」は、二句もあって重複し、排除されるべき悪霊の頑強さを暗示している。

符文を整理すれば、「玉帝奉旨勅令、通天鑾駕、左天兵・右地將、神符發兵、符到奉行、福開陰鬼」となる。大意は、「司令神たる玉皇上帝の命を奉じ、某神が主動神として、鑾駕に召し、天地将兵の神軍を率いて天降り、大勢の悪霊陰鬼にわだかまり祟られて、家運の傾いた民家に赴き、霊符を駆使して、執拗な悪鬼どもを退け、もってその一家を守り、家運を挽回する」というのだが、主動神はいかなる神祇であるかは、不詳である。

符頭が三重という、複雑な構造であるのに対して、符脚がなく、構成としては、甚だ均衡を失している。総体的に見れば、治鬼符でありながら、措辞は穏当で、風格のある符令である。

28号符「普庵佛……胎兒母腹」（治流蝦病符）

説明に「帯流蝦符、在房内化火可用」とあり、起流蝦すなわち流蝦病が起った産婦に対し、産室で焼いて魔除けする、治流蝦病符である。「蝦（ヘエ）」は字形の相似によって、「暇（ハア）」字と誤写し、さらに発音の相似で「霞」字と転訛し、流用しているのである。流蝦（リウヘエ）とは、分娩の際によく起る病名であり、帯流蝦とは、それに罹りやすい性分を帯びた婦女をいう。水を動かしたり、水の流れる音を聴いたり、赤色の物を見れば、多量出血で難産死するとて、恐れられているのである。符式は、一行の文字だけで構成されており、際立った図形もなく、至って簡略である。符頭は、省略されている。

符文は、三段に分れる。上段は「普痷佛」、中段は「雨應雨元雷雨聲雨普雨化雨天雨尊」、下段は「押退流蝦胎兒母腹」とある。しかして、上段の普痷佛とは、いうまでもなく普庵祖師のことだが、「痷」字は一種の病名である、庵の誤写である。すなわち「疒（やまいだれ）」部首は、本号符の治病効力を「普庵」に掛けているのである（19・23・35・36・53・62・67・75・79・85・97・102・103・104・109・115各号符参照）。中段は、「應元聲普化天尊」各字の上に、それぞれ「雨」字を冠しており、いずれも「雷」字の「雨（あめかんむり）」部首で、七字の「雷」として、七隊の雷軍を示しているのだが、実は五雷神を指しているのである。

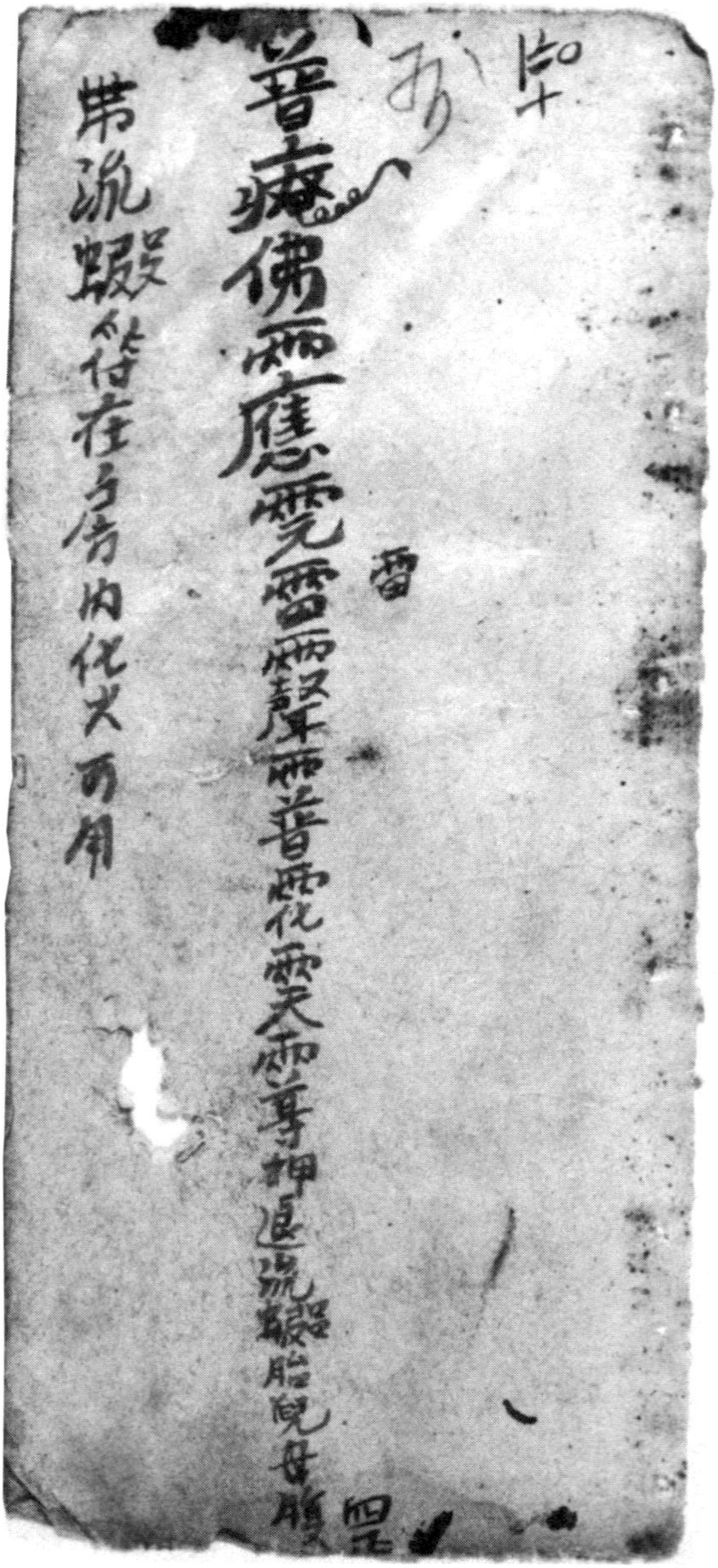

《28号符》「帯流蝦符、在房内化火可用」
「普庵佛、應元雷聲普化天尊、押退流蝦、胎兒母腹」

符文を整理すれば、「普庵佛、應元雷聲普化天尊、押退流蝦、胎兒母腹」となる。大意は、「司令仏たる普庵祖師の命を奉じ、普化天尊が主動神として、雷軍を率いて天降り、出産の家に赴いて、産室に臨み、流蝦をもたらす悪霊どもを退け、もって母体と胎児を保護し、安産を確保する」というのである。

なお、符令の名称は上述のほか、制流蝦符とも言い、一般にただ流蝦符と呼ばれており、用法も産室で焼くよりは、むしろ寝台の前面に貼るのが普通である。しかして、産後の多量出血による危篤症状を、山崩れの大災害に譬えて、特に血崩山(ホエバンソア)と称し、焼き灰を薬と同時に、産婦に飲ませる血崩山符とか、逆子や難産の場合に服用させる横生符や、死産に飲ませる胎光符などもある。

符頭がないのに見合って、符脚も「罡」字だけで、首尾ともに簡略である。本号符は、符文から見れば、辟邪符にありがちな、叱責や怒罵などのきつい語句がなく、淡々とした、むしろ消極的符令である。

29号符 「□永福神勅令……保命退煞」(安胎符)

説明に「出入帯身」とあり、在宅や外出にかかわらず、妊婦が常に身につける安胎符である。符式は、文字が少く、記号もわずかにして、単純である。符頭は、三台星記号だが、位置を下の符文上段にずらしている。すなわち転位倒置符頭で、三清記号にはしばしば見られるが、三台星記号では、珍しい例である。さらに、その左右両星には、それぞれ垂れ下がった三巻きの、巻き鬚模様をつけて、霊力と威厳を誇示している。

符文は、三段に分れる。上段は、「勅令□永」とあって、両側に「福」と「神」の二字を配置している。しかして、「永」字には、八字髭型の巻き鬚模様をつけて威力を表示しており、上の不詳字と合せて、福神の称号になっているが、的確な該当神格は不詳である。中段は、「三宮夫人神符」とあり、下段は、「護身保命退煞」とある。

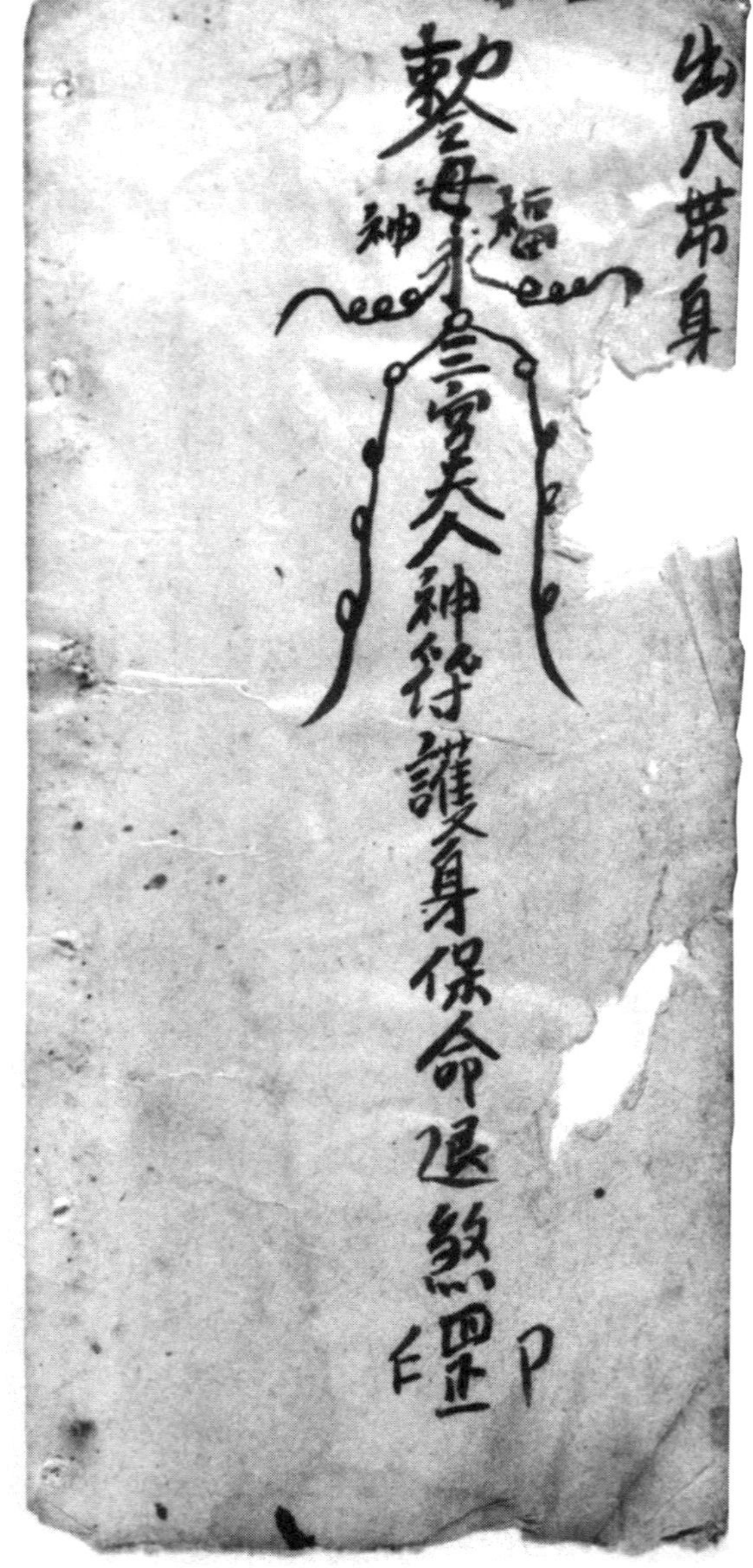

《29号符》「出入帯身」
「□永福神勅令、三宮夫人、神符護身、保命退煞」

符文を整えれば、「□永福神勅令、三宮夫人、神符護身、保命退煞」となる。大意は、「司令神たる某福神が、三宮夫人に命じ、主動神として、神軍を率いて天降り、出産の家に赴き、霊符を行使して悪煞を排除し、もって妊婦を護り、安産を助ける」というのである。三宮夫人とは、三奶夫人のことで、三柱の女神だが、主神の臨水夫人すなわち陳靖姑は、難産に死して安産の神となったのである。故に妊婦の守護神で、安胎祈願の対象としては、最もふさわしい女神であり、その安胎符が、篤信者に広く使われているゆえんである。

なお、安胎符は本号符を含めて、一〇式あるが、用法から言えば、本号符同様の形態は、合計四例で約半分を占め（89・98・108各号符）、寝台貼り付け三例（49・87・107各号符）・寝室入口貼り付け二例（92・113各号符）・食用一例（91号符）に比して最も多く、その軽便な「護符」として、大衆に受け入れられている現象を示しているのである。

符頭の変形三台星記号に対応して、符脚も「印」字を、「卩（ふしづくり）」部首と「E」とに割って、中に「罡」字を挟んだ、「罡印」二字の重複式である（「総説」および1・4・5・10・42・47・66・69・74・80・94各号符参照）。総じて、符式は簡略ながら、かえって往時の開拓社会における、人口増加の熱望につながる安産祈願を、よく反映した符令である。

30号符「伍佛勅令……變化無停」（五営収兵符）

説明に「収兵化火用」とあり、五営神軍が軍務を果して撤退する際に、紙銭とともに、焼き添える五営収兵符である。符式も、用途なみに特殊である。符頭は、星座で構成され、南斗六星をはさんで、両側に中斗三星と西斗四星を配しているが、さらに二座の双星を、符文上段の両側にずらした、分離式二重構成符頭である（「総説」および1・5・9・10・26・27・31・32・38・46・55・56・60・78・80・86・97・105・106・110・116各号符参照）。

符文は、三段に分れる。上段は、「伍佛鬼勅令」五字である。「佛」字は、最後の二本の筆画をのばし、八字髭型

《30号符》「収兵化火用」
「伍佛勅令、通天鑾駕、収回天地兵将、各歸本位、變化無停」

の巻き鬚模様にして、その威力を誇示している（16・35・39・46・67・102・103・107各号符参照）。その下の「鬼」字は、「氵（さんずい）」部首（9号符では「三」字になっている）と「田」字およびその下部両角から、二本の曲線を垂らして図案化した、変形字体になっている。しかし、この変形「鬼」字は、本号符に内包されている霊力の根源とその発揮点を示しているのみで、符文の内容とは遊離し、相互関係はないのである（「総説」および2・7・9・13・19・25・31・33・34・38・39・44・52・54・67・72・78・83・87・88・89・91・94・101・108・111・112各号符参照）。さらに、「令」字は、最後の筆画をのばし、状のくねた交差曲線模様で、命令の厳しさを示している（「総説」および1・20・26・27・31・32・39・40・41・64・70・71・81・82・97・100・105・110・120各号符参照）。

中段は、「通天鑾金駕」とあり、両側に「變化」と「無停」の二句を配している。「鑾金」二字は、「鑾」一字の分解変形で、鑾駕は天子の乗物だが、ここでは神輿を指し、高位神祇降臨の意である。34・56・116各号符では、「玉皇鑾駕」となっているが、27号符と107号符では、いずれも本号符同様の「通天鑾駕」となし、天界と下界の両界をつなぐ交通機関である。「變化無停」（16・18・22・24・26・35・37・64・71・98各号符）とは、「応変無停」（22・24・26・46・68・80・86各号符）・「正法変化」（96号符）・「神符変化」（7・26各号符）・「変化神符」（97号符）などと同じく、本号符が発揮する霊力は固定せず、有効に悪霊と抗争し、制圧するために絶えず変化するのだが、正法の霊力は、常に悪敵に勝（まさ）っており、いささかも揺るがないというのである。

下段は、「収回天地兵将」とあって、両側に「各歸」と「本位」の二句を配している。

符文は、一見して複雑なようだが、整理すれば、「伍佛勅令、通天鑾駕、収回天地兵將、各歸本位、變化無停」となる。大意は、「伍仏が司令仏として、某神に命じ、天降って、神軍の引き揚げを督励する」というのだが、伍仏とはいかなる仏菩薩か、また派遣される主動神の該当者は、いずれも不詳である。

そもそも、凶神悪煞の跳梁跋扈への対策として、五営神軍の降臨を仰ぎ、征討あるいは駐屯してもらうのは、まさに閭山教派得意の法場である。しかして、目的達成後には、禍根を残さないように、全軍撤退してもらわねばならず、「兵将各歸本位」とは、すなわち「原隊にもどれ」の指令である。故に本号符の作用は、直接人間に対するものではなく、軍隊慰労の餞別ないし路銀として、紙銭もろとも、神軍に焼き贈り、同時に決別の心意を通告する点が特色である。

なお、「発鉄甲兵符」（120・121・122・123各号符）が、五営全軍の出兵であるのに対して、本号符と51号符は収兵で、一連の軍事行動の、首尾をなしているのである。

符頭は、分離した複数の星座を組み合せた、複雑にして独特な構成であるのに対比して、符脚は常用されている「罡」字だけの、簡潔さで、いかにも不均衡である。総覧すれば、本号符は型破りの構成を交えているせいか、奇異な感じを与える符令である。

31号符　「玉皇上帝奉旨勅令……押滅鬼怪喪門神煞」（帯身符、治喪門麻衣煞符）

説明に「帯身」とあり、遺族が携帯して、喪門煞鬼の祟りを回避するのである（6・20・103・104・106各号符参照）。符式は30号符に似て、かなり特殊である。符頭も、前符と同一様式の、星座で構成された、分離方式である。すなわち、北斗七星をはさんで、その両側に双星と東斗五星を配しているが、さらに七星と九星を、符文の上段両側にずらした、複雑にして大げさな星象図になっているが、かかる分離式二重構成符頭は、符令神秘化の方法として、常用されている（「総説」および1・5・9・10・26・27・30・32・38・46・55・56・60・78・80・86・97・105・106・110・116各号符参照）。

符文は、三段に分れる。上段は、変形「鬼」字に続いて、「玉皇上帝奉旨勅令」とある。「鬼」字は、「田」字の下部両角から、八字髭型の巻き鬚模様をのばした変形字体で、符文の内容とは関係なく、単に本号符が具有する霊

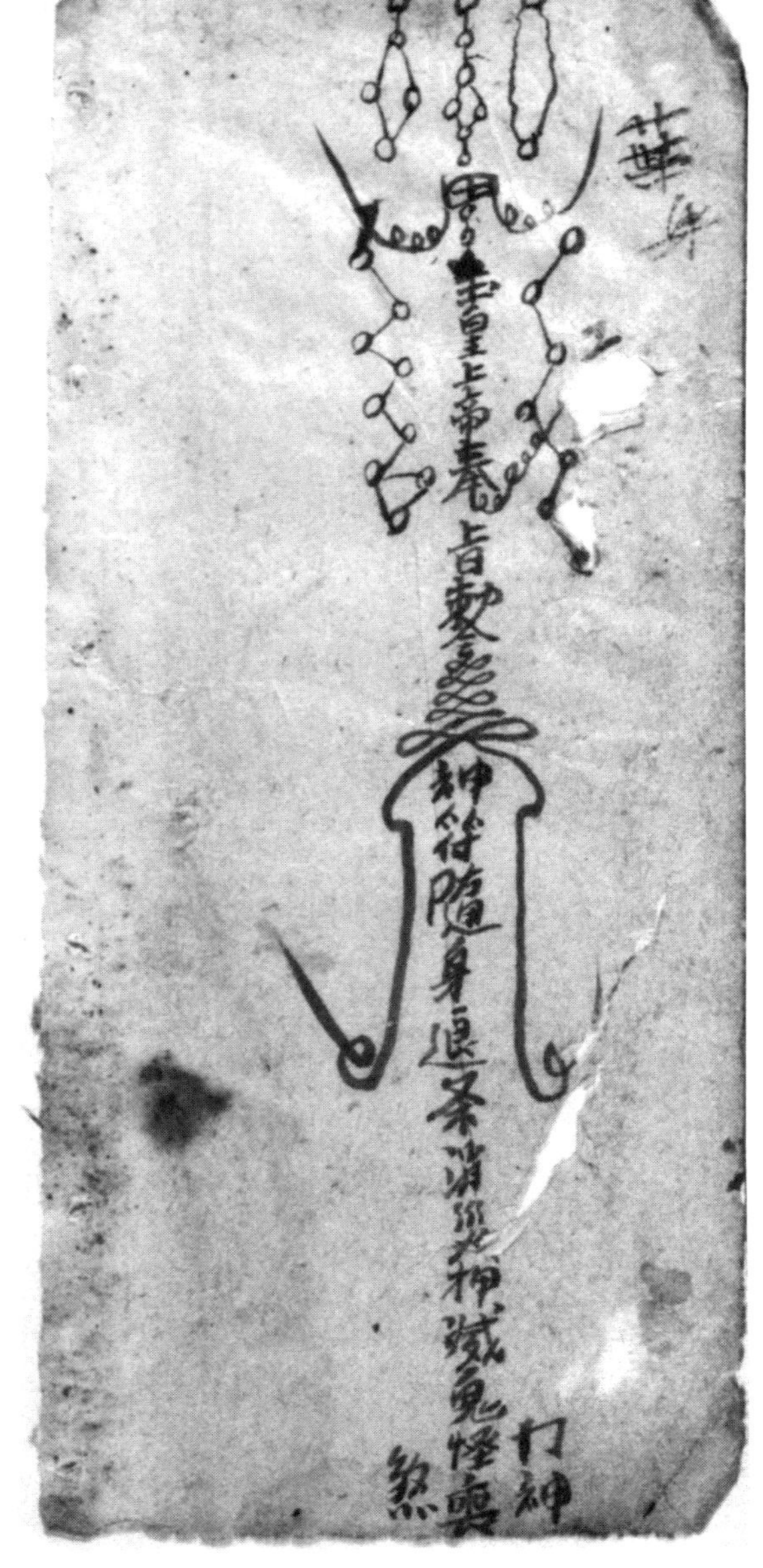

《31号符》「帯身」
「玉皇上帝奉旨勅令、神符隨身、退煞消災、押滅鬼怪喪門神煞」

力の根源は、主にこの字にこめられており、またその発揮点でもあることを示しているにすぎないのである（「総説」および2・7・9・13・19・25・30・33・34・38・39・44・52・54・67・72・78・83・87・88・89・91・94・101・108・111・112各号符参照）。変形「令」字も、前符同様、最後の筆画をのばして、状のくねた交差曲線模様にしてから、さらに股間を広げてのばした二本の曲線にして、これが厳命なることを強調した常套手法である（「総説」および1・20・26・27・30・32・39・40・41・64・70・71・81・82・97・100・105・110・120各号符参照）。

中段は、「神符隨身」の四字だけで、主動神にとって、符令の行使こそ、その最も得意とする法術なることを誇示しているのである。下段は、「退杀消災、押滅鬼怪喪門神煞」とあるが、余白がないため、「門神煞」三字を、やむなく脇に書いている。「杀」字は、「杀」の誤写で、「殳（ほこづくり）」部首を加えた「殺（サツ）」の略字として、ほぼ同音の「煞（ソア）」と通用し（6・20・43・48各号符参照）、いずれも祟りのことである。

符文を整理すれば、「玉皇上帝奉旨勅令、神符隨身、退煞消災、押滅鬼怪喪門神煞」となる。大意は、「司令神たる玉皇上帝の命を奉じ、某神が主動神として、神軍を率い、天降って喪家に赴き、あらたかな符令を行使して、群る喪門煞鬼などの悪霊を掃滅し、もってその一家を護り、葬儀を全うさせる」というのである。喪門は、喪門煞・喪門神煞・喪門煞鬼などとも称し、その原義は、人間の死喪を主る、歳の凶神たる叢辰（そうしん）の一柱だが、ここでは喪家のことで、死穢を臭ぎつけて殺倒し、危害を加えようとするあまたの悪霊から、死者と遺族を護るのである（104号符参照）。

堂々たる星象図の符頭を備えていながら、符脚を欠き、この点では著しく均衡を欠いている。全体から見れば、いちおう整ってはいるが、むしろ平凡な符令である。

32号符「欽奉玉帝……合家平安」（安龍神符、陳宅符の一種）

説明に「安神位」とあり、意義は12・34・39・100各号符と同じだが、これは土地龍神を奉安する際の安龍神符であり、陳宅符の一種でもある。符式は、文字が多いが、随所に図形を加え、雑然として、まとまりがなく、34号の汎用安神位符とは、繁簡の構成において、極端な対比をなしている。符頭は、星座の構成で、八星をはさんで、両側にそれぞれ七星を配しているが、さらに七星と三星の二座を、下の符文上段両側に大きくずらした、分離式二重構成符頭の様式で、全符を神秘化している（「総説」および1・5・9・10・26・27・30・31・38・46・55・56・60・78・80・86・97・105・106・110・116各号符参照）。なお、符文上段「天」字の両側には、「太陽」と「太陰」があるが、その「陰陽」二字は、略字「阴阳」になっており（「総説」および2・68・78・82・116各号符参照）、これらの星座と組み合せて、第二式三光記号にもなっている（「総説」および10・26・27・46・50・56・68・116各号符参照）。符文は、字数が多いために余白がなく、書き切れないので、やむを得ず、符頭の星座から重ね書きしているが、けだし特例である。

符文は、三段に分れる。上段は、「玉帝欽奉天楊救貧先師勅令」とあるが、「欽奉」二字は、「欽」字を「欠（あくび）」部首と「金」字に割って、「奉」字を中にはさんだ、合成偽字になっている（20・39・56・67・76・116各号符参照）。「天」字は、二本の足を分離し、股をひろげて垂下した曲線で、鳥居型の図形に画かれており、符文の内容とは遊離して、独自に本号符にこめられている霊力の源泉、ならびにその発揮点を示しており、用例が多い（「総説」および6・16・20・27・43・46・49・50・56・61・68・73・77・90・95・99・102・107・109・116・118各号符参照）。「令」字は、[illegible]状のくねた交差曲線模様から、さらに筆画をのばし、股を広げた二本の長い曲線という附加画形で、命令の厳重なることを暗示している（「総説」および1・20・26・27・30・31・39・40・41・64・70・71・81・82・97・100・105・110・120各号符参照）。加えて、「玉帝」の両

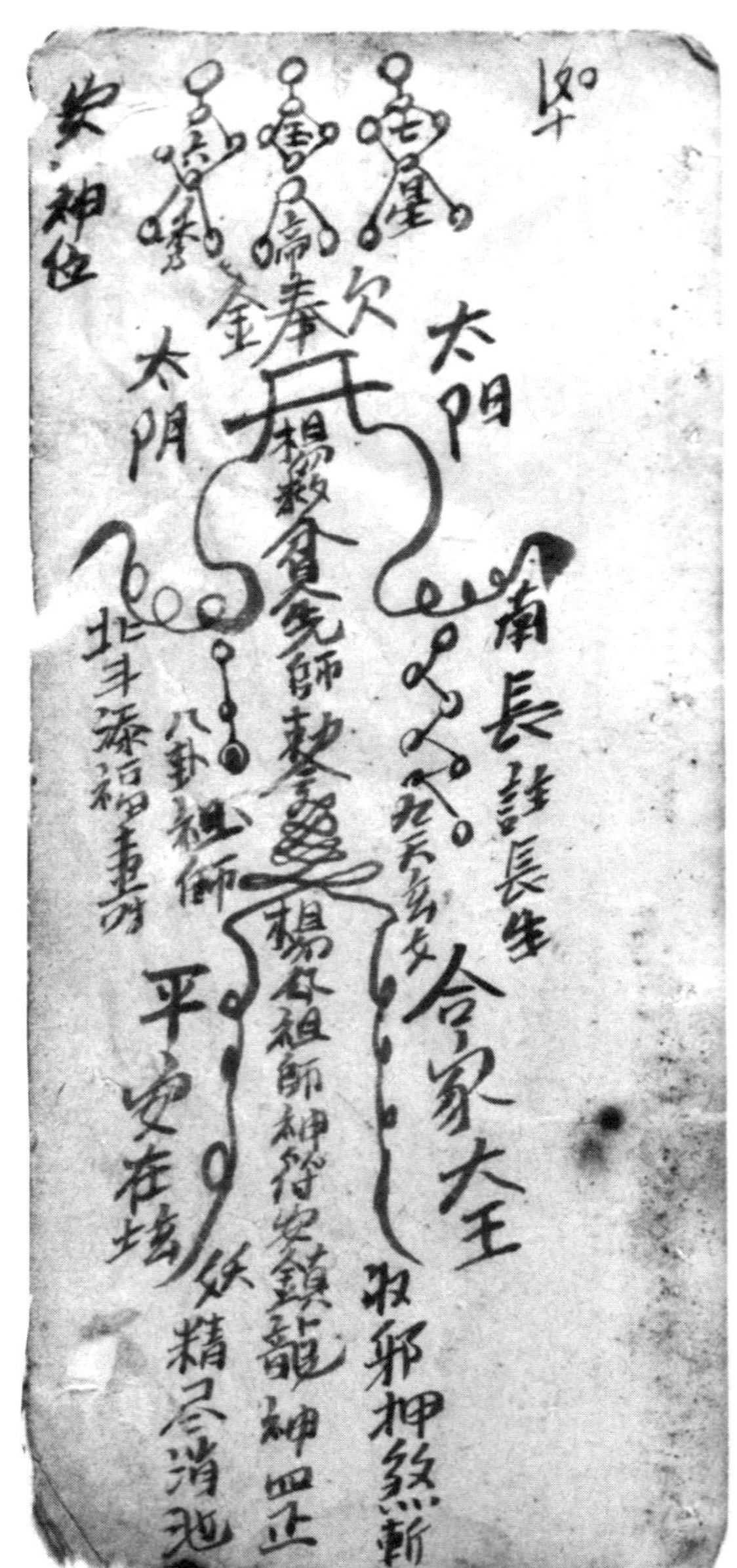

《32号符》「安神位」

「欽奉玉帝・九天玄女・八卦祖師勅令、楊救貧先師（楊公祖師）神符、安鎮龍神、収邪押煞、斬妖精、盡消除、合家平安」

側には「七星」と「六秀」二句を配している。しかし、「七星」はともかく、「六秀」の意義は、定かではない。単にその六星の星座（図形では七星と誤写している）を表明しているようだが、或いは「六神」すなわち青龍・白虎・朱雀・玄武・螣蛇・勾陳を指すとも考えられる。この一組の六神は、新建築の際に祀られる神祇であり、その安神位は、たいてい新宅入居のときに行われている。「勅令」の両側には、「九天玄女」と「八卦祖師」の二神を配し（6・97各号符参照）、さらに「南辰註長生」・「北斗添福壽」の対句を配しているが、もちろん北斗七星の役目は註死が正しく、「添福壽」とは縁起をかついだ、故意の改竄である（17・45・56・116各号符参照）。

中段は、「楊公祖師神符、安鎮龍神」とあって、「楊公祖師」の両側に「合家」と「平安」の対句を配し、「神符」の両側に「大王」と、「在壇」の二句を配しているが、「壇」を俗字の「坛」となしている。下段は、余白がないため、二行に分け、「安鎮龍神」の両側に配して、「収邪押煞、斬妖精、盡消除」とあるが、「盡」は俗字の「尽」となし、「除（ティ）」字は故意に、同音の「池」と誤写している。符文を整理すれば、「欽奉玉帝・九天玄女・八卦祖師勅令、楊救貧先師（楊公祖師）神符、安鎮龍神、収邪押煞、斬妖精、盡消除、合家平安」となる。大意は、「玉皇上帝が司令神として、楊救貧先師を派遣し、九天玄女と八卦祖師の応援で、神軍を率い、天降って新築民家に赴き、屋内にわだかまっている邪霊を制圧一掃し、もって土地龍神の奉安を遂行し、一家に末永く、平安をもたらす」というのである。すなわち「合家平安」こそ、民衆にとって窮極の願望である（1・12・25・39・41・50・69・78・86・100各号符参照）。

台湾北部の客家人は、家屋を新築すると、まず宅地の地霊である土地龍神を勧請して、一家の平安と発展を祈るしきたりである。いわば、日本の屋敷神や地主神に相当する、一家の守護神である。場所は、正庁の庁頭、すなわち奥壁に沿って設けられた神明卓下の、地面に接した壁の中央で、赤紙に「土地龍神位」と大書して貼り、神明卓上の神像や祖先の位牌である「公媽」と共に、朝夕礼拝するのである。本号符はこの新設の際、神位の傍に貼って、邪霊の侵入占拠を防止するものである。また台湾北部の紅頭道士が、廟宇の落成儀礼として行う慶成醮にも、安龍送虎の法場が組みこまれている。張りぼての龍虎各一尊を用意し、善き龍神を廟宇背壁中央の穴に封じこめて、護廟の地霊となし、然る後、悪しき虎神を、村外に送り出し、焼却して放逐するのである。

仰々しい符頭を冠していながら、符脚は「罡」字だけで、甚だ均衡を失している。全構図より見れば、いかにも乱雑にして、かつ著しく誇張された符令である。

〔附記〕本号符の主役は、いうまでもなく符文上段の楊救貧先師だが、中段にも「楊公祖師神符」とあり、本神が己れの符令をもたらし、「大王」の身分でこの法場に臨み、土地龍神を安鎮するというのである。筋は通るが、文脈としては、いささか重複かつ迂回のきらいがある。しかし、かかる雑駁ずさんさこそ、民間符令の常態でもある。楊救貧先師は、台湾の民間信仰では、なじみの薄い神祇だが、土木建築に祟る凶神悪煞の収伏を得意とするので、大工や左官、とりわけ堪輿家の地理師などに、楊公破土大将軍・唐光禄大夫楊筠松祖師・楊公先師・楊公祖師として、崇められている職業神である。故に本号符の如き、土地龍神勧請には、最適の役割である（12・39・95各号符参照）。

九天玄女と八卦祖師が、その他諸神と共に登場するのは、3・4・5・10各号符に見えるが、対としては、本号符のほか6号符と97号符にしか現れていない。九天玄女とは女媧氏（3・4・5・6・8・10・20・38・77・97・99・102各号符参照）、八卦祖師とは伏羲氏のことで（3・4・5・6・10・77・97各号符参照）、いずれも上古の神祇として名高く、両者は兄妹であると伝えられているが、民間信仰への反映は、むしろその実用性に置かれている。すなわち、九天玄女は『封神演義』では、あらゆる妖怪の管理神になっており、一方、伏羲氏は言うまでもなく、八卦の発明神で、卜占の祖と仰がれ、八卦の図形には強力な魔除けの作用が認められているから、両神とも新居の邪霊排除、ないし霊界の清掃にふさわしく、まさに適役である。

33号符「雷令収回、五路四方、十二元辰歸宮□」（収魂符）

説明に「収魂定魄、化火食可用、帯身可用」とある。焼き灰を湯にとかして飲むもよし（「総説」および22・23・24・97・99・105・109各号符参照）、肌守りにしても差し支えないという、収魂符である（43・73・114各号符参照）。符式は、ほとんど文字のみで、字数も少く、ごく簡潔である。符頭は、三清記号（「総説」参照）だが、頂点に配置すべきものを、故意に上段符文「雷令」二字の下にずらした、転位倒置式になっている（16・17・18・23・35・54・62・63・65・66・80・86・93・94・95・108・112各号符参照）。

符文は、二段に分れる。上段は、「雷令、（変形『鬼』字）、収回」とあり、変形「鬼」字は、「弓」字最後の筆画を、ずっと長く延ばして垂らした、希有な図形で示されている。これは94号符の用例に徴すれば、その上段における、変形「鬼」字の上半部にあたり、「鬼」字の頂点書き出し「ノ」の変形である。下段は、「五路四方、十二元辰歸宮」とあるが、「歸」は俗字の「归」を更にくずし、「ヨ」としている。続いて、最後の筆画が、巻き鬚模様の異体字形になっているが、その原字は不詳である。

しかして、上段の変形「鬼」字は、符文の内容とは関係がなく、単に本号符にこめられている霊力の集中ならびにその発揮点を示しているにすぎないことは、他の諸例と同断であり、事例が夥しい（「総説」および2・7・9・13・19・25・30・31・34・38・39・44・52・54・67・72・78・83・87・88・89・91・94・101・108・111・112各号符参照）。とりわけ本号符同様、ほとんど原字形を留めないほどの極端な変形は、7・13・34・39・54・87・89・111各号符の八例である。

符文を整理すれば、「雷令収回、五路四方、十二元辰歸宮□」となる。大意は、「罹病のため、四方八方に離散した十二元神すなわち魂魄を、雷神が主動神として、神軍を率いて天降り、患家に赴いて遍く捜索し、まとめて保護し、

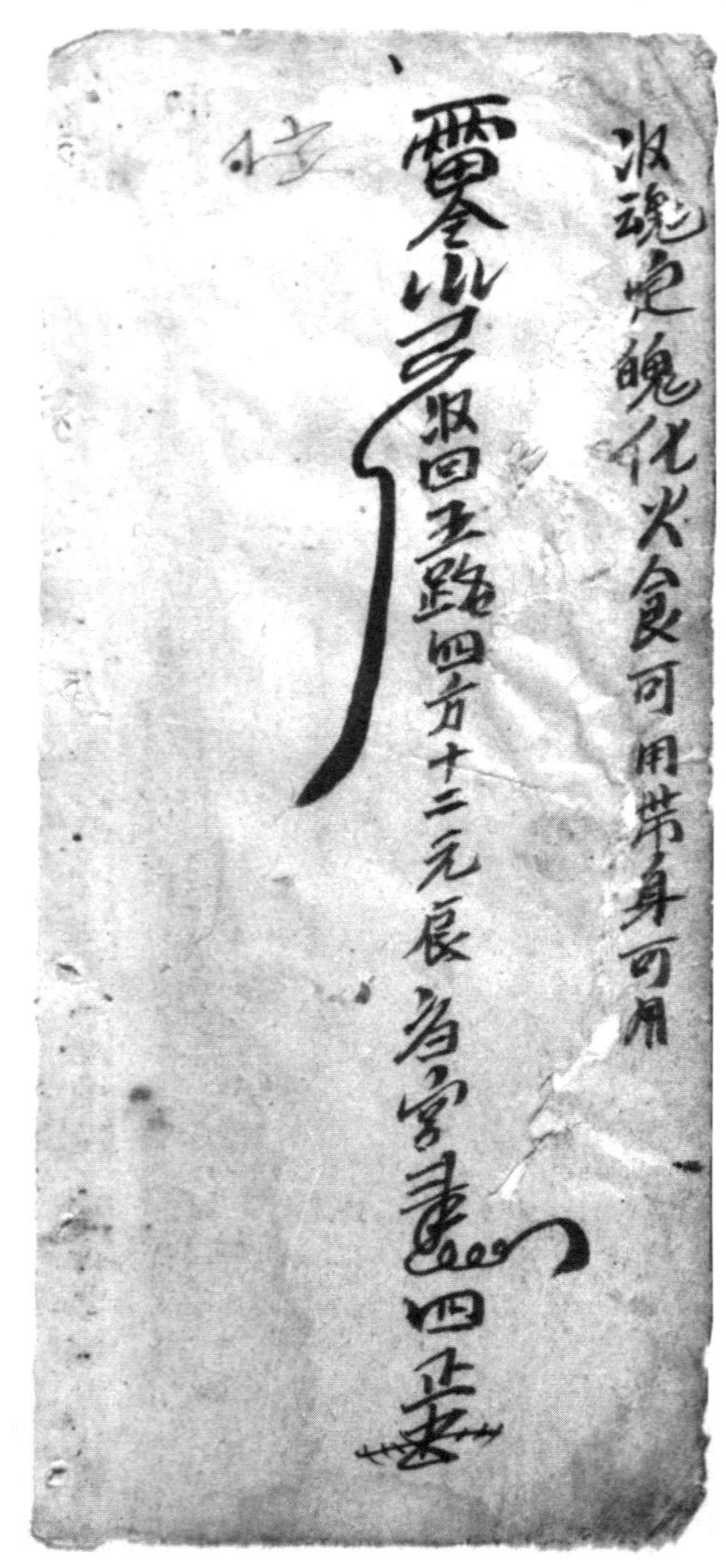

《33号符》「収魂定魄、化火食可用、帯身可用」
「雷令収回、五路四方、十二元辰歸宮□」

つれもどして、再び宮すなわち病人の身体に収めて治病し、もって健康を快復させる」というのだが（114号符参照）、この場合の司令神は不詳である。

最も簡略な符頭に対比して、符脚は「罡」字と「〓」記号を、上下に重ねた、堂々たる二重型である（「総説」および49・55・89・90・92・117各号符参照）。なお、全構図から見れば、簡略ながら、要点をしかと把握した符令である。

34号符　「玉皇鑾駕……木火土金水」（汎用の安神位符・安神明符、単に安位符＝安座符とも）

説明に「同上、安神位」とあり、「同上」とは、前記32号符の「安神位」を指しているのだが、この場合は特定神ではなく、汎用の安神位符、あるいは安神明符であり、単に安位符や安座符ともいう（12・39・100各号符参照）。符式は、まとまった符文がなく、わずか三段の独特な図形によって構成され、既成概念から外れて、異彩を放っている。符頭は、省略されている。

符文上段は、三重の楕円形が直立し、内圏に「玉皇赤金駕」五字を嵌めこみ、外圏には小楕円が、頂上は一円、両側に各八円、合計一七円を、鰭の如く飾りつけている。「赤金」二字は、「鑾」の略字である「銮」の分離変形造字で、鑾駕とは天子の車駕である（27・30・56・107・116各号符参照）。すなわち、三重の楕円圏は壮麗な鳳輦、頂上の小楕円は先導、両側の多数小楕円は供奉の諸人で、全体として、玉皇上帝の親征を象徴している、奇抜な構図である。

中段は、〓状のくねた交差曲線模様の下に、「田」字を時計廻りの二重円形で囲んだのと結びつけ、全体で変形「鬼」字を表しており、同一手法としては、25号符と38号符があるが、合計わずか三例しかない（「総説」参照）。変形「鬼」字の種類は、頗る多くて変化に富み、符文の内容とは遊離しており、本号符に含まれている霊力の凝集点、ならびにその発揮点を示しているにすぎないことは、既に解説した通りである（「総説」および2・7・9・13・

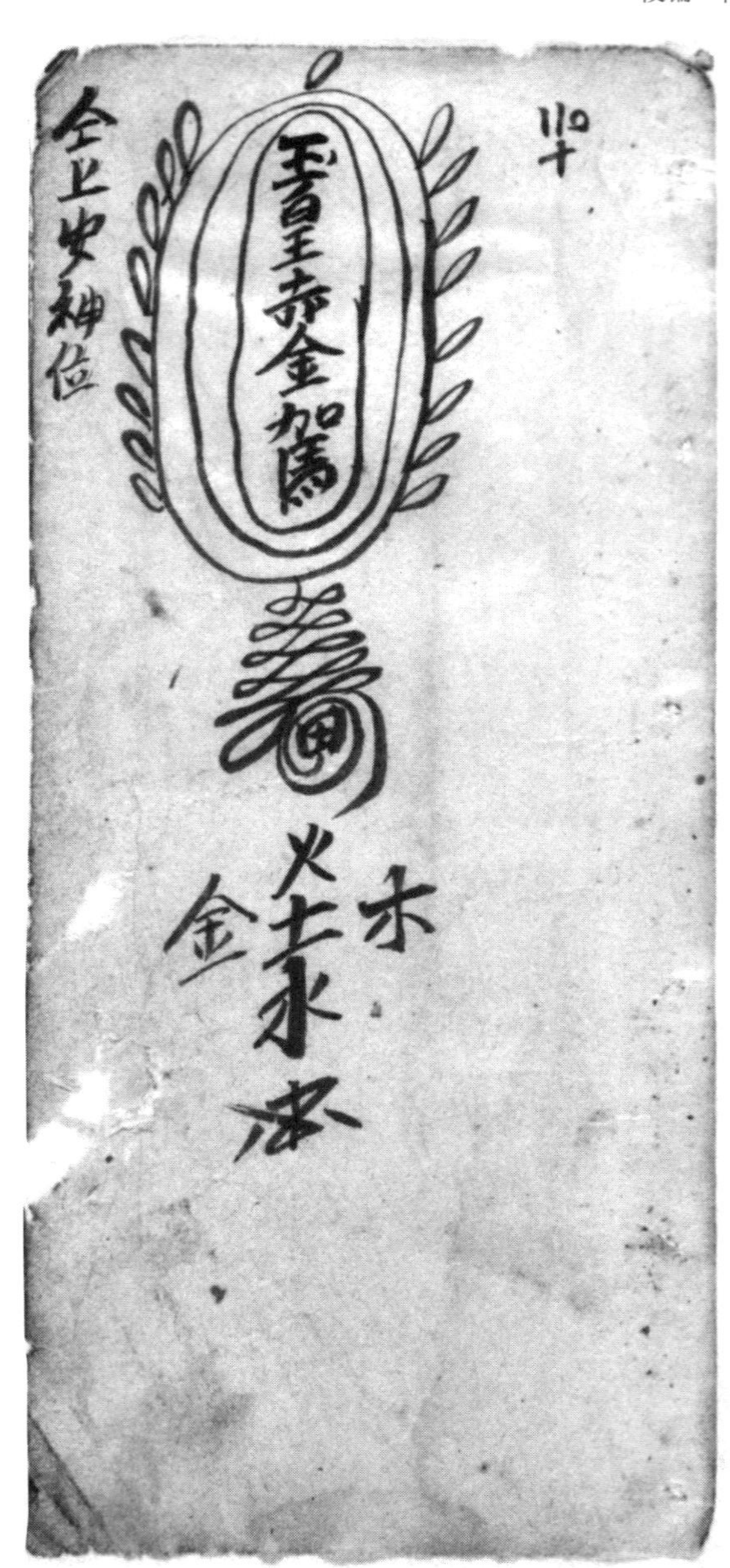

《34号符》「同上、安神位」
「玉皇鑾駕、（鬼◆）、木火土金水」

19・25・30・31・33・38・39・44・52・54・67・72・78・83・87・88・89・91・94・101・108・111・112各号符参照）。さらに枠を狭めれば、これは原字形の面影を留めないほどに、変形して崩れた「鬼」字でもある（7・13・33・39・54・87・89・111各号符参照）。

下段は、「土」字を囲んで、左右に「木」字と「金」字、上下に「火」字と「水」字を配置している。すなわち、五方に配した五行配置図形だが、本来は東方木・南方火・西方金・北方水・中央土とあるべき定型を、ここでは「火」と「水」を逆にして、「火」が上（北方）で、「水」が下（南方）になっているが、配置を故意に顚倒した理由は不可解である。しかして、かかる配置は63号符と同型だが、37・44・45・101各号符とは異なっており、いずれも定型に嵌まらない、恣意的案配である。そもそも、五行を配置した図形は、八卦と同じく、強い辟邪力を具有した神聖な図形と目されている。ましてこの場合、木火金水は、それぞれ青龍・朱雀・白虎・玄武の四神、すなわち四獣に応じており、なおさら魔除けの力が強いのである。

一般符令の文脈は、おおかた高位神が司令者として、下級神に悪霊の征討を命じ、主動神として赴かせるのだが、本号符は玉皇の親臨であるため、間接的ではなく、構成上では直截の非定型である。なお、主旨は玉皇上帝が天降って、宮廟あるいは民家における新神仏像の奉安儀礼に臨席し、その威光をもって、悪霊を畏服させ、侵入を防止するのである。しかし、かかる民間の神事にまで、最高神が親臨されるとは、いかにも大げさすぎて、実情にそぐわないようだが、観点を変えれば、むしろかえって、庶民が守護神像の安全性に対する関心の強さを反映しているのである。

奉安の場所は、民家ならば正庁奥の神明卓上で、廟寺ならば神龕（シンカム）即ち厨子だから、本号符は神像安置予定位置に最も近い壁に貼り、至近距離で効力を高めるのである。そもそも神仏像とは、要するに善霊の容器に外ならず、この新しい容器への神霊の注入行為が、すなわち開光点眼の法場、いわゆる開眼供養である。しかし、まだ篤く礼拝供養されていないので、神霊は初生児にも等しく、いまだ微弱にして不安定な存在なので、得てして屋内に盤踞する悪霊に、神像を乗っ取られ、邪鬼が正神になりすまして、祭祀を享け、ひいては地域社会に恐慌をもたらさないとも限らない。故に信徒衆は絶えず用心して、神像に内包されている健全な神霊の存在を確かめ、絶えず祭祀して、その増大強化をはからねばならない。祭礼において、神輿が渡御して祭域をめぐり、宮廟に帰着する際、神像に過（コエ）火（ホエ）の火渡りや、爬刀梯（ベエトオトイ）の刀刃を段階にした梯子登りをさせる神事風習は、神霊の健在と充実を立証する主な方法である。

符頭がないのに照応して、符脚も「⊠」記号だけである。本号符は、符文から見れば、約十字だけの、極めて簡略にして消極的な符令であり、同一用途の32号符とは対蹠的である。さらに全構図よりすれば、怪奇な図形を主体にした、特異な符令でもある。

35号符「普佛勅令……變化無停」（治病符）

説明は「此符治百病、化水食、観音参香」とあるべきだが、「符」字下の「治」字、および「化」字下の「水」字が欠落している。この符令を碗に焼き入れ、その焼き灰を湯水にとかして、患者に服用させれば、あらゆる病に効くという、治病符である（「総説」および18・53・79・91・93各号符参照）。しかし、すぐに「観音参香」、すなわち観音寺への参詣を勧めている。けだし斎教の普及を背景にして、救苦救難の観世音菩薩信仰が、根深く民間信仰に定着しておればこそ、病苦にもその卓効が信じられるゆえんであり、本号符の霊験に対する補助効果が期待されているのである（26・98各号符参照）。いずれにせよ、かくの如き符令以外の信仰行為にまではみ出た「説明」は、けだし異例である。符式は、ほとんど文字だけの構成で、割に簡単だが、符文上段と中段には、各種の模様が目立っている。

《79号符》

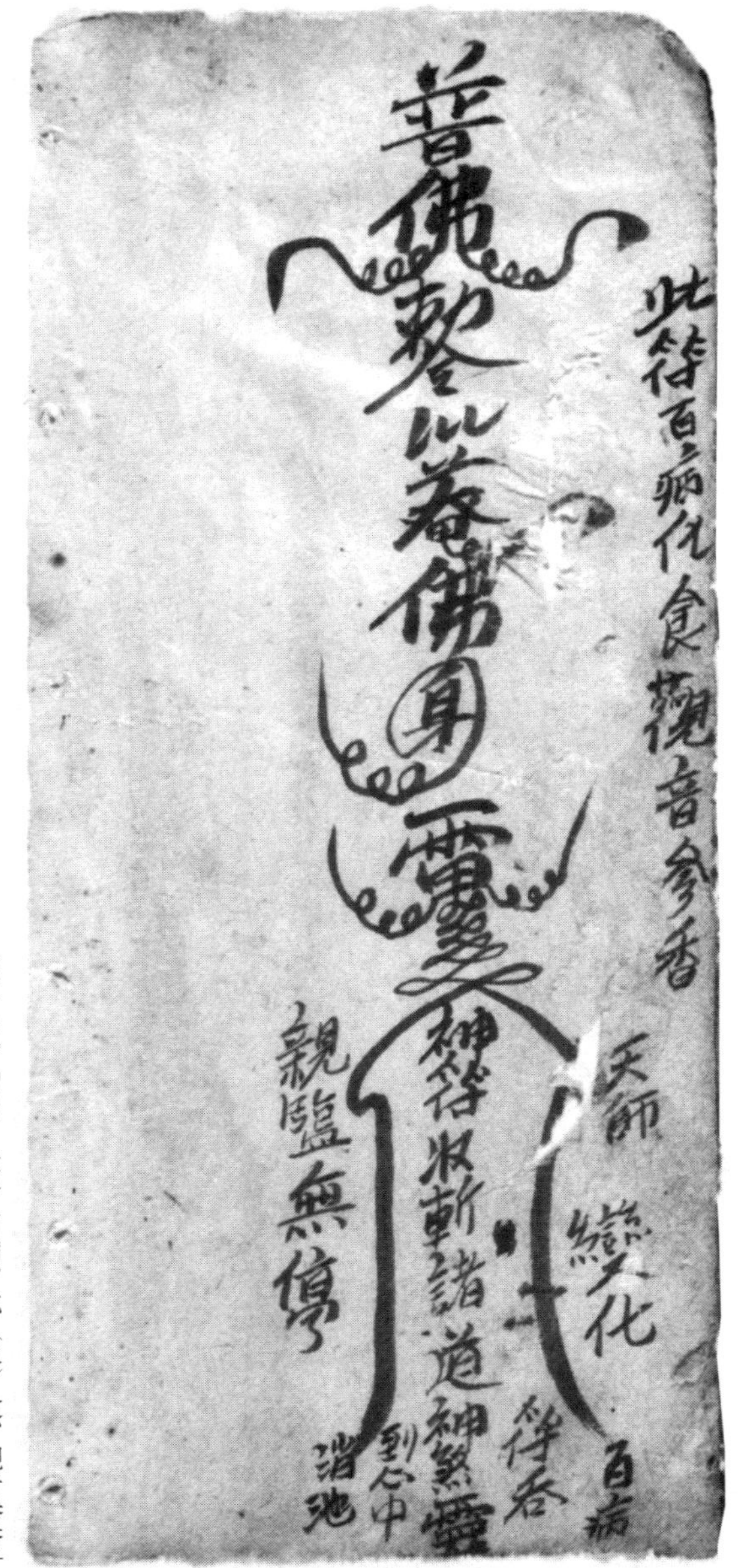

《35号符》「此符（治）百病、化（水）食、観音参香」
「普佛勅令、菴佛身雷、天師親監、神符収斬諸道神煞、靈符呑到心中、百病消除、變化無停」

なお、本号符と79号符は、細部に些少の相違しかなく、同一符式の再録とみなしても、さしつかえないので、まとめてここで解説したから、比較参照されたい。符頭は、三清記号だが（「総説」参照）、深く符文上段の下にずり降されており、頂点にすえるべきものを、故意に符文にくり入れた、転位倒置式符頭になっている（16・17・18・23・33・54・62・63・65・66・80・86・93・94・95・108・112各号符参照）。

符文は、三段に分れる。上段は、「普佛勅令」四字で、「佛」字は、「弗」の二本の筆画を延ばして、左右に分け、三巻きの八字髭型の巻き鬚模様にして、いかにも威厳を備えた神格を強調している（16・30・39・46・67・102・103・107各号符参照）。中段は、「菴佛身雷」四字だが、「身」字は巻き鬚模様の円圏に囲まれている。また「雷」字は、その「田」の下部両角から、八字髭型三巻きの巻き鬚模様とを、状のくねた交差曲線模様とを、両足の如く広げて、長くのばした二本の曲線という、模様の合体で示されて、その卓越した霊力を誇っている（「総説」および72・74・76各号符参照）。下段は、文字だけで、「神符収斬諸道神煞、靈符呑到心中」とあり、両側に「天師」と「親監」、「變化」と「無停」、「百病」と「消除」などの対句を配している。しかして「靈」字は、用紙の余白切れで、下部がややかすれているが、慣用されている俗字の「靈」となっている（24・36・39・46・49・68・78・79・80・82・85・98・100・109各号符参照）。「監」字は、「臨」となし、本号符の再録である79号符でも「臨」としているが、いずれも偽字である（43号符参照）。また「除（テイ）」は、故意に同音の「池」と誤写している（「総説」参照）。

符文を整えれば、「普佛勅令、菴佛身雷、天師親監、神符収斬諸道神煞、靈符呑到心中、百病消除、變化無停」となる。大意は、「司令仏たる普庵祖師が、雷神を主動神として派遣し、張天師の加勢で、神軍を率い、天降って病家に赴き、あらゆる方向から蝟集して祟る悪煞どもを、あらたかな符令で討ち平らげ、病人にも符令を服用させれば、いかなる難病でも、直ちに全快する」というのである。

しかして、重点はあくまでも司令仏としての普庵祖師に置かれており、上段の「普佛」と中段の「庵佛」を合せれば、「普庵佛」になり、しかも普仏の「佛」字には、八字髭型の巻き鬚模様を添えて、その威力を誇示している（19・23・28・36・53・62・67・75・79・85・97・102・103・104・109・115各号符参照）。また中段の「身」字は、最後の筆画をのばし、円圏状にして全字を囲い、筆末を三巻きの巻き鬚模様にしているが、79号符では「佛身」二字を囲っており、この方が正しく、普庵祖師神聖化の意匠である（1・13・36・44・45・53・55・60・71・74・75・79・98・105・120各号符参照）。同一神仏を前後に分け、下命を重複させているのは、命令の厳しさを示しているのである。下段最後の「變化無停」（16・18・22・24・26・30・37・64・71・98各号符参照）とは、「應変無停（22・24・26・46・68・80・86各号符参照）・「正法変化」（96号符参照）・「神符変化」（7・26各号符参照）・「変化神符」（97号符参照）などと同義の常套語で、いずれも本符令の霊力は、もとより固定してはおらず、悪霊の所業次第で、常に伸縮変化して、何時いかなる事態にも即応し、有効に対抗制圧しているというのである。

符頭は、符文の中に隠されて、すでに目立たないのに加えて、符脚さえなく、この点では控え目な符式である。総体的に見て、瑕瑾は覆えないが、大らかな構図の符令である。

36号符「佛奉宝王……六甲軍將法斬五方陰鬼」（治三煞符）

説明に「此符治三煞、□輪通用」とあるが、85号符では「安帶」二字を添えており、三方向から一斉に襲ってくる、最も兇暴な三人組の悪煞に対処する、治三煞符だが、用法は家に貼るなり、肌身につけてもよいというのである（6・20・72各号符参照）。符式は、曲線模様もわずかに挿入されているが、ほとんど文字の構成で、割合に単純である。なお、本号符と85号符とは、符頭に僅少の相違があるのみで、他は全く同じだから、同一符式の再録として、まとめて解説した。符頭は、「日月」二字の中間に、星辰を表わす「⊕」記号をはさんだ、第一式三光記号である（「総

《85号符》

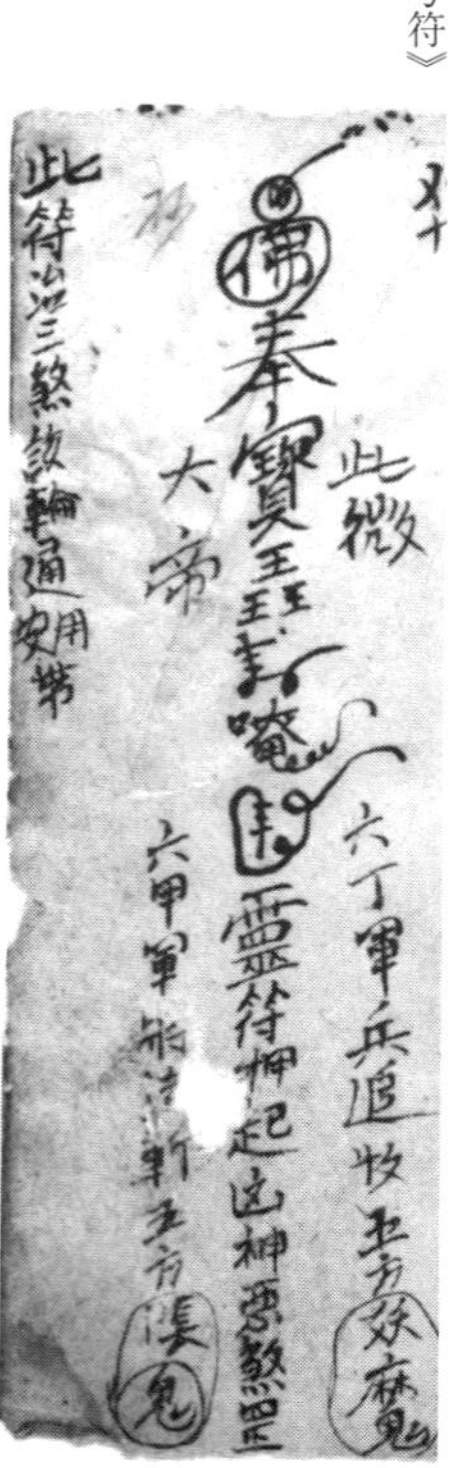

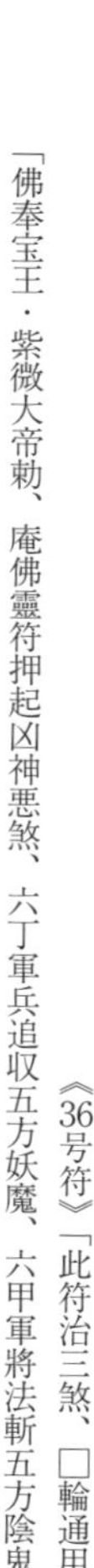

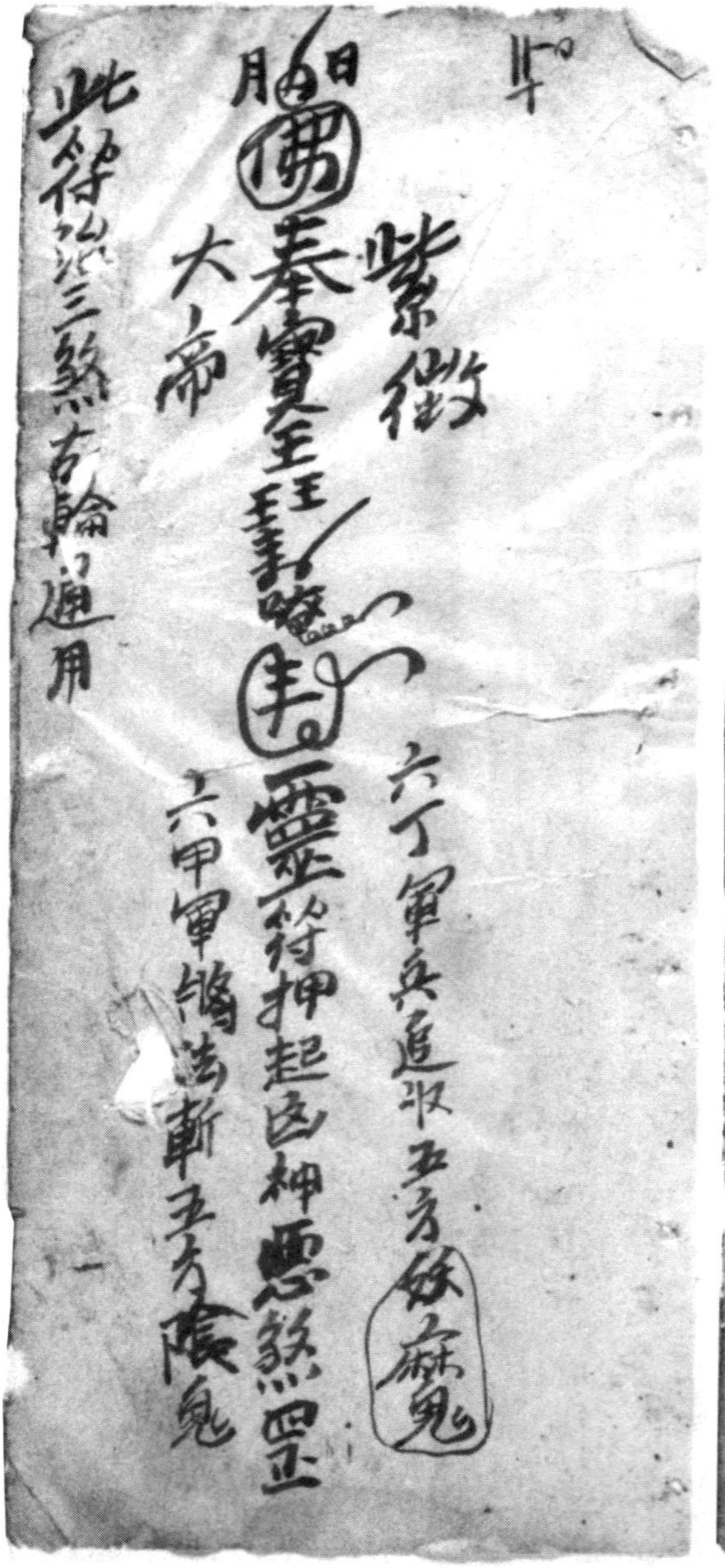

《36号符》「此符治三煞、□輪通用」

「佛奉宝王・紫微大帝勅、庵佛靈符押起凶神悪煞、六丁軍兵追収五方妖魔、六甲軍將法斬五方陰鬼」

説」および7・17・44・45・46・60・64・71・98・105・120各号符参照)。ただし、85号符では、抄写の手違いで、「日月」二字が欠落し、「⊕」記号だけになっている。

符文は、三段に分れる。上段は、「佛奉寶王勅」五字の両側に、「紫微」と「大帝」二句を配している(95・101・121各号符参照)。しかして、「佛」字は最後の筆画を延ばして、円く全字を囲った図形になっているが、ここでは普庵祖師を指している(1・13・35・44・45・53・55・60・71・74・75・79・98・105・120各号符参照)。「王」字は、「壵」の変形偽字で示され、「寶王」とは玉皇大帝の尊称と思われる。「紫」字は、85号符では「此」字と誤写している。中段は、「唵、(曲線図形)、靈符」の、三字と簡略な図形だけである。しかして「靈」字は、慣用俗字の「𩆜」となっている(24・35・39・46・49・68・78・79・80・82・85・98・100・109各号符参照)。「唵」字は、最後の筆画をのばし、巻き鬚模様となして権威を表示し、下の曲線図形は「佛」字の変形で、両者を合せて唵佛すなわち普庵祖師のことである(19・23・28・35・53・62・67・75・79・85・97・102・103・104・109・115各号符参照)。下段は、「押起凶神悪煞」とあるが、「凶」は俗字の「㐫」となし、「悪」も俗字の「𢙣」としている。さらに両側には、「六丁軍兵追収五方妖魔」と「六甲軍将法斬五方陰鬼」二行の対句を配している(1・5・38・82・92・97・113・120・122各号符参照)。「追収」とは追撃して捕虜にし、「法斬」とは法に照らして斬罪に処するという、霊界の厳刑を示しているのである(38・42・49・85・101各号符参照)。

符文をまとめれば、「佛奉宝王・紫微大帝勅、庵佛靈符押起凶神悪煞、六丁軍兵追収五方妖魔、六甲軍将法斬五方陰鬼」となる。大意は、「普庵祖師が主動仏として、司令神たる玉皇大帝の命を奉じ、紫微大帝の補佐で、六丁・六甲の神軍を率いて天降り、祟られている民家に赴き、符令の威力を発揮して、凶煞魔鬼などあまたの悪霊を掃討して、不運の一家を護る」というのである。しかし、説明には三煞への対応を標榜しているにもかかわらず、符文には凶神悪煞や妖魔陰鬼などが挙げられているだけだから、この場合の三煞とは、単に三方の土煞のみならず、更に広く雑多な悪霊をも含めているのである(6・20・36・67・72各号符参照)。

符頭の三光記号に見合って、符脚も簡略な「罡」字だけである。総覧すれば、本号符は、整った語句で構成され、主に神軍の強盛を誇った、積極的符令である。

37号符「九左右隨甲地兵到……變化無停」（駆邪治病符）

説明に「床上可用、化火可用」とあり、病床に貼るか、あるいは燃やしてもさしつかえないという、駆邪治病符である。符式は、あまり複雑ではないが、図柄はかなり特殊にして難解である。符頭は、三清記号である（「総説」参照）。符文は、三段に分れる。上段は、「（きのこ状図形）、（『九』字）、左右」であり、「左右」二字の両側には、「隨甲地兵到」の句を重複して配し、また下方両側に、「變化」と「無停」の二句を配している。しかして、きのこ状図形の内部には、三本の横線と三個の小楕円をつけた、屈折曲線があり、「九」字は小「九」字を各四字ずつ、上下二段に積み上げた、合計八字の集合体である。中段は、全体が巨大なきのこ状図形で、頂点のふくらみには網目模様の装飾をつけ、長く垂らした両足には、「九連隨靈符」とあるが、「靈」字は「雪火」二字の分解造句になっている。下段は、「追収滅亡」とあり、両側に「妖邪」と「鬼怪」の二句を配しており、さらに五行配置図を附加している。上段と中段の、きのこ状図形の意義は、不詳である（52・54・65・66各号符参照）。

符文を整理すれば、「九左右隨甲地兵到、九連隨靈符、追収妖邪、鬼怪滅亡、變化無停」となる。上段における八字集結の「九」と、中段の「九連」を合計すれば、「九」は九字もあって、その重要性を示し、かつまた九天玄女を指していると考えられる。故に大意は、「九天玄女が主動神として、神軍を率い、天降って患家に赴き、符令を駆使して悪霊を討滅し、もって病人を癒し、その一命を救う」というのだが、この場合の司令神は、不詳である。

しかして、上段の「変化無停」（16・18・22・24・26・30・35・64・71・98各号符参照）とは、「應変無停」（22・24・26・

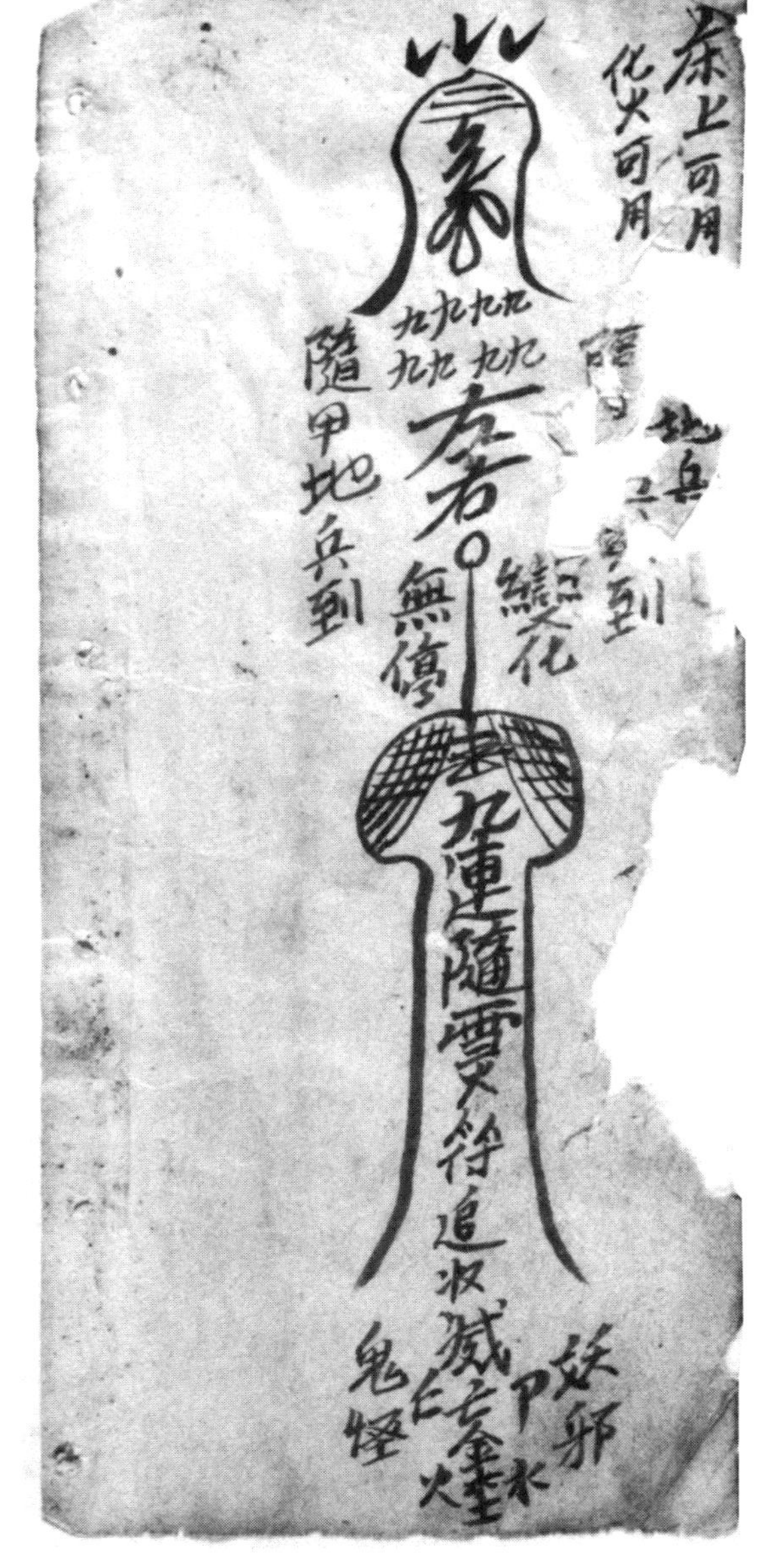

《37号符》「床上可用、化火可用」
「九左右隨甲地兵到、九連隨靈符、追收妖邪、鬼怪滅亡、變化無停」

46・68・80・86各号符参照)・「正法変化」(96号符参照)・「神符変化」(7・26各号符参照)・「変化神符」(97号符参照)などと同じく、本号符にこめられている霊力は、融通無礙で、事態に応じて変化し、制邪作用をいかんなく発揮して、悪霊との闘争に必勝するというのである。

なお、下段の五行配置図形は、「木」字を囲んで、左右に「水」字と「火」字、上下に「金」字と「土」字を配置しているが、34・44・45・63・101各号符とは異なっており、定型からも外れた独特な配置である。かなり融通性のある案配だが、いずれにしても八卦と同じく、辟邪図形としての効能は、変らないのである。

最も簡略な符頭に反して、符脚は、中段きのこ状図形の頂部にかくされている「⊠」記号と、下部「滅亡」二字の両側に、「卩(ふしづくり)」部首と「㔾」に分割された、「印」字との、複雑な二重構造である。全構図から見れば、本号符はどぎつい図形だけが、よく目立つ異様な符令である。

38号符「勅令九天……六甲法斬五方邪鬼」(辟邪鎮宅符)

説明に「治邪煞、安大門」とあり、表門に貼って、一家の安全を守る辟邪鎮宅符である。符式が特殊な上に、随所に図形が組みこまれて複雑である。符頭は、三台星記号だが(「総説」および50・86・97・104各号符参照)、各星から短い点線を一本ずつ垂れ下げており、かかる表示は他例がなく、不可解である。さらに、符文上段の後尾に、二星をはさんだ三星を設け、合計三座八星を配している。本来合せて一組の符頭を形成すべき記号を、故意に一部分ずらして離した、分離式二重構成符頭で、符令神秘化の常套でもある(「総説」および1・5・9・10・26・27・30・31・32・46・55・56・60・78・80・86・97・105・106・110・116各号符参照)。

符文は、三段に分れる。上段は、「鬼、勅令、靇」の四字だけで、「鬼」字(A)は「田」字の下部両角から、

《38号符》「治邪煞、安大門」

「勅令九天、勅令娘娘神符、左天兵右地將、収除五方神煞盡消除、六丁追収五方妖魔、六甲法斬五方邪鬼」

直角屈折の曲線を、両足の如く広げて垂らし、その先端を三巻きの、八字髭型巻き鬚模様にしており、「令」字も「人(ひと)」部首の両端に、やはり三巻きの巻き鬚模様をつけて、威力を表示している。「⿱雨漸(せき)」は、「雨(あめかんむり)」部首と「漸(せき)」の合成偽字だが、同義であることは、すでに詳説した通りである（「総説」および1・64・92・113各号符参照）。

中段は、「九州、鬼、勅令」とあり、両側に「左天兵」と「右地將」の、対句を配している。しかして、「九」は三字を横列にならべ、左右の両字には、それぞれ三巻きの巻き鬚模様を片方につけ、合せて八字髭型にして、威力を表わしている。「鬼」字（B）も変形字体で、「田」字の最後の筆画をのばして、状のくねた交差曲線模様にしたあと、さらに両方に分けて、長く垂れさげ、末尾に三巻きの巻き鬚模様をつけて、八字髭型にし、あたかも起立した人間が、両足を広げて、つま先を上げた恰好になっている。この交差曲線模様の用例は、意義不詳の場合もあるが、主に「令」字として多用されており、本号符の如く、両足を開いた「鬼」字としての用例は希で、25号符と34号符を合せて、わずか三例にすぎない（「総説」参照）。

下段は、文字だけで、「娘娘神符、収除五方神煞、盡消除」とあるが、「盡」は俗字の「尽」となし、「除(テイ)」は同音の「池」字と誤写している。さらに、両側に「六丁追収五方妖魔」と「六甲法斬五方邪鬼」の、対句を配している（1・5・36・82・92・97・113・120・122各号符参照）。「追収」とは、追撃して捕え、「法斬」とは、法に則って斬罪に処するという、霊界の厳しさを示しているのである（36・42・49・85・101各号符参照）。しかしこの場合、中段の「九州」は、いかにも調和しないが、これを下段の「娘娘」と勘案すれば、「州」は「天」字の誤写で、九天玄女を指すと思われる。

符文を整えれば、「勅令九天、勅令娘娘神符、左天兵右地將、収除五方神煞盡消除、六丁追収五方妖魔、六甲法斬五方邪鬼」となる。大意は、「九天玄女娘娘が主動神として、六丁六甲の神軍を率いて天降り、祟られている民家に赴き、符令を行使して、あらゆる方向から襲ってくる悪煞邪霊を邀撃斬殺し、もってその家宅を守護し、安寧を保たせる」というのである。

司令神は不詳だが、主動神の九天玄女とは、女媧氏すなわち妖怪の元締めである、女媧娘娘だから、まさに適任である（3・4・5・6・8・10・20・32・77・97・99・102各号符参照）。「勅令」とは、司令神の命令だから、一句だけで事足りるのに、上段と中段に重複して置かれ、二重勅令として、軍令の厳重なるを示している（9・12・23・26・27・41・60・81・109各号符参照）。変形「鬼」字は、常用されているが（「総説」および2・7・9・13・19・25・30・31・33・34・39・44・52・54・67・72・78・83・87・88・89・91・94・101・108・111・112各号符参照）、本号符では通常の単独使用ではなく、その変形を異なる手法で、上段と中段に分けて、一字ずつ配置しているのみならず、あまつさえ中間に同類の「䨺」偽字をはさんでいる（1・18・57・59・64・92・101・113・122各号符参照）。既述の如く、これらはいずれも符文の内容とはかかわりなく、遊離した存在で、単に本号符が具有する霊力の発揮点、ならびに符令に潜在している超自然的霊力の根源を示す暗号でもある。しかし単一ではなく一䨺二鬼の三点に分離しているとは、蓋し特例であり、符令霊力の極端な誇示でもある。

分離式二重構成の符頭を備えながら、符脚を欠き、首尾が整わず、不安定である。全構図より見れば、本号符は、乱雑な文字の中に、図形や模様が目立つ、特異な符令である。

39号符「欽奉佛……合家平安」（安灶君符を含めた安神位符）

説明に「安神位、灶君可用」とあり、新彫神像を奉安するとか、新しい竈に灶君神を勧請して安置するなど、いずれの場合にも使えるという、安灶君符を含めた安神位符である（12・32・34・100各号符参照）。符式は32号符の繁雑、12号符の簡略なるに対して、本号符は中庸を得ている。符頭は、三清記号である（「総説」参照）。

符文は、三段に分れる。上段は、「欽奉佛、鬼」の四字で、両側に「天師」と「親臨」の二句を配している。「欽」字は、

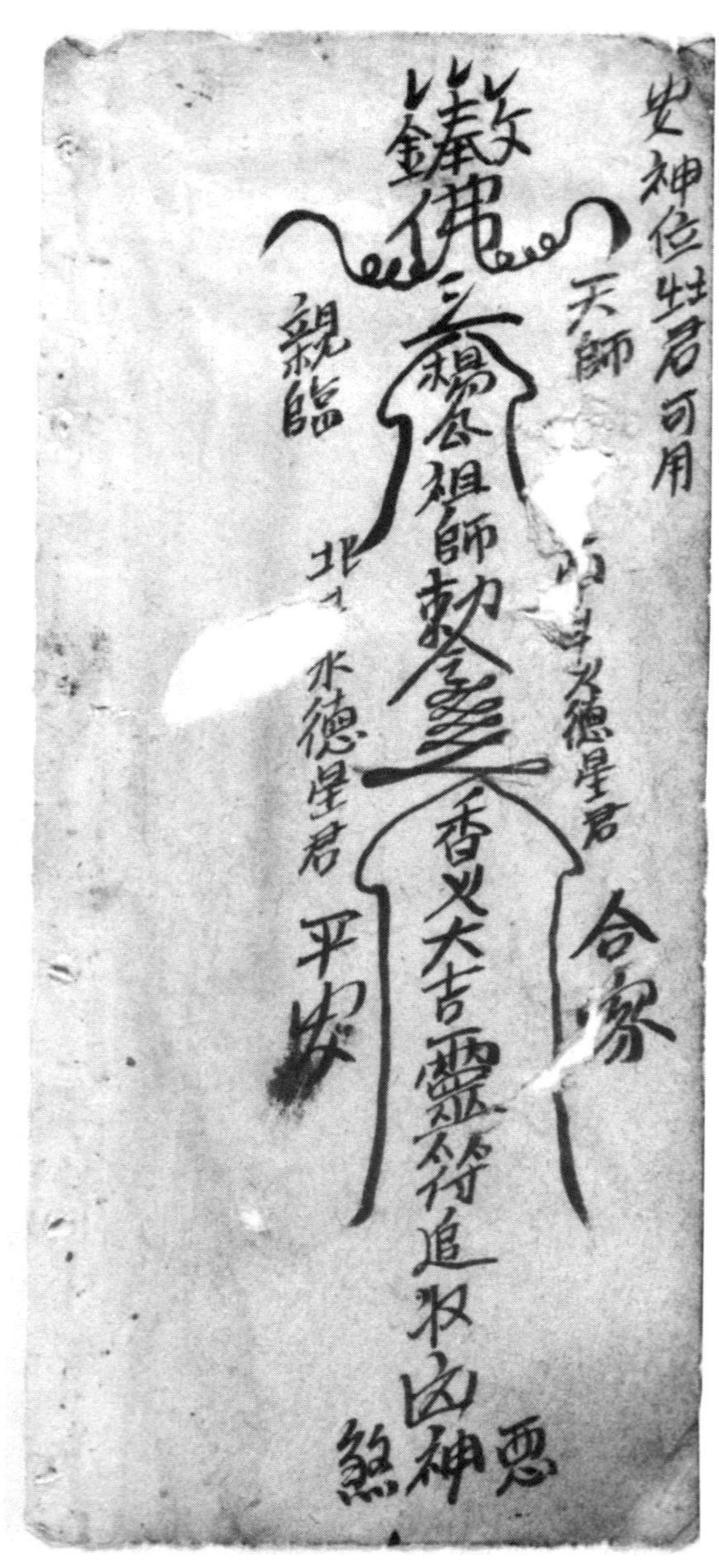

《39号符》「安神位、灶君可用」
「欽奉佛、天師親臨、楊公祖師勅令、南斗火德星君・北斗水德星君、香火大吉、靈符追収凶神悪煞、合家平安」

「欠(あくび)」部首と「金」字に割って、中に「奉」字をはさんだ、合成偽字になっている（20・32・56・67・76・116各号符参照）。「佛」字は、最後の二本の筆画をのばして左右に分け、三巻きの八字髭型巻き鬚模様にして、威厳を表示している（16・30・35・46・67・102・103・107各号符参照）。「鬼」字は、「⺀」と「一」の合体から、両足を広げて長く延ばした形になっている。「親臨」の「臨」字は、「臣(しん)」部首を「自」と誤り、「臨」の偽字になっている（102号符参照）。中段は、「楊公祖師勅令」とあって、両側に「南斗火徳星君」と「北斗水徳星君」を配している。「令」字は、最後の筆画を延ばして、[illegible]状のくねた交差曲線模様にしてから、さらに上記変形「鬼」字の如く、両足をひろげて、垂れさげた格好になっている。すなわち、特異な図形で霊力を誇示し、かつまた厳命をも表明しており、例証が多い（「総説」および1・20・26・27・30・31・32・40・41・64・70・71・81・82・97・100・105・110・120各号符参照）。下段は、「香火大吉、靈符追収凶神悪煞」とあり、両側に「合家」と「平安」の対句を配している、「靈」は、慣用されている俗字の「靈」となっている（24・35・36・46・49・68・78・79・80・82・85・98・100・109各号符参照）。「凶」は俗字の「凶」となし、「悪」も俗字の「悪」となし、「悪煞」二字は、余白がないため、「神」字の両側に詰めて、書かれている。

全体としては、文脈がやや崩れているが、整理すれば、「欽奉佛、天師親臨、楊公祖師勅令、南斗火徳星君・北斗水徳星君、香火大吉、靈符追収凶神悪煞、合家平安」となる。大意は、「楊公祖師が主動神として、司令者たる某仏の命を奉じ、張天師と南北両星君の協力で、天降って該当民家に赴き、符令を行使し、その霊力で、凶神悪煞を追撃して、俘虜にし、もって当家神位の清浄を保ち、一家に平安をもたらす」というのである。

さらに検討すれば、上段「佛」字と、「欽奉」合成偽字の組み合せは、67号符の一例しかないが、八字髭つきの「佛」字は、30・46・67・102・103・107各号符に見えており、権威を添える常套手法で、高位の菩薩を指すと考えられる。また「佛」字を普庵祖師と見なす用例が多いことから、この場合の司令仏も、例外ではないと推察される。変形「鬼」字は、符文の内容から外れて、単に本号符に宿る霊力の所在を示しているにすぎないが、かなり頻繁に使用されており、本号符を合算すれば、二九例にのぼる（「総説」および2・7・9・13・19・25・30・31・33・34・38・44・52・54・67・72・78・83・87・88・89・91・94・101・108・111・112各号符参照）。さらにこの中から、本号符の如き、原字形の痕跡すら留めないほどに、変形して崩れたのを挙げれば、本号符を含めて、九例もある（7・13・33・34・54・87・89・111各号符参照）。

中段の楊公祖師とは、堪輿家の守護神たる唐代の楊筠松で、12号符には楊公先師（但し「先」字を同音の「仙」と誤写）、32号符には楊救貧先師と楊公祖師、95号符には楊救貧祖師とあり、その他にもいくつかの尊称がある。しかし、主に風水師に崇められている職業祖師にすぎず、台湾の民間信仰では、馴染みの薄い神祇である。故に95号破土符、すなわち土木建築工事の鍬入れ儀式に、勧請されるのは当然だが、12号符の安灶君と32号符の安神位、および本号符の安灶君を含めた安神位では、その必然性が理解できない。強いて言えば、竈も建造物の一種で、その位置は風水にもかかわると見なせることは、すでに12号符において言及した通りである。両側に配した、「南斗火徳星君」と「北斗水徳星君」は、南斗六星と北斗七星の配合には違いないが、五行の方位配置では、火は南方に属し、水は北方に属するから、火徳星君と水徳星君、すなわち火神と水神をも包括させたのである。しかして、人々がこれら四神に期待しているのは、南北斗が司令神であることから見て、その辟邪作用にあるというよりは、むしろ家族の水災や火災の回避と、生命保護である（17・32・45・50・56・100・116各号符参照）。

下段の「香火大吉」とは、勧請して安神位された新しい神像が、篤く祭祀されるにつれて、次第に霊力を高め、ついに一家の宅神として、定着することである。一方、両側に配した「合家平安」、すなわち「一家の無病息災」は、まさしく庶民にとって、最も切実な願望であるから、おのずと符令にも反映して、1・12・25・32・41・50・69・78・86・100各号符にも表れている。しかして、そのうちの12号符と32号符、および本号符の三符が、いずれも安神位符である点が突出している。邸内に鎮座する神仏が、霊験を発揮すれば、その篤い庇護に置かれて、家人の息災延命と、家運の弥栄がもたらされるのである。

符頭が最も簡略な三清記号であるのに対応して、符脚も省略されており、この点では、複雑な符文にそぐわず、明白な対比をなしている。総体的に見れば、安神位符としては、ほどよい構成の、好ましい符令である。

40号符「勅令、厭鬼魅出他郷……主人無傷」（押煞断路符）

説明は「四方断路通用」とあるべきだが「路」字を「跤」と誤写し、「用」字が欠落している（119号符参照）。押送外方して、法師と病人の家族一同が、村境から家に帰る際、悪霊がしつこく付きまとって、逆もどりできないように、その帰路をきっぱり断ち切って、追い払う押煞断路符、すなわち道切りのお札である。「四方」は四辻、つまり十字路のことである。符式は、ほとんど文字だけの構成で、解りやすいが、符文が長すぎるため、二行に分けて、体裁を整えた、希有な例である。本号符は、119号符にも再録されており、70号符とは、僅かな相違があるのみで、基本的には類似符式である。符頭は、三清記号（「総説」参照）に「日月」二字を配した、第三式三光記号である（「総説」および2・47・48・67・70・82・106各号符参照）。

符文は、三段に分れる。上段は、「勅令」二字だけだが、「令」字は、最後の筆画を延ばして、[illegible]状のくねた交差曲線模様にしたあと、さらに二線に分け、股を広げて両足を垂らした格好にして、命令の厳格なるを示すとともに、本号符における全霊力の中心、ならびにその発揮点をも表しているのである（「総説」および1・20・26・27・30・31・32・39・41・64・70・71・81・82・97・100・105・110・120各号符参照）。中段と下段は、普通の上下構成ではなく、前行と後行の二行排列になっており、前行は「厭鬼魅出他郷、神符断路収邪」とあり、後行は「自受主人無傷、押断陰鬼、鎮滅亡」とある。「主人」とは、病人を指しているのである。

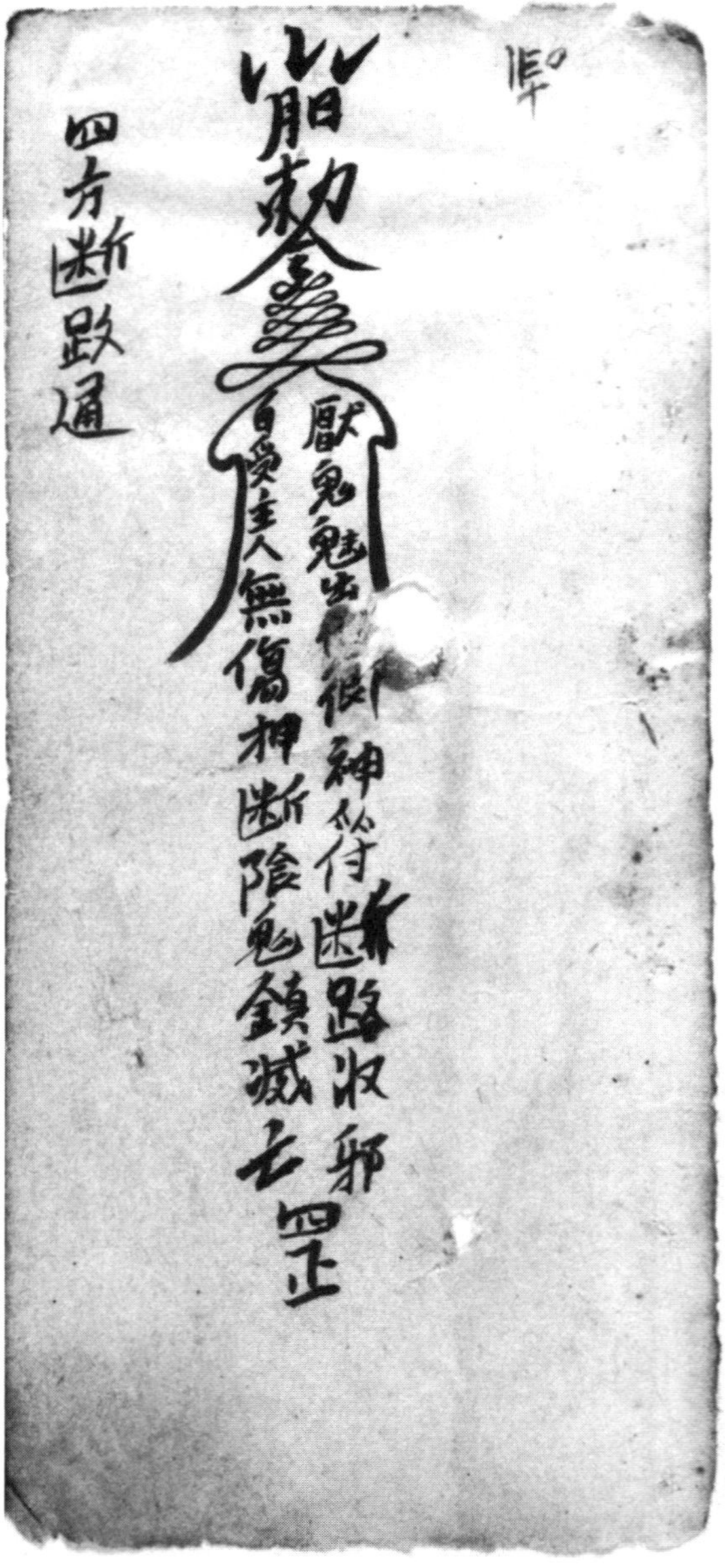

《40号符》「四方断路通用」
「勅令、厭鬼魅出他郷、神符断路収邪、押断陰鬼、自受鎮滅亡、主人無傷」

符文を整えれば、「勅令、厭鬼魅出他郷、神符断路収邪、押断陰鬼、自受鎮滅亡、主人無傷」となる。大意は、「祟っている魑魅・陰鬼を、患家から追い出し、村境で本号符をもって、その帰路を遮り、締め出して後難を断てば、おのずから病者に平癒をもたらす」というのである。

しかしこの場合、司令神と主動神は、いずれも不詳であり（57・60・65・66・70・72・80・83・91・94・114各号符参照）、符文も一風変っている。司令神と主動神は、法場において、法師が呪語や口頭で、適宜に追加できるのだが、実情としては、主動神には当該法教の祖師を勧請して充てることが多い（「総説」参照）。閭山教法壇の重患に対する辟邪治病科儀に、押送外方の一幕がある。法師が法縄を揮って、凶煞などの悪霊を、患家から村外の辻道まで追い立て、供物をそなえ、紙銭を焼いて手向け、何時までも未練がましく、居残って祟らないよう因果をふくめ、即刻立ち去ってもらうのである。その際、本号符を焼けば、悪霊の帰路が遮断され、人々の安寧が保てるのである。しかし、希に柳の木片に書かれた柳符として、現地に立てて残されることもあるが、柳木は入手が困難なので、現在は細竹に切り替え、竹符と称している。

符頭が二段構えの三光記号であるのに引き替え、符脚は「罡」字だけで、やや見劣りがする。総じて、符文から見れば、激烈な語句で悪霊を排撃する、積極的符令であり、全構図としては、均勢のとれた好符令である。

41号符「勅令、雲夢山先師勅令……合家平安」（邪煞符＝護身符）

説明に「治邪煞、帯身可用」とあり、肌身離さずに帯びる治邪煞符、すなわち護身符である。符式はやや特殊で、78号符と相似している。符頭は、八卦と変形偽字の上下二重構成という、極めて希な例である。上の八卦は、震卦である。八卦は、9・21・43・44・67・77・78・108各号符にも組みこまれているが、このうち文字で記されている

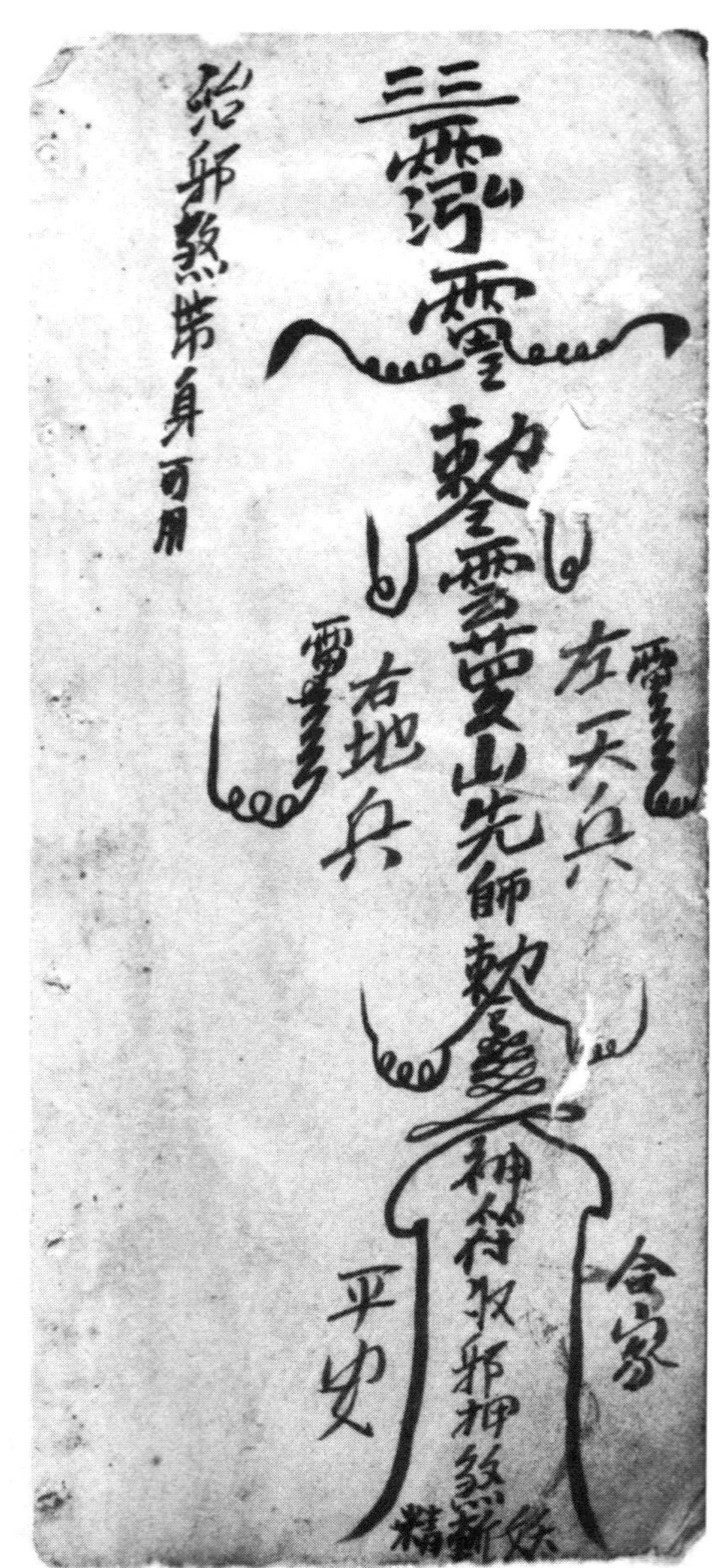

《41号符》「治邪煞、帯身可用」、「（五雷記号）勅令、雲夢山先師勅令、左天兵、右地兵、神符収邪押煞、斬妖精、合家平安」

のは、9・21・43・67・77各号符の五列で、卦を横画（かく）であらわした爻（こう）では、本号符と25・44・78・104・108各号符の六例がある。しかし符頭として用いられているのは、本号符と25・78・104各号符の四例である。下の変形偽字は、「弘」字に「雨（あめかんむり）」部首と「氵（さんずい）」部首をつけた「霐」の、道教式合成偽字である。これは「霻」・「霈」と合せ、一組として、三清すなわち玉清・上清・太清の三柱を象徴し、符頭に常用されている「〓」がその記号であり（「総説」参照）、この場合も、符頭としての用途にふさわしいのである。

符文は、三段に分れる。上段は、「雷令、勅令」の四字だけだが、重複した「令」二字は、造形が異なっている。すなわち、それぞれの「人（ひと）」部首は、上字が四巻きの八字髭型巻き鬚模様であるのに対して、下字は両方の筆画を延ばして垂れ下げ、一巻きの曲線をつけてから、筆末を跳ね上がらせている。しかし、意匠の相違はあっても、威力表示という意義においては、同一である。中段は、「雲夢山先師勅令」とあって、両側に「左天兵」と「右地兵」の対句を配し、さらに両外縁に「雷」を一字ずつ配している。しかし、「夢」字は「蔓」と誤写している。また「令」字は、「人（ひと）」部首の両先端を伸して、三巻きの八字髭型巻き鬚模様にし、加えて最後の筆画を延ばして、〓状のくねた交差曲線にしてから、二線に分け、人間が股を広げ、両足をたらした恰好にして、手のこんだ図案化で、その威力を誇示している（「総説」および1・20・26・27・30・31・32・39・40・64・70・71・81・82・97・100・105・110・120各号符参照）。左右両側の「雷」字は、最後の筆画を延ばし、「〓」のジグザグ稲妻型にしてから、さらに外側に向け、三巻きの巻き鬚模様にし、どちらも片鬚だが、両方を寄せれば八字髭型になって、恰好がつくのである。下段は、「神符収邪、押煞斬妖精」とあり、両側に「合家」と「平安」二句を配している。

符文を整理すれば、「（五雷記号）勅令、雲夢山先師勅令、左天兵、右地兵、神符収邪押煞、斬妖精、合家平安」となる。大意は、「雲夢山先師が主動神として、天兵地兵などの神軍を率いて天降り、祟られている民家に赴き、五雷神を召し、さらに符令を行使して、妖怪や悪霊などの邪煞を制圧し、もって一家に無病息災をもたらせる」というのである。

しかしてこの際、上級神祇として、命令を下す司令神は不詳だが、符頭の「霐（ホン）」字が象徴する、玉清境の元始天尊にも擬せられるのである（123号符参照）。なお、五雷記号について検討すれば、「雷」字は上段の一字と、中段の両側に配した二字とを、合せて三字しかなく、相似符式の78号符も同断である、故に全体から推して、特に「三雷」とか「四雷」信仰などがあるわけではなく、やはり五行あるいは五方に応じた、「五雷」の省略形態であると考えられる。強いて言えば、五字一括のA式五雷記号と、単字雷神記号との、折衷型とも見なせるのである（1・3・4・5・10・25・58・78・123各号符参照）。

中段の雲夢山先師は、既述の通りだが（5・10各号符参照）、本号符では主動神であるにもかかわらず、その来歴は不詳である。「勅令」は、上段と中段に各一句ずつ入っており、重複した二重勅令だが、下句は意味がなく、単に上句を強調して、その厳重なる命令であることを表わしているにすぎない（9・12・23・26・27・38・60・81・109・115各号符参照）。下段両側の「合家平安」は、1・12・25・32・39・50・69・78・86・100各号符に見えており、人々が符令の効果に期待する、究極の心境を表明している。たとえ本号符の用途が「説明」の如く、個人の携帯用護身符であるとしても、家族各自の健康を前提にしてこそ、全家の安寧と家運の興隆が、もたらされるのだから矛盾せず、本号符は一般の平安符とも見なせるのである。

二重構成の符頭を備えていながら、符脚を欠いており、首尾不均衡である。全体としては、大仰にして特異な構成の、希有な符令である。

42号符「玉帝勅……天清雷合」（五雷治煞符、押煞符の一種）

説明に「五雷治煞、安房門」とあり、病室の入口に貼る、雷神の威力をかりた五雷治煞符で、押煞符の一種でも

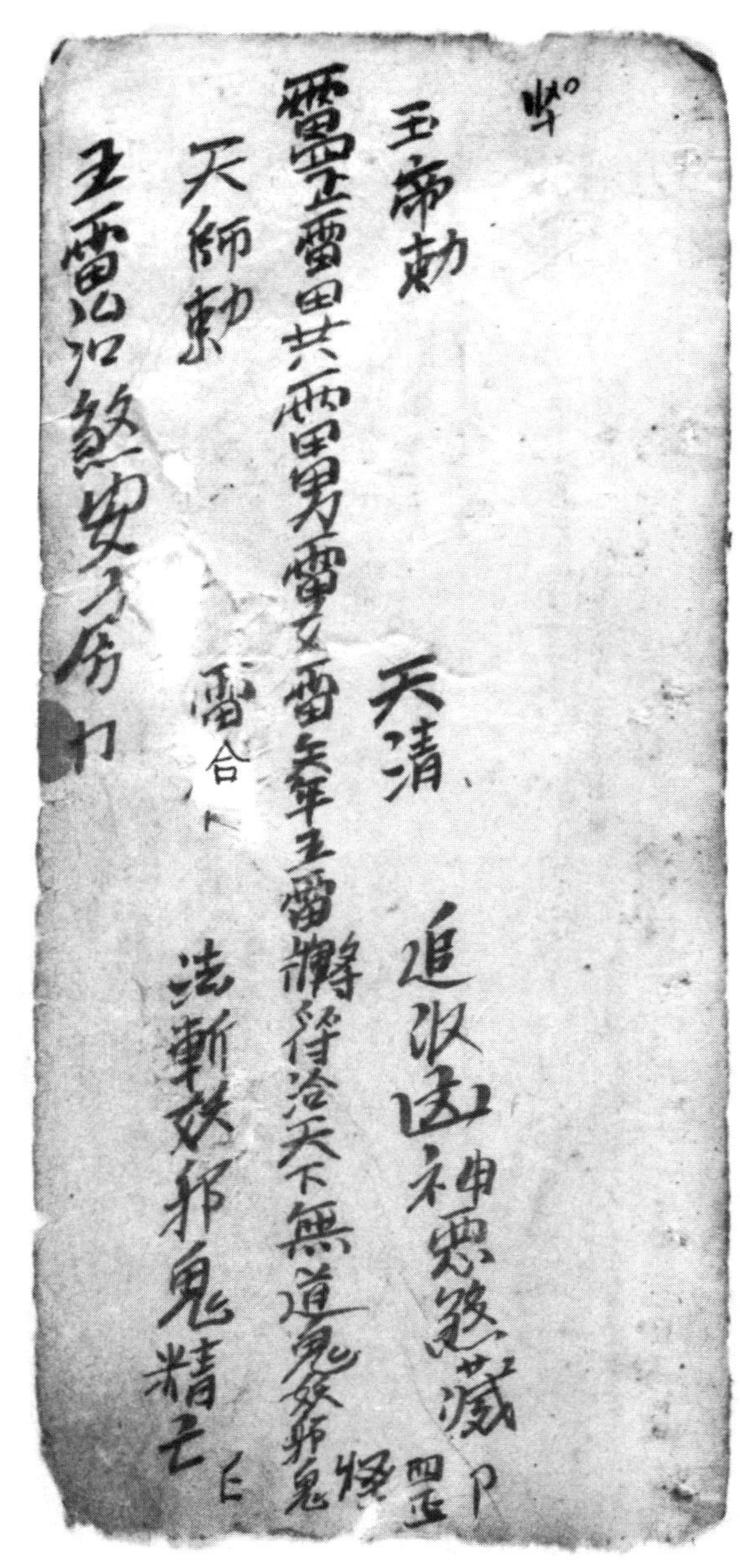

《42号符》「五雷治煞、安房門」

「玉帝勅、天師勅、雷公・雷姨・雷男・雷女・雷□、五雷將軍、符治天下無道鬼妖邪鬼怪、追収凶神悪煞藏、法斬妖邪鬼精亡、天清雷合」

ある。符式は、文字だけで、図形や模様がないため、一見して単純なようだが、語句や構成に特徴がある。符頭は、欠落している。

符文は、三段に分れる。上段は、「玉帝勅、天師勅」の二句だが、余白がないために位置を移して、中段の両側に振り分けられている。中段は、「雷公・雷姨・雷男・雷女・雷夆・五雷将軍」とあって、両側に「天清」と「雷合」の二句を配している。しかして、「公(コン)」字は故意に、同音の「罡」と誤写し、次の「姨(イイ)」字もほぼ同音の「異(イ)」となしているが、下の「夆」は、偽字であるため、意義は不詳である。さらに、「將軍」二字は、「將」字を、「寸(すん)」部首に「夕」を冠した「⿱夕寸」の右半分と、「爿」の左半分とに割って、中に「軍」字をはめ込んだ形になっている。下段は、「符治天下無道鬼妖邪鬼怪」とあって、両側に「追収凶神悪煞藏」と「法斬妖邪鬼精亡」の対句を配しているが、「凶」は俗字の「㐫」となし、「悪」も俗字の「⿱覀心」となしている。「追収」とは、追撃して捕虜にし、「法斬」とは、法律に従って斬刑に処するという、霊界の秩序を表わしているのである（36・38・49・85・101各号符参照）。

符文をまとめれば、「玉帝勅、天師勅、雷公・雷姨・雷男・雷女・雷□、五雷将軍、符治天下無道鬼妖邪鬼怪、追収凶神悪煞藏、法斬妖邪鬼精亡、天清雷合」となる。大意は、「主動神として五雷将軍が、司令神たる玉皇上帝と張天師の命を奉じ、神軍を率いて天降り、患家に赴いて符令を行使し、その霊力を発揮して、凶神悪煞や妖邪鬼怪など、非道な悪霊の大群を討伐して、追放あるいは斬殺し、掃滅して、病人への祟りを絶って治癒させ、再び健康を取りもどす」というのである。

中段の五雷将軍は、しばしば登場しており（3・4・5・10・88各号符参照）、雷神信仰の中核になっていることは、周知の通りである。しかして、その上に記されている「雷」も五字あって、ちょうど五雷の員数と一致しているのみならず、各雷の相互関係をも示唆している点が注目される。「五雷」の数は、原則として五行や五方に合せているのだが、ここでは「雷公」・「雷姨」・「雷男」・「雷女」などで、家族を構成しており、一風変った趣向だが、本号符の用途が、家庭向きであるという反映でもある。

因みに、上段における司令神は、玉皇大帝と張天師連合の、定型化した希な複数司令神である（1・2・16・25各号符参照）。なお、中段両側の「天清雷合」は、「晴天に雷鳴はない」という気象を指しているのだが、ここでは病後の一陽来復を示唆しているのである。さらに穿鑿すれば、下段の「無道」とは、「悪逆無道」と言うが如く、道理に外れ、道徳に背反することだが、ここでは「天下無道鬼」という、至る所に跳梁跋扈する、極悪の鬼類を非難しているのである。

符頭がないのにもかかわらず、符脚は、「印」字を「卩(ふしづくり)」部首と「𠂎」とに割って、中に「罡」字を挟んだ、「罡印」二字の重複式で（「総説」および1・4・5・10・29・47・66・69・74・80・94各号符参照）、均衡を欠いている。符文から見れば、難解な部分もあるが、激しい口調で悪霊を叱責排除する、積極的な符令である。さらに全構図より見れば、整ってはいるが、文字の羅列だけで、符頭を欠くのみならず、神秘な図形もないため、庶民にとっては、「符仔(フウア)」（おふだ）という固定観念にそぐわず、いささか馴染めない符令である。

43号符「奉天師親監……掃去千災」（収魂符）

説明に「追収魂魄、安床上」とあり、遊離した魂魄を追跡してつれ帰り、病体にもどしたあと、病床に貼って再びその遊離を防ぐ、収魂符である（33・73・114各号符参照）。符式は、八卦を多用しているのみならず、符文も中段を欠く、上下二段構成など、かなり特徴が認められる。符頭は、北斗七星と三清記号（「総説」参照）を組み合せた二重符頭で、その権威を誇示している。これは24号符と同一形態の希少例だが、北斗七星は、星座の組み立てがやや異なっている。

符文上段は、「☰奉乾天亨利貞兑」とあり、両側に「天師」と「親監」の二句を配しているが、「監」は「監」の

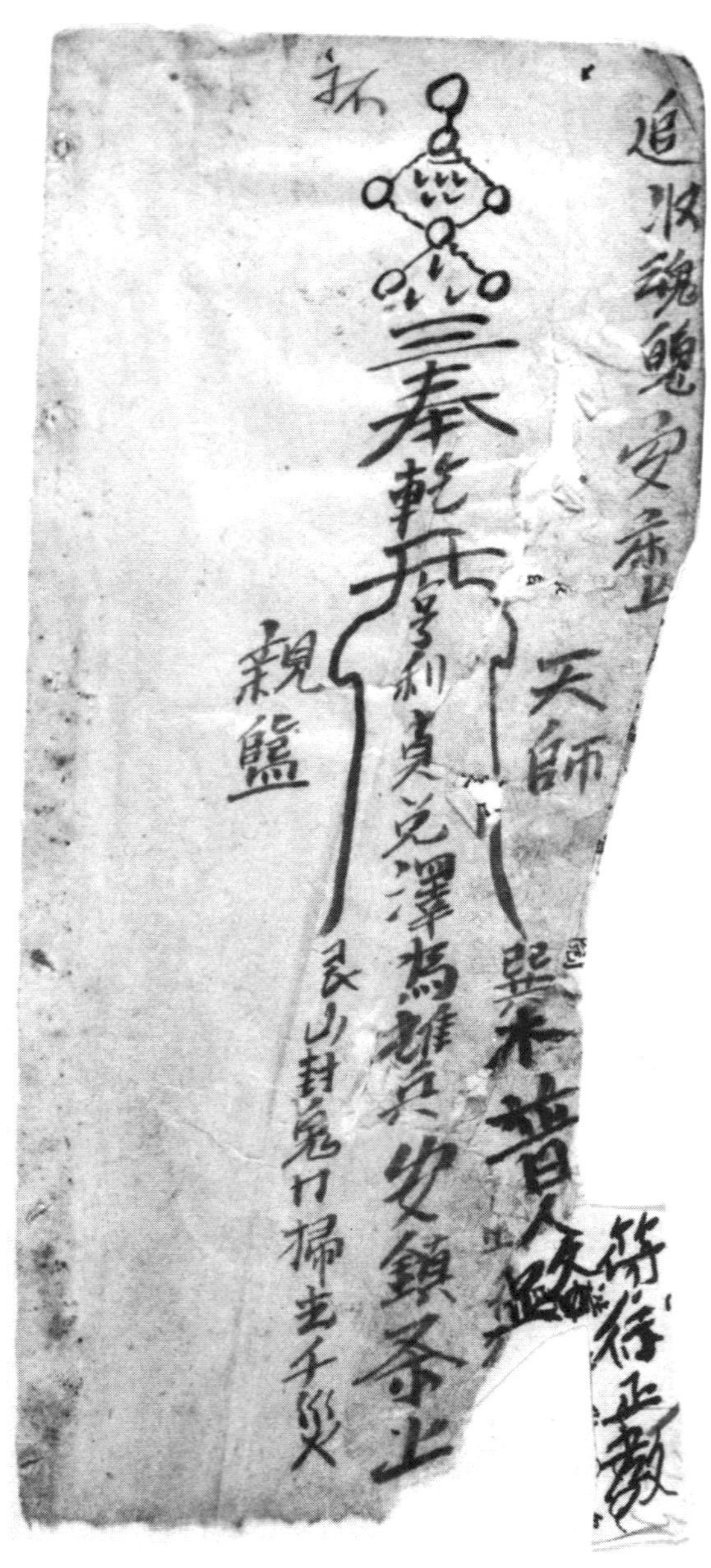

《43号符》「追収魂魄、安床上」
「奉天師親監、澤爲雄兵、安鎮煞上、巽木晋人路、艮山封鬼門、符行正教、掃去千災」

偽字になっている（35号符参照）。しかして、三本の短棒を横たえた「☰」は、乾卦の陽爻だが、数字の「三」と誤写し、「天」字は鳥居型図形に変化している。下段は、「澤爲雄兵、安鎮煞上」とあり、両側に「巽木晋人路」・「艮山封鬼門」と、「符行正教」・「掃去千災」の対句を配している。しかして、「煞」字は「杀」となしているが、これは「杀」字の誤写で、「殺」の略字であり、同音のために「殺」と「煞」の二字は、通用しているのである（6・20・31・48各号符参照）。また右側の「晋」字は進むことだが、「普」と誤写している。

符文を整理すれば、「奉天師親監、澤爲雄兵、安鎮煞上、巽木晋人路、艮山封鬼門、符行正教、掃去千災」となる。大意は、「張天師が主動神として、あまたの神兵を率いて天降り、患家に赴き、圧倒的軍勢で符令を行使し、悪霊を退けて鬼門を封じ、災厄を一掃して、病人を救う」というのだが、この場合、命令を下す上級の司令神は不詳である。かくの如く、符文だけから見れば、魂魄に関する語句は盛り込まれておらず、本号符は単なる辟邪符にすぎない。

しかし鬼門とは、幽明の境界に設けられている、陰陽両界の関門、すなわち鬼門関のことである。これを閉鎖すれば両界は断絶して、人間界の立場からいえば、衆鬼を封じこめて、その迫害を回避し得るのみならず、遊魂も冥界に拉致されたり、あるいはふわふわとさまよい込んで嵌り、再び娑婆に戻れず、ついに死亡するという危惧もないわけである。じっさい、民間信仰の常として、難病や長患いは、たいてい凶神悪煞の祟りに帰せられ、もし魂魄を拉致されて離身すれば死亡するとて、恐れられている。対策として、収魂の法壇を設け、神将を派して追討に赴かせ、奪還して病体にもどすゆえんである。

次に注目される現象は、八卦の辟邪作用が、複雑にして、かつ巧みに利用されている点である。八卦は「乾・兌・離・震・巽・坎・艮・坤」のうち「乾・兌・巽・艮」四字と、乾卦四徳「元・亨・利・貞」（9・21・67・77各号符参照）のうち「亨・利・貞」三字に加えて、乾卦の爻までが、随所に嵌め込まれるという凝りようで、符令の神秘性をいっそう高めているのである。そもそも八卦は、その深奥な哲理によって神聖視され、ひいては神秘性を附与されて、魔除けの霊力があると信じられている。その八角形の図柄は、広く辟邪物に利用されており、廟寺発行のありふれた平安符にも、よくあしらわれている。しかして、八卦の象徴である爻記号は、41・44・108各号符にも使われているが、本号符の如く同一符式の中に、乾卦四徳の語句と共に織りこまれているのは、蓋し特異な例であり、本符式簿でも唯一の例である。また発明神と伝えられている八卦祖師、すなわち伏羲氏の信仰も、かかる思惟に基いているのである（3・4・5・6・10・32各号符参照）。符文末尾の「符行正教、掃去千災」については、既に25号符で詳説した通りである。すなわち、法教の威力をこめた本号符で、悪霊を一掃して、災厄を祓い、もって安住を亨受するというのである。しかして、「符行正教」とこの「掃去千災」との結合句が、最も多用されているが（48・64・81・97各号符）、その他、「掃退千教」（50号符）・「神符追収」（25号符）・「起煞鎮安」（91号符）などもあり、意義は大同小異である。

北斗七星に三清記号を組み合せた、希有な二重符頭を戴きながら、符脚がなく、この点では不安定性が、ことさら目立っている。総体的観点よりすれば、不整然ながら、符頭と変形「天」字で、貫禄をつけた符令である。

〔附記〕鳥居型「天」字の変形はさまざまだが、大別すればその繁簡によって、ほぼ二様に分けられる。最も簡略なのは「〓」で、「大」部首の二本の足を分離し、股を広げて垂下した曲線だけで、格好としては最も鳥居の形に似ており、本号符をはじめ、46・49・90・99・102・107各号符など七例が、この簡略型に含まれる。複雑型は「〓」で、垂れた二本の線を左右に弯曲して膨らみをもたせ、さらに末尾を三巻きか一巻きの巻き鬚模様にして、頗る変化に富み、6・16・20・27・32・46・50・56・61・68・73・77・95・109・116・118など一六例が含まれ（46号符は両型重複）、合計二三例になる。しかして、日常使用されている楷書体「天」字も、ちょうど二三例あって（3・4・5・6・10・16・28・30・35・38・39・41・42・43・50・57・67・74・76・94・97・105・123各号符）、その使用頻度においては、まさに互角である。おもうに、かかる変形「天」字に対する、一方ならぬこだわりようは、まさに変形「鬼」字と同断であり、いずれも符文の内容とは関係なく、ただその符令が具有している霊力凝集の中心、ならびにその発揮点を示しているにすぎないという、作用の点においても、一致しているのである（「総説」参照）。ひるがえって、本符式簿全巻の現存実数一二〇符式で、変形「天」字二三例を割れば、約二割で、比率が極めて高い。言うまでもなく、「天」字の変形は、単なる虚飾ではなく、人々が天空に対して、甚だこだわっている一証でもある。古来の敬天思想もさることながら、実はあらゆる天体の精髄を吸収することであり、符令に賦与されている霊力の根源を、大宇宙に求めているのである。これはまた符頭に日月星辰などの天体が、しばしばあしらわれている現象と、軌を一にする着想である。

44号符「佛奉勅令……金木水火土」（押煞符）

説明に「治邪煞、発五雷、地地起」とあり、続けざまに五雷を轟かせて、邪煞悪霊を雷撃し、駆逐あるいは殲滅する押煞符である。符式は、字数が少くて、難解な図形を交え、構成が半端である。符頭は、「日月」二字の中間に、小円と「十」字を組み合せた星辰記号「⊕」を挟んだ、第一式三光記号（「総説」および7・17・36・45・46・60・64・71・98・105・120各号符参照）と、やはり星辰記号である、上部に屈折曲線を載せて、三小楕円を包みこんだ円形模様「[記号]」（「総説」および1・17・64各号符参照）合成の、二重符頭である（17・64各号符参照）。

符文は、三段に分れる。上段は、「佛奉勅令」四字で、「佛」字は最後の筆画を延長して、円く全字を囲った図形になっている。

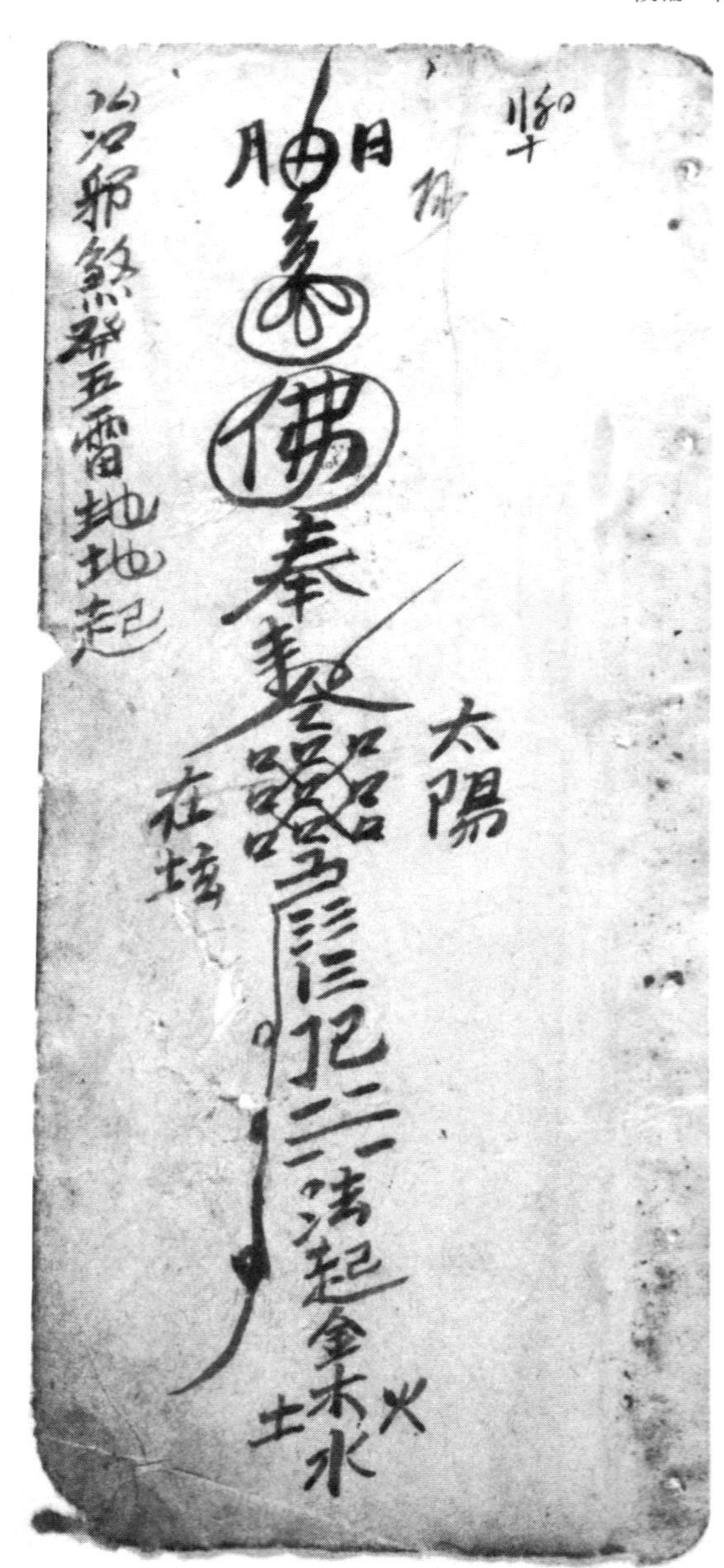

《44号符》「治邪煞、発五雷、地地起」
「佛奉勅令、[illegible]、太陽在壇、金木水火土」

中段は、「鬼、☷[記号][記号]☵」で、「鬼」字の両側に「太陽」と「在壇」の二句を配している。変形「鬼」字は、極小の「口」を三字重ねて三列に並べ、互に短線で結んだ、合計九字の口字集合図形（75・83・87・89各号符参照）で、「田」字を象った上部と、「コ」字形曲線の片側から、一筋の三巻き鬢を長く垂らした下部で構成されているが、著しく崩れており、83号符と同型の希少例である。一般に変形「鬼」字は、その符文の内容にかかわらず、単独に、該符令が具有している霊力の凝集、ならびに発揮点を示しているのにすぎず、形態は頗る変化に富んで、例証も多い（「総説」およびび2・7・9・13・19・25・30・31・33・34・38・39・52・54・67・72・78・83・87・88・89・91・94・101・108・111・112各号符参照）。次の「☷」記号が坤卦の爻、「☵」記号が坎卦の爻であることはいうまでもない。「[記号]」と「[記号]」の二記号も爻の誤写だが、該当記号は不詳である。いずれにしても、四記号を合せて、八卦の辟邪機能を表現しているのである（9・21・41・43・67・77・108各号符参照）。左側の「壇」は、俗字の「坛」になっており、「太陽在壇」とは、太陽星君が、現にこの法事を挙行している法壇に降臨してる意味だが、「在壇」の用例は、47号符と121号符にも見えている。

下段は、「發起、金木水火土」の二句だが、「發（ホアツ）」字は故意に同音の「法」と誤写しており、「發起」とは発雷、すなわち雷鳴を轟かせることである（88・120各号符参照）。「金木水火土」五字は、「木」を中心にして、上下に「金水」、左右に「火土」という五行配置図形になっており、45号符と同型だが、34・37・63・101各号符とは異なっている。「土」を中心にして、上下に「水火」、左右に「木金」という五方に按配した定型は、本符式簿には採用されていないが、いずれにしても八卦図の場合と同じく、辟邪図形としての原義は変らないのである。かように、「説明」には雷神の威力を標榜しながら、符文には「雷」字がなく、結尾の辟邪語句も欠けて、尻切れになっている。

符文を整理すれば、「佛奉勅令、☷[記号][記号]☵、太陽在壇、金木水火土」となる。大意は、「某仏が主動仏として、太陽星君の協力で、五雷神を率いて天降り、患家に赴き、雷法を行使して邪煞を討滅し、もってその侵害を排除し、病人を治癒する」というのである。ただし、この場合は司令神がなく、主動仏だけである。

しかして、「佛」字は、最後の筆画を延ばして、円く全字を囲った図形になっており、権威を添え、もって高位の仏菩薩たることを暗示している。用例は1・13・35・36・45・53・55・60・71・74・75・79・98・105・120各号符などで、本号符をも加算すれば一六例にのぼる。このうち普庵祖師が六例（35・36・53・74・75・79各号符）で、約半数を占めており、比率の高さは信仰の普遍性でもあるから、本号符の主動仏も、普庵祖師と見なせるが如きである。

特殊な二重符頭を備えているにもかかわらず、符脚が省略されており、首尾の均整を欠いている。符文より見れば、字数が少く、文脈も整わず、やや消極的な符令である。

45号符「佛奉品水□……金水火土木」（押煞符）

説明に「治邪、発起五雷用」とあり、先の44号符と同じく、五雷で邪鬼悪霊を制圧する押煞符である。符式も前符同様、簡単なようだが、難解な図形を交え、構成も首尾一貫せず、全符が整っていない。符頭は、「日」字と「月」字の中間に、小円と「十」字を組み合せて、星辰を象徴する「⊕」をはさんだ、第一式三光記号である（「総説」および7・17・36・44・46・60・64・71・98・105・120各号符参照）。

符文は、三段に分れる。上段は、「佛奉品水㔾、（五雷記号）、勅令」とあり、両側に「南辰註長生」と「北斗添福壽」の対句を配している（39・50・100各号符参照）。「佛」字は、前符同様、最後の筆画を延ばして、全字を円囲いした意匠である（1・13・35・36・44・53・55・69・71・74・75・79・98・105・120各号符参照）。「品水」二字の意義は不可解で、「㔾」もいかなる文字の誤写か、不詳である。五雷記号は、「雷」字を中心にして、各雷を象徴する五個の小円で囲み、各円を短線でつなげたB式（2・46・64各号符参照）だが、小円はすべて外向けで、全体としてごつごつした感じを免れず、この点では2号符の五雷総撮符とは、趣を異にしている。しかのみならず、下部には両足の如き、二本の長い

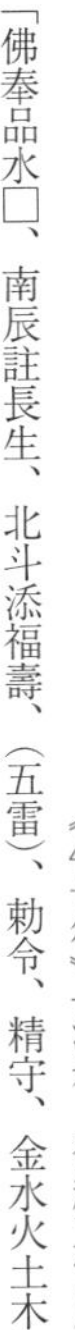

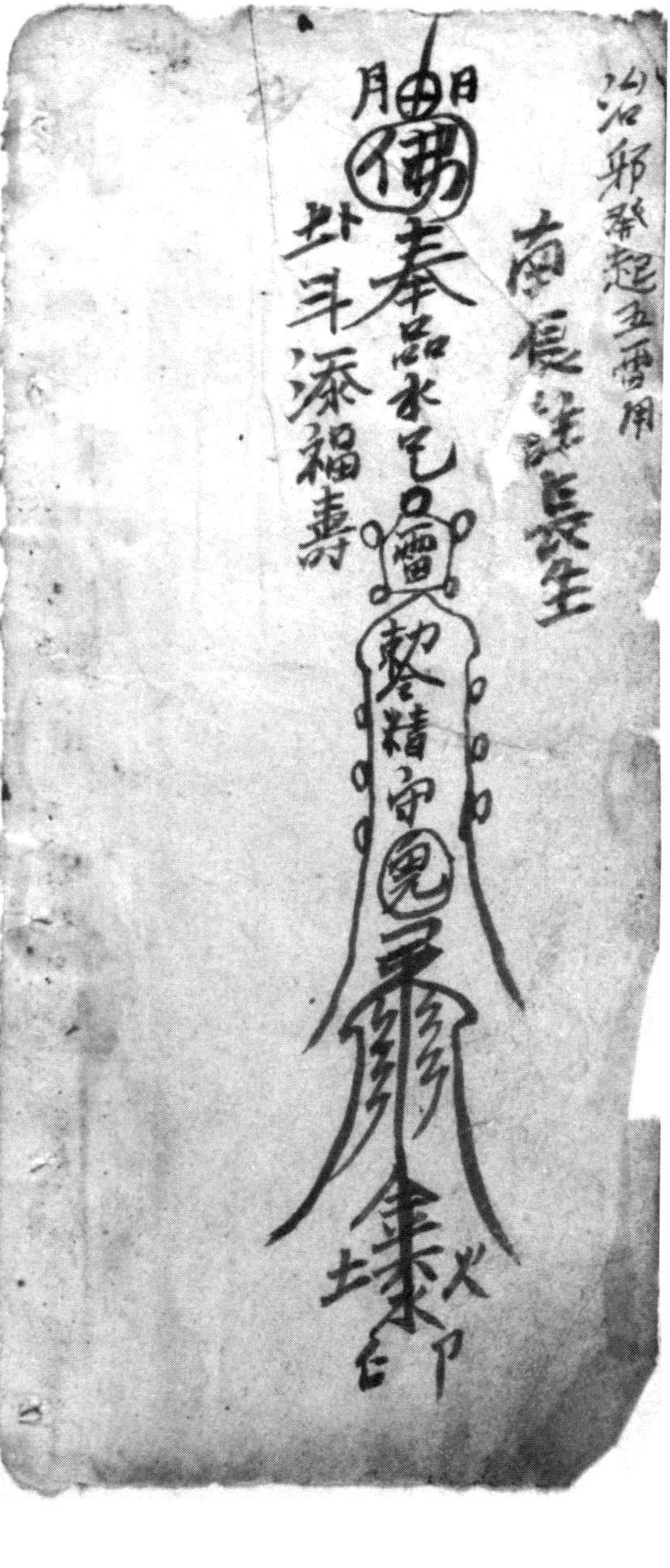

《45号符》「治邪、発起五雷用」
「佛奉品水□、南辰註長生、北斗添福壽、(五雷)、勅令、精守、金水火土木」

曲線さえ垂らしており、変容が著しい（64号符参照）。「北斗添福壽」では、北斗七星の職能は「註死」が正しく、「添福壽」とは、単に縁起をかついだ故意のすり替えにすぎないのである（17・32・56・116各号符参照）。

中段は、「精守、鬼、□」とあるが、「精守」二字の意義は不詳である。円囲い「鬼」字は、本符式簿における唯一の例だが、同一手法の円囲い「佛」字は、既述の如く多用されており、変形「鬼」字の用例もまた夥しいので、この点から言えば、円囲い「鬼」字は、変形「鬼」字と円囲い「佛」字の折衷型とも見なせる。しかしその意義は、変形「鬼」字同様、本号符が発揮する霊力の根源を示しているのである。続けて、「鬼」字の下には、かなり大型の曲線模様があるが、その意義もやはり不可解である。

下段は、「金木水火土」五字の五行配置図形だけである。その配置は、前符と同型の、「木」字を中心にして、上下に「金水」、左右に「火土」を配した変形だが、辟邪の作用においては同じである（34・37・44・63・101各号符参照）。本号符の構成は、前号符と同じく、文末が欠けて半端な上に、不明個所もあって、明確な文脈はたどれないが、

符文をまとめれば、およそ「佛奉品水□、南辰註長生、北斗添福壽、（五雷）、勅令、精守、金水火土木」となる。大意は、「某仏菩薩が、司命神たる南斗星君と北斗星君両神の協力で、五雷神を従え、天降って民家に赴き、雷法を駆使して邪煞を征討し、もって一家に、息災して安寧をもたらす」というのである。しかして、主動者としての仏菩薩は、特定できないが、前符に鑑みて、比率の高さから、これも普庵祖師と推定される。しかし、上級の司令神は、やはり不詳である。

符頭がやや繁雑な三光記号であるのに反して、符脚は簡略な「印」字だけの、希少例である（86号符参照）。総体的に見れば、前号符同様、文脈が不整合の、消極的符令である。

46号符「佛奉……應變無停」（押煞治病符）

説明に「此符治百邪煞、安床上、吉」とあり、寝台（病床）上の横木に貼れば、あらゆる悪霊の祟りを排除できるという、効果覿面の、強力な押煞治病符である。符式は、首尾が揃い、図形をも含み、一応整っている。符頭は、「日月」二字の中間に、小円と「十」字を組み合せて、星辰を示す「⊕」図形をはさんだ、第一式三光記号（「総説」および7・17・36・44・45・60・64・71・98・105・120各号符参照）だが、符文上段「佛」字の下にも、「⊕」の変形した「⊕」図形があり、両側に「太陽星君」と「太陰星君」を配して、第二式三光記号になっている（「総説」および10・26・27・32・50・56・68・116各号符、ならびに12・47・48各号符参照）。すなわち、三光記号の分離式二重構成符頭（「総説」および1・5・9・10・26・27・30・31・32・38・55・56・60・78・80・86・97・105・106・110・116各号符参照）であり、天体が具有している霊力をこめた符頭の、重なる増強である。

符文は、三段に分れる。上段は、「佛奉、（五雷記号）、張天師靈符」だが、「佛」字は、最後の二本の筆画を延ばして左右に分け、三巻きの八字髭型巻き鬚模様をつけている（16・30・35・39・67・102・103・107各号符参照）。これは円囲い「佛」字に等しく、いずれも上級仏菩薩の格式を表現しているのである。五雷記号とは、「雷」字の周圍四方に小円を配し、各円を直線で連結した図形を指し、正方形だが、やはりB式五雷記号の誤写とみなされる（2・45・64各号符参照）。何故ならば、五雷神は五人組で、東西南北および中央の五方向に応じており、中段にも悪霊を五方に退ける語句があって、四人組の雷神はもとより存在しないからである。「天」字は、「大（だい）」部首の二本の足を分離し、股を広げて垂下した曲線状だけの、最も単純な鳥居型変形「天」字で、中段におけるもう一字の変形「天」字と、両両相俟って、霊力の中心を示しているのだが、重点はむしろ後者に置かれている。なお、「靈」は、慣用俗字の「霊」となってい

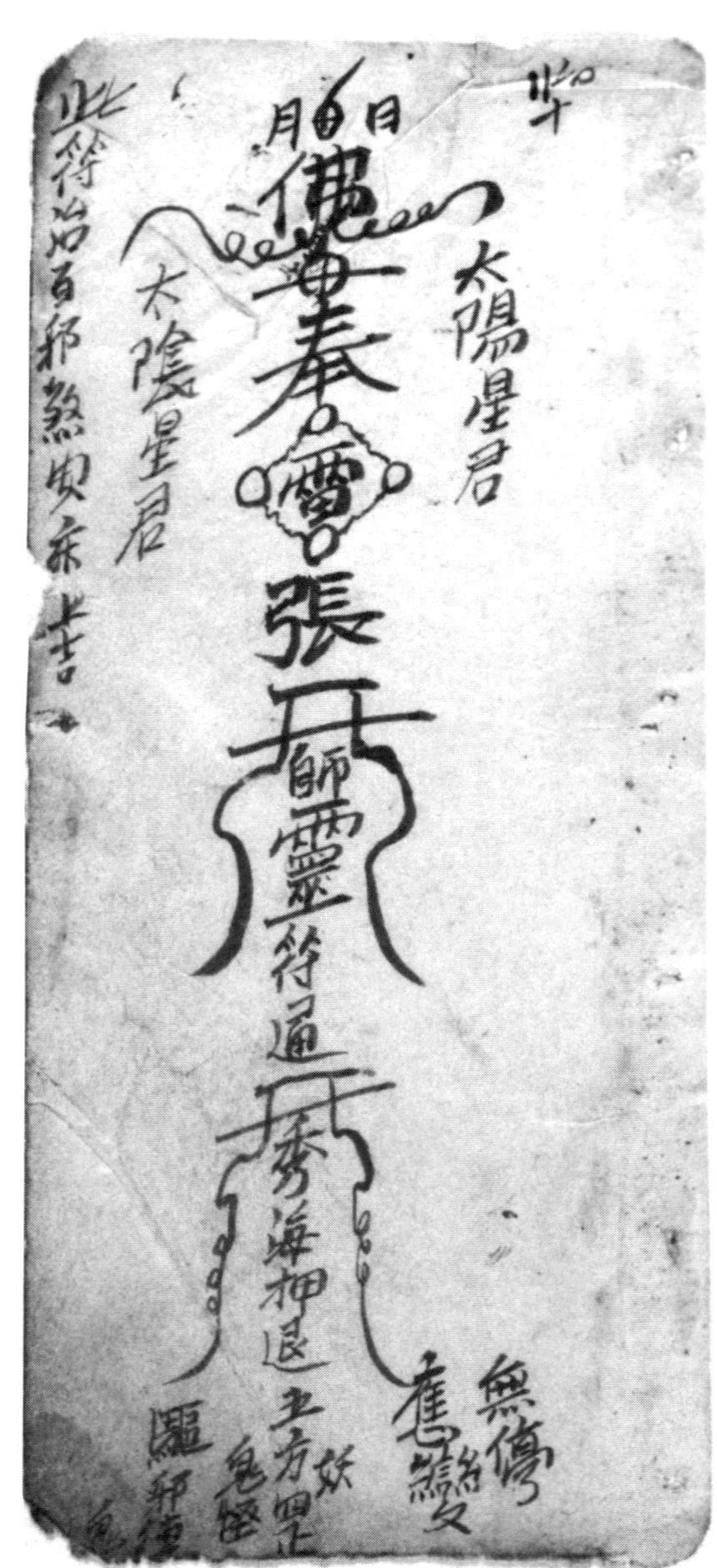

《46号符》「此符治百邪煞、安床上、吉」
「佛奉、(五雷記号)、張天師靈符、通天透海、押退五方妖魔鬼怪、駆邪縛鬼、應變無停」

る（24・35・36・39・49・68・78・79・80・82・85・98・100・109各号符参照）。

中段は、「通天透海、押退五方妖魔鬼怪」とある。しかして、「天」字はやはり鳥居型変形だが、二本の足をさらに三巻きの巻き鬚模様にして、あやを添え、かつまた複雑化して、前者に比し、より重点が置かれていることを示している。かかる比重の差異は、前者が神名の一字であるのに対し、後者は天空そのものを指していることからでも、首肯できる。いずれにせよ、これらは符文の内容とはかかわりなく、ただ本号符にこめられている霊力の原点を示しているにすぎないことは、既述の通りである。あまつさえ、あまたの変形「天」字（「総説」および6・16・20・27・32・43・49・50・56・61・68・73・77・90・95・99・102・107・109・116・118各号符参照）の中でも、一符令における二字並存現象は、本号符の一例しかなく、天の超自然的霊力が、特に強調されているのである。次に、「透」字は「秀」と誤写されており、「通天透海」とは、「通天辺、透海角」すなわち「空の彼方はもとより、海の果てまでも」という意味である。「五方」は、上段の五雷に応じており、五柱の雷神が、それぞれの方向の敵対悪霊を、分担して討伐するという仕組みである。「魔」字は、符文には欠落しているが、「妖魔」は常用の熟語で、本符式簿でも多用されている。

下段は、「駆邪縛鬼、應變無停」の二句だが、余白がないため、両側にふり分けられている。「應変無停」（22・24・26・68・80・86各号符参照）とは、「変化無停」（16・18・22・24・26・30・35・37・64・71・98各号符参照）・「正法変化」（96号符参照）・「神符変化」（7・26各号符参照）・「変化神符」（97号符参照）などと同じく、本号符は何時いかなる場合でも、悪霊と戦えば、臨機応変に霊力を発揮して、連戦連勝の輝かしい戦果が護られる」というのである。

符文を整えれば、「佛奉、（五雷記号）、張天師靈符、通天透海、押退五方妖魔鬼怪、駆邪縛鬼、應變無停」となる。大意は「某仏の命令を奉じ、張天師が五雷神を召して天降り、患家に赴き、符令を行使して、祟っている悪霊どもを、あらゆる方向へ追いつめて殲滅し、もって病床の清浄を保ち、病人を救い、一家の安寧を保つ」というのだが、この場合の司令仏は、不詳である。

符脚は、「罡」字だが、符頭の複雑なるに比して、頗る簡略である。総体的構成より見れば、誇張した文字と、複雑な図形の組み合せで、煩雑にして難解な符令である。

47号符 「開□護救……雷火符収煞護救」（保身符）

説明に「此符帯身」とあり、肌守りとしての保身符である。符式は、首尾が一通り整ってはいるが、内実は簡略で、しかも符文が一貫せず、不明な箇所も含まれている。符頭は、三清記号（「総説」参照）に「太陽星君」と「太陰星君」すなわち日月を配した、第三式三光記号である（「総説」および2・40・48・67・70・82・106各号符、ならびに12・26・27・46各号符参照）。しかして、符文上段にも、別の小三清記号が混入しており、重複型の三清記号でもあるのだが、この場合は単に三清の高貴なるを強調しているにすぎないのである（59・67・86・107・113・114各号符参照）。

符文は、三段に分れる。上段は、「開□護救、隨身保命」とあり、上下二句だが、上句の「コ」図形と下に附加した、二巻きの巻き鬚垂線図形が、意義不詳のため、全句の意味も不可解である。下句は、本号符の用途を表示しているのだが、全句が曲線図形に包みこまれており、あたかも護符の守り袋を象徴している。中段は、「勅令雷火保身」とあって、両側に「太王」と「在壇」の二句を配している。しかして、「雷」字は、「雨（あめかんむり）」部首で代用されており、下の「火」字と合して「雷火」になるのである。「壇」は俗字の「坛」になっており、「在壇」とは、この法事を挙行している法壇に降臨していることだが、44号符には「太陽在壇」とあり、121号符では「大王在壇」となっている。故に「太」字は「大」の誤写と思われるが、その指す神祇は不詳である。

下段は、「雷火符収煞」とあって、両側に「護救」二字を配している。しかして、「雷」字は「雪」字と誤写しているが、15号符にもその先例があるから、故意の誤写とも考えられる。なお、「雷火」の熟語を二句重ねた符令は、

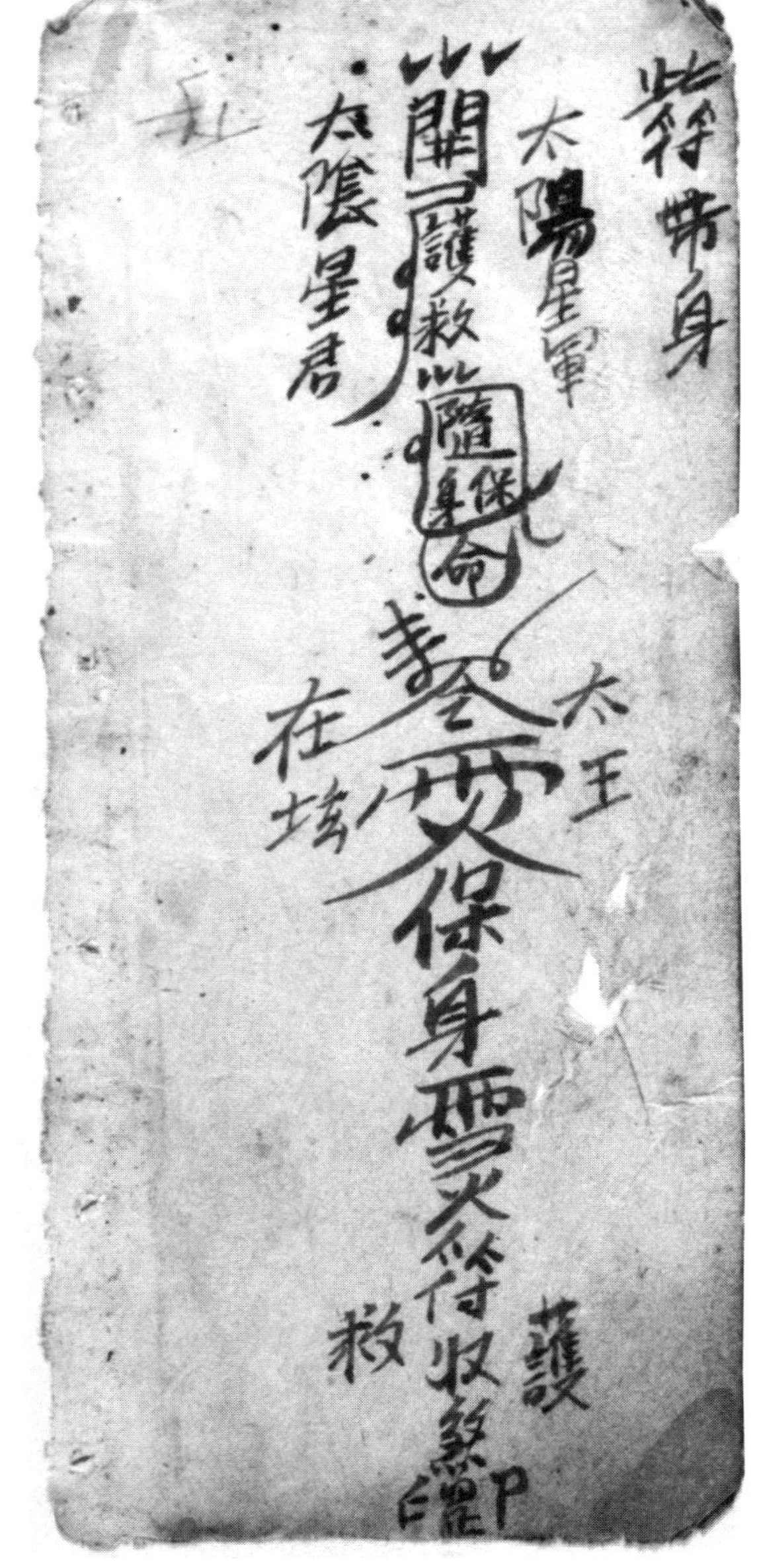

《47号符》「此符帯身」
「開□護救、隨身保命、勅令雷火保身、大王在壇、雷火符収煞護救」

この一例しかなく、その強さを示している。さらに「雷火」を遡源すれば、根強い五雷神信仰に帰着するのである（A式1・3・4・5・10、B式2・41・58・78・88、C式2・45・46・64各号符参照）。「雷火」とは、一般に落雷によって引き起こされる火事とされているが、民間信仰では専ら雷公と電母を含めた雷電、すなわち雷声と雷火の合体で、悪人がその誅殺を恐れるが如く、いかに屈強な凶神悪煞といえども、轟音と稲妻は恐怖の的である（1・15・16・103各号符参照）。

符文を整理すれば、「開□護救、随身保命、勅令雷火保身、大王在壇、雷火符収煞護救」となる。大意は、「雷神が主動神として、大王神の援護で、天降って民家に赴き、雷火符を用いて凶神悪煞を駆逐し、もって佩用者の身を護り、無病息災にて、健康を保たせる」というのだが、司令神および協力する「大王」は、いかなる神祇を指すか、いずれも不詳である。

複雑な構成の符頭に対応して、符脚も「印」字を、「卩（ふしづくり）」部首と「E」とに割って、中に「罡」字を挟んだ「罡印」二字の重複式で（「総説」および1・4・5・10・29・42・66・69・74・80・94各号符参照）、首尾が釣り合っている。総じて、幅の広い、汎用の保身符だが、その防禦法は偏に雷火にたよっているのである。すなわち頑強な凶煞の侵害にも耐え得るだけの、卓越した雷火収煞符である。さらに全符から見れば、ほとんど文字だけの構成で、漠然とした、消極的「お守り」の一種でもある。

48号符「奉文魁真君勅令……法斬五方邪鬼」（押煞治病符）

説明に「治百病、帯身」とあり、病人が肌身離さず帯びる押煞治病符である。符式は、ほとんど文字だけで、体裁が整い、割りに単純なようだが、難解な点もある。符頭は、前号符と同じく、三清記号（「総説」参照）に「太陽星君」と「太陰星君」、すなわち日月を配した第三式三光記号である（「総説」および2・40・47・67・70・82・106各号符、ならび

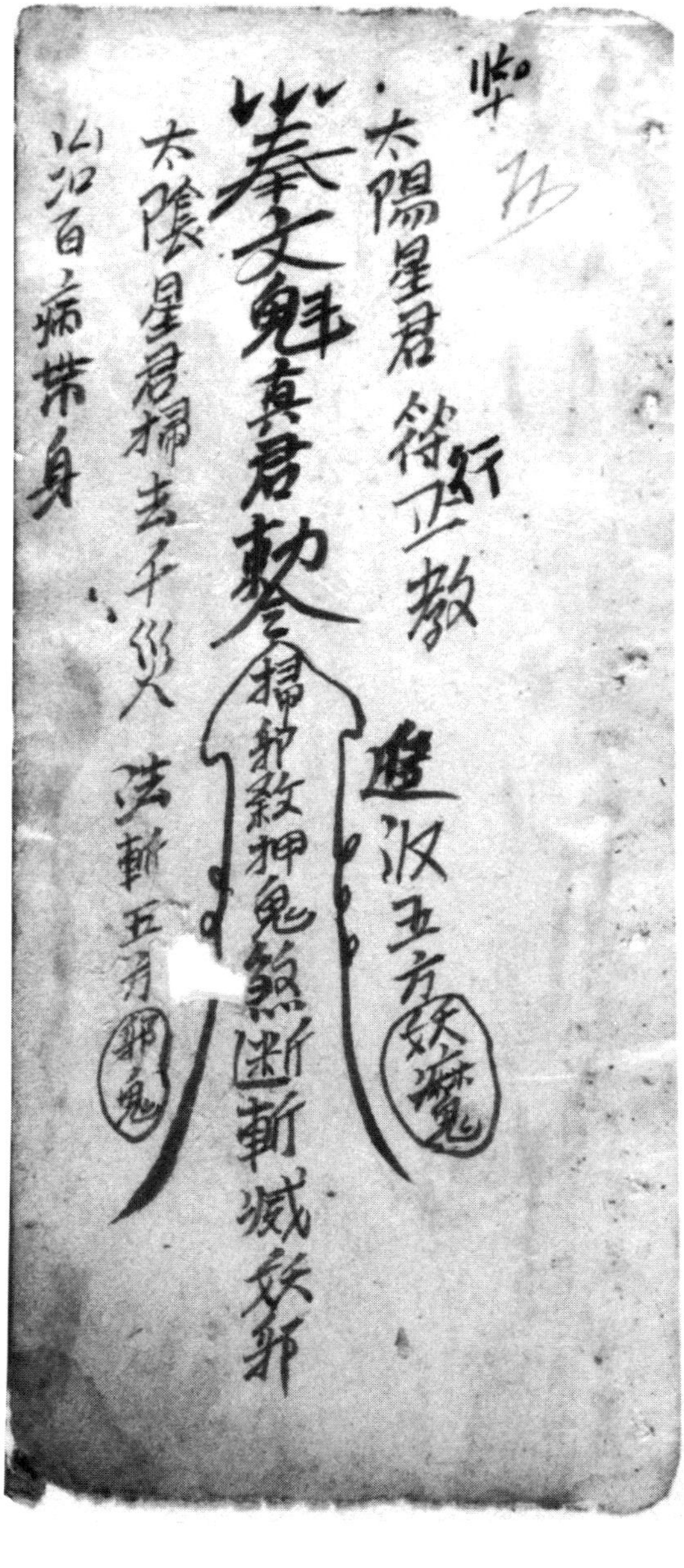

《48号符》「治百病、帯身」
「奉文魁真君勅令、符行正教、掃去千災、掃邪煞、押鬼煞、断斬滅妖邪、追収五方妖魔、法斬五方邪鬼」

に12・26・27・46各号符参照)。

符文は、三段に分れる。上段は、「奉文魁真君勅令」とあって、両側に「符行正教」と「掃去千災」の二句を配している。しかして、「魁」字は「鬼」部首の「ム」が欠落している。また「令」字は、最後の筆画を二本に分けて延ばし、股を広げて両足を垂らした恰好にして、さらに各本とも、三巻きの巻き鬚模様を加え、もって上級神命令のきびしさを示している。中段は、「掃邪煞、押鬼煞、断斬滅妖邪」だが、上句の「煞」字を、「敎」と誤写している。「柔」は「杀」の誤写で、「殳」部首を加えた「殺」の略字だが、近音の「煞」と通用している。然るに、ここでは「殳」を「攵」部首と取り違えた、偽字になっている(6・20・31・43各号符参照)。下段は、余白がないため、中段の両側にふり分けられており、「追収五方妖魔、法斬五方邪鬼」となっている。しかして、「妖魔」と「邪鬼」二句は、中段とやや重複しているが、それぞれ円圏で囲って、その兇悪無残なることを強調している。

しかしこの場合、司令神としての文魁真君には疑点がある。そもそも文魁とは、文の挙人のことだが、ここでは文運を司る北斗七星の第一星たる魁星を指しており、俗に魁星真君とか文曲星として、文人に崇められている神祇である。学問神と辟邪神との、職掌のずれは甚だしいが、これは両面から検討できる。まず文字から見れば、「魁」は「鬼」部首に「斗」字をつけた構成だが、あくまでも「鬼」が主体になっており、一種の変形「鬼」字でもある。しかして、符令における変形「鬼」字の用例は少くないが、その原義は、人間の亡霊で妖怪などを威嚇する趣向、すなわち霊界の異なる族類を対立させる、いわば「夷を以て夷を制する」という、他力本願の間接的対抗手段である。次が魁星の像容だが、文字の構造から、鬼が片足立ちで、もう一方の足を上げて、勢よく枡を蹴り上げた躍動的な姿勢になっており、これを「魁星踢斗」という。さればこそ、この「おに」は、兇暴な形相の巨漢という恐ろしい恰好で、その威勢は優に悪霊を慴伏させるに足りると連想されたのである。

符文を整理すれば、「奉文魁真君勅令、符行正教、掃去千災、掃邪煞、押鬼煞、断斬滅妖邪、追収五方妖魔、法

斬五方邪鬼」となる。大意は、「司令神たる文魁真君の命を奉じ、某神が主動神として、神軍を率いて天降り、患家に赴き、符法を行使して、四方八方から襲ってくる、無数の悪霊たる妖魔邪鬼どもを討滅し、もって病人を治癒して、その一命を救う」というのである。しかしこの場合の文魁真君は、下命する司令神としてよりも、むしろ中心となって行動する主動神にふさわしく、本号符は司令神を欠いた符令と見なすべきである。

なお、符文上段の「符行正教、掃去千災」については、既に25号符において詳説したので、要点の指摘にとどめる。正教とは、言うまでもなく、邪教に対して、正しい宗教のことだが、ここでは法教を指している。すなわち、本号符は法教を推進する正当な符令であり、その威力で悪霊を一掃して、平和の楽土を実現するというのである。しかして、「符行正教」と、この「掃去千災」との結合句が、最も多く使われているが（43・64・81・97各号符）、その他に「掃退千教」（50号符）・「神符追収」（25号符）・「起煞鎮安」（91号符）などもあり、いずれもほぼ同義である。

符頭が堂々たる三光記号であるにもかかわらず、符脚がなく、構成としては、不安定である。総覧すれば、強力な治病符にふさわしく、安堵感を与える符令である。

49号符 「奉九鳳破穢天尊下山救……法斬神煞」（安胎符）

説明に「犯胎神、安床上」とあって、本号符の簡略符式である90号符には、「安胎符」の名称のみ残存し、用法は欠損して不詳だが、要するに、妊娠を司る胎神の祟りに触れた場合、妊婦の寝台に貼って、胎児の順調な発育を護る安胎符である。符式は、特殊な用途を反映して、大げさな記号や変形字体を交えているのみならず、構成にも異色がある。符頭は、三清記号である（「総説」参照）。

符文は、三段に分れる。上段は、「奉九鳳破穢天尊救山下」とあって、全行で主文を占めている。「九」は小字を

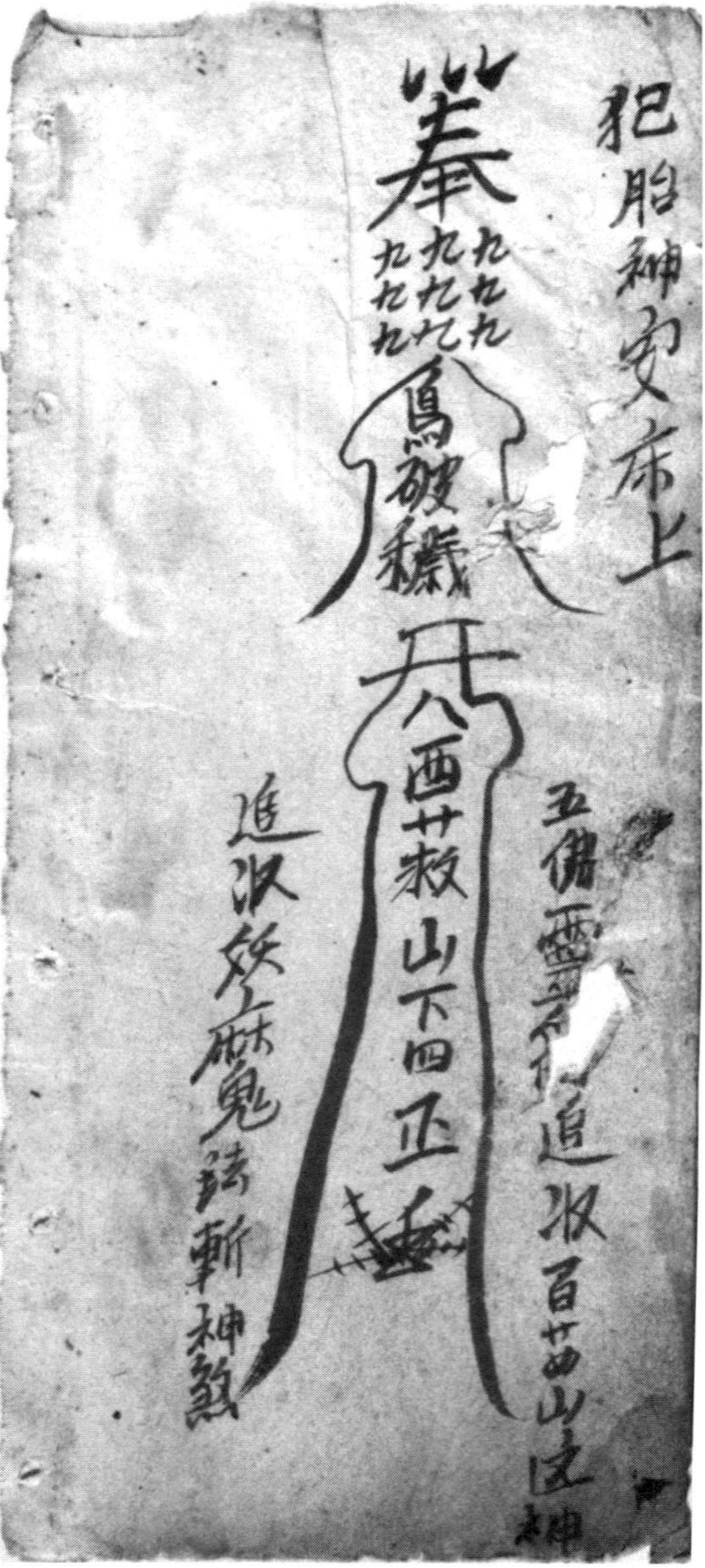

《90号符》

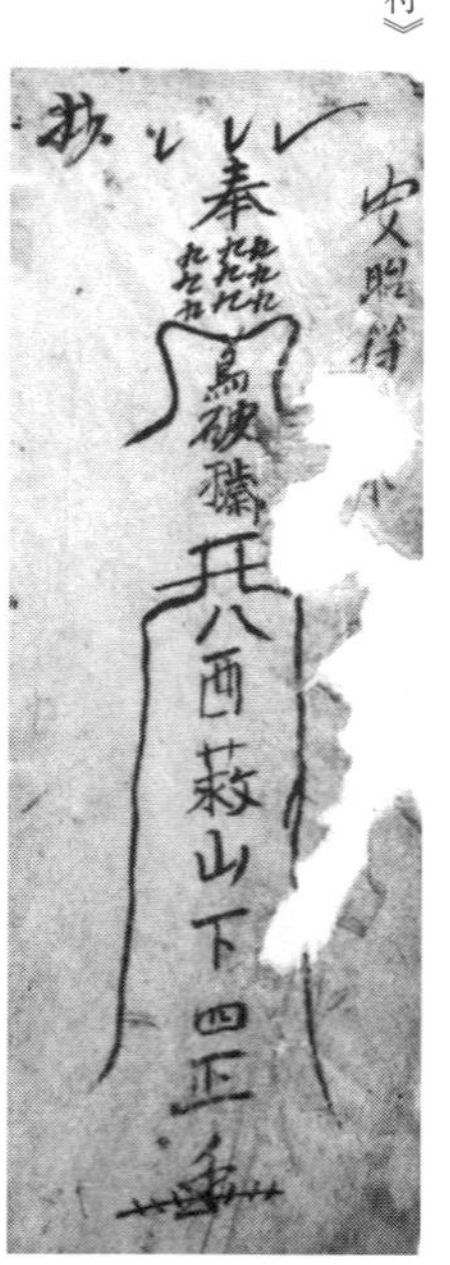

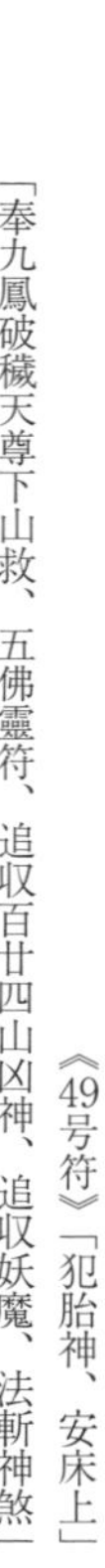

《49号符》「犯胎神、安床上」「奉九鳳破穢天尊下山救、五佛靈符、追収百廿四山凶神、追収妖魔、法斬神煞」

三字ずつ横にならべ、さらにこれを三段積み重ね、全体として「九」字を九個よせ集め、一風変った図形になっている。「鳳」字は、その「鳥（とりへん）」部首を被覆する「几」を、曲線模様化している。「天」字は「大（だい）」部首の二本の足を分離し、股を広げて、ふくらみを持たせた曲線として、極めて長く垂らした、鳥居型変形「天」字になっており、本号符にこめられている霊力の中心点をも示している（「総説」および6・16・20・27・32・43・46・50・56・61・68・73・77・90・95・99・102・107・109・116・118各号符参照）。「尊」字は、「八」・「酉」・「寸」の三字に分解されて、原字形を留めないほどに変形している。「救山下」三字は、「下山救」の倒置である。中段は、上段に続くべきだが、余白がないために、やむなく上段すなわち主文の右辺に、別行として書かれており、「五佛靈符、追収百廿四山凶神」とある。しかして、「靈」は慣用されている俗字の「霊」となっている（24・35・36・39・46・68・78・79・80・82・85・98・100・109各号符参照）。また「凶」は、俗字の「囟」とすべきところを、「凵（かんにょう）」部首の最後の筆画を欠いて、「区」の誤字になっている。下段も、主文の左辺すなわち中段の反対側に、一行として、「追収妖魔、法斬神煞」となっている。「追収」とは追撃して捕え、「法斬」とは法に依って斬刑に処するという、霊界刑罰の峻烈なるを示しているのである（36・38・42・85・101各号符参照）。

符文を整理すれば、「奉九鳳破穢天尊下山救、五佛靈符、追収百廿四山凶神、追収妖魔、法斬神煞」となる。大意は「わざわざ下山した司令神九鳳破穢天尊の命を奉じ、五仏が主動神として、神軍を率いて天降り、妊婦の家に赴き、危害を加え、安産を妨げている、百二十四山に盤踞する妖魔悪煞どもに対して、あらたかな符令を用い、符法を行使して、追討斬殺し、もって胎児を守り、安産をもたらす」というのである。

主動神としての五仏とは、五方に配した五如来であり、東方阿閦仏、南方宝生仏、西方阿彌陀仏、北方不空成就仏・中央毘盧那仏すなわち大日如来である。かくの如き、いかにも仰々しい陣容であり、司令神あるいは主動神たるを問わず、単一の神仏が任じる慣例に反して、この五仏は仏菩薩の大げさな集団として、珍しい例である。司令神たる破穢天尊は、穢気を静める浄化神だが、穢は邪に通じ、破穢は破邪でもある。九鳳とは、『山海経』の「大荒北経」に九首人面鳥身の神とあるが、かかる怪鳥と見なすよりも、むしろ瑞鳥としての鳳凰と考えられ（11号符参照）、「九鳳」二字の際立った図案化は、とりもなおさず鳳凰の神格を、強調しているのである。なお、九鳳神は北極天櫃山に棲み、符文の山はこれを指している。九鳳破穢符は、祭典の際、道場の前面に貼り出して、祭場の浄化にも常に使われており、主な破穢符とみなされている。すなわち、破穢辟邪は手段にして、目的は安胎・安産であり、本号符の「説明」はこれに沿っているのである。

胎児の生長過程は、母体の懐妊に始まり、出産に終る。しかしてこの間、胎児は胎神の管理下に置かれるが、この妊娠の神は、妊婦の寝台に盤踞すると信じられており、これを「胎神佔床」という。胎神は、いたって祟りやすい神で、ややもすれば祟られ、これを「犯着胎神」とか「動着胎神」と称し、流産の原因とされている。しかして、占床のほか、胎神は移動もし、その位置を「胎神占方」と言い、住宅の内外を含め、干支に応じて、日毎に変るので、今でも民間流通の暦書に依拠して、その凶方を回避する風習がある。また新しい生命を損ない、或いは攫おうとして、もろもろの悪霊が蝟集し、穢気がたちこめるから、安産を期するには、浄化せねばならない。すなわち、安胎と破穢の接点だが、さらに推論すれば、懐妊の最終段階は分娩だが、必然的に産血を伴って、穢気が高まり、母子とども危機に瀕するのである。すなわち広汎な血穢の観念だが、殊に産穢に集中しているのである。そもそも、財子寿の三多をもって、人生の至福となす漢民族にとって、安産祈願の念は殊に切実であり、まして台湾の如き、犠牲者の夥しい往時の開拓社会においては、なおさら人口の増加が望まれる（113号符参照）。

法教でも、栽花・祭花・換斗・安胎・縛胎・破胎・催生・送流蝦など、一連の法場が組み込まれ、盛行しているゆえんである。かかる習俗は、本符式簿にも反映されており、安胎符としては、本号符を含め、合計一〇式が収録されているが、用法から言えば、本号符同様の寝台上に貼るのは87号符と107号符を含めて三例あり、携帯の四例

（29・89・98・108各号符）に次ぎ、寝室入口貼り付け二例（92・113各号符）と食用一例（91号符）の上にあって、中庸を得ている。因みに、これらの悪霊は、百二十四山に巣くう妖魔凶煞となっており、それがたまたま深山から人里にさまよい出て、妊婦を脅かす意味にとれるが、むしろ逆に悪霊群を、山脈を越えた遥けき遠方に追放して、騒擾の禍根を絶つのが本筋である（81・83・105各号符参照）。

符頭が単純な三清記号だけであるのに反して、符脚は「罡」字と「☒」記号を、上下に重ねた二重型である（「総説」および33・55・89・90・92・117各号符参照）。総合すれば、本号符は形式の奇抜さが目立っているのみならず、内容も充実した符令である。

50号符　「奉聖人……合家平安」（鎮宅護身符）

説明に「治百煞陰鬼、安帯可用」とあるが、「陰」は俗字の「阴」となし、「帯」字は「鎮」と誤写している。家に貼るか、あるいは肌身につけても差し支えないという、両用の鎮宅護身符である（19号符参照）。符式は、文字が主体だが、図案を雑えており、殊に下段の図柄は特異である。符頭は、星辰記号の一式である三台星記号（「総説」および38・86・97・104各号符参照）に、符文上段両側の「太陽」と「太陰」を配した、第二式三光記号だが、「陰陽」二字は、俗字の「阴阳」になっている。すなわち日月星辰を包括した三光の天体が、元来具有している霊気を、遍く下界の人々に頒ち施しているのである（「総説」および10・26・27・32・46・56・68・116各号符参照）。

符文は、三段に分れる。上段は、「奉勅令聖人、天」だが、「天」字は、多用されている、図案化した鳥居型変形字である。通例としては、「大（だい）」部首の二本の足を分離し、股を広げて垂下した曲線を、巻き鬚模様にしているのだが、本号符では、その二本の垂下曲線を左右両方、すなわち外側に向けて、甚だしく折り曲げ、全体として膨らみをも

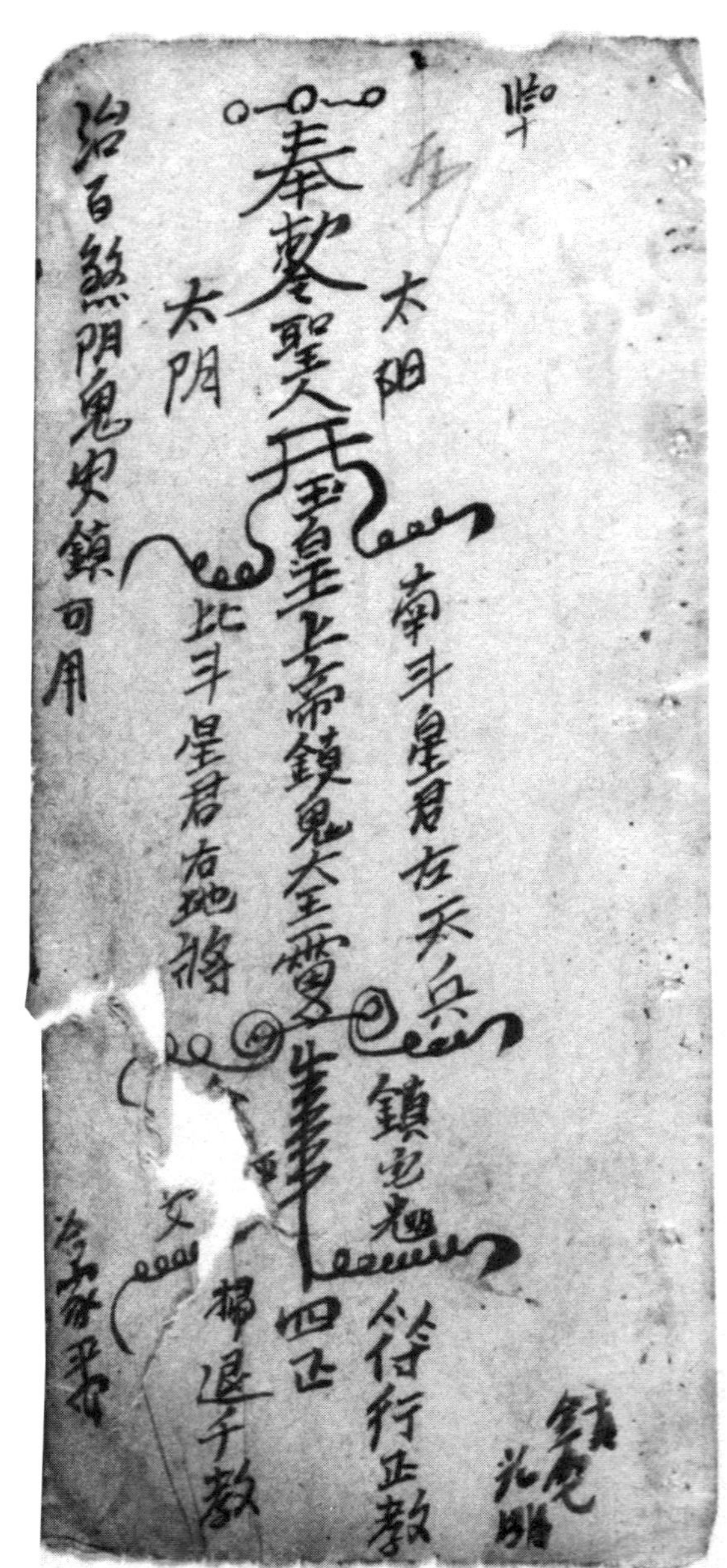

《50号符》「治百煞陰鬼、安帯可用」
「奉聖人・玉皇大帝勅令、鎮鬼大王、南斗星君・北斗星君、左天兵・右地將、雷令、符行正教、掃退千教、鎮宅光明、合家平安」

たせた、極端な変形模様で、天の超自然的霊力を表わしている。しかしこれは符文の内容とは関係なく、ただ本号符に内蔵されている霊力の中心、ならびにその発揮点を示しているにすぎないのである（「総説」および6・16・20・27・32・43・46・49・56・61・68・73・77・90・95・99・102・107・109・116・118各号符参照）。中段は、「玉皇上帝・鎮鬼大王」の神名だけだが、両側に「南斗星君」と「北斗星君」および「左天兵」と「右地將」の対句を配している。下段は、「雷」字の下に渦巻き・稲妻形曲線・巻き鬚模様などを、組み合せた図形になっているが、これは「令」字をあしらっているのである。これを上の「雷」字と合せれば、「雷令」となり、常用法器の令牌である（9・10・25・41・51・58・68・78・104・114各号符参照）。またその両側に、「鎮宅公明」・「合家平安」と、「符行正教」・「掃退千教」の対句を配している。この二句については、既に25号符で詳説したから、ここでは概略を述べるにとどめる。

要点は、正邪善悪の対立抗争だが、正教とは民間に浸潤して、牢固たる基盤を擁している法教を指し、これと対立抗争する、雑多な黒巫術や悪霊を千教と称している。すなわち、本号符は邪教を撲滅する正常な符令たることを、強調しているのである。しかして、符令の構成としては、基本の前句「符行正教」と後句「掃去千災」との結合が、しばしば用いられているが（43・48・64・81・97各号符）、後句には他に「神符追収」（25号符）や、「起煞鎮安」（91号符）などもある。しかしてその意義に、さしたる相違はないのである。

符文を整えれば、「奉聖人・玉皇大帝勅令、鎮鬼大王、南斗星君・北斗星君、左天兵・右地將、雷令、符行正教、掃退千教、鎮宅光明、合家平安」となる。大意は、「鎮鬼大王が、聖人と玉皇大帝の命を奉じ、南北斗両星君の協力で、主動神として、天兵地将の神軍を率いて天降り、祟られている民家に赴き、雷令を用いて五雷神を召致し、手向う悪鬼邪霊どもを一掃して、家宅の安寧を確保し、もって一家の平安無事をもたらす」というのである。

しかして、「鎮鬼大王」とは、専らその辟邪力を強調した称号だが、該当神祇は不詳である。また下命する司令神が、複数であるのみならず、その一柱たる「聖人」も、いかなる高位神を指すか、不詳である。南斗星君と北斗星君の加勢とは、いうまでもなく、前者は人々の生を司り、後者は死を司るという司令神の信仰に基づいているのだが、本符式簿ではその延長として、「南辰註長生・北斗添福壽」（12・32・45・56・116各号符参照）があり、さらに五行の方位配置観念が絡んで、「南斗火德星君・北斗水德星君」（39・100各号符参照）さえ登場しているのである。なお、後段の「鎮宅光明」（19号符参照）と「合家平安」（1・12・25・32・39・41・69・78・86・100各号符参照）こそ、民衆にとって、希求の究極目的であり、この点から言えば、本号符は鎮宅を前提とした、広汎な平安符の一種でもある。

符頭が三光記号の複雑な二重構造であるのに反して、符脚は簡略な「罡」字だけで、首尾の均衡がとれていない。最後に、構図から見れば、本号符は、文字が多くて、体裁が一応整ってはいるが、難解な図形をまじえて、いかにも神秘めかした符令である。

51号符　「雷令……法行押走千里」（五営収兵符）

説明は、原文の破損によって、意を尽くせないが、「符収陰兵神將、化火可用、房門用、□□□百用金銀多少」とあり、「陰」は俗字の「阴」となし、「銀」は「艮」の略字で、「少」字は「小」と誤写している。すなわち、法場における法事が済み次第、神軍を天界の原隊に引き揚げる際に、祭場の門外において、いくばくかの金紙・銀紙などの紙銭を添え、はなむけの献金、ないし路銀として焼き贈る、五営収兵符である（30・120・121・122・123各号符参照）。符式は、単純なようだが、文字配置のくずれや、未詳の図形を雑えた、独特な体裁である。符頭は、63号符と同じく、三清記号（「総説」参照）と、符文上段に食いこんでいる「⊕」記号とで、一組になった、希な構成の二重符頭である。しかして、この小円を横棒で貫いた記号は、形態の相似から推して、多用されている「⊕」と同一の星辰記号と思われる（7・17・36・44・45・46・60・64・71・80・98・103・105・120各号符参照）。

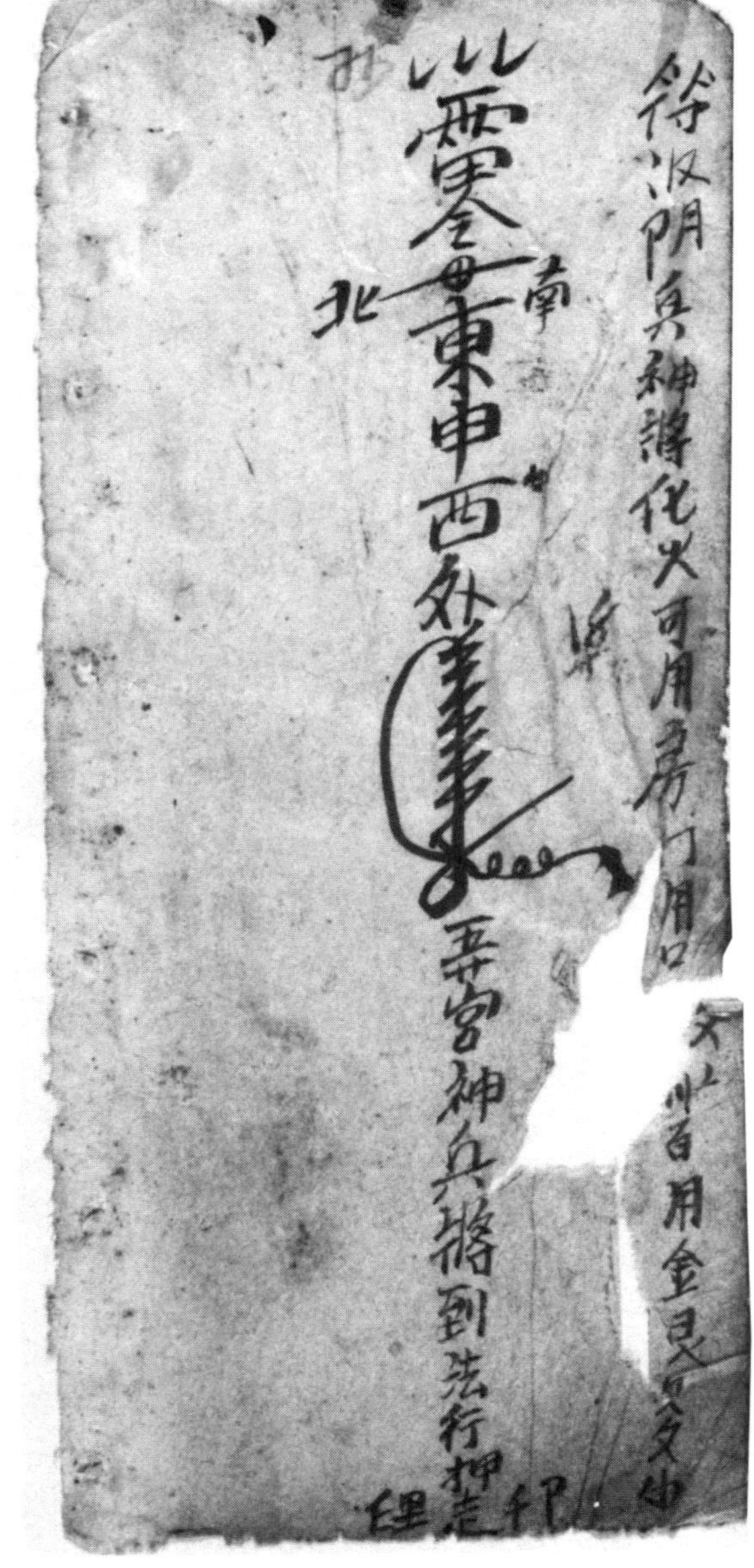

《51号符》「符収陰兵神將、化火可用、房門用、□□□百用金銀多少」「雷令、（六方）、五營神兵將到、法行押走千里」

符文は、三段に分れる。上段は、「雷令」二字と、横倒しの六方配置図形である。雷令すなわち令牌とは、法器の名称だが（9・10・25・41・50・58・68・78・104・114各号符参照）、ここでは文字通り、雷神の指令になっている。次に、周知の五方とは、東西南北の四方と中央を合せた名称だが、これに外方を加えれば、六方になる。五方の配置は、通常「中」を囲んで、向って右に「東」、左に「西」、上に「北」、下に「南」を置くのだが、「外」はたいてい西北方に、やや離れて書かれる。しかるに、ここでは「南北」二字を、符頭記号の両側に配し、さら「東中西外」と続き、しかも「中」字を「申」と誤写しており、位置のずれと誤謬が甚だしい。中段は、ジグザグの稲妻形曲線を、一本の直線で貫き、下部を三巻きの巻き鬚模様にした図形だけだが、その象徴する意義は不詳である。下段は、「五營神兵將到、法行押走千里」の二句だが、「千里」二字は、余白がないため、「千」と「里」に分けて、「走」字の両側に配置している。

符文を整理すれば、「雷令、（六方）、五營神兵將到、法行押走千里」となる。大意は、「雷神が主動神として、五営神軍を率いて天降り、祭場に赴いて、六方のあらゆる要所をおさえ、もし侵犯する悪霊があれば、捕えて千里の彼方に放逐し、もって祭域の安寧を保ち、祭典を推行し、無事に終了させる」というのだが、司令神は不詳である。しかして、神軍を五営とは称しても、実は外営を含めた六営編制であることは言うまでもない（120号符参照）。

符頭が、三清記号と星辰記号の、二重式であるのに対比して、符脚は「印」字を「卩（ふしづくり）」部首と「ㄈ」に割って、文末の両側に配しているだけの、簡略さである。全構図としては、不可解な図形や、六方に関する文字の配置に混乱はあるが、むしろ簡略にして、かつ解りやすい符令である。

52号符「勅□□□……不留停」（水符）

説明に「水符、下水碗中、下床脚」とあり、水を湛えた碗の上で符令を焼いて、その灰を水中に落し、碗を病床の下に放置するという、張り出し・携帯・服用などとは異なる、特殊用途の水符である。符式は、図形と変形文字に加えて、二六字にも及ぶ、長い符文が続いている。そのため、二行に分けて書かざるを得なくなり、符令の体裁としては、むしろ冗長の嫌いがある。符頭は、省略されている。

符文は、三段に分れる。上段は、「勅、(偽字)、きのこ状図形、(偽字)、鬼」とあるが、判読できるのは、始めの「勅」と、後の「鬼」二字だけである。しかして二字の偽字は、前者が三字の「水」に、それぞれ「冖(わかんむり)」部首をつけた合成偽字で、後者が二字の「日」と「弓」字の合成偽字だが、中間のきのこ状図形を含めて、いずれも意義不詳である(37・54・65・66各号符参照)。「鬼」字は、「田」字の下部両角から、ジグザグ稲妻型曲線の二本の足を長く垂らした、極端な変形になっているが、符文の内容とは関係なく、遊離した存在で、単に本号符が発揮する霊力の根源を表わしているにすぎないことは、既述の通りである(「総説」および2・7・9・13・19・25・30・31・33・34・38・39・44・54・67・72・78・83・87・88・89・91・94・101・108・111・112各号符参照)。中段は、「神符退消、北極大帝、水將軍押到」だが、「將軍」二字は、「將」字を「爿」と「夅」に割って、「軍」字を中間にはさんだ形で示されているが、この「將」字は、「將」と誤写している。下段は、「符中隨収火煞・天火・地火、不留停」だが、「隨収」は「収隨」と倒置されている。

符文を整理すれば、「勅□□□、神符退消、北極大帝、水將軍押到、符中隨収火煞・天火・地火、不留停」となる。大意は、「司令神たる北極大帝が、主動神の水将軍に命じ、神軍を率いて天降り、患家に赴き、霊符の威力を発揮して、祟っている火煞・天火・地火などの悪火を、容赦なく追討し、もって熱病を癒し、病人を救う」というのであり、要するに冷水で熱火を制する着想である。故に、五行に配すれば、水は北方に当るから、司令神として、北極大帝が推されるゆえんである(96号符参照)。

しかし、主動神としての水将軍とは、水神を武将とみなしているにすぎないのだが、その具体的神格は不詳であ

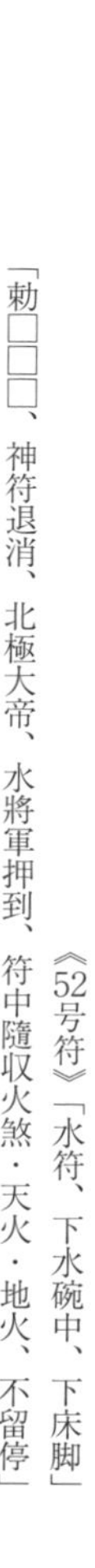

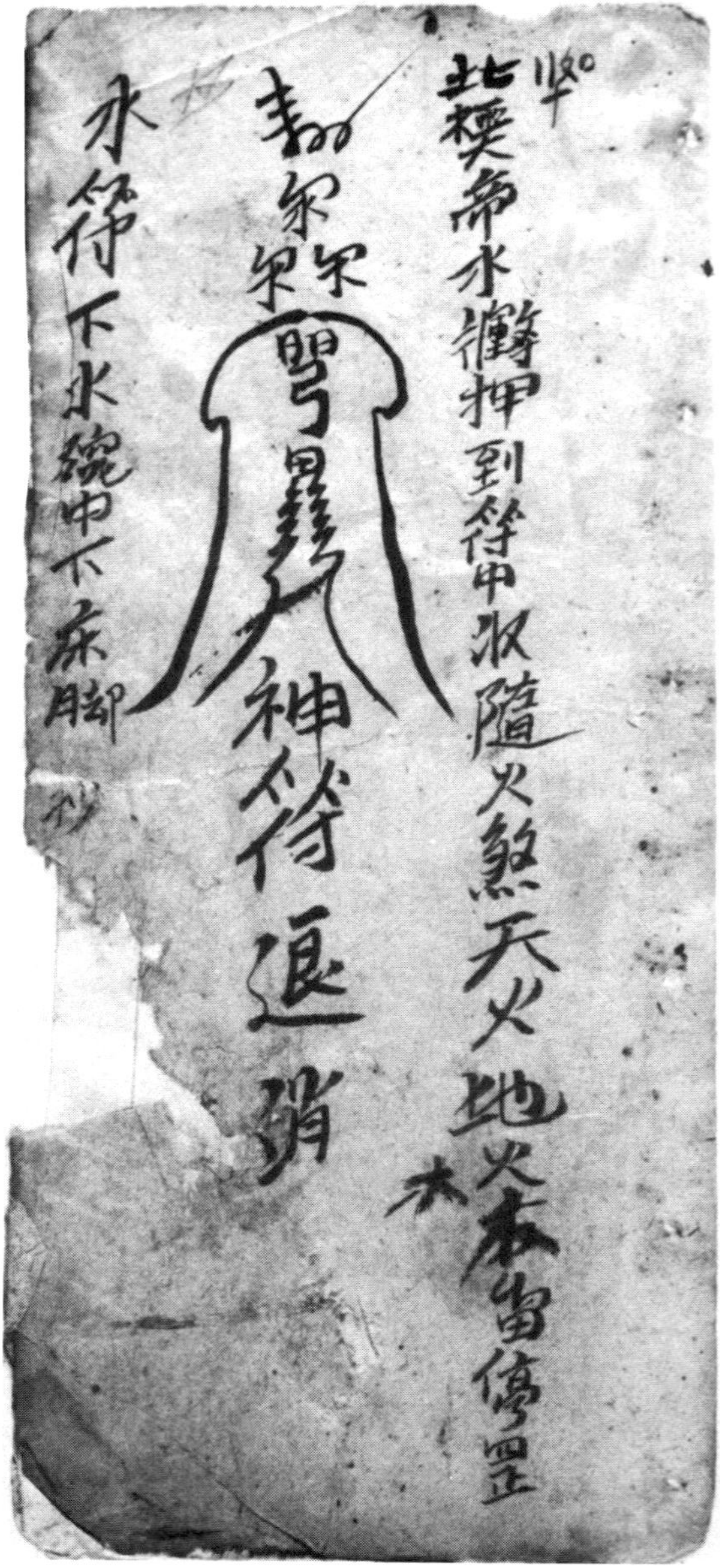

《52号符》「水符、下水碗中、下床脚」
「勅□□□、神符退消、北極大帝、水将軍押到、符中隨収火煞・天火・地火、不留停」

る。しかして、火煞はあらゆる悪煞の一種であり、天火は落雷やその他原因不明の発火、地火は地上に燃える一切の火などをいうのだが、ここでは三者合せて、すべての悪火を指している。由来、火は水と共に、日常生活の必需物資として、不可欠の貴重なものだが、別面では、その災害も甚しい。故に、もし火災の思考を、人体に当てはめれば高熱になり、曽て猖獗（しょうけつ）をきわめた、マラリアやペストなどの悪疫はもとより、たいていの疫病は高熱を伴い、民生をさえ脅かすほどであったので、本号符にすがる心情は、なおさら切実であったと思われる。なお、水符については、すでに23号符で解説した通り、称号を白字で黒紙に書いた、火伏せの水徳星君符が、正統視されているが、本号符は他神による熱病治療の、旁系水符である（「総説」および23・54・61・62・112・115・118各号符参照）。

なお、中段の「神符退消」は、112号符にも用いられており、53号符では「神符退災」となっているが、いずれも「退病消災」の略語である（24・109各号符参照）。因みに、符令の使用法として、貼る場合は、たいてい門上・門辺・神卓上あるいは床上だが、この場合は、碗の水に入れた焼き灰を、病床の下に置くという処置が、注目される。その着眼点は、病人を地穢から遮る、いわば絶縁体としての用途にあるのだが、悪霊との断絶を象る断橋の模倣巫術では、切断された箸を、どんぶりの水に浮かべて、病床の下に放置する法事が、しばしば行われている。

符頭が欠落しているのに対応して、符脚も「罡」字だけの、簡略さである。総覧すれば、奇異な図形と長い符文で、人々の畏敬感を誘う符令である。

53号符「庵佛令……神符退災」（退熱治病符）

説明に「治熱、嘔吐不止、食」とあるが、原文の破損により、最後の「化水」二字が欠落して、「食」字だけが残存したのである（「総説」および18・35・91・93各号符参照）。また、「嘔」字は「口（くちへん）」部首が欠落して「區」、「不」は

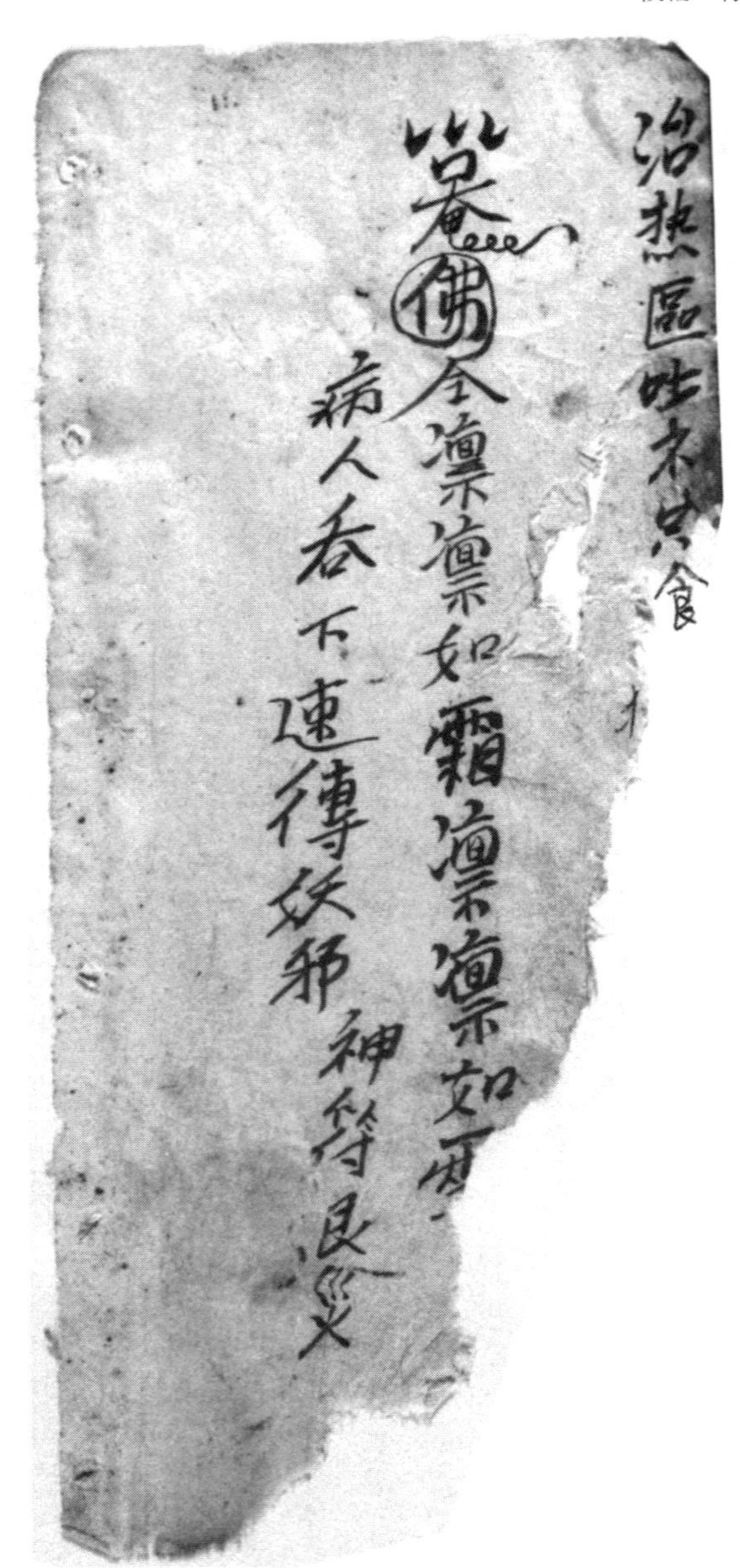

《53号符》「治熱、嘔吐不止、食」
「庵佛令、凛凛如霜、凛凛如雪、病人吞下、速縛妖邪、神符退災」

字形の相似で「ネ（しめすへん）」部首、「止（チイ）」字は同音の「只」と、それぞれ誤写している。発熱嘔吐の患者に、焼き灰を水に溶かして飲ませる、退熱治病符だが、用法の「化水食」を「化火食」とも説明しているが、しょせん同一の行為である（「総説」および22・23・24・33・97・105・109各号符参照）。符式は、符頭のほか、すべて文字のみで、単純なようだが、長すぎて二行に分離した、異例である。符頭は、三清記号だけである（「総説」参照）。

符文は、三段に分れる。上段は、「庵佛令」三字だけだが、「庵」字は「雹」となし、最後の筆画を、三巻きの蔓状にのばして、その威力を表わしている。「佛」字は、最後の筆画をのばして、全字を円囲いし、もって格式の高さを示している（1・13・35・36・44・45・55・60・71・74・75・79・98・105・120各号符参照）。二字を合せた「庵佛」とは、普庵祖師のことである（19・23・28・35・36・62・67・75・79・85・97・102・103・104・109・115各号符参照）。中段は、「凛凛如霜、凛凛如雪」の二句である。下段は、「病人呑下、速縛妖邪、神符退災」だが、「縛」字は、「傳」と誤写している。

符文を整理すれば、「庵佛令、凛凛如霜、凛凛如雪、病人呑下、速縛妖邪、神符退災」となる。大意は、「霜雪神が、司令仏たる普庵祖師の命を奉じ、主動神として、神軍を率いて天降り、患家に赴き、霜雪をもたらし、患者に飲ませて解熱し、かつ、このあらたかな符令を行使し、妖邪どもを攻め、捕縛してその祟りを除き、もって病人の一命を救う」というのである。

「凛凛」と「凛」字を重複させて、酷烈な寒気を強調しているのだが、厳しい寒気が身にしみれば、高熱もさがる理（ことわり）である。しかしここでは、「雪山」の称号を冠せず、ただ雪に付随して、霜を並記しているだけである。雪水童（23号符）の雪水が霙（みぞれ）を指してることと合考すれば、その霙とこの霜は、主役たる雪神の脇役として、対応しているのである。さらに、同類神としては、雪山大聖（18号符）・雪山神（62号符）・雪山童子（77・105号符）・雪山聖者（117号符）などがある。なお、末句の「神符退災」は、52号符では「神符退消」となっているが、いずれも「退病消災」の略語である（24・109各号符参照）。

符頭の簡略な三清記号に対応して、符脚も省略されており、いかにも地味な首尾である。総体的に見れば、構成は複雑にして冗長なようだが、文脈は通り、創意あふれた符令である。

54号符「勅令臨水、護身神符、清吉平安」（水符、安胎符）

説明に「水符、安床上」とあり、寝台に貼る水符となっているが、疑点がある。符式は、わずか一三字に、若干の図形を添えただけで、いたって簡潔である。しかして、111号符と本号符は、符式において僅少の差異があるだけだから、再録とみなし、併せて解説する。符頭は、三清記号だが（「総説」参照）。故意に符文に食い込ませた、転位倒置式になっている（16・17・18・23・33・35・62・63・65・66・80・86・93・94・95・108・112各号符参照）。

符文は、上下二段に分れる。上段は、「勅令臨水、（稲妻図形）、（きのこ状図形）」だが、「臨」字は「臣（しん）」部首をはじめ、全体が変形し、一見して「監」字に紛らわしい。臨水とは言うまでもなく、臨水夫人すなわち陳靖姑を指している。稲妻図形は、電火形の、ジグザグ屈折曲線である。きのこ状図形は、傘が円くふくらみ、37・52各号符と同じだが、類似形態の65号符と66号符は、傘の膨らみがやや凹んでいる。しかし111号符では、稲妻図形の書き出しを「一」字の如く長く引き延ばし、下面はきのこ状図形ではなく、「几」字状の図形で、両者合せて、変形「鬼」字になっている。本号符のも、極端な図形化だが、やはり「鬼」字を象徴していることは、明白である。変形「鬼」字は、符文の内容とは関りなく、単に本号符にこめられている霊力の所在と、その発揮点を表わしているのにすぎない（「総説」および2・7・9・13・19・25・30・31・33・34・38・39・44・52・67・72・78・83・87・88・89・91・94・101・108・111・112各号符参照）。さらに詰めれば、これは「鬼」字の、原形を残さないほどに、くずれて図形化した、極端な例でもある（7・13・33・34・39・87・89・111各号符参照）。下段は、「護身神符、清吉平安」とあり、111号符の「符」字は正確だが、本号

《54号符》「水符、安床上」
「勅令臨水、護身神符、清吉平安」

《111号符》

符では「付」と誤写し、「平安」二字は、一字ずつ左右両側に、ふり分けられている。

符文を整理すれば、「勅令臨水、護身神符、清吉平安」となる。大意は、「臨水夫人が、某司令神の命を奉じ、主動神として、天降って民家に赴き、産婦に霊符を授けて、悪霊の侵犯を防ぎ、もってその安産を期する」というのである。

故に本号符は、紛れもなく、臨水夫人の護身符であり、難産に死して安産の女神となった縁起に因んで、妊婦が肌身につけたり、寝台に貼ったりする安胎符ともみなせる。然るに、「説明」に尚も水符と銘打っているのは、おそらく「臨水」の「水」字にこだわった、牽強付会であることは、111号符の「説明」が、「床上」の二字だけで、敢えて水符と表示していないことからでも、推察できる。しかし、もしこれを産褥熱に対して、産婦に飲ませるか貼ったりする解熱の、特効薬としての符令とみなしても、さしたる矛盾はないのである。なお、水符について言えば、「水徳星君」の称号を、白字で黒紙に書いたのが正統だが、本符式簿には収録されておらず、載っているのは、その他の水神の旁系水符だけである（「総説」および23・52・61・62・112・115・118各号符参照）。しかして、前者の主要効能は火伏せだが、後者は熱病治療である。

符頭が三清記号であるのに対応して、符脚も「罡」字だけの簡略さだが、111号符には、これさえ欠落している。総体的に見れば、本号符は字数が少く、目標が漠然とした、消極的符令である。

55号符「佛勅令……押出」（治病符）

説明に「一事無名腫毒」とあり、悪性の腫物に効くという、専用の治病符だが、用法は示されていない。符式は、約一〇字だけの符文に図形を添え、いたって簡略である。符頭は、小円と「十」字を組み合せた「⊕」星辰記号だが（単

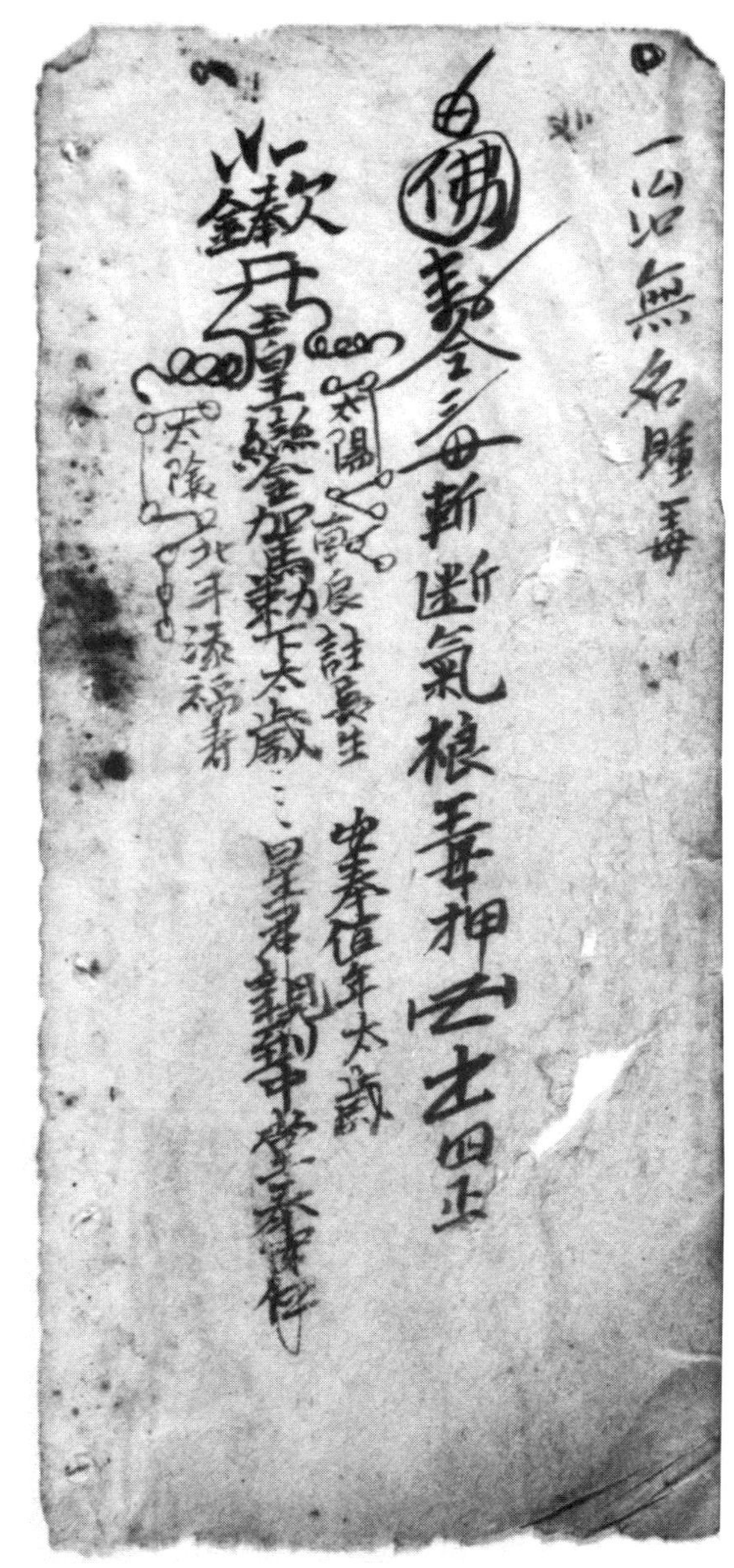

《55号符（右側部分）》「一事無名腫毒」「佛勅令、斬断、去狼毒、押出」

独記号としては、「総説」および1号符と103号符参照、「日月」二字と組み合せた三光記号は、7・17・36・44・45・46・60・64・71・98・105・120各号符参照）、符文上段にも「シ」（39号符と71号符参照）と小円を横棒で貫いた「⊕」（46・51・63各号符参照）とを合せた変形の星辰記号があり、分離式三重符頭になっている（「総説」および1・5・9・10・26・27・30・31・32・38・46・56・60・78・80・86・97・105・106・110・116各号符参照）。

符文は、上下二段に分れる。上段は、「佛勅令」三字だが、「佛」字は最後の筆画を延ばして、全字をぐるりと、円く囲みこんでいる。下段は、「斬断去狼毒押出」だが、「去（キイ）」字は同音の「氣」と誤写し、「狼」字は「犭（けものへん）」部首を「ネ（しめすへん）」に変えた、「⿰礻良」の合成偽字になっている。しかして、「佛」字の円囲い意匠は、仏法無辺なる法力優れた高位仏菩薩を指しているのだが、本符式簿に収録されているのは、合計一六例という高率を占めている。内訳は、仙師（120号符）・阿彌陀仏（105号符）・観音仏祖（98号符）各一例、普庵祖師六例（35・36・53・74・75・79各号符）である。本号符のは、不詳七例（1・13・44・45・55・60・71各号符）に含まれているが、最も多い普庵祖師は、入寂後も、しばしば霊験を顕わした高僧として、篤信されているから、この場合の医神としてもふさわしいのである。また狼毒とは、残虐や残忍とか、あるいは毒草名でもあるのだが、ここでは猛毒のことである。

故に、符文を整えれば、「佛勅令、斬断、去狼毒、押出」となる。大意は、「某神が、司令仏たる普庵祖師の命を奉じ、主動神として、神軍を率い、天降って患家に赴き、祟っている邪霊を追放して病源を絶ち、悪性腫瘍の毒素を抜いて治病し、もって患者の一命を救う」というのだが、該当主動神は不詳である。

符脚は、「罡」字と、「⧖」記号の二重式だが（「総説」および33・49・89・90・92・117各号符参照）、記号は「Z」と「H」を組み合せた「Ƶ」に変形され、さらにこれを符文末尾「押出」二字の、中間に割りこませた、独特な二重分離式であり、構成はまさに符頭と、釣り合っているのである。総体的に見れば、本号符は文字を主体にした、簡単明瞭だが、それだけに、言辞の控え目な、消極的符令でもある。

56号符「欽奉玉皇鸞駕……親到中堂奉神位」（太歳符）

116号符下段の一部分を、省略した略式符令ゆえ、該当符において、併せて解説した。

《116号符（右側）》

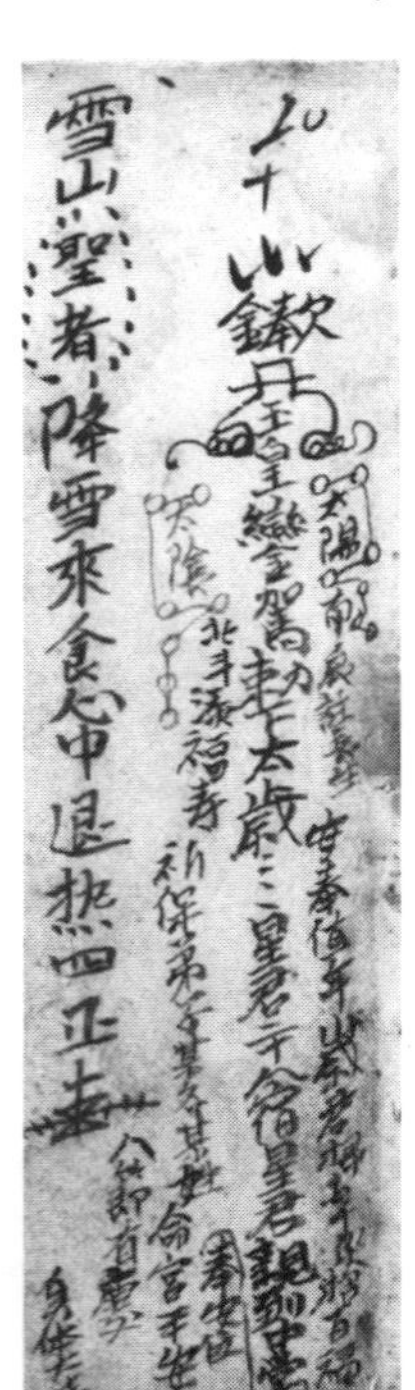

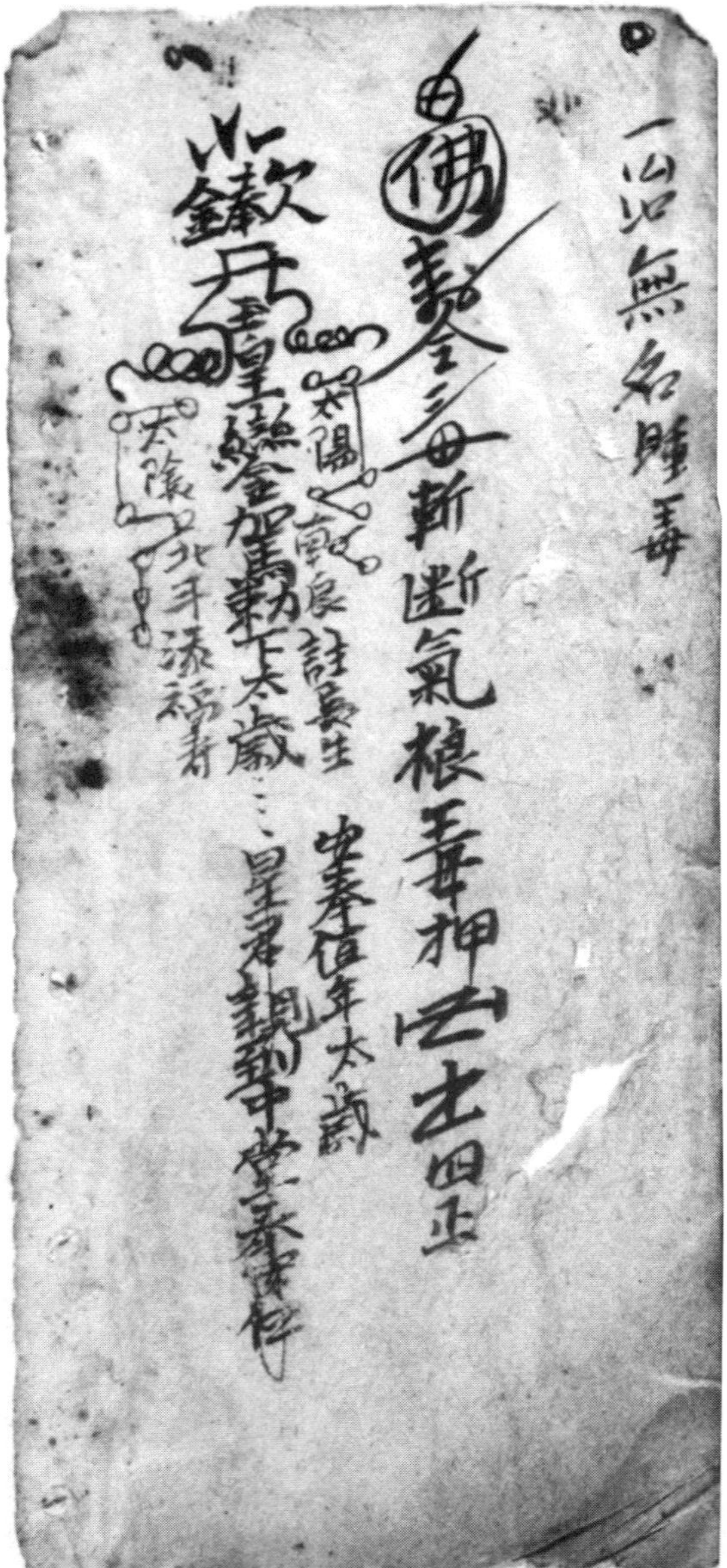

《56号符（左側部分）》「安奉値年太歳」
「欽奉玉皇鑾駕、南辰北斗、勅下太歳某星君、親到中堂奉神位」

57号符「収除天下無道鬼急消」（辟邪符）

説明はないが、符文に拠れば、悪霊邪鬼を駆逐し排除する、辟邪符である。符式は、専ら五雷符章で符文を構成した、59号符に酷似の、型破りである。符頭は、三清記号だけである（「総説」参照）。

符文は、段落がなく、ただ九字の合成偽字だけである。すでに18号符で詳述した通り、「雨（あめかんむり）」と「鬼（きにょう）」部首に、さらに一字を加えて、組み合せた三字一体を、五雷符章と称し、祝由科でしばしば治病の霊符として、用いられている記号で、「雨」は「雷」の代用字である（18・59・101各号符参照）。故に「霓」合成偽字（121・122各号符参照）は、いちおう雷神と鬼霊の共存を示唆しているとも考えられるが、むしろ「靐（せき）」（1・38・64・92・113各号符参照）の代用偽字で、鬼の亡霊たる「聻（せき）」と同義である。

従って、符文として意味を持つのは、正常字の「収除天下無道鬼急消」九字だけである。大意は、「この世にはびこる、あらゆる悪鬼どもを、ただちに殲滅する」というのである。

しかして、上級神祇として下命する司令神、および中心となって行動する主動神は、いずれも不詳だが（40・60・65・66・70・72・80・83・91・94・114各号符参照）、主動神はこの場合、五雷符章から見て、五雷神とも推察される。また この紋章は、祝由科に多用されているから、治病を目的とした辟邪だが、いかなる病症に対するものかは、不詳である。

なお、余白に「一輪天清清、二輪地靈靈、三邪鬼散□、斬天断靈、走不留停」と書き込まれているが、「靈」を俗字の「灵」となし、「留（りう）」字は故意に、同音の「流」と誤写している。大意は、「天地の霊気によって、悪霊を退散させる」というのだが、まさに本号符の主旨に沿っており、法師が符令書写の際に、低声で呟いて、符令に霊力を付与する呪語である。書き込みには、また「順朱油塩」とある。順朱とは、「本号符を紅銀朱、すなわち朱墨

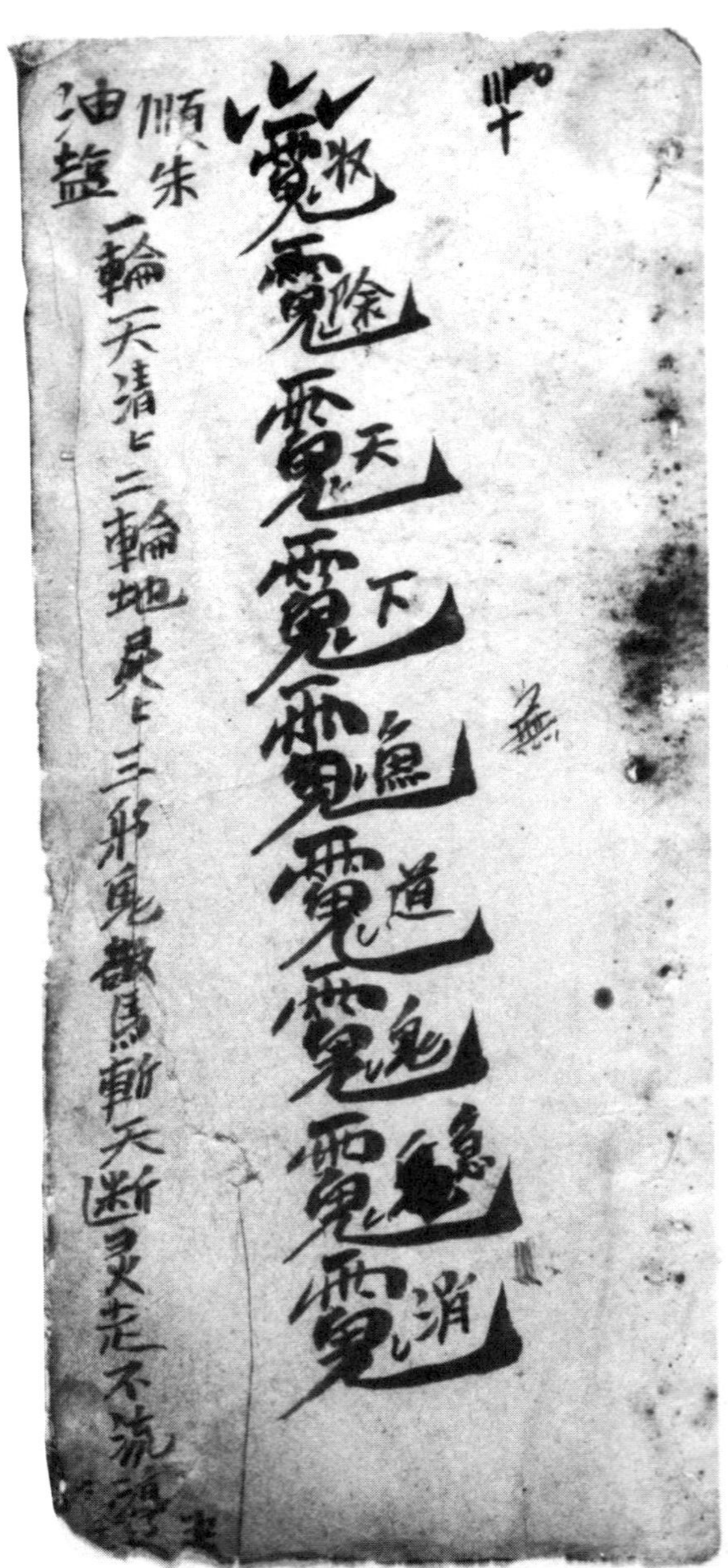

《57号符》（説明なし）
「収除天下無道鬼急消」

で書写すべし」との指示で、難病に使われる赤字の符令だが（「総説」参照）、油と塩は不可解である。三清記号だけの符頭に対応して、符脚さえ省略されており、最も簡略な首尾である。全構図から見れば、59号符と同じく、「鬼」字のみが誇張されて、いかにも無気味で、まがまがしく、いたずらに恐怖感をそそる符令である。

58号符「勅五雷兵……符到奉行」（押煞治病符）

説明に「寒熱帯身」とあり、マラリア病患者が、肌身離さず佩びる押煞治病符である。符式としては、六字の「雷」の下部両角から、それぞれ三巻きの八字髭型巻き鬚模様を延ばして、威厳を誇示した形態が特長である。符頭は、三清記号だが（「総説」参照）、円周で囲い、もって霊力の盛大なるを強調している。

符文は、三段に分れる。上段は、「雷」五字を三層に分け、上層に一字、中層と下層には、それぞれ左右に二字を配した、五雷神の集団である。その各字に、巻き鬚模様をつけた、八字髭型のA式五雷記号だが（1・3・4・5・10各号符参照）、三字組みや単字だけの例を加えた、八字髭型の「雷」字記号と見なせば、更に増加する（1・3・4・5・10・25・41・78・123各号符参照）。しかして、上層「雷」字の八字髭は、そのまま「令」字の「人（ひと）」部首になっており、「雷令」二字の結合体である。中段は、「勅五雷令兵」五字だが、「雷令」二字も、上段と同じ様式である。雷令とは、道士が雷法を行使して、五雷神を召致するのに常用する法器、すなわち令牌のことだが（9・10・25・41・50・51・68・78・104・114各号符参照）、ここでは単に五字の「雷」で、五雷神を示しているのにすぎず、「令」字は混入による誤用である。下段は、「押寒熱鬼押煞」とあり、両側に「符到」と「奉行」二句を配している。「符到奉行」とは、「到着次第、捧持して行った霊符を、ただちに使用して、寒熱鬼を制圧せよ」との、司令神の主動神に対する厳命であり、一刻の猶予もならない、瘧病（ぎゃくびょう）の急激な悪化を反映しているのである（27・110各号符参照）。

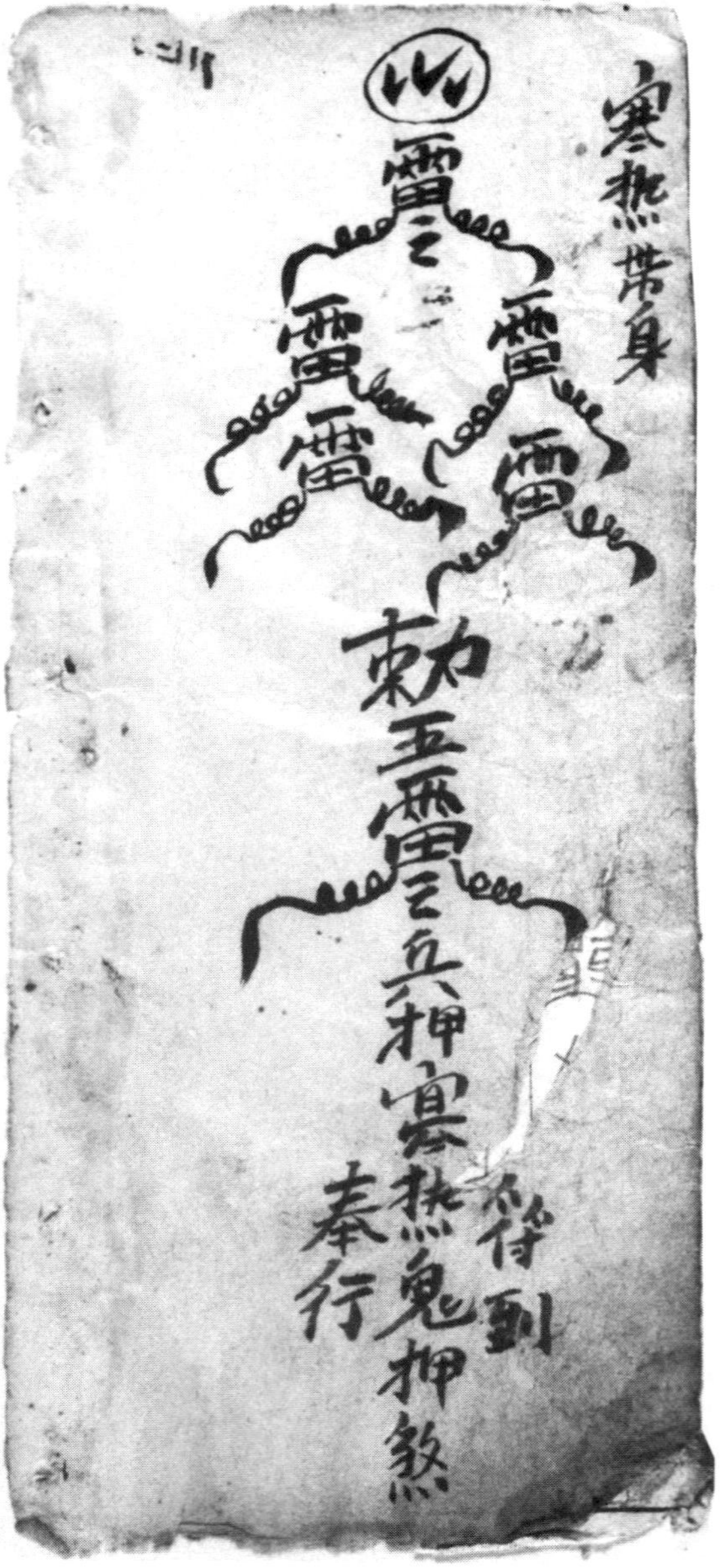

《58号符》「寒熱帯身」
「(五雷記号)、勅五雷兵、押寒熱鬼押煞、符到奉行」

符文を整理すれば、「(五雷記号)、勅五雷兵、押寒熱鬼押煞、符到奉行」となる。大意は、「某司令神の命を奉じ、五雷元帥が主動神として、その符令を携え、天廷雷部の神軍を引率して天降り、患家に赴き、祟っている寒熱鬼と悪煞を討伐して、病人を全快させ、もってその一命を救う」というのだが、出兵の命令を下す司令神は、いかなる神祇か、不詳である。

寒熱症(77・97・99・101・102各号符参照)とは、マラリア病すなわち瘧(おこり)のことで、悪寒に襲われてから、高熱を発する症状によって、寒熱症と通称される。根治し難い伝染性熱病で、台湾の如き未開の亜熱帯地方において、かつて猖獗を極め、漢人移民社会における、開拓阻害の一因にもなった程である。罹病すると、脾臓を破壊されて死亡するため、寒熱鬼の仕業として恐れられたのである。

簡略な符頭に対応して、符脚も省略されている。概観すれば、文字が少いにもかかわらず、八字髭型の巻き鬚模様が、六組もそろって、符面を覆い、威厳に満ちてはいるが、反面、いかにも仰々しい符令である。

59号符 「治無名腫毒、消痲鬼悪毒」(辟邪治病符)

説明に「一治無名腫毒」とあり、病名不詳の悪性腫瘍にも特効があるという、専用の辟邪治病符である。符式は、57号符同様、五雷符章を根幹とし、僅かに三清記号の多用と、符脚の追加で、変化をつけているだけで、やはり特殊な符式である。符頭は、三清記号だが(「総説」参照)、単一ではなく、五雷符章の単位ごとに付属し、奇観を呈している。本符式簿を通じて、三清記号が重複し、一符に二記号が含まれる例は、僅かにあるが、かかる九記号の集中は、本号符のみで、独特である(47・67・86・107・113・114各号符参照)。

符文も、段落をつけず、九字の合成偽字の羅列だけである。「雹」の合成偽字(121・122各号符参照)に、正常字を抱

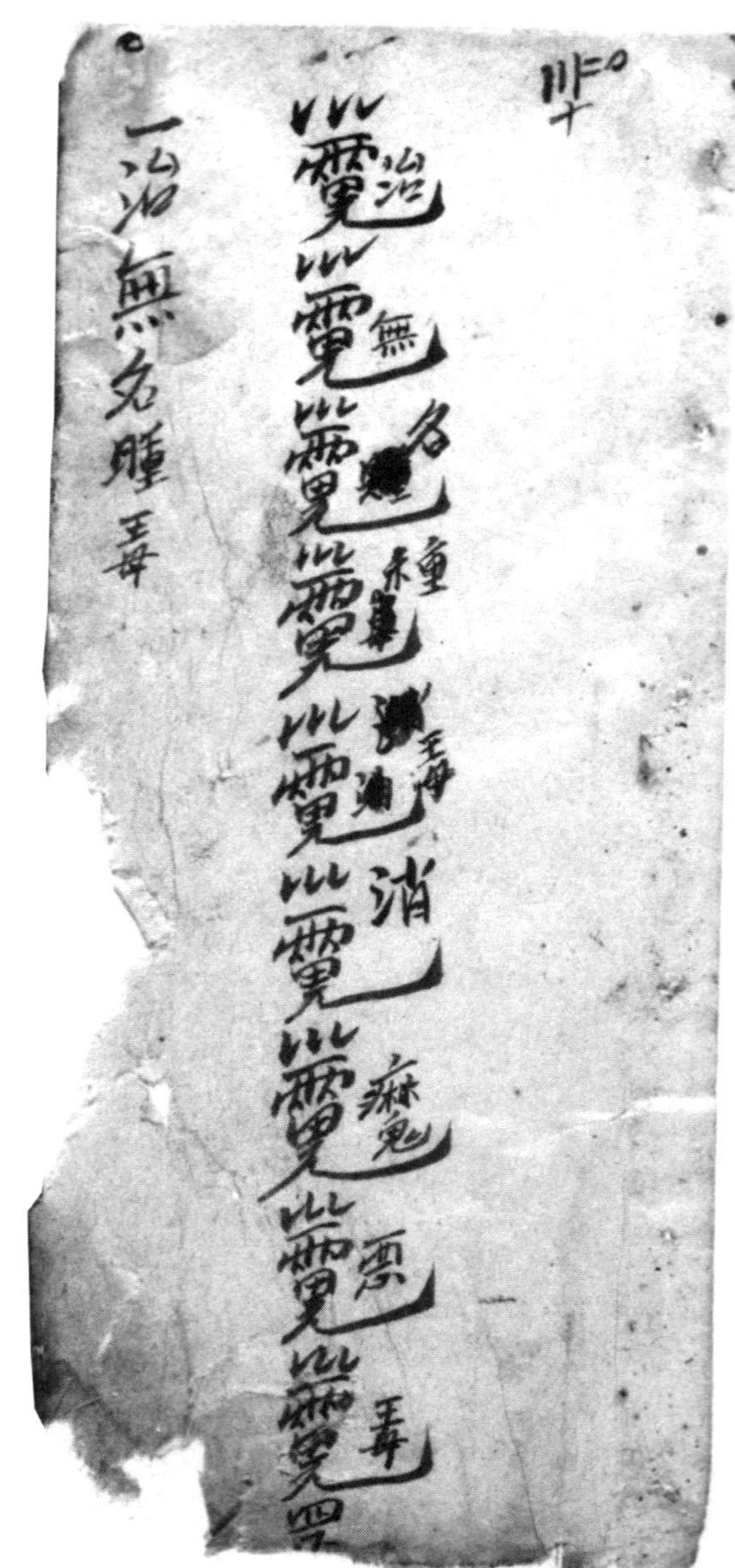

《59号符》「一治無名腫毒」
「治無名腫毒、消痲鬼悪毒」

き合せた、五雷符章（18・57・101各号符参照）である。これは祝由科の常用治病符令だが、意味はこの正常字に込められており、よくその内容を示している。すなわち、「治無名腫毒、消痳鬼悪毒」の、五字対句である。上句は、「説明」にも転用されているが、「腫」字を「種」と誤写し、下句の「悪」は、俗字の「惡」となしている。また下句の「痳」字と「鬼」字は、その抱き合せるべき「䨮」が、一字欠落して字数が不足のため、やむを得ず「痳鬼」と二字連続して、「䨮」に合体させている。すなわち、病症は悪性の腫物や痳病で、病因は悪鬼の放つ猛毒のせいだというのである。一方、司令神は不詳だが、主動神は五雷符章の頻繁な使用から見て、やはり五雷神であると推定される。

故に大意は、「五雷神が主動神として、天降って患家に赴き、雷電を放ち、祟っている悪鬼どもを討伐し、もって難病を克復し、病人を救う」というのである。

符脚は、「罡」の一字だけで、符頭の多数三清記号とは、極端な対比である。しかして、五雷符章にそれぞれ、三清記号を冠した構成は、その図柄だけで、一符令としての独立単位をなしており、切り離しても、霊符としての効能を失わず、用法の多面性を示しているのである。じっさい、かくてこそ膏薬の如く、腫物に貼りつけるとか、あるいは患部へじかに書き付けるのにも便利なのである。全構図では、57号符と同一様式で、連続した「鬼」字の誇張によって、人々に不気味な感覚を与えるが、恐怖感を裏返せば、符令に期待される霊験にも、繋るのである。

60号符「佛勅令、押斬年家三煞」（治病保身符）

説明に「小児犯猴帯」とあり、慢性消化器障害の病児が、肌守りとする治病保身符である。病名「犯猴（ホアンカウ）」の犯とは、犯着煞神（ホアンテオソアシン）すなわち祟り神に触れることだが、「犯猴」は着猴症（テオカウチエン）で、着猴損（テオカウスン）・着猴担（テオカウタア）・着猴焦（テオカウチヨ）などとも言う。漢方では脾疳と称し、疳労やおとやみのことである。子供がよく罹り、栄養不良で、全身痩せこけて、猿のような

《60号符》「小児犯猴帯」
「佛勅令、押斬年家三煞」

醜い姿になり、しかも腹部だけが、著しく膨れるという怪病のため、凶煞邪鬼の祟りと信じられたのである。符式の特長は、分離式符頭と人頭画像だが、殊に後者は、三人の頭部が連続して描かれ、独特である。符頭は、三光記号と、その下の「佛」字を隔てた網目記号との、上下分離式二重符頭で、符令神秘化の慣用法である（「総説」および1・5・9・10・26・27・30・31・32・38・46・55・56・78・80・86・97・105・106・110・116各号符参照）。しかして、上の三光記号は、横並びの「日月」二字の中間に、小円と「十」字を組み合せた、「⊕」記号をはさみ、日月と星辰を合せた、すべての天体を表わしており、第一式三光記号として、符頭によく使われている（「総説」および7・17・36・44・45・46・64・71・98・105・120各号符参照）。宇宙に漲って、絶えずこの大地に降り注がれている霊気を、符令に導入して、霊力を発揮させる目的だが、これはよく「日月の精英」と表現される。動植物が生長するにつれ、永年「日月の精英」を吸収しているうちに、堕落して妖怪化したり、あるいは得道して神仙に昇進するという俗説は、深く信じられている。下の網目記号は、天羅地網を表わしており、縦横の罫線は、均しく五線の組み合せが定形だが、ここでは横線が四本だけで、一本を遺漏した、誤写になっている（1・16・17・64・105各号符参照）。

符文は、三段に分れる。上段は、「佛、勅、勅令」の四字だけだが、「佛」字は円囲いで、その仏法無辺の、高位仏菩薩たることを表現している。また、上の「勅」字は、草書体に似た変形書体になっているが、これは楷書体「勅」字の誤写で、無意義にして、かつ不要な文字の竄入である。中段は、「(人頭)・(人頭)・(人頭)、二、勅令」だが、この「二」字も無意義な竄入であり、「勅令」も上段と重複して、不用である。重複した二重勅令は、多用されているが、単に命令の厳重なることを強調しているのにすぎないからである（9・12・23・26・27・38・41・81・109各号符参照）。下段は、「押斬年家三煞」である。

符文を整理すれば、「佛勅令、押斬年家三煞」となる。大意は、「某司令仏の命令を奉じ、某神が主動神として、神軍を率いて天降り、病家に赴き、凶煞どもを生け捕って斬殺し、祟られている少年少女を、脾疳病から救って治癒させ、もってその生命を救う」というのである。

本号符も、司令神と主動神が、いずれも欠落している例だが（40・57・65・66・70・72・80・83・91・94・114各号符参照）、この場合、司令神仏については、「佛」字の円囲い図形が、僅かな手掛りになる。かかる意匠は、常用されており、本符式簿には本号符を含めて、一六例も収録されている。しかして、その該当仏菩薩は、普庵祖師六例（35・36・53・74・75・79各号符）・観音仏祖一例（98号符）・阿彌陀仏一例（105号符）・仙師一例（120号符）で、本号符は其他不詳七例（1・13・44・45・55・60・71各号符）に含まれている。故に普庵祖師が、半数未満ながら、絶対多数を占めているのに鑑みれば、本号符の司令仏も、普庵祖師の確率が高いのである。

祟りの主役は、三方から攻めよせる三人組の、凶悪無類な三煞だが、年煞も加担している。「家」字は「煞」字の誤写であり、年煞とは年中ひっきりなしの祟り神である。すなわち、年煞鬼と三煞鬼が、こもごも小児に祟って、猴症（カウチエン）を引き起し、遂に死に至らしめるのである。罹病児を猴囝仔（カウギンア）と言い、死ねば猴死囝仔（カウシギンア）となり、いずれも子供に対する蔑視罵詈に転用され、「小僧」とか「餓鬼」に等しいが、中段を占めて、上下に重なる人頭画像がそれである。人頭画像は、91・104・106各号符にもあしらわれているが、みな一人で、本号符だけが三人もあって、三煞の数に応じているのみならず、また患者の多数をも暗示しているのである。しかし、その表情は、歓喜に満ちた児童の笑顔ではなく、長期の奇病にさいなまされたあげく、若死した少年や少女たちの、さもうらめしげな顔つきをした、犠牲者たちの姿である。

堂々たる分離式二重符頭を冠しながら、符脚は、ありふれた「罡」字だけで、首尾の懸隔が甚しく、不均衡である。総体的に見れば、冗句や誤写を交え、さらに神仏の称号さえ欠落しているにもかかわらず、人頭画像を三個も連ねた、なんとも名状し難い、不気味な符令である。

61号符「北方壬癸到……年月日時吉」（水符）

118号符の再録で、相違が僅少なので、該当符において、併せて論じた。

《118号符》

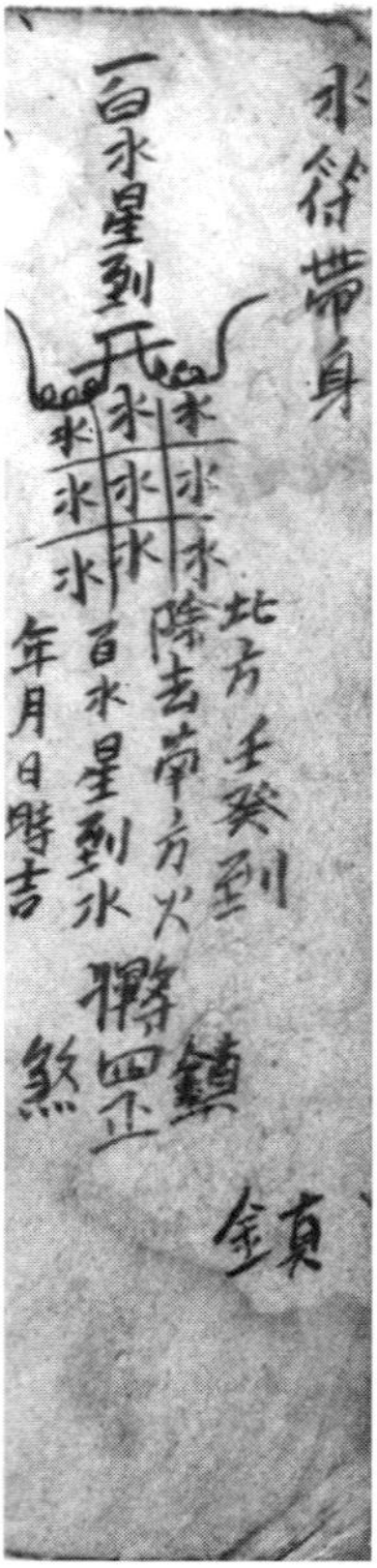

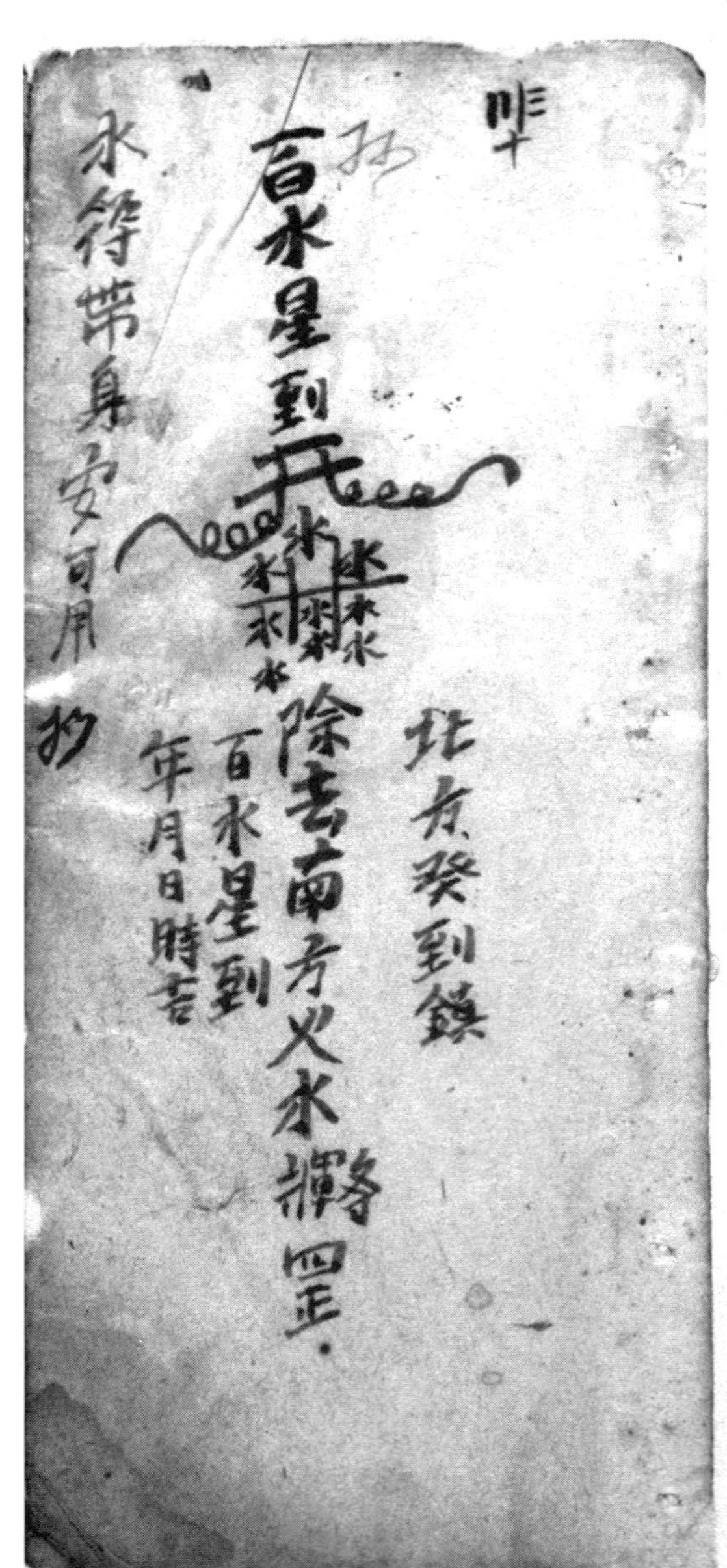

《61号符》「水符、帯身、安可用」「北方壬癸到、一白水星到、天水將軍鎮煞、除去南方火、年月日時吉」

62号符「庵勅雪山火煞」（水符）

説明に「水符、帯身」とあり、熱病患者が身につけて、熱をさげる水符の一式だが、これは火伏せに用いられる正統の水徳星君符ではなく、その他の旁系水符である（「総説」および23・52・54・61・112・113・115・118各号符参照）。符式は、23号符に類似し、用途も服用と携帯の違いだけで、倒置符頭と、図形および変形文字が目立って、かなり特色がある。符頭は、三清記号だが（「総説」参照）、「勅」字の下へ、故意にくり入れた、転位倒置式になっている（16・17・18・23・33・35・54・63・65・66・80・86・93・94・95・108・112各号符参照）。

符文は、段落がなく、「勅庵雪山龍虎煞」七字だけの、簡略さである。しかして、「勅」字と「庵」字は、上下の位置が顚倒しており、「庵」字は、「唵」の普庵祖師記号になっている（19・23・28・35・36・53・67・75・79・85・97・102・103・104・109・115各号符参照）。「山」字は、下端の両角から、それぞれ三巻きの八字髭型巻き鬚模様を延ばして、その威力を表わしている。「龍虎」二字は、変形しているのみならず、文脈からも遊離していることは、下記の通りである。「煞」字はこの場合、火煞を指しており（18号符参照）、「火」字が欠落している。

故に符文を整理すれば、「庵勅雪山火煞」となる。大意は、「雪山神が、司令仏たる普庵祖師の命を奉じ、主動神として、天降って患家に赴き、祟っている火煞鬼を制圧して、水で火を消すが如く、降雪で熱病を治療し、もって病人の一命を救う」というのである。

しかして、符文における、「雪山」一句二字の例は、台湾南部で用いられている、別本符式簿にも載っており、符文は「勅令雪山、勅令鬼煞鎮」とある。しかしその符称は、上陣戦符となっており、臨戦の護身符で、「雪山神に加護を祈願する」と変化し、脱線しているのである。いずれにせよ、雪山神とは山神ではなく、霙と霜を含めた、

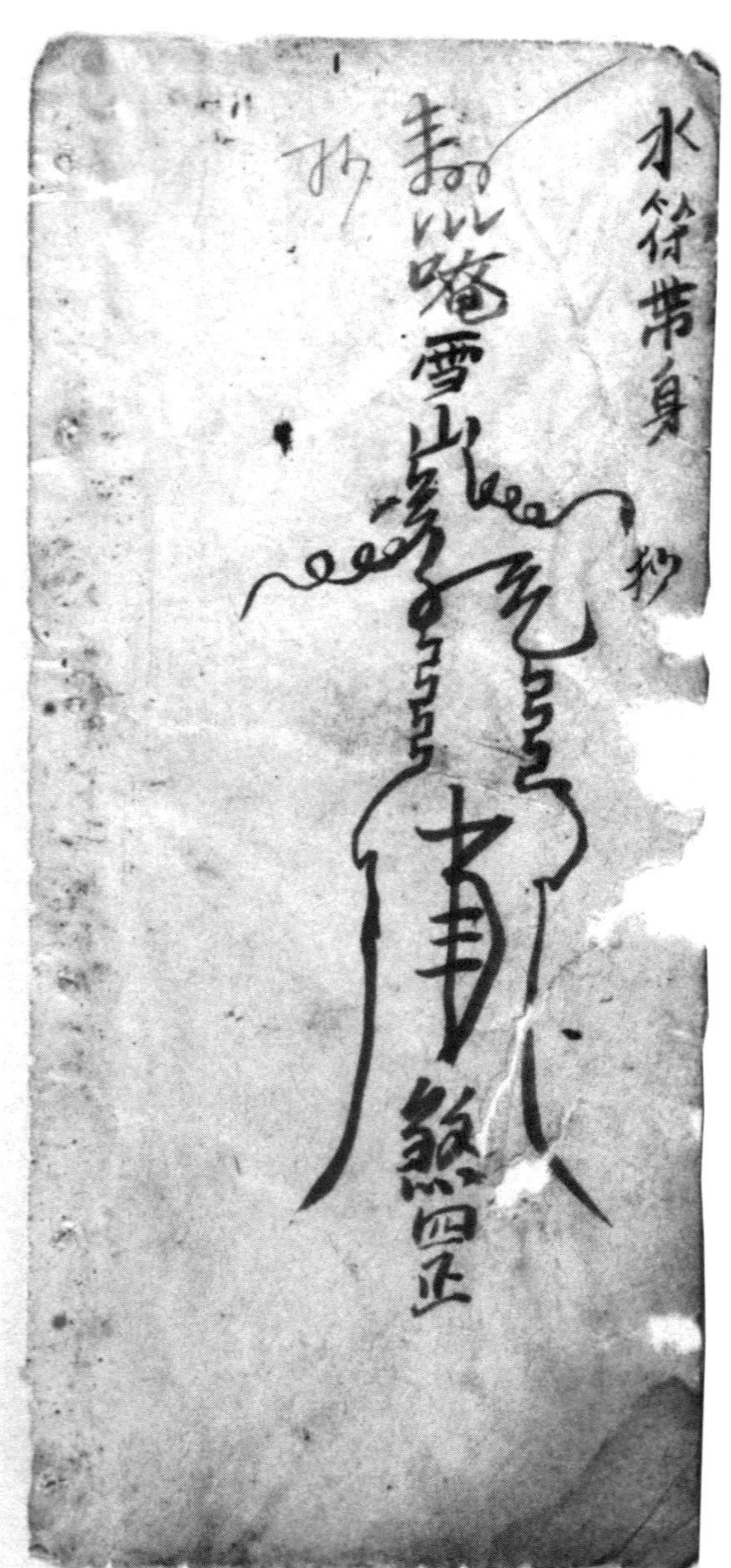

《62号符》「水符、帯身」
「庵勅雪山火煞」

概念的な降雪を司る雪神である。さらに、これを母体として、熱冷ましの霜雪神（53号符）・火煞を制圧する雪山大聖（18号符）・退熱の雪山聖者（117号符）・熱病を押える雪山雪水童（23号符）・寒熱鬼を制して収邪する雪山童子（77・105各号符）などへと、それぞれ分化するのである。

しかして、「山」字と「煞」字中間の面積を、広く占めている奇怪な図形は、「龍虎」二字の変形文字であり、草書体をさらにくずして、図形化したものである。「虎」字は、「[illegible]」のまとまった形に変形しているだけだが、「龍」字は、「[illegible]」だけであるべきなのに、さらにその下端両方から、それぞれ直角に屈折した二本の曲線を、股を広げて、両足を長く垂らした恰好にして、後述の如く、殊更に目立つ図形で箔をつけ、もって符令の充実した霊力を、誇示しているのである。特に「龍虎の威」と言うが如く、恐ろしき勢いの形容だが、殊に虎神は、虎爺や虎将軍の尊称で、民間に広く信じられている辟邪神でもある（3・68各号符参照）。さらに、ここでは青龍と白虎を指しているとも考えられる。すなわち、朱雀と玄武とを合せた一組の聖獣、ないし四方に配した星宿の、いわゆる四獣・四神・四霊などである。いずれにしても、その本号符における意義は、神聖と力量の象徴をもって、符令の霊力を強化するのみならず、また多用されている変形「天」字や「鬼」字などの如く、本号符に含まれている霊力の中心、ならびにその発揮点をも表示しているという、二重の意義を賦与しているのである。

簡略な三清記号の符頭に対応して、符脚も月並みの「罡」字だけで、均衡がとれている。総覧すれば、極端に図形化した文字を、殊更に誇示している、奇矯な符令である。

63号符「勅令雷鳳」（化骨符）

説明に「化骨」とあり、魚の刺が喉に突き刺さり、あるいは鶏などの小骨が、つかえた時に、焼き灰を水に溶か

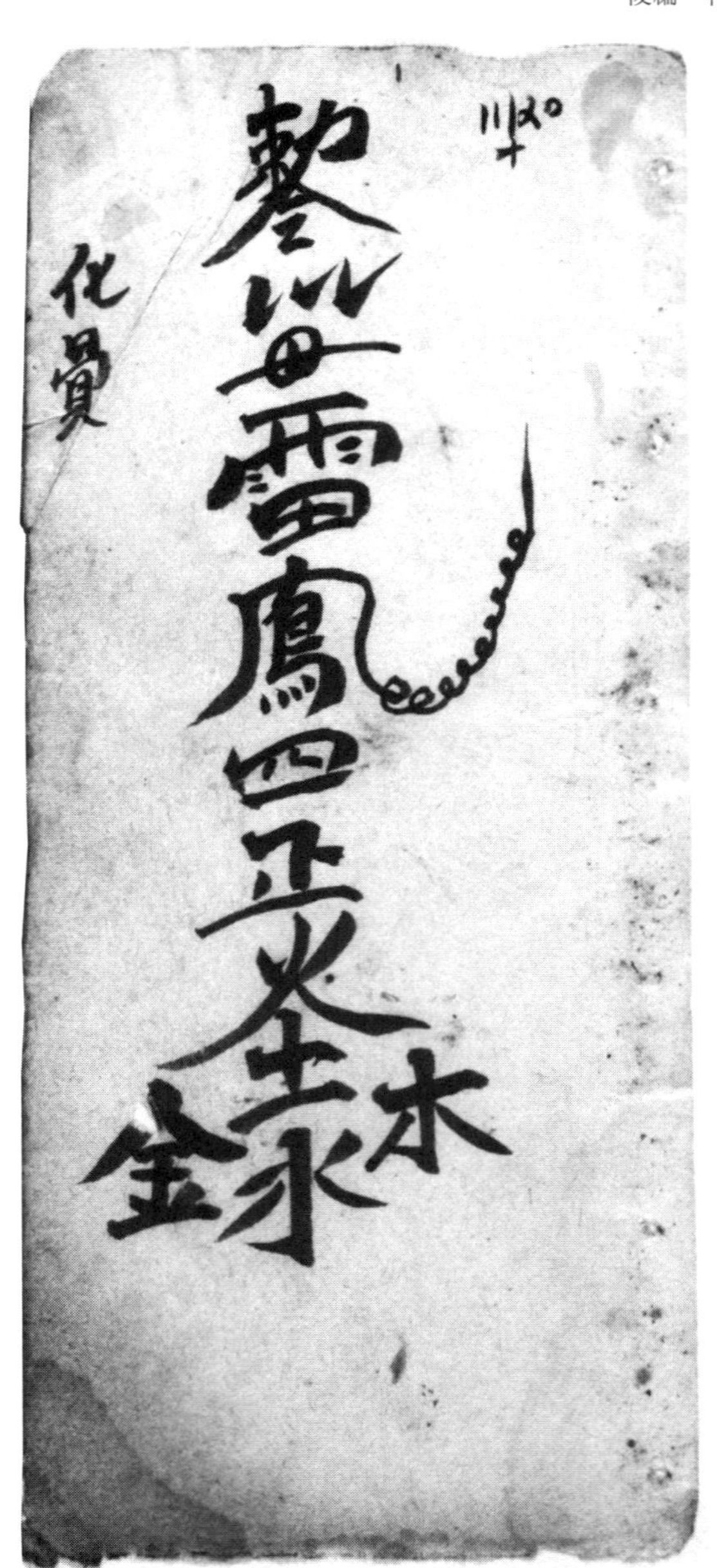

《63号符》「化骨」
「勅令雷鳳」

して飲みこめば、刺や骨などが、立ちどころに溶けてしまい、快癒すると信じられている、化骨符である。符式は、用途の特殊性を反映し、簡略にして奇抜である。符頭は、三清記号（「総説」参照）の下に、星辰記号を置いた、複合式である。この星辰記号は、小円を横棒で貫いた様式で、46・51・55各号符にも使われているが、51号符は、三清記号と隔離しており、本号符の如く直結していない。またこの符頭記号は、当然符文の頂点にすえるべきものを、故意に符文の「勅令」二字と、位置を入れ替えた、転位倒置式の三清記号になっている（16・17・18・23・33・35・64・62・65・66・80・86・93・94・95・108・112各号符参照）。

符文は、わずか四字の「勅令雷鳳」と五行配置図形だけで、単なる符丁の如く、全然文脈をなしていない。「雷」字は、「雨（あめかんむり）」部首を「雨」と故意に誤写して、五雷将軍の紋章となし、「鳳」字には、撥ね上った長い蔓草模様をつけて、九鳳破穢天尊（11・49・90各号符参照）の紋章となし、かつ権威をもつけている。

五方に按配した五行配置図形は、東方木・南方火・西方金・北方水・中央土が定型だが、本符式簿には、全く採用されておらず、ここでは34号符と同じく、東方木・南方水・西方金・北方火・中央土になっており、37・44・45・63・101各号符とは、悉く異なっている。いずれにせよ、人々にとっては、八卦図同様、その辟邪作用は、いかなる図形といえども、格差はないと、受けとられているのである。

咽喉傷害は、重傷ではないが、飲食は生命に直結しており、まして往昔の、庶民における粗食の風習では、しばしば起り得る傷害であったからこそ、邪鬼悪霊のしわざとして恐れられ、その排除駆逐に、五雷将軍と九鳳破穢天尊という、強力な辟邪神を必要としたのである。司令神は、不詳ながら、主動神が複数神祇の聯合になっている、希有な例で、いかにも大げさである。けだし、化骨符は人々の日常生活に密着した、身近な実用的符令として、その卓効を信ぜられておればこそ、普及度は、平安符と水符に次いでおり、知名度も高く、殊に魚類を常食とする、漁村に普及している。

なお、喉つかえの症状は、しばしば起るから、そのつど法師に治療を頼むゆとりがないため、家族が臨時に法師の身分として、手軽く処理する風習があり、筆者も少年の頃に、祖父からこの民間療法を、受けた経験がある。しかのみならず、臨時に符令を製作する過程を省き、紙がなければ、筆先を碗の水面に近づけて、符式を画く動作だけでも間に合う。あまつさえ、筆すらなければ、その碗の水に対して、施術者が、右手の人差し指と、中指の二指を揃え、これをもって筆に代用するが如く、水面に対して、符式を画いたあと、直ちに病人に飲ませても、効果は覿面（てきめん）だと信じられている。この指の組み合せかたは「指（キイ）」で、法教における剣訣の指法（キイホアツ）であり、手さばきの暗号は、目に見えない暗符（アムフウ）である。

符脚は、「罡」字だけだが、符文の末尾に位置せず、五行配置図形と入れ替っており、この符脚の押し上げは、さきの符頭引き下げと、同じ手法で、故意の型破りである。全構図より見れば、化骨符の常として、符文は略式ながら、力強くて、いかにもたのもしい符令である。

〔附記〕本文ですでに一言した如く、往昔は日常生活において、喉つかえの症状が多かったから、化骨符の需要が高く、そのため、たいていの符式簿には、数例収録されており、また符式の変化も、多彩である。しかるに、本符式簿には、この一例しか記載されておらず、むしろ不正常な現象である。その原因として、この法師は市井に法壇をかまえ、まとまった法事を生業としていたため、些細な法術を潔しとせず、また拘るゆとりもなかったと推測される。故に南部台湾の、町村に伝わる符式簿を参照して、その欠を補い、概説する。

異物が喉にひっかかって、支えることを、台湾語では「ケエ」と言い、書写では「硬」字をあてている。「硬（こう）」とはかたいことだが、「礙（がい）」にも通じ、「さまたげる」意味で、合理的である。しかし「扌牙（が）」も、当て字として使われているが、これは「不正」、すなわち正しくないことだから、あまりふさわしくない。まして、

「枷(ケエ)」は単に語音の相似だけで、当て字にされているのだが、「くびかせ」の原義とは、相違も甚だしい。硬符を分類すれば、まず化骨符が挙げられる。これがほとんどを占めているため、硬符の代名詞にもなっており、硬骨化符とも言う。「化」とは、「消化」の如く、溶かして吸収することである。化骨の対象としては、猪・鶏・魚などの食用動物がある。最も多く食用にされる、猪すなわち豚の小骨には、猪骨符あるいは食猪骨符と称し、鶏の小骨は鶏骨符あるいは食鶏骨符とか、治鶏骨硬符などとも言う。魚類の場合は、むしろ棘の刺りが恐いのだが、やはり小骨とみなして、魚骨符あるいは食魚骨符と言う。これらの動物に次いで、食用植物の種類とて、少くはないはずだが、煩を避け、竹を代表として、化竹枝符あるいは食竹枝符と言うが、枝よりは、むしろ棘を指しているのである。これらに反して、鉱物による喉つかえは、事故としてはあまり起きないが、たまに子供が誤って、硬貨を呑んだりすることもあるので、化銅銭符も使われている。要するに、異なった咽喉の障害原因によって、符令も各様に、使い分けられているのである。

符式について言えば、硬符は実用性が高いため、簡略化の傾向があるが、かえって変化に富んでいる一面もあり、殊に処置の着想が、奇想天外である。すなわち、猪骨は虎になって山にもどれ、鶏骨は鳳凰になって飛び去れ、魚骨は竜になって大海に潜れ、竹枝は天に舞い上れと、神々の威光にかけて、脅迫しているのである。符式の若干例を示せば、次の如きものがある。

A符――「雷」字を省略した「雨」字を上にして、その下に「鬼」字と他の一字を組み合せた、道教式合成偽字である、五雷符章を、四字で構成している（18号符および後文のC・E・H・K・M各号符参照）。他の字とは、「勝化厭虎」の四字で、説明に、「鶏骨用鳳字、魚骨用龍字、猪骨用虎字」とある。すなわち、「最後の一字を、障害物によって、鶏骨ならば『鳳』字に、魚骨ならば『龍』字に、猪骨ならば『虎』字に、それぞれ取り換え、当て嵌めて使用せよ」と、指示しているのである。

B符――符文は、「魚化龍、鶏化鳳、竹枝化天庭」一一字で、天庭とは天廷、すなわち天帝の宮廷だが、ここでは単に天空を指しているにすぎず、「どこかに飛び去れ」というほどの意味にすぎない。

C符――「雨」・「鬼」・「虎」の三字を組み合せた、道教式合成偽字の五雷符章を重点にして（18号符およびA・E・H・K・M各号符参照）、その上に「勅令」二字を加えた、僅か三字だけの符文が、最も簡略な食猪骨符になっている。なお、豚を猛虎になぞらえているのは、E符の鶏を鳳に見立てるのと、同一の趣向である。

D符――「雷令」二字の下に、五字の合成偽字をつけて、やや整った猪骨符文になっている。それらの偽字は、いずれも「鬼」字と組み合せた、「虎雷呑世界」の五字だが、意味は不詳である。

E符――食鶏骨符と称して、「勅令」二字の下に、合成偽字一字を組み合せた、三字だけの構成である。道教式合成偽字は、「雨」字を上にして、その下に「鬼」と「鳳」二字を、左右から抱き合せた、五雷符章で（18号符およびA・C・H・K・M各号符参照）、前記のC符とは、「鳳」と「虎」の一字違いだけで、符式は同じである。また鶏を鳳に比擬しているのも、C符で豚を虎に見立てているのと、同じ趣向である。

F符――符文の主要部分は、合成偽字の八字で、それを構成している文字が、要点になっている。上層の字は、たいてい「雨」字だが、ここでは「穴」字になっている。しかし、下層は前符と同じく、「鬼」字と他字の抱き合せで、「龍順下火呑変無川」の八字を以て、竜の下海を示唆している。故に魚骨符と見なすべきだが、説明には「不論諸骨竹枝」として、汎用の硬符と認めている。

G符――「奉」字を大書し、その下に「龍魚」二字の合体を置き、「九龍帰大海」と「萬文深坑化」の二行を並べている。これを九龍化骨符と称し、「此符龍、去喉内諸般骨硬」と説明があって、「いかに厳重な喉つかえをも、九匹の竜が協力して、治療するのだが、この竜群は、あとで大海にもどり、深海にもぐって潜む」というのである。

H符——説明に、「猪骨硬喉、用指寫水、食之」とあって、「豚骨が喉につかえたら、碗に容れた水に対し、指先で水面に向って、暗符を画いて飲めば治る」というのである。符文は、二段に分れる。上段は、道教式合成偽字の五雷符章、すなわち「雨」・「鬼」二字と、他の一字を抱き合せた構成だが、その組み合せた字は、「甘龍火化水」の五字である（18号符およびA・C・E・K・M各号符参照）。下段は、「九龍下海」の四字だけである。故に、上下二句を合せれば、「甘龍火化水、九龍下海」となり、G符同様の九龍化骨符である。しかし用途では、前符が「諸般骨硬」という、あらゆる骨の喉つかえに対して、ここでは豚骨と特定し、更に前符の「九龍歸大海」に対して、ここでは「九龍下海」と同調している。いずれにせよ、獣類の骨を、水族である一群の竜が、消化するという着想は、いかにも不合理である。

I符——符文は、「勅令龍化海呑下」七字だけだが、呪語を伴い、「四山童子到、莫説呑阿鬼、阿鬼鉄咽喉、萬物化如水、吾奉上老勅、急急如律令」とあって、「司令神は太上老君で、主動神は四山童子になっており、鉄の如き強い咽喉で、いかなる物をも溶す」というのである。またこれを、九龍下海符と称して、やはり汎用の硬符としている。

J符——「勅」字と合成偽字の二字だけであり、その合成偽字は、「雨」と「鬼」の、上下二層積みである。しかして、呪語は簡単ながら、「五龍帰大海、萬丈深坑化、急急如律令」とあって、G符の九龍が、ここでは五龍に変っているだけである。

K符——「勅令」二字と、合成偽字の、合計三字だけで、食魚骨符と称している。しかして、この道教式合成偽字は、F符の第一句に類同し、やはり三字合成だが、上層の「穴」字が、「雨」に変っているだけの、五雷符章で、下層は同じく、「鬼」と「龍」二字抱き合せの、同工異曲である（18号符およびA・C・E・H・M各号符参照）。

L符——符文は、「勅令、龍下海、呑下中田」九字だが、呪語がつき、「拜請八卦祖師、靈符勅下、弟子欲化猪骨・魚骨・

鶏骨・竹枝、呑下中田、龍癘坤、坤癘海、萬物化下深海」とある。主動神として、八卦祖師（3・4・5・6・10・32・77・97各号符参照）すなわち伏義氏が浮上し、また用途は魚骨符のようだが、功能を硬符にまで拡げている。「中田」とは心臓だが、熟語として「腹心」があるように、腹に呑みこむ意に転用している。ただ、「癘」は偽字で、したがって「癘坤」も、意義不詳である。

M符——一字だけの道教式合成偽字だが、それはA符第二字の「化」である。すなわち、「雨」字を上層にして、下層は「鬼」と「化」二字を、抱き合せた五雷符章である（18号符およびA・C・E・H・K各号符参照）。故に化骨符として、猪骨と鶏骨の、どれにも使えるはずだが、専ら魚骨を対象として、九龍神化骨符と標榜し、その特効を誇示している。

N符——化骨符以外では、化竹枝符についても、さきのB符とF符で、魚骨符と鶏骨符にからめて記したが、さらに二例を挙げて、参考に供する。まず、「勅令」二字に続けて、合成偽字を一字加えただけの簡単な符文構成は、C・E・Kの三符とも同じである。さらにその道教式合成偽字は、いずれも「雨」字を上層にし、下層は「鬼」と他字を抱き合せた、五雷符章になっている。すなわち、C符は「虎」字、E符は「鳳」字、K符は「龍」字になっているのに対して、ここでは「火」字が嵌めこまれ、食竹枝符と称している。虎が猪骨符に対し、鳳が鶏骨符に対し、竜が魚骨符に対している合理性に反して、火をもって竹枝符に対するとは、甚だ不合理で、その意義は不可解である。次に、F符第四字では、上層が「雨」ではなく、「穴」字になっているだけの違いはあるが、下層は同じく「鬼」と「火」二字の組み合せになっているにもかかわらず、用途が化骨と化竹枝を兼ねた、汎用の硬符になっているのは、いかにも相違が甚だしく、なおさら理解できないのである。

O符——符文は、「雨」と「鬼」の二字を、上下に重ねた、合成偽字を、七字連ねているだけである。しかして、この合成偽字は、「靈（せき）」と同じく、靈（せき）鬼信仰の流れであることは、既述の通りである（「総説」参照）。要点は、符令に伴う呪言にあり、「竹枝変化為黄常、咽喉変化為笪黄、黄常腫入黄土去、無腫亦無傷」とあって、標題は単に化骨符としているが、実は竹枝符として、使用されているのである。なお、「笪」は偽字で、笪黄や黄常は、意義不詳であるのみならず、「常」字も「帝」と誤写している。

P符――児童の硬貨誤食による咽喉障害は、希有なせいか、化銅銭符は、一式しか収録されていない。また用途に見合った名称もなく、ただ「如食銅銭、此靈符化水、食之平安」と、用法を示しているだけである。符文も、前掲の諸例に倣い、いたって簡略である。やはり「勅令」二字に、合成偽字を一字つけ加えた、合計三字だけである。その合成偽字は、上下両層に別れ、上層は「山」字で、下層は「鬼」と「斗」二字の、抱き合せになっており、一見して、「魁」字の如きである。

なお、化骨符を主体にした硬符が、他の諸符と異なる特長の一端は、その存続期間が、極めて短いということである。貼り出して、永久展示する平安符や、長期間携帯する護身符や、暫時展示した後で、焼却する辟邪符などとは違って、応急手当ての速効薬に等しいから、即座に書きあげ、臨機応変に、焼却して使用するため、民家はおろか、法壇や廟寺にも、書き溜めた備品がないということである。しかして、その伝統的使用法は、生水や白湯を盛った碗の上で、マッチをすって符令を燃やし、その灰を水に落して、すぐ患者に飲ませれば、速効が現れるというのである。

例えば、P符に「此靈符、化水食之、平安」とあり、「飲めば平安無事」だと言っている。もう一式の硬符には、「化水呑之、大吉」とて、「水にとかして飲めば、上上吉」だとしている。F符には、「化清水、呑之即下」とあって、「焼いて清水に混ぜ、飲みこめば、つかえがすぐ腹に入って治る」と、保証している。H符も大同小異で、「用此符、化下浄水、呑之即安」となし、「この符を焼いて、灰を浄水に混ぜ、飲めば快復する」と言っている。

G符が最も詳しく、「用此符、焼完、浄水食之即化。此符龍、去喉内諸般骨硬」とあって、「この符を、清浄な水に焼き入れて、飲めばすぐ治る。それは、符紙に書いてある『龍』が、喉につかえた、いかなる小骨をも、取り除いてくれるからである」と説明している。

最後に言及すべきは、使用法の特徴として、硬符に限り、暗符の形態として、よく用いられていることである。かかる現象は、63号符末尾でもすでに触れたが、いまだに意を尽していないので、ここに補記する。そもそも、物体に書いたり、画いたり、あるいは彫りつけた符令は、目に見え、手でも触れられる実体だが、中空に画いた符式は、単なる虚像にすぎないから、暗符（アムフウ）と称している。道士や法師が、科儀に挿入する動作であり、素手で画くこともあるが、文具の毛筆とか、刀剣・奉旨・雷令などの、法器がよく用いられている。庶民の信仰心を高揚する一法として、符呪の神秘性保持は必要であり、不可解こそが符呪のとりえなので、この点でも暗符は有利である。

しかして、輓近は暗符が増加の傾向にあり、法場では法師が、適宜に判断して、切り替えている。法師が述懐する理由は、民家や廟寺を問わず、符令の見よかし、べた貼り掲示は、気味が悪いとて歓迎されず、殊に厲鬼に対する辟邪符は、恐れられているから、やむを得ない対策だというのである。実際、現代化の趨勢と教育の普及によって、人々は符令に対して、恐怖・嫌悪・蔑視などの入り混った、なんとも名状し難い心情を抱くようになっているのである。しかし、硬符は事情が異なり、専ら応急手当ての時間短縮と、筆墨硯紙などの文具が間に合わない場合での、紙製符令の代用にしているにすぎないのである。

その書写法は、もちろん素手で書くのだが、右手の人差し指と中指をそろえた、指法の一式である剣訣は、前文ですでに述べた通りである。これは顕正破邪の利器を象っているのだから、法師が道場の科儀で施行する場合は、それなりの意義はあるのだが、この些細な民間療法では、いかにも大げさすぎる。むしろ施術者が、右手の人差し指だけをのばし、これを一本の筆に見立てて代用し、一気呵成に運筆する書写法が、素朴にして正しく、要するに窮余の一策である。なお、類似の写符法としては、足の親指で地面に書く、止血符もある（105号符参照）。

しかして、硬符の符式は、簡略なものが多いから、暗符への転用も、それなりにやりやすいわけだが、悉く転用できるのではなく、専用と兼用を特定しているのもある。例えば、L符は専用で、説明に「魚骨化下、清浄水面寫之」とあって、「清浄な水を必要とし、また手の指を、なるべく碗内の水面に近づけて、画かねばならない」と注意している。兼用としては、G符にまた「用水一碗、畫此符在水内、食之即化無形」ともあって、「碗の水に、この符式を画き入れて飲めば、骨がすぐ溶けてしまう」と説明している。しかし、すべての喉つかえに効くのではなく、魚骨だけに限定しているのもある。例えば、治鶏骨硬符には、「雲龍二字、用手寫酒碗内食之、魚骨・猪骨忌用」とあり、「手で『雲龍』の二字を、碗の水に書き入れて飲めばよい。但しこの療法は、鶏骨だけに使え、魚骨と猪骨には効かない」と断っている。もっとも、常識から判断すれば、前述の如く、「龍」字は、魚類を指しているのみならず、魚こそ水族だから、その骨は水にも溶けやすいと、連想される筈だから、「鶏」と「魚」の二字は、相互に誤用されているのである。

64号符「玉帝勅令李靖仙師……変化無停」（収邪符）

説明に「此符収邪、化火、土地公用金銀」とあり、広義の辟邪符に含まれる、妖怪制圧の収邪符である。使用法は、法事の終幕に、点火して焼却するのだが、その際、土地神に捧げる土地公金、すなわち福金という紙銭と、陰鬼や亡魂に施す銀紙銭を、添えて焼却する。しかし、「銀」を略字の「艮」となしている。符式は、符頭を含めて、

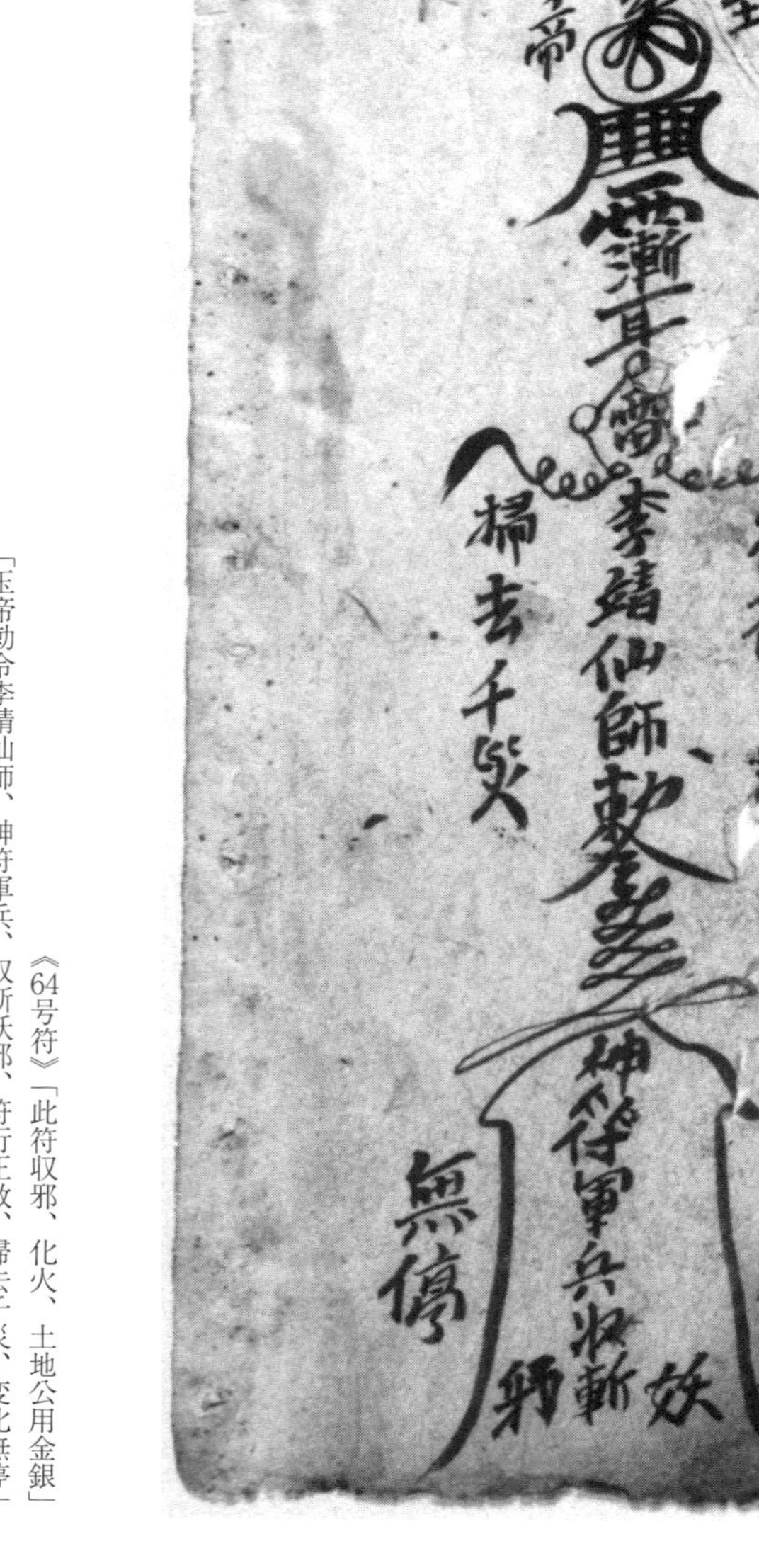

《64号符》「此符収邪、化火、土地公用金銀」「玉帝勅令李靖仙師、神符軍兵、収斬妖邪、符行正教、掃去千災、変化無停」

全符が複雑にしくまれているのみならず、符文さえ、乱脈をきたしている。符頭は、極めて希な、三層の複合式構成である。上層は、「日月」二字の中間に、小円と「十」字を組み合せて、星辰を象る「⊕」図形を挟んだ、第一式三光記号である（「総説」および7・17・36・44・45・46・60・71・98・105・120各号符参照）。中層は、やはり星辰記号として、上部に屈折曲線を載せて、三小楕円を包みこんだ、円形模様「〓」（「総説」および1・17・44各号符参照）だが、以上の二重符頭は、17号符と44号符にも、採用されている。下層は、天羅地網を表わす網目記号で、縦横とも五線の定形である（1・16・17・60・105各号符参照）。

符文は、三段に分れる。上段は、「玉帝、⿱雨聻、（五雷記号）」の、三字と一記号だが、「玉帝」二字は、符頭中層記号の両側に、一字ずつ振り分けられている。「⿱雨聻」は、「雷」字の「雨」部首と、「聻」の合成偽字だが、広汎な邪霊に対する威嚇に、常用されている（「総説」および1・38・92・113各号符参照）。なおこの場合は、本号符における霊力の中心、ならびにその発揮点をも表示しているのである。五雷記号は、45号符と同一図形のB式で（2・45・46各号符参照）、「雷」字を中心にして、五個の小円で囲み、各円を短線でつなげて、さらにその下部に、二本の八字髭型巻き鬚模様の曲線を付け足して、やはり威勢を誇示しているのだが、底辺の短線が欠落している。

中段は、「李靖仙師勅令」六字で、両側に「符行正教」と、「掃去千災」の対句を配している。しかし「勅令」は、「李靖仙師」と位置を入れ替え、倒置している。「令」字は、筆末を延ばし、〓状の、くねた交差曲線模様にしたあと、さらに股を拡げた如く、両足を長く垂らしている。しかして、霊力はすでに上段の合成偽字、「⿱雨聻」に集中しているから、この場合の交差曲線模様は、単なる神威の誇示にすぎないのである（「総説」および1・20・26・27・30・31・32・39・40・41・70・71・81・82・97・100・105・110・120各号符参照）。なお、李靖の称号を、「仙師」としているが、「仙」は同音の「先」字の誤写である（25号符参照）。

下段は、「神符軍兵収斬妖邪」とあり、両側に「変化」と「無停」の二句を配している。「変化無停」（16・18・

22・24・26・30・35・37・71・98各号符参照）とは、「応変無停」（22・24・26・46・68・80・86各号符参照）・「正法変化」（96号符参照）・「神符変化」（7・26各号符参照）・「変化神符」（97号符参照）などと同義である。しかし、ここでは上の「符行正教」句を承けて、「本号符は、正義に基づいた武力の行使なればこそ、いかなる場合でも、事態に即応して、ただちに霊力を発揮し、邪煞悪霊どもと戦えば、戦うほどに、ますます強まり、ついに強敵を敗って、勝利を収め、霊界の秩序が保たれる」というのである。

なお、符文中段の、「符行正教、掃去千災」の意義については、既に25号符において詳説したから、再び贅言を要しない。故に本号符では、ただその下段とのかかわりにおいて、若干補説するに止める。正教とは、邪教と反対の、正しい宗教のことだが、ここでは法教を指している。正当な法教の教勢を推進し、拡張するための符令という意味で、下段の「神符軍兵収斬妖邪」に応じており、もって安泰の招来を期するというのである。しかして、「符行正教」とこの「掃去千災」との結合句が最も多く使われているが（43・48・81・97各号符）、その他、「掃退千教」（50号符）・「神符追収」（25号符）・「起煞鎮安」（91号符）などもある。しかし、それらの意義に、大差はないのである。

符文を整理すれば、「玉帝勅令李靖仙師、神符軍兵、収斬妖邪、符行正教、掃去千災、変化無停」となる。大意は、「司令神たる玉皇上帝が、李靖を主動神として派遣し、神軍を引率して天降り、祟られている民家に赴き、霊符を行使して、妖魔鬼怪を征討し、排除して一家に平安をもたらし、もってその家運を挽回させる」というのである。

符頭は、複雑な三重構成であるにもかかわらず、符脚が欠けており、この点では極めて不均衡である。なお、全体としては、符頭を含めて、かなり創意に満ちた符令である。

〔附記〕李靖は、25号符で李精と誤写されており、これについては、既に訂正し、略説した通りである。仏教の毘沙門天に由来し、台湾の民間信仰では、なじみの薄い神祇だが、四月二一日の李托塔天王聖誕は、俗に「李天王生」として、祭祀暦にも組みこまれている。武将として、誉れが高いのみならず、収妖神としての側面も、顕著である。『西遊記』（四回）では、玉皇上帝の命を奉じて、猿の妖精たる孫悟空を征服に、天兵を率いて出陣の際、授かった称号は降魔大元帥であり、その法力の根源は、得意の武器たる玲瓏塔に求められる。『封神演義』では、これは息子哪吒との確執に、燃灯道人から賜わったもので、「托塔天王」名称の由来である。哪吒の素性は、蓮花の化身で、妖怪に等しいから、燃灯道人によって、塔内に閉じこめて、捕えられたのである。かような鎮妖塔といえば、まず白蛇の妖精を閉じ込めた、杭州西湖の雷峯塔伝説が有名だが、台湾にも疫病防遏や、その他の災害防止のため、村境に小塔を築いて、悪煞の侵入を防ぐ風習がある。また地域社会の信仰中心である公廟は、地方鎮守の機能で、辟邪作用が賦与されており、屋根飾りに、宝塔の造形がよくあしらわれているのは、そのためである。

65号符「奉佛勅、拜、清浄平安」（平安符）

説明はないが、符文通りの平安符である。符式は、次の66号符と相似して、字数が少く、共にごく簡略である。符頭は、三清記号だが（「総説」参照）、頂点にすえるべきものを、故意に下面の符文に紛れこませた、常套の転位倒置式である（16・17・18・23・33・35・54・62・63・66・80・86・93・94・95・108・112各号符参照）。符文は、「奉佛勅、拜、清浄平安」とあるが、「拜」字は、二つの「手」記号を、並列した、合成偽字になっている。しかして、これと下面「清」字の中間に、巨大なきのこ状図形が、挿入されており、全符面の中心を占め、著しく目立っている。きのこ状図形は、37・52・54各号符にもあるが、傘のふくらみが、やや凹んでいるのは、本号符と次の66号符だけである。この図形が、いかなる文字あるいは事物を、象徴するかは不詳だが、意義は、符令に常用されている変形「天」字や「鬼」字と

《65号符》（説明なし）
「奉佛勅、拜、清浄平安」

同じく、本号符における霊力発揮の根源を表わしているのである。

符文が簡略すぎて、文理をなさないが、用途は明示されている。清浄とは、祓い清めることで、この点では清浄符、略称浄符である。この符令を用いて、一家の平安を希うことを浄符安宅と言い、新築落成や災難続きなどの場合に、家の厄祓いとして行われるので、鎮宅符にもなるが、基本は前記の如く、広汎な平安符の一式である。用法は、正庁の神明卓背後の壁に貼って、神画や神像同様に奉安し、朝夕礼拝するものだから、安神位符の一種にして、符令式神位の一態でもある（12・32・34・39・56・116各号符参照）。なお、この場合は、司令仏と主動仏が、いずれも欠落しており（40・57・60・66・70・72・80・83・91・94・114各号符参照）、単に「佛」が勧請されているだけである。それが如何なる仏菩薩かは、不詳だが、阿弥陀仏・観音仏祖・清水祖師・普庵祖師などが普通であり、このどれかを、法場で法師が、臨時に符文へ適宜に書きこむか、或いは口頭で補足するのである。

三清記号だけの符頭に対応して、符脚も「罡」字だけで、首尾が揃った、定型である。全符としては、簡潔にして、消極的だが、力強さが感じられる符令である。

66号符「神勅令、清浄平安」（平安符）

前65号符の、仏式に対する神式で、やや趣向を変えただけの、いわば双生児の如き符令だから、両符の相違点のみについて、略説するに止める。

符頭は、やはり転位倒置式の三清記号である（「総説」および16・17・18・23・33・35・54・62・63・65・80・86・93・94・95・108・112各号符参照）。符文は、「神勅令、清浄平安」七字だけだが、「神」字と「勅令」二字の位置が、故意に入れ替えられている。きのこ状図形は、前号符と同形だが、その上に、楕円形を二個横つなぎにした図形があり、象徴

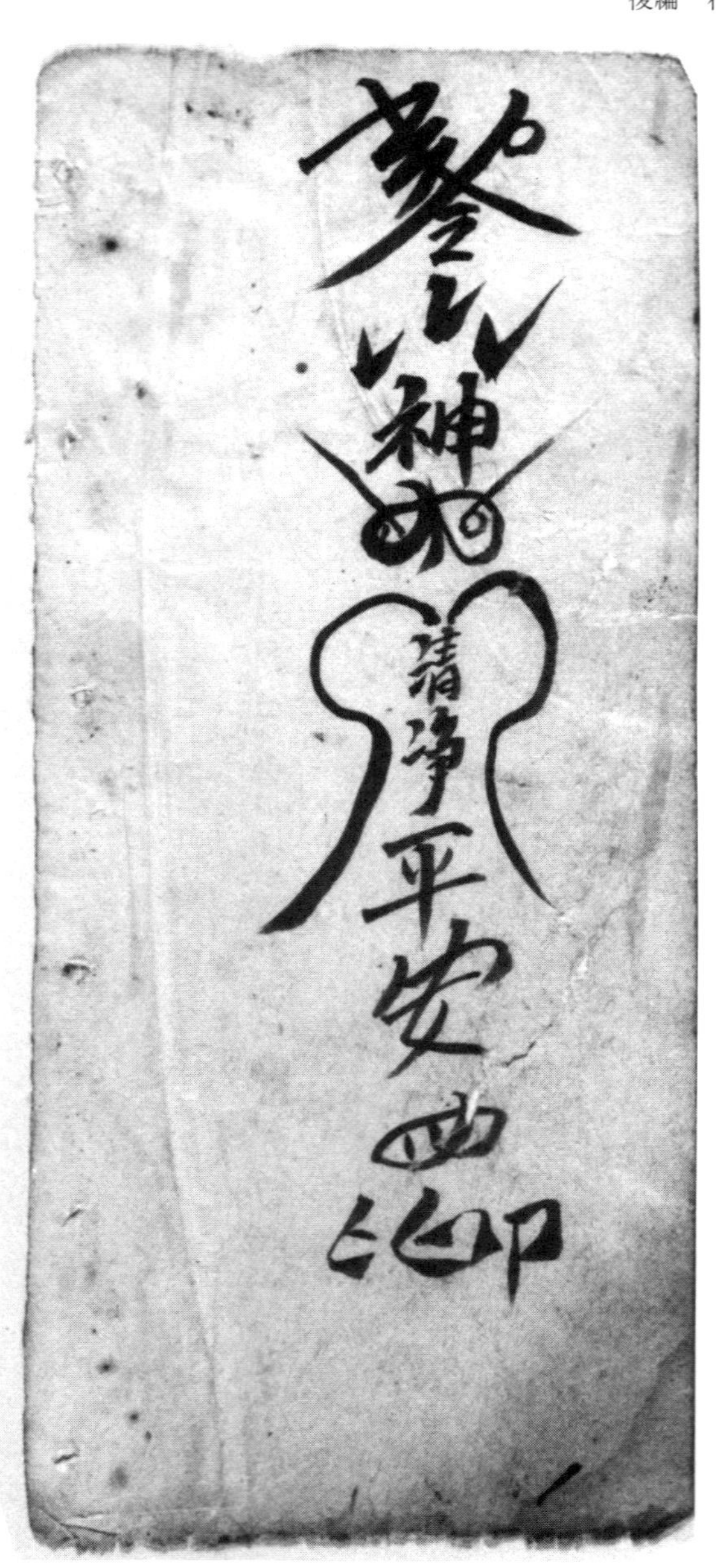

《66号符》（説明なし）
「神勅令、清浄平安」

は不詳だが、きのこ状図形と合せて、特に目立ち、その意義は、両図形が一体となって、本号符が発揮する霊力の原点を示している。しかして勧請対象は、前号符が仏菩薩であるのに対して、本号符は神祇であり、神仏の相違によって、符式が使い分けられているのである。司令神と主動神は、いずれも欠落しているが（40・57・60・65・70・72・80・83・91・94・114各号符参照）、これも前号符同様、法師が時と場合に応じて、呪語か口頭で、補充するしきたりである。

符脚は、「印」字を「卩（ふしづくり）」部首と「𠂎」に割って、中に「罡」字を嵌込んだ、「罡印」二字の重複式で（「総説」および1・4・5・10・29・42・47・69・74・80・94各号符参照）、前号符よりも、その辟邪作用を強く打ち出して、念入りである。全構図は、前号符同様、簡潔にして、殺伐な言辞を交えていない、常の符令とは趣を異にした、霊力あふれる感じの、伸びやかな符令である。

67号符「欽奉佛勅令……百無禁忌」（辟邪符）

説明に「治邪」とある通りの、辟邪符だが、続いて「奉紙」とある。「紙」は俗字の「帋」となっており、紙銭を焼いて捧げ、もって神々への餞（はなむけ）とすることである。すなわち、一幕の法場のあとで、神送りして、しめくくる際に、紙銭と共に焼却することである（9・68・69各号符参照）。不運に対して使われる、大事な辟邪符なればこそ、最後の処置を指定しているのである。符式は、複雑な構成で、特殊な図形を交えた、用途の広い辟邪符である。符頭は、三清記号（「総説」参照）に、下の符文上段にずり降ろされている「日月」二字を配した、第三式三光記号である（「総説」および2・40・47・48・70・82・106各号符参照）。しかして、「日月」は文字と図形の並用で、手が込んでいる。向って右側の「日」字を円で囲み、さらにその周縁に光芒をつけて、烈日を表し、左側に「月」字を配し、同じく円で囲んで、

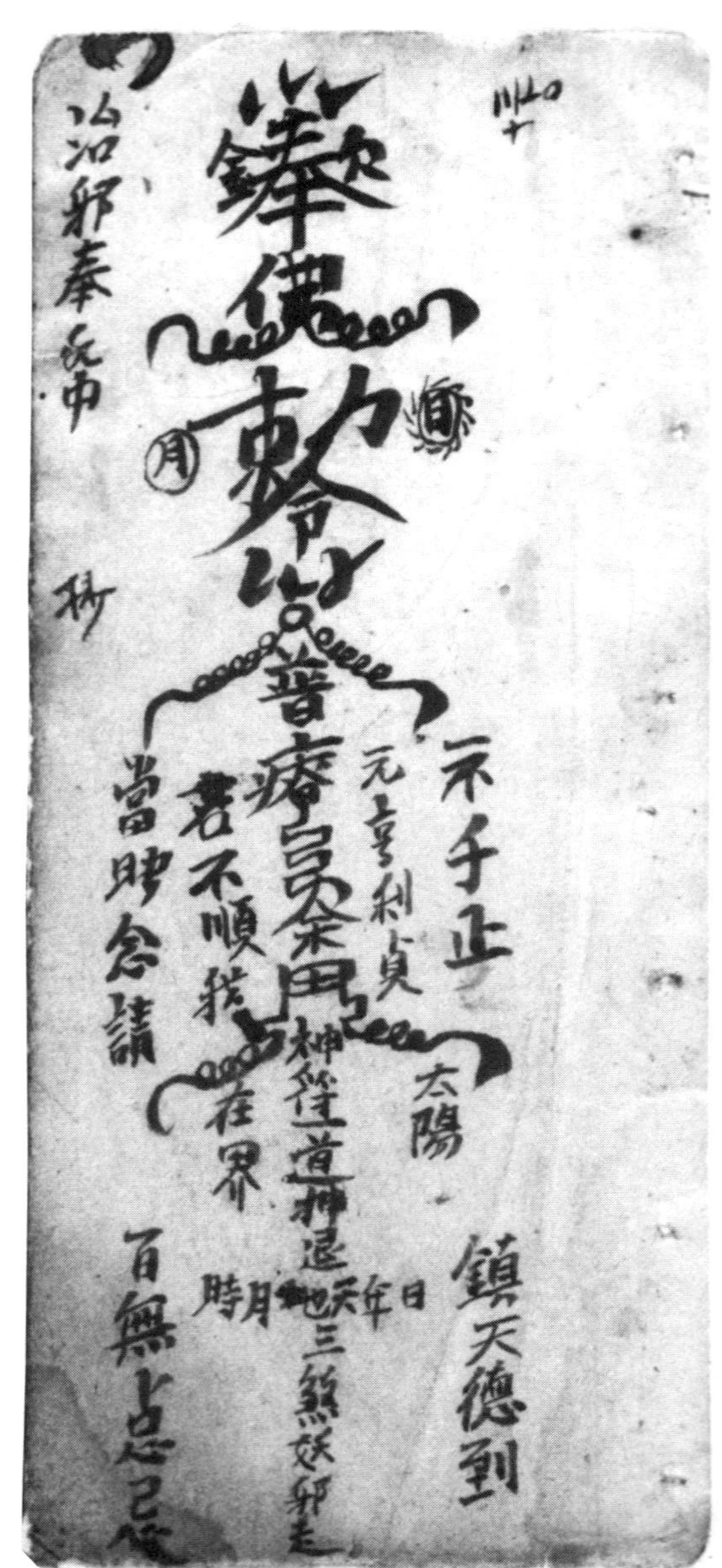

《67号符》「治邪奉紙」

「欽奉佛勅令、普庵神符一道、押退天地年月日時、三煞妖邪走□。若不順我、當即念請、元亨利貞。太陽在界、鎮天得到、百無禁忌」

満月を表している。この念入りな図形は、遍く地上の人々に降り注ぐ、天体の精華を示しているのである（構図として、82号符は「太陽」と「太陰」で、簡化してはいるが、意義は同じである）。しかのみならず、三清記号は、符文中段の開始にも一座あって、上下分離重複型の三清記号という、変則になっており、三清の重要性を強調している。すなわち47・59・86・107・113・114各号符と同じだが、殊に107号符は、中間に八字髭つきの「佛」字を挟んでおり、本号符と揆を一にしている。但し86号符には、三台星があって、やや異なっている。

符文は三段に分れる。上段は、「欽奉佛勅令」五字だが、「欽奉」二字は、「欽」字を、「欠(あくび)」部首と「金」字に割って、中に「奉」字を挟んだ、道教式合成偽字になっている（20・32・39・56・76・116各号符参照）。中段は、小円から下方左右に伸びた、五巻きの八字髭型図形に始まり、「普庵」二字と「鬼」字だけである。しかして、「庵」字は、「广(まだれ)」部首を「疒(やまいだれ)」に代えて、本号符の治病効果を暗示し、さらに最後の筆画を屈折状に垂らして、変化をもたせ、普庵祖師の存在を際立たせている（19・23・28・35・36・53・62・75・79・85・97・102・103・104・109・115各号符参照）。これに続く変形「鬼」字は、「田」字の上に、「余」字の如き「余」偽字をのせ、さらに「田」字の下部両角から、「コ」字と三巻きの八字髭型巻き模様を、股の如く広げている。さらに、この中段主文の両側には、各二行の語句が配置されており、内側と外側が、それぞれ対句になっている。すなわち、内側は「元亨利貞、若不順我」で、外側は「ネ千正、當即念請」である。「元亨利貞」はいうまでもなく、周易乾卦四徳の語句で、八卦の辟邪作用を指している（9・21・43・77各号符参照）。外側は、上句が一字欠落して、三字だけ残り、しかもそのうちの「ネ千」二字は、判読不可能である。下段は、「神符一道、押退天地年月日時三煞妖邪走□」とあって、両側に「太陽」と「在界」、および「鎮天徳到」と「百無忌忌」の対句を配している。しかして、配句の「徳(テク)」字は、同音「得」字の誤写で、「忌」字は「禁」の誤写であり、全句で、「中天にかかる太陽の、燦然たる光輝に照らされて、もろもろの煞鬼が影をひそめ、忌みはばかりのない境地が得られる」という意味である。

符文を整理すれば、「欽奉佛勅令、普庵神符一道、押退天地年月日時、三煞妖邪走□。若不順我、當即念請、元亨利貞。太陽在界、鎮天得到、百無禁忌」となる。大意は、「司令者たる某仏の命を奉じ、普庵祖師が主動仏として、神軍を率いて天降り、祟られている家に赴き、符令を行使して、天地の二煞・年月日時の四煞、および三方面の三煞を征討する。若し手向えば、元亨利貞の呪文を唱えて鎮圧し、もって一家の安寧を保つ」というのである。主動仏は、普庵祖師と明記しているが、命令を下す司令仏は、伏せられている。しかし、16号符の八字髭つき、「佛」字の例に鑑みれば、阿彌陀仏があてはまる。なお、中段の変形「鬼」字は、符文の内容とはかかわりなく、ただ本号符が発揮する霊力の凝集、ならびにその発源点を表しているにすぎないことは、既述の通りである（「総説」および2・7・9・13・19・25・30・31・33・34・38・39・44・52・54・72・78・83・87・88・89・91・94・101・108・111・112各号符参照）。

符脚は、欠落しており、符頭の整然なるに比して、甚だ不均衡である。総体的に見れば、文字を多用し、重重しくて、落ち着いた、堂々たる体裁の符令である。

〔附記1〕符文上段における、八字髭つき「佛」字について、さらに詳説すれば、まず「佛」字最後の二本の筆画を、延ばして左右に分け、三巻きの八字髭型巻き鬚模様にした手法が目立つが、これは16・30・35・39・46・102・103・107各号符にも用いられており、威厳を備えた、高位仏菩薩の格式を示しているのである。しかして、この「佛」字を、二重の三清記号の中間に配し、あたかも挟まれた構図は、107号符にも含まれており、かなり特殊である。なお、三清記号・「欽」字と「奉」字の合成偽字・八字髭つき「佛」字という、三者序列は、39号符だけに見えているが、その意義は不詳である。

〔附記2〕符文下段における煞鬼の集団は、他の符令に比して、かなり大規模で、いささか検討の余地がある。

基本部隊は、左右両翼と中央の三方から攻めよせる、兇悪な三人組の三煞だが（6・20・36・72各号符参照）、さらに年がら年中、隙を窺っている、四人組み年月日時の四煞が合流し（6・20・67・95・106・118各号符参照）、あまつさえ、天地煞の二煞までが加勢し、合計九類という、まさに雲霞の如き、煞鬼大軍との会戦だから、並の神軍の悪霊討伐とは、趣を異にしているのである。

〔附記3〕符文下段における、「百無忐忌」句の「忐」字が、「禁」字の誤写であることは、既述の通りだが、この成句は、かかる符文のみならず、他の場合でも使われているので、再検討する。「百無禁忌」とは、「無所忌諱」すなわち「いささかたりとも、忌み憚りがない」という意味で、たまに使われる熟語であり、本符式簿では74・76・84各号符に登場している。しかるに「忐（てん）」字は、「忝（てん）」あるいは「忺（せん）」に通じ、しづか・したがう・やぶれるなどの意味だが、いずれも「禁」字とはかけ離れており、例証も本符式簿では、この一例しかない。しかのみならず、他の民間伝抄符式簿では、「忐」字を、さらに「占」に簡略化して、全句を「百無占忌」と、誤用している例がある。甚だしきは、87号符の如く、「命無占忌」と、原句の面影を留めないほどに、変り果てている例もある。以上の経過をたどれば、この呪語としての「百無忐忌」は、永年の伝抄による、誤写の甚だしい特例である。

68号符「張天師靈符、應変無停、駆邪縛鬼」（辟邪符）

説明は、前の67号符と同じく、「治邪」とあるから、これも辟邪符であり、続く二字も前符同様の「奉紙」で、やはり法事の終りに、紙銭もろとも、焼却して神送りする、重要な符令である（9・67・69各号符参照）。符式は、符

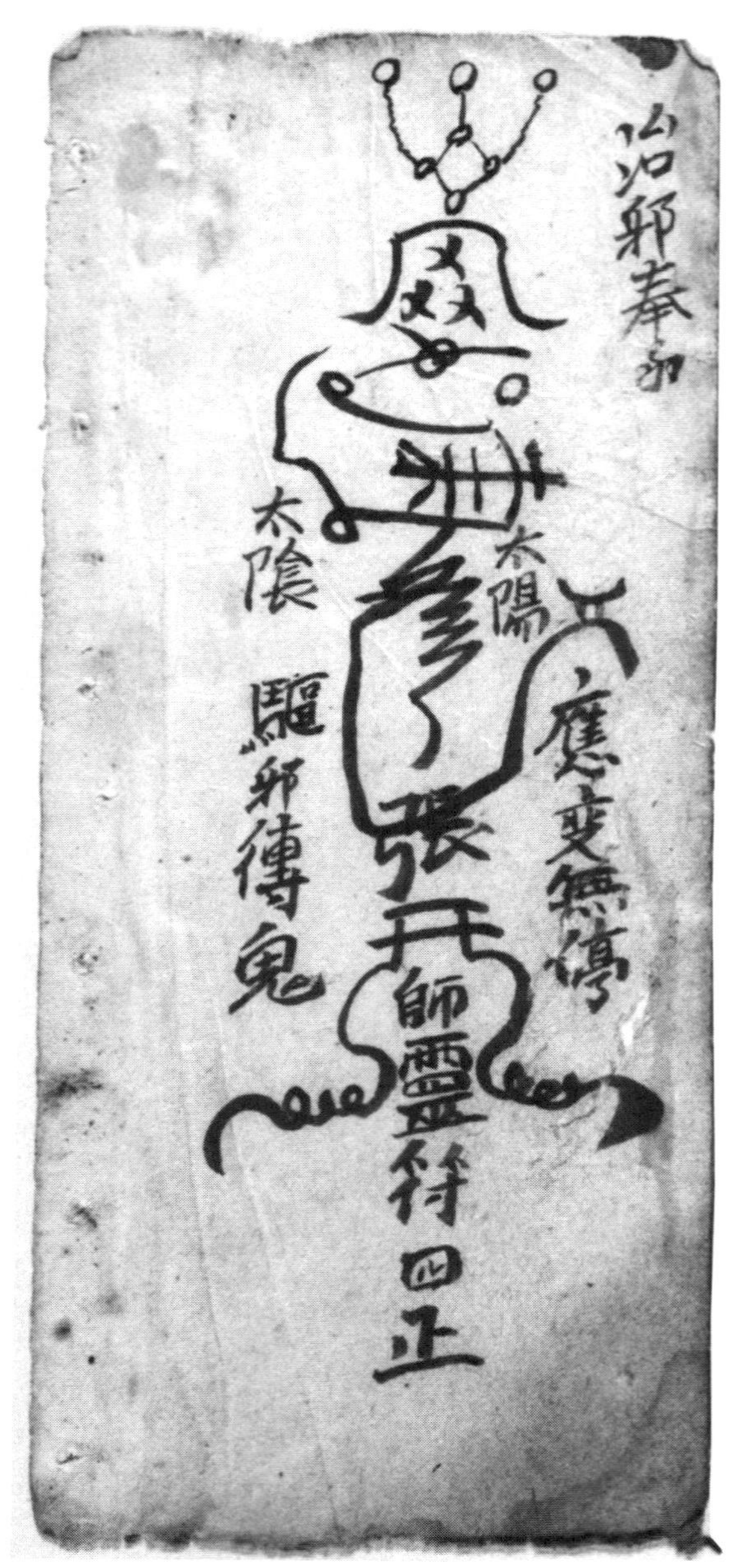

《68号符》「治邪奉紙」
「張天師靈符、應変無停、駆邪縛鬼」

頭と符脚がそろい、首尾が整ってはいるが、符文は図形と文字に分かれた、独特な構成である。符頭は、北斗七星記号が主体になっている、希少例として目立つのみならず、これに組み合せるべき三台星記号は、下面の図形の中に紛れこんでいる。しかし、北斗七星が三台星を凌駕して、上位を占めているのは、いかにも不合理である。さらに、上段図形の左右両側に、「太陽」と「太陰」を配しているが、これは上の星座と組み合せて、第二式三光記号符頭を構成している（「総説」および10・26・27・32・46・50・56・116各号符、ならびに2・78・82各号符参照）。光る天体である日月星辰が、絶えずその精英すなわち霊気を、遍く地上の萬物に降り注ぎ、もって限りない恵みを施しているのである。

符文は、二段に分れる。上段は、三個の図形の連続だけで、いずれも文字の図案化だが、それぞれの該当文字は読みとれず、したがって字義は不詳である。上の図形は、「風」字に似て、内部に「メ」を三個入れている。中の図形は、「南」字の中の「羊」を、「未」字に替え、全体を横に倒した格好の、曲線である。下の図形は、ジグザグの一本の曲線に、さらに一本の、長く尾をひいた曲線をからませている。下段は、「張天師靈符」五字で、両側に「應変無停」と、「駆邪縛鬼」の対句を配している。「靈」は慣用俗字の「霊」となっており（24・35・36・39・46・49・78・79・80・82・85・98・100・109各号符参照）、また「縛」字も「傅」と誤写している。「應変無停」（22・24・26・46・80・86各号符参照）とは、「変化無停」（16・18・22・24・26・30・35・37・64・71・98各号符参照）・「正法変化」（96号符参照）・「神符変化」（7・26各号参照）・「変化神符」（97号符参照）などと同義で、「本符令は、時と場合に即応して、絶えずその霊力を調節し、もって横行する邪霊悪鬼に対処している。故に戦えば、いつでも加減変化して、勝利する」という、必勝を保証しているのである。次に、張天師の「天」字は、鳥居型の変形字体である。「大」部首の二本の足を分離し、股を広げて垂れ下げた曲線を、巻き鬚模様にし、全体として鳥居型に画かれている。その意義は、たいてい符文の内容とはかかわりなく、主に符令が具有している霊力の中心、ならびにその発揮点を示しているのだが、この場合はむしろ張天師法力の強大無辺なるを、誇張しているのである（「総説」および6・16・20・27・32・43・46・49・50・56・

61・73・77・90・95・99・102・107・109・116・118各号符参照）。

符文を整理すれば、「張天師靈符、應変無停、駆邪縛鬼」の三句一二字だけになる。大意は、「張天師が主動神として、神軍を率いて天降り、不運の家に赴き、霊験あらたかな符令を行使し、あらゆる法術を用い、もって邪鬼どもを捕縛あるいは駆逐して、一家を守護し、家運を挽回させる」というのである。従って、司令神と主動神、いわば神仙界における主従関係は存在せず、専ら張天師が、その得意の符令を駆使して、邪霊悪鬼を制圧するだけの、独り舞台で、その他の神仏は登場しない。これが即ち、天師符の一形態たるゆえんである。さらに論ずれば、本号符は説明に、「治邪」と明言しているように、辟邪符であって、自宅に貼って、合家平安を祈る、普通の天師符ではなく、そのせいか符式の構成は、かなり特殊である。

符頭は、希有な複合式で、目立っているのに引き替え、符脚は常用されている「罡」字だけで、懸隔が甚だしく、均衡がとれていない。全構図より見れば、上段が図形で、下段だけが符文になっており、字数も少い。殊に符文は、上下段が整合せず。いかにも奇を衒った符令である。

〔附記〕天師符の定義については、すでに第四章の「総説」で言及したが、ここではさらに、民間信仰の実態に則した、現状に基いて略説する。天師符と言えば、名称は一つだが、その指す実体は、三途に別れる。

まず道教圏内では、歴代の張天師が画いた符令、すなわち天師直筆の符令を指している。周知の如く、天師教は元来、民間信仰から芽生えた巫覡の集団だから、画符こそその本領で、いわばお家芸であり、民衆もその符令の超自然的魔除けの特効を、深く信じて疑わない。しかして、これらあまたの符式も、時代の推移につれて変化し、多様であったが、その実態は不詳である。ただこれを台湾の現状について略儀すれば、高さ約六〇センチ、幅約三〇センチの黄色紙に墨書したのが多く、一般の符令に較べて、やや大振りである。しかし符式は、この法教の如き複雑なものではなく、三十六官将軍・二十八星宿・六丁六甲神をはじめ、もろもろの天地神祇の中の、一柱の名号だけをあしらった、簡略なものが多く、ただその文字を、極端にくずして、模様化しているだけである。太い筆を用い、草書体の文字に似た、雄渾な筆致の図形である。

しかして、かかる並製とは別に、黄色布に画かれたのが、特製品として、珍重されている。一九七八年に、著者が第六四代天師張源先の恵与にあずかったのがあるので、これに基いて略説する。まず布地について言えば、緻密で厚手の、光沢がある絹布である。色調は黄色だが、赤みを帯びて、むしろ橙色に近い。大きさは、縦七七センチ、横三六センチの、長方形である。符式は、符頭・符文・符脚という、首尾の整った構成ではなく、上下におのおの一つの図形があるだけで、下図が主体として大きく、上図は付属として、小ぶりに画かれている。図形が表わしているのは、三十六天将の一柱たる康元帥の図形、すなわち紋章でもある。三十六天将とは、三十六天罡のことで、降妖伏魔が得意であるため、法場に繁く勧請されており、天師教では、夙にこれを重視し、歴代の天師も、しばしばこれを画いている。「張天師」を冠した符令には、鎮諸煞符・収妖怪符・治病符などの名称もあるが、この場合は鎮宅平安符であり、康元帥は、仁聖元帥康席を指している。

画きかたは、黄布を机上には敷かず、起立した三人の門弟に、布地の両端と中間を、強く引っ張らせ、天師は中間に立ち、筆をふるって、一気呵成に画きあげるという、殴り書きである。下敷がないから、布地は宙に浮いて、普通の筆では画けず、太い筆の穂先を鋏み切り、ブラシ状にして使うのである。おもうに、かくの如き浮いた書写法は、天地の穢気を遮断しているのであり、仕上げた符令は、すなわち空間に漂う聖体になっているのである。しかして、かかる原理を、道教儀礼では、醮祭の登台拝表科儀にも応用している。道士が傘をさし、木製のサンダルをつっかけて、天地との接触を絶ち、もって穢気から身体の清浄を保つという原理においては、まさに同断である。

なお、注意すべきは、印璽である。廟寺が頒布している平安符には、必ず該廟寺主神仏の法印が、大きく捺されておればこそ、信者に尊重されていることは、周知の通りだが、符脚としても「印」字が常用されている（「緒論」参照）。この天師符とて、例外ではなく、符面に捺されている印章は、五顆もある。その配置は、大印一顆を中心にして、小印四顆が上下と左右にある。大印は上下二図形の中間を、うまく利用しており、各辺一二センチの正方形である。歴代の張天師が、宝剣と共に世襲してきた、伝家の宝器とされている。印文は、篆書体の陽刻で、六字を三字ずつの二行並列にしている。小印は、上部と向って左旁の二顆が、いずれも各辺五・五センチの正方形で、印文はやはり三字の二行並列である。しかし二印とも、印文が同じだから、同一印章の二次捺印である。用途では、この二小印は、中央大印の代用印として、使用されているというのだが、その印文は、大印と異なっている。向って左旁の小印も、大きさは前記の二小印と同じだが、これは大印と共に、歴代天師より継承された、由緒正しい貴重な印章であるといわれている。しかし刻まれている印文は、陽文ではなく、陰刻の図形になっており、その意義は、いまだに不詳だとされている。中央大印の真下にある小印も、大きさは他の小印と異ならないが、印文は図形の墨痕に覆われて見えない。さらに、これらの小印とは別に、向って左辺にも、「天師」と墨書した二字が記されており、天師符たることを証している。かように、符令における法印の比重は、かなり大きいのである。

しかし、この張天師「が」書いた、天師親筆符は、たとえその辟邪作用が、いかに強かろうとも、現状では実用に供されることはなく、専らその稀少価値をもって、観賞や収蔵の供されているだけである。これが庶民の目に触れ、或いは民衆の日常生活に溶け込むことはなく、いかにも遊離した、遠い存在であるのに引き替えて、次の二定義はいずれも、張天師「を」書いた符令である。これは更に、肖像と名号に別れるが、ともに庶民に密着した、卑近な符令である。

故に台湾で、天師符と言えば、張天師の姿を描いた、天師画像符のことだが、その図形には、かなりの相違がある。まず希に、両手を合せて笏(しやく)を捧げた、斜め向きの半身像もあるが、殆どが全身像で、それも二様に分れる。いずれも道冠を戴き、絳衣を纏った、道士の正装だが、姿勢が異なる。折り目正しい前向きの坐像で、左手に宝剣を持ち、右足で悪鬼を踏みつけているのもあるが、これとて希有な例にすぎない。天師符と言えば、四脚を伸ばして、大地や雲朶(うんだ)を踏ん張り、尾をぴんと振り上げた猛虎に、斜め向きに跨っている、張天師の雄姿が、人々の脳裏に焼き付き、定形になっている。

著者が曾て、各地廟寺の祭典に参加して採集した、七例が残っているので、この資料に基づいて略説する。まず発行頒布の動機だが、拝斗法会が一例あるだけで、その他の六例は、みな祈安や慶成など、建醮祭典のものである。紙は全部黄色で、符文は黒色だが、五例は普通の印刷品で、二例は廟寺伝来の木版手刷りである。木版の図柄は、稚拙ながら、古態の余韻を留め、かえって雅趣がある。大きさは、大中小の三型に分れる。大型（高さ五三センチ、幅二六センチ）が四例で最も多く、これに次いで中型は二例だが、高さは同じく三五センチでも、幅は二二センチと一九センチの僅かな差異があり、小型（高さ二六センチ、幅一四センチ）は、一例だけである。しかして、前記の木版手刷りは、中型の二二センチ幅一例と、小型一例の、合せて二例である。さらに、平安符の場合と同じく、親善関係を保っている交陪境(カウポエキエン)の数廟が、同一構図の天師符を、発行する風習もある。天師の容貌は、希に美髯の武将にしているのもあるが、大抵は無精髭で、仁王の如き濃眉・刮目・怒視形相の、いわば荒武者の姿である。その姿勢は、道冠の上に仰(ギヨン)を挿し加え、拱手して笏(しやく)を捧げたのが一例あり、雷令を持ったのが二例ある。これに反して、右手で七星剣を振りかざし、左手に聖水の容器である水盂(すいう)を托し、勅水(テクツイ)

して道場を浄化し、武器で邪霊を一掃する、禁壇科儀の動作姿勢になっているのが三例もある。さらに、天師騎虎画像左右の空白にも、法器を描いて、その優れた法力を表わしている。天師が笏や雷令を持った図では、向って右側に宝剣を配し、左側に印璽を配しているのが、三例あるが、逆に右剣左印の、配置になっているのもある。一方、天師禁壇図では、法師常用の七星剣を、宝剣に見立てているので、右側に印璽しか描かれていない。宝剣と印璽が、張天師伝家の宝器であることは有名だが（「総説」参照）、雷令も天師教が得意とする召雷辟邪の法器であり（9・10・25・41・50・51・58・78・104・114各号符参照）、まして聖獣の虎爺としての虎神信仰が、民間に浸透していることは、言うまでもない（38・62各号符参照）。

　前述の如く、天師の画像が、符紙面の大半を占めているのだが、かくては神画に等しく、符令としての用をなさないから、普通符令の如く、上下にも簡単な符頭・符文・符脚などを付け加え、体裁を整えている。符頭は、三清記号としての「[illegible]」を用いているのが四例あるが、残りの二例はいずれも、その下に「霐靀[illegible]」三字の道教式合成偽字を加えた二重構造になっており（「総説」参照）、残りの一例は、偽字が上で、記号が下にあって、位置が転倒している。かように、一応整った符頭に引き替え、符脚は四例が欠落し、残りの三例も、虎像の脚下に、基本図形（「総説」参照）を極端に崩した「[illegible]」の形で、間に合わせ、糊塗している。

　しかし、これらの採集例以外には、しきたり通り、「罡」字にしているのもある。当然、符文もごく簡略に処理されている。符頭の下に「勅令」二字を続けているのが四例あるが、さらに符紙上方の余白に、「鎮宅光明」（三例）・「合家平安」（二例）・「鎮宅光明、合家平安」（二例）などの、祈願目的を示す佳句が、埋めこまれている。しかして、「勅令」四例のうち、三例の下に、変形「鬼」字が続いているが、これは天師に討伐される鬼類のことで、前述の踏みつけられている悪鬼と、同義である。しかして、この「鬼」字は、また天師符における霊力の凝集、ならびにその発揮点をも、表わしていることは、既に縷述した通りである。なお、符紙の最上端に、廟称と神名、およびこの天師符発行の動機を、明示したのが二例あり、一例は「慶成建醮」で、もう一例は「祈安拝斗」である。

総括すれば、天師符は、巫術性の強い教団における、教祖の威厳を表現し、これが巫術の威力として、人々に感受され、特級の平安符と見なされている所以である。しかして、その製作技法と言えば、先にも触れたが、絵画だから、法師が独自に書写する普通の画符法は使えず、手刷りの木版画という、共同作業になる。しかし当然のことながら、近年は、殆ど機械印刷になっている。古い版木は、地方の主廟が所有し、創建当時からの、由緒深い古物もあり、図柄は精粗まちまちで、この点では、各廟が発行している、該廟主神の平安符と同じである。しかし、並みの平安符とは違って、信者が参詣の際に、何時でも頂ける、常備のお札とは異なり、醮祭の如き地域社会の盛典か、主廟の礼斗法会や、希に神誕祭などに限って配布される、臨時性のものであるのみならず、さらに各戸一枚の制限もある。故に台湾は、天師教区であるにも拘らず、その使用頻度は高くない。醮祭の最後には、必ず「勅符」の一幕が、組みこまれている。道士が鶏をつかまえ、その冠血を天師符になすりつけて、霊力を付与する科儀である。かくして、天師符は完成し、祭後に祭祀区域の、各世帯に配られるが、同時に祭礼担当者から、平安符として、自家の正庁に貼るべく、使用法も指導される。しかし、なかには辟邪符と勘違いし、外面に向けて、玄関に貼り出す者もある。

なお特例として、高さ約六〇乃至七〇センチの特大天師符が、廟内正殿の神龕前に貼られることもあり、張天師が廟の本尊を守護しているが如き配置である。その原義は、神像は神霊の憑依体、すなわち容器であるから、神霊が衰えれば、いつしか悪霊に排除されて、入り替られる恐れがある。故に常に警戒し、祭典などによって、霊力を更新充実させる必要があるという、民間信仰の基本観念である。また符令の大きさは、単に体裁のみならず、実は民衆に期待されている、霊力の強さをも表わしているのである。

　天師符の第三の定義は、本号符の如き、張天師の称号「を」書いた符令であり、前記の画像符とは、絵画と文字の相違だけの、同類である。肖像や名号だけで、睨みをきかせており、いささかたりとも魑魅魍魎の跳梁跋扈を、看過できないという、神仏の自主的示威行為である。しかして、かかる観点よりすれば、天師符と太公符は、まさに双璧である。太公とは、姜太公すなわち太公望・呂尚のことで、『封神演義』の主役たる姜子牙として、人口に膾炙している。小ぶりな黄色符紙に、「姜太公在此」・「姜太公在此鎮」・「姜太公到此収煞」・「姜太公収除邪穢鎮」などの一行を大書し、その両脇に、「天無忌、地無忌」・「百無禁忌」・「百事無忌」・「保身平安」などの一句を選び、小字で振り分けて書き添えた、ごく簡単な符式である。姜子牙は「封神」という、敵味方を問わず、戦没者を神祇に封じる、いわば神仙界秩序の再編成を成し遂げた、偉大な人物として、尊敬されている。しかのみならず、その師たる元始天尊より賜った、打神鞭という武器は、仮令それをもって殪(たお)せる敵に制限があって、勝ち抜きではないが、その奮戦ぶりは、人々の絶賛を博している。故に太公符は、以前治病によく用いられ、殊に悪疫流行の際、人々はこれを辟邪符として、競って自家の門口に貼って、疫鬼の侵入を防止したのである。しかのみならず、土木建築など、工事の起工に当って、鍬を入れる破土の法場にも、土煞を地下に封じこめる破土符として、しばしば用いられ、鳥小屋にさえ貼りつけて、家禽の保護に使われたという。しかし今は廃れて、実用の例を見ず、影をひそめて、空しく法師の符式簿に、面影を留めているのみである。

　さらに、天師符と太公符の関係に論及すれば、まず用途から見て、太公符が強い辟邪の効能を打ち出しているのに対し、天師符は肖像と称号を含めて、辟邪と祈安の両方に跨っており、幅がやや広いと言える。しかし、神仏が己れの知名度を自慢し、なおそれを笠に着て、偉力を誇示し、見せびらかして、悪霊を威嚇し、もって畏服させる方式の符令としては、軌を一にした、同一着想に基づく、同質の符令である。しかして、かかる相互関係を裏返せば、両者は交互消長の対立関係にあり、需要と供給の均衡で、両立し難く、天師符が流行れば、太公符が衰えて、影を潜める道理である。まさに民間信仰圏においても、栄枯盛衰は免れず、この点では、同一市場における、同種商品の競合と同じ現象である。

なお付言すれば、太公符の盛行は、日本統治初期において、夙に注目され、「姜太公在此」と「鎮西八郎御宿」が、実は同工異曲であることが、指摘されている。すなわち、「武勇の誉高き源為朝が泊っている宿屋」ということだが、これを書いた紙片を、お札として、玄関に貼り出せば、疫病神が恐れて退散するから、家人の疫病感染を防げる、という日本の俗信である（『台湾慣習記事』一巻九号、一九〇一年）。なお、福建漳州では、現在でも「姜尚在此」として、使用されているのは、まさに強い伝統的習俗の、拡散現象である（坂出祥伸等編――『道教的密教的辟邪呪物の調査研究』）。余談ながら、『燕京歳時記』・「天師符」の條に、五月五日端午節には、天師や鍾馗の画像を、門に貼って魔除けする、北京の風習を載せているが、台湾にこの習俗はなく、まして天師と鍾馗の混同は、論外である。鍾馗は、跳鍾馗という、役者や操り人形で演じる活劇の、辟邪法術で篤信されてはいるが、符令としての画像はなく、天師ともゆかりはないのである。

69号符「三元師、合家平安」（辟邪符）

説明に「治邪」とあって、前68号符と同じく辟邪符だが、続いて「奉両年」とあり、法場の終幕に、焼却して神送りするのではなく、二年間の奉祀を指示している。符式は、一応そろってはいるが、符頭は崩れ、符文も図形化が甚だしく、全体としては、異様である。符頭は、三清記号を主体にして、星辰を配した、分離式三重符頭だが、配置が常軌を逸して、一見乱雑な図形になっている。主体たる三清記号の位置は、符文上段に食い込み、三個の鈎

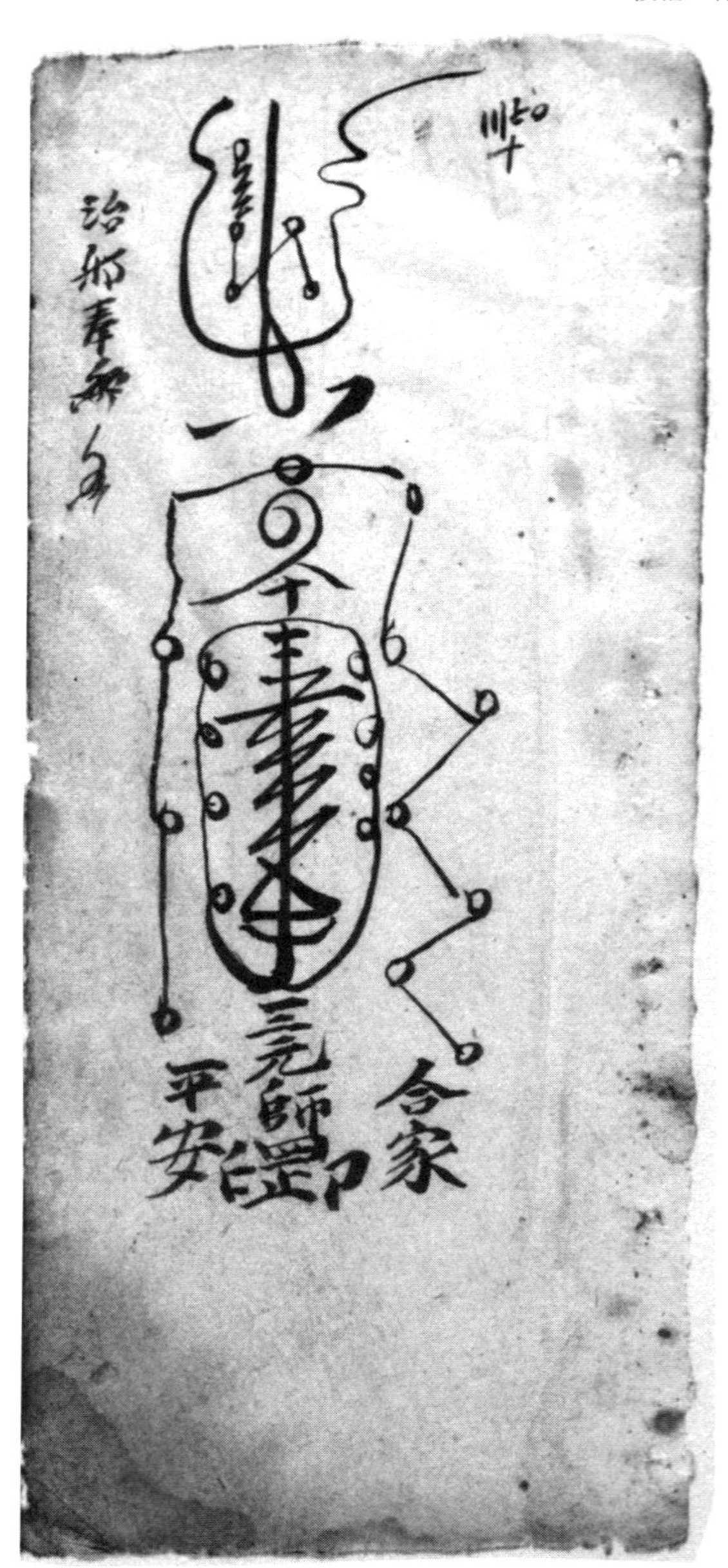

《69号符》「治邪奉両年」
「三元帥、合家平安」

形は、中央のが特に大きくて、数字「6」の如く、変形している。しかして、これと組み合せるべき星座の位置は、五星が頂上にあって、意義不詳の「U」字形曲線に、囲まれている。さらに、中段図形の向って右側に七星、左側に三星が、それぞれ配置されている。しかのみならず、符文を挟んで、左右両側に対峙した、この七星と三星両座の頂点を、小円を横棒で貫いた「⊕」型の代用星座記号（「総説」参照）でつなげて、「冂」型の星座配置にしている。すなわち、全体としては、星辰の霊力が著しく強調された、複雑な符頭である。

符文は、三段に分れる。上段と中段は、曲線模様と巻き蔓模様組み合せの図形で、図形化文字の如きだが、判読し難い。下段は、「三元帥」の三字だけで、両側に「合家」と「平安」の二句を配している。

大意は、図形が不詳のため、「三元帥が一家を庇護して、家族の平安を守る」と解し得るのみである。従って前68号符同様、司令神と主動神という、両者の相互関係はなく、専ら三元帥の御利益だけが、強調されているのみか、その神格や由来さえ不詳である。

しかして、符類より見れば、本号符は冒頭に明記されている如き、悪霊を制御する辟邪符には違いないが、平安符として、二年という一定期間の、保存奉祀を要求している特例でもある。家運衰微の原因を、始終屋内に盤踞する邪鬼悪霊の祟りに帰し、その排除は早急にはできず、従って辟邪神の長期駐留が必要だというのである。故に本号符を、「合家平安」を希う、護宅の平安符として、庁頭すなわち広間正面の、神仏画を掛ける壁に貼り、神位として奉安し、二年後の年末、送神の際に、剥がして焼却するのである（1・12・25・32・39・41・50・78・86・100各号符参照）。辟邪と祈安は、いわば因果関係にあり、治邪が奏効してこそ、平安が達せられる道理である。

複雑にして難解な符頭に対応して、符脚は、「印」字を「卩（ふしづくり）」部首と「E」に割って、中に「罡」字を挟んだ、「罡印」二字の重複式である（「総説」および1・4・5・10・29・42・47・66・74・80・94各号符参照）。全構図より見れば、前68号符同様、字数が極少の反面、型破りの奇異な図形だけが目立つ、いかにも神秘めかした符令である。

70号符「勅令、魅出他郷……主人無傷」（断路符）

説明に「此符断路、四方通用」とあり、用途は40号符同様の、押煞出境の際に使用する断路符、すなわち道切りのお札である。両符は、符式の趣向をわずかに変えただけで、本質的には、大同小異の類似符令である。「断路」とは、道を遮って、交通を遮断する、すなわち悪霊の侵入を防ぐ、道切りの習俗だが、台湾語では、主に交際関係における、絶交の意味に使われている。符頭は、第三式三光記号だが（「総説」および2・40・47・48・67・82・106各号符参照）、三清記号下の左右両側に、分離して配すべき「日月」二字を、40号符ではまとめて下方に置き、本号符は、三清を示す三つの鈎形（「総説」参照）の中間に押し込んで、あたかも抱きこまれた形になっており、いずれも定形を逸脱し、単に奇を衒った、故意の変形書式になっている。

符文は、三段に分れる。上段は、「勅令」二字だけだが、「令」字はやはり、最後の筆画を延ばし、状のくねた、交差曲線模様にして、さらに二線に分け、大げさに股を広げた、恰好にしている。すなわち、本号符における霊力凝集の所在、およびその発揮の中心点を示しており、例証は少くない（「総説」および1・20・26・27・30・31・32・39・40・41・64・71・81・82・97・100・105・110・120各号符参照）。中段の語句は、普通の上下構成ではなく、二行並列で、「厭魅出他郷」・「自受主人無傷」とあるが、両句の順序が転倒しているばかりでなく、「厭」字を、「厩」、「郷」字を「卿」と誤写している。なお、「主人」とは「事主」、すなわち当事者だが、ここでは患者本人を指している。下段は、「靈符断路、収邪押煞兵法」とあって、両側に「法治陰鬼」と、「斬断邪法」二句を配している。「靈」は、俗字の「霊」を用いているが、「靈」と誤写している（16号符参照）。また「陰」も、俗字の「阴」になっている。しかして、「兵」字は「八（はちがしら）」部首を、大げさな三巻きの巻き鬚模様にしているのは、兵団の強大なるを暗示しているのだが、下の「法」

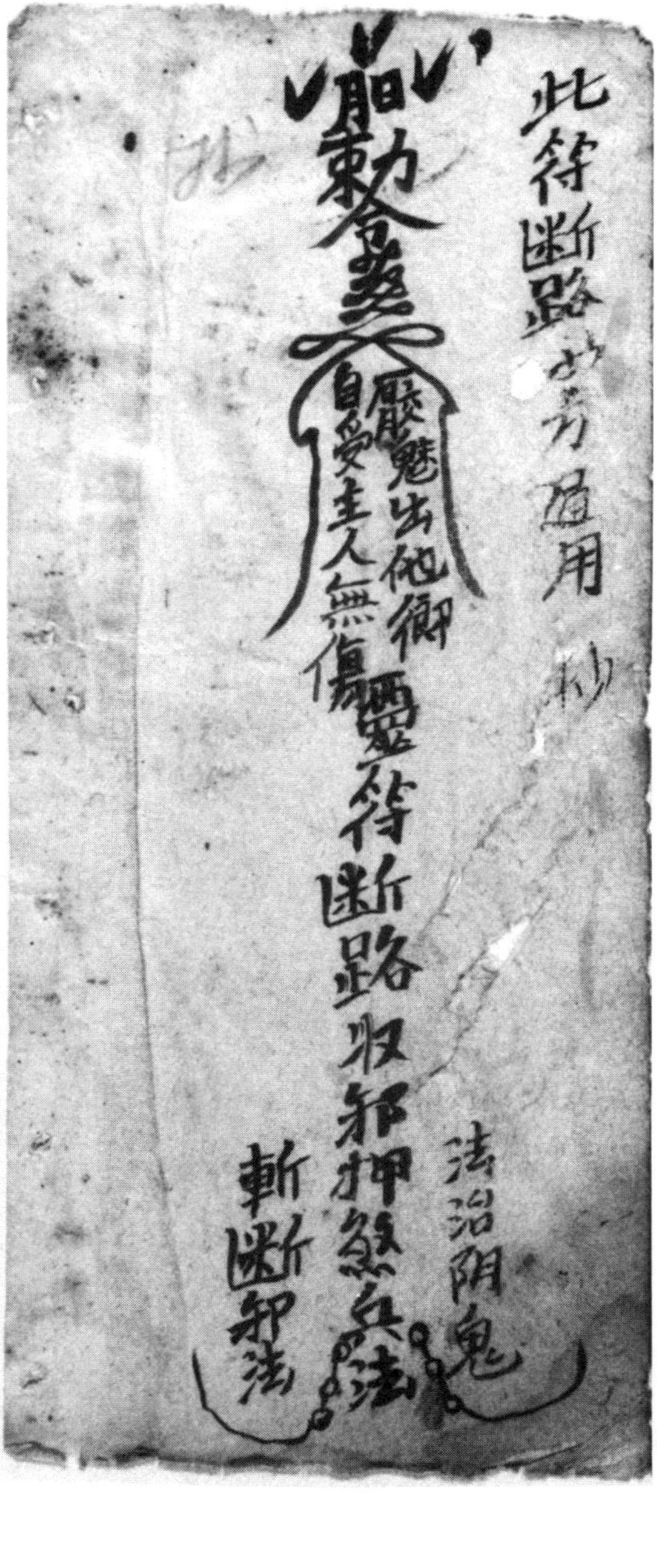

《40号符》

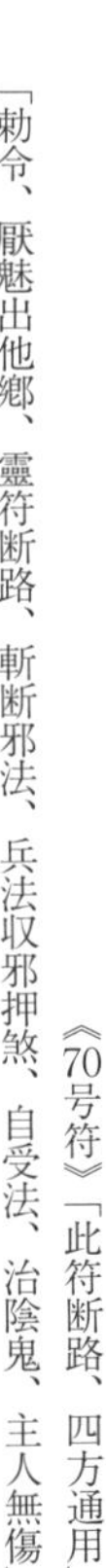

《70号符》「此符断路、四方通用」

「勅令、厭魅出他郷、靈符断路、斬断邪法、兵法収邪押煞、自受法、治陰鬼、主人無傷」

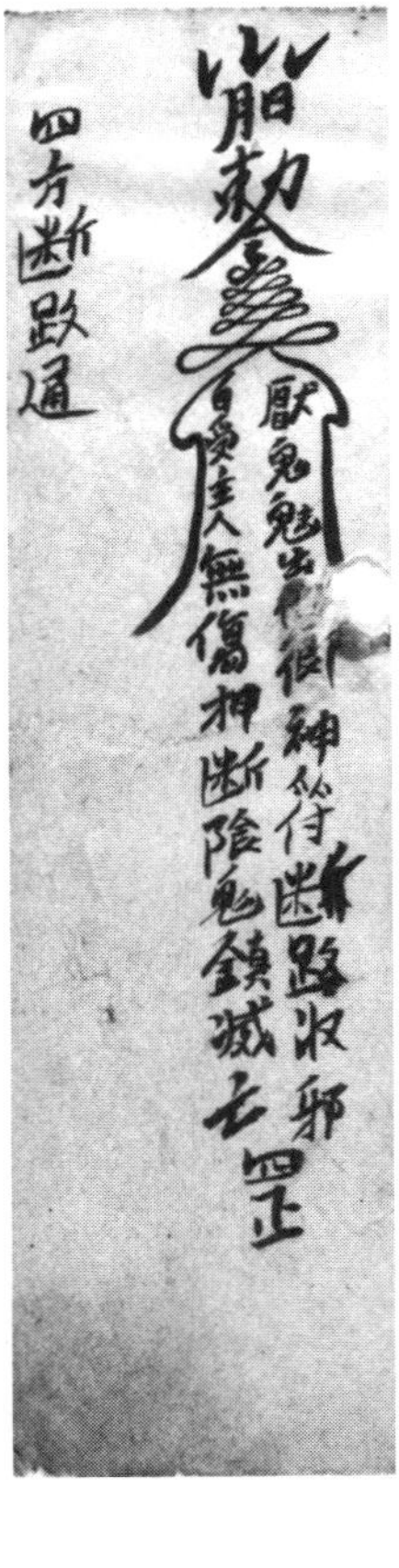

字と合せた、「兵法」の一句で、それが聖なる神軍たることを暗示している。しかしその位置は、上句の「収邪押煞」と顚倒している。

符文を整理すれば、「勅令、厭魅出他郷、靈符断路、斬断邪法、兵法収邪押煞、自受法、治陰鬼、主人無傷」となる。大意は、「某人の安全を図る(はか)ために、祟っている魑魅を、他所に駆逐し、あらたかな符令で、その帰路を遮断し、また黒法師の邪法をも破り、正当な法術で、陰邪な悪鬼を制御する」というのである。しかして、司令神と主動神が、いずれも欠落しているが、これは故意に伏されたのであって、法場に臨めば、法師が時と場合に応じて、適当な神仏（所属教派の教主や地方大廟寺の主神仏）を案配し、付随の呪語に織り込むか、或いは祝詞で補充するのである（40・57・60・65・66・72・80・83・91・94・114各号符参照）。

なお、符文下段に、「邪法を斬り絶つ」とあるが、邪法とは符仔路(フウアロオ)や葉仔路(ヒヨアロオ)という、人を害する呪詛の黒巫術のことで、これを得意とする黒巫師の存在が、深く信じられている。まして、漢番雑居地帯では、生存競争の敗北者たる原住民族の黒巫術による報復が、漢人社会に不安をもたらし、その符仔路に対する恐怖感に、絶えず脅かされたのである。要するに、本号符の作用は、押送外方の法場で、法師が患家から村境まで、ひたすらに悪霊を追いまくって、戻る際、悪霊が執拗に付きまとって戻れぬよう、その帰路をきっぱり断って、追い払うために、焼却する符令である。しかし断路符を焼かず、これを高さ約五〇センチの、青竹の杙に貼りつけ、竹符として、一定期間、路傍に突き立てて、放置する風習もある。柳符の一形態だが、通行人が不吉なものとして、嫌悪するので、近年はかなり廃れている。

総じて、全符が殆ど文字だけの構成で、主旨は明確だが、文理がやや整わず、また符頭を具備しながら、符脚が欠落している点で、40号符に比して、見劣りがする。

〔附記〕押送外方という道切り法とは、祟った悪霊を、患家から村境の四辻や橋の袂まで、追い出して追放する、些細な法場である。法師は道すがら、呪文を唱えながら、ピシャリ、ピシャリと、家畜を追うが如く、法縄を打ち鳴らし、路径を伝って行くのである。しかして、かかる小法場は、昼間でも差し支えないが、夜暗に乗じ、少人数で、しめやかに行われることが多い。法師と患家の男子二人だけでも、いちおう間に合うが、法師はたいてい弟子一人を伴い、また照明の先導者も必要なので、患家も二人連れが多いが、いずれにしても法事としては、少人数の構成であり、また短時間で、しめやかに行われるから、あまり目立たないのである。

これに引き替え、近年、台湾中部沿海地帯で盛行している、俗称送肉粽（サンバアツアン）、すなわち粽（ちまき）送りの風習は、かなり大げさな、賑しい法場である。粽とは言うまでもなく、竹の葉で包んだちまきのことで、肉粽とは、豚肉をまぜた塩辛い味の粽である。縊死者のぶらさがった姿が、恰も粽を麻紐でかたく縛って、ぶらさげた格好に似ていることから連想し、吊死（テアウシイ）という不吉な言葉を忌み憚り、肉粽をもって、縊死者の怨霊、すなわち吊死鬼の隠語としたのである。首を縊る動作を、吊頷（テアウアム）あるいは吊脰（テアウタウ）とも言い、その異常死者が吊脰鬼で、略して吊鬼と言い、若しくは「鬼」を忌み嫌って、吊客とも称し、溺死者の水鬼と共に、怨霊の最たるものとして、極端に恐れられている。しかのみならず、両鬼とも、交替者がなければ、輪廻を経て転生できないから、常に身代わりの替死鬼（テエシイクイ）を捜し求めているという俗信から、なおさら人々の恐怖心をかきたて、死者にとりついた吊鬼を排除する、送肉粽（サンバアツアン）の出煞（ツツソア）法場が、盛行するゆえんである。

然るに、原来は喪家が、遺族をはじめ、家宅全体の浄化を期して行われる、葬儀の後始末としての法事にすぎないのだが、替死者を求めて、吊鬼が村内を徘徊するという恐怖心から、村民の関心が高まり、さらに現下の社会不安が、拍車をかけて、波紋が拡大するにつれ、ついに地域社会が恐慌をきたし、公祭化して、収拾せざるを得なくなるのである。村長や顔役の音頭取りで、喪家の信仰する廟寺とか、地方公廟の主祀神が、主宰神となり、その指揮を仰いで、確実な効果を期するのである。

まず喪家より、海岸の目的地までの路線をきめるのだが、通過拒否の村落もあって、迂回せざるを得ない場合もある。一方、法師はさらに念のため、辻道や橋の袂など、交通の要衝には、竹杙の符令を突き立てておき、神兵を派して哨戒させ、吊鬼の万一の逸脱逃亡や、葬家への帰参に備える。吊鬼の張りぼて一体を急造し、廟神の神像を、神輿に乗せるのだが、神像の代りに、その依(よ)り代(しろ)として、令旗を挿して行くこともあり、神に従う童乩(タンキイ)たちも、抜かりなく、動員される。同時に喪主は、故人が使用した忌わしい器物一切を、取りまとめて運び出す。かくて勢ぞろいし、爆竹を鳴らして、深夜に出発するのだが、時には總勢二百人に上ることもあり、私祭にもかかわらず、神誕祭の行列さながらの、賑賑しさである。隊伍の順序は、駆逐されるべき、吊鬼の張りぼてを先頭にして、法師はその背後から、念呪しつつ、しきりに摔蓆(シヤクチヨオ)して、追い立てる。すなわち、ござ一枚を固く棒状に、ぐるぐる巻いたのを、両手で持って振りまわし、強く地面を叩く、辟邪法である。その後方を、童乩たちに擁護された神輿が続き、鎮座して神威を発揮し、睨みをきかせるのである。自村の出発点から、目的地の海岸までの路線は、事前に周知され、深夜の出発と払暁の帰着時間も予め公表される。しかし通過予定の諸村もそれなりに、爆竹を鳴らしたり、辟邪物を揃えたり、守護神を出動したりして、大敵に臨むが如き佈陣で用意おさおさ怠りなく、警戒防備せねばならないので、これが往往にして、村落係争の誘因になることもある。しかのみならず、沿道の民家は、各自の信奉する神仏の、多種多様な辟邪符を、一斉に自宅の門外に貼り出すのだが、平安符も誤用されている。然る後、家族一同、屋内に屏息して夜明けを待つのである。一行が目的地に着くと、法師は断路符を焼き、張りぼても遺物もろとも焼却して、吊鬼を大海の彼方へ放逐する。帰路はひっそり、黙黙として、静粛に行動し、帰着して、このまがまがしくて忌わしい法場は、終幕するのである。なお、帰途における、道すがらの沈黙は、萬一、怨霊が懐い声を慕い、未練がましく去りかねて、住み慣れた我家恋しさに、回帰するのを防ぐ、窮余の一策である。

71号符「奉佛勅令……追収妖魔神煞退地」（辟邪保身符、治病符）

説明に「治百煞、帯身」とあり、肌身離さず帯びて、あらゆる悪煞が近づくのを防ぎ、もって難病を治療する、辟邪保身符ないし治病符でもある。符頭は、「日月」二字の中間に、小円と「十」字を組み合せて、星辰を示す「⊕」図形を挟んだ、第一式三光記号はよく用いられており、大地に絶えず振り注ぐ天体の霊力、すなわち無限の恵みを表わしているのである（「総説」および7・17・36・44・45・46・60・64・98・105・120各号符参照）。

符文は、三段に分れる。上段は、「奉佛勅令」の二句四字だけだが、上句の「奉佛」は、「佛奉」と倒置し、下句の「勅令」は、中段に降されている。さらに、「佛」字は、最後の筆画を延ばして、「佛」字全体を円囲いにした、特殊な意匠になっており、その司令者としての格式を、強調している。よく用いられている手法で、普庵仏を指すことが多いが、この場合の該当仏菩薩は不詳である（1・13・35・36・44・45・53・55・60・74・75・79・98・105・120各号符参照）。「勅令」二字は崩れて図形化し、殊に「令」字は、最後の筆画を延ばして、[図形]状のくねた交差曲線模様にし、さらに最後を、二本の長い曲線に分けて垂れさげ、ほとんど原字形を失っている。すなわち、この目立つ不可解な図形をもって、本号符における霊力発揮の中心を表しており、用例も多いことは、すでにしばしば述べた通りである（「総説」および1・20・26・27・30・31・32・39・40・41・64・70・81・82・97・100・105・110・120各号符参照）。中段は、「黄花聖母仙娘神符護身」だが、「護身」二字は、下段に降されているのみならず、余白がないため、一字ずつ左右に振り分けている。下段は、「變化無停、追収妖魔、神煞退地」だが、下句はやはり余白がないので、やむを得ず別行として、向って左辺の空白に書き足している。

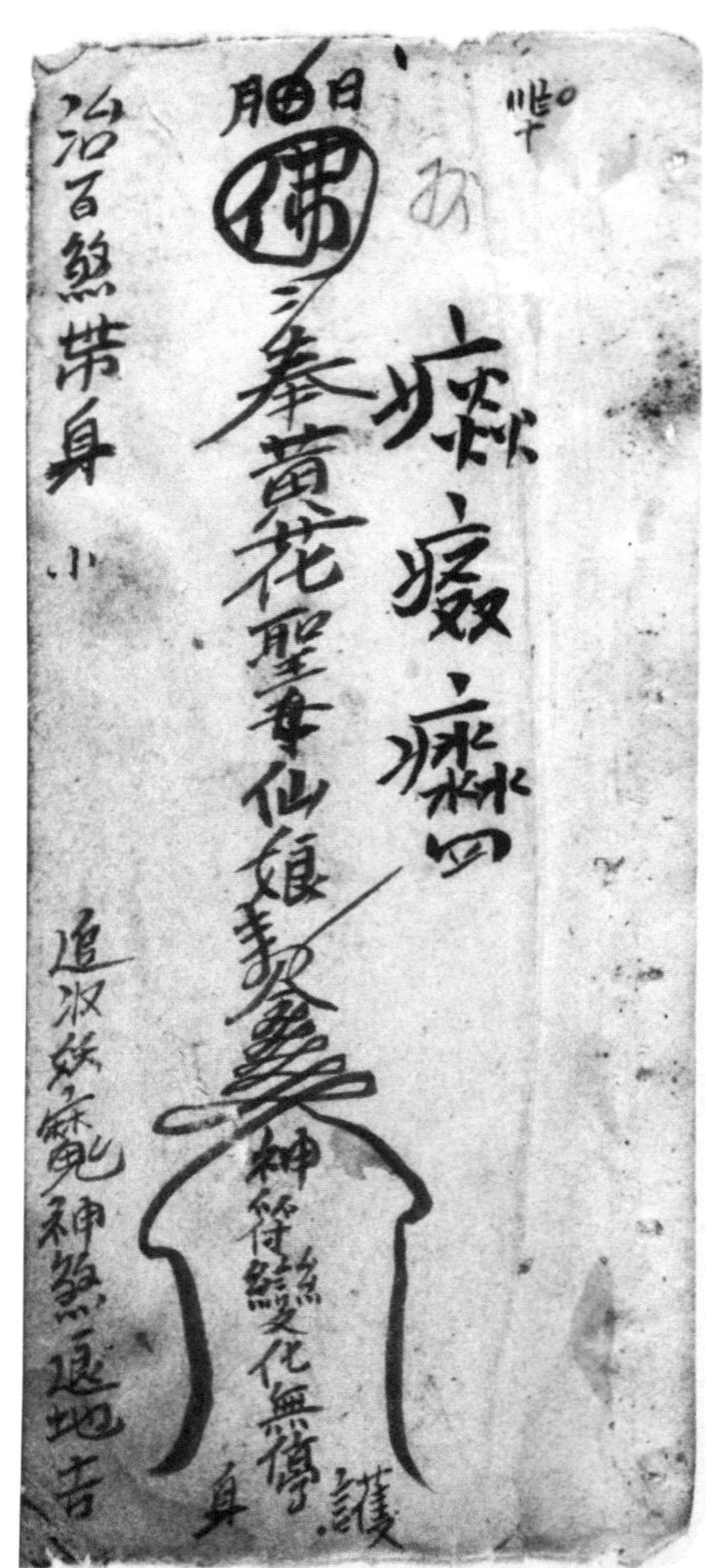

《71号符》「治百煞、帯身」
「奉佛勅令、黄花聖母仙娘、神符護身、變化無停、追収妖魔神煞退地」

符文を整理すれば、「奉佛勅令、黄花聖母仙娘、神符護身、變化無停、追収妖魔神煞退地」となる。大意は、「司令者たる某仏の命を奉じ、黄花聖母仙娘が主動神として、神軍を率いて天降り、祟りの被害民家に赴き、あらたかな符令で病人を護り、妖魔邪鬼を捕縛、或いは撃退し、もって祟りを絶ち、患者を全快させる」というのである。しかして、かんじんな主動神たる黄花聖母仙娘とは、なじみの薄い称号で、いかなる来歴の神祇か不詳だが、本符式簿の伝来径路に鑑みて、福建南部沿海地方の女神と考えられる。

なお、「變化無停」（16・18・22・24・26・30・35・37・64・98各号符参照）とは、「應變無停」（22・24・26・46・68・80・86各号符参照）・「正法変化」（96号符参照）・「神符變化」（7・26各号符参照）・「変化神符」（97号符参照）などと同義で、上の「神符」と、下の「護身」二句とを合せれば、「神符護身、變化無停」となる。すなわち「本号符の霊力は、絶えず更新され、時と場合に即応して、威力を発揮し、いかに兇猛な悪霊に対抗しても、なお余裕綽綽である」ということを、誇っているのである。

符令の体裁として、符頭を備えておりながら、符脚を欠き、いかにも首尾が整っていないようだが、実は符文末尾の「吉」字が、符脚「罡」字の誤写である。総体的に見れば、本号符は、ほとんど文字だけの構成だが、符文が乱れて、やや締まりのない符令である。

〔附記〕本号符において、最も目立つ文字は、向って右側の余白に大きく書かれた、三字の道教式合成偽字である。しかしこれらは、いずれも基づく原字があって、しかもその字義通りに使われているのだから、むしろ複雑化した改造文字と称すべきである。「⿸疒燚」の原字は「疢（ちん）」で、熱病のことである。「⿸疒㸚」の原字は「疣（いう）」で、頭がふらつく病である。「⿸疒淼」の原字は「⿸疒水（すい）」で、腫病のはれやまいである。これら発熱・頭痛・腫瘍などの症状よりすれば、丹毒の如き、急性伝染病に該当する。すなわち、悪霊の祟りによる難病であることを、暗示しているのである。

72号符「奉勅令、下破軍皇鬼……盡消除」（治土煞符）

説明に「土煞、安帯可用」とあり、用途は土煞の祟りを防ぐための、治土煞符だが、広義では辟邪符の一種でもある。用法は、病室の入口や、病床に貼るなり、或いは病人に帯びさせてもさしつかえない、というのである。符式は、通例に従わず、また特異な図形をも含めて、変化に富んでいる。符頭は、省略されている。

符文は、やはり三段に分れるが、その組合せが尋常ではない。上段は、「奉勅令」の三字だけだが、「勅」字は著しく模様化している。中段は、「下破軍皇皇鬼」の六字だが、後の「皇鬼」二字は、模様化が甚だしく、僅かに文字としての、原形を保っているのみである。詳説すれば、「皇」字は、部首「白」の最後の筆画を延ばして、丸く「白」字を取り囲んでから、さらに状の、くねた交差曲線模様にしているのみならず、最後をずっと下面にさげて、力強く「ノ」字状に書き殴って、「王」字を表わし、「白」と「王」の二字を重ねて、「皇」字を形成している。なお、本符式簿における、かくの如き、くねた交差曲線模様は、「鬼」字か、とりわけ「令」字最後字画の延長装飾図形として、多用されているが、「皇」字の下半部をなす「王」字の変形としては、唯一の例である（「総説」および35・74・76各号符参照）。「鬼」字は、他符と違って、ここでは符文の一字として、内容に深く関与している（「総説」および2・7・9・13・19・25・30・31・33・34・38・39・44・52・54・67・78・83・87・88・89・91・94・101・108・111・112各号符参照）。しかしてその造形は、「田」字の下方両隅から、それぞれ三巻きの巻き鬚模様をつけた、特異な形で表現されており、上の「皇」字と合せて、「皇鬼」の熟語になっている。この変形「皇鬼」は、向って左側の余白にも再録されており、その本号符における霊力の集中、ならびに発揮点をも示しているのである。下段は、「下三煞鬼怪盡消除」八字だが、

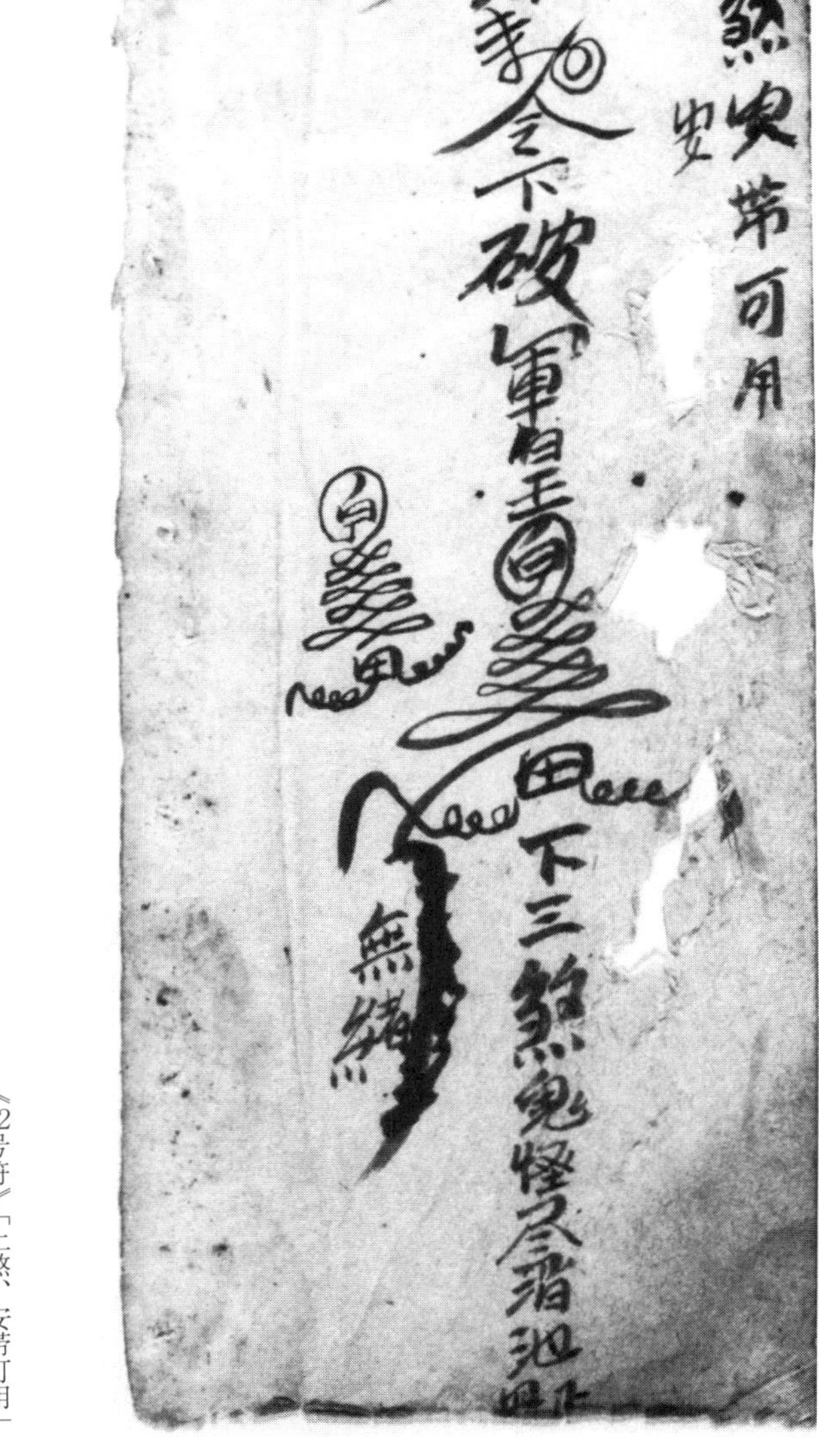

《72号符》「土煞、安帯可用」
「奉勅令、下破軍皇鬼、下三煞鬼怪、盡消除」

「盡」は略字「尽」になっており、「除（ティ）」字は故意に、同音の「池」字と誤写している。

符文を整えれば「奉勅令、下破軍皇鬼、下三煞鬼怪、盡消除」となる。中段の「破軍」とは、敗軍のことで、「皇」字は「大」の意味だから、「皇鬼」は「大鬼」になるのだが、下段の「三煞」や「鬼怪」などと対比して、いずれも説明にあるような、土煞眷属の名称と推定される。三煞とは、三人組で、前方左右の三方向より攻めよせる、兇暴な悪煞たることは、既述の通りである（6・20・36・67各号符参照）。なお、「下」はここでは、「降」と同義の、降参させるという意味で、悪霊どもをまとめて降参させるのである。符文の大意は、「某神が某司令神の命を奉じ、主動神として、神軍を率いて天降り、該民家に赴き、祟っている破軍・皇鬼・三煞・鬼怪などの悪霊どもを、征討して全滅し、もって病人を癒し、その一命を救う」というのである。司令神と主動神の称号は伏せられているが、これは付随の呪語に織り込むか、若しくは法師が、時と場合に応じて、適当に案配し、当てはめて使用できるのである（40・57・60・65・66・70・80・83・91・94・114各号符参照）。

また符令の構成として、符頭を欠いているにも拘らず、符脚は一応備わっている。しかしその「罡」字は、余白がないため、已むを得ず下端に、「四」「正」に析字して、横に並べ、やはり常軌を逸している（98号符参照）。さらに、向って左方の余白に、「無緒」二字が書かれているが、その意義は不詳である。総体的に見れば、本号符は、複雑難解な図形の竄入によって、符文を乱され、文意がやや模糊になった、乱雑な符令である。

〔附記〕土煞とは、土を司る鬼神たる煞鬼のことで、土公・土神あるいは土公神とも称し、春は窓、夏は門、秋は井、冬は庭に居り、季節によって、居所不定のため、土木建築で土を掘り起して、犯土すなわち土禁を犯して祟られ、家族が病気や災厄に罹るという俗言である。後漢安帝の時、修繕で土禁を犯し、皇太子が祟られて、罹病した故事（『容齋四筆』）や、五歳の少女が病み、売卜者の占いで、犯土のせいだとわかって、手当てした話（『通俗編』）が有名である。また『宋書』「明帝紀」にも、「宮中は禁忌尤も多く、移床・治壁・必ず先に土神を祭る」とあるように、すでに根強い因習になっている。現在でも、台湾では廟宇の慶成醮祭に、必ず謝土科儀が組み込まれているゆえんである。

しかし、現実の民間信仰としては、土煞とは単に土地・土木・建築・方位・家相などに関し、人間が地面を掘り起す行為に付け込んで祟るだけの、浅薄な悪霊だと言うよりは、むしろこれらを、黄泉路をたどって行き着く、陰間地府の鬼卒ではなく、地下の浅層に潜んで、絶えず地上人類の生活を窺い、隙あらば立ちどころに付け込んで祟り、執拗に付きまとう、厄介な下級悪鬼とみなしているのである。かように土煞とは、霊界における、地回りの小悪党に等しいのだが、本符式簿には記載が少く、僅かに本号符の如き、三煞や破軍・皇鬼しか登場しないので、台湾南部普庵教法師の伝抄符式簿に拠って、例証を補い、些か検討を加える。

A符――説明はなく、符式だけで、「勅令」二大字の下に、人間の顔面を八人画いており、上層が六人で、下層が二人になっている。しかして、下層の両側には、「左陰使太歳」と「右陰神三煞」の、二行に分けて書かれている。すなわち五人組の太歳と、三人組の土煞である。動土した人間に祟る、という機能においては、両者は一致しており、同類の悪霊だが、ここでは陰神三煞という名称が、明示されているのみならず、太歳が土煞よりも、格式が高いことをも、暗示しているのである（56・116各号符参照）。

B符――やはり説明がなく、符式だけで、符文は「黒天雷公神符、禁断土精、悪方三煞」とある。「悪方」とは、劣悪の意味で、三煞の悪性を仄めかしている。大意は、「雷神があらたかな符令を用い、天地晦冥の雷雨を起し、雷鳴を轟かせ、猛威をふるって、土精と三煞を制圧する」というのである。

C符――符文に、「勅下符、起五方土公土母笁百煞」とあって、標題を「犯土神驗」としており、制土煞符のことである。「笇」とは、竹が折れることだから、この場合は文意が通らず、明らかな誤謬で、「および」の意味にすぎず、「百煞」とはあらゆる凶煞を指しているのである。すなわち土煞とは、つがいの男女で、しかも東西南北中という、五方に応じた、五対の夫婦組織になっているのである。

D符――符文に、「奉楊公救貧勅令、神符押起五方土公土母悪煞無忌」とあって、「制三煞符」と称している。すなわち三煞とは、単なる通称で、必ずしも三人組とは限らず、前掲C符同様の、五方に応じた、五対の合計十人組をも指しているのである。司令神楊救貧祖師は、12・32・39・95各号符参照。

E符――符文に、「奉九天玄女勅令、符起五方土公土母等煞」とあって、これも前符同様、五対十人組の土煞だが、祟りによる病因を「架造犯土得病」と、架橋や営造などの土木建築工事で、大量に土地を掘り起すため、地下の土煞が安住を脅かされて、その憤激を買い、仕返しをされるからだというのである。司令神九天玄女とは、女媧娘娘のことで、妖怪統御の最高女神だから、たかが土煞の制圧ぐらいは、もとより余裕綽綽である（3・4・5・6・8・10・20・32・77・97・99・102各号符参照）。

F符――符文に、「奉勅令下、神符打下、急起五方土公・土母諸煞」とあるように、これも五対十人組の土煞だが、「此符動土、安之平安」と説明があり、土木・建築の起工にあたって、この符令を書いて、現場に貼り出して、展示すれば安全だと、念を押しているのである。

G符――符文に、「奉勅下神符、打起五方土地土公土母等煞廻避」とあり、司令神は不詳だが、符式はE符と、相似の符令である。しかして、土地とは社神たる土地公ではなく、土煞たる土公と土母の合称である。故にこれも、五対十人組の土煞であることは、前述のC・E・F各符と同じだが、用途は異なっている。「此符駕馬犯土神、用此符鎮病人、床上安之、土神廻避、百事大吉」と説明がついている。土木建築の如き、地面掘削の工事ではなくても、やたらに馬を疾駆して、地面を荒すだけでも、往往にして土煞に祟られ、当事者や家族が罹病することがある。故にその際には、この符令を病床の上に貼れば、土煞は恐れて回避し、病人が快復する、というのである。

H符――符文に、「勅驚天動地将軍神符、打起五方土公土母・百廿凶神悪煞」とあって、これも五対十人組の土煞だが、百廿凶神悪煞と同等にあしらって、その普遍的存在を強調している。百廿凶神悪煞とは、百廿四の「四」字が欠落した、悪煞の大群である（81号符「附記」参照）。しかして、主動神の驚天動地将軍とは、いかにも仰仰しくて、実情にそぐわず、来歴も不詳である。

I符――符文は、「勅令」二字の下に、意義不詳の図形を挟んで、「起五方土母凶神」とあり、至って簡略である。土母だけで、土公が欠落しているが、やはり五対十人組の土煞である。由来、下級悪霊は、「鬼畜」という熟語がある通り、獣類同然にみなされている一面があり、地底に蠢く煞鬼たる土煞も、例外ではない。従ってその性別は、公（牡）と母（牝）になり、牡土煞が土公で、牝土煞が土母である。しかし、現実社会における主動権は、男性に帰しているので、その反映として、本符文の如き土母だけの、独走はあり得ず、符式簿の長年にわたる抄写過程で、たまたま土公が欠落したのである。

J符――符文は、「勅下九天雷王神符、打起公土母等鬼」とあり、主旨は雷神の土煞制圧だが、「土公」とあるべきを、「土」字が欠落している。ひとつがいの土煞だけで、五方に及んでいない点が、前記諸符との相違であり、用途も特殊である。すなわち説明に、「二家有礒不已、作此符、動土大吉」とあり、いがみ合っている隣同士の一方が、修繕や増築などで、地面を掘る場合は、土煞の祟りも、よほど激しくなるから、予めこの符令を現場に貼りつけて展示すれば、無事にすませる、というのである。

K符――符文は、中間に交差曲線模様をはさみ、上下二段に分れて、「庵僊雷勅令、断五土煞」とあり、五方向に配した広域の、五人組の土煞という点で、前の諸例とは異なっている。「庵」とは、法教で篤信されている普庵祖師で、「僊」は「仙」と同字の、仙人のことだから、普庵仙になり、高僧を神仙に擬した、霊験本位で、宗派や教義にこだわらない、融通無礙な民間信仰の一断面でもある（19・23・28・35・36・53・62・67・75・79・85・97・102・103・104・109・115各号符参照）。大意は、「司令仏たる普庵祖師が、雷神を主動神として遣わし、天降って患家に赴き、五方土煞の祟りを断絶する」というのである。しかし、「此符治五土煞神符、用桃枝上門、宅中安鎮平安」との説明がつき、「本符は、五土煞を治め鎮める、あらたかな符令である。これを桃の小枝に結びつけ、玄関に挿しておけば、一家安泰である」とあり、必ずしも動土の地点で使用するとは限らないのである。

L符——符文は、三段に分れる。上段は、「雷」字と曲線模様だけである。中段は、五方土公の姓名である。下段は、「五土神符押煞、保身平安」とある。しかして、中段は字数が多いため、細字で五行に別れており、その方角と姓名は、次の通りである。東方土公張子貴、南方土公蔡子良、西方土公陳貴先、北方土公姚伯夷、中央土公林敦宗などで、もはやれっきとした、男性の姓名になっている。加えて、説明に「此治起厝犯土、用此符、五土頭保身」とあり、「本符令は、家屋の建築に際して、土煞を犯した場合に、治め鎮める符令である。この符を佩用すれば、五土頭の範囲で、保身できる」というのである。土頭とは元来、土塊すなわち土の固まりだが、ここでは地頭すなわち地方とか、或いは角頭すなわち方位や方角の意味に使われている。要するに、現場を中心にして、その周囲を含め、従業員たちが身に帯びて、土煞の祟りを防ぐ、保身符の一種である。

M符——前記のL符と同じく、方位と土煞の姓名を明記した保身符だが、一枚にまとめられているのではなく、五枚ばらばらになっている。しかし、符式は大同小異で、僅か中段の模様に、違いがあるだけである。殊に中央以外の四方は、人頭を画き、写実的な表現になっている。「勅下符起」四字に、方位と姓名が続き、それぞれ東方土公陳貴先、南方土公蔡子良、西方土公林敬崇、北方土公張子規、中央土公姚伯松になっている。前符と比較すれば、方位と姓名が一致しているのは、南方土公蔡子良一人だけで、残りの四方位は、すべて食い違っており、同姓名も陳貴先だけで、同姓異名は林敦宗（林敬崇）、張子貴（張子規）、姚伯夷（姚伯松）などがあり、発音や字形が紛らわしいため、度重なる転写によって、起りがちな誤謬である。しかして、本符の用途も、前符と同じく、普請現場で働く大工や左官たちが、携える保身符である。

N符――「勅令、九天玄女、二十四凶神悪煞」と三句になるが、上句と中句の中間に「田」字、中句と下句の中間には「尸」字の如き模様を挟んでいる。なお、説明に「此符治土神用」とあり、治土煞符のことだが、土煞の員数を、二十四人組かの如くに表現している。しかし二十四凶神悪煞は、H符に百廿凶神悪煞とあり、更に一百廿四山凶神悪煞の系統とも、混淆しているのである（48・81・83・105各号符参照）。また九天玄女は、すでにE符に登場しているが、その司令神としての意義も、既述の通りである。

O符――符文は、「九天玄女勅、収斬廿四路黄泉煞、保安胎律、以便産育」とあって、前符の二十四凶煞が、ここでは二十四路に広く分布する黄泉煞になっている。二十四路も、一百二十四山凶煞の系統だが、要点は黄泉煞にある。黄泉路に関しては、さきにも触れたが、冥府にたどり着くまでの道中は遠く、黄泉路すがらの橋梁・関隘や岐路にも、鬼卒が配置されているのだが、それらとは違い、ここでは地下の悪霊、すなわち土煞を指しているにすぎない。しかし本符令の用途は、符文に「保安胎律、以便産育」とあり、名称も催生符すなわち安産祈願の符令になっているのだが、安産は安胎を前提としているので、絶えず移動して、専ら母体と胎児に祟るという、胎神に対する根強い恐怖感から、いつしか土煞の信仰とも習合したものと考えられる（49・89・91・92・98・107・108・113各号符参照）。しかして、司令神たる九天玄女は、前記の如く、しばしば登場しているにもかかわらず、主動神はかえって伏せられ、不詳である。

かように、土煞という悪霊信仰の幅は広く、かつ変化にも富んでいるのだが、この外にも、例えばB符には「神符禁断土精」ともある。『史記』「五帝紀」には、黄帝は土徳だから、瑞祥として、長さ十餘丈の巨大な螾(いん)すなわち蚯蚓(みみず)が出現したが、これは土精だと解釈している。しかしB符の土精とは、かかる典故にかかわらず、字義から推察して、土地の妖精を指し、土煞たる煞鬼を、妖精に見立てただけのことで、符式としては、蛇足にすぎない。因みに、魯の季桓子が、井を穿って羊を掘り当て、孔子がこれを、土怪の墳羊だと鑑定した話（『国語』「魯語下」）や、地中の怪物には土伯（『楚辞』「招魂」）や土狗（『抱朴子』）などがあり、動けば地面に地震が起こると信じられている。地底に棲む土牛もあるが、これら架空の動物には、たとえ猟奇的要素はあっても、所詮、人々の生活を脅かす悪霊ではないから、埒外である。

73号符「奉勅令、北斗……卽卽断根源」（治病符、保身符）

説明に「帯身可用、治百病」とあるから、治病符だが、常時携帯すれば、保身符にもなるというのである。しかし兼用はともかく、本質は治病符だから、続いて「此符化火、和中區茶、食可用」と用法を示している。「和」とは、「混和」というが如く、混ぜ合せることである。「中」字は、「沖」字の誤写で、薬の成分を振り出すために、熱湯を注ぐ「沖薬」のことである。「區」字は、「甌(おう)」字の誤写で、湯飲み茶碗を指し、台湾では「𥕦」の俗字が、よく使われている。全句で、「この符令はまた、茶碗に焼き入れて、その灰を茶にとかし、服用しても差し支えない」というのである（「総説」参照）。符式としては、符頭・符脚をともに欠き、符文だけの略式符令にすぎず、符文もほとんど文字だけの、単純な構成である。

符文は、二段に分れる。上段は、「勅令、天、北斗中宮神符□益」とある。「天」字は、符令に常用されている鳥居型の変形字体で、「大(だい)」部首の二本の足を分離し、股を広げて垂らした曲線を巻き鬚模様にし、〓の形にしている。

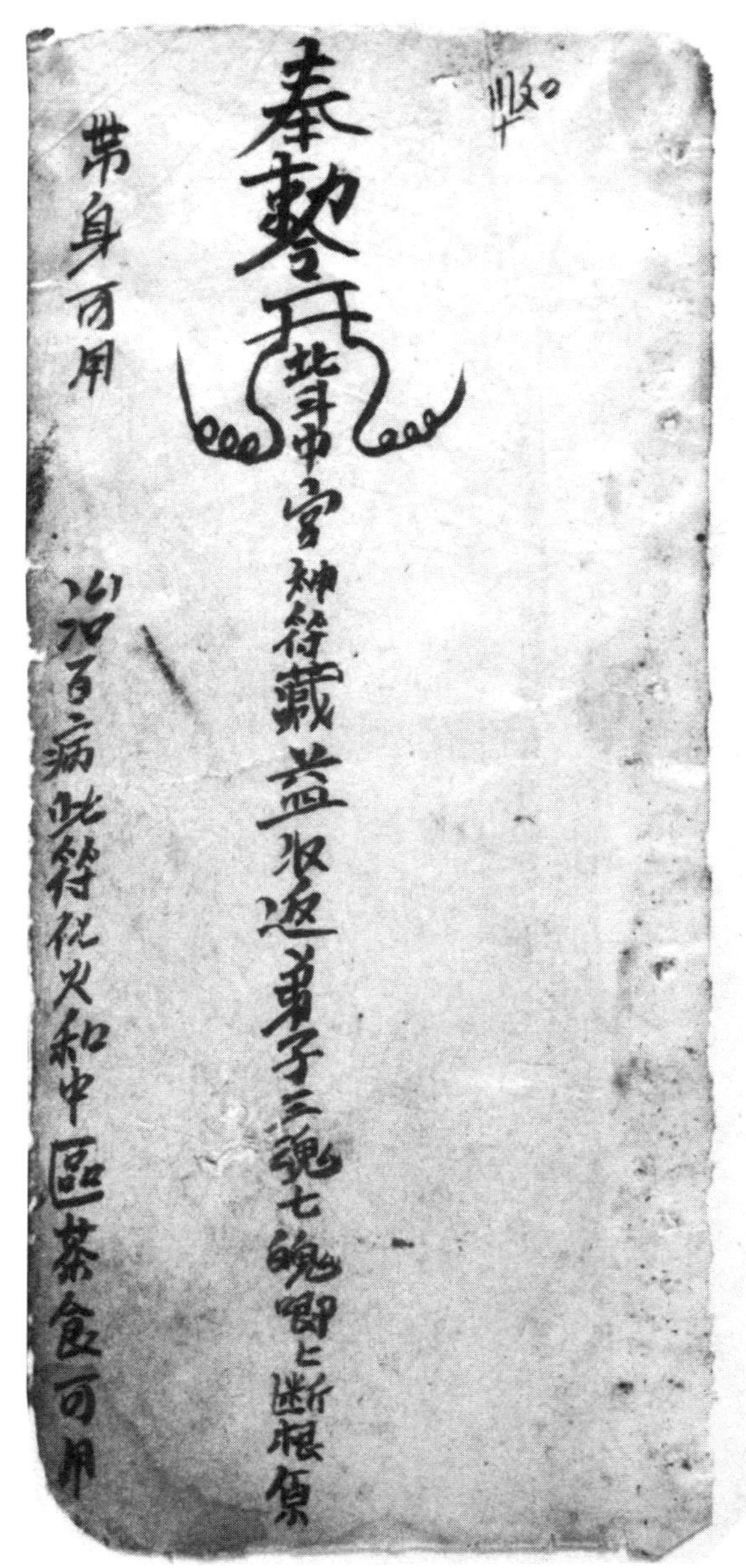

《73号符》「帯身可用、治百病、此符化火、和中區茶、食可用」
「奉勅令、北斗・中宮神符□益、収返弟子三魂七魄、卽卽断根源」

本符式簿でも普遍的に用いられており、符文の内容とは関係なく、ただ本号符に込められている霊力の中心を暗示しているにすぎないことは、すでに屢述した通りである（「総説」および6・16・20・27・32・43・49・49・50・56・61・68・77・90・95・99・102・107・109・116・118各号符参照）。「北斗」は北斗星君で、「中宮」は北極星だが、この場合は北極大帝を指している。「□益」句は、一字が判読できず、意味も不詳である。下段は、「収返弟子三魂七魄、唧ヒ断根原」とあり、「弟子」は病人の自称で、「唧ヒ」は「即々」すなわち「郎郎」の誤写で、「急ぎ」とか「速やか」であり、「原」字は「源」の誤写である。

符文を整理すれば、「奉勅令、北斗・中宮神符□益、収返弟子三魂七魄、郎郎断根源」となる。大意は、「司令神たる北斗星君と北極大帝両神の命を奉じ、某神が主動神として、神軍を率いて天降り、病家に赴き、祟っている悪霊を討ち、霊符を行使し、拉致された病人の三魂七魄を、盡く奪還して、ただちに病体にもどし、病根を断って治癒し、もってその一命を救う」というのである。故に本号符の用途は、説明の如き治病符には違いないが、病因は失魂だから、実は収魂符でもある（33・43・114各号符参照）。

なお、主動神が不詳にも拘らず、司令神が複数になっているのは、いかにも不均衡である。すなわち北斗星君と北極大帝だが、後者はともかく、前者こそ人間の死をつかさどる、北斗注死の司令神だから、主役として、招魂の法事にふさわしいのである。しかのみならず、神格からいえば、北極大帝は、諸星の統御者として、北斗星君をはるかに凌駕しているのに、かえって後尾に従っているのは、いかにも矛盾しているようだが、同じく北斗の星宿という、副次的着想にすぎないのである。

総体的に見れば、符式では符頭と符脚が省略されており、剥出しの符文だけが、整然として、理解しやすい符令である。

74号符「庵佛儒福、其衆百無禁忌」（平安符）

説明に「家神」とあるのみだが、まさにその通り、「一家の守護神」として、庁頭すなわち家宅広間正面の、神仏の幅物を掛ける場所に貼る、安宅の浄符で、俗に平安符と称する。最も常用されている符令である。平安符は、符文に「合家平安」とか「合境平安」の吉祥語句を織りこんでおり、地域社会公建の廟寺は、たいていこれを発行しており、民衆にとって、最も身近な符令であり、この点では辟邪符と対蹠的である。

すなわち前者が一神だけの、漠然とした、日常の平和な保護であるのに対し、後者は高位神が下級神を使役して、悪霊を征討し、排除させるという、複数神仙の、ものものしい臨戦態勢である。また前者が消極的にして柔軟性を帯び、静態を保って人々に親近感を抱かせるのに反し、後者は積極的にして剛毅性の動態をとり、ために嫌悪感はおろか、たまに恐怖感をさえ与えるという、正反対の存在である。

しかして本号符は、平安符とはいえども、公廟が常時発行している印刷品ではなく、普庵教の法師が必要に応じ、希に書写して法事に使用するものだから、符式は独特である。なお本号符は、76号符と用途は異なるが、符式には共通点が多く、両者は相似符令である。符令の定式である符頭は、一見して、欠落しているようだが、76号符同様、符文下段に、「天」字をはさんで、左右に「日」・「月」二字が配置された、横並びの三字があって、これは天体が恵みを下界の森羅萬象に降り注いでいる符頭の代用、いわば転位した類似符頭である。

符文の構成としては、これも76号符同様、上下二段に分れ、上段は図形が主体で、下段は文字が多くを占めている。上段の開始は、奇怪な曲線模様だが、これは「菴」字の恣意的図案化で、神仏名号隠匿の常套手段である。「唵」字の「口（くちへん）」部首を「奄」の上に乗せた偽字で、「唵（あん）」は口に含むことだが、これをもって「いおり」の「庵」字に、

《74号符》「家神」
「庵佛儒福、其衆百無禁忌」

誤用したのである。これが下の「佛」字に続いて、庵仏すなわち普庵祖師となるのだが、「佛」字は円囲いになっており、この「(佛)」意匠だけでも、専ら普庵祖師を指し、例証が少くない（1・13・35・36・44・45・53・55・60・71・75・79・98・105・120各号符参照）。「佛」字を囲った円圏の筆末は、下方に続いて、〰状のくねた交差曲線模様となり（「総説」および35・72・76各号符参照）、さらに股を広げた二本の曲線に分れ、その股下の空間を、一組七本の短線が、二組で網目状に絡め合せた模様にして、埋め尽くしている。すなわち、本号符における霊力の中心、ならびにその発揮点を示しており、奇怪な図形はいかにも神秘めかしく、霊力の所在を暗示するにふさわしいのである。下段は、「壽福」と「其众」二句の中間に、紐の輪奈結（わなむすび）に似て、両端を股開きの如く垂らした図形（103・106・121各号符参照）を挟んでいるが、これが上段の如きくねた交差曲線の簡略図形であることは、76号符に徴して明らかである。「众（きん）」字は「衆立」すなわち「多くの人が立っている」ことだが、しばしば「衆」の俗字として使われており、ここは「其衆」二字で、「全家族」を指しているのである。また「壽福」二字の両側に、「百無」と「禁忌」の二句を添えている。

符文は、僅か「庵佛儒福、其衆百無禁忌」の二句一〇字だけで、大意も「普庵祖師が家族に福寿をもたらす」というにすぎない。しかして、「百無禁忌」とは、「無所忌諱」と同じく、「忌みはばかりが全くない」という、本号符の卓効保証で、他符にもしばしば使用されている、常套語である（67・76・84各号符参照）。

符脚は、「印」字を、「卩（ふしづくり）」部首と「E」に割って、中に「罡」字を挟んだ「罡印」二字の、重複式である（「総説」および1・4・5・10・29・42・47・66・69・80・94各号符参照）。全構図より見れば、文字と図形が相半ばし、単純にして消極的だが、異様な図柄で奇を衒い、故意に神秘めかした符令である。

75号符「庵佛……神符追収雌雄死煞」（辟邪符）

説明に「化火香炉」とあり、家宅庁頭神明卓上の神前に供えられている、小型香炉の上で点火し、灰を炉内に投入するのである。用途は、家中にわだかまる死煞の制圧、ないし穢気の浄化にあるのだから、葬家が葬儀に用いる、用途の変った辟邪符である。符頭は、省略されている。

符文は、上下二段に分れ、上段は図形が多くを占め、下段は文字だけである。上段は、普庵祖師の略称「庵佛」二字で始まるが、各字に工夫が凝らされている（19・23・28・35・36・53・62・67・79・85・97・102・103・104・109・115各号符参照）。まず「庵」字だが、基本になっているのは「奄」字で、「かくれる」意味である。しかし、これにも「いおり」の意味を持たせ、部首の取り替えで、「广（まだれ）」を加えれば、「庵」となり、「艸（くさかんむり）」をかぶせれば「菴」となるが、これらの三字は通用している。然るに、本号符は「奄」になっており、そのいずれにも属していない。すなわち、『三教源流捜神大全』には、「普庵禅師」としており、この「庵」字から「广（まだれ）」部首を取り除いた偽字である。更に、梵語「om」の音訳である「唵（あん）」字と、合成した偽字で、「普唵祖師」としている符式簿もある（98号符参照）。次の「佛」字は、下の図形を越えて、もう一字あるが、造形が同じくない。上字は、最後の筆画を延ばし、丸く円を画いて、「佛」字を包んだあと、更に三巻きの巻き鬚模様にしているが、かかる仏字の円囲い意匠だけでも、普庵祖師を象徴しており、例証が多い（1・13・35・36・44・45・53・55・60・71・74・79・98・105・120各号符参照）。

更にその次が、口字集合図形である。極小の「口」字を三字重ねて、四列に並べた、合計一二字で、44号符と83号符の、三列並び合計九字とは異なっている。すなわち、それらが「田」字を象っているのに対し、この場合は意義不詳であり、89号符の六字上下連写や、87号符の五字と六字の二行並列とも、趣を異にしている。小「口」字を多数組み

《75号符》「化火香炉」
「庵佛、佛、神符追収雌雄死煞」

合せた、口字集合図形は、古くから符式に使用されている手法だが、組み合せ方は変化に富み、その意義も固定せず、場合によって異なるのだが、おおかた不詳である。しかして、これが敦煌文書の符令にも、しばしばあしらわれていることからでも、その民間に浸透せる、長い伝統を背景とした、実用性が窺えるのみならず、南北両系統符令の、接点をも暗示して、興味深いのである。この口字集合図形の下に、さらに「佛」が一字あるが、これには加工意匠が施されてなく、上字が普庵という司令仏を指しているのに対し、これはその指令を承けて主動する、匿名の仏菩薩である。なお、この仏字の下、すなわち上段の最後が、また奇怪な図形になっている。一本の直立短線を挟んで、両側に左右対称の向き合った、曲線を配した図形である。中央の直線は、その中ほどに、「八」の小字を、四字連ねた飾りをつけているだけなのに対し、左右の曲線が、ひときわ目立っている。渦巻き模様を上にした線が下に延び、さらに末端を跳ね上らせた図形が対立しているのである。またそれぞれの彎曲した末端から、各一本の曲線を垂らしている。この前例のない、独特な図形の意義は不詳だが、上の口字集合図形と合せて、本号符における霊力の中心、ならびにその発揮点を表わしていると考えられる。

下段は、文字だけの構成だが、若干の細工が施されている。「神符追収此厷」とあり、向って右側に「隹隹」とあるが、これは一字を二字に分けて、読めなくする析字法で、文字の重ね書きとは反対の、分離解体による文字の遊戯として、画符に使われる欺瞞の一法である。この場合は、「此」と「隹（ふるとり）」部首を組み合せれば「雌」字となり、「厷」と「隹」を組み合せれば「雄」字となり、二字で「雌雄」の熟語となるのである。さらに向って左側に、「死杀」とあるが、「杀」は「杀」から、一点を省いた偽字で、慣用されて俗字になったのである。しかして、「杀」は「殺」の略字で、同音のため「煞」の代用字として通用しており、この死煞とは、喪家に蝟集する煞鬼の群である。雌雄とは言うまでもなく、牝牡（ひんぼ）と同じく、「めす」と「おす」のことで、主に鳥獣の性別に用いているのだが、ここでは一群の雑多な煞鬼を指している。鬼類の算えかたは、助数詞として、亡霊ならば「身（シン）」で男女に分け、妖怪は動物とみなして、

「隻（チア）」すなわち「匹」で算え、雌雄すなわち公（カン）（牡（おす））と母（ボオ）（牝（めす））に別つ、しきたりである（72号符「附記」参照）。実際、神怪小説に登場する妖怪変化の正体は、植物や鉱物ないし器物などもあるが、ほとんどが劫を経た動物、それも哺乳類が最も多いのである。

符文を整理すれば、「庵佛、佛、神符追収雌雄死煞」となる。大意は、「某仏が、司令仏たる普庵祖師の命を奉じ、主動仏として、神軍を率いて天降り、喪家に赴き、死亡の穢気を嗅ぎ付けて群がり、死者に危害を加え、或いは死霊を拉致せんと構えている、あらゆる煞鬼に対して、その雌雄に拘らず、祖師から授った、あらたかな符令を行使し、撃退あるいは捕虜にし、もって滞りなく、葬儀を完遂させる」というのである。

符脚は、符頭がないにもかかわらず、「罡」字だが、符文下段の「印」字を降せば、「罡印」二字の、荘厳な重複式になる（1・4・5・10・29・42・47・51・66・69・74・86・94各号符参照）。全構図から見れば、本号符は前号符と同じく、文字よりも、異様な図形が目立つ、奇矯な符令である。

76号符「庵欽奉……其衆百無禁忌」（清浄符＝浄符）

説明に「用在斬亡安」とあり、斬とは喪服の一種である新衰を指し、符文にも麻煞があるから、これは喪家が用いる辟邪符の部類に含まれる清浄符で、略して浄符とも称するものである。さきの74号符とは、符式において、相似符令でありながら、構成上の若干の相違によって、祈安と辟邪の両途に使い分けられているのである。符頭は、僅少の符令に見られるように、これも省略されているが如きだが、実はやはり符文下段に、「天日月」三字をあしらった、横並びの、転位類似符頭が隠匿されているのである。

符文も、上下二段に分れ、上段はほとんど図形で、下段はおおかた文字のみに等しい。上段の頂点は、やはり普

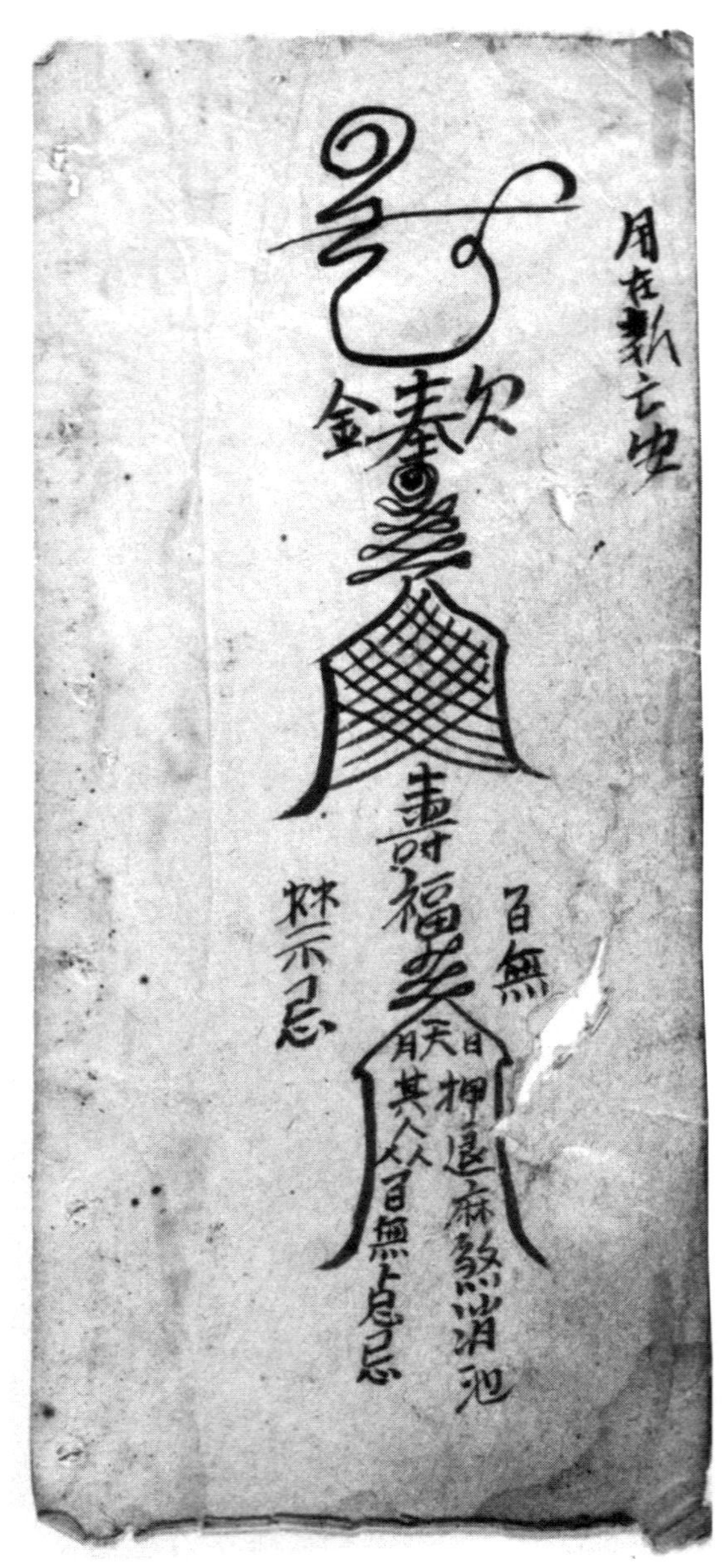

《76号符》「用在斬亡安」
「庵欽奉、壽福、押退麻煞消除、其衆百無禁忌」

庵祖師を暗示する、奇異な曲線模様になっている。続いて「欽奉」二字だが、「欽」字を「欠（あくび）」部首と「金」字に割って、中に「奉」字を挟んだ、道教式合成偽字になっている。さらに、「奉」字の最後の筆画を延ばして、二巻きの渦巻きを画いてから、状のくねた交差曲線模様とし（「総説」および35・72・74各号符参照）、続いて股開きの、二本の曲線にして、股間の空白を網目状の交差短線でふさいでいる。これは74号符と同じ図柄であり、やはり全符霊力の集中、ならびにその発揮点をも示しているのである。下段は、「壽福」二字の下にも、上段同様のくねた交差曲線が、さらに股をひろげて、二本の曲線に分れた模様になっているが、一符における両用図形としては、唯一の例である。しかして、上図が全符霊力の中心を暗示しているのに対して、下図は主動神の威力を強調しているのに過ぎず、意義は異なっている。

なお、このくねた図形の向って右側に「百無」、左側に「禁忌」の対句がある。続いて、二行に別れ、「押退麻煞消除」・「其众百無禁忌」とあるが、「除（ティ）」字は、同音の「池」と誤写し、「禁」字は「怗」と誤写している。「众（ぎん）」字は、すでに74号符において説明した如く、原義は「立っている人々」だが、普通は「衆」の俗字として使われ、この場合は「其衆」二字で、喪家の全家族を指している。「百無禁忌」とは、やはり既述の如く、「無所禁諱」と同義で、「いささかたりとも、忌み憚りがない」という意味で、しばしば使われている（67・74・84各号符参照）。しかし「怗（てん）」と「禁」は別字で、意味も異なり、両字の接点はなく、誤用だが、故意の改作とも考えられる（67号符参照）。なお、簡潔を旨とする符文であるにも拘らず、この場合だけ「百無禁忌」句が、重複して使われているのは、いかにも矛盾しているようだが、日常会話にもくどくどしい反復があるように、ここでも、使用者に対して、本号符の卓効を保証し、念を押す強調反復とも考えられる。

符文を整理すれば、「庵欽奉、壽福、押退麻煞消除、其衆百無禁忌」となる。大意は、「司令仏たる普庵祖師の命を奉じ、某仏が主動者として、神軍を率いて天降り、喪家に赴いて、煞鬼どもを、撃退あるいは討滅し、遺族をして忌み憚りなく、安楽に暮し、もって福寿を享受させる」というのである。人間が一旦死亡すれば、絶えずこの世を徘徊し、隙を窺っているあまたの喪煞、すなわち麻衣煞鬼が、直ちに死穢を嗅ぎつけ、死霊を拉致して加害しようと、群がって来襲すると信じられている。故に遺族は、法師を請じて、かかる清浄符とか破穢符を、門戸などの要所や隣家の玄関に貼って、喪煞の侵入を禦ぎ、死者を保護して、葬儀を全うし、もって忌まわしい死霊を、聖なる祖霊に昇華させねばならないのである。

なお符式では、74号符とは相似符令であるにもかかわらず、前者には整然とした符脚が備わっているのに、本号符には欠けているのも、異同の一端である。全構図から見て、74号符同様、異様な図柄で、神秘性を強調した符令である。

77号符 「奉九天玄女勅令……押寒熱鬼押煞」（治病符）

説明を欠くが、符文から推測すれば、寒熱症すなわちマラリア病に用いる治病符である（58・97・99・101・102各号符参照）。符式は、文字を多用し、構成としては、むしろ単純である。符頭は、最も基本的な、三清記号である（「総説」参照）。

符文は、三段に分れるが、図形は多くない。上段は、「奉九天玄女、元亨利貞」の僅か二句九字で、下句は中段の両側に、二字ずつ分配している。しかして、「九」字は筆末を延長して、三巻きの蔓状に延ばし、「天」字は、鳥居型の変形になっている。九天玄女の崇高な神徳と、その強大な法力を讃えているのだが、また本号符が具有している霊力の中心、ならびにその発揮点をも示しているのである。とりわけこの「天」字は、「大（だい）」部首の二本の足を分離し、股を広げて垂下した曲線を、巻き鬚模様にして、鳥居型に画かれており、多用されている意匠である（「総説」

《77 号符》（説明なし）
「奉九天玄女勅令、陳・林・李・蔡四位夫人・押寒熱鬼押煞」

および6・16・20・27・32・43・46・49・50・56・61・68・73・90・95・99・102・107・109・116・118各号符参照）。「元亨利貞」四字は、周知の如く、周易乾卦四徳の語句で、八卦の辟邪作用を表している場合が多いけれども、ここでは適合せず、単に「勅令」二字の代用と考えられる（9・21・41・43・44・67・77・108各号符参照）。中段は、「陳林李蔡四位夫人」八字だけで、「四位」と「夫人」の中間に、「八」型の外殻で、中に装飾を施した二本の縦線を納めているが、これは単に四女神の神威誇示図形にすぎないのである。下段は、「押寒熱鬼押煞」六字である。

符文を整えれば、「奉九天玄女勅令、陳・林・李・蔡四位夫人・押寒熱鬼押煞」となる。大意は、「主動神として、陳・林・李・蔡四柱の女神が、司令神たる九天玄女娘娘の命を奉じ、神軍を率いて天降り、患家に赴き、マラリアの病源になっている寒熱鬼と悪煞どもを、捕えて処罰駆逐し、もって病人を快癒させる」というのである。

九天玄女とは、天を補修した伝説で名高い古代の女媧氏、すなわち女媧娘娘のことだが、それとは関係なく、民間では専ら辟邪に強い女神の九天玄女娘娘として崇敬されている。その由来は、神怪小説の『封神演義』である。まず開巻劈頭で、招妖旛をはためかせて、天下の群妖を召集し、狐狸精を抜擢して、絶世の美女妲己に化け、殷の紂王を惑溺して、遂に亡国させるという、波瀾萬丈の起点になっているのみならず、梅山七怪の白猿精の収服にも加勢しているから、まさに妖怪変化の管理神にふさわしいのである（3・4・5・6・5・10・20・32・38・97・99・102各号符参照）。

次に、九天玄女配下の四女神は、いずれも姓だけで、名や神格称号などは、一切伏せられている。しかし、陳・林・李という三姓の配合について、誰しも気がつくのは、三奶夫人の陳靖姑と、二人の義妹林九娘および李三娘という、三人組である。残る蔡姓は、福建の閭山教道壇では、臨水夫人陳靖姑の宿敵たる雌白蛇の精とみなされている。悪鬥のすえ、白蛇精は観音菩薩に収服されるが、観音は両者を和解させ、四神に任じて、それぞれに一年中の四季を司らせたというのである。しかして、かかる伝承からでも、三奶法教の面目躍如たるものがあり、またその民間信仰における隠然たる勢力の一端が窺えるのである。なお、陳・林・李・蔡という四姓の序列は、奇しくも台湾における、多数の人口につけられている四大姓の順序と、一致しているのである。また本号符においては、九天玄女と三奶夫人は、主従関係になっているが、両者はいずれも、辟邪に長けた、親しみやすい女神という、民間信仰における、効能上の同質性以外、共通点は認められないのである。

本号符は、体裁上、符頭を備えていながら、符脚を欠き、この点では、均衡を失している。全構図より見れば、かなり整っており、荘重な感じで、患家に受け入れられやすい符令である。

〔附記〕マラリアは古い病名の寒熱症が示す通り、毎日か、若しくは隔日の定刻に、悪寒と高熱を、執拗にくりかえす症状なので、病源である寒熱鬼すなわち瘧鬼（ぎゃくき）の、祟りを除いて根治させなければならないのはいうまでもないが、とりあえず高熱を下げる手当てが急務であり冷雪で熱さましの法が講じられる。雪山神（62号符）・雪霜神（53号符）・雪山大聖（18号符）・雪山聖者（117号符）・雪山雪水童（23号符）・雪山童子（105号符）などがあるように、この着想は常用されているのである。しかして、ここでは本号符使用の際における、雪山童子招致の呪語、すなわち請神呪が、余白に記されている。

法師の伝抄本には、符令と呪語を併記した符呪簿もあるが、それは当該符令の司令神や主動神の降臨を懇願する呪語であって、本号符の如き、符令は九天玄女でありながら、呪語は雪山童子に対しているという、齟齬した二神対立ではなく、この場合は単なる特例にすぎないのである。ここは何らかの注釈もなく、呪語だけで、判読不能の二字を含めて、「□拜雪山童子到、□殺長流水、盡呑五鬼、萬物化清水、吾奉八卦祖師勅、急急如律令」とある。しかして、「拜」は「扌（てへん）」部首で全字を代用しており（101号符参照）、「盡」は「壷」の偽字で、「流」は俗字の「㳅」となし、「萬」は略字の「万」となし、「急急」は下字を「々」と同じく、同一文字の疊用記号である「匕」にして、「急匕」となしている、「吾（われ）」の如き、雪山童子の第一人称も挿入されてはいるが、大意は、「八卦祖師に雪山童子の派遣を乞い、律令の疾きが如く、至急天降り、降雪して、それが溶けて水になるまで、病人の高熱を下げ、さらに祟っている五鬼を捕えて呑み殺し、もって患者の病根を絶つ」というのである。しかのみならず、「殺長流水」とは、外傷に対する、冷却による止血の効能をも加味しているのである（105号符参照）。八卦祖師とは、八卦の発明神である伏義氏のことで、八卦の図形には、強力な辟邪作用があるから、この場合の鬼怪捕殺にもふさわしいのだが、さればとて雪山童子との接点は認められない（3・4・5・6・10・32・97各号符参照）。

翻って、符令の司令神たる九天玄女、すなわち女媧氏に着目すれば、両神は兄妹の間柄伝説でつながっており、ここでは呪語と符令に分離しているが、一符の中に対（つい）として登場しているのは、6・32・97各号符の三例がある。次に、雪山童子は105号符にも見えており、冷い氷雪で高熱を下げるのは、経験に基づいた民間療法だが、用法はたいてい紙符に点火して燃し、その焼き灰を茶碗の水に溶かして、患者に飲ませる内服薬の例が多い。しかし市販の符呪書には、雪山童子符というのがあって、疹瘟すなわち「はしか」の、高熱に苦しむ児童の肌へ、膏薬の如くじかに貼りつける、外用法も記されており、用途は一定していないのである。高熱は病状だが、病因は悪鬼の祟りにあるのだから、解熱のみならず、同時に悪霊の五鬼をも、始末せねばならない。五人組の凶悪な邪鬼で、俗に「五鬼鬧宅」というが如く、一旦つけ込まれたら、家内に凶事が絶えないのである。台湾民間では、これを黄・赤・青・白・黒など、五色の悪鬼と解釈している。すなわち疫鬼を含めて、五行に配した五方色で、五方向に盤踞している、種々雑多な鬼類が、一斉に襲ってくるのである。しかして、その討伐方式は、捕えて呑み込むという、奇想天外の残虐な戦法であり、虎神が悪鬼を呑む事例もある（3号符参照）。疫鬼を退け妖魔を除く、荒神として知られている鍾馗が、小鬼を捕食して、玄宗皇帝の病を治した説話が、人口に膾炙している。また古くは、『太上三洞神呪』の天蓬真君呪、すなわち天蓬呪にも、「呑魔食鬼」とあり、年末に疫病払いする大儺（たいな）儀礼でも、「雄伯食魅」があるように、「呑鬼」とは、要するに正神の邪鬼に対する、有効な威し文句で屈服させる、威嚇法である。

78号符「勅令、孫賓先師靈符……合家平安」（押煞符、平安符）

符式は、41号符と相似しており、内容もやはり辟邪符に含まれる押煞符だが、特に「安大門」と、その用法を指定している。すなわち玄関に貼り出して、邪霊や悪煞などの侵入を禦ぎ、一家の安全を保つ、一種の平安符でもあり、符文にも「合家平安」の祈願目的を盛りこんでいる。符式は、一見して複雑なようだが、41号符よりはやや整然としており、内容も割合に単純である。符頭は、分離式多重構成だが、この場合は常用されている二重構成ではなく、一部分を符文の領域に食いこませた、三重構成の特例である（「総説」および1・5・9・10・26・27・30・31・32・38・46・55・56・60・80・86・97・105・106・110・116各号符参照）。その主要部分は、41号符同様、八卦の「艮」卦を、横画（かく）であらわした爻（こう）だが、符文中段の両側にも、小円を三個つなげた三星記号が、ふり分けられている。さらに、「太陽在壇」と、「太陰在界」二句を添えているが、左句「太陰在界」の「界」字を、「武」と誤写している（67号符参照）。右句の「壇」は、俗字の「坛」となっており、両字を合せて「壇界」となり、この法場が日月星辰の恵みに浴し、霊力を享受しているという表示である（「総説」および2・32・68・82・116各号符参照）。なお、符文上段「勅」字の向って右傍に、不可解な「〓」の道教式合成偽字が、添えられているが、その位置ならびに41号符の例から推察して、三清の一柱である太清の、「〓」字を書き損じて、そのまま残したもので、符文とは無関係の墨跡である。

符文は、三段に分れる。上段は、41号符と同じく、「雷令、勅令」の四字だけで、重複し「令」字も、造形が異

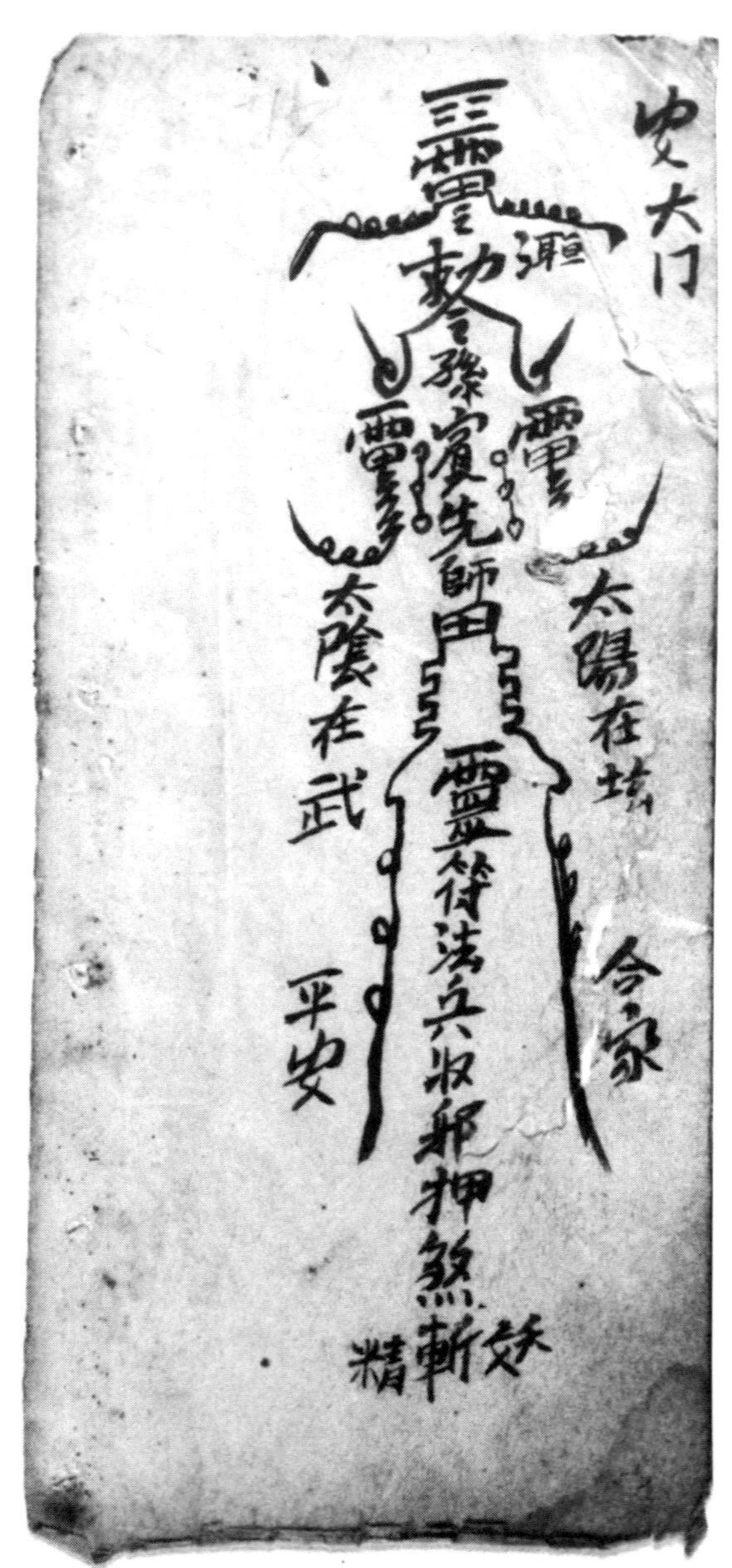

《78号符》「安大門」
「(五雷記号)、勅令、孫賓先師靈符、發兵収邪、押煞斬妖精、合家平安」

なり、「人（ひと）」部首は、上字が五巻きの八字髭型巻き鬚模様であるのに対し、下字は両方の筆画を、延ばして垂れ下げ、一巻きの曲線をつけてから、筆末を跳ね上げている。いずれにせよ、些細な意匠の相違にすぎず、威力表示の意義において、変りはないのである。雷令とは、道士常用の法器である令牌のことだから（9・10・25・41・50・51・58・68・104・114各号符参照）、この場合の五雷神と齟齬し、「令」字は竄入による誤用である（41・58各号符参照）。

中段は「孫賓先師鬼靈符」とあって、両側に「雷」を一字ずつ配している。しかして「鬼」字は、「田」字の下方両角から、それぞれ一本の長い曲線を垂らし、あたかも人間が、股を広げ、両足を伸ばして、すっくと立ち上った恰好にしているのみならず、その各曲線は、上の直角屈折曲線から、下の三巻き蔓巻き状へと、続いている。この見せがましい、変形「鬼」字は、符文の内容とはかかわりなく、単に本号符が内包している霊力の中心、ならびにその発揮点を表しているにすぎないことは、他の諸例に徴して明らかである（「総説」および2・7・9・13・19・25・30・31・33・34・38・39・44・52・54・67・72・83・87・88・89・91・94・101・108・111・112各号符参照）。さらに、両側に配した「雷」字は、「田」字の下部から、それぞれ一本のジグザグと、三巻きの巻き鬚模様の曲線を垂らしている。すなわち上段の「雷」字とつなげば、41号符の如き三角形の三雷配置になるのだが、特に三雷信仰はなく、やはり五字揃いA式五雷記号の省略形態か、或いは単字雷神記号との、折衷型になるのである（1・3・4・5・10・25・41・58・123各号符参照）。「靈」字は、慣用俗字の「靈」となっている（24・25・36・39・46・49・68・79・80・82・85・98・100・109各号符参照）。

下段は、「發兵収邪、押煞斬妖精、合家平安」である。「發兵」とは、兵卒を發遣する、すなわち軍隊の出動だが、ここでは神軍の出征である。しかし「發（ホアツ）」字を、同音の「法」と誤写している（2・27・120・122・123各号符参照）。「妖精」二字は、余白がないため、「斬」字の左右に一字ずつ書き並べ、「合家平安」（1・12・25・32・39・41・50・69・86・100各号符参照）は、「合家」と「平安」に分け、上部の左右に配している。

符文を整理すれば、「(五雷記号)、勅令、孫賓先師靈符、發兵収邪、押煞斬妖精、合家平安」となる。大意は、「某司令神の命を奉じ、孫賓先師が主動神として、神軍を率いて天降り、祟られている不運の家に赴き、五雷神を召致し、かつ符令を行使して、邪霊や悪煞を捕え、妖精を皆殺しにし、掃蕩して、一家に平穏無事をもたらす」というのである。司令神の称号は伏せられ、主動神としての孫賓先師、すなわち孫臏のみが際立っているが、孫臏とは兵法で名高い孫子、すなわち孫武のことである。謀略に長けた兵法家が、神軍を指揮して、悪霊を討伐するとは、いかにもふさわしく、まさに適役のようだが、難点もある。中国大陸では、孫臏は一般に、靴屋の職業神として崇敬されているが、台湾の民衆にとっては、馴染が薄く、民間信仰の対象神祇から外れており、この点では、違和感が残るのである。

本号符は、変形符頭を備えていながら、符脚を欠き、首尾が揃っていない。総体的に見れば、符文は整っており、適宜な曲線模様とあいまって、堂々とした風格の符令である。

79号符「普佛勅令……變化無停」(治病符)

35号符の再録で、符式は、細部に若干の相違があるのみだから、併せてすでに解説した。

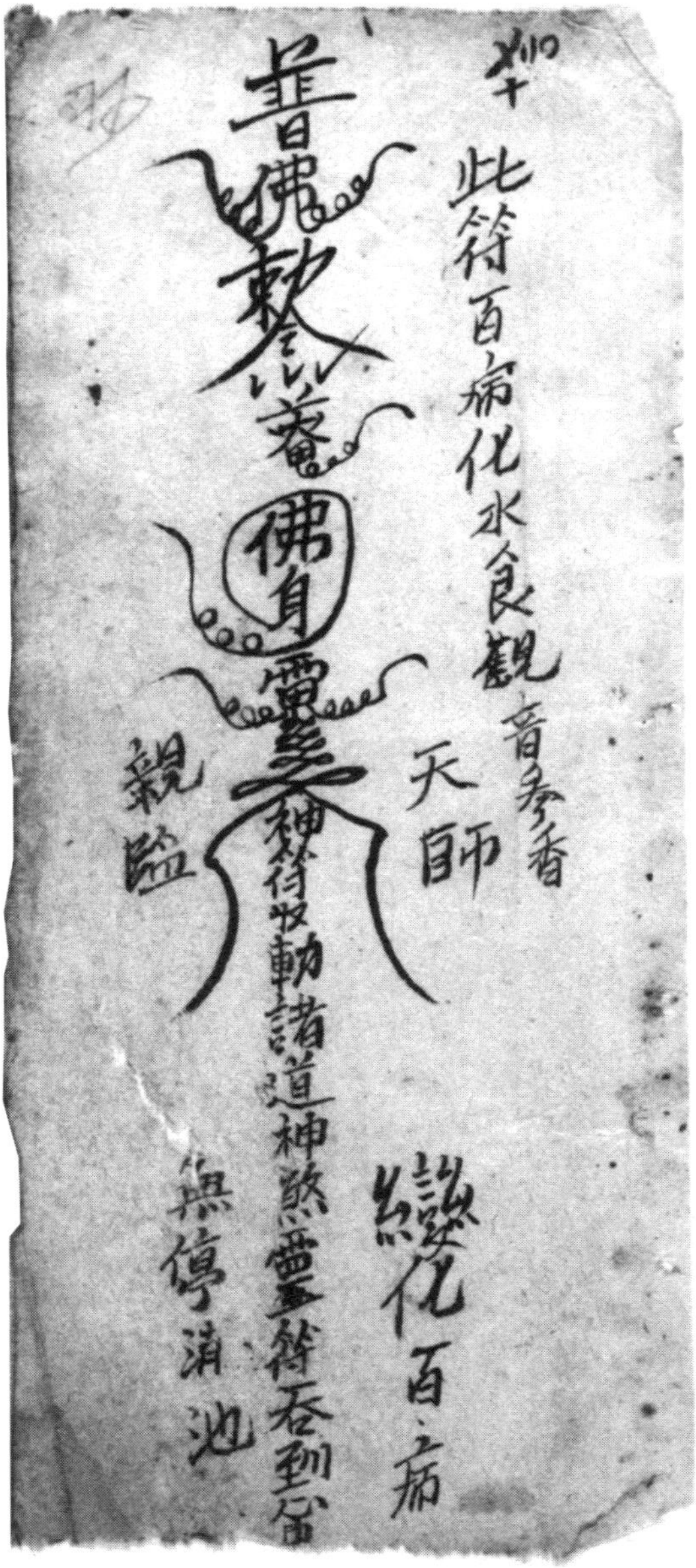

《35号符》

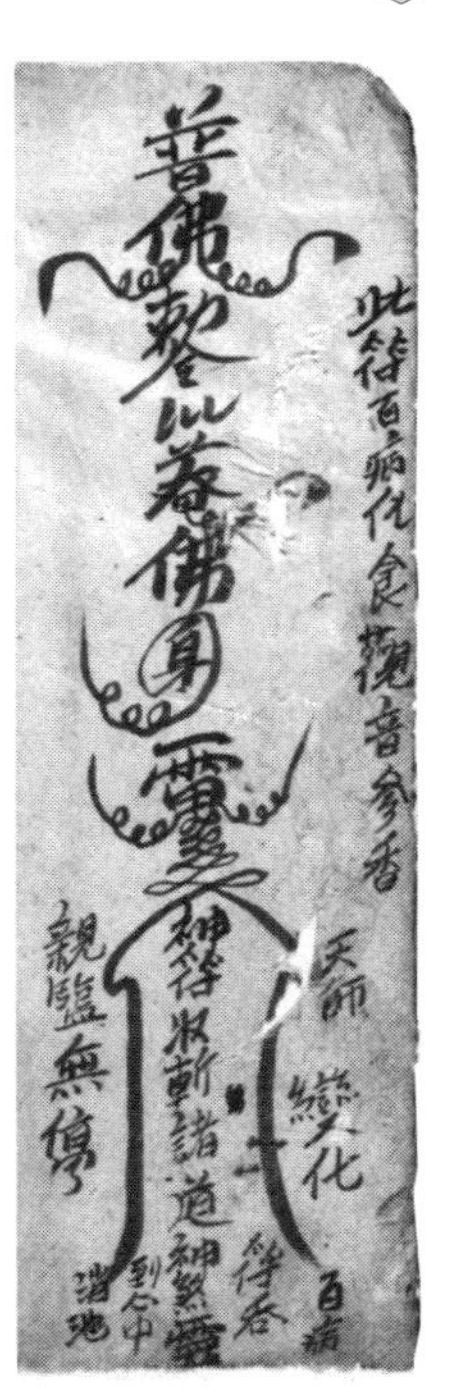

《79号符》「此符（治）百病、化（水）食、観音参香」

「普佛勅令、菴佛身雷、天師親監、神符収斬諸道神煞、靈符吞到心中、百病消除、變化無停」

80号符「為稟令開啓靈符、應變無停、押煞駆邪縛魅」（治煞符）

説明に「此符治百煞、安床上」とあり、病床上の横木に貼って、あらゆる悪煞を威嚇し、遠ざける治煞符である。符式は、ほとんど文字だけで、簡単なようだが、構成に細工や隠蔽が施されている。符頭は、最高の位置におくべき三清記号（「総説」参照）を、故意に外して、下の符文上段に割り込ませた、転位倒置式の三清記号である（16・17・18・23・33・35・54・62・63・65・66・86・93・94・95・108・112各号符参照）。しかのみならず、三清記号の占めるべき位置には、「6」字図形があり、両者を合せて、分離式二重符頭を構成し、符令神秘化の一助にしている（「総説」および1・5・9・10・26・27・30・31・32・38・46・55・56・60・78・86・97・105・106・110・116各号符参照）。しかして、アラビア数字「6」に似た図形は、書き方の手順が逆で、先ず下の丸を画いてから、筆を上に跳ね上げるという、珍しい意匠である。これは本符式簿でも、唯一の例であり、通用している符頭ではなく、相似「⊕」記号の代用と考えられる。この小円と「十」字を組み合せた「⊕」記号は、星辰を象徴し、単独か若しくは「日月」二字と、組み合せた三光記号として、符頭に多用されている（単独記号は1・55・103各号符参照、三光符頭は7・17・36・44・45・46・60・64・71・98・105・120各号符参照）。

符文は、二段に分れる。上段は、「爲稟令啓開靈符」七字だが、文字の異同や誤謬が目立っている。「爲」は略字の「為」となしており、「稟」字は「禀」と誤写し、「啓」字は「殷」の偽字となっており、「靈」は俗字の「霊」となっている（24・35・36・39・46・49・68・78・79・82・85・98・100・109各号符参照）。また「開」字は、「并」字の最後の筆画を延ばし、丸く円を画いて全字を包んだ図形になっており、本号符に籠めれている霊力の中心を表している。さらに。「啓開」は「開啓」、すなわち「ひらきあける」の顛倒誤写である。下段は、「押煞一」の三字だけだが、右側に「應

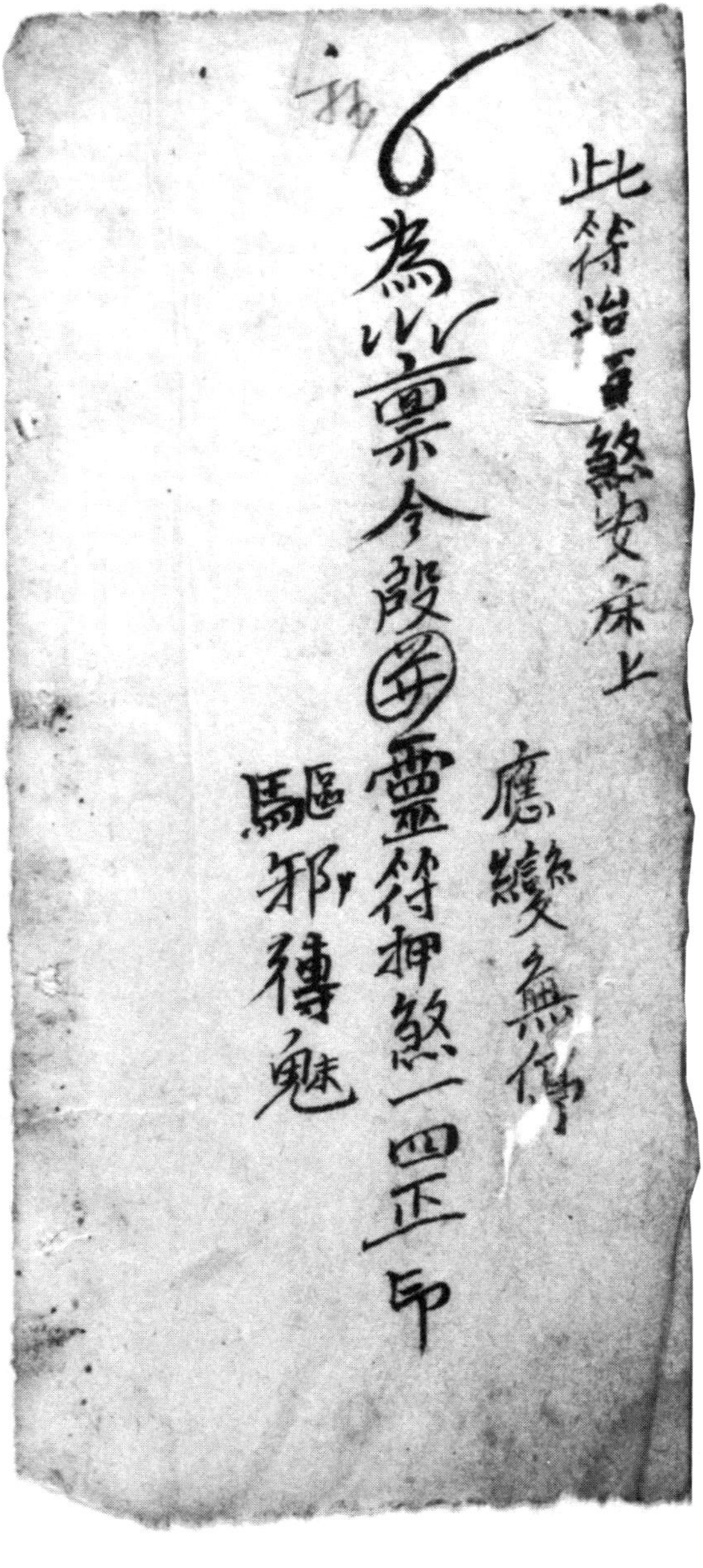

《80号符》「此符治百煞、安床上」
「為稟令開啓靈符、應變無停、押煞駆邪縛魅」

變無停」、左側に「駆邪縛魅」両句を配している。しかし「縛」字は「傅」の偽字になっており、「一」字は誤写による不要文字の竄入である。「應變無停」（22・24・26・46・68・86各号符参照）とは、「変化無停」（16・18・22・24・26・30・35・37・64・71・98各号符参照）・「正法変化」（96号符参照）・「神符変化」（7・26号符参照）・「変化神符」（97号符参照）などと同じ意味で、「本号符は悪霊に対抗して、いつでも霊力を発揮し、強化されて、容赦なく立ち向って、制圧できる」というのである。

符文を整理すれば、「為稟令開啓靈符、應變無停、押煞駆邪縛魅」となる。大意は、「某司令神の命を奉じ、某主動神が神軍を率いて天降り、患家に赴き、符令を展示して法力を行使すれば、霊力が漲り、時と場合に応じ、絶えず変化して、邪煞や鬼魅を捕縛、若しくは駆逐し、もって病人への祟りを断ち、その病を癒して、健康を快復させる」というのである。しかして、司令神と主動神が、いずれも欠落しているが、これはしばしば見られる現象であり（40・57・60・65・66・70・72・83・91・94・114各号符参照）、この場合も法場に臨んで、法師が然るべき神の名号（例えば地方主廟の祀神）を案配し、付随の呪語に織りこむか、或いは口頭（例えば祝詞）で、補充するものである。

次に、「勅令」を「稟令」に、置き換えていることが注目される。そもそも「勅令」とは、「勅命」と同じく、「みことのり」のことだが、上司より下級への命令にも用いられ、これが神界に転用されたのである。一方、「稟令」とは、「稟命」と同じく、命令を受けるということだけで、「勅令」の厳しさに比して、穏やかである。換言すれば、高位神祇に対する権威づけ、すなわち崇高な使命としての意味合いが薄らぐのみか、使用の実例もない。故に使用の際、法師は「稟令」を「勅令」に戻さねばならないのである。

符脚は、「罡」字と「印」字を上下に重ねた、「罡印」二字の重複式である。しかして、かかる方式は、たいてい神秘感を高めるため、「印」字を「卩（ふしづくり）」部首と、「E」の両方に割って、中に「罡」字を嵌込み、符号化しているが、ここは加工せず、直截である（「総説」および1・4・5・10・29・42・47・66・69・74・94各号符参照）。総じて、外見は一応整ってはいるが、内実はかなり趣向を凝らした符令である。

81号符「奉玉旨勅令趙將軍……掃去千災」（治病の辟邪符）

説明に「安帯可用」とあり、用途は治病の辟邪符だが、用法は病室や病床に貼るなり、じかに病人に帯びさせても、差し支えないというのである。符式は、文字を主にしているが、随処に模様化が見られ、大げさな図形で、体裁を整えている。符頭は、省略されている。

符文は、三段に分れる。上段は、「奉玉旨勅令趙將軍」八字だが、「旨」字は「上日」二字に分離し、「勅令」二字は、交錯して、渾然一体の図形となり、「將軍」二字は、「將」字を、「寽」と「爿」の両方に割って、中に「軍」字を挟んだ、合成偽字になっている。中段は、「勅令」の二字だけだが、「令」字は、極端に図形化している。すなわち「人（ひと）」部首両方の先端を、三巻きの巻き鬚模様にしてから、勢よく跳ね上げている。それから最後の筆画を延ばし、くねた〰状の、交差曲線模様にしているのみならず。さらに二本の、長くて太い曲線に分け、ずっと下方に垂れ下げ、恰も人間が股間を広げて、立ちはだかった姿勢になっている。上段の「勅令」とは、造形が全く異なるが、いずれにしても二重「勅令」であり、上句に意味があるのに反し、下句は日常会話で、繰り返し念を押すが如く、単に上句が厳命なることを、強調しているにすぎない（9・12・23・26・27・38・41・60・109各号符参照）。しかして、この特に目立つ造形は、本号符における霊力の凝集、ならびにその発揮点を表しているのである。なお、変形「令」字の交差曲線模様は、霊力誇示の一つの方法でもあり、変形「鬼」字にも使われているが、僅かに三例しかなく、殆どが「令」字の変形に使われており、本号符を含めて、総数二〇例にものぼる（「総説」および1・20・26・27・30・31・32・39・40・41・64・70・71・82・97・100・105・110・120各号符参照）。

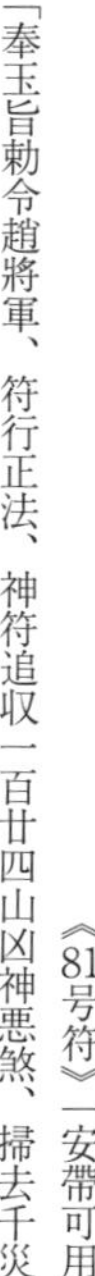

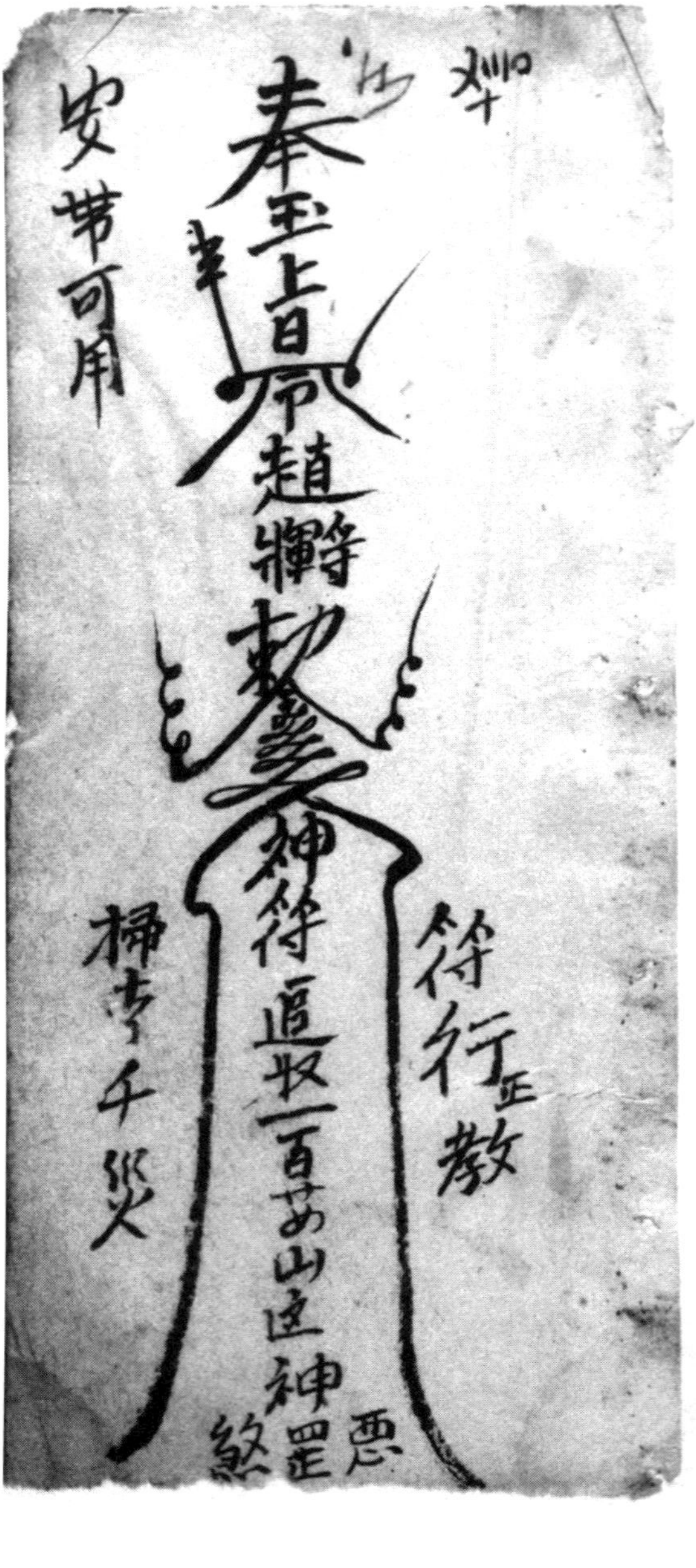

《81号符》「安帯可用」
「奉玉旨勅令趙將軍、符行正法、神符追収一百廿四山凶神悪煞、掃去千災」

下段は、「神符追収一百廿四山凶神悪煞」だが、用紙の余白がないため、「悪煞」二字は縦書きできず、やむなく分離して、横並びにしている。しかして、「四」字は平仮名「め」字の如く崩しており、「凶」は俗字の「囟」となさんとしているのだが、「凵(かんにょう)」部首の最後の一画が欠けて、「L」記号になっており、「悪」は俗字の「悪」となしている。さらに、両側に「符行正法」と、「掃去千災」の対句を配しているが、その全般については、既に25号符で詳説したから、ここでは若干事項の概論にとどめる。正教とは、正しい宗教であることは、言うまでもないが、この場合は遍く篤信されている、法教を指している。すなわち、正当な法教を、宣揚する一助としての符令で、下段の「神符追収……凶神悪煞」に応じており、もって一家ないし地域社会の安寧を享受する、というのである。しかして、符文の構成としては、「符行正教」とこの「掃去千災」との結合句が、最も常用されているが（43・48・64・97各号符）、その他にも「掃退千教」（50号符）や、「神符追収」（25号符）とか、「起煞鎮安」（91号符）などがある。しかし、いずれの意義も大差はなく、ほぼ同義とみなせる。

符文を整理すれば、「奉玉旨勅令趙将軍、符行正法、神符追収一百廿四山凶神悪煞、掃去千災」となる。大意は、「趙将軍が玉旨を奉じ、主動神として、神軍を率いて天降り、患家に赴き、霊符を用いて、百二十四山の凶悪な煞鬼どもを征討し、祟りを一掃して、患者を救う」というのである。玉旨とは、聖旨すなわち皇帝の命令だから、この場合の司令神は、玉皇上帝である。

しかして、命をうけて出動する神祇は、姓のみで名は不詳だが、庶民の信仰にふさわしい趙将軍といえば、まず四大官将の趙元帥に擬せられる。醮祭やその他の大祭にあたって、壇場を守護する、四人組の武将で、康・温・高・趙あるいは康・温・馬・趙という、姓氏の組合せは一定せず、来歴も明瞭ではないが、趙元帥は一般に趙公明、すなわち玄壇爺と信じられている。財神として、三月一五日の神誕に祭祀されるが、その威力は多岐にわたり、この場合の辟邪符病神としても、ふさわしいのである。

最後に、「追収一百廿四山凶神悪煞」とあるが、49号符には「追収百廿四山凶神」となし、83号符には「押退百廿四山凶神悪煞」となしており、大同小異で、その着想も等しく、二途に別れる。百二十四という数字は、実数ではなく、単に無数を指すと同じく、夥しいことで、これが山の数になれば、極めて多い、山また山、すなわち千山萬嶽の大山脈になり、凶神悪煞が山脈の奥深くに潜んでいるという思考である。

実際、魑魅魍魎は山林木石の精ともみなされており、人跡未到の深山幽谷は、人間社会にとっては、未知の異域で、悪霊の巣窟として、恐怖の的になっている。すなわち未知と既知、正と邪、善と悪という、両境域の対立であり、山麓や渓谷の入口に、山神や土地神が鎮座するゆえんでもある。さらに譬えれば、山地に蟠踞する悪霊の祟りは、恰も山賊がしばしば出没し、里を略奪しては、引き揚げて山寨に立籠もるが如く、人々の生活がしじゅう脅かされるという、厄介な存在である。しかし、かくの如き悪霊に対する処置は、一挙に殲滅するのではなく、49号符同様の、「追収」になっており、これは「追擒」と同じく、追い討ちして、生け擒ることである。また105号符でも、「収攝」としており、「収捕」「拿捕」と同じく、逮捕とか召し捕る意味である。いずれにしても、敵対する悪霊を捕虜にし、山脈を越えた遠方に放逐して、人間との交渉を断ち、もって禍根を除くというのである。誰にも越えられない、峻険な山脈の彼方に、人間が住めない鬼域、あるいは鬼区という、鬼魅の世界を設定するのだから、これを隔山符とも称している。原義がまさに「山海鎮」と一致した、普遍的な辟邪法である。「山海鎮」とは、その名称の如く、山と海で悪霊の祟りを回避する、辟邪物である。木版に画かれる図柄で、前景は大海、背景は高山になっており、この絵画を額縁の如く、玄関に取り付けて掲げたら、広がる大海と聳える高山が、障碍物となり、行く手を阻まれて、悪霊が我家に近づけず、侵入できないという、民間習俗である。

符脚は、符頭が欠けているにもかかわらず、整った「罡」字で締めくくり、符令の体裁をまとめている。概して、首尾が完備してはいないが、一見して、いかにも厳粛な符令である。

〔附記〕一群の煞鬼の基本員数としては、105号符に「収攝天下廿四凶神妖邪悪煞」とある通り、二十四という数字が挙げられているが、その着想は、二十四気に応じていると考えられる。すなわち一年間を、二十四節の気候に別けることで、漢代以降の古い伝統が、民間に泌みこんでいるため、これを年中絶えない祟りにも、当て嵌めたのである。一方、百とは多数の概念で、「もろもろ」を凡百と称し、あまたの妖怪変化を、百鬼というが如きであり、両者を結合すれば、一百二十四凶神悪煞という、強力な悪霊の集団になるのである。これが再転して、一百二十四山の凶神悪煞となったことも、本文ですでに詳説した通りである。故にここでは、別法師の符式簿に拠って、二十四凶煞と一百二十四凶煞の両型につき、九例を補い、もって参考に供する。

A符——符文は、「九天玄女仙人勅令、収斬廿四凶神」とあり、「九天玄女が司令神として、某神を遣わし、二十四人の悪霊を斬殺し、あるいは捕虜にする」というのだが、説明にも「此張靈符到處、急起廿四凶神、無禁忌」とあって、「この一枚のあらたかな符令が、至る所で霊力を発揮して、容赦なく二十四人組の悪霊を捕える」と、その卓越した効能を謳っている。

B符——符文は、「勅下奉九天玄女仙師勅令、到中営収斬二十四諸凶神煞、急走千里」とあり、大意は、「九天玄女が、某神を遣わし、五営の神軍を率いて、二十四の悪煞どもを斬殺し、あるいは捕虜にして、千里の彼方へ放逐する」というのだが、説明では、「斬煞」の辟邪符になっている。

C符——符文は「奉勅令、符斬一百廿四凶神悪煞」とあり、「符令の霊力で、百二十四の悪霊を斬殺する」というのだが、司令神と主動神は、いずれも不詳である。

D符——符文は、「勅令下黒煞將軍、神符起一百廿四凶神悪煞」とあり、「某司令神が黒煞将軍を派遣し、霊符を行使して、百二十四の凶神悪煞を討伐する」というのである。しかし説明には、これを「制干犯符」と称しており、悪霊の祟りを制圧する符令として、護身符と併記している。すなわち、広義における護身符の一種だが、「使用の際には、雞血で勅符せねばならない」、つまり雞冠（とさか）の血を、符紙に塗り付ける必要がある、と指示しているから、取り扱いがよほど慎重である。なお、主動神の黒煞将軍は不詳だが、黒煞神は民間信仰で、玄天上帝に擬せられる、辟邪力の強い神祇である。

E符――符文は、「奉勅下三元盤石仙師、神符打起、主人興工造作之處、一百廿四凶悪煞動作」とあり、「司令神は不詳だが、三元盤石仙師がその命を奉じて、某人の建築現場に赴き、霊符を用いて、百二十四の凶神悪煞を取り鎮める」というのだが、「凶神悪煞」とすべき成語の「神」字が欠落している。なお、説明にも「作寮用」とあって、用途は建築工事の現場に貼る破土符である。しかし破土や動土に際して、当事者に祟る悪霊は、土煞か若しくは太歳が社会通念だが、この場合は土地に対する祟りのみに偏らず、より広義の祟り神として、捉えているのである。主動神の三元盤石仙師は、なじみがなく、その来歴も不詳である（84号符参照）。

F符――符文は、「勅下寒山聖祖、靈符一道、収四方一百二十四煞」とあり、「某司令神が寒山聖祖を遣わして、靈符を行使し、四方の一百二十四煞を、撃ち破って降参させる」というのである。しかして、本符令は、次の「勅下雪山聖祖、靈符天定、駆邪押煞」符と、対（つい）になっており、主動神は寒山と言い、雪山と言い、要するに高山の寒冷な大雪で、病人の高熱をさげる治病符である。なお、一百二十四山が、前述の如く、遠方隔離を表しているのに対応して、この場合の一百二十四に冠している「四方」とは、該当地点を中心とした、四方八方という、無限の広がりを、強く打ち出しているのである。

G符――符文は、「勅下太上老君、神符収斬天下一百廿四凶神悪煞」とあり、「太上老君が、某司令神の命を奉じ、霊符の威力で、天下の一百二十四凶神悪煞を征討する」というのである。しかして、前符の「四方」に対し、ここでは「天下」にまで、悪霊の普遍的な瀰漫を、強調しているのであり、本附記の冒頭で、105号符に言及した通りである。

H符――符文は、「勅令通天遠海太寄到此方、収斬天下一百二十四凶神悪煞急起」とあり、説明には「火神符」となっている。「火神が命を奉じ、渡海して来り、天下の一百二十四凶神悪煞を、火攻めにして滅ぼす」というのだが、前符同様、悪霊が「天下」に蔓延している、というほどの誇張である。

I符――符文は、「勅令収勒天下一百廿四凶神悪煞」とあり、司令神と主動神は共に不詳だが、これも「天下の一百二十四凶神悪煞を征服する」というのである。しかして、説明には「此符整修坟、有犯土神者、此符坟上扦、大吉」とあり、「墓の修繕は、墓地を掘ったりして、ややもすれば土煞に祟られるから、この符令を墓上に広げて置き、土墳を覆うように展示すれば、祟りを受けず、首尾上上吉である」と保証している。しかし符令の類別では、修墓動土符になるから、動土に祟る土煞や太歳と、この二十四凶煞系統が、混線しているのである。

なお、既に72号符の「附記」に収録した二例があり、「勅令、九天玄女、二十四凶神悪煞」（N符）と、「九天玄女勅、収斬廿四路黄泉煞、保安胎児律、以便産育」（O符）だが、後者の「廿四路黄泉煞」は、冥界に及び、蓋し特例である。

82号符　「奉帝君勅令……神煞盡消除」（動土符）

説明に「此符安在動土位」とあるべきだが、「土」を「左」字の如く、誤写している。「動（タン）」とか「動着（タンテオ）」とは、鬼神の怒りに触れて祟られ、生活に支障を来すことである。「動土（タントオ）」とは、地中に潜む煞鬼、すなわち土煞に祟ら

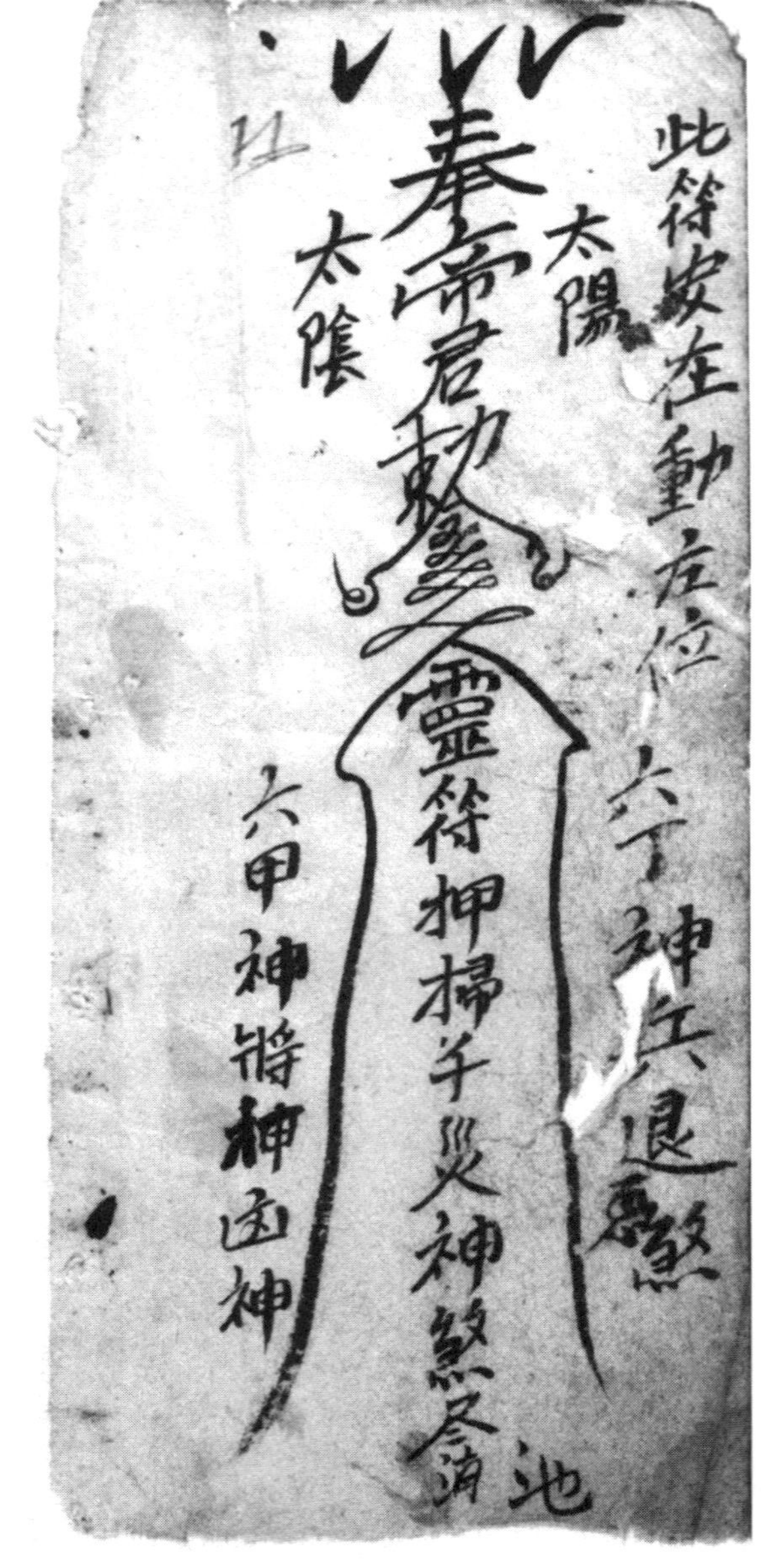

《82号符》「此符安在動土位」
「奉帝君勅令、六丁神兵退悪煞、六甲神将押凶神、靈符押掃千災、神煞盡消除」

れることだが、現在では建築工事を始める、起工の意味にも使われている。故に本号符は、現場の適当な場所に貼っておく、動土符である（83・84・95・116各号符参照）。符式は、前掲81号符に似ており、ほとんど文字だけの構成で、単純なようだが、極端な図形化をも加え、変化をつけている。符頭は、星辰記号に代って、三清記号（「総説」参照）の下に、「太陽」と「太陰」、すなわち「日月」を配した、第三式三光記号である（「総説」および2・40・47・48・67・70・106各号符、ならびに32・68・78・116各号符参照）。

符文は、三段に分れるが、中段は序列から外れて、両側に並べた、特異な形態である。上段は、「奉帝君勅令」五字だが、「令」字は前81号符と、全く同一の手法で、極端に図形化している。すなわち、「勅」字の最後の筆画を、そのまま延長して、下に続く「令」字の「人（ひと）」部首となし、その両方の先端を、それぞれ渦巻き状にしている。続いて、最後の筆画を延長し、[illegible]状のくねた交差曲線にしてから、さらに二本の巨大な曲線に分けて、下方に垂れ下げ、人を瞠目させる造形になっており、例証が夥しい（「総説」および1・20・26・27・30・31・32・39・40・41・64・70・71・81・97・100・105・110・120各号符参照）。これは本号符が内蔵している霊力の中心、ならびにその発揮点たる意義は、既に縷説した通りである。中段は、向って右側の「六丁神兵退悪煞」と、左側の「六甲神将押凶神」の対句だが、「悪」は俗字の「𢙣」になっており、「凶」も俗字の「㐫」になっている。下段は、「靈符押掃千災、神煞盡消除」の二句一〇字である。しかして、「靈」は俗字の「𩆜」となっており（24・35・36・39・46・49・68・78・79・80・85・98・100・109各号符参照）、「盡」は「尽」の略字となし、「除（テイ）」字は故意に同音の「池」と誤写している。

符文を整理すれば、「奉帝君勅令、六丁神兵退悪煞、六甲神將押凶神、靈符押掃千災、神煞盡消除」となる。大意は、「六丁・六甲神将が、帝君の命を奉じ、住民が動土して、障った地点に赴き、あらたかな符令で、祟っている凶神悪煞を制圧し、もって無事に竣工させ、人々の災難を一掃して、平安をもたらす」というのである。司令神は、「帝君」の称号のみで、姓氏は伏せられている。

帝君とか帝君爺とは、尊貴な神仙に対する敬称だが、台湾民間信仰の実情にあてはめれば、まず関聖帝君（別称文衡帝君）を指していると考えられる。略称関帝や関公でよく知られており、通俗小説『三国志演義』の大立て者、蜀漢の武将関羽のことである。その原初は、寝首を掻かれて、非業の最期をとげた、祟りの激しい怨霊だが、後世、武雄の誉れ高い軍神として信仰され、殊に悪霊蚩尤（しゆう）調伏の説話などが絡んで、明代では、三界伏魔大帝や関聖帝君などの帝号が贈られた。由来、台湾でも篤信され、帝君廟が林立し、陰暦六月二四日の誕生日を、関聖帝君誕や関帝爺生と称し、盛典が催されるほか、一月一三日の命日を、関聖帝君飛昇日として、祭祀暦にも組み込まれている。故に本号符の司令神に、最もふさわしいのである。一方、司令神の命を奉じて主動する、六丁・六甲とは、干支を組み合せた二組の神将で、玉皇大帝配下の一二部隊を統率しているため、深くその辟邪力が信じられ、六丁符や六甲符を使う法事も行われている（1・5・36・38・92・97・113・120・122各号符参照）。

三清記号と「太陽」・「太陰」をあしらった、堂々たる符頭を備えていながら、符脚がなく、安定性を欠き、この点では、首尾が不均衡である。総体的に見れば、悪霊を威圧するに足りる、それなりの風格を持った符令である。

〔附記〕帝君の尊称で、現在台湾民間に崇敬されている神仙としては、なお次の諸神が挙げられる。

まず、文昌帝君だが、俗称の文昌公として、親しまれている。道家は、人間の禄籍を司る神としているが、民間では学問の守護神として、殊に読書人に崇敬されている。科挙や官位を司る梓潼帝君と、機能が重複しているため、元代以降、習合して今日に到っている。陰暦二月三日の誕生日を、文昌梓潼帝君聖誕と称し、俗称文昌公生として、盛大に祭祀され、殊に受験生の信仰が篤い。

次に、孚佑帝君とは、八仙の筆頭たる呂洞賓だが、純陽帝君をはじめ、純陽真人・純陽祖師・呂純陽・妙道天尊・呂仙・回道人などの尊称もあり、殊に呂祖や仙公の俗称で親しまれている。その出自は、唐代に実在したともいわれるが、むしろ架空の人物である。五代から宋初にかけて出現し、南宋でその伝説は流布し、金・元両代で、華北の新興道教たる全真教の教祖とされるに至って、その仙格が確立される。さらに後世では、戯曲や小説に登場し、常にこの世を徘徊して、衆生を済度するとか、瀟洒な道士としての風流譚などが潤色されて、信仰面でますます増幅され、現在では扶乱降筆によって、民間に浸透している。しかのみならず、祭祀暦でも、陰暦四月一四日の誕生日を、呂純陽祖師聖誕、俗称仙公生として、盛大に祭祀されている。

次いで、南極長生帝君は、長生大帝君・南極長生大帝・南極星君・南極仙翁・南極老人などとも称し、南極星を神格化した道教神である。人間の寿命を司り、長生の願望に応えてくれる神として、崇敬され、台湾でも、陰暦五月一日の誕生日を、南極長生帝君千秋、俗称長生大帝生として、祭祀暦には組み込まれている。しかし、由緒正しい神祇であるにもかかわらず、台湾では祭祀が衰微し、民間信仰から遊離している。

北極紫微帝君は、太微玉帝君、中天北極紫微大帝・北極紫微大帝・北極大帝・紫微星君などとも称するが、通称は紫微大帝である。北極星の神格化で、天の中心にあって、諸星を統御し、下界における風雨などの気象を司る、高位神祇として、崇敬されている。台湾では廟祀の外、醮祭の三清壇には、紫微殿を設けるしきたりである。また祭祀暦では、誕生日の陰暦四月一八日を北極紫微帝君千秋、俗称紫微大帝生として、盛大に慶祝している（36・95・101各号符参照）。

帝君公とは、保生大帝のことで、呉真人・花轎公・英恵侯などの称号もあるが、俗称大道公が、最もよく知られている。宋代、福建泉州同安県の生れで、本名を呉本と称し、生前名医の誉れが高く、死後医神と仰がれた。瘴癘（しょうれい）の地で、疫病が猖獗（しょうけつ）をきわめた、往時の台湾移民にとって、医神として、祭祀されたのは当然だが、さらに原住民族との闘争のみならず、移民社会の内訌などをも伴って、内憂外患で寧日もなかったから、医神と護郷神が重複し、開拓神として崇敬されたのである。祭祀暦では、陰暦三月一五日を保生大帝千秋、俗称大道公生として、盛大に祭祀されている。

以上は台湾と縁故の深い諸帝君だが、この他にも、台湾民間信仰にとって、やや疎遠な道教の高位神祇として、中国の祭祀暦には、東華帝君・重陽帝君・劉海蟾帝君などがある。

東華帝君は、全真教五祖の一人である、漢代の王玄甫で、陰暦二月六日を、東華紫府少陽帝君の神誕日として、祭祀されている。

重陽帝君とは、宋代、全真教の開祖たる、王重陽のことである。その誕生日は陰暦一二月二二日だが、「重陽」が陽数の「九」を重ねた、重陽節と一致しているため、陰暦九月九日を、重陽帝君聖誕にこじつけて、慶祝されてもいる。

劉海蟾帝君とは、遼代の道士、全真教第四祖たる、劉海蟾である。陰暦六月一〇日を、劉海蟾帝君聖誕として、祭祀されている。

なお、道教では、次の諸神が挙げられる。

(1)、三官大帝の天官大帝を上元一品天官賜福紫微帝君、地官大帝を中元二品地官赦罪青霊帝君、水官大帝を下元三品水官解厄賜谷帝君とも尊称するため、合称が三官帝君にもなるのである。

(2)、太微玉帝君とは、北斗九辰星君のうちの北斗隠元右弼星君、すなわち紫微北極大帝である（『上清華晨三奔玉訣』）。

(3)、太微帝君と太微天帝君は、『上清大道真経』に「太微帝君者、生於始青之端、……上登玉清高上之尊」とあり、『上清八道秘言図』に「太微帝君、三十六天帝最尊者」とあり、『洞真太上紫度炎光神元變経』に「太微天帝君、三素云也」とある。

(4)、金闕帝君は、金闕後聖帝君、後聖金闕帝君、金闕後聖太平帝君・太平金闕後聖帝君・上清金闕後聖帝君などとも称する。『洞玄霊寶真霊位業図』では、「太極金闕帝君、姓李」とあるため、老子の化身と伝えられている。

(5)、太陽帝君の全称は、日宮太丹炎光郁明太陽帝君で、「日宮太陽帝君孝道仙王、治洞陽郁儀宮」や、「太陽帝君、日宮之精」（『霊寶無量度人上経大法』巻五八）とされている。

(6)、火部帝君も名称が多く、『霊寶領救済度全書』巻二五五に、次の如き称号がある。すなわち火祖燧人帝君・火祖炎帝帝君・南方赤精帝君・南方赤霊帝君などである。

(7)、五方向に対応して五方五帝の尊称として、『天皇至道太清玉冊』では、「天有五星、以配五行、五行之神、主五方」とあり、次の諸帝君を掲げている。東方神為青霊帝君、南方神為丹霊帝君、西方神為皓霊帝君、北方神為玄霊帝君・中央神為元霊帝君。

(8)、存思すなわち存想とは、諸神が恰も眼前にあるが如くに想念する、一種の養生法だが、その思念する体内神にも、帝君が存在する。例えば、「紫虚皇上太帝君、元洞元之氣、諱霊明谷、字大范宗、長八千萬丈」というのがある。

しかして、以上の雑多な諸帝君は、いずれも武神ではなく、征戦にかかわらず、神軍の司令神にそぐわない。本号符の司令神として、関聖帝君こそ、最も適任者たるゆえんである。

83号符「奉勅令、動土大吉……不得動作」（動土破土兼用符）

説明に「此符動土破土安位」とあるが、「位」字は用紙の破損で、「亻（にんべん）」部首が欠け、「立」字になっている。動土あるいは破土の法事を行う場所に、竹杙を打ち立てて貼りつけるなどして安置する、動土破土兼用符である（82・84・95・116各号符参照）。動土（タントオ）とは、みだりに土を掘ったり、あるいは家具などの物体を移動したりして、土煞や胎神に祟られることは、すでに述べた通りである。一方、破土（ポオトオ）とは、土木建築など工事の開始にあたり、まず地面

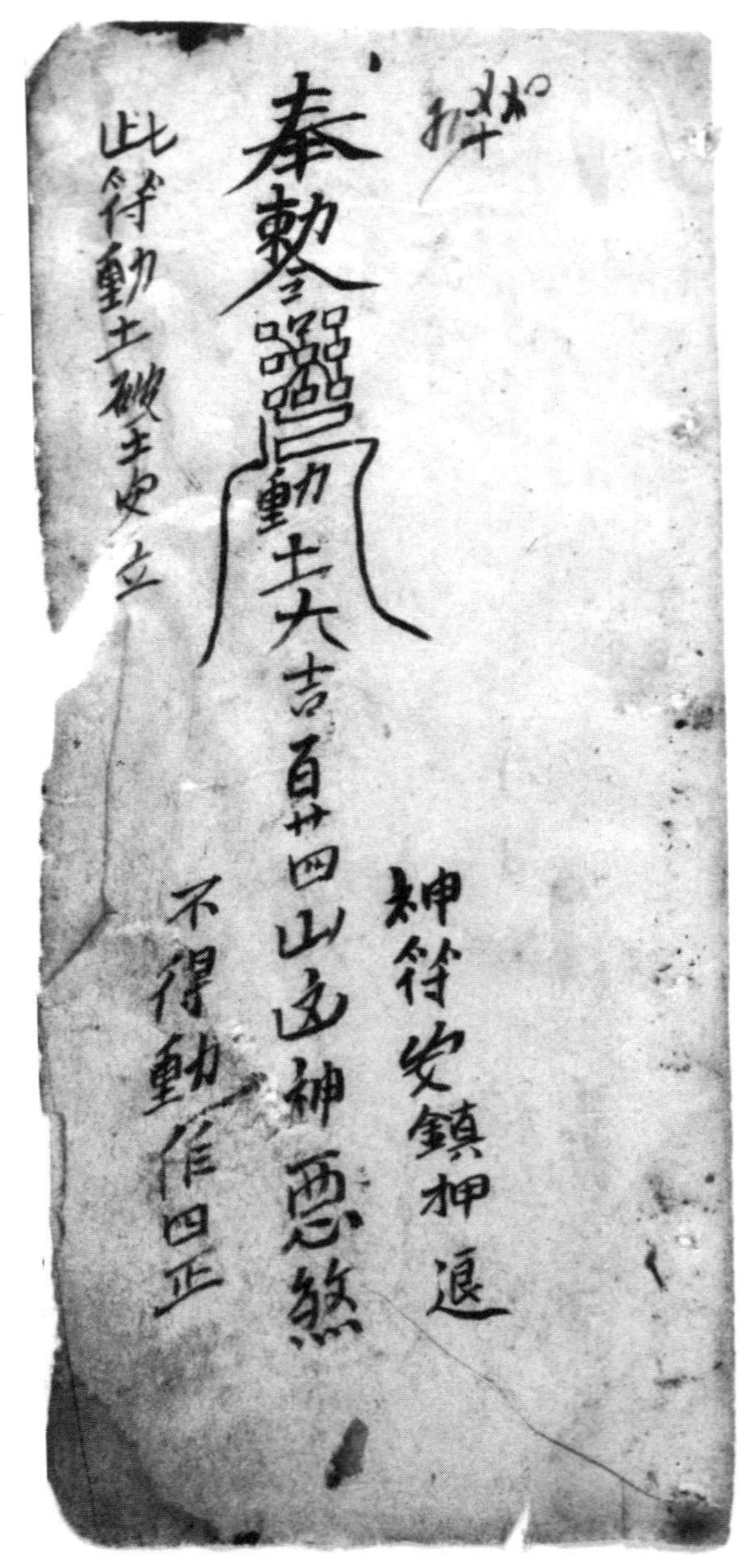

《83号符》「此符動土破土安位」
「奉勅令、動土大吉、神符安鎮、押退百廿四山凶神悪煞、不得動作」

をならして固める地固（じがため）、すなわち鍬入れの地形（じぎょう）儀式、あるいは地霊を祭って祟りを祓う地鎮祭のことである。しかし実情として、両語は峻別されず、よく混淆し誤用されている。符式は、文字を多用して、いかにも平易なようだが、符文の序列に乱れがあり、図形化もあって、目立つ存在である。符頭は、省略されている。

符文は、三段に分れるが、中段は序列から外れ、向って右側にならび、下段も左側の別行に続いている。上段は、「奉勅令動土大吉」七字だが、「令」と「勅」二字の中間に、文意とは無関係の変形「鬼」字を挟んで、異彩を放っている。極小の「口」字を、多数集めた図形は、いくつか利用されてはいるが、必ずしも同様ではなく、意義も一致しない。89号符は、六字を上下にならべ、つなげると一本の縦線になる。87号符は、五字と六字が、それぞれ一行の、二列にならんでいる。75号符は、縦並びの三字が四列になって、合計一二文字で、字数が最も多い。しかして本号符と44号符は、いずれも縦三字が三列で、合計九字の口字集合図形になり、各字をつなげれば「田」字が形成される。これを上半分として、下におろした股開き状の二本の曲線を下部として、上下を合せれば、あたかも変形「鬼」字になる。変形「鬼」字の例は少なからず、主に「田」字を基本にして、変化をつけているのだが、その原義は、「聻（せき）」字同様、「鬼を以て鬼を制する」として、その辟邪作用を認めるという、屈折した思考に基づく俗信である（「総説」および2・7・9・13・19・25・30・31・33・34・38・39・44・52・54・67・72・78・87・88・89・91・94・101・108・111・112各号符参照）。さらにこの場合は、符文の内容とは遊離して、単独で本号符に籠る霊力の根源、ならびにその発揮点をも、表示しているのである。中段は、右側にそれた「神符安鎮」の四字だけである。下段は、やはり右側にそれた「押退」二字から、中行にもどって、「百廿四山凶神悪煞」となり、左行に続いて「不得動作」とあるが、「凶」は「囟」、「悪」は「𢙣」と、いずれも俗字になっている。

符文を整理すれば、「奉勅令、動土大吉、神符安鎮、押退百廿四山凶神悪煞、不得動作」となる。大意は、「某司令神の命を奉じて、某主動神が神軍を率いて天降り、あらたかな符令を現場にもたらし、その霊力を存分に発揮して、起工を妨害せんと、蠢動する百廿四山の悪霊どもを退け、人々に工事を遂行させる」というのである。

しかして、百廿四山凶神悪煞は、49号符と81号符にも見えており、その着想は既に81号符で詳述した如く、山中の悪霊とか、遠方追放など、違った解釈もあるが、ここでは現場の地下にひそむ土煞の制圧が問題だから、単にその夥しきを形容しているにすぎないのである。なお、司令神と主動神の名称を欠いているが、これは法師が臨時に、呪語に織りこむか、あるいは口頭で補充するしきたりである（40・57・60・65・66・70・72・80・91・94・114各号符参照）。

符頭を欠いているにもかかわらず、符脚は慣例通りの「罡」字になっている。全体としては、神祇の称号を欠くのみならず、変形鬼字だけがいかにも仰々しく、まがまがしい感じの符令である。

84号符「勅令三元盤石仙師……退煞百無禁忌」（動土破土兼用符）

説明はただ「此符破土通用、先安」とあるが、前83号符に照して、「動土」二字と「位」一字が欠けており、「此符動土破土通用、先安位」とすべきであり、これも動土や破土の法場に予め貼って安置する、両者通用の動土破土兼用符である（83・83・95・116各号符参照）。符式は、これも文字を多用しているが、符文は序列が乱れており、わずかな図形をも交えている。符頭は、省略されている。

符文は、三段に分れるが、中段の下部は右側に外れ、下段も二字だけで、残りの四字は、左側に別行となっている。上段は、「勅令」二字と「三元盤石仙師」だが、「盤」は俗字の「盤」としており、さらにこの中間に、円形の蔓巻き状図形を挟んでいる。中段は、「靈符収斬□造三處凶神悪煞」の一二字だが、中間の一字は判読できず、また「靈」は「炅」（106号符参照）、「處」は「処」、「凶」は「凶」、「悪」は「悪」と、それぞれ略字や俗字になっている。下段は、「退煞百無禁忌」六字である。別の符式簿に収録されている破土符に、本号符の略式がある。その上段は、本号符と同

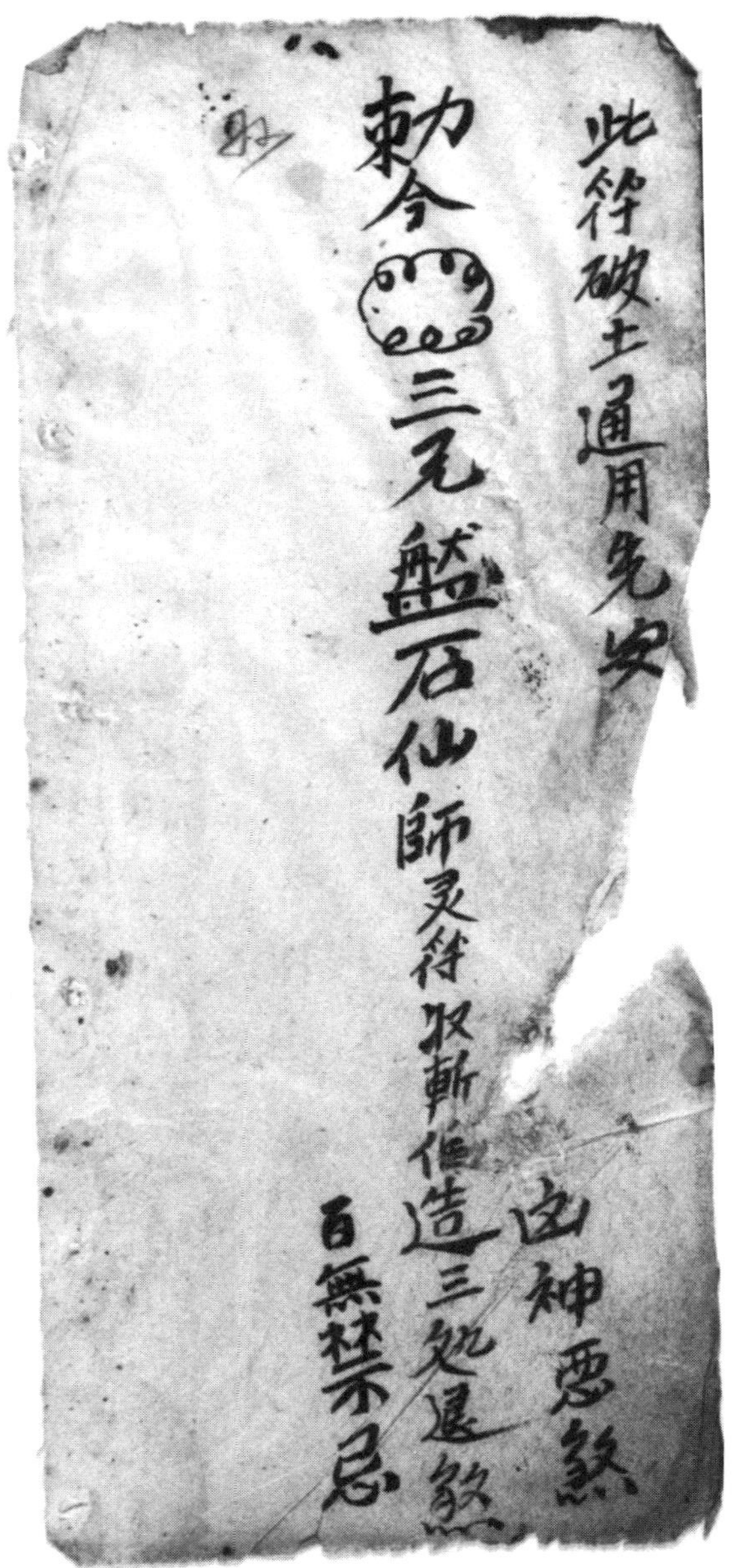

《84号符》「此符（動土）破土通用、先安（位）」
「勅令三元盤石仙師、靈符收斬□造三處凶神悪煞、退煞百無禁忌」

じく、「勅令」二字と「三元盤石仙師」で、中間にも蔓草図案があしらわれているが、それは一個の円形ではなく、上部が「[symbol]」で、下部が「[symbol]」という二部合成になっている。いずれにしても、その象徴は不詳だが、共に符令全体に籠る霊力の発揮点を示しているのである。下段は、「三元盤石仙師靈符斬凶」一〇字だけで、簡単明瞭にして、よくその実用性を示している。

符文を整理すれば「勅令三元盤石仙師、靈符収斬□造三處凶神悪煞、退煞百無禁忌」となる。大意は、「某司令神の命を奉じて、三元盤石仙師が主動神として、神軍を率い、天降って現場に赴き、霊符を行使し、人々に祟って工事を妨害しようとしている悪煞どもを、斬殺あるいは拿捕し、もって工事を順調に進行させる」というのである。「百無禁忌」とは、「無所禁忌」と同じく、忌みはばかりがないという、神威の強調で、よく使われている（67・74・76・87各号符参照）。しかして、三元盤石仙師という称号は、81号符附記Eの破土符にも登場しているが、その神格や来歴は不詳である。

構成としては、符頭の欠落に対応して、符脚もないが、かえって簡潔にして実用性が高く、安心感を湛えた符令である。

85号符　「佛奉宝王……六甲軍將法斬五方陰鬼」（治三煞符）

36号符の再録だが、符文中段の「靈」字を、「𩆜」となしている。

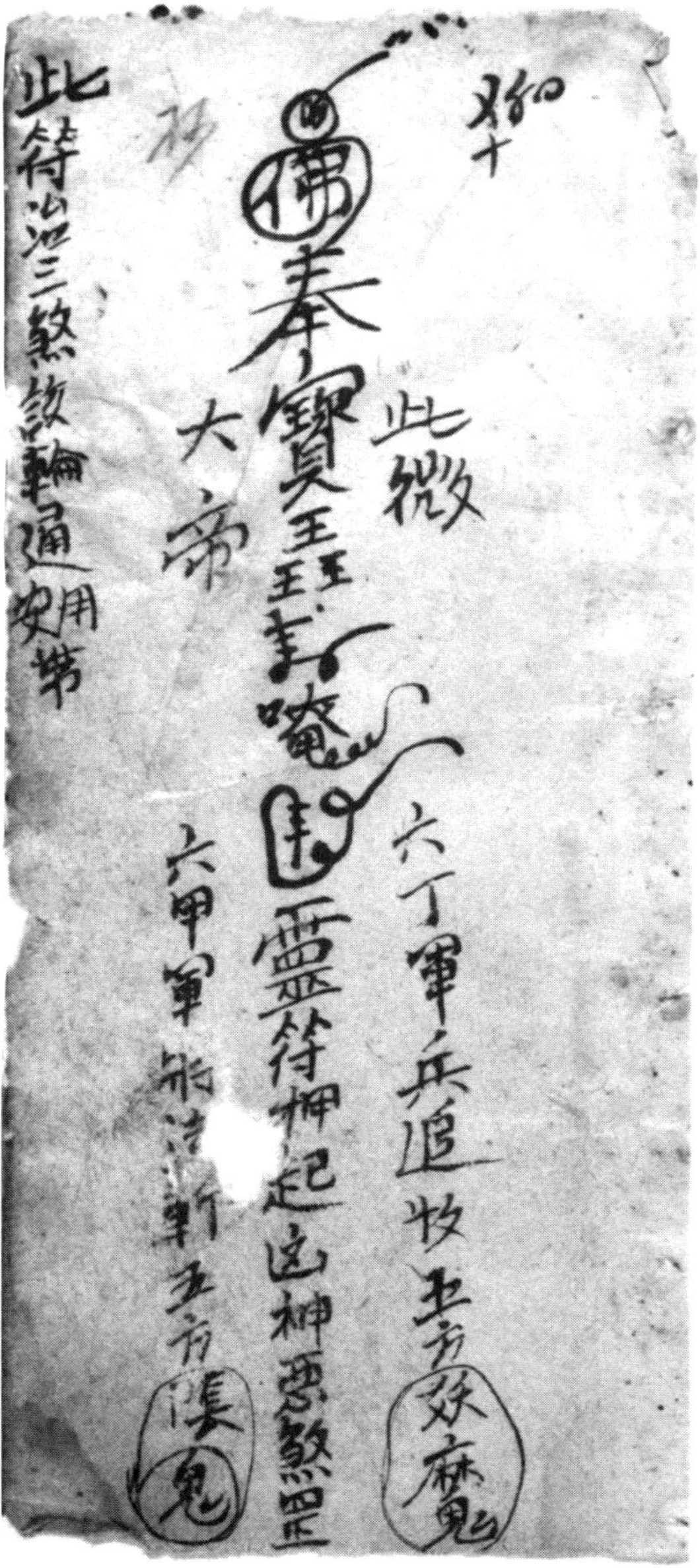

《36号符》

《85号符》「此符治三煞、□輪通用安帯」

「佛奉宝王・紫微大帝勅、庵佛靈符押起凶神悪煞、六丁軍兵追収五方妖魔、六甲軍将法斬五方陰鬼」

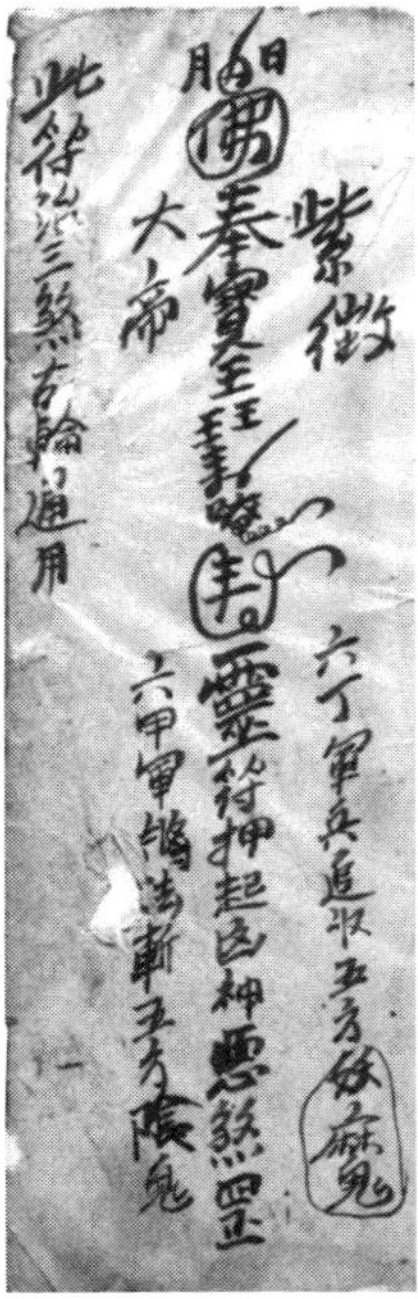

86号符 「奉保生大帝勅令……合家平安」（打煞符＝押煞符、用途としては平安符、護身符）

説明に「打煞符、通安帯可用」とあるが、これは前記85号符の説明における「通用安帯」、すなわち「安帯通用」同義で、本質は打煞符すなわち押煞符である。しかし用途としては、家の大庁に貼る平安符が正常だが、肌身につける護身符にも転用できるというのである。符式は型通りで、いちおう整ってはいるが、符頭と挿入図形が異常である。符頭は、多用されている分離式多重構成の一形態だが（「総説」および1・5・9・10・26・27・30・31・32・38・46・55・56・60・78・80・87・105・106・110・116各号符参照）、78号符同様の三重分離構成になっている。一見して単独の三台星記号の如きだが（「総説」および38・50・97・104各号符参照）、隔離して嵌めこまれ、分離重複型になっている（47・59・67・107・113・114各号符参照）。符文上段を隔てて、中段にも二座の三星記号が（「総説」参照）、隔離して嵌めこまれ、分離重複型になっている。すなわち三台星一座と三清二座、合計三座の、最も荘厳な三重合成符頭である。なお。三清記号だけについて見れば、これは常用されている転位倒置式でもある（16・17・18・23・33・35・54・62・63・65・66・80・93・94・95・108・112各号符参照）。

符文は、三段に分れる。上段は、「奉保生大帝勅令」七字である。中段は、偽字「𠩺」に続いて、「八」字に似た外殻の中に、曲線模様を詰めこんだ図形があり、その下は「神符」二字だが、全段の両側に、「應変無停」と「駆邪滅鬼」の対句を配している。図形は主動神の紋章だが、ここではまた符令霊力の発揮点をも示している。下段は、「鎮宅平安」一句で、両側に「合家」と「平安」の二句を配しており、「平安」が重複している。

符文を整えれば、「奉保生大帝勅令、神符、應変無停、駆邪滅鬼、鎮宅、合家平安」となる。大意は、「司令神たる保生大帝の命を奉じ、某神が主動神として、神軍を率いて天降り、祟られている民家に赴き、霊符を行使して、邪鬼悪霊どもを駆逐あるいは討滅し、もって一家を鎮め、平安息災をもたらす」というのである。

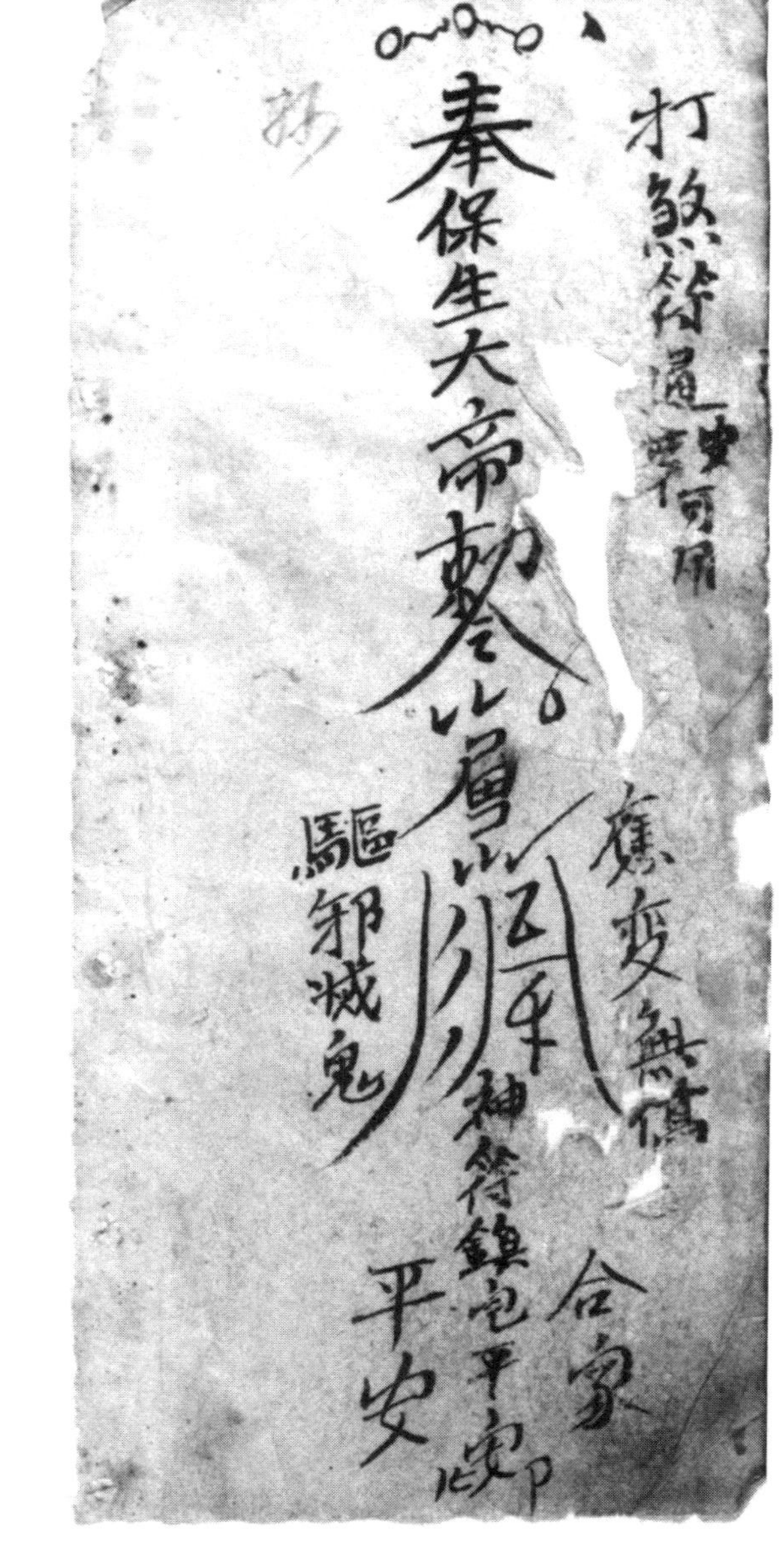

《86号符》「打煞符、通安帯可用」
「奉保生大帝勅令、神符、應変無停、駆邪滅鬼、鎮宅、合家平安」

しかして、「應変無停」（22・24・26・46・68・80各号符参照）とは、「変化無停」（16・18・22・24・26・30・35・37・64・71・98各号符参照）・「正法変化」（96号符参照）・「神符変化」（7・26号符参照）・「変化神符」（97号符参照）などと同じ意味だが、ここでは下句の「駆邪滅鬼」に続き、「悪霊との長期闘争において、本号符は絶えず変化しつつ、充分に霊力を強化して、いかなる強敵をも撃滅できる」と保証しているのである。おもうに、高温多湿の亜熱帯性気候である、未開拓の台湾は、まさに瘴癘の地、風土病の温床で、居住に適せず、犠牲が甚だしかったからこそ、医神に対する信仰も篤かったのである。生前、福建地方の名医であった保生大帝（大道公・呉真人）が、広く信仰されており、その「生を保つ」という称号からも、人々の心情が推しはかれる（82号符参照）。さらに、医神なればこそ、その符令は鎮宅し、睨をきかして「合家平安」を維持するという、平安符の用途にもふさわしいのである（1・12・25・32・39・41・50・69・78・100各号符参照）。

符脚は、用例としては希有な「印」字だけで（45号符参照）、さらに「卩（ふしづくり）」部首と「E」に分割して、符文後尾の両側に配しており、符頭の封雑なるに対して、繁簡の対比を示している。司令神を明確に表示した、荘重にして穏健な符令である。

〔附記〕「合家平安」などの吉慶語句で一家の無病息災を祈る平安符は、本符式簿所載の如く、法師が臨時に書写し、道場で使用するのだが、頻度と数量から言えば、むしろ少数で、ほとんど廟寺が印刷発行しているものである。故にその現状について、いささか補記する。廟寺発行の符令は、ほとんどが平安符だが、これとは別に、神像をあしらった神明画（シンビエンオエ）も、近年とみに増加し、平安符として誤用されている。しかし符文をまじえたのもあり、画と符の混用で、普通の符令として通用しているのだが、画像が主体で、よく目立ち、符式は申しわけ程度の付加にすぎない。また分祀などの縁故関係で、数廟寺が同一図柄の神明画を、共用している場合もある。しかして、符文の有無にかかわらず、寸法が大きいので、大張符（トアテウフウ）と通称しているが、略して大符（トアフウ）ともいう。

なお付言すれば、小廟寺はともかく、大廟寺になると、主祀神仏のほか、配祀・副祀・付祀・寄祀・従祀などの諸神仏が派生して、いわば寄り合い所帯になり、参詣者の求めに応じて、平安符や辟邪符など、符令の種類も多彩になるのである。また廟寺発行の平安符には、「合家平安」や「鎮宅平安」・「鎮宅光明」などではなく、「合境平安」としているのがあり、対象を祭祀圏という、地域社会に拡大しているのだが、これは「風調雨順」との対句で、主に神誕祭など公祭の際に、使用されるものである。

87号符「奉勅……急急如律令」（安胎符）

説明に「安胎符、鎮在床上」とあり、妊婦の寝台に貼って、胎児のすこやかな発育と安産を護る、安胎符である。安胎符は、本号符を含めて一〇式あるが、用法から言えば、本号符同様の寝台上に貼るのは、49号符と107号符を含めて三例あり、携帯四例（29・89・98・108各号符）に次ぎ、寝室入口貼り付け二例（92・113各号符）と食用一例（91号符）の上にあって、中間的存在である。用途が特殊なせいもあって、符式は独特な構成で、符文が細長くなっている。符頭はなく、そのあるべき位置が、変形「鬼」字に占められている。変形「鬼」字は、7号符に似て、上半部が「口」字で、下半部がジグザグの稲妻形曲線を二本、縦にならべて、あたかも「口」字の下につけた、二本足の如くになっている。この変形「鬼」字が、上の一字と下の二字を合せた、三鬼記号だが、上の「鬼」字は、下の符文「奉」字に妨げられて、余白がないため、下半部を省略し、上半部の「口」字だけが残っている。変形「鬼」字の例証は少なからず、いずれも符文の内容とはかかわりなく、ただ本号符に内包されている霊力の所在、ならびにその発揮点を示しているにすぎないことは、すでに屢述（るじゅつ）した通りである（「総説」および2・7・9・13・19・25・30・31・33・34・

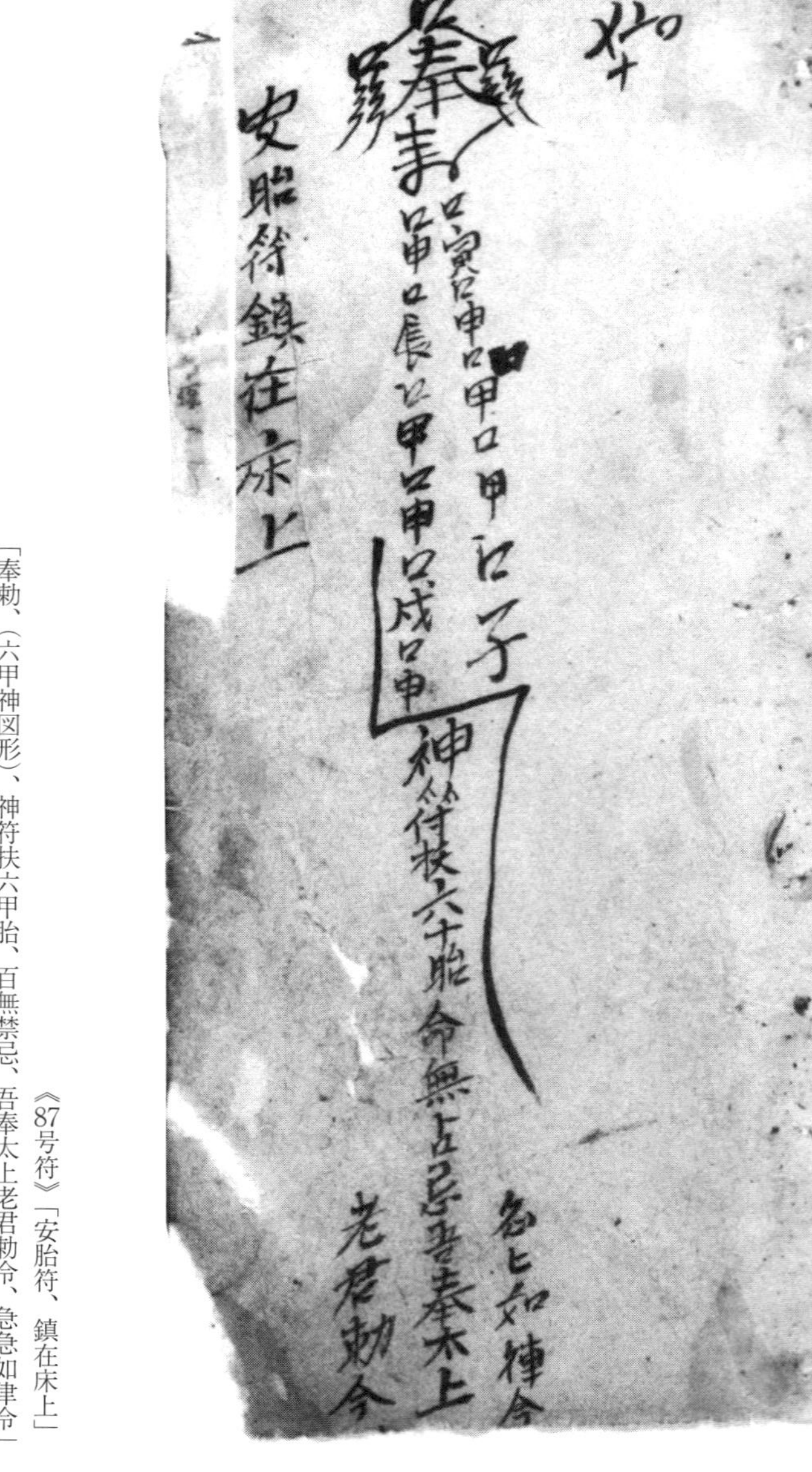

《87号符》「安胎符、鎮在床上」
「奉勅、（六甲神図形）、神符扶六甲胎、百無禁忌、吾奉太上老君勅令、急急如律令」

38・39・44・52・54・67・72・78・83・88・89・91・94・101・108・111・112各号符参照）。しかし、かくの如き小三図形の合成は珍しく、極端に変形した「鬼」字の類に包括される（7・13・33・34・39・54・89・111各号符参照）。

符文は、三段に分れる。上段は、「奉勅」二字と六甲神図形だが、「勅」は字体がくずれ、極端に変形している。そもそも六十甲子とは、衆知の如く十干と十二支の組み合わせだが、「甲」を冠する時日の干支としては、甲子・甲戌・甲申・甲午・甲辰・甲寅の六甲（りくこう）が挙げられる。しかして、この日は、天帝が萬物を造る日でもあると信じられ、「身懐六甲」とは婦女の懐孕をいう、日用語である。なお、『隋書』「経籍志」に「六甲貫胎書」が載っているから、かなり古い観念だが、神軍を指す六丁六甲とは、それぞれ別途の思考に基づいており、似て非なる語彙である。さらに、この六甲の排列表示法は、符令によって若干の相違はあるが、たいてい横並びの六層積み重ねにしている。然るに本号符だけが、極小の「口」を二字、横に並べて区画となし、やはり六層だが、その干支の組み合せは、寅甲・申辰・甲甲・甲甲・子戌・□申となっており、支離滅裂で、擬似の六甲排列にすぎない。続いて、上段と中段の区切りは、巨大な「ϟ」形の曲線記号で仕切られているが、その意義は不詳である。

中段は、「神符扶六十胎、命無占忌」の二句一〇字だが、上句の「十」は、「甲」字の誤写である。また下句の「命」は、「百」字の誤写であり、「占」は「禁」字の誤写であることは、すでに67号符「附記3」で詳説したから、再び贅言を要しない。「百無禁忌」とは「無所忌諱」、すなわち「いささかたりとも、忌みはばかりがない」という、熟語である（67・74・76・84各号符参照）。下段は、余白がないため、その下句はやむをえず、左右二行にふり分けており、「吾奉太上老君勅令、急々如律令」の二句一三字になっており、下句の同一文字疉用記号は、慣用の「々」が「匕」になっている。また、北方系符令の常套語たる「急急如律令」の応用も、注目される。

符文を整理すれば、「奉勅、（六甲神図形）、神符扶六甲胎、百無禁忌、吾奉太上老君勅令、急急如律令」となる。大意は、「われ六甲神、太上老君の命を奉じ、律令の如く速やかに天降り、あらたかな符令を行使して、某家の妊婦を扶持し、安産せしむ」というのである。符式として、主動神が第一人称、すなわち自叙の形式になっている希有な例であり、他符との構成的差異が注目される。また既述の如く、胎神估床という、執拗な祟りに対する根強い俗信から、それに触れないよう、回避せねばならず、ついにたかが安胎符にさえ、司令神として、太上老君を担がねばならないほど、重視されてもいるのである（49・89・90・91・92・98・107・108・113各号符参照）。

符頭の省略に対応して、符脚も欠落している。総合して、ほとんど文字のみで、穏和な語句を用い、消極的であるのみならず、構成も蕪雑にして、かつ難解な符令である。

88号符 「五雷將軍發起塩米押煞」（治邪符）

説明に「治邪、化在塩米、出煞」とあり、患家に設けられた法場において、法師が塩米をばら散いて煞鬼を追い出す、出煞の段取りで、その塩米に焼き入れて、霊力を発揮させる、治邪の符令である。「治」とは、鎮めるとか平らげることだから、「治邪」とは、邪鬼などを討ち滅ぼすことである。これに対し、「辟邪」とは、単に邪穢を除き去るとか回避するだけのことである。故に両語は、語感において、積極と消極、すなわちきつい口調とおだやかな口調、という差異はあるが、実情としては峻別されず、むしろ混用ないし通用している現状である。符式は異色に富み、ほとんど常軌を逸しているほどである。符頭は、省略されている。

符文は、上下二段に分れるが、構成は簡潔である。上段は、『（五字「雷」）、（変形「鬼」字）、発起塩米』である。五字「雷」とは、一字の「雷」を中心に囲んで、その他四字が、上下と左右に配置されている形態であり、五雷神の率いる神軍を象徴している。しかして、これは単なる「雷」字の配置だが、実は「雷」字の下部に巻き鬚模様をつけた、八字髭型のA式五雷記号の原型にもなっているのである（1・3・4・5・10・58各号符参照）。変形「鬼」字は、「曰」を

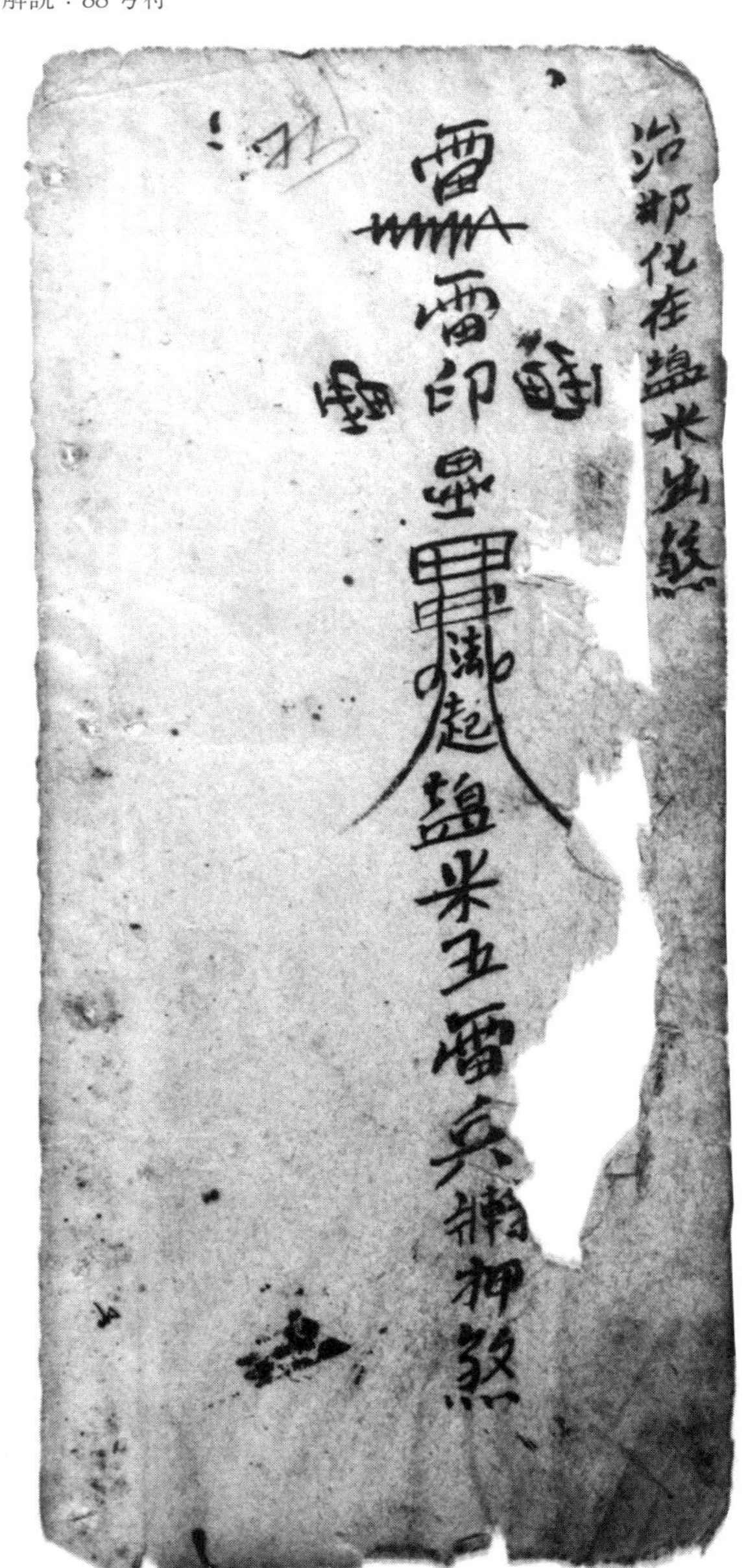

《88 号符》「治邪、化在塩米、出煞」
「五雷將軍發起塩米押煞」

二字重ねて、左右両端にそれぞれ縦線一本を貫き、下に長く垂らした恰好になっている。しかし、この極端に図案化した変形「鬼」字は、符文の内容とはかかわりなく、単に本号符にこめられている霊力の所在と、その発揮点を示しているにすぎないことは、すでに縷説した通りである（「総説」および2・7・9・13・19・25・30・31・33・34・38・39・44・52・54・67・72・78・83・87・89・91・94・101・108・111・112各号符参照）。次の「發（ホアツ）」字は、「法」と故意に誤写しており、同音異字の置換による欺瞞法である（44・120号符参照）。下段は、「五雷兵將軍押煞」七字だが、「將軍」二字は、「將」字を「爿」と「寽」に割って、中に「軍」字を鋏んだ合成偽字になっており、「五雷將軍」で、上段の五雷記号に対応しているのだから、「兵」字は無用である（3・4・5・10・42各号符参照）。

符文語句の序列は、混乱しているが、整理すれば、「五雷將軍發起塩米押煞」となる。大意は、「われ五雷将軍、塩米を散いて煞鬼どもを駆逐し、もって一家を守護する」というのである。すなわち、主動神が登場するだけで、司令神との主従関係は存在しない構成の、符式である。

いずれにしても、本号符の重点は、塩米にしぼられており、観点を換えれば、むしろ塩米の辟邪浄化作用の増強に、五雷神の威力が利用されているのである。しかのみならず、ここで塩米を散くという実際行動を、人間が威勢のよい神祇に成り代わって、その意志を代行する点においても、かなり特徴がある。塩米（ヤムビイ）とは、塩と米の混合物であり、両者はいずれも、生命を維持する貴重な食料であるため、神聖視され、ひいては辟邪力を賦与されるに至ったのである。両方とも、少量で足りるのだが、分量としては塩が少く、米が多目である。これを茶碗や丼に入れ、法師が呪語を唱えて「勅（テク）」すると、その霊力が一段と増強される。然る後、法師は左手に碗を持ち、右手で塩米をつかんでは、道場の地面に強く投げつける動作を、歩きながら数回、あるいは患家の部屋数や屋内の面積に応じて、歩きまわりながら、まんべんなく念入りに投擲するのである。しかして、つかんで投げつける動作を、「揀（シアク）」と言い、この法場に挿入された一幕を、「揀塩米（シアクヤムビイ）」と称し、そこに悪霊駆逐の積極的意図が見取れるのである。まして、往昔の塩は、粗製のざらざらした大粒だったから、握って叩きつけるのにも、都合がよかったのである。すなわち、この神聖な塩米は、いったん投擲されると、たちまち飛礫や弾丸に変じ、その攻撃にあえば、いかに屈強な悪霊といえども、致命傷を負って、その巣くっている部屋からの退散を余儀なくされるという、積極的駆邪押煞の法術である。しかして、もしかかる法場における辟邪法を、その目的と方式から見れば、まさに聖火を以て浄化する煮油浄宅の科儀と、照応しているのである。

かように、揀塩米の法術は、法師によって、特設の道場や一般の祭場とか葬儀などに、行われているのみならず、家庭でも常行される、ありふれた民間巫術にさえなっている。例えば、夜な夜な、人気のない部屋で、不気味な物音がして、不安に陥った際に、手軽く行うのだが、執行者は戸主に限らず、家族の誰が行ってもかまわないのである。おもうに、穀物を撒きちらす浄宅法を、日本では節分の追儺（ついな）に、「福は内、鬼は外」と偈えながら、豆を撒く行事が有名だが、そのほか年越え大晦日の夜にも、豆撒き鬼打ちが広く行われており、相互につながる民間信仰の底流が察せられる。

符脚は、二重の複合式で、符文上段の、五字「雷」の中に紛れこませており、一字と一記号になっている。字とは「印」字で、中心「雷」字と下方「雷」字の中間にある。記号とは、上下にくねった波状曲線に、「一」字の如き横線を通した図形で、これは「⧖」記号をくずしたものとして、中心「雷」字と上方「雷」字の中間に、挿入されている。要するに、恣意的に位置を移動したばかりでなく、図柄をも極端にくずした、希有な符脚である。全体から見て、本号符は符脚の構成が型破りにして異常だが、字数が少く、措辞も控え目な符令である。

89号符「奉勅令……母子双全」（安胎符）

説明に「安胎、帯安」とあり、安胎符だが、使用法は「帯身安床」、すなわち主に妊婦が肌身につけるのだが、寝台に貼ってもさしつかえないというのである。安胎符は、本号符を含めて一〇式あるが、用法としては、携帯四例が約半数を占めて、最も多く、本号符もこれに属する（29・49・87・91・92・98・107・108・113各号符参照）。符式は、いちおう整ってはいるが、細部にかなり特徴が認められる。符頭は、三清記号である（「総説」参照）。

符文は、いたって簡略にして、上下二段だけに分れるが、複雑難解な図形を織りこんでいる。上段は、「奉勅令」三字と六甲神図形だが、「勅令」二字の変形が甚だしく、殊に「令」字は、ほとんど原字形の痕跡を留めないほどに、変っている。その構成は、「人(ひと)」部首が左右両方に別れて、「八」字のようになっている。しかして、向って右側の「㇏」は、六字の小さな「口」字を、縦に連ねた、口字集合図形の下端に、稲妻形のジグザグ曲線をつけ、さらに外向けに、長い尾を垂らしている。これに対して、左側の「ノ」は、六字の小「口」字を、やはり縦に連ねた口字集合図形になっているが、左側に長い「ノ」を付け加えているため、一見して長大な「ノ」に小形の「コ」を、七字付着させたように見える。それから「ノ」の先端に、右側と同じく、下端に稲妻形の曲線をつけ、さらに外向けに長い尾を垂らしている。かくの如き、全符を覆うばかりの巨大な「八」字形の図形が、「令」字を象っており、この中空に六甲神図形が包含されて、符文上段を構成しているのである。六甲神については、すでに先の87号符で詳説したが、ここでは甲子・甲戌・甲申・甲午・甲辰・甲寅の六甲(りくこう)称号を、一神が二字の横並びで、上から下へと、六層になっている。しかし、甲辰は「辰」字を、「良」と誤写している。下段は、変形「鬼」字と「安鎮胎神、母子双全」の、一字と二句、合計九字で構成されている。直角屈折の曲線に、二本の線を縦に串刺しにして、図案化したこの変形「鬼」

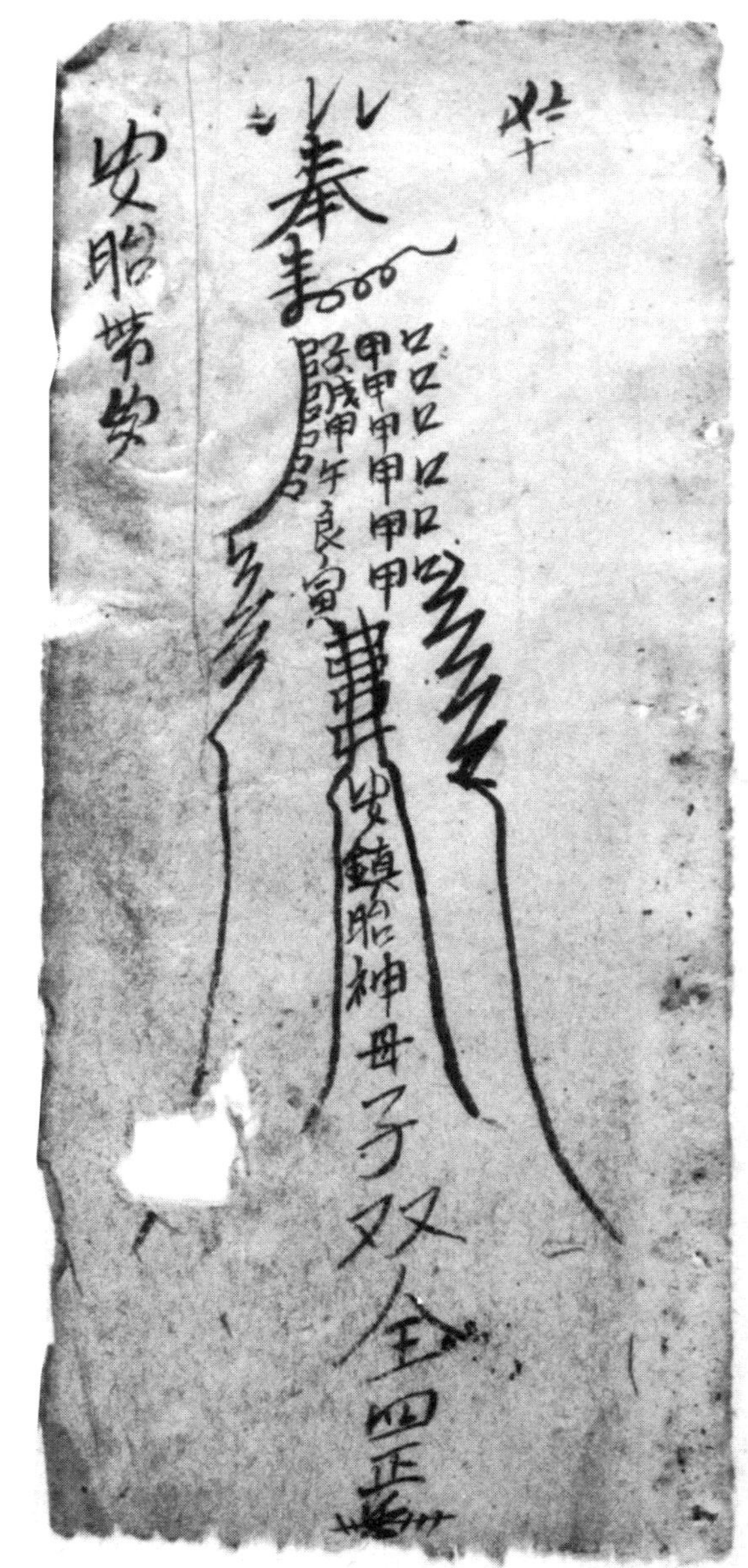

《89号符》「安胎、帯安」
「奉勅令（六甲神図形）、安鎮胎符、母子双全」

字は、符文の内容から外れており、本号符に秘められている霊力の所在、ならびにその発揮点を示しているのにすぎず、例証が少くない（「総説」ならびに2・7・9・13・19・25・30・31・33・34・38・39・44・52・54・67・72・78・83・87・88・91・94・101・108・111・112各号符参照）。さらに範囲を絞れば、これは原字形の面影すら残していないほど、極端に変形した「鬼」字である（7・13・33・34・39・54・87・111各号符参照）。

符文を整理すれば、「奉勅令（六甲神図形）、安鎮胎符、母子双全」となる。大意は、「某司令神の命を奉じ、六甲神が主動神として、神軍を率いて天降り、妊婦の家に赴き、胎神が估床して祟らないように宥め、もって妊婦と胎児を保護し、安産させて、一家に平安をもたらす」というのである（49・87・90・91・92・98・107・108・113各号符参照）。

符頭が、簡略な三清記号であるのに引き替え、符脚は、「罡」字と「▯」記号を、上下に重ねた、荘重な二重型である（「総説」および33・49・55・90・92・117各号符参照）。全構図としては、文字の部分は簡略だが、均整がとれず、不安定な感じであり、また図形や記号が多く、語句は平易にして、消極的符令である。

〔附記1〕元来、儒教倫理では孝道を倡え、後嗣なきを不孝の一端とみなし、子孫の存続発展を重視してきた。とりわけ、これを台湾の開拓過程について言えば、大陸東南沿海地方から、絶海の孤島にはみ出た流民にとって、初期の開拓環境はとりわけ厳しく、犠牲も甚だしかったからこそ、人口の増殖は焦眉の急務でもあった。したがって、かかる客観情勢は、民間信仰にも反映し、出発点としての、胎児の生長と安産に対する祈念が、特に強く、これが符令の面にも反映しているのである。たとえば、本符式簿に収録されている安胎符は、一〇式もあり、約一割で、当を得ているようだが、六甲神が関与している六甲安胎符は、87号符とこの89号符の、二例しかない。しかのみならず、前符六甲神の排列は乱れており、強いて言えば疑似にすぎず、正規が本号符しかないとは、意外である。そもそも、六甲神の役割りとは、不安定な胎神を管理し、若しくは土神の祟りを退け、もって妊婦に十ヶ月間の懐胎期をすごし、安産をとげさせるのであり、いたって重大である。よって、ここに台湾南部に伝わる符式簿より、六甲安胎符三例の符文を、抄出して略説し、もって理解の一助とする。

A符――符文は、「奉勅令、(六甲神図形)、安心定氣、六甲神符、打起女人遊胎、直去横、清吉平安」とある。大意は、「六甲神が某司令神の命を奉じ、主動神として民家に赴き、霊符を行使して、妊婦の逆子や、その他の不安定な胎位を矯正し、精神を安定させ、もってめでたく安産に導き、一家に平安と吉祥をもたらす」というのである。しかして、六甲神図形は、該当干支、甲子・甲戌・甲申・甲午・甲辰・甲寅の、各組二字を横にならべて、全体で六層に積み上げ、各組は曲り角に小円形をあしらった、「弓」字形の曲線模様に納められており、典型的な六甲神図形になっている。

六甲神図形・A符

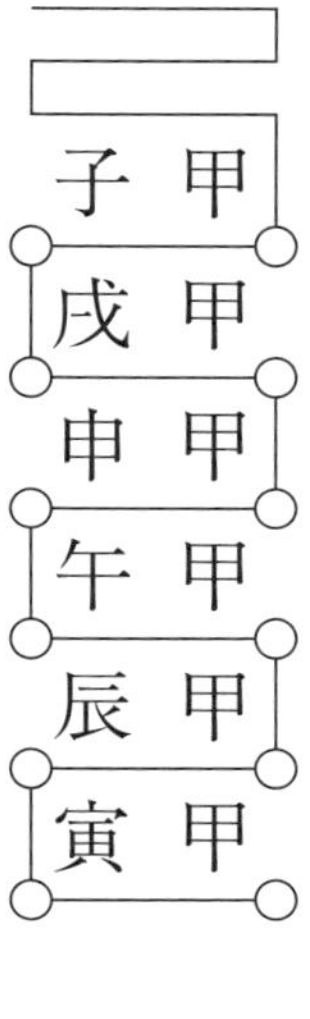

B符――説明に、「靈符可保六甲、安床並帯身、平安」とあり、「六甲神が妊婦を加護する、あらたかな符令である。使用法は、寝台に貼るなり、護身符として携帯しても、さしつかえない」というのである。符文は、「勅、(六甲神図形)、神符扶安六甲、胎神大吉、無忌神煞」とある。大意は、「某司令神の命を奉じ、六甲神が妊婦の家に赴き、符令の霊力で煞鬼を追い払い、胎児の発育を護る」というのである。しかして、六甲神図形は、A符同様、一組ずつ、六層積みになっており、曲り角に小円形がある曲線模様、「コ」あるいは「匚」の中に、納っ

ているのだが、一組毎に二字の、前後配置が異なっている。しかのみならず、順序も食い違って、甲子・甲寅・甲辰・甲午・甲申・甲戌となっており、甲子以外の五組が、逆になっている。

六甲神図形・B符

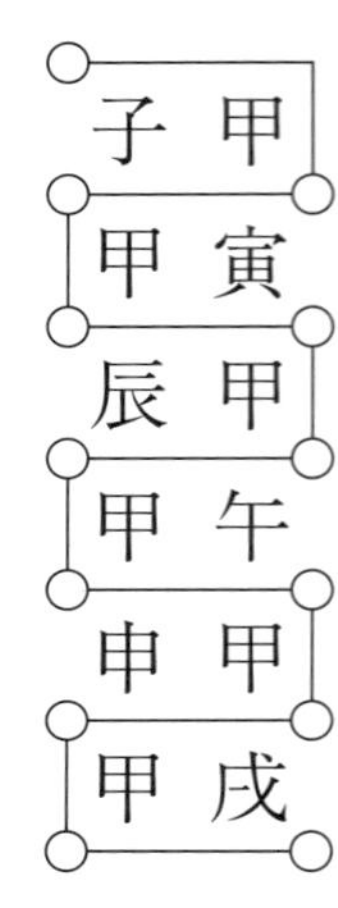

C符――説明に、「此符孕婦有胎、犯土神、用符安門床、吉」とあり、「もし妊婦が土神に祟られた場合は、この符令を産室の入口とか寝台の上に貼れば、その祟りを鎮めて回避できる」というのである。地下に潜む、土煞神群の執拗な祟りについては、すでにしばしば触れたが、ここに端なくも、六甲神との葛藤が見られて、興味深いのである。符文は、三段に分れる。上段は、「勅令」二字と六甲神図形である。中段は、三台すなわち上台・中台・下台の三星で、これはまた人間の三魂にもあたり、生・養・護の機能もあるので、胎児の保護にふさわしいのである。下段は、「急急如律令」の一句五字だけである。全文を羅列すれば、「勅令、(六甲神図形)、三台生我來、三台養我來、三台護我來、急急如律令」である。大意は、「六甲神が某司令神の命を奉じ、律令の如

六甲神図形・C符

甲戌甲午甲寅
子甲申甲辰甲

く火急に、妊婦の家に駆けつけて、土煞神を駆逐し、さらに三台星の助力で、胎児を保護し、順調な出産を期する」というのである。しかして、六甲神図形は、B符同様、曲線の枠に納っており、やはり二字の前後配置が異なってはいるが、順序は正確に、甲子・甲戌・甲申・甲午・甲辰・甲寅となっている。

〔附記2〕多数の小さな「口」字をあしらった、口字集合図形は、しばしば用いられており、本符式簿には合計五式が収録されている（44・75・83・87・89各号符）。また、この小口字を意匠素材にした符式は、起源が古く、且つ広域に分布している現象にも触れた（75号符参照）。しかして、これらの変化に富んだ図形には、単なる構図の虚飾として、加筆された場合もあるかも知れないが、たいていは字形を象っており、人々に対する晦ましの手法でもあるので、ここにまとめて概観する。

図式は、口字がばらばらの分離式と、字間を短線でつなげた接合の二式がある。接合式には、44・75・83各号符の三例がある。「口」字の小四角形を「一つの点」と見なし、点から点へと、短い直線でつなげてゆけば、自然に図形となり、それが字画の少い、簡単な文字として読める、という仕組みである。44号符は、三字三行の合計九字で、字間を「×」の掛け算記号で結びつけた図柄で、「田」字を象り、なおかつ「鬼」字の主要部

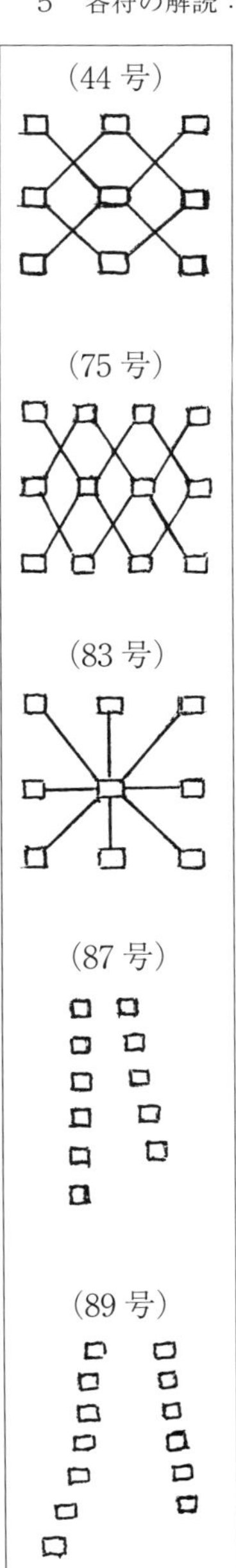

口字集合図形の諸例

分を構成しているので、これを以って全字を表しているのである。75号符の構成は、前符と同じで、ただ一行を加え、三字四行の合計一二字になっているだけの違いであり、その意義は不詳である。83号符は、44号符同様、三字三行の合計九字だが、構成が異なり、接合線は中央の一字を中心にして、八方に向けて放射状に短線で結び合っている、しかして、その意義もやはり、「鬼」字の一部分である「田」字を、表しているのである。以上の諸例にひきかえ、87号と89号両符は、いずれも接合線がなく、単なる二行の小「口」字の並列だけである。すなわち、87号符は右行が五字、左行が六字の、合計一一字だが、その意義は不詳で、単なる虚飾にすぎないとも考えられる。これにひきかえ、89号符は右行が六字、左行が七字の、合計一三字だが、行間は上部が狭くて下部が広く、あたかも「八」字の如きだが、実は「令」字の「人(ひと)」部首である「ヘ」を表しており、上の「勅」字と合せて、「勅令」の常套語になっているのである。

90号符「奉九鳳破穢天尊下山救」（安胎符）

49号符の、中段と下段を省略した、略式符ゆえ、すでに併せて解説した。

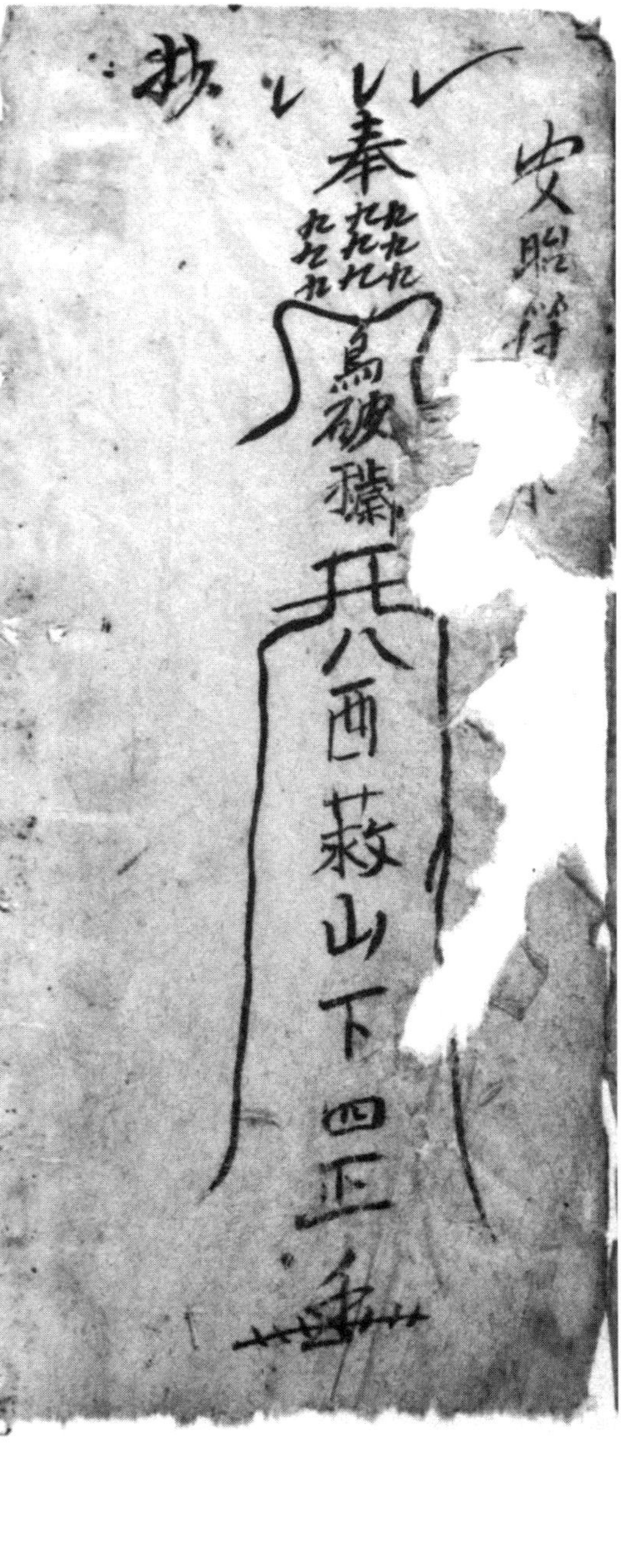

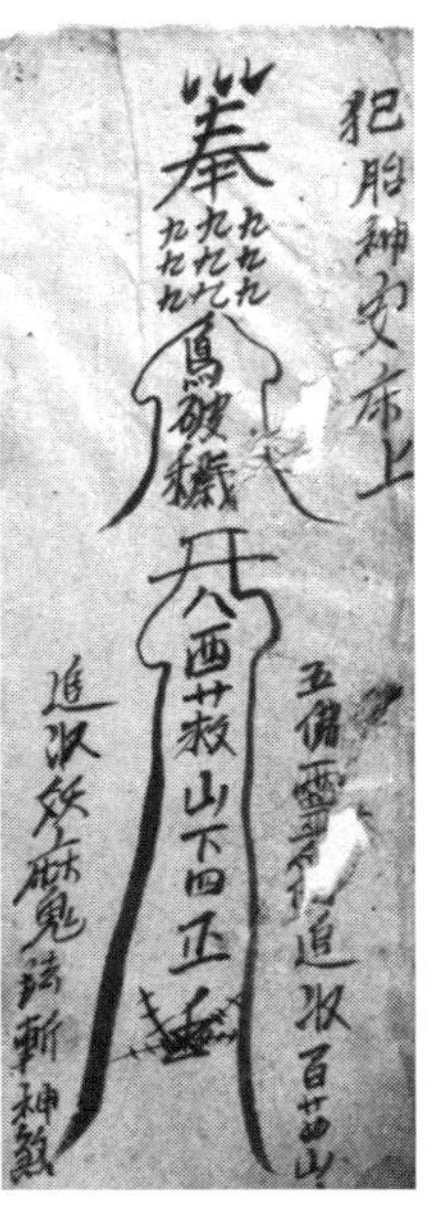

《49号符》

《90号符》「安胎符、□□」
「奉九鳳破穢天尊下山救」

91号符「奉勅下、符行正教、起煞鎮安」（安胎符）

説明に「安胎、化水食」とあり、冷めたお湯を盛った茶碗の中に、点火して燃やした灰をとかしこみ、妊婦に飲ませて、胎児を護る、安胎符である（「総説」および18・35・53・79・93各号符参照）。本符式簿所載の安胎符は、本例を含めて一〇式あるが、用法から見れば、本号符の如き食用は、この一例だけで、携帯四例（29・89・98・108各号符）、寝台貼り付け三例（49・87・107各号符）、寝室入口貼り付け二例（92・113各号符）などに比して、極めて希にしか使用されていないことを示している。さらに詮索すれば、用法の相違はおそらく、妊娠から出産までの過程における、異常や疫病の軽重によって、決定されると考えられる。しかして、それはまた符令と産婦の距離にも、反映している。すなわち、漠然とした安産祈願は、寝室の入口に貼れば事足り、目に触れるだけでも安心感を覚えるであろうが、いささかたりとも妊娠に伴う変調や病気にでもなれば、もっと近くの寝台貼り付けから、さらに重症ならば携帯へと進み、食用ともなれば薬剤に等しく、最後の手段である。符式は簡単だが、中央を占める、大きな図形が目立つ。符頭は、三清記号である。

符文は、上下二段だけで、しかも煩雑ではない。上段は、「奉勅令」の三字だけだが、「勅」字はくずれて、その「力（ちから）」部首を、三巻きの蔓状に延ばしている。また、「下」字の下には、小「口」字を二字、横並びにしており、意義は不詳だが、単なる虚飾にすぎないようである。さらに、上半身の略画を経て、変形「鬼」字が配置されている。この「田」字の下方両角から、それぞれ直角屈折の曲線を、長く垂らした、合成模様の変形「鬼」字は、符文の内容とは関係なく、ただ本号符にこめられている霊力の根源、およびその発揮点を表しているにすぎないことは、すでにしばしば述べた通りである（「総説」および2・7・9・13・19・25・30・31・33・34・38・39・44・52・54・67・72・78・

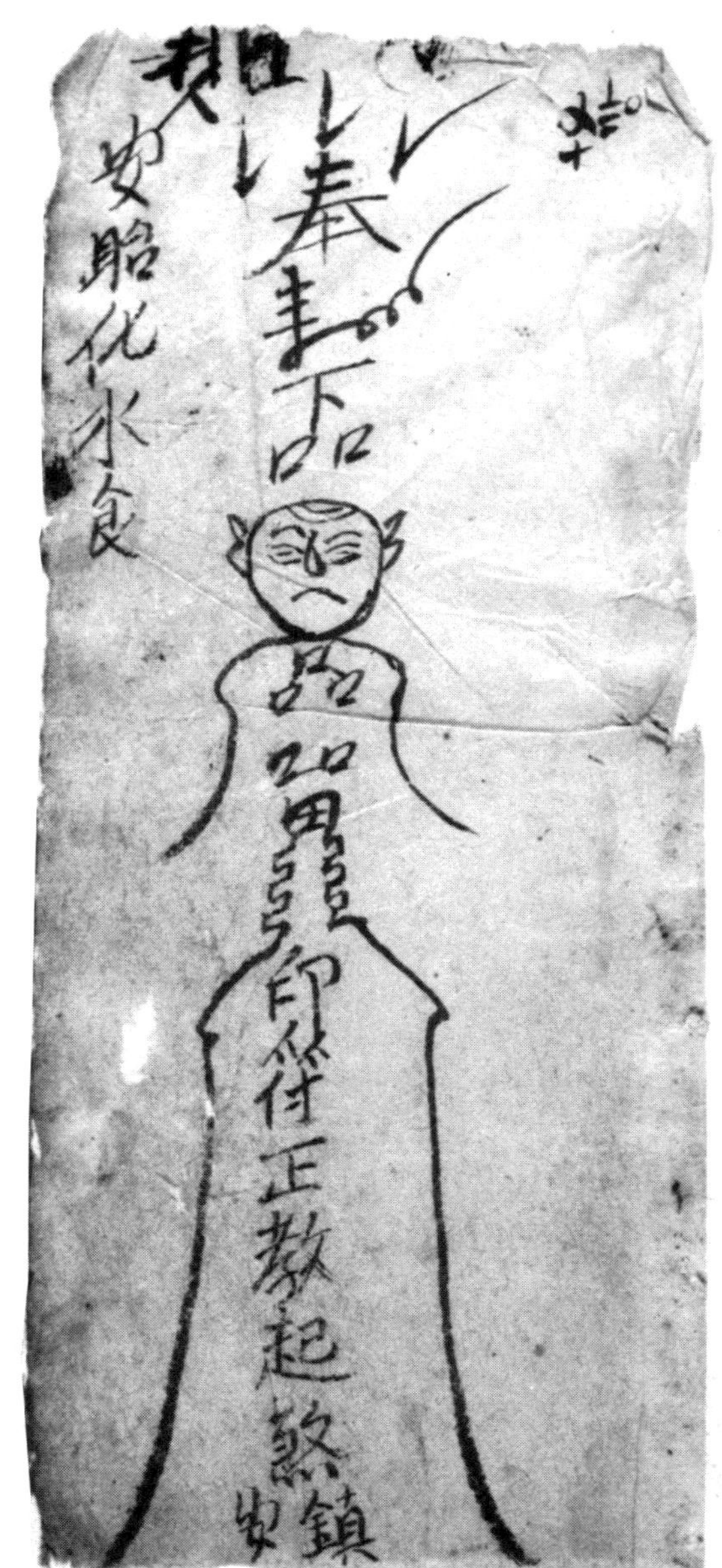

《91号符》「安胎、化水食」
「奉勅下、符行正教、起煞鎮安」

83・87・88・89・94・101・108・111・112各号符参照）。下段も、「符行正教、起煞鎮安」の二句のみで、しごく簡略だが、上句の「行」字が欠落している。「符行正教」については、既に25号符で詳説したから、ここでは概略にとどめる。正教とは、正しい宗教のことだが、この場合は正法と同じく（96号符参照）、符仔路(フウアロオ)など、黒巫術の邪教に対抗して（「総説」および96・107各号符参照）、本号符はそれらや邪煞などを制圧する、正當な符令であることを、強調しているのである。しかして、符令の構成としては、前句「符行正教」と、後句「掃去千災」との結合が、最も多用されているが（43・48・64・81・97各号符）、後句はその他にも、「神符追収、妖邪鬼怪」（25号符）や、「掃退千教」（50号符）などがある。しかし、それらの意義に、さしたる相違はないのである。「起(キイ)」とは、「追い出す」とか「除く」ことで、「起煞(キイソア)」とは、家にわだかまる凶神悪煞などの悪霊を、駆逐して浄化する法事である。

符文を整理すれば、「奉勅下、符行正教、起煞鎮安」となり、司令神と主動神は、幾多の例と同じく、この場合も不詳だが（40・57・60・65・66・70・72・80・83・94・114各号符参照）、前者はともかく、後者は胎児の発育を護るべき胎神であると推定される。故に大意は、「某司令神の命を奉じ、胎神が主動神として、神軍を率いて天降り、妊婦の家に赴き、正しい法教のあらたかな符令を行使して、蝟集する悪煞どもを打ち払い、もって安産をもたらし、母子を護る」というのである。

なお、本号符の構成全体から見て、最も目立つ部分は、紛れもなく、上段における人間上半身の略画である。胎児をかたどり、その頭部と胸部の構成である。頭部は、顔面の目・眉・鼻・口から、耳などの感覚器官はもとより、頭頂の産毛さえ備わっている。首はないが、その位置には小「口」字を当てており、二つの乳としても、小「口」字二字を当て、これを以って胸部を表している。さらに、その下方にも、同様に横並びの小「口」字二字で、胴部となしている。加えて、頭部の顎から、長い曲線が下方へ、左右一本ずつのびて、両腕にしている。

しかして、符式簿を構成しているあまたの符式は、とうぜん文字が大半を占めているのだが、これに次いで多いのは、図案や符号の類であり、人像は希少である。本符式簿とて、例外ではなく、本号符以外には三例しかない。いずれも首つきの頭部で、その関聯主体は、それぞれ異なっているが、本号符に最も近いのは、60号符の三人の少年で、栄養不良のため、悲しい表情をしている。104号と106号の二符も、煞鬼に祟られた病人の陰鬱な表情である。

これらにひきかえ、本号符の胎神に守護されている胎児は、閉した口を、「へ」の字形にまげて、その剛毅と輝かしい前途を暗示している。肖像画としての半身像は、すでに他の諸例よりも詳しいのだが、本例はさらに下方にのびて、全身像になっているのである。すなわち、変形「鬼」字を、そのまま下半身にあて、「田」字が腹部となり、その下方両角から垂らした、二本の直角屈折の曲線が腰部となり、さらにこの二本の曲線の下端が、またそれぞれ下に長く垂れさがっているのだが、それは平行線ではなく、上が狭くて、下るほどに広がっており、股を少し広げた両足になっているのである。既成図形を利用して、巧みに新図形を再構成するとは、まさに奇抜な着想であり、融通無礙な、民間信仰の面目躍如たるものがある。さらに詮索すれば、この写実性の高い、五体満足の小児像とは、母胎ですこやかに生長し、まさに祝福されて、安産を待つばかりの、臨月近い胎児の姿でもある。

符脚は、符頭の簡略な三清記号に見合って、「印」の一字だけだが、これを符文上段「下符」二字の、中間に割りこませ、故意に序列を混乱させている。全構図から見れば、字数が少く、符文も簡略ながら、その中間に屹立する巨大な人像を配して、いやがうえにも、目立つ符令である。

92号符「奉王令、六甲神安鎮、追収煞神」（安胎符）

説明に「安胎、粘門上可、吉」とあり、産室の入口に貼る、効果覿面の安胎符である。既述の如く、安胎符は本号符を含めて、一〇例あるが、用法では、本号符の産室入口貼り付けは、113号符と合せて二例しかなく、携帯四例

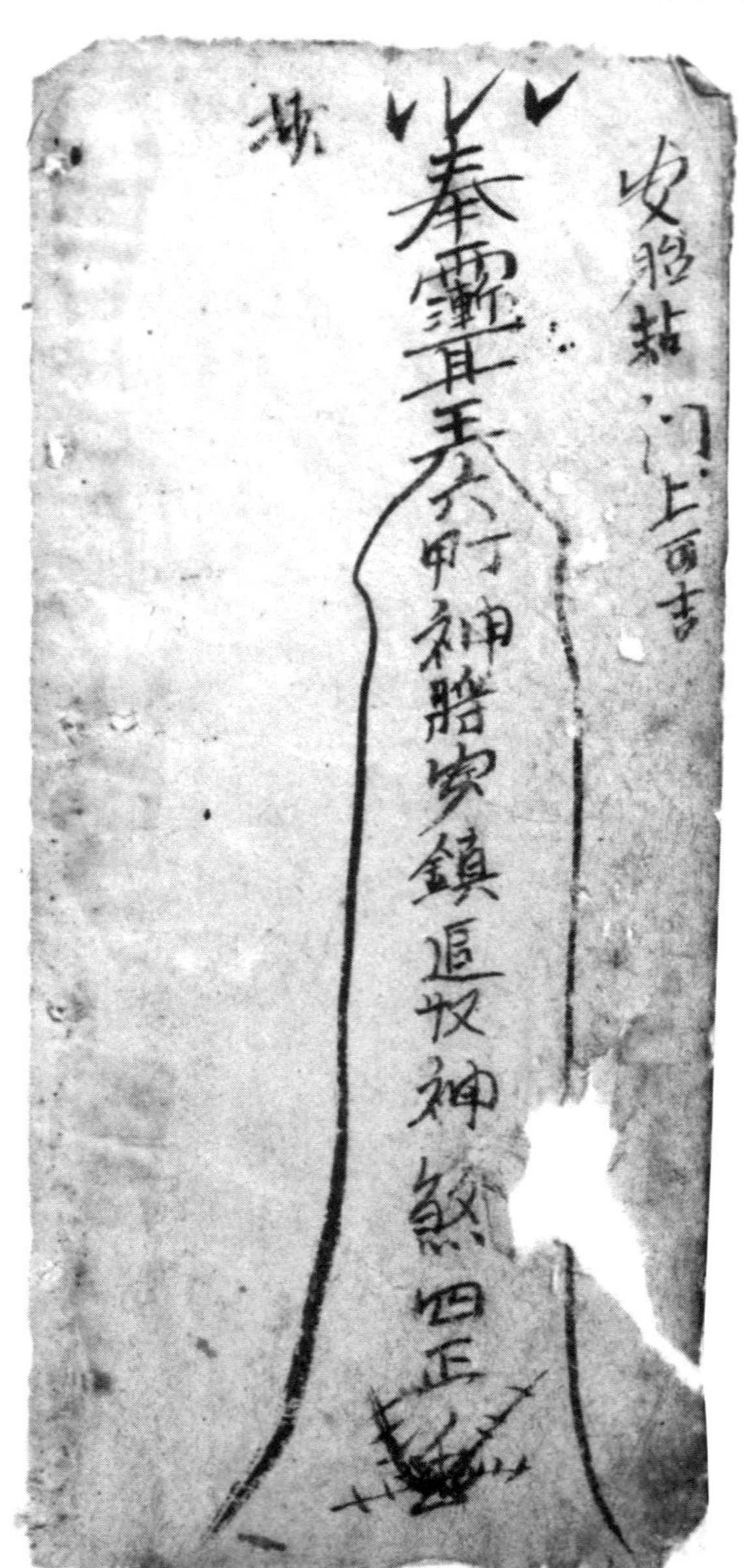

《92号符》「安胎、粘門上可、吉」
「奉王令、六甲神安鎮、追収煞神」

（29・89・98・108各号符）、寝台貼り付け三例（49・87・107各号符）などに比して低いが、食用の一例（94号符）より多く、むしろ中庸を得た用法と認められる。さらに、前91号符で既に言及したように、符令と産婦の距離から見れば、最も遠く離れた位置にあって、安産祈願という特殊用途であるにもかかわらず、一般の辟邪符なみに、扱われているのである。符式は、主に文字による構成で、僅かな誤謬は免れないが、首尾はいちおう整っている。符頭は、三清記号である（「総説」参照）。

　符文は簡略だが、三段に分れる。上段は、「奉霹王」三字だけだが、「霹（せき）」字はここでもやはり、大きく書かれて目立ち、侵入せんとする悪霊に見せびらかして、威嚇すると共に、本号符における霊力の根源、ならびにその発揮点をも表示しているのである（「総説」および1・38・64・113各号符参照）。しかして「王」字は、その下方から二本の長大な曲線を出し、符文を挟んで垂下し、符令に恰好をつける装飾として、極めて目立っているのだが、これは「令」字の「人（ひと）」部首の、図形化である。中段は、「六丁甲神将安鎮」七字だが、「丁甲」二字は、「六」字と「神」字の中間に、二字横ならびに挟まれている。しかしこれでは、六丁六甲神将が安胎することになって、不合理である（1・5・36・38・82・97・113・120・122各号符参照）。永年の度重なる、抄写過程における、偶然の誤謬であり、「丁」と「将」二字は、削除すべきである（87・89各号符参照）。下段は、「追収神煞」四字だが、「神煞」とは、「煞神」の倒置である。

　符文を整理すれば、「奉王令、六甲神安鎮、追収煞神」となる。大意は、「司令神たる某王神の命を奉じ、六甲神が主動神として、神軍を率いて天降り、産婦の家に赴き、煞鬼どもを討伐し、もって胎児を保護し、安産をとげさせる」というのである。

　符脚は、「罡」字と「⧖」記号を、上下に重ねた、荘厳な二重型で（「総説」および33・49・55・89・90・117各号符参照）、この点では、最も簡略な三清記号だけの符頭とは、対蹠的である。全構図より見れば、本号符の外形は、簡潔にして端正だが、符文に瑕瑾（かきん）を持つ符令である。

説明に「治火煞、化水碗、用□□」とあり、冷めた湯を八分目に盛った、茶碗の上で焼いて、その灰を白湯に落し、まぜて患者に飲ませれば、たちどころに高熱がさがるという、解熱の特効薬になる火煞符である（「総説」および18・35・53・79・91各号符参照）。火煞とは、火神や火鬼の祟りによる、高熱を発する急病である。符式は、目立つ図形をあしらって、特徴がある。符頭は、三清記号だが（「総説」参照）、故意に符文の位置にくり入れた、常用されている転位倒置式になっている（16・17・18・23・33・35・54・62・63・65・66・80・86・94・95・108・112各号符参照）。

93号符「勅令雷炓正、水將軍、押退火煞無停」（火煞符）

符文は、三段に分れる、上段は、「勅令」二字と「雪水」図形だが、「勅」字はくずれて、その「力（ちから）」部首が、ひと巻きして跳ね上っている。図形は、小円四個を菱形に配置し、各小円の間隔を、短い直線で結んで四角形にし、その中間に「雪水」二字を、嵌めこんだのを一単位として、五単位を縦に連ねたものであり、雪水将軍の紋章になっているのである。中段は、「雪炓正、水將軍」の二句六字だが、「炓」字は、「火（ひへん）」部首と「斗」に割って、中に「正」字を挟み、「將」字も「丬」と「夅」に割って、中に「軍」字を挟んでいる。おもうに、「炓（りょう）」とは光のさまだから、ここでは稲妻を指し、合せて五雷神をも指しているのであり、雪水図形の五単位も、この五雷に合せているのである。

下段は、「押退火煞□停」の六字であり、第五字は判読できないが、「無」字が当てはまる、「無停」の一句である。本号符の霊力が絶えず更新し、増強するという意味で、本符式簿における用例も少なからず、例えば「変化無停」（16・18・22・24・26・35・64・71各号符）、「応変無停」（46・68・80・86各号符）、「不留停」（52号符）などがある。

符文を整理すれば、「勅令雷炓正、水將軍、押退火煞無停」となる。大意は、「某司令神の命を奉じ、雪水将軍が主動神として、神軍を率い、五雷神の加勢で、天降って患家に赴き、高熱で病人を苦しめている火煞鬼どもを、掃

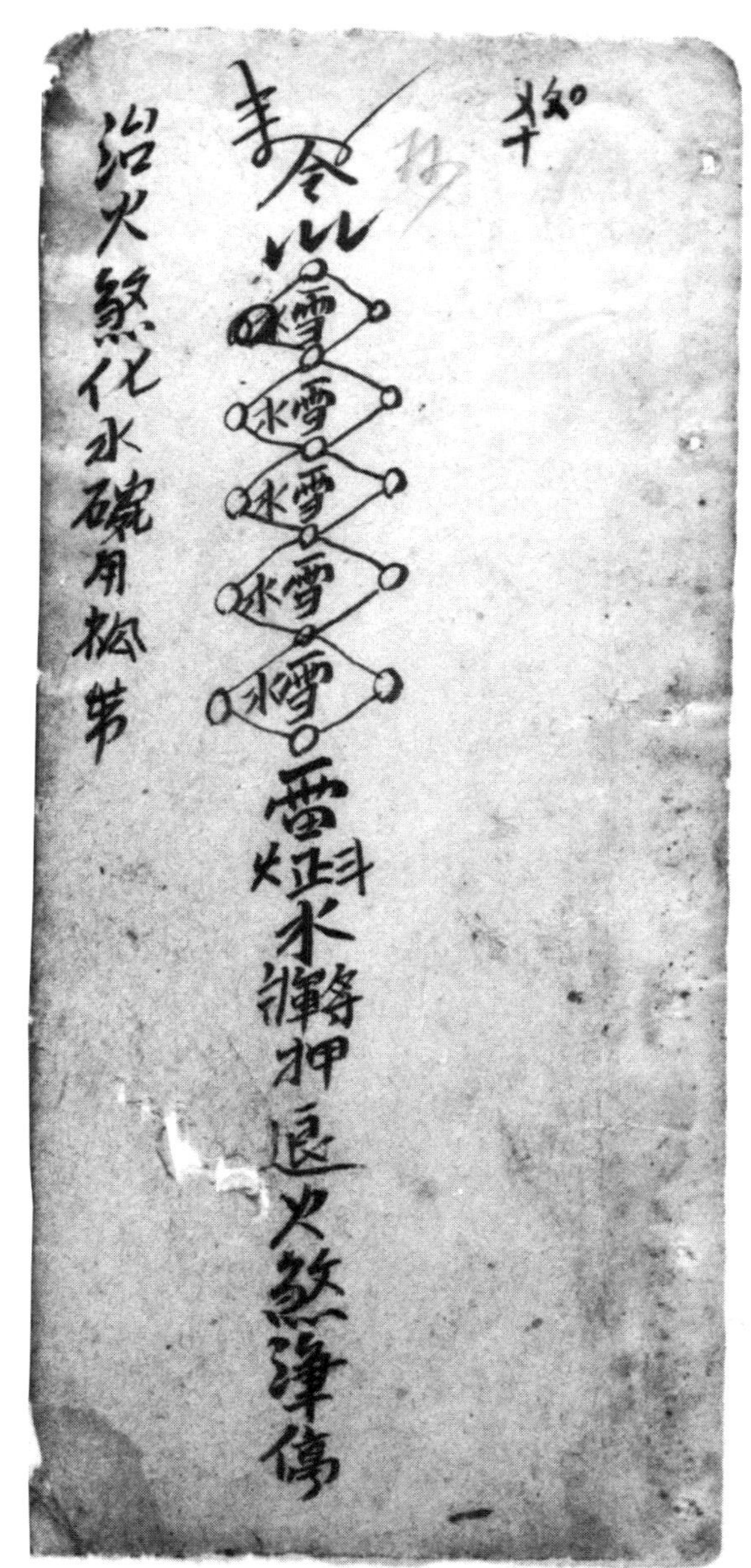

《93号符》「治火煞、化水碗、用□□」
「勅令雷炓正、水將軍、押退火煞無停」

蕩あるいは追放し、患者を癒して、その一命を助ける」というのである。

符頭があるのに、符脚を欠き、この点では不均衡である。総体的に見て、主旨は明確だが、不規則にして、難解な符令である。

94号符 「通天透海神符、押退斬迷鬼童子消除」（走馬天罡符）

説明に「走馬天罡、頭上」とあるが、「罡」字を同音の「公」と誤り、「頭」は俗字の「头」としている。すなわち走馬天罡符だが、「頭上」は天空を指し、合せて「騎馬して大空を疾駆する」の意となる。

台湾の民間信仰における走馬天罡の信仰は、かなり根強いにもかかわらず、本符式簿所収は、本号符と96号符の二式だけで、むしろ意外である。七十二地煞が、地中にひそむ悪霊であるのに対して、三十六天罡とは、大空を馳ける悪霊であり、合せて一〇八人の凶神悪煞として、恐れられているのである。『封神演義』（九九回）の斗部正神には、三十六天罡星と七十二地煞星が、組み入れられているが、五斗星と同じく、いずれも悪煞が脱皮して、正神に成り上ったのである（「総説」参照）。前述の如く、「罡」字と「公」字は、同一発音による誤用だが、同様に「天光」すなわち夜明けと、間違われることもある。走馬とは、乗馬して疾駆することで、急激な病状の悪化に譬えられ、殊に児童は死亡率が高いので、なおさら恐れられているのである。例えば、「犯着走馬天罡」とは、小児が破傷風や驚風すなわち脳膜炎にかかって、ひきつけを起した症状を指し、走馬風ともう。また走馬疳とは、水癌のことで、虚弱児がよく罹病して、死亡する難病である。その他、走馬喉とはジフテリアで、やはり小児に多い伝染病であり、走馬癘は急性伝染病の丹毒である。

符式は、首尾がそろって、いちおう整っているとはいえ、符文がくずれ、随所に欠陥が露呈している。符頭は、

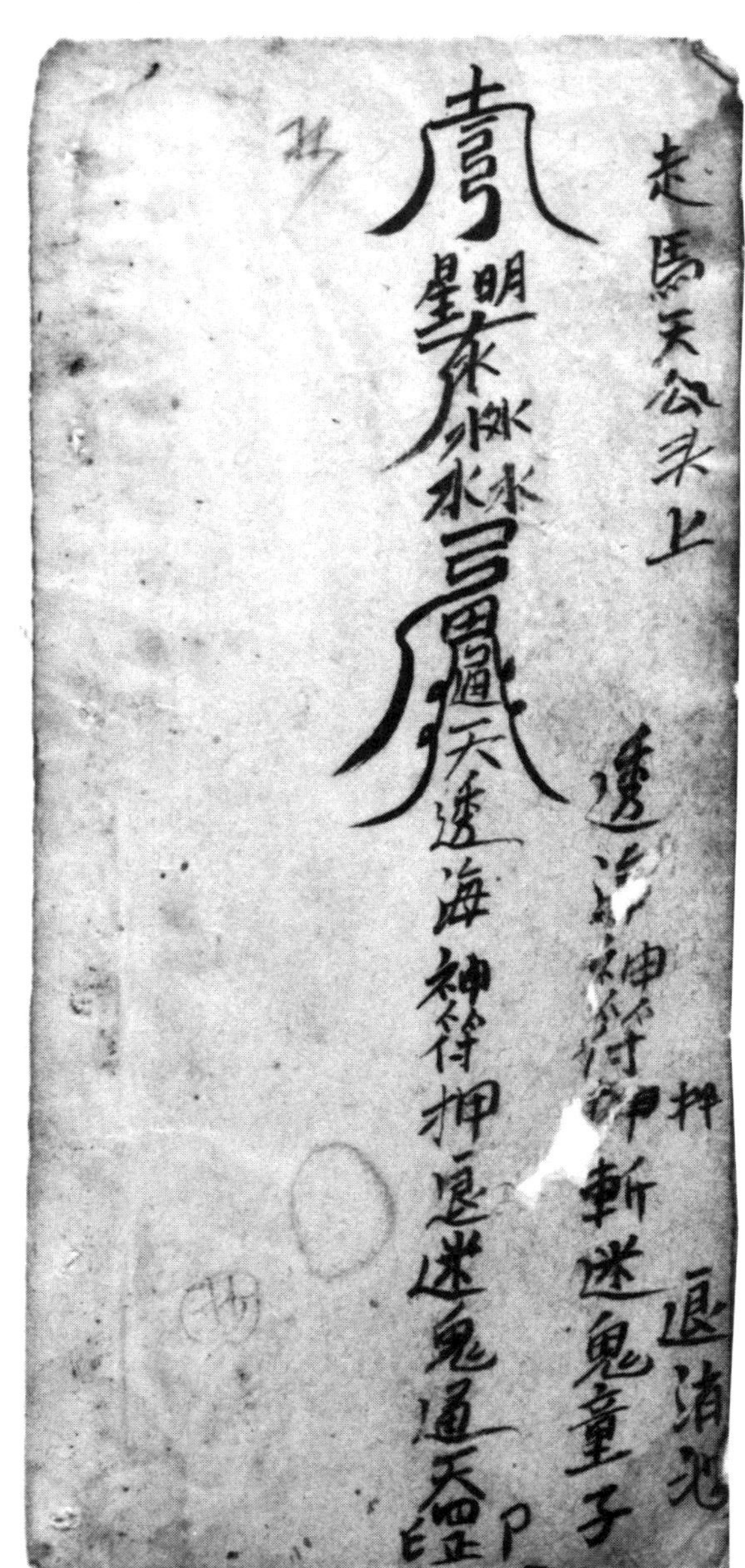

《94号符》「走馬天罡、頭上」
「通天透海神符、押退斬迷鬼童子消除」

三光記号だが、位置は全符の頂点ではなく、下にずらして符文に割りこませた、転位倒置式になっている（16・17・18・23・33・35・54・62・63・65・66・80・86・93・95・108・112各号符参照）。三光とは、下界の萬物を育む天体たる日・月・星であり、符頭の様式としては、横並びの日月二字の中間に、星の記号をはさんだ図式が、定型になっている（「総説」および7・17・36・44・45・46・60・64・71・98・105・120各号符参照）。しかしここでは、星の図形をまじえず、「日」字を中にして、「月星」二字が、両側に配置されており、変則だが、その三光符頭としての意義は、同じである。

符文は、上下二段に分れるが、大ざっぱに見て、上段は補足的な図形や記号のみで、重点は下段の文字に置かれている。上段の開始は、「土」字の下方両角から長線を垂下し、中に「弓」字に似た曲線をはさんだ図形だが、意義は不詳である。その下は、片仮名の「ナ」字に似た図形だが、この意義も不詳である。これに続くのが、小さな「水」五字を、三層に積み重ねた、五水記号である。五字とは、すなわち五方に応じた、あらゆる地方の冷水で、これをもって病人の高熱を下げるという心意であり、この五水記号を、一種の水符とみなしているのである。水符は、火伏せという本来の機能のほかに、熱病の熱下げにも特効があると信じられており、よく用いられている。その下にある大きな図形は、上が変形「弓」字で（33号符参照）、下は「田」字の下部両角から、それぞれ二巻きの蔓巻き模様をつけた曲線を、垂れ下げているのだが、上下を合せて、巨大な変形「鬼」字を構成しているのである。しかして、かかる変形「鬼」字は、符文の内容とはかかわりなく、遊離して、単に悪霊に対する示威と、本号符にこめられている霊力の所在を、表しているだけであることは、すでにしばしば述べた通りである（「総説」および2・7・9・13・19・25・30・31・33・34・38・39・44・52・54・67・72・78・83・87・88・89・91・101・108・111・112各号符参照）。下段に図形は含まれず、文字だけの構成だが、正副の両文に別れており、符式としては特例である。

正文は、「通天透海神符、押退迷鬼通天」の一句六字が、二句で一二字になっている。副文は、「透海神符、押斬迷鬼童子退消除」の二句で、上句四字、下句九字、合計一三字だが、最後の「除（テイ）」字は、故意に同音の「池」字に置き替えている。改行再書の原因は、用紙の余白欠乏によると考えられ、これは正文最後の「通天」二字が、副文開始の「透海」に続いて、成句になっていることからでも、推し測れる。

両文を取捨校合すれば、「通天透海神符、押退斬迷鬼童子消除」となる。大意は、「某神が主動神として、神軍を率いて天降り、患家に赴き、天空を貫き、大海にも達するほど、神通力の強い符令を用い、祟っている迷鬼童子を討ち平らげ、もって病児を救う」というのである。しかして、ここでは司令神と主動神の、いずれも欠落しているが、これは他符同様、法師が法場において、関連する呪語に織りこむか、若しくは口頭で補充もできるのである（40・57・60・65・66・70・72・80・83・91・114各号符参照）。また冒頭「説明」の走馬天罡も、符文では迷鬼童子に入れ替っているのが、注目される。おそらく、主に児童に祟って、高熱を発し、昏睡状態に陥らせるという症状により、迷鬼童子を以って、走馬天罡の別名と見なしたものと考えられる。

特異な転位倒置式の、三光符頭に対応して、符脚は「印」字を、「卩（ふしづくり）」部首と「E」とに割って、中に「罡」字を挟んだ、「罡印」二字の重複式である（「総説」および1・4・5・10・29・42・47・66・69・74・80各号符参照）。総合して、型破りの不規則な構成だが、重点を押さえた符令である。

95号符「欽奉紫微大帝……興工破土大吉」（動土破土兼用符）

説明に「此符動土破土、安在大門」とあり、家屋の増築にあたって、土地を掘り起し、動土して工事を始めるに際し、まず玄関に貼り出して悪霊の侵入を防ぎ、もって一家を護る、動土と破土の、兼用符である。動土および破土の意義は、すでに82・83・84・116各号符で詳説したが、本号符の動土・破土兼用という用途では、83・84の二符と一致しており、その貼って展示する場所を、現場ではなく、母屋の大門と明確に規定している点において、いささか特

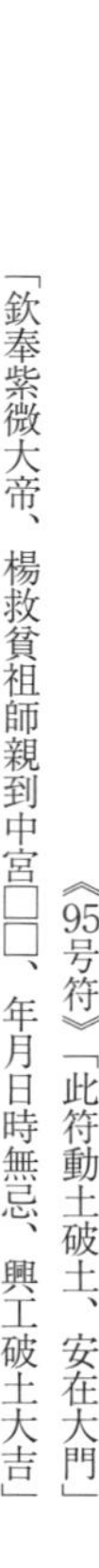

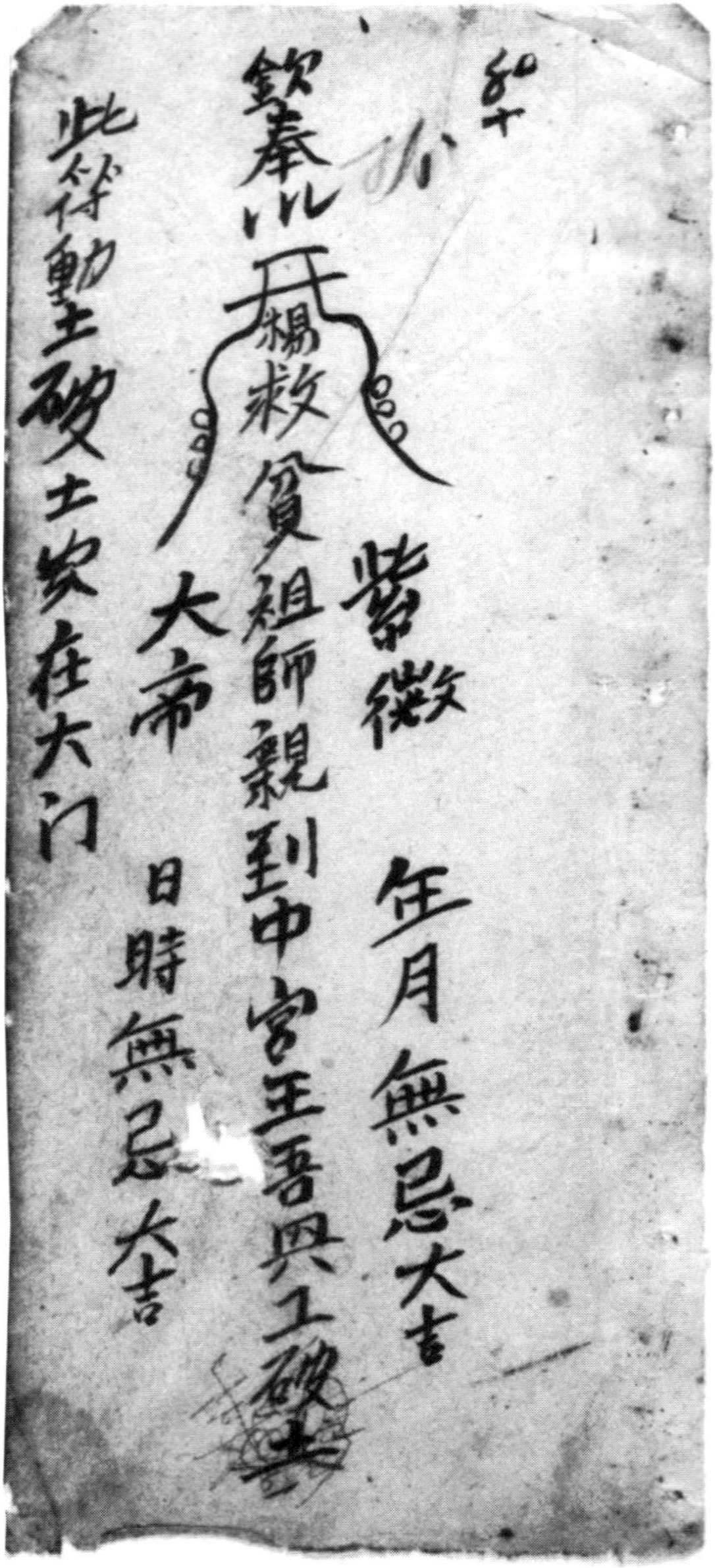

《95号符》「此符動土破土、安在大門」
「欽奉紫微大帝、楊救貧祖師親到中宮□□、年月日時無忌、興工破土大吉」

色がある。符式は、符頭と「天」字の図形化以外は、すべて文字だが、排列がかなり乱れている。符頭は、三清記号だが（「総説」参照）、上端には置かず、故意に符文の位置にくり入れた、転位倒置式である（16・17・18・23・33・35・54・62・63・65・66・80・86・93・94・108・112各号符参照）。

符文は、三段に分れているが、上・下二段は、序列が乱れている。上段は、「欽奉紫微大帝勅令」八字だが、「紫微大帝」は、中段両側に「紫微」と「大帝」に、分割配置されており（36・101・121各号符参照）、「勅令」二字は省略されている。さらに、「欽奉」二字の下を、巨大な変形「天」字が占め、ひときわ目立っている。これは「大（だい）」部首の、二本の足を分離し、股を広げて垂下した曲線を、巻き鬚模様にした鳥居型で、符文の内容とは関係なく、本号符霊力の中枢を示しており、例証が頗る多い（「総説」および6・16・20・27・32・43・46・49・50・56・61・68・73・77・90・99・102・107・109・116・118各号符参照）。中段は、「楊救貧祖師親到中宮王吾」一一字で、「中宮」とは北極星のことだが、ここでは神格としての、北極紫微大帝を指している。しかし、「王吾」との接続は不自然で、その意義も不詳である。下段は、「年月日時無忌、興工破土大吉」の一二字だが、「興工破土」の両側に、「年月無忌大吉」と「日時無忌大吉」の、二行に分けて配置しており、「興」字は、「㒷」の略字になっている。

符文を整えれば、「欽奉紫微大帝、楊救貧祖師親到中宮□□、年月日時無忌、興工破土大吉」となる。大意は、「司令神たる紫微大帝の命を奉じ、楊救貧祖師が主動神として、神軍を率いて天降り、動土する家に赴き、祟って工事を妨害しようと待ち構えている、年煞・月煞・日煞・時煞の四煞を鎮圧して、無事に竣工させ、もってその一家を護る」というのである。ふつう動土に対して祟るのは、現場の地中に潜む一群の土煞だが、これを単なる凶神悪煞とか（82・84各号符）、遠方山地の悪霊（83号符）などとしても、表現されているが、ここでは「年月日時」という、時間の間断なき祟りを示唆している、四人組の煞鬼である（6・20・67・106・118各号符参照）。

符頭が目立たないうえに、符脚も省略されており、消極的首尾である。全体としては、主文が両脇にはみ出て、いかにも恬幅がよいようだが、かえって難解な符令になっているのである。

〔附記1〕前述の如く、本符式簿所載の動土破土符は四例あるが、司令神が明記されているのは、本号符しかなく、その祟る悪霊は、年月日時の四煞になっている。しかして、ここに四煞や土煞など、土木建築に祟る悪霊に対応する主動神として、地牛神系統があり、むしろこれが破土符の主流を占めているのである。「九牛二虎」すなわち九頭の牛と二頭の虎という熟語が、よく強力の比喩とされているように、牛と虎は強力な獣類の代表と見なされている。猛獣の虎はさておき、牛は家畜としても、長らく人間の農耕などに貢献してきたので、遂にこれを聖獣として、あがめるに至ったのである。地牛の信仰は、これに基づいており、地底には巨大な牛がいて、片肩でこの大地を支えており、疲労して肩を換えることを、「地牛換肩」と言い、その動きで地上が、地震になると信じられている。また、地牛が身体のどこかを動かせば、その部位に該当する地上の某地方が、地震に見舞われ、動作の呈度は、震度に比例するというのである。

すなわち、深層の地牛は善神として、浅層にひそんで人間の破土を妨碍する、土煞などの悪霊を、制圧する九牛神でもある。しかして、この九牛将軍系統の破土符が、現在でも建醮の祭典で、醮壇建築の起工式に使われているので、試みにその二例を挙げて、略説するに止める。さらに、後述「附記2」の「A8」と「C6」の項にも、各一例を挙げているので、併せて参照されたい。

A符——台湾南部法師の伝抄符式簿には、破土符の一式として、説明に「制年月日時白虎」とあり、符文は「勅下九牛破土大將軍、神符押起年月日時・白虎・一切凶神悪煞」とある。司令神は不詳だが、大意は「九牛破土大将軍が主動神として出陣し、あらたかな符令を行使して、年煞・月煞・日煞・時煞の四煞、および白虎煞などの、あらゆる悪霊を、捕縛して治罪する」というのである。

B符――市販の符呪俗書『靈驗神符平安篇』所載の、破土符の一式だが、説明に「要動土時、可將此符貼於動土處、自安」とあり、「動土予定の現場に、予め貼っておけば、工事が安全にはかどる」というのである。符文は、「奉勅令、九牛破土大將軍押煞」とあり、これも主動神は不詳で、「九牛破土大将軍が主動神として、悪霊どもを制圧する」というだけで、至極簡略である。しかしその「牛」字は、ただ普通の一字ではなく、極小の「牛」を九字、三字ずつまとめて、これを三段に積み重ねた、威風堂々たる意匠になっている。

〔附記2〕主動神たる楊救貧祖師とは、唐代の実在人物、楊筠松なる者である。号を救貧先生と称し、官位は金紫光禄大夫まで出世して、朝廷で霊台地理の事を掌ったが、退官後は専ら地理術を世に広め、地理や葬法に関する著作もあって、後世に伝えられている。そのせいか、大陸では地理風水師や大工・左官などに崇められている職業祖師だが、台湾の民間信仰では影が薄く、廟祀もされていないにも拘らず、符令にはしばしば登場するという、特異な神祇である。本符式簿では、12号安灶君符に楊公先師（但し「先」字を同音の「仙」と誤写）、32号安龍神符に楊救貧先師および楊公祖師、39号符では楊公祖師とあって、それぞれ司令神あるいは主動神としての役目を果している。しかし市販の符呪俗書には、さらに散見しており、その機能もかなり多岐にわたっているので、ここに三書だけ抄録して、参考に供する。

A.『道符制法』八例。その1：楊公上樑符として、建築の上樑すなわち上棟式の際、柳木板に硃書して、立てる符令として、表面に「奉大唐光禄大夫楊筠祖師勅令」と書し、裏面に「奉請楊公・曽公・廖公祖師」としているが、「筠」字を「筑」と誤写している。　その2：安灶君符に、「奉勅令楊公祖師神符到、安謝五帝・司命灶君」とある。　その3：安神位符に、「奉勅令金紫光禄大夫楊筠松師」とあるが、「筠」字を「鈞」と誤写している。　その4：制三煞符に、「楊公勅下、神符押退三煞」とある。　その5：安胎符に、「奉楊公勅令、押起五方悪煞」とある。　その6：同じく安胎符に、「奉勅下、楊公先師親到、五方悪煞急走」とあるが、「先」字を、同音の「仙」と誤写している。　その7：葬儀の封山符に、「奉楊公聖人勅令、閉鬼煞」とある。　その8：同じく葬儀で、墓穴を掘る破土符に、「楊公・九牛破土大將軍押煞」とあって、ここでは前記の九牛破土大将軍と結合している。

B.『実用符呪全書』八例。その1：符称不詳に、「楊公押退神煞」とある。　その2：同じく符称不詳に、「楊公勅下井水」とある。　その3：安胎符に、「奉楊貧勅令」とあり、「楊貧」二字だけで、中間の「救」字が欠落している。　その4：鎮煞符に、「九天玄女・楊公」とあるが、「楊」字を「揚」と誤写している。　その5：収煞符に、「楊公勅下」とある。　その6：封山閉鬼符に「楊公聖人勅令」とある。　その7：閉鬼煞符にも、「楊公聖人勅令」とある。　その8：安灶符に、「楊公祖師神符」とある。

C.『畫好符改好運』三例。その1：家宅に邪煞がはびこっている場合の安宅符に、「楊公聖人勅令」とある。その2：葬後の家宅不安に用いる喪事符に、「奉楊公勅令」とある。　その3：制羅経符に、「奉楊公勅令」とある。

しかして、前掲の諸符令を踏まえ、各符に司令神あるいは主動神として登場する、唐代の楊筠松なる人物を、その神格化した称号、および用途を反映した符令類別の二点から検討すれば、その民間信仰における輪郭が、おぼろげながら見えてくるのである。まず称号としては、第一位が「楊公」九例で最も多く、第二位が「楊公聖人」六例、第三位が「楊公祖師」四例、第四位が「楊公先師」二例で、その他は「大唐光禄大夫楊筠松祖師」・「金紫光禄大夫楊筠松師」・「楊救貧先師」・「楊救貧」各一例となっている（なお、別の符式簿には、「楊公救貧先師」・

「楊祖師」・「楊公祖」などの称号がある）。次に、符令類別では、第一位が「安灶符」・「安胎符」・「封山符」各三例で最も多く、その他は「安宅符」・「安神位符」・「鎮煞符」・「収煞符」・「制三煞符」・「閉鬼煞符」・「破土符」・「上樑符」・「安龍神符」・「喪事符」・「羅経符」各一例となっている。

以上を総合すれば、まず称号としては、人々は厳しい官位の肩書にはなじめず、かえってただ「楊公」という姓氏に対する敬称にこだわって、専らこれを好み、民衆との親近感を表わしている。また「救貧」なる雅号も二例あって、庶民に救世主としての語感を与えているのである。次に、符令の名称類別では、かなり変化に富み、したがって用途も多岐にわたっている現象は、とりもなおさず、この神祇は民衆と密着しており、その信仰は他神に比して、表立ってはいないにもかかわらず、民間信仰における根底が、地道だが極めて深いことを示しているのである。さらに穿鑿すれば、民衆の地理風水に対する、牢乎たる信念、極言すれば惑溺が、その背景をなしている事実も、度外視できないのである。

96号符　「奉真武上帝勅令……変化無停」（走馬天罡符）

説明に「走馬天罡、安大門」とあり、玄関に貼り出して、走馬天罡の侵入を防ぐ、94号と同様の符令だが、「罡（コン）」字を同音の「公」と誤写している。しかし符式は異なり、それぞれ長短は免れないが、本号符の方が整い、全体として、まとまっている。用法については、前符ではなにも触れていないが、ここでは多くの辟邪符同様、道路に面した戸外に貼って、悪霊を威嚇し、その侵入を禦ぐという作用になっているのだが、実際は走馬天罡がよく少年に祟り、高熱で死亡に至らしめるため、符令を点火して、その灰を碗に盛った水に溶かし、解熱剤として、飲ませる用法が多いのである。符頭は省略されている。

《96号符》「走馬天罡、安大門」
「奉真武上帝勅令、六丁六甲神將、追収凶神悪煞滅亡、押退迷鬼童子、符行正法、変化無停」

符文は、三段に分れる。上段は、「奉真武上帝勅令」七字だけだが、「勅」字は図形化し、「令」字も「人(ひと)」部首が、甚だ誇張されている。中段は、「六丁六甲神將、追収凶神悪煞滅亡」と、別行「押退迷鬼童子」の、三節二〇字で最も長く、かつ詳細である。第一節の「六丁・六甲神將」は、「六」字の下に「甲丁」二字を合体し、「將」字はその右旁に大書しており、さらにこれらの文字を、八個の小円を短線でつなげた四角形で囲み、その四角形の底辺の三小円から、それぞれ一本の、稲妻形ジグザグ曲線を垂らしている。このよく目立つ異様な図形は、軍営を表示していると共に、また本号符における霊力の中心と、その発揮点をも示しているのである。この下の文字では、「凶」が「㐫」、「悪」が「惡」と、それぞれ俗字になっており、「退」字は「退」、「童」字は「重」と、それぞれ誤写している。下段は、「符行正法、変化無停」の二節八字だが、後節の「無停」一句二字が欠落している。

符文を整理すれば、「奉真武上帝勅令、六丁六甲神將、追収凶神悪煞滅亡、押退迷鬼童子、符行正法、変化無停」となる。大意は、「司令神たる真武上帝の命を奉じ、六丁・六甲神将が主動神として、神軍を率いて天降り、患家に赴き、あらたかな符令を行使して、凶神悪煞などの悪霊を討滅し、また迷鬼童子をも、撃ち破って退却させ、もって病者を救い、快癒させる」というのである。司令神としての真武上帝とは、いうまでもなく、北極星の神格化たる玄天上帝のことで、法力無辺の辟邪神として、崇拝されているにもかかわらず、本符式簿収録の符令は、この外に52号符の北極大帝しかないとは、むしろ意外な現象である。しかのみならず、神軍をくり出すほどの大規模な掃討戦でありながら、敵対悪霊が迷鬼童子、すなわち走馬天罡だけでは釣り合わないせいか、さらに凶神悪煞なる、最もありふれた悪霊の集団を加えているのだが、文脈ではむしろ凶神悪煞が主役で、迷鬼童子は配役にされており、標題の走馬天罡符とは、ややずれているのである。

なお、「符行正法」と「変化無停」二句を、つめて一句にすれば、「正法変化」になるのだが、これは「変化無停」（16・18・22・24・26・30・35・37・64・71・98各号符参照）・「応変無停」（22・24・26・46・68・80・86各号符参照）・「神符変化」

（7・26各号符参照）・「変化神符」（97号符参照）などと同義で、「本号符にこめられている霊力は、事態に即応して変化し、何時いかなる場合に直面しても、絶えず強化されて、敵対する悪霊を制圧できる」と誇り、また人々に請け合っているのでもある。

最後に注意すべきは、「符行正法」の一語である。これは「符行正教」（25・43・48・50・64・81・91・97各号符）と同義で、共に悪霊に対抗し、さらに制御もする、光明正大な符令であることを、高らかに謳っているのである。じっさい、世間はひとを呪う呪法、すなわち使符仔路（サイフウアロオ）という黒巫術の、行使を得意とする符法先（フウホアッセン）が、はびこっていると信じられており、その呪禁邪法を倣向（ツオヒヤン）・倣儌（ツオキヨ）あるいは擤損（ケンスン）などと称し、ひどく恐れている（「総説」および107号符参照）。されば こそ、世人は正道に則った符令を、切望しているのである。

符令の構成としては、符頭がないのに対応して、符脚も省略されている。全体から見れば、殆ど文字だけで、口調の激しい、積極的符令である。

97号符「奉玉帝……斬断寒熱鬼怪」（解熱治病符）

説明に「一治寒熱百煞、化火食」とあり、寒熱症すなわちマラリア病者に、茶碗に入れた冷め湯の上で、点火して燃やし、その焼き灰を湯に落して、まぜたのを飲ませる、専用の解熱治病符である（「総説」および22・23・24・33・99・105・109各号符参照）。さらに、マラリアのみならず、その他の祟りによる熱病にも効くという、強力な符令である（58・77・99・101・102各号符参照）。符式は、文字が主体で、主旨は明確だが、構成は複雑にしくまれている。符頭は、北斗七星記号と三台星記号の合成式だが（「総説」および38・50・86・104各号符参照）、中間に符文上段の「玉」字をはさみ、全体として、分離式二重構成符頭にしている（「総説」および1・5・9・10・26・27・30・31・32・38・46・55・56・

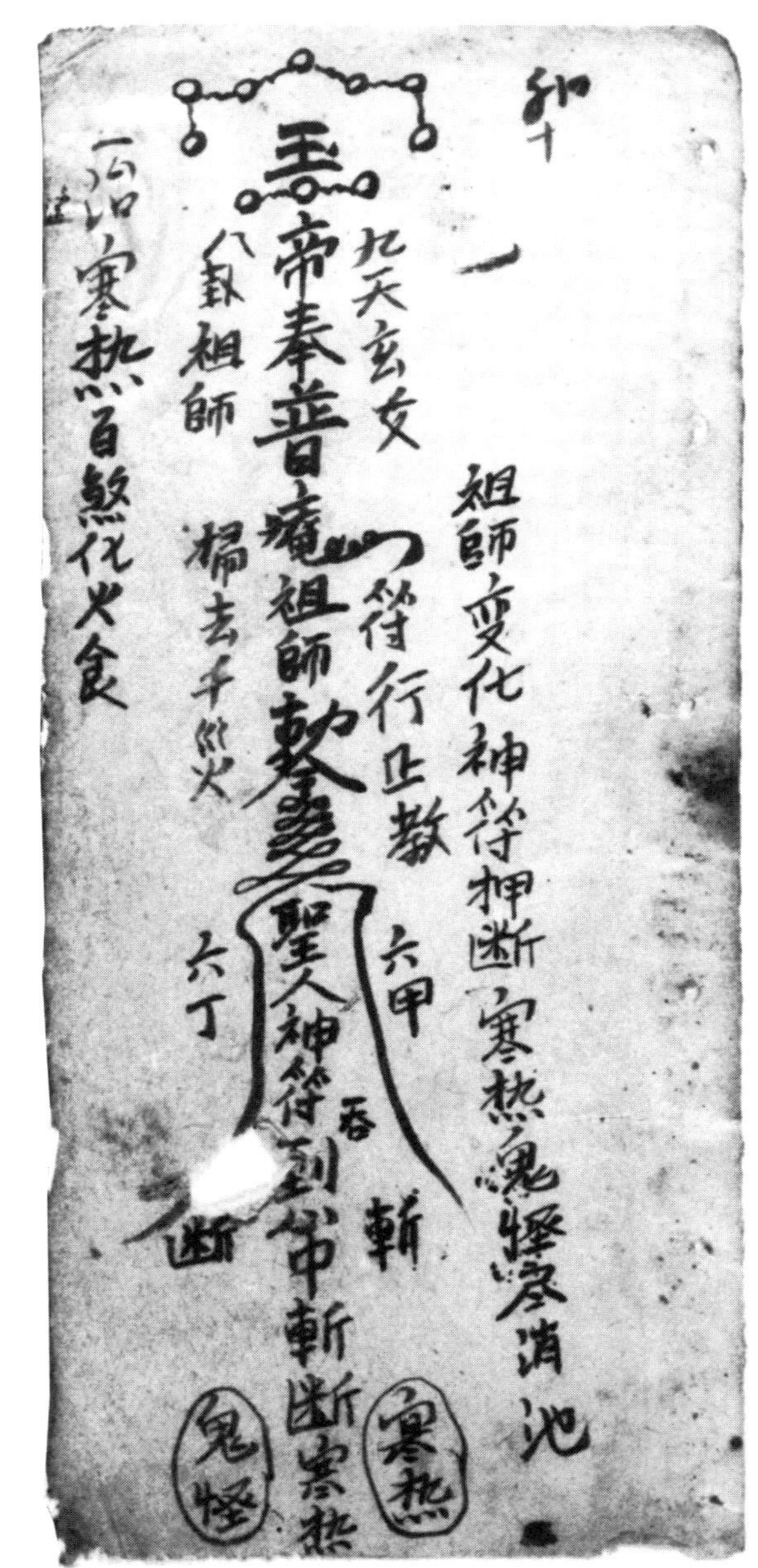

《97号符》「一治寒熱百煞、化火食」

「奉玉帝（九天玄女・八卦祖師）勅令、普庵祖師・六丁六甲、符行正教、掃去千災。聖人神符、呑到心中、斬断寒熱鬼怪」

60・78・80・86・105・106・110・116各号符参照)。

符文は、三段に分れるが、両傍らにも逸れている。上段は、「玉帝奉普庵祖師勅令」の九字だけで、単純なようだが、若干の問題を含んでいる。まず「奉」字の位置だが、そのまま読み下したのでは、文意が通らず、位置を符文の最初に移さねばならない。「奉」字で始まる符式は、本符式簿でも少なからず、むしろ常用の一式とでも見なすべきである(2・3・4・5・8・10・11・12・14・21・24・48・49・50・65・72・73・77・81・82・83・86・87・89・91・92・96・101・107・109・110各号符参照)。次に、普庵祖師は、本符式簿にも頻繁に登場しているが、ここでは28号符と同じ手法で、「庵」字の「广(まだれ)」部首を「疒(やまいだれ)」部首に換えて、その治病効力を誇示しているのみならず、さらに「庵」字の筆末をずっとのばして、三巻きの蔓巻き状にし、目立たせている(19・23・28・35・36・53・62・67・75・79・85・102・103・104・109・115各号符参照)。さらに、末尾の「令」字は、最後の字画を延長し、[illegible]状のくねた交差曲線模様にしてから、「八」字の如く、二本に分けて、大袈裟に垂れ下げ、最も目立つ意匠として、本号符における霊力の集中点、ならびにその発揮の中心をも表わしているのである(「総説」および1・20・26・27・30・31・32・39・40・41・64・70・71・81・82・100・105・110・120各号符参照)。

符文から逸れて、その両側に添えられている語句にも、それぞれ深意がこめられている。まず、「玉帝」の左右には、「九天玄女」と「八卦祖師」があるが、神格の序列に鑑みて、司令神は玉皇上帝で、九天玄女と八卦祖師は補佐役、すなわち一対の副司令神として、両側に侍っているのである。九天玄女は、3・4・5・6・8・10・20・32・38・77・99・102の各号符に見えており、一方、八卦祖師は、3・4・5・6・10・32・77の各号符に見えているが、多数の諸神仏に混在しているのではなく、両神だけが一対として登場するのは、6号符と32号符である、本号符と合算すれば、三例だけである。言うまでもなく、九天玄女とは女媧氏、八卦祖師とは伏羲氏のことで、両者は兄妹であると伝えられ、この肉親という紐帯が、なおさら霊力高揚の一端として、民衆に感受されているのである(32

号符参照）。

次に、「普庵祖師」の両側には、「符行正教」と「掃去千災」の対句を配している。この二句については、既に25号符で詳説したから、ここでは概略の再考にとどめる。正教とは、広く篤信されている法教を指している。この正当な教派宣揚の一端を担う符令なればこそ、中段の「聖人神符」に照応しており、神符の霊力で、鬼怪を掃蕩し、もって和楽を招くというのである。しかして、符文の構成としては、基本の「符行正教」と、この「掃去千災」との結合句が、最も多用されているが（43・48・64・81各号符）、その他に「掃退千教」（50号符）・「神符追収」（25号符）・「起煞鎮安」（91号符）などもある。しかし、いずれの意義も、似通っているのである。

中段は、「聖人神符、呑到心中」の二句八字だけだが、上句の両側に「六丁」と「六甲」を配しており、天降る征討軍としての六丁・六甲神軍である（1・5・36・38・82・92・113・120・122各号符参照）。しかして、下端「心中」二字の両側には、「斬」と「断」各一字を配しているが、これは下段と重複しており、無意義である。

下段も、「斬断寒熱」の四字だけだが、両側には更に「寒熱」と「鬼怪」の二句がある。「寒熱」が重複しているのだが、後句は単に、人々に符文全体の視覚的平衡感を与えるだけの、追加冗句にすぎないのである。

符文を整理すれば、「奉玉帝（九天玄女・八卦祖師）勅令、普庵祖師・六丁六甲、符行正教、掃去千災。聖人神符、呑到心中、斬断寒熱鬼怪」となる。大意は、「司令神たる玉皇上帝の命を奉じ、九天玄女と八卦祖師の助力で、普庵祖師が主動仏として、六丁・六甲の神軍を率いて天降り、患家に赴き、正当な符法で、その災難を一掃する。病人がこのあらたかな符令を服用すれば、マラリア鬼の祟りが断ち切られ、熱病が治癒して快復する」というのである。しかして、最後の「聖人神符、呑到心、斬断寒熱鬼怪」一節は、治療効果の確認、ないし補充説明にもなっており、珍しい例である。

なお、別行に「祖師変化神符、押断寒熱鬼怪、盡消除」とあるが、「盡」は俗字の「尽」となし、「除（ティ）」字は故意に、同音の「池」と誤写している。大意は、「普庵祖師のあらたかな符令は、マラリア鬼をことごとく滅ぼし、もって病人の高熱を鎮める」というのである。すなわち、符文の中・下両段を、かように書き替えても差し支えないという、代用語句であり、符文の融通性を示している。しかして、「変化神符」とは、すでに屢述した通り、「神符変化」（7・26各号符参照）・「正法変化」（96号符参照）・「変化無停」（16・18・22・24・26・30・35・37・64・71・98各号符参照）・「応変無停」（22・24・26・46・68・80・86各号符参照）などと同義で、「善神と悪鬼との、霊界の葛藤、すなわち両者の対立抗争という局面において、本号符の霊力は常に変化し、絶えず強化されて敵をしのぎ、勝利して人々を庇護する」というのである。

符頭が厳しい二重構成であるのに引き替え、符脚がなく、この点では均衡がとれていない。総覧すれば、ほとんど文字だけで、字数が多くて仰仰しく、一見して乱雑な、語句の激しい、積極的符令である。

98号符「観音佛勅令……変化無停」（安胎符）

説明に「小児安胎帯」とあるが、「安」字は「音」と誤写し、「帯」は俗字の「帯」となしている。妊婦が肌身につけて、胎児の順調な生長を希う安胎符だが、その用法はまちまちである。合計一〇式のうちで、この携帯四例（29・89・98・108各号符）が最も多く、次が寝台貼り付け三例（49・87・107各号符）で、寝室入口貼り付け二例（92・113各号符）や食用一例（91号符）などに比して、最も穏当性を認められている用法である。符式は、ほとんど文字のみで、構成は単純である。符頭は、「日月」二字の中間に、星辰を示す小円と「十」字を組み合せた、「⊕」図形（1・55・103各号符参照）を挟む、第一式三光記号である（「総説」および7・17・36・44・45・46・60・64・71・105・120各号符参照）。

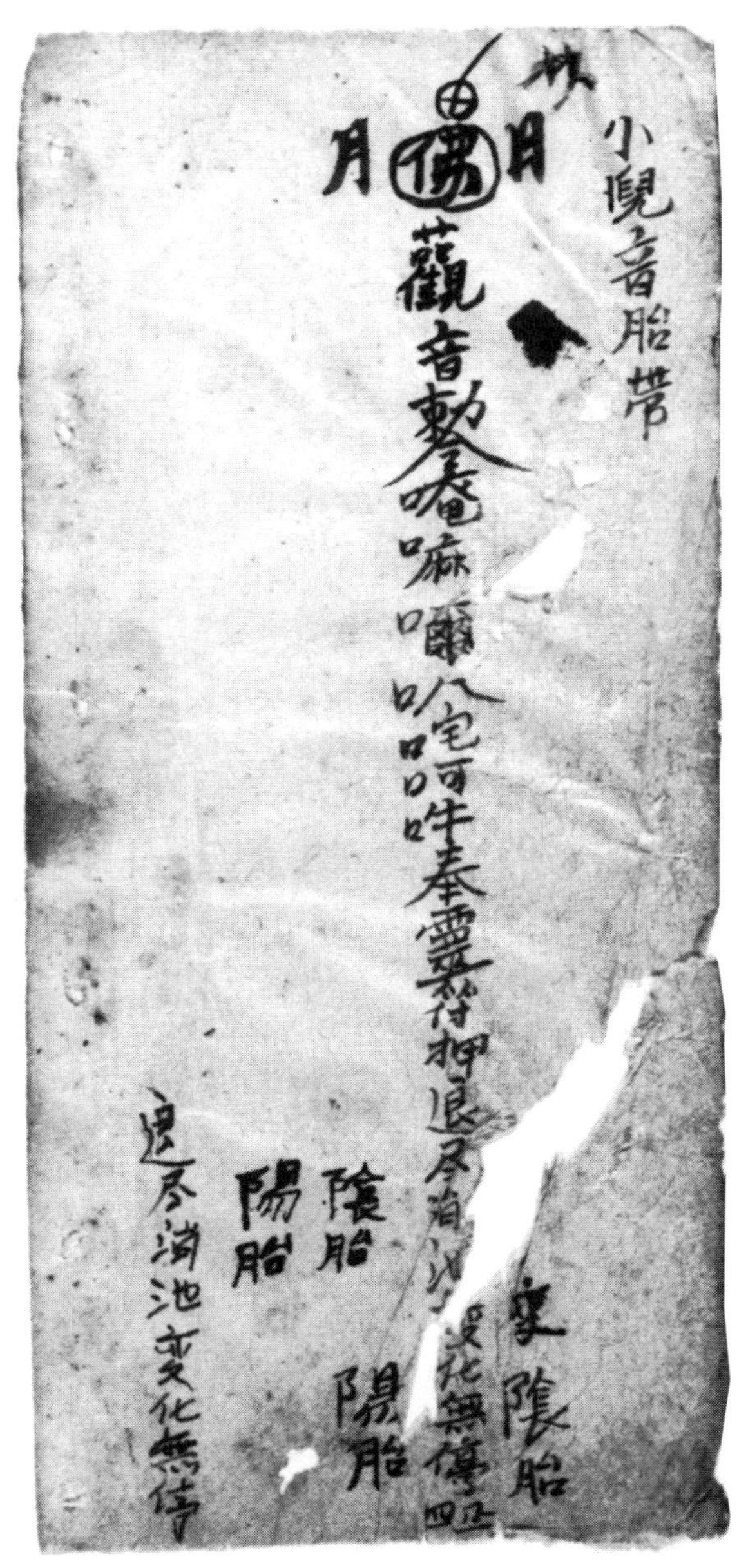

《98号符》「小児安胎帯」
「觀音佛勅令、唵嘛嘛叭咜呵吽奉靈符、陰胎陽胎、押退盡消除、変化無停」

符文は、三段に分れる。上段は、「佛」字の最後の筆画をのばして、円く全字を囲った図形と、「観音勅令」四字の合成であり、「佛」と「觀音」の位置を転倒すれば、「觀音佛」となって、俗称の観音仏祖になるのである。しかして、円囲い「佛」字の意義は、仏菩薩の威光ならびに、法力の無辺なるを誇示しているのだが、該当仏は一定せず、不詳の場合もある。本符式簿所載は、合計一六例あるが、最も多い普庵祖師六例（35・36・53・74・75・79各号符）のほか、観音仏祖（98号符）・阿弥陀仏（105号符）・仙師（120号符）各一例あって、不詳は七例（1・13・44・45・55・60・71各号符）である。

中段は、「唵嘛嘛叭咤呵吽奉靈符」一〇字である。しかして、この「唵嘛嘛叭咤呵吽」一句七字は、107号符の「嚧嘛嘛叭哩吽」一句六字とは、「咤呵」二字が、「哩」一字に代っているだけで、よく似ており、頭字の「唵」と「嚧」も通用している。また南部法師の別本符式簿にも、「欽奉祖師呂帝勅令、庵嘛彌八吡吽、急急如律令」の一式があり、その中句は、「庵嘛彌八吡吽」になっている。すなわち「唵」・「嚧」・「庵」三字は、通用しているのだが、別本符式簿はさらに、「奉佛唵嘛叭哩嚧、普唵祖師速降來臨」の一式があって、ここでは明らかに「唵」の語意を、普庵祖師に掛けているのである。なお「唵（あん）」とは、梵語「Om」の音訳で、仏教で禁呪に用いる発声の詞（ことば）として、金剛界の陀羅尼に冠されていることは、周知の通りである。かように、字句に多少の違いはあるが、「唵嘛呢叭嘛吽」が、仏式の六字大明呪として、危難逃れに唱えられている。しかして、末字の「吽（うん）」とは、梵語「hnū」の音訳で、一切の教義は、皆この字に収まるとされているのだが、また雷声を司っており、従って諸邪を屈伏し、浩然の気をもたらすとも解されているから、しばしば平安符の文末に、追加されているのである。つまり、これら梵語の呪文は、たとえ文字数に差異はあっても、大意は「治病辟邪、消災招福」の域を出でず、この点では、広く用いられている「南無阿弥陀仏」の念仏にも等しいのである。なお、「唵摩尼達哩吽拔托」の一句八字を、宝楼閣呪と称し、その効能にまつわる霊験説話がある。汪成なる者が、夜ごと不眠と悪夢にさいなまれていたが、この呪文を紙に書いて符令となし、寝室の柱に貼りつけておいたら、効果覿面で、安眠できたというのである（『夷堅志』甲巻）。また普庵祖師の「庵」字が、多様に変化していることは、75号符において既述した通りである。「靈」は、慣用されている俗字の「靈」となっている（24・35・36・39・46・49・68・78・79・80・82・85・100・109各号符参照）。

下段は、「押退盡消除、変化無停」で、下部の両側には「陰胎」と「陽胎」の二句を配しているが、「盡」は俗字の「尽」となし、「除（テイ）」は故意に同音の「池」字をあてている。「変化無停」とは（16・18・22・24・26・30・35・37・64・71各号符参照）、「応変無停」（22・24・26・46・68・80・86各号符参照）や「神符変化」（7・26各号符参照）・「変化神符」（97号符参照）・「正法変化」（96号符参照）などと同じく、本号符は悪霊の跳梁跋扈に対し、いかなる場合にも、即応して霊力を発揮し、対処できることを、表示している。要するに、符令の霊力は固定しているのではなく、対抗悪霊の攻勢や、その出方しだいによって、いかようにも伸縮できるという、融通無礙の法力とその弾性を強調しているのであり、「邪不闘正」すなわち邪悪は、正義に太刀打ちできないという、社会通念に基づいているのである。

最後に、最も難解なのは、符文の両側に振り分けて添書されている、「陰胎」と「陽胎」の二句で、これは108号符にも見えており、本符式簿ではこの二例しかない。古来、陰陽説に基づいて、男性は陽に属し、女性は陰に属するとされているから、陰胎は女胎で陽胎は男胎になる。然るに、台北紅頭法師応霊壇の破胎科儀疏文には、「誠恐受着猪胎・狗胎・陰胎・陽胎・流霞□胎・……六甲花胎、……冲犯大肚夫人、為碍作災、以致身中欠安」とあり、尪婆が分花破胎して、難産に墜った某夫人を救助するという主旨である。流霞（リウヘエ）とは難産の病名で（28号符参照）、出産の際に水を動かすとか、赤い物を見ただけで、祟られて死亡すると信じられており、これを起流霞（キイリウヘエ）と称し、この性（さが）を帯びていることを帯流霞（トアリウヘエ）と言うから、次の六甲花胎と共に直接関係はない。しかして、人間の陰陽胎を、孕み豚や孕み犬の如き家畜と並記して、みな安産を妨げる悪霊と見なしている点は、いかにも牽強すぎて不可解である。

符文を整理すれば、「観音佛勅令、唵嘛嗬叭咜呵吽奉靈符、陰胎陽胎、押退盡消除、変化無停」となる。大意は、

「司令仏たる観音仏祖の命を奉じ、普庵祖師が主動仏として、神軍を率いて天降り、産婦の家に赴き、霊符を用いて、安産を妨げようとしている陰胎や陽胎などの悪煞を掃滅して、安産を確保し、もって母子を救う」というのである。

符脚は、「罡」字だが、余白がないため、窮余の一策として、これを「四」と「正」に析字し、横にずらし、並列させている（72号符参照）。総覧すれば、本号符の構成は、直截ではなく、梵語の閑文字などを交えた、紆余曲折の、難解な符令である。

〔附記〕観音は、救苦救難観世音菩薩という称号に表されているように、衆生を済度する慈悲深い女神で、観音仏祖あるいは観音媽と敬慕されて、深く民間信仰に定着している。由緒ある観音寺が、各地に遍く設けられているのみならず、地方鎮守の主廟や斎堂などに副祀されている例も少くない。さらに、各家宅の正庁に奉祀されている掛軸は、ふつう三段に仕切られ、画像は上段が観音、中段が関聖帝君（関公）と天上聖母（媽祖）、下段が司令竈君（灶君公）と福徳正神（土地公）という図柄になっており、これを観音擦仔（コアンイムサツア）と称していることからもわかるように、観音は別格扱いである。また祭祀暦には、二月一九日の誕生日・六月一九日の得道記念日・九月一九日の出家記念日と、三回も登場し、祭祀の頻度を誇っている。おもうに、かくの如き信仰の篤さは、単に漠然とした救苦救難の概念のみでは培われ難く、煎じつめれば、観音信仰の核心は、その大悲呪の卓効にあると言っても過言ではないほど、教勢の源流は呪術的である。呪術と言えば、観音が三藏法師一行の後盾として、しばしば前途を阻む妖魔鬼怪を収服し、ついに西天への取経の偉業をなし遂げさせたという、『西遊記』の筋は、人口に膾炙（かいしゃ）している。

ひるがえって、本符式簿所収の観音関係符令は、僅かな推定例を除けば、本号符のほか、26号と35号の二例あるが、35号符は単に観音寺への参詣を勧めているだけの間接的関与だからさておき、符文を構成しているのは、26号符と本号符だけになる。しかして、26号符は主動神としての辟邪符だが、本号符は司令神としての安胎符であり、妊婦に対する女神の加護には、同性の気安さが察せられる。いずれにしても、観音の出番が意外に少いのだが、かかる現象は他の符式簿においても、程度の差こそあれ、やはり同じ傾向で、不可解な現象である。

99号符「奉勅令、九天玄女収凶神悪煞、断斬寒熱」（押煞治病符）

説明に「寒熱、化火食」とあり、寒熱症すなわちマラリアに対する押煞治病符で（58・77・97・101・102各号符参照）、用法は焼き灰を湯にとかして、病人に服用させるのである（「総説」および22・23・24・33・97・105・109各号符参照）。符式は、一行だけの文字で、字数も少く、ごく簡略である。符頭は、省略されている。

符文は、上下二段だけの構成である。上段は、「勅令奉請九天玄女」とある。しかして、「勅」字は筆画模様になっており、「奉」字は字頭に「丷」状の記号を冠しているが、無意義な誤写である。「請（チャア）」字は、故意に同音の「且」と誤写している（「総説」参照）。しかし、「奉請九天玄女」では、患家がじかに天神の降臨を乞うことになり、司令神が主動神を派遣するという、符文の慣例に反するので、この場合の「請」は、無用の冗字である。また「天」字は、「大（だい）」部首の二本の足を分離し、股を広げて垂下した曲線になっており、全体として鳥居型に画かれているが、この場合は本号符に込められている霊力の中心、ならびにその発揮点をも示しているのである（「総説」および6・16・20・27・32・43・46・49・50・56・61・68・73・77・90・95・102・107・109・116・118各号符参照）。下段は、「収凶神悪煞、断斬寒熱」とあるが、「凶」は俗字の「㐫」となし、「悪」も俗字の「𢙣」となしている。

符文を整理すれば、「奉勅令、九天玄女収凶神悪煞、断斬寒熱」となる。大意は、「某司令神の命を奉じ、九天玄

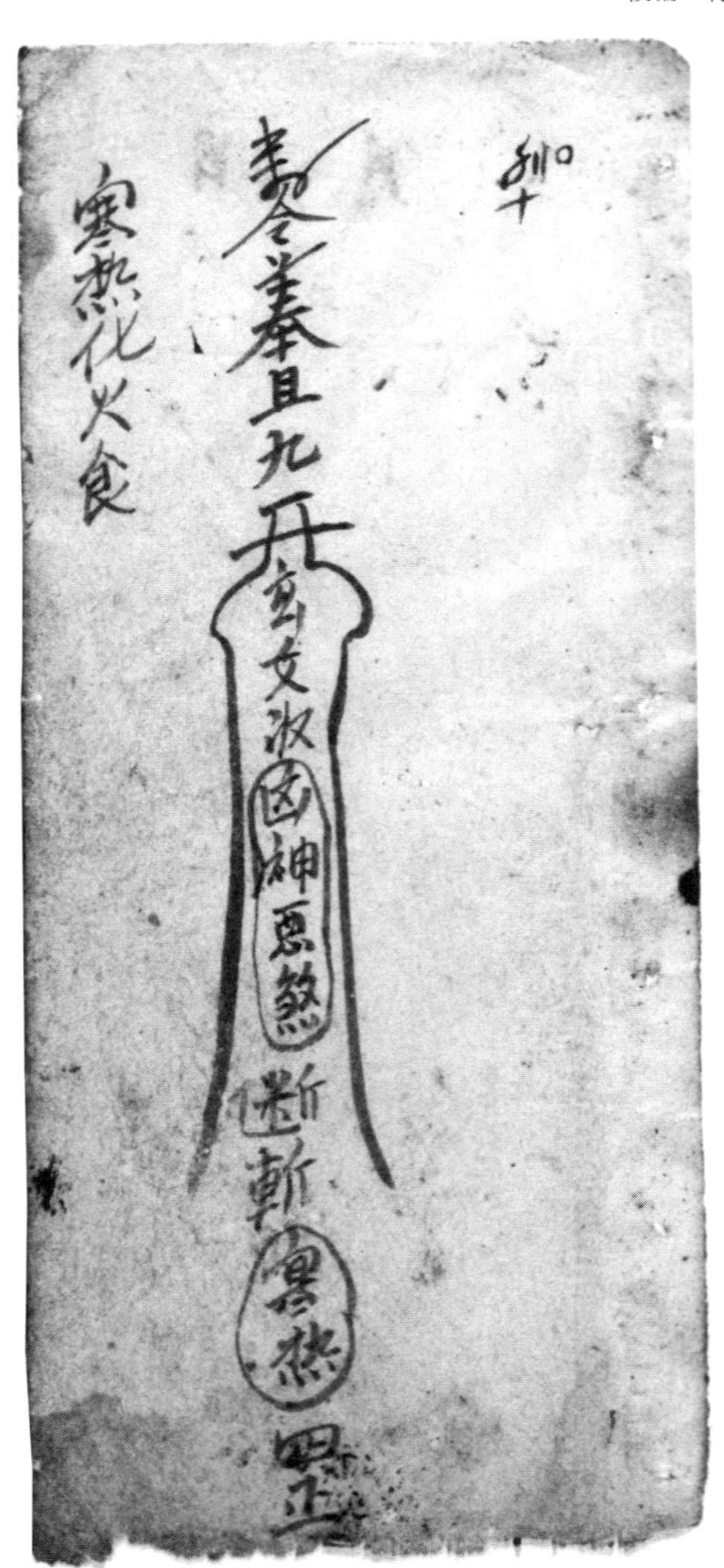

《99号符》「寒熱、化火食」
「奉勅令、九天玄女収凶神悪煞、断斬寒熱」

女が主動神として、神軍を率いて天降り、患家に赴き、祟っている悪霊どもを捕え、病根を断ち、患者の寒熱病を治療して、健康を快復させる」というのである。寒熱病とは、既述の如く、悪寒と高熱が交互に起る、瘧（おこり）すなわちマラリアのことである。瘟疫や風土病の猖獗蔓延は、往時における開拓阻害の一因にもなり、疫死者の怨霊が、王爺神として篤信されているのである。

なお、九天玄女とは（3・4・5・6・8・10・20・32・38・77・97・102各号符参照）、女媧氏のことで、天を補修した伝説よりも、むしろ『封神演義』における、妖怪統御の最高神としての観念が民間に浸透し、法教では陰邪制圧の高位神として、崇められているのである。しかして、その本号符における地位は、某司令神に差遣されて、現地に赴く主動神だが、97号符では玉皇上帝の副司令神になっており、77号符では四柱の女神を出動させる最高の司令神で、時と場合によって微妙に違い、その民間信仰との深遠な関係を表わしているのである。

符頭の欠落に応じて、符脚も「罡」字だけの簡略さである。全構図から見れば、落ち着いてわかりやすく、ゆとりのある符令である。

100号符「勅令、南斗火徳星君……合家平安」（辟邪符、保身符）

説明に「治邪、安鎮神位、帯身」とあるが、「帯」は俗字の「帯」となしている。すなわち、新彫神像を奉安する際に、神位に貼りつけ、また当事者たちが各自、身につけて、悪霊の祟りを避ける辟邪符だが、信徒が日常の保身符として、帯びてもさしつかえないというのである（12・32・39・89各号符参照）。符式は、全符にわたって、図形が織りこまれており、複雑である。符頭は、独特な九星の星座記号である。すなわち、星座を表す九個の小円を、それぞれ短線でつなげた長い連結線の星象図だが、その図形はアルファベットの「W」字に似ている。さらに、そ

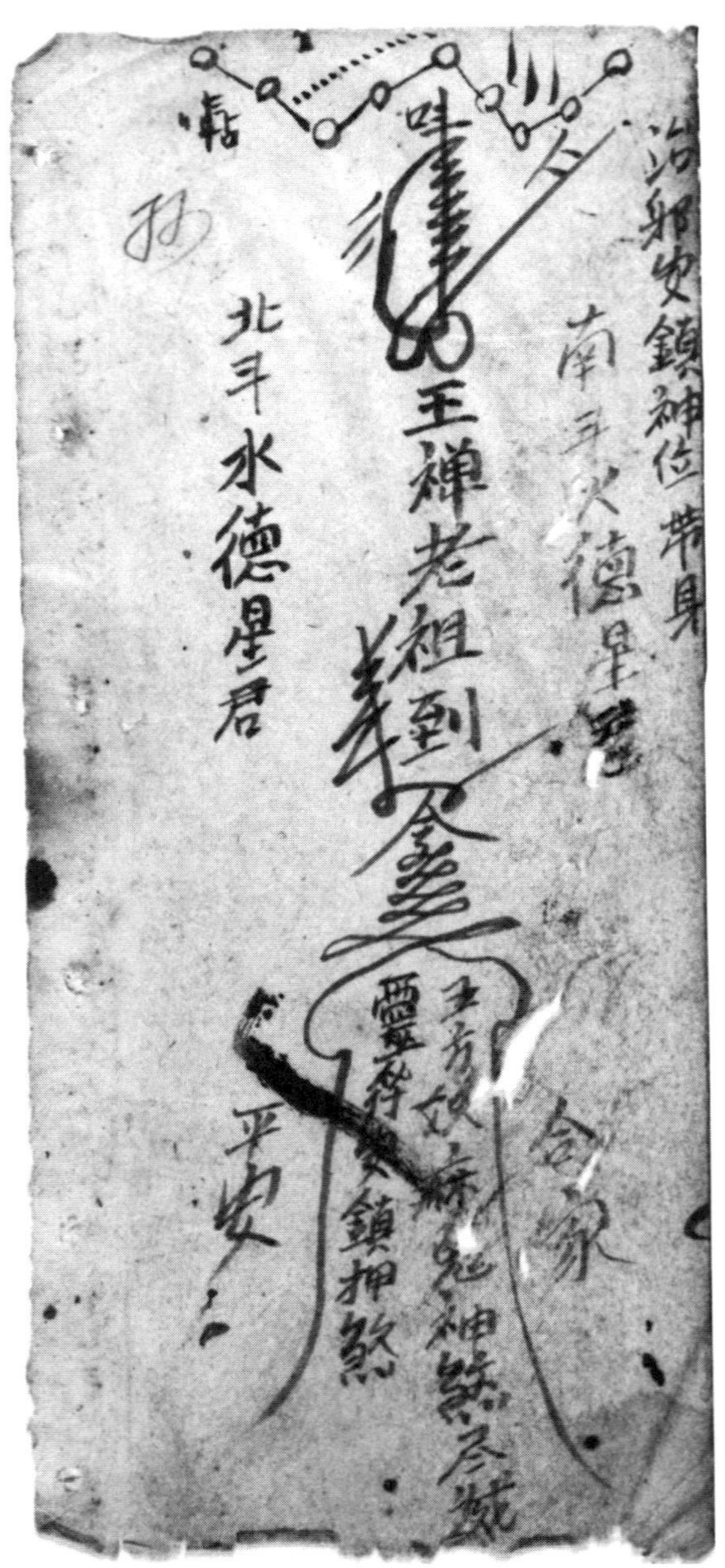

《100号符》「治邪、安鎮神位、帯身」
「勅令、南斗火徳星君・北斗水徳星君、叫□王禅老祖到、靈符安鎮押煞、五方妖魔神煞盡滅、合家平安」

の二個所の凹みには、一本の短い点線と、「川」字に似た三本の短線をあしらって、神秘めかしているが、いずれも単なる虚飾にすぎない。九星とは、陰陽道の用語で、一白水星・二黒土星・三碧木星・四緑木星・五黄土星・六白金星・七赤金星・八白土星・九紫火星を指し、その相性・相剋によって吉凶を判断する術である（118号符参照）。一方、九曜も星宿の名称だが、一日曜・二月曜・三火曜・四水曜・五木曜・六金曜・七土曜・八羅睺・九計都で、両者は相異なる星宿だが、同数によって、九星（きゅうせい）と九曜星（くようせい）は、ややもすれば誤認されてもいるのである。いずれにしても、この九星符頭の意義は、他の天体符頭と同じく、天体の恵みを遍く、地上の萬物に降り注いでいるのである（「総説」参照）。

符文は、三段に分れるが、順序が崩れている。上段は、「勅令」二字で始まるが、下方にずり降ろされている。「勅」字は、他符でもしばしば用いられている、筆画模様である。「令」字は、通例の如く大げさに変形して、特に目立っている。すなわち、最後の字画を延長し、くねた状にしてから、二本に分け、長く下に降ろし、もって本号符にこもる霊力の中心、ならびにその発揮点を示しているのである（「総説」および1・20・26・27・30・31・32・39・40・41・64・70・71・81・82・97・105・110・120各号符参照）。それから最上端の、「叫」字に続くのだが、これは俗字の「叫」になっている。この下は、一本の心棒に曲線をからませた、複雑な図形になっているが、いかなる文字を表示するかは、不詳である。続いて、「王禅老祖到」とあって両側に「南斗火徳星君」と「北斗水徳星君」の対句を配しているが、「徳」はいずれも、俗字の「徳」となしている。中段は、「靈符安鎮押煞」六字だが、「靈」は俗字の「靈」となしている（24・35・36・39・46・49・68・78・79・80・82・85・98・109各号符参照）。下段は、余白がないため、やむなく中段の向って右側にそれて、「五方妖魔神煞盡滅」とあり、両側に「合境」と「平安」の二句を配しているが、「魔」字は上下二字に分解し、「麻」字と「鬼」字になっており、「盡」は俗字の「尽」になっている。

符文を整理すれば、「勅令、南斗火徳星君・北斗水徳星君、叫□王禅老祖到、靈符安鎮押煞、五方妖魔神煞盡滅、

合家平安」となる。大意は、「某司令神が、至急に王禅老祖を召し出して、主動神に任命し、南斗火徳星君と北斗水徳星君二神の補佐で、神軍を率いて天降り、安神位を行わんとしている民家に赴き、霊符の威力を発揮して、あらゆる方向から蝟集して、儀式を妨害せんとする妖邪悪煞どもを、ことごとく討ち平らげて、式場の清浄を保ち、新神像と当事者の安全を期し、もって一家に平安をもたらす」というのである。しかして、「叫（キオ）」とは「よびよせる」とか「よびたてる」ことだが、この場合の司令神は、不詳であるのみならず、厳命を受けた主動神たる王禅老祖もこの一例だけで、その来歴は不詳である。

なお、南斗火徳星君と北斗水徳星君の配合については、すでに39号符において詳述した通り、南斗六星と北斗七星の組み合せが、その基本になっているのである。すなわち南斗は人間の生を司り、北斗は死を司るという司命神信仰だが（50号符参照）、その延長として、変容した「南辰註長生」・「北斗添福寿」という、司命と福寿の複合形態も工夫されている（17・32・45・56・116各号符参照）。しかしここでは、さらに五行の方位配置観念が絡み、火は南方に属し、水は北方に属するから、火徳星君と水徳星君、すなわち火神と水神をも包含させた四神が、一組になっており、家族の水災や火災の回避と、生命の保護という、符令の霊験が、強く打ち出されているのである。

最後に、下段の「合家平安」は、平安符の常套語だが、さらに検討すれば、本符式簿に収録されているのは、本号符を含めて、合計一〇符にも及ぶ、慣用句になっている。これを用途から類別すれば、最も多いのが護身符すなわち保身符五例（1・41・50・86・100各号符）で、鎮宅符三例（25・50・86各号符）と安神位符三例（32・39・100各号符）がこれに次ぎ、最少が安灶君符（12・39各号符）と辟邪符（69・78各号符）二例になる。しかし、単一用途ばかりではなく、兼用も含まれており、39号符は安神位と安灶君、50号符は鎮宅と護身、86号符も鎮宅と護身で、この100号符は安神位と護身になっている。しかして、これらの符令を総括すれば、たとえ外見の用途は異なっても、内実は一本につながっており、安灶君は安神位の一式にすぎず、辟邪は鎮宅の前提であり、護身は個人の携帯用だが、家族各自の健康と安全をふまえてこそ、一家の安寧と家運の興隆が将来されるのであるから、矛盾はないのである。なお、もし本号符を地域社会における公廟の開光儀礼に流用する場合には、「合家平安」を「合境平安」に、書き換えなければならないことは、言うまでもない。

大形の独特な符頭を備えているのにひきかえ、符脚を欠いており、この点では、極端な不均衡である。全構図より見れば、一応の体裁を踏まえてはいるが、不可解な図形を交えた、やや乱雑な符令である。

〔附記〕安神位の意義については、既に12号符で略説したが、なお意を尽していないので、ここに人神関係の観点から、改めて詳論する。

安神位とは、神仏を奉安することだが、正式には安鎮神位と称し、俗に神明安位と言い、単に安座（アンツォ）・安位（アンウィ）・安香（アンヒウ）とも言う。新造の神仏像は、その彫像・塑像・鋳像・画像・陶製・張りぼてたるを問わず、開光点眼すなわち開眼供養の過程を経なければ、「仏造って、魂入れず」の譬えで、只の偶像にすぎない。開光とは、開眼（かいげん）のことで、点眼とは神仏像の目に、筆で朱を点じて、目を開かせることだが、実際は目だけではなく、神体の手足やその他の五官にも、ことごとく点じて、生命を賦与する、すなわち魂を入れる法事である。かようにして、魂を詰め込めるならば、とうぜん抜き出すことも可能である。奉祀者が絶え、不用になって、廃棄すべき神仏像に対して、希に行われる退神（テエシン）の法事で、もとの偶像にもどすのだが、開光が晴れの儀式であるのに引き替え、しめやかに行われる。「有拝有保庇（ウバイウボオピイ）」と言われるように、真摯に礼拝してこその御利益だが、逆に霊験が衰えれば、人々は守護神が退神したのではないかと、憂えるのである。実際、神像とは単なる神霊の容器にすぎないという、民間信仰の通念なればこそ、新しい神像に神霊が導入される、開光して安座する際に乗じ、悪霊が紛れこんで、正神になりすまし、衆人に御利益どころか、逆に災害をもたらすという危惧で、地域社会が恐慌状態に陥って、そのために衰微しかねないのである。小説などにも、土地神の如き弱い下級神が、兇悪な妖怪に祠廟を奪われて入り替られ、地方に災害をもたらすという主題が、扱われているほどである。

しかして、開光から安座までの儀礼は、民家の私祀と地域社会における公廟とでは、その規模において、雲泥の差がある。民家ならば、大庁(トアテア)の尪架卓(アンケエトオ)（案卓(アントオ)）の前に据えられている、正方形の八仙卓(パッセントオ)上に、まず神仏像を置き、法師がひたすら低声で、開光呪を唱えながら、右手に持った朱筆で、神像の各所に朱を点じるのだが、朱筆の代りに、点火した三本の線香を、筆を握る手つきで、神像に近づけて、振り動かす所作だけでも、代用できるのである。それから両手で、恭しく神像を捧持して、これを尪架卓上の神龕に奉安するだけである。なお、件の辟邪符は、予め神龕に貼ってあり、参加する家族も皆帯びているのである。

この慎しさに引き替え、公廟の儀礼は大げさで、曽ては醮祭の格式で挙行する開光醮もあったが、近年は簡素化の風潮に従って、行われなくなった。現在、よく行われており、約半日で済む例を示せば、次の如き過程である。まず廟前の広場に、八仙卓で臨時祭壇をしつらえ、神像を安置してから、当事者が集まり、法師が朱筆で、ていねいに開光点眼したあと、一同拝跪してから、当年の氏子代表たる炉主(ロオツウ)が、恭しく神像を両手で持ち上げて、胸前に抱えると、もう一人の当事者が、一本の新しいこうもり傘を広げて、炉主の頭上にかざし、天空からの、邪気の侵犯を遮断する。法師が先頭に立ち、草蓆(ツアウチヨ)すなわちござを、固く棒状にぐるぐる巻いたのを、両手に持ち、一同、粛粛と廟門に向って行進するのだが、法師はござを振り回し、あるいは地面を叩きながら、沿路の悪霊を威嚇して安全を期する。到着すると、一同は次々に、廟前に用意されて燃え盛る火鉢を、跨ぎ越える。それから法師は、直ちに廟門を押し開けて躍りこむと、すばやく神龕前で、ござの巻き棒を五方角に向けて、地面を力強く叩いて摔蓆(シヤクチヨ)する。同時に大量の爆竹が点火されると、忽ち耳をつんざく轟音を発して、廟内は濛々たる白煙に包まれる。その間に、当事者は協力して、手際よく神像を神龕に奉安し、法師は廟内のあらゆる門戸に、辟邪符を貼って、密室を構成する。かくて、いち早く廟内に盤踞している悪霊は、徹底的に閉め出されて、入廟安座儀式は閉幕し、住民たちは安堵するのである。なお、前記民家の場合と同じく、神龕には予め辟邪符が貼ってあり、参加者めいめいも、携えていることは言うまでもない。

かようにして、開光したばかりの神仏は、初生児の如く、いまだに弱体だから、積極的にその霊力を培養し、成長させ、やがて地方鎮守という、公廟の本尊にふさわしい、霊験あらたかな氏神として、祭祀圏の氏子たちを庇護せねばならないのである。すなわち、神仏の霊力は、ひとえに大勢の信徒たちの真摯な崇敬によって、順調に培養され、生長するのである。由来、古刹大廟なればこそ、遍く篤信されて、その霊験談が喧伝されるゆえんは、実にかかる「有聖（ウシア）」という、霊力の蓄積観念に基づいているのである。なお、民衆にとって、崇敬行為の頂点は祭典であり、とりわけ神仏の誕生日を慶祝する神誕祭が、最も重要な「祭り」として、年中行事に華やかな場面を彩っている。喧噪な祭典は、「お祭り騒ぎ」と言うように、騒がなければ意味がないのである。「人不鬧、鬼即鬧」（人間が騒がなければ、幽霊が騒ぐ）と言い習わしているように、大勢が陽気にはしゃぐ行動によって、陰の気を押えこみ、その人間社会への悪作用を弱め、逆に陽の気を高揚して、景気をつけるという、「抑陰助陽」あるいは「扶陽抑陰」の、根強い陰陽観念に基づいているのである。さらに詳述すれば、まず人々の神仏に対する謝恩祝寿が、神と人との偕楽交歓となり、その抑陰助陽作用が、神霊を充実させ、御威光の霊験によって、人々は庇護される。かくて、神人は共存共栄し、霊界の粛清で、合境平安という、窮極の目的が達せられるのである。

最後に、祭典の種類は多く、目的も一様ではないが、その多くは神像に宿る神霊の確認と、祭域の悪霊一掃にあるので、ここにその一端を指摘し、略説するにとどめる。割香（コアヒウ）とは、本廟から分香（フンヒウ）（分霊）した新廟が、神像を奉じ、香炉を携えて、本廟に参詣する、いわば末社の本山詣でだが、その意義は、衰えがちな守護神の霊力を、補充し更新するのである。酬神劇すなわち奉納芝居は、その騒音に辟邪作用があるばかりでなく、三（さん）番叟（ばそう）としての辮仙（バンセン）すなわち排仙（バイセン）のほかに、加演される跳鍾馗（テアウチヨンクイ）や跳水徳星君（テアウツイテクシエンクン）はいずれも、魔除けや火伏せの呪術を行う、一種の法場である。なお、前述の如く、神像が神霊の容器ならば、廟宇は根城に等しく、中に陣取っている限りでは、ひとまず安全だが、祭礼で神轎が、祭祀圏を練って遊境（ユウキエン）する際は、ややもすれば、待ち伏せている邪鬼悪霊に狙われる。故に駕籠舁の氏子たちは、拍子をそろえ、絶えず神轎を激しくゆすって動揺させ、神霊の旺盛な状態を誇示するのみならず、小型の神輿ならば、シャーマンたる童乩が神輿に上がり、神像の背後に控え、仁王立ちで流血しながら、武器をふるって、沿道の悪霊を威嚇する。帰着の際も、直ちに入廟せず、廟前で大勢に護衛されて、三回進んでは三回退き、然るのちに爆竹を鳴らし、喚声をあげて廟前に設けられて燃えさかる、火鉢を跨いで、廟内に突入し、神像をもとの神龕にもどして、奉安するのである。これを三進三退の儀礼と称し、こびりついた邪気を払い落し、神像を浄化するのである。

廟前の火鉢は、さきの入廟安座儀式でも触れたが、これは小規模な火渡りである。火渡りは過火（コエホエ）と称し、神誕祭で定期的に、各地でよく行われている儀式である。燃えさかる炭火を、高さ約一メートルの小山状に盛り上げるか、或いは長さ約五メートルの火床に敷き、数名の若者が跣足で、神輿を担ぎ、突入して駆け渡るのである。爬刀梯（ペエトオトイ）とは、刀の梯子登り儀式である。巨大な柱の両側に、段段に刀をとりつけて梯子の形にするか、もしくは梯子の各段に刀をとりつけるかして、これを腰に小神像を結びつけた若者たちが、跣足で注意深く、ゆっくり登って反対側から降りるのである。過釘橋（コエテンキヨ）とは、釘の橋渡り儀式である。低くて細長い、多数の踏み台を、あたかも橋の如く、約一〇メートルの一列に置きならべ、釘を植えた板を、橋上に敷きならべる。この上を、神像を胸に抱きかかえた、廟の当事者たちが、跣足で一歩一歩、平然と踏み渡って、難関を突破するのである。

おもうに、これらの儀式は、いずれも悪霊は、烈火や刀刃利器などを恐れるという、俗信に基づいており、また火の浄化力をも加えて、神像という容器に詰ってあるべき善霊が、いつしか悪霊に乗っ取られていないかの危惧を確めるという、民間巫術の伝統習俗に外ならないのである。

101号符「奉紫微大帝勅令……斬断寒熱鬼怪滅亡」（押煞治病符）

説明に「寒熱即拜」とあるが、「拜」字は、「扌（てへん）」部首だけで、全字を代用している（77号符参照）。すなわち、次の102号符と同じく、マラリア患者に帯びさせる押煞治病符である。寒熱症とは、マラリア病のことで、悪寒と高熱を繰り返す、根治し難い伝染性熱病のため、寒熱鬼のしわざとして、恐れられたのである（58・77・97・99・102各号符参照）。符式はほとんど文字だけの構成だが、道教式合成偽字をも含み、複雑にして、かつ難解である。符頭は、省略されている。

符文は、三段に分れる。上段は、「奉紫微大帝勅令」七字だが、「紫微大帝」は「紫微」と「大帝」に分け、これを引き下げて、中段の両側に配置しており、95号符と同じ手法である。中段は、合成偽字二字と、変形「鬼」字の三字に始まり、「金木水火土神將、追収法斬」とあるが、「追収法斬」は、「追収」と「法斬」の二句に分け、前句末尾の両側に配している。「追収」とは、追撃して捕虜とし、「法斬」とは、法律に依拠して、斬罪に処するという、霊界の刑罰を称しているのである（36・38・42・49・85各号符参照）。後段は、「斬断寒熱鬼怪皆滅亡」九字だが、「寒熱鬼怪」四字は、「寒熱」と「鬼怪」に分けて、両側に配している。さらに別の「寒熱」二字が末尾にあるがこれは無意義な加筆にすぎない。翻って、上段の紫微大帝は、すでに36号符で補佐神として登場し、95号符と121号符では

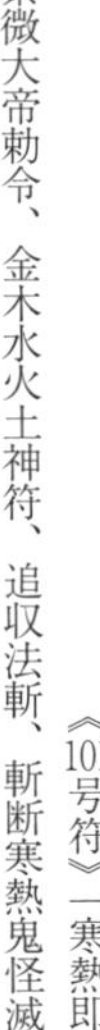

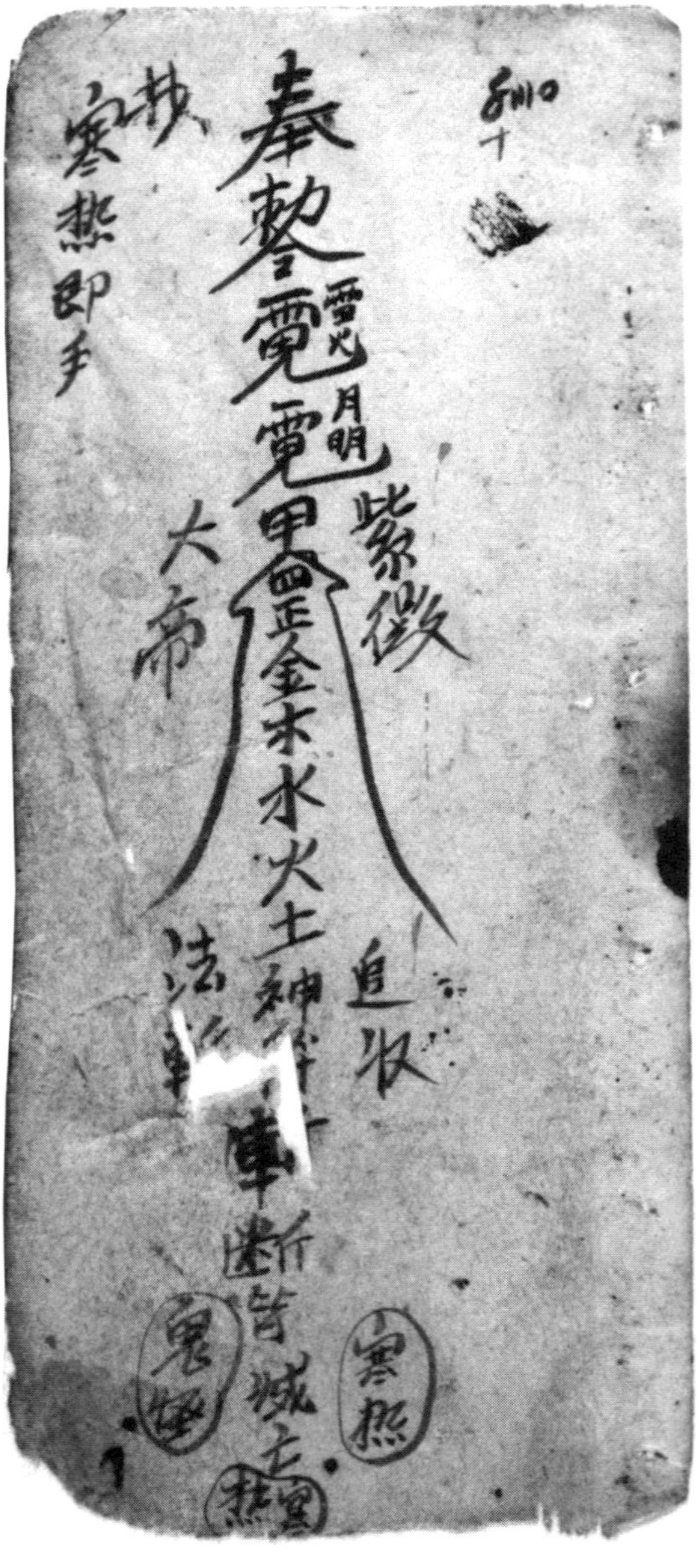

《101号符》「寒熱即拝」
「奉紫微大帝勅令、金木水火土神符、追収法斬、斬断寒熱鬼怪滅亡」

本号符と同じく、やはり司令神として、重きをなしている。

紫微とは、北斗の北にある星の名称で、北極に近いため、北極星とみなされ、神格化して北極紫微大帝となり、玉皇大帝の命を受けて、あらゆる星宿を統御すると信じられている。しかし、その民間における祭祀は少く、玉皇大帝の比ではないが祭祀暦には四月一八日を、北極紫微帝君千秋あるいは紫微大帝聖誕、俗称紫微大帝生として、一応は祭祀している。実際、庶民にとっては、その尊厳な高位神祇としての気高い「貴気（クイキイ）」が、悪霊を感服させ得ると考えられているのである。

次に、符文中段の合成偽字二字と、その下に続く変形「鬼」字は、三字がひとまとめになっており、某神の記号だが、ここではさきの紫微大帝が司令神であるのに対応する、主動神である。しかし偽字とはいえ、その構成が変りすぎて、常理に合わないから、必ずしも特定神の記号とは限らず、或いは法師が法場において、臨機応変に適宜な神名を当てはめて、行使する可能性もある。最も顕著な合成偽字たる「⿱雨聻（せき）」については、既に詳説したが（「総説」および1・38・64・92・113各号符参照）、この下部を構成する「聻（せき）」を、「鬼」字に取り替えれば、「⿱雨鬼」の合成偽字になって（121・122各号符参照）、「雷鬼」の意味になる。しかして、「⿱雨鬼」上部の「雨」を「あめかんむり」部首として、下の「鬼」にもう一字を抱き合せたら、祝由科に慣用されている五雷符章になり（18・57・59各号符参照）、本号符もその一形態である。この二字に書き加えられている細字は、上が「雷火」で、下は「月明」である。二句を連結すれば、「雷火月明」となり、落雷の轟音と、それに伴う稲妻を暗示し、もって雷神の辟邪作用を、誇示しているのである。五雷符章二字の下にある図形は、「甲」字の最後の筆画を、左右二本の曲線に分け、それぞれを外側に曲げて、長く下げ垂らしているが、これは変形「鬼」字であり、また同時に本号符における、霊力の凝集点と、その発揮中枢にもなっているのである（「総説」および2・7・9・13・19・25・30・31・33・34・38・39・44・52・54・67・72・78・83・87・88・89・91・94・108・111・112各号符参照）。

以上に続いて、「金木水火土神符」とあるが、これは主動神が行使する符令の名称で、いわば五行符である。五行配置図形といえば、五行思想に基づいて、東方木・南方火・西方金・北方水・中央土という、五行に按じた配置が定形になっているのだが、本符式簿には採用されておらず、三形態とも変則になっている（34・37・44・45・63各号符参照）。しかして、本号符では普通の順序で、縦一列に羅列しただけで、図形をなしてはいないが、それでも八卦図なみの、辟邪作用が信じられているのである。

符文を整理すれば、「奉紫微大帝勅令、金木水火土神符、追収法斬、斬断寒熱鬼怪滅亡」となる。大意は、「司令神たる紫微大帝の命を奉じ、某神が主動神として、神軍を率いて天降り、患家に赴き、あらたかな五行符を行使し、群がり寄る寒熱鬼どもを討ち、法律に則って斬罪に処し、悉く掃滅して、病人のマラリア病を治療し、もって全快させる」というのである。

符頭の省略のみならず、符脚も申し訳程度の「罡」字しかないが、それさえ後尾の定位置ではなく、符文の中段に紛れこませているのは、故意の隠蔽であり、希な例である。全体としては、難解な合成偽字や図形によって、神秘感を湛えた符令である。

102号符「庵佛勅令……斬断寒熱鬼怪」（押煞治病符）

説明に「治寒熱、帯身」とあり、これも前号符同様、マラリア病の患者に携帯させる、押煞治病符である。寒熱とは、寒熱症すなわちマラリア病のことで、寒熱鬼の祟りによる難病として、曽て開拓を阻む一因にさえなったことは、すでに屢述した通りである（58・77・97・99・101各号符参照）。この護符さえ肌身につけておれば、いかに屈強な寒熱鬼といえども、たやすく近寄って加害できないという、重要な符令である。符式は、変形文字を雑えてはいるが、

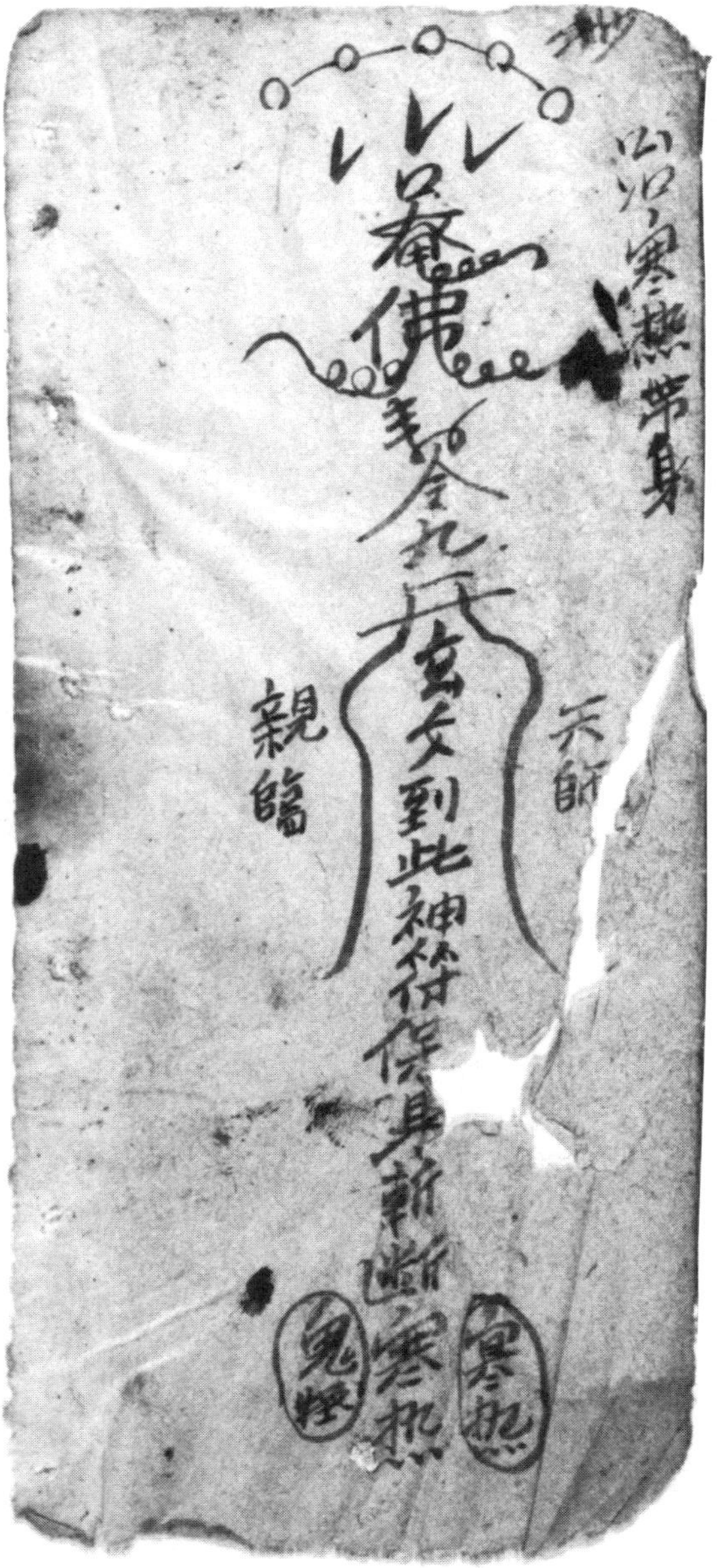

《102号符》「治寒熱、帯身」
「庵佛勅令、天師親臨、九天玄女到此、神符保身、斬断寒熱鬼怪」

文理は簡明である。符頭は、東斗五星記号を上にして、下は三清記号（「総説」参照）の、上下二重式だが、上位の東斗五星記号は、独特である。

符文は、三段に分れる。上段は、「庵佛勅令、天師親臨」の二句八字だが、前句「庵」字を「雇」となし、さらに最後の筆画を延ばし、三巻きの巻き鬚模様にして、その威風を誇示している（53・103各号符参照）。これに続く「佛」字も、最後の二本の筆画を延ばして左右に分け、三巻き八字髭型の巻き鬚模様にしているが、これも威厳を備えた上級神仏の神格強調の一法である（16・30・35・39・46・67・103・107各号符参照）。後句の「天師親臨」は、「天師」と「親臨」の二句に分けて、位置をずらし、中段「九天玄女」の両側に振り分けており、「臨」は「㿝」の偽字になっている（39号符参照）。中段は、「九天玄女到此、神符保身」の二句一〇字だが、前句「九天玄女」の「天」字は、「大（だい）」部首の二本の足を分離し、股を広げて垂下した曲線にして、全字を鳥居型に画いているが、この目立つ図形は、また本号符にこめられている霊力の中心、ならびにその発揮点をも示しているのである（「総説」および6・16・20・27・32・43・46・49・50・56・61・68・73・77・90・95・99・107・109・116・118各号符参照）。下段は、「斬断寒熱鬼怪」六字だが、「寒熱鬼怪」は、「寒熱」と「鬼怪」の二句に分けて、文末の両側に配置しており、「寒熱」が重複している。これは余白がないために、やむなく「鬼怪」二字を、左側に逸れざるを得なかった措置だが、平衡を保たせるため、右側にも「寒熱」を書き添えただけで、蛇足にすぎないのである。

符文を整理すれば、「庵佛勅令、天師親臨、九天玄女到此、神符保身、斬断寒熱鬼怪」となる。大意は、「九天玄女が主動神として、司令神たる普庵祖師の命を奉じ、張天師の加勢で、神軍を率い、天降って患家に赴き、病人に霊符を授けて、その病身を保護し、さらに崇っている寒熱鬼をも、斬殺して治病し、快復させる」というのである。

庵仏とは普庵仏のことで、法教の一派たる普庵教の祖師として崇められ、本符式簿にも頻繁に登場している通り、その信仰は表立ってはいないが、深く民間に染み込み、かつ行き渡っているのである（19・23・28・35・36・53・62・

67・75・79・85・97・103・104・109・115各号符参照）。九天玄女とは、女媧娘娘すなわち女媧氏のことで、法教では制邪の女神となっているが、それよりも妖怪統御の最高女神としての職能がより深く民間に浸透している（3・4・5・6・8・10・20・32・38・77・97・99各号符参照）。

張天師の画像をあしらった天師符については、すでに「総説」と19号符で言及したが、特に68号符において詳述した。かように、民衆と張天師のつながりは、いつに天師符にかかっており、換言すれば張天師の信仰は、専ら天師符の普及によって、人々に受け入れられているのである。しかして本符式簿収載の、張天師が関与している符令は、合計一〇符あるが、その語句は四式に分けられる。A式は、「玉皇勅、天師勅」の並称で、玉皇大帝に比肩して、天師の高位神祇たることを示している（1・2・16・42各号符）、B式は「天師親監」（35・43各号符）、C式は「天師親臨」（39号符）で、B式と相似しており、本号符はこの式に属している。D式は、「張天師靈符」（46・68各号符）で、その符令のあらたかな効用を、強調している。すなわち、張天師信仰の緻密さが、符令にも反映しているのである。

翻って、上述三神仏の相互関係について検討すれば、現世の投影として、神仙の世界といえども、尊卑の序列があり、高位神が司令官として、下級神に下命し、出陣させるのが当然のことわりだが、ここでは逆になっており、霊界の下克上である。そもそも、庶民にとっては、理論的神格の序列よりも、現実の御利益による親近感が、切実な問題なればこそ、あまりその高低にこだわってはいないのである。換言すれば、九天玄女や張天師よりも、法教一派の教主たる普庵祖師の方が、身近な存在だから、これを司令仏に押し上げても、いささかの矛盾や抵抗感もないのである。

特殊な堂々たる符頭を備えていながら、符脚を欠き、この点では首尾が一致せず、甚だ不均衡である。総合すれば、符式が整ってはいないが、文字の図形化で、見栄えがする符令である。

103号符「庵佛……遠走他方」（治喪門麻衣煞符）

説明に「犯麻煞、安床上」とあるが、「痳」は「麻」の通用字で、6号符と同じく、忌中、遺族が寝台に貼る、治喪門麻衣煞符である（20・31・104・106各号符参照）。符式は簡単だが、難解な図形を交えて、特色がある。符頭は、小円と「十」字を組み合せた、星辰記号だけの、最も簡略な図形になっており、希な例である（「総説」および1・55各号符参照）。

符文は、三段に分れる。上段は、「庵佛」二字だけで、普庵祖師を表しているのだが（19・23・28・35・36・53・62・67・75・79・85・97・102・104・109・115各号符参照）。「庵」字は、「口」と「奄」の二字を、上下に重ねて「罨」に合成し、「佛」字と合せて「罨佛」になっている（53・102各号符参照）。さらに、この「佛」字は、最後の二本の筆画を延ばして、左右に分け、三巻きの八字髭型巻き鬚模様にしている（16・30・35・39・46・67・102・107各号符参照）。すなわち、「庵佛」二字を、かくの如き特殊字形に崩してまで、普庵祖師の上級神仏としての威厳と、その神格を誇示しているのである。中段は、雷火の図形だけである。「雷火」の表示法は、およそ四型に分けられる。第一型は、図形ではなく、ただ「雷」と「火」二字を、そのまま上下に重ねただけの、直截な表示である（15・47各号符）。第二型は、五雷記号との組み合せである（1号符）。第三型は、大「雷」字を、円形の長い曲線で包んで、さらにその上に小「火」字を二字、横並びにのせた図形である（16号符）。その最も複雑な構成の第四型が、すなわち本号符である。大「雷」字を中心にして、小「火」四字が、上下左右の四方向から、それぞれの字頭を、中央の「雷」字に向けて配置された構図で、雷電の猛烈な集中攻撃を象徴している。なお、「雷」一字と「火」四字の配合になってはいるがこれは単なる意匠にすぎず、実はやはり五句の「雷火」にすべきものである。さらに、「雷」字は、その

《103号符》「犯麻煞、安床上」
「庵佛、(「雷火」図形)、急退麻衣喪、遠走他方」

下部から二本の曲線を出して、上向けに全字を、丸く包んだ形になっている。また最下位の「火」字からも、一線がのびて、紐の輪奈結（わなむすび）の如く延長してから、二本の曲線に分け、外側に向けて長く垂下した、股開きの如き図形（74・106・121各号符参照）は、くねた交差曲線の略図である。このいかにも仰仰しい図形は、とりもなおさず、本号符に包含されている霊力の中心、ならびにその発揮点をも表しているのである。下段は、「急退麻衣喪、遠走他方」の二句九字だが、上句の「麻」字は、説明と同じく、通用の「痲」字になっている。符文を整理すれば、「庵佛、（「雷火」図形）、急退麻衣喪、遠走他方」となる。

大意は、「司令仏たる普庵祖師の命を奉じて、雷火神が主動神として、雷神軍を率いて天降り、喪家に赴き、蝟集して死者ならびに遺族に、危害を加えようと構えている、煞鬼どもを、雷火の猛威で、速やかに遠方へ駆逐し、もって滞りなく、葬儀を完遂させる」というのである。雷火とは、一般に落雷によって引き起される、火事を指しているのだが、民間信仰ではこれと異なり、専ら一対（つい）の雷公と電母を合せた雷電、すなわち雷声と雷火の合体とみなしている。実際、霹靂と稲妻は、人畜のみならず、悪霊にとっても、強烈な威嚇となり、まさに恐怖の的である。しかして、かかる雷法の行使は、天師教の最も得意とするところだが、その教区が、ほぼ東南沿海に偏っていることは、多雨地帯の落雷瀕発という気象条件が、雷法発達の下地になっていると考えられる。

符頭が目立たない上に、符脚も省略されており、首尾ともに手軽である。総合すれば、構成は簡略ながら、含蓄の深い符令である。

104号符「普庵先師勅令……追収喪門煞鬼」（治喪門麻衣煞符）

説明に「治喪門、帯身」とあり、忌中、遺族がおのおの身につけて、安全をはかる治喪門麻衣煞符である。符式は、造字・図形・絵画などをまじえた、特例である。符頭は、三台星記号だが、これを符文上段の最後に、紛れこませている（「総説」および38・50・86・97各号符参照）。

符文は、三段に分れる。上段はさらに、その上部・中部・下部を、それぞれ三式の記号と図形で構成している。上部記号は、八卦と文字の合成で、この方式は、25・41・78各号符に対応している。八卦は、離(り)卦で（25号符坎(かん)卦、41号符震(しん)卦、78号符艮(こん)卦）、辟邪の意を寓している。文字は、道教式合成偽字で、「雨(あめかんむり)」部首の下に、「祟」二字を横に並べて、さらに「氵(さんずい)」を加えており、構成としては、25号符の「雨」・「舜」・「廾」合成と、41号符の「雨」・「弘」・「氵」合成に類似している。しかして、41号符の「⿱雨⿰氵弘」が、玉清を象徴しているのに鑑みれば、この「⿱雨⿰氵祟祟」は25号符の「⿱雨⿰舜廾」と共に、上清と太清を示し、三字そろって、三清記号になっているのである。次に、「雷」字の下に「⿱人二」を接続しているが、これは「令」の偽字で、114号符では「⿱人之」となし、41・58・78各号符では、いずれも「雷」字の下方両角から、三巻きか四巻きの、八字髭型巻き鬚模様にしているが、やはり「令」字の「人(ひと)」部首であり、合せて「雷令」の一句になる（9・10・25・41・50・51・58・68・78・114各号符参照）。雷令とは、令牌あるいは五雷牌のことで、高さ約一八センチ、幅約七センチ、厚さ約三センチ、頂上が円く、底辺が平らな、木製の札で、正面に「五雷号令」四字を刻したものが多い。上円下方がその形態的特徴で天地を象徴し、神霊を召致する、最も神聖な法器である。また雷神を使役して、辟邪する作用もあり、天師教派が得意とする法術であるため、常用されており、張天師の画像にもよくあしらわれている。しかして、ここでは「雷令」二字を囲んで、五個の小円を配し、円と円の中間を、短い直線でつないでいるが、この図形は令牌の、上円下方形態に照応しているのであって、たとえ五雷を表す五個の小円が付いていても、所詮C式五雷記号ではないのである（2・45・46・64各号符参照）。次に、人頭の画像について、些少言及する。かかる趣向は、60・91・106各号符にも見られるが、造形が同じくなく、その符類ならびに主旨も、それぞれ異なっている。60号符は治病保身符で、三煞の数に応じた脾疳病を患う、悲しげな三少年である。

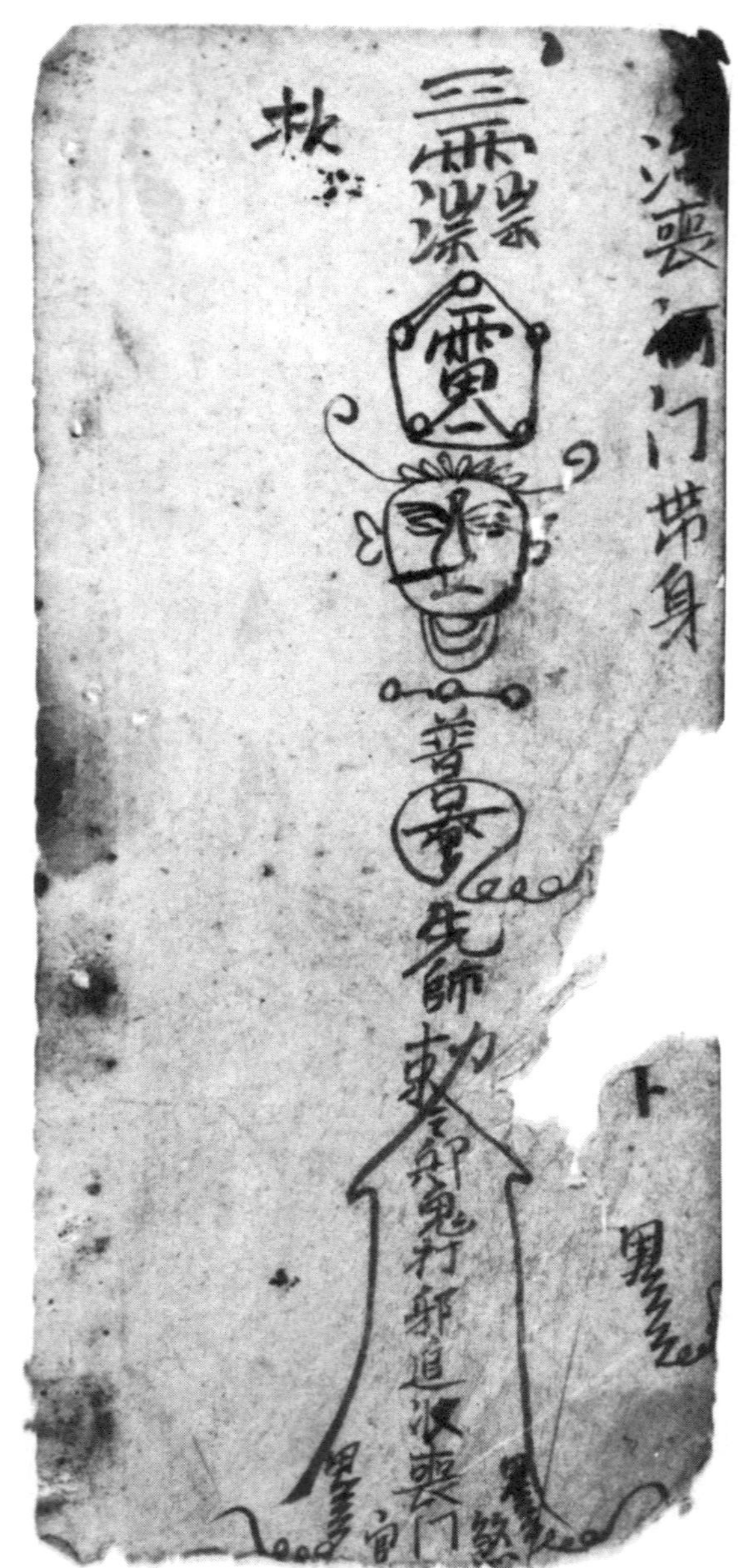

《104号符》「治喪門、帯身」
「(雷令図形)、普庵先師勅令、却鬼打邪、追収喪門煞鬼」

91号符は安胎符で、悪煞にさいなまれている胎児の、哀れな姿である。106号符は治麻衣煞符で、喪家に群る煞鬼に祟られた、小児の無念な顔つきである。しかし本号符は、頭髪に修飾を施した、成人の死者を表現しており、性質としては、後の106号符に最も近いのである。いずれにしても、かかる人頭画像は、荘厳にして神秘的であるべき、符令という通念からすれば、生々しく写実的で、いかにも似つかわしくないのである。

中段は、「普庵先師勅令」六字で、ここにも普庵祖師が登場している（19・23・28・35・36・53・62・67・75・79・85・97・102・103・109・115各号符参照）。その「庵」字は、「口」字の下に「奄」を書き、最後の筆画を延ばして、全字を円形で囲み、さらに末尾を、三巻きの巻き蔓模様に延ばし、もって普庵祖師の法力無辺なることを誇示している（53・102・103各号符参照）。下の「令」字も、「人」部首を延ばして、左右二本に分けてから、外側に向けて長く垂らし、この大げさな対称曲線で、厳命であることを表している。

下段は、「却鬼打邪、追収喪門煞鬼」の二句一〇字だが、「煞」字は余白がないため、「門」字の右旁に書き添えている。しかして、「鬼」字は、「田」字の下にジグザグの曲線と、三巻きの巻き蔓模様を加えており、さらにこの変形字体を一対にして、「喪門」の両側に並べているが、片方は単なる虚飾にすぎない。なお、「門」字の左旁にも一字あるが、その下半分が切れているため、判読できない。

符文を整理すれば、「(雷令図形)、普庵先師勅令、却鬼打邪、追収喪門煞鬼」となる。大意は、「司令仏たる普庵祖師の命を奉じ、某神が主動神として、神軍を率いて天降り、喪家に赴き、雷令を行使して雷神を召致し、喪門煞鬼を追討して、葬儀を完遂させ、もって死者ならびに遺族の安全を保たせる」というのである。

死穢制圧の符令として、本符式簿に収録されている符式は、麻衣煞が四例あるのに対して、喪門煞は二例しかなく、少いがその意義は格別である。すなわち、各符に添えられている説明として、前者では6号符に、「麻煞、安床上」とあり、20号符には「犯麻煞、帯安通用」とあり、103号符には「犯麻煞、安床上」とあり、106号符には「犯麻煞、青茅七節冲水洗」とあって、用法にわずかな違いがあるのに対して、後者では31号符に「帯身」とあり、本号符には「治喪門、帯身」とあって、単純なようだが、辟邪力では、むしろ後者が勝っているのである。喪門の原義については、すでに31号符で触れたが、要するに人間の死喪と、それに伴う哭泣を主るという、歳の凶神たる叢辰（そうしん）、すなわち星の十二辰に随っている諸神のうちの、一柱の凶神である。星命家がこれによって、日の吉凶とか、人の運命を判断するのみならず、毎年の暦書にも、喪門を含めた二十四神の、当年における吉利の方角を示す図形を掲載しているほどだから、庶民にとって身近な存在であるせいか、喪門神といえば、禍をなす縁起の悪い凶神で、喪門は不祥事に譬えられ、ひいては本号符の如く、専ら喪家の意味として使われているのである。

台南地方の別本符式簿にも、喪門符の一例があり、符文は「勅令斬鬼」の四字だけだが、説明に「此靈符、如喪門未出七日者、傷人可用」とある。一家の老者が死ねば、いちはやく死穢を臭ぎつけた喪門煞などの悪霊が、いっせいに群って来襲し、死霊や屍骸および遺族にまで、危害を加えようとするから、手際よく葬式を行わなければならない。もし倣頭七（ツオタウチツ）すなわち初七日（しょなぬか）の供養までに、出棺できなければ、悪煞はいっそう猖獗するから、この霊符を用いれば、難なく抑えられる。かくして、葬式が滞りなくすめば、死者は墓地に安住し、やがて祖霊へと昇華して、子孫を庇護し、幸福をもたらすというのである。

符頭は、簡略であるのみならず、本来の位置から移動しているため、なおさら目立たない上に、符脚さえ欠落しており、かなり控えめである。全構図から見れば、本号符は91・106両号符と同じく、人頭が画かれているが、ここでは小児の顔立ちではなく、いかにも哀愁をたたえた、陰鬱な死者の容貌で、恐怖感をそそる符令である。

〔附記〕既述の如く、本符式簿に収録されている人頭画像は四例しかなく、しかもいずれも、男性被害者たる病人や死者のみで、主体としての神仏には及んでいない。故に、台湾南部所伝の符式簿を参照し、神仏画像符令の概況について、いささか補説を加え、もって参考に供する。

まず形態から言えば、描写されているのは人頭のみならず、顔だけ、首を含めた頭部、上半身、全身像など、すべてが含まれている。また、一符につき一画像の男性だけとは限らず、一対の男女や、最多では太歳と三煞の、合計八神の顔を、びっしり詰め込んだ特例もある。一対の男女の例としては、和合符と斬断符がよく知られている。和合符とは、夫婦仲の睦じきを希う符令で、男女全身の起立合抱という姿勢で、交媾を暗示している。逆に斬断符は、腐れ縁を絶つことを目的とし、男性の顔を符頭に、女性の顔を符脚に画き、距離を置いて、絶縁を示唆している符式もある。神格から言えば、普庵仏・楊救貧祖師・雪山神・三姑神の如き主動神もあるが、たいていは五営神将・五雷神・五行神・五方土公・六十甲子神・金鎖神などの如き、使役される下級神であり、甚だしきは黒煞将軍・三煞・五鬼などの、悪霊も含まれている。しかして、一組になった複数の神祇は、一神像だけで全体を代表しているのもあるが、三姑神・五行神・五方土公などは、正確にその数を揃えている。全体から見れば、顔や頭部が多く、半身像や全身像は少い。容貌は、それぞれの役割に見合った、勇猛や端正な顔つきだが、黒煞将軍が童顔になっているという、ずさんな一面も免れない。

なお、法師手書きの即席符令ではなく、廟寺が頒布している平安符は、需要が多く、また一定期間、保存あるいは展示されるから、おおむね中型の版画が多く、神像は精緻に画かれている。男神では、玉皇大帝・玄天上帝・張天師・仏祖・王爺・城隍・開漳聖王・太子爺・土地公などが目立つ。しかして、王爺は雑多な瘟疫神で、姓氏もそれぞれ異なっており、一神一符が多いが、五府王爺と五年王爺は、五神一組の全身像で、符面を飾っている。女神では、媽祖と観音が双璧である。太子爺すなわち哪吒は、立像に限られている。また脇侍をあしらったのもあるが、当然みな立像である。

台湾は人口の増加につれて、廟寺はおろか、巷間の神壇さえ、乱立の趨勢にある。従って平安符も、多様になっているのだが、近年は印刷術の進歩に伴って、神像入りの平安符も、増加の一途をたどっている。いずれにせよ、これら神仏の像容は、概してあまたの篤信者や、一般庶民の心象に合せた、造形になっているのである。

105号符「佛……盡皆押出消滅」（押煞治病符）

説明に「此符収邪、化火食」とあり、焼き灰を冷めた湯に溶かして、熱病患者に服用させる、押煞治病符だが、この場合は辟邪よりも、むしろその解熱作用を期待しているのである（「総説」および22・23・24・33・97・99・109各号符参照）。符式は、文字を主にしているが、派手な記号や模様も織りこまれて目立ち、かなり特徴がある。符頭は、「日月」二字の中間に、星辰を表す「⊕」記号をはさんだ、常用されている第一式三光記号である（「総説」および7・17・36・44・45・46・60・64・71・98・120各号符参照）。しかしこの場合は、単独ではなく、その下面にある符文上段の両側に配置した、南斗六星と北斗七星の記号とを合せて、分離式複合二重符頭を構成している。この方式は、慣用されており（「総説」および1・5・9・10・26・27・30・31・32・38・46・55・56・60・78・80・86・97・106・110・116各号符参照）、珍しくはないが、南北斗との組み合せは、本例しかなく、全体として、大地に降り注ぐ天体の、遍き霊力の恩恵を、よく表しているのである。

符文は、三段に分れる。上段はさらに、上下の順序に並んだ、三単位に分れる、第一の上位は、「佛」の一字だけだが、これは最後の筆画を延ばして、円く全字を囲った図形になっており、常用されているが（1・13・35・36・44・45・53・55・60・71・74・75・79・98・120各号符参照）、ここでは阿彌陀仏の意匠として、使われている唯一の例である。第二の中位は、四角形網目模様の記号として、縦横の罫線で構成されており、本符式簿所載は、本号符を含めて、合計六例ある。その構造は、三型に分れるが、いずれも天羅地網を象徴していることは既に詳述した通りである

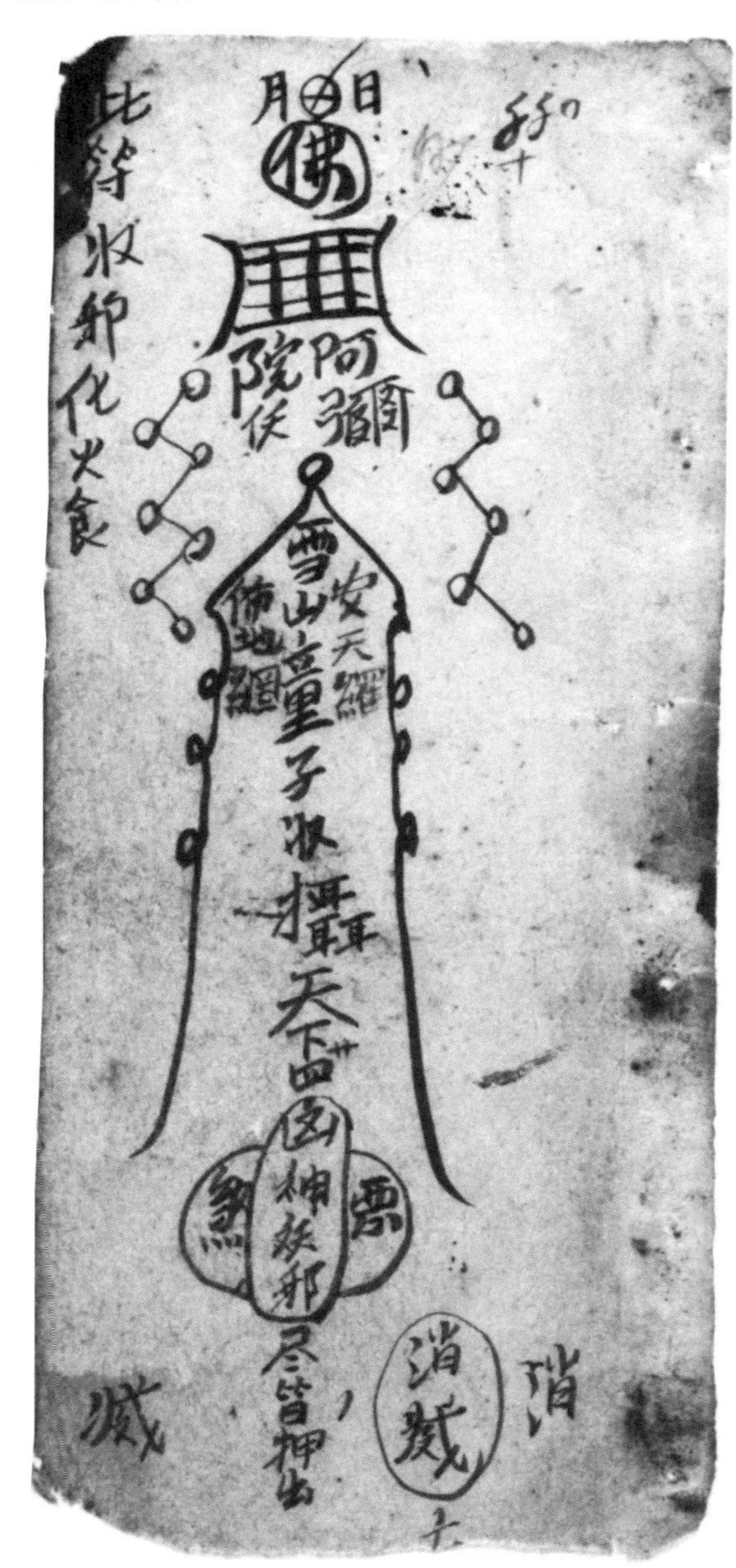

《105号符》「此符収邪、化火食」
「佛、阿彌陀佛令雪山童子、安天羅佈地網、収攝天下二十四凶神悪煞妖邪、盡皆押出消滅」

（1・16・17・60・64各号符参照）。第三の下位は、「阿彌陀佛」を、「阿彌」と「陀佛」の二字二行に分けて、並置しているが、「彌」は「𢏚」、「陀」は「陁」と、いずれも偽字になっており、「佛」は俗字の「仸」になっている。

中段は、一個の小丸の下方から、二本の曲線が「八」字の如く、左右両方に分れ、それぞれ三巻きの蔓巻き状になって、ずっと外曲りに、下へと延びている。この本号符の中央を占めて、最も目立つ巨大な図形は、「令」字だが、また本号符における霊力の中心、ならびにその発揮点をも表しているのである（「総説」および1・20・26・27・30・31・32・39・40・41・64・70・71・81・82・97・100・110・120各号符参照）。しかして、「令」字の「人（ひと）」部首の中間には、符文が嵌めこまれており、それは「雪山童子収攝」とあって、その右側に「安天羅」、左側に「佈地網」の対句を配し、前記上段の天羅地網図形に対応しているのである（9・16各号符参照）。

下段は、「天下廿四凶神妖邪、盡皆押出」とあるが、「凶」は俗字の「㐫」となし、「盡」は略字の「尽」となしている。さらに、「凶神」の両側に、「悪煞」を一字ずつ分配しているが、「悪」は俗字の「悪」となしている。最後の「押出」以下は、余白がないため、やむなく「消滅」二字を、右旁に書いているが、さらに両側にも、一字ずつ書き足しており、重複して無意義である。

符文を整理すれば、「佛、阿彌陀佛令雪山童子、安天羅佈地網、収攝天下二十四凶神悪煞妖邪、盡皆押出消滅」となる。大意は、「司令仏たる阿彌陀仏が、雪山童子を主動神として天降らせ、患家に赴いて、天羅地網を張りめぐらし、あらゆる所から、たかってくる二十四種類の悪霊を、一網打尽にして、境外に放逐し、もって熱病患者の高熱を下げて、その一命を救う」というのである。

しかし、かくの如き月並の解釈には、なお疑念があるので、若干の問題と絡めて、再検討し補説する。まず阿弥陀仏は、司令仏として、申しぶんがないということである。本符式簿所収では、ほかに16号符の一例しかないが、それは三柱という、複数司令神仏のうちの、一柱にすぎず、あまり重視されていないのに引き替え、本号符では唯一の司令仏であるのみならず、さらに符文の頂点に、「佛」字の変形意匠を添えて、その威光を誇示している。実際、台湾で「阿弥陀仏（アミトオフツ）」と言えば、空念仏として、揶揄や拒否などの、軽率な言辞にもなっているが、民間信仰では、辟邪力の強い仏菩薩の尊称として、真言呪語にもなると、敬虔に信じられている。例えば、暗夜の独り歩きで、もし邪鬼に遭遇して、行く手を阻まれたら、合掌して一心不乱に、「阿弥陀仏」を連唱すれば、邪鬼は恐れて退散し、目の前が豁然と開ける、と伝えられているほど、あらたかである。

次に、台湾北部の紅頭法師が得意とする倣獅（ツオサイ）の法事には、延寿や補運の法場が含まれ、その一幕に打天羅地網の活発な科儀があり、本号符との関連が考えられる（9号符参照）。

さらに、符文下段の二十四凶神については、いささか議論の余地がある。そもそも、庶民の日常生活にとって、最も身近な「二十四」という数字は、言うまでもなく、一年の季節の移り変りを表す二十四気だが、これがいつしか多数を示す用語にもなり、これを基本として、さらに夥しきを示す「百」が加わって、一百二十四へと増幅するのである。ここでは「天下」の一句を添えて、「天下廿四凶神妖邪悪煞」とあり、文字通りに解釈すれば、上述の如く「天（あめ）が下（した）広く、到る所にはびこっている悪霊ども」になる。しかし、例えば台湾南部伝抄の別本符式簿には「犯三煞、安化水可用」という、三煞に祟られた場合に、身に帯びるか、或いは焼き灰を水に溶かして服用する、治病制煞符の一式に、「奉九天玄女勅令、収斬二十四山凶神悪煞、自滅亡」としている符文があり、本号符の符文は「山」字が欠落していることを示している。さすれば、「収攝天下廿四山凶神妖邪悪煞」となり、文意は「二十四の峻険な山脈を隔てた天涯で、遥遠な空の果ての異境」ということになる。実際、49号符は「追収百廿四山凶神」、81号符は「追収一百廿四山凶神悪煞」、83号符は「押退百廿四山凶神悪煞」と、悉く「山」字を備えている。すなわち、悪霊群に対する、最も穏当な刑罰として、これらを山脈を越えた、遥けき遠方に追放して、騒擾の禍根を絶つ、いわば流刑（るけい）に等しいのだが、実に山海鎮の呪具を用いる辟邪法の原義にも叶っているのである（49・81・83各号符参照）。

複雑にして独特な、符頭を備えていながら、符脚が欠落しており、体裁としては、いかにも不均衡である。総合すれば、文字のほか、図形や記号が入り交じって、よく目立ち、さらに語気の激しい、積極的符令である。

〔附記〕本号符の主動神たる、雪山童子という神格については、なお議論の余地があるので、些か資料を加えて補説する。

台湾は亜熱帯で、冬季になれば、高山は雪に覆われるが、平地に降雪はない。従って、住民の雪に対する実感はなく、雪神信仰は移住故地の伝承を踏襲しているにすぎず、気象神としては、由緒ある雷公・電母・風伯・雨師などの比ではない。しかして本符式簿所載では、雪山神（62号符）を母体として、霜雪神（53号符）が派生し、さらに雪山大聖（18号符）や雪山聖者（117号符）へと升格するのだが、一面では逆に降格し、民間に沈淪して、人々に近しい雪山雪水童（23号符）とか、雪山童子（本号符・77号符、但し後者は符文ではなく、余白の請神呪に記されている）になっている。雪山童子といえば、釈迦が雪山で菩薩道を修めた時の名として、知られているが、偶然の一致にすぎず、ここでは降雪という気象を、童子に見立てる着想が、問題である。冬の雪が豊年をもたらすから、瑞雪と称するのだが、かかる永年の経験に基づく認識もさることながら、降りしきって皚皚たる白雪を、無垢にして鬱勃たる、元気な少年と見なすのも自然であり、かくて雪山童子や雪山雪水童は、成立するのである。

次に、冷却療法は解熱のみならず、些少の外傷による出血に対しても、止血に利用されるので、ここにも雪山童子の出番がある。例えば、別本符式簿の止血符にも、符文ではないが、呪語に織りこまれているので、その二例について略説する。第一例は、紙符を使うやりかたで、手や足を怪我して血が止らない場合は、すぐ次の止血呪を唱えながら、符令を書いて傷口に貼れば、流血がすぐ止り、霊験あらたかだというのである。符式は、間に合せだから簡略で、三清符頭と符脚図形のほか、符文は、「馬、勅令、止血口」の六字だけである。「馬」

字は、遊離して整合しないようだが、実は駿馬の疾駆するが如き、速効を期待しているのである。止血呪は、「手執紅毛赤尾草、保定金朝血流口、雪山童子告、雪山童子告、急急如律令」と唱える。「金（キム）」字は、同音「今」の誤写で、「直ちに」の意味である。大意は、「雪山童子が来りて、その先端の赤い薬草を、傷口にあてて止血する」というのである。赤尾草は、架空の薬草で、この場合はその赤色を、流血にかけているのだが、「雪山童子」の重複使用は、連呼で雪の冷却作用を、強調しているのである。第二例は、前例よりも咄嗟の出血で、紙符が間に合わない場合の、即座止血法として、外出の怪我に使われる。まずその場で、止血呪を唱えつつ、おもむろに片足を伸ばして、その親指で地面に、「井」字を書いてから、東方に向って、手当り次第、緑色の木の葉や草を少しむしって、口に含め、嚙み砕いてから、吐き出して手に受け、それを傷口に貼ればいかなる大出血でも、すぐ止って傷が治ると、信じられているのである。呪語は、「手執紅毛赤尾草、斬断山根流血口、吾奉雪山童子、急急如律令」とあって、前符にくらべ、語句に多少の違いはあっても、大意は異ならず、雪山童子の偉力が、強調されているのである。また薬剤を東方に求めるのは、その方向が五行で、生気を象徴しているからである。なお、「井」字の書き方は で、最後の筆画を延ばし、時計の指針廻りに、全字を包みこんで、三重の円形を画いて、深井を表わし、深い井戸水ほど冷い、という心意である（22・24各号符参照）。当然これも符令の一種だが、足指で地面に書く画符法は、応急手当てとして、家族が人差し指を筆に見立てて、即座に画く化骨符に似ており、庶民の日常生活における、知恵である（63号符参照）。

106号符「奉勅下、張趙二郎靈符、収斬年月日時麻衣喪煞」（治喪門麻衣煞符）

説明に「犯麻煞、用青茅七節、冲水洗」とあるが、「節」字を「郎」と誤写している。遺族あるいは会葬者が、死穢の祟りを避けるために帯びていた本号符を、葬式後や帰宅後に、桶水に焼きこんで、身体を拭い清める、治喪門麻衣煞符である（6・20・103・104各号符参照）。この際、桶水には、さらに茅草（フムツアウ）の若葉を、七葉混ぜこまなければならないと、規定している。茅草とは、雑草の萱（ちがや）のことである。会葬後に、穢れを洗い流すため、帰宅すれば、抹（ボア）草（ツアウ）（ぶそろい花）の葉を数枚、桶水に入れて沐浴する風習があるが、抹草は少くて、入手し難い場合もあるので、この茅草が代用品になっているのである。その他、艾草・芙蓉菊・榕樹の葉なども、用いられている。すなわち、本号符の用途は、本来の携帯用辟邪保身から、沐浴浄身用にまで、拡張された特例である。符式は、文字を主にしているが、合成字や絵画を交えて、かなり特長がある。符頭は、上下に分れ、上は三清記号だが、余白がないため、已むを得ず「[illegible]」とあるべき、三個の鈎形を、それぞれ一点として、片仮名「ミ」字の如くに、簡略している。下のは、符文上段の人像画の襟に、「日月」二字がはめ込まれており、上下を合せて、分離式二重構成符頭になっている（「総説」および1・5・9・10・26・27・30・31・32・38・46・55・56・60・78・80・86・97・105・110・116各号符参照）。しかしこれはまた、星辰記号に代って、三清記号の下に、「日月」・「太陽と太陰」・「太陽星君と太陰星君」などを配した、第三式三光記号でもある（「総説」および2・40・47・48・67・70・82各号符参照）。

符文は、三段に分れる、上段は、「勅」字を両分して、中に「奉」字をはさんだ、道教式合成文字で、分離すれば「奉勅」二字となり、これに「下」字が続き、さらにその下に、小児の上半身像が、大きく画かれている。総角すなわち頭髪を、二本の「つのがみ」に結いあげ、首以下の襟は、紐の輪奈結（わなむすび）に似て、さらに両端を股開きの如く、ずっと下に垂らした図形は（74・103・121各号符参照）、くねた交差曲線[illegible]の簡略図形だが、ここでは恰も襟の装飾と、上半身の恰好になっている。しかしその顔つきは、瞑目して口もとを引き締めた、苦痛と悲哀の表情である（60・91・104各号符参照）。大往生を遂げた老人とは逆に、夭死者は娑婆への執着もあって、死の穢れも特に強いとされているからこそ、祓清めも、念入りに行われるゆえんである。中段は、「張趙二郎靈符」六字だが、「靈」は俗字の「灵」

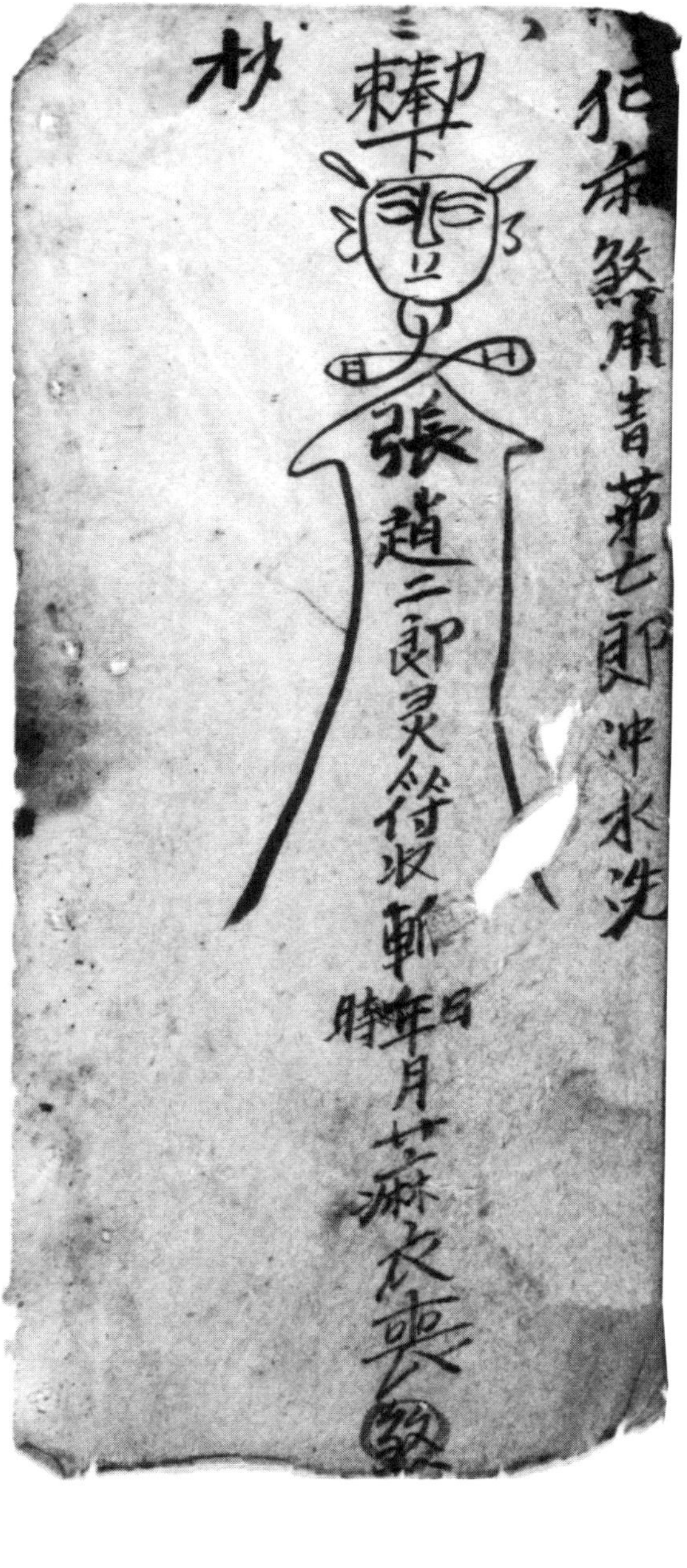

《106号符》「犯麻煞、用青茅七節、冲水洗」
「奉勅下、張趙二郎靈符、収斬年月日時麻衣喪煞」

となしている（84号符参照）。下段は、「収斬年月日時麻衣喪煞」一〇字だが、「麻」字は、「蔴」と誤写した偽字になっている。

符文をまとめれば、「奉勅下、張趙二郎靈符、収斬年月日時麻衣喪煞」となる。大意は、「某司令神の命を奉じ、張趙二郎が主動神として、神軍を率い、天降って喪家に赴き、あらたかな符令を行使して、殺倒する大勢の煞鬼を捕え、あるいは斬殺して掃滅し、もって死者の往生、ならびに遺族の安全を守る」というのである。しかして、司令神が不詳のみならず、主動神たる張趙二郎という複姓の神祇は、福建では臨水夫人ゆかりの先師として、しばしば閭山教派の法壇に祀られてはいるが、台湾の庶民にとっては、いかにも馴染の薄い神祇である。また、祟る悪霊の主役は、この場合は麻衣煞、すなわち喪服につきまとう煞鬼であることは言うまでもないが、四人組の年月日時煞までが、加勢しているとは意外である。しかし、その先蹤はあり（20号符参照）、死者に絡まる穢気の強烈なるを暗示しているのである（6・67・95・118各号符参照）。

符脚は、省略されており、この点では、特殊な二重符頭とは釣り合わず、いかにも不均衡である。全構図から見れば、本号符は91号符と同一類型に属した、陰鬱な感じを催される、不吉な符令である。

107号符「奉佛勅令……通天鑾駕収妖邪」（安胎符）

説明に「小児安胎、安床上」とあるべきだが、初めの「安」字が、欠落している。妊婦の寝台に貼って、胎児の安らかな生長を護る、安胎符である。安胎符は本号符を含めて一〇式あるが、用法から言えば、本号符の寝台貼り付けは、49号符と87号符を合せて三例あり、これは携帯用四例（29・89・98・108各号符）に次いでいるが、寝室入口貼り付け二例（92・113各号符）や食用一例（91号符）よりは多く、中間の適宜な用法である。符頭は、三清記号だが（「総説」

参照）、四字空けて、下の符文上段にも、さらに一座紛れこんで、上下分離の二重三清記号という、変則になっている。しかして、かかる分離重複型の三清記号は、他符にも見えており、次の如き諸例がある。すなわち、同じく四字間隔の相似形態としては、47号符があり、67号符は五字間隔で、最も隔離しており、113号符は三字空け、114号符は二字空け、86号符は一字空け、というぐあいに狭まっているが、59号符の九座連続は、けだし特例である。しかし、いずれにしても、その目的が三清の重要性を強調、ないし高揚していることにおいて、変りはないのである。

符文は、三段に分れる。上段は、「奉佛勅令」四字だけだが、「佛」字は最後の二本の筆画を、延ばして左右に分け、三巻きの八字髭型巻き鬚模様にして上級神仏の神格と、その威厳を強く表示している。しかし、いかなる仏菩薩に該当するかは、不詳である（16・30・35・39・46・67・102・103各号符参照）。中段は、曲線図形と、これに続く「唵嘛⿰口爾叭哩吽」六字である。曲線図形は、三葉の花弁をあしらった、花模様だが、前例がなく、意義不詳である。これに続くのは、六字の梵語呪文だが、符令における梵語呪文については、すでに98号符において詳説したから、ここでは類似の六字だけについて、些少補説する。「罨嘛呢叭⿰口爾吽」や「唵嘛呢叭咻吽」を基本とした平安符が、方方の寺院や斎堂などから発行され、かなり普及している。「嘛呢」は、「浄光無染、増長功德」で、「叭⿰口爾」は、「清浄無為、光明円満」と解されているが、いずれにしても、やはり「治病辟邪、消災招福」を含み、「南無阿彌陀仏」の六字名号に等しいのである。しかして、「庵」・「唵」・「⿰口菴」の三字は通用しており、本号符では、符頭「唵」字の語意を、普庵祖師に掛けており、梵語呪文の意義よりも、本号符における主動仏としての役割りが、重視されているのである。

下段は、「通天鑾駕収妖邪」の七字である。鑾駕とは、天子の車駕だが、現在では更に神輿をも指し、「通天」とは、地上より天界に昇る道筋だから、「通天鑾駕」は、天廷と凡間、すなわち天界と下界という、神人両界をつなげる交通機関で、さらに高位神仏の降臨にも、敷衍されているのである（27・30・34・56・116各号符参照）。「天」字は、常用されている鳥居型の変形字体で、特に目立っている。「大（だい）」部首の、二本の足を分離し、股を広げ、外側に垂下

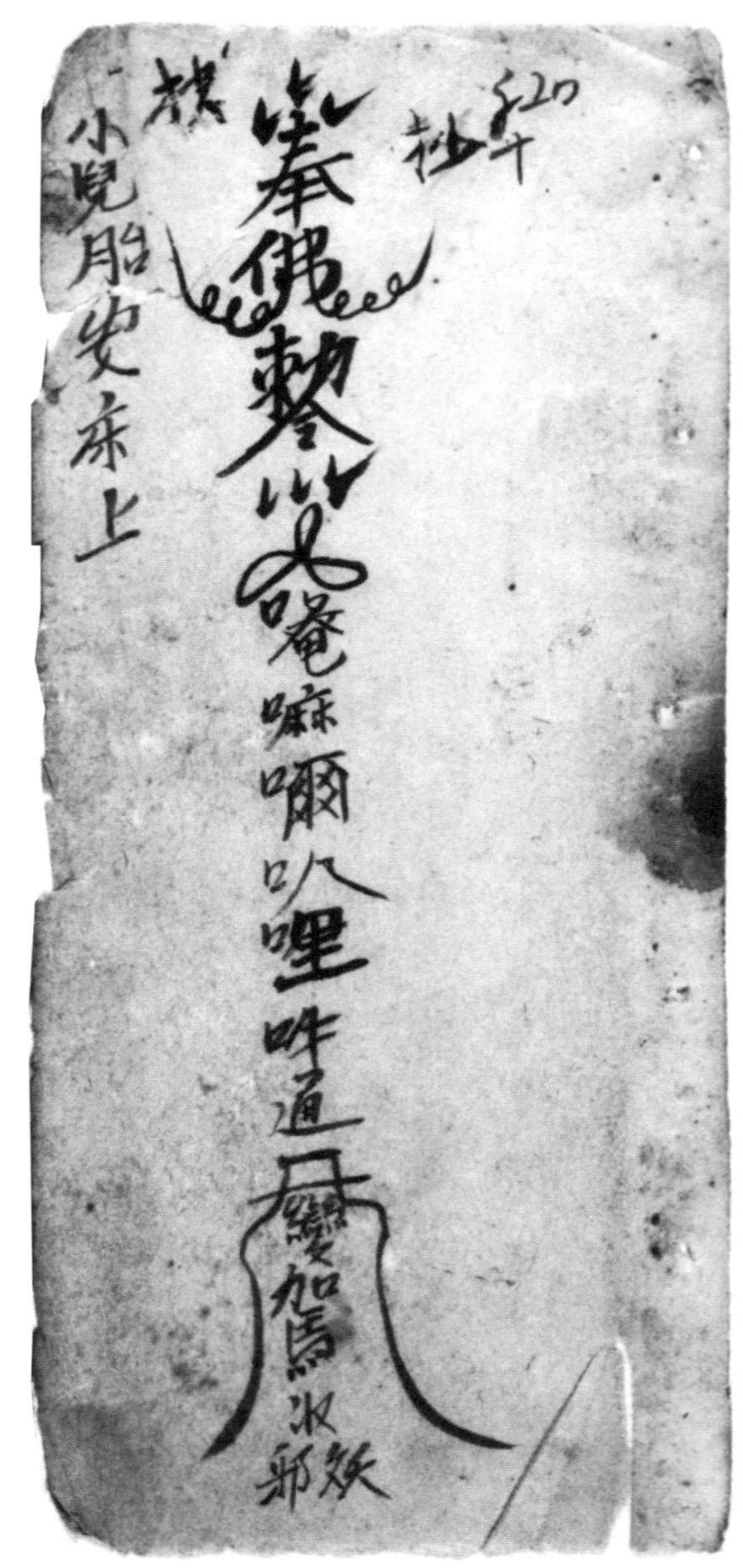

《107号符》「小児安胎、安床上」
「奉佛勅令、唵嘛嘛叭哩吽、通天鑾駕収妖邪」

させているのだが、この常用「天」字は、また本号符にこめられている霊力の中心、ならびにその発揮点をも示しており、天の超自然的霊力が深く信じられている、敬天思想の、符令への反映でもある（「総説」および6・16・20・27・32・43・46・49・50・56・61・68・73・77・90・95・99・102・109・116・118各号符参照）。

符文を整理すれば、「奉佛勅令、唵嘛嘛叭哩吽、通天鑾駕収妖邪」となる。大意は、「司令者たる某仏の命を奉じ、普庵祖師が主動仏として、神軍を率いて天降り、妊婦の家に赴き、胎児のすこやかな生長と安産を妨げている、妖精や邪鬼どもを、撃退か或いは俘虜として、妊婦を保護する」というのである（49・87・89・90・91・92・98・108・113各号符参照）。

二重三清記号の特殊な符頭を備えていながら、符脚を欠き、いかにも不安定な感じである。総体としては、符頭の構造や図形などに、やや特徴はあるが、むしろ激烈な語句を挟まない、地味な符令である。

〔附記〕山里純一――「沖縄の呪符」（大形徹等編――『道教的密教的辟邪呪物の調査・研究』所収）の「道教的墓中符」収録の写真には、「佛勅普庵」一例と、「唵」字が符頭になっているのが、四例もある。すなわち、帰化人がもたらした、福建南部沿海地方における民間信仰、とりわけ法教系統の残存を示し、台湾と同じく、東海の孤島への、普庵教の裾野という、伝播の広がりを物語っているのである。山野氏は次の項で、「棟札」に触れており、「紫微鑾駕」四字を棟木に書きつけるとか、朱紙に書いて貼るとかの習俗を紹介している。「紫微鑾駕」の研究は、夙に行われているが、あたかも本号符の「通天鑾駕」や、他符の紫微信仰ともかかわっているので、ここで台湾の実情について概説する。

言うまでもなく、鸞とは鳳凰の一種である瑞鳥のことだが、天子の馬車の軛（くびき）や旗につけた鈴の音が、鸞鳥の鳴き声に和するに象って、天子の輿を鸞輿と称し、天子の乗り物を広く鸞駕と称しているのだが、現在、台湾では、「鸞」字は「鑾」に通じ、専ら後者で神輿を指している。故に「玉皇鑾駕」は、玉皇上帝親征の意であり（34・56・116各号符参照）、「通天鑾駕」は天廷と凡間、すなわち天界と下界という、神人両界をつなげる、交通機関としての神輿を指し、高位神祇の降臨を指すことになる（本号符および27・30各号符参照）。これを台湾南部地方伝承の符式簿に徴すれば、次の如き神仏も、浮かび上る。

A符——標題がなく、用途不詳だが、符文は「天星鸞駕到宮中」とある。「宮中」とは、この場合は廟内で行われている祭儀の道場を指し、「星神が、鸞駕で降臨する」というのである。

B符——説明に、「此符廳中貼門、迎鸞駕安鎮」とある。民家で、正庁を道場に充て、法事を挙行する際に、神仙の降臨を迎えるべく、庁門に貼り出す符令である。符文は、「勅下天仙鸞駕、神符斬杀」とあり、「天廷の神仙が、鸞駕に召して降臨され、符令で悪霊を斬殺し、もって害を除く」というのである。

C符——説明に、「此符人烟多、蓋屋動土用符、左右前後大吉」とある。人口の稠密な場所で、家屋を新築する場合、隣家に迷惑がかからないように、蝟集する土煞を鎮圧するため、現場に掲示する起厝動土符（キイツウタントオフウ）である（82・83・84各号符参照）。符文は、「勅下呉仙鸞駕」とあり、「呉仙が鸞駕で来りて、土煞を鎮める」というのだが、呉仙の来歴は不詳である。

D符——説明に、「此符宮廟可用」とあり、民宅ではなく、祠廟で祭典開始の請神儀式に使う符令である。符文は、「勅令佛心益教鑾駕止煞」とある。「佛心益教」とは、いかなる仏菩薩を指すかは不詳だが、ともかく鑾駕で降臨する」というのである。

E符——説明に、「此符安宅用」とあり、邸宅の魔除けに使う安宅符である。符文は、「雷令火龍鑾駕三十六天罡、張天師鎮宅」とある。大意は、「張天師が三十六天罡を従え、火竜の御する鑾駕に召し、降臨してこの邸宅を、悪霊の祟りから守る」というのである。

上述の如く、天星・天仙・呉仙・某仏・天師などと、変化に富み、鑾（鸞）駕は、高位神仏の主要交通機関になっているのである。一方、本符式簿における紫微（121号符）や紫微大帝（36・95・101各号符）は、鸞駕とは結びついていないが、前記南部所伝の符式簿には、「玉皇帝勅、紫微鸞駕、到宮中盍盍藏、合境平安」の一式がある。標題はないが、符文に「宮中」とあるから、地域社会における中心宮廟が発行する、平安符と考えられる。「盍」とは、盛んなさま、「藏」は霊力の保持で、大意は、「玉皇上帝の命を奉じ、紫微大帝が鸞駕に召して降臨され、本廟に留って、合境平安をもたらし、ひいては地域社会の繁栄を期する」というのである。

なお、地面を掘って、建築や工事を始める際に、動土符や破土符を使って、土煞など悪霊の妨害を制圧することは、既に述べたが（82・83・84・95・116各号符参照）、新築家屋の棟上げにも、上樑符を使用する風習がある。しかし、これらはいずれも、ささやかな法事に過ぎないので、現場に掲示して、法事が終り次第、たいていその場で、紙銭と共に焼き捨てて、送神する習わしである。柳木板の両面に朱書して、立てる例は、既述の通りである（95号符参照）。故にかかる観点よりすれば、沖縄で新築家屋棟上げの際、「紫微鑾駕」の四字を、赤紙に書いて棟木に貼るとか、じかに書きつけるという、棟札の風習は、果して福建南部沿海地方から、原形のままで伝播したのか、或いは沖縄古俗との習合か、いずれとも速断はできないのである。台湾では、大厝（トアツウ）すなわち屋敷の新築が竣工すれば、極彩色の塗装を施して落成する。しかして、装飾の際、たいてい正庁の中樑、すなわち棟木の中央に、美事な八卦図を画き加える、しきたりである。八卦図は、符令にも広く使われており、その辟邪作用が、人々に深く信じられているからである。八角形の中心には、「巴（ともえ）」の図形を画くが、「太極」二字をはめ込んでいるのもある。「太極」とは、世界万物の生ずる根源を表わしており、八卦を創作した八卦祖師、すなわち伏羲氏の神聖を、強めているのである。正庁は、屋敷の最も神聖な空間であり、この聖域を、隅なく俯瞰して、悪霊の侵入を監視できる絶好の場所は、八卦図の位置しかない。

しかし、外邪の侵入よりも恐ろしいのは、倣徼（ツオキヨ）あるいは符仔路（フウアロオ）と称する黒巫術であり、符令で人を詛って危害を加える、邪法のまじないである（「総説」および96号符参照）。家屋とて、当然倣徼の脅威から逃れられず、従来、台湾では建築にあたって、棟梁を優待する風習があるのは、呪物を仕掛けられない用心からでもある。これらの凶符は、普通の紙符もあるが、薄板に絵画として描かれ、壁や柱の中とか、戸の上に隠すのだが、梁の上面にとりつけるのもある。文字では、「口」字や「囚」字などがあり、絵の題材には鬼・太陽・刀剣・碗・箸・頭髪・薪・棺などがある。実物では、人形・錠・鋸・瓦の破片・船の模型などがあると、伝えられている（片岡巌著、『台湾風俗誌』、大正一〇年、台北）。

すなわち、既に八卦祖師が君臨し、防備体制が整っているから、今更「紫微鑾駕」のしかけを、必要としないのである。台湾では、神仏像を乗せる駕籠を神轎と称し、大小の二種類あり、先棒と後棒の、二人担ぎの小型を、輦轎と言い、四人以上担ぎの大型を、鸞輿や車駕とも言うが、現在ではほぼ、鸞駕に固定している。例えば、醮祭初日の「請神」、すなわち「神迎え」を、「迎鑾接駕」と称するが如きである。神誕祭などの祭典で、神仏像が鑾駕に乗って、信仰圏の諸部落を巡って、浄境する行事こそ、熱狂的に迎えられる、最も盛り上った場面である。神像の種類には、当然紫微大帝も含まれているから、もし「紫微鑾駕」という言葉にこだわるならば、この紫微大帝の出巡遊境こそ、まさにその実景であり、現実に活きている「紫微鑾駕」の、信仰習俗である。

108号符「欽奉勅令……押陽胎陰胎盡消除」（安胎符）

説明に「小兒安胎、帯」とあるべきだが、前記107号符同様、「安」字が欠落している。妊婦が肌身に帯びる、安胎符である。本符式簿載録の安胎符は、合計一〇式に及ぶが、用法から言えば、この携帯四例（29・89・98・108各号符）が、約半分を占めて最も多く、次の寝台貼り付け三例（49・87・107各号符）、および寝室入口貼り付け二例（92・113各号符）と、食用一例（91号符）に比して、最もその有効性を認められている用法である。符式は、字数が少くて、いかにも単純なようだが、特殊記号や図形が目立ち、それなりに難解である。符頭は、三清記号（「総説」参照）だが、その位置を、符文上段にめりこませて、目立たなくした転位倒置式になっている（16・17・18・23・33・35・54・62・63・65・66・80・86・93・94・95・112各号符参照）。

符文は、三段に分れる。上段は、「欽奉勅令」四字だけである。中段は、文字がなく、変形「鬼」字と八卦である。変形「鬼」字は、「×」記号三個を、上下に重ねて核心となし、その周囲を巻き鬚状の曲線で包みこんで、さらに巻き鬚状の、二本の足をつけた図形である。この変形「鬼」字の外側を、左右からそれぞれ、三巻きの、巻き鬚曲線を添えているがその意義は不詳である。しかして、この変形「鬼」字は、胎児に祟っている悪霊を指していることは、言うまでもないが、また一面では、本号符に込められている霊力の中心、ならびにその発揮点をも示しているのである（「総説」および2・7・9・13・19・25・30・31・33・34・38・39・44・52・54・67・72・78・83・87・88・89・91・94・101・111・112各号符参照）。八卦は、卦を横画(おうかく)であらわした爻(こう)で、離・巽・震など、三卦の組み合せになっているが、ここでは主動神たる八卦祖師、すなわち伏羲氏のことである。なお、本符式簿における八卦は、爻としては41・43・44および本号符があり、周易乾卦四徳の「元亨利貞」の文字としては、9・21・43・67・77各号符があり、

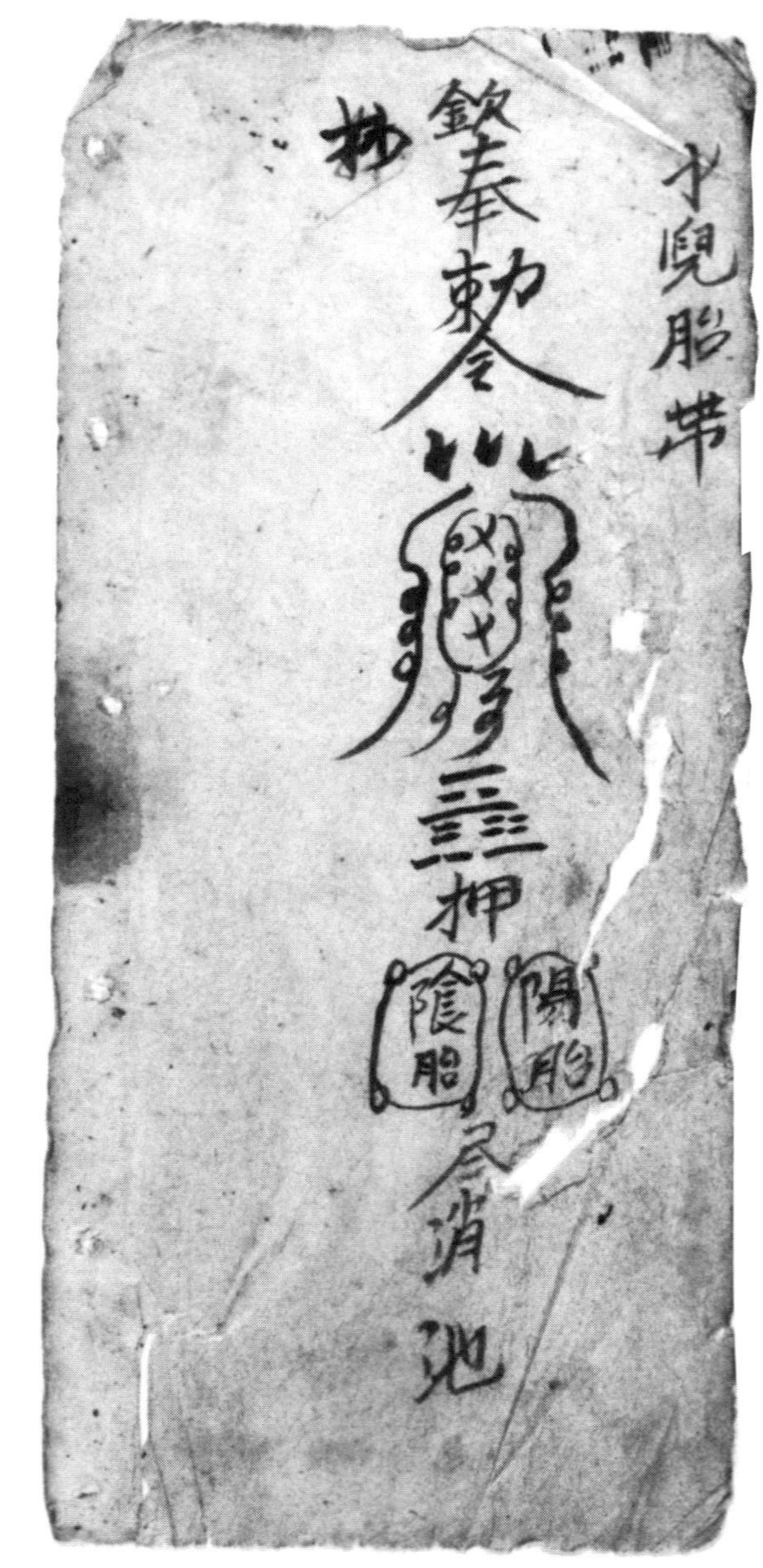

《108号符》「小兒安胎、帯」
「欽奉勅令、（鬼）、（八卦）、押陽胎陰胎盡消除」

43号符だけが、両者を共用しているのである。下段は、「押陽胎陰胎盡消除」八字だが、「盡」は俗字の「尽」となし、「除」字を、同音の「池」と誤写している。陽胎と陰胎二句の配置は、上下連続ではなく、左右並置で、各句とも四隅に小丸があり、その各丸を、短線でつなげて、囲みこんでいる。陽胎と陰胎は、98号符にも見えているが、ここでは更に、それぞれに外囲い図形が加わり、男胎や女胎たるを問わず、胎児を苦しめ、安産を妨げる悪霊の名称たることを、表している。すなわち、男胎に祟る陽胎鬼と、女胎に祟る陰胎鬼である。

符文を整理すれば、「欽奉勅令、(鬼)、(八卦)、押陽胎陰胎盡消除」となる。大意は、「某司令神の命を奉じ、八卦祖師が主動神として、神軍を率いて天降り、妊婦の家に赴き、胎児に祟っている邪霊悪鬼を、盡く討伐して殲滅し、もって胎児を健やかに発育させる」というのである。

転位倒置の符頭に加えて、符脚も省略され、なおさら地味な首尾である。全構図より見れば、字数が少くて、それだけ異様な図形が目立つ、希な符令である。

109号符「奉西天佛國勅令、普庵祖師叫靈符、退病消災」(辟邪治病符)

説明には、「化火食」とあるだけで、符称は示されていないが、符文から見れば、点火して、焼き灰を湯に溶かし、薬餌として、病人に服用させる、辟邪治病符である(「総説」および22・23・24・33・97・99・105各号符参照)。符式は、模様や記号も含まれているが、文字が多く、割合に単純な構成である。符頭は、三清記号である(「総説」参照)。

符文は、三段に分れる。上段は、「西天佛國勅令」六字だが、「天」字は、「大」部首の二本の足を分離し、あたかも人間が、股を広げて、しゃがみかけた姿勢で、さらにその垂下した曲線を、それぞれ巻き鬚模様にし、全体として、鳥居型に画かれている。しかして、この場合の変形「天」字は、また本号符にこめられている霊力の中心、

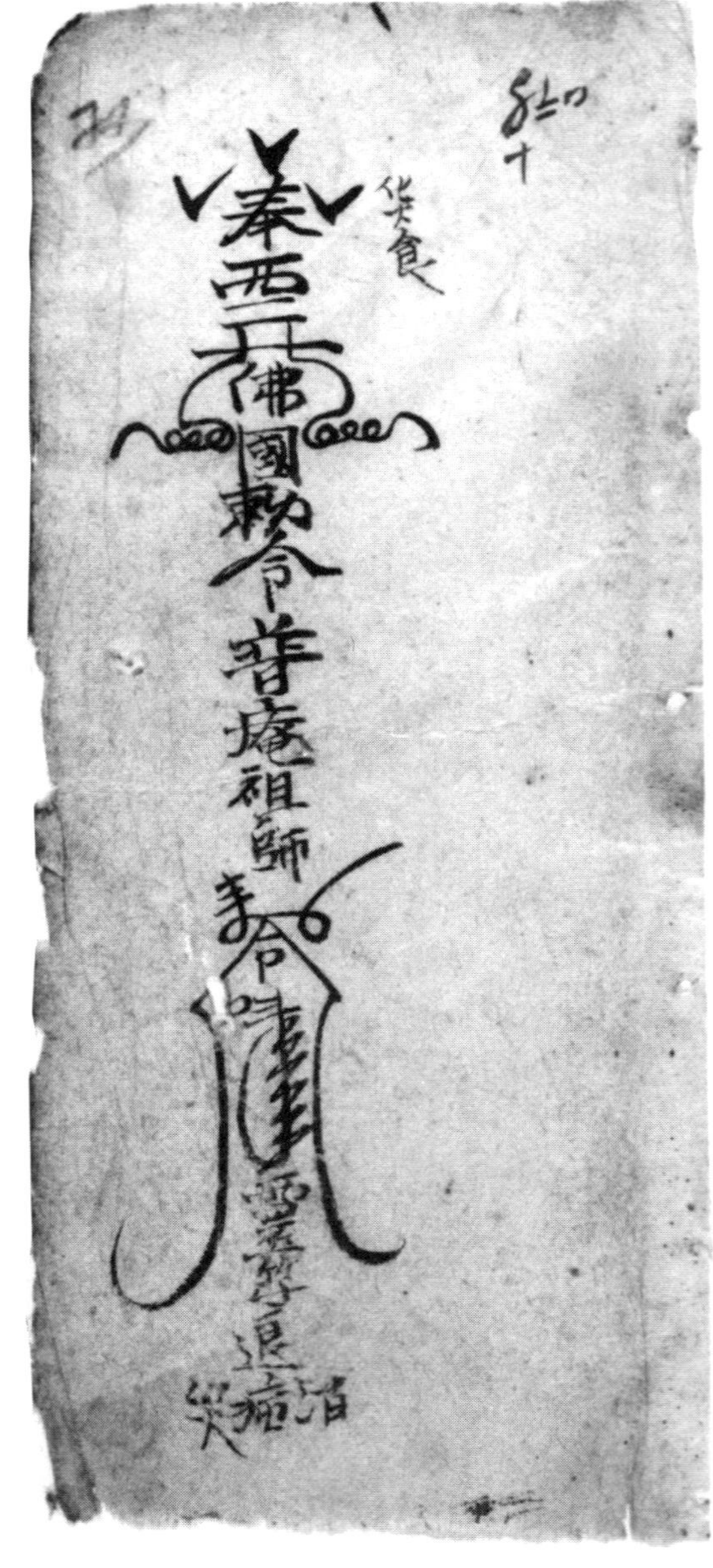

《109号符》「化火食」
「奉西天佛國勅令、普庵祖師叫靈符、退病消災」

ならびにその発揮点をも、兼ね示しているのである（「総説」および6・16・20・27・32・43・46・49・50・56・61・68・73・77・90・95・99・102・107・116・118各号符参照）。中段は、「普庵祖師勅令」六字だが、「勅令」二字は、いずれも筆画が模様化し、殊に「令」字は、「人（ひと）」部首が左右二字とも、下方に長く垂下した曲線になっている。下段は、「叫靈符退病消災」七字だが、「叫」は俗字の「吽」になっており、その「斗」は、最後の筆画を長く下に延ばした、曲線模様になっているが、要するに「使用」の意味である。「靈」は、慣用俗字の「霊」となっている（24・35・36・39・46・49・68・78・79・80・82・85・98・100各号符参照）。また最後の「消災」二字は、余白がないため、やむなく「病」字の両側に、一字ずつ配置している。なお、「勅令」は、上段と中段の両方に跨って含まれており、重複した二重勅令だが、この場合、中段のはただ念を押して、上段の語気を強めているにすぎないのである（9・12・23・26・27・38・41・60・81各号符参照）。

符文をまとめれば、「奉西天佛國勅令、普庵祖師叫靈符、退病消災」となる。しかして、上段の「西天佛國」四字は、7号符では、「亻（にんべん）」部首と「西國」二字の、道教式合成偽字になっており、13号符では「西佛」となし、印度のことだが、いずれも観音仏祖を指しているから、本号符も同様と、推測される。故に大意は、「司令仏たる観音仏祖の命を奉じ、普庵祖師が主動者として、神軍を率い、天降って患家に赴き、霊符を駆使して、悪霊邪鬼どもを退け、その祟りを絶って、難病を治癒し、もって病人の一命を救う」というのである。普庵祖師の事跡については、既にしばしば述べた通りである（19・23・28・35・36・53・62・67・75・79・85・97・102・103・104・115各号符参照）。なお、「靈符退病消災」は、24号符にも見えており、「本号符で祟りを除き、いかなる病気をも治して、災難を無くす」というのだが、「神符退消」（52・112各号符）や「神符退災」（53号符）などの略称もあり、符式の常套語である。

符頭が最も簡略な、三清記号であるのに加えて、符脚も省略されており、首尾ともに、目立たない存在である。しかし全体として、瑕瑾は覆えないが、むしろ簡素ながらも、いちおう整った符令である。

110号符「奉至寶勅令……符到奉行」（治病符）

説明に「壱治乱心、帯身」とあり、発狂者の肌身につけさせる、専用の治病符である。「壱」字は、「壱」と誤写しているが、他符では悉く「一」字になっている（22・55・59・97各号符参照）。符式は整っているが、文字を雑えて、模様や図形も多く、かなり特殊である。符頭は、三清記号だが（「総説」参照）、符文中段にも、北斗七星と中斗三星の星座があり、組み合せて、常用されている分離式二重構成符頭になっている（「総説」および1・5・9・10・26・27・30・31・32・38・46・55・56・60・78・80・86・97・105・106・116各号符参照）。しかして、北斗七星と南斗三星両星座の配合は、すでに25号符にも見えているが、その配置が異なっている。すなわち、前者は三星が中心になって、七星が外側を覆い、あたかも七星が三星を抱擁している形だが、ここでは両者が分離し、中間に符文が介在しており、七星が向って右側にあるのに対し、三星は左側にあって、対立しているが如き配置である。

符文は、三段に分れる。上段は、「奉至寶勅令」の五字だけだが、いささか穿鑿の余地がある。まず至宝とは、この上もなく貴い宝、すなわち非常に尊い身分の者だが、この場合は至尊と同じく、遥かに尊い人、すなわち天子のことで、神仙界にあてはめれば、当然玉皇上帝を指すことになる。次に、「勅令」二字は、いずれも変形字体になっているが、殊に「令」字が、最も甚だしい。「人（ひと）」部首を、左右両方に分けて、それぞれ三巻きの蔓状に延ばして、ずっと下方に垂下させ、あたかも大男が、地面を踏みしめて、立ちはだかった、仰々しい姿である。しかのみならず、「令」字最後の筆画を下に延ばして、[illegible]状のくねた交差曲線模様にしてから、二本の曲線に分けて、長く下に垂らしている。神威誇示の図形として、常用されているのだが（「総説」および1・20・26・27・30・31・32・39・40・41・64・70・71・81・82・97・100・105・120各号符参照）、この場合は変形「令」字全体で、本号符にこめられている霊力の中心、

《110号符》「壹治乱心、帯身」
「奉至寶勅令、扶持入家定心神、口無乱言、符到奉行」

ならびにその発揮点にもなっているのである。中段は、「扶持入家定心神」七字だが、「入家」とは、家にもどることで、この二字は、「家」字が最後の筆画を延ばして、円く二字を取り囲み、包みこんで、魂魄の記号にしている。しかして、この「入家」記号は114号符の収魂符にも見えており、乱心の病因は、魂魄が屋外に逸脱した、失魂に因ると考えられているのである。下段は、「口無乱言、符到奉行」の二句八字だが、下句は「符到」と「奉行」に分け、上句の両側に配置している。乱言（ロアンガン）とは、乱講（ロアンコン）と同じく、口から出任せの、でたらめ放題で、ここでは魂魄が戻れば、病人の乱心狂態も、自ら治まるというのである。「符到奉行」とは、司令神が主動神に対し、「躊躇せず、ただちに霊符を行使して、離魂を保護し、もとの身体にもどせ」と、督励しているのだが、実際、魂魄の遊離は往往にして、死亡にいたるから、連れ戻すのに、一刻の猶予もならないのである（27・58各号符参照）。

符文をまとめれば、「奉至寶勅令、扶持入家定心神、口無乱言、符到奉行」となる。大意は、「司令神たる玉皇上帝の命を奉じ、某神が主動神として、神軍を率いて天降り、患家に赴き、離魂して乱心になった病人に対し、直ちに一帯を捜索して、可及的速やかにその魂魄を見つけて、家に連れ帰り、体内にもどしてその病を癒し、もって健康を快復させる」というのである。乱心は希な症状のせいか、あまたの治病符のうちでも、114号符と本号符の二例しか、収録されていない。しかも本号符は、符文に積極的な悪霊の排除を謳っておらず、ただ穏やかに、精神の安定と言語の正常を計っているだけなのも、控え目で柔軟な、符令の一式として注目される。

分離式二重構成の、凝った符頭にひきかえ、符脚は「罡」字だけで、やや不均衡な感じである。全構図より見れば、いちおう整ってはいるが、体裁の奇異な符令である。

111号符「勅令臨水、護身神符、清吉平安」（水符、安胎符）

54号符とは、「説明」および符文に挿入した、変形「鬼」字の図形に、僅少の差異があるだけで、再録と見なし、併せてすでに解説した。

《54号符》

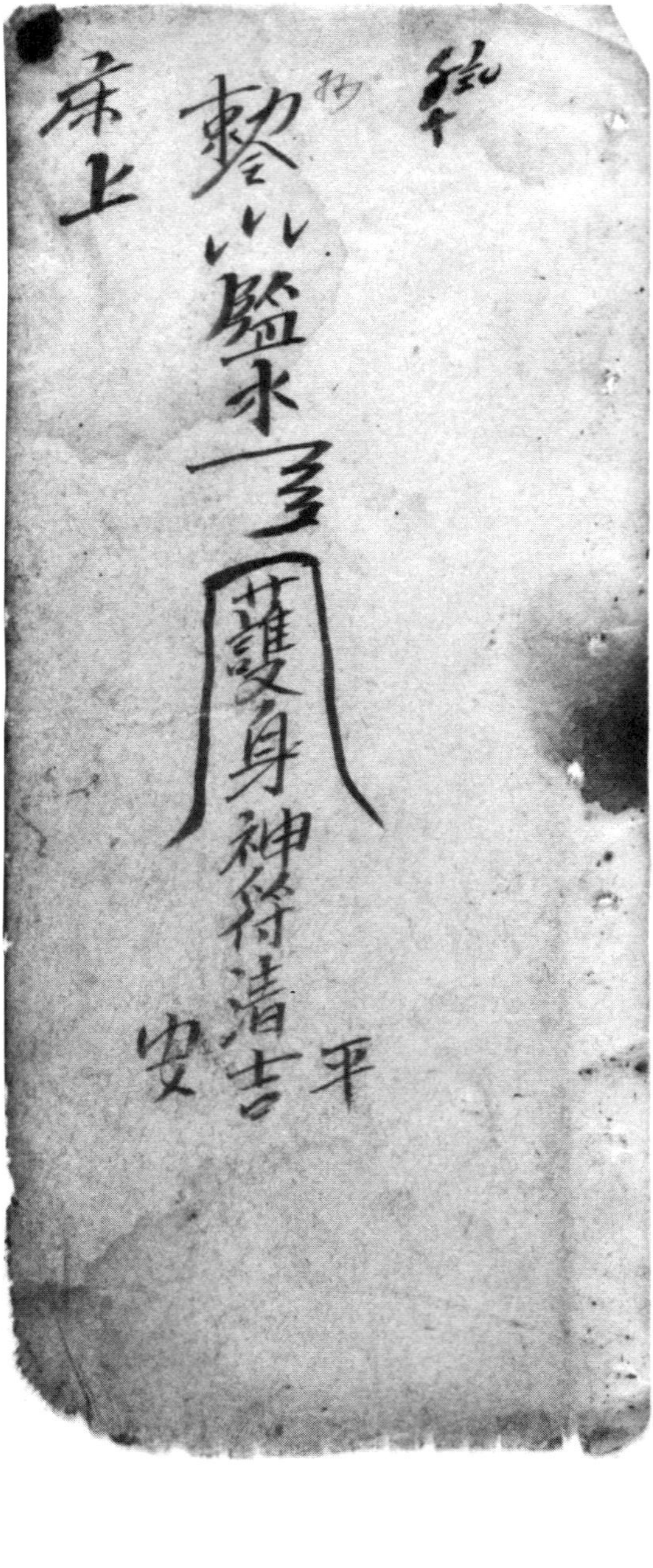

《11号符》「床上」
「勅令臨水、護身神符、清吉平安」

112号符「勅□□□、神符退消」（水符）

52号符の略式だから、重複を避けて、その異同のみを、指摘するに留める。説明には、「水符、登床下」とあるが、「登」字を「登」と誤写しており、52号符の「下床脚」と同じく、病床下の地面に置くことである。符頭は、三清記号を備えてはいるが、その位置を符文上段「勅」字の下にめりこませた、常用の転位倒置式になっている（16・17・18・23・33・35・54・62・63・65・66・80・86・93・94・95・108各号符参照）。

符文は、上段の「勅、（偽字）、きのこ状図形、（偽字）、鬼」と、中段の「神符退消」四字のほか、中段後半の「北極大帝、水将軍押到」、および下段の「符中隨収火煞・天火・地火・不留停」を含め、かんじんな語句が悉く省かれた、簡略式の実用的な符令になっている。

なお、52号符が符頭を欠いているのに対し、本号符は首尾が揃っているのみならず、符脚も52号符の「罡」字を、「⊠」の図形に変えて、より丁重である。

〔附記〕「⿱雨聻」は「聻（せき）」の代用字だが、符令には原字を使わず、専らこの代用字が広く使われており、辟邪記号として、民間信仰に定着していることは、既述の通りである（「総説」および1・38・64・92・113各号符参照）。人が死ねば鬼となり、鬼が死ねば聻となる。故に人が鬼を恐れるが如く、鬼もまた聻を恐れるから、聻を以って鬼を制し得るという、いわば霊界の異なる種族を対抗させ、夷を以て夷を制する、迂回策略である。しかし、83号符と94号符で既に言及した通り、かかる思考とは別途に、人間社会に強弱の差があるように、鬼界でも弱鬼は強鬼を憚り恐れるから、強鬼を掲げれば、鬼害を回避できるという、鬼を以て鬼を制する知恵であり、符令に

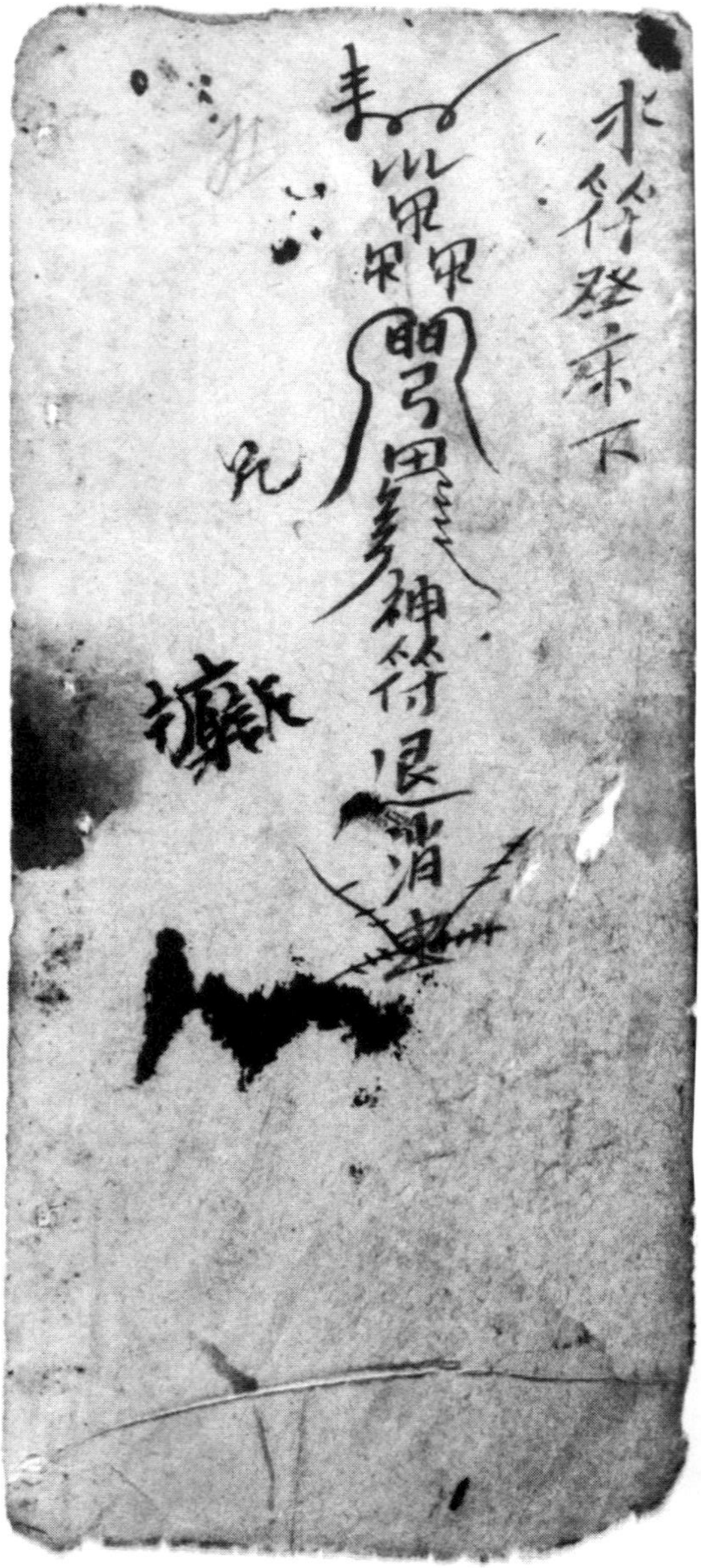

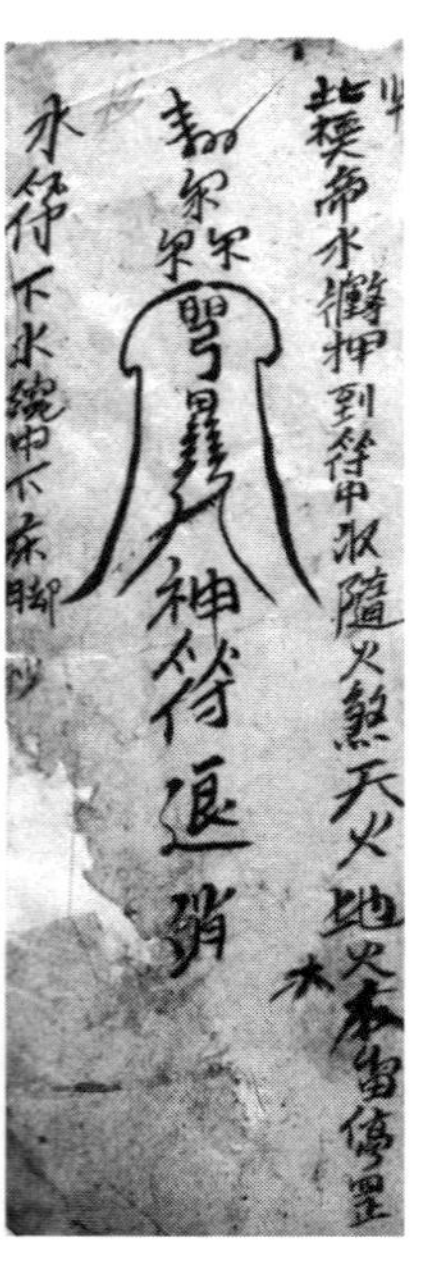

《52号符》

《112号符》「水符、登床下」「勅□□□、神符退消」

おける変形「鬼」字のほとんどが、それを表しているのである。例えば38号符の如く、「靁」一字と「鬼」二字を、同一符令に盛りこんだのが、かかる観念を、端的に表示した好適例である。しかして、本符式簿所載の変形「鬼」字は、「靁」の用例が少ないのに反して夥しく、合計二九例にものぼり、字形の変化も顕著なので、整理して参考に供する。

変形「鬼」字・二九例

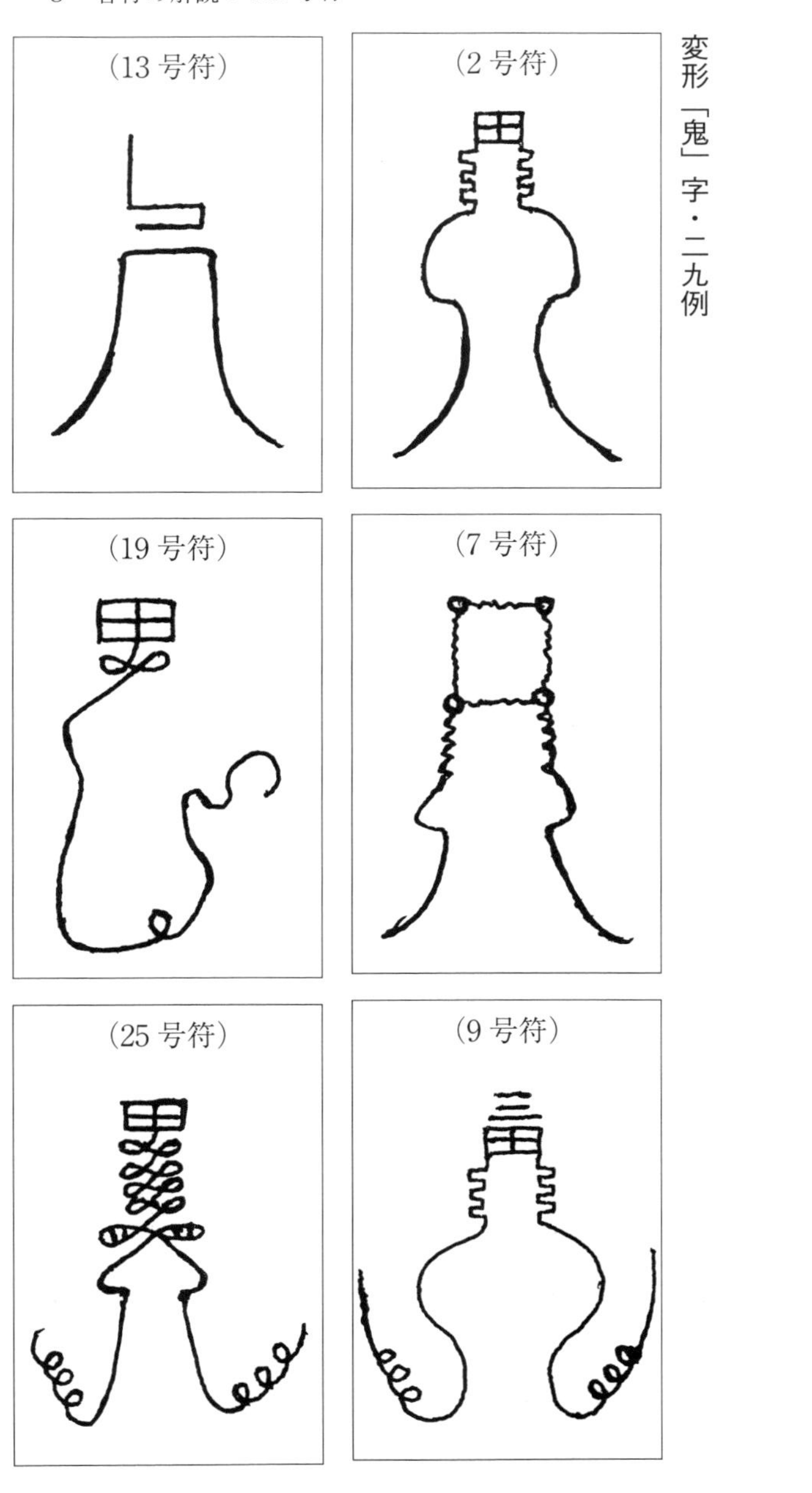

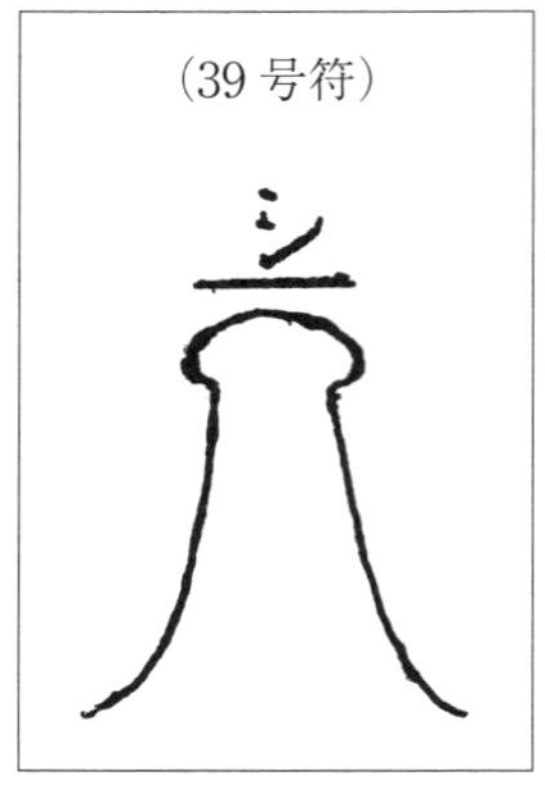
(39 号符)

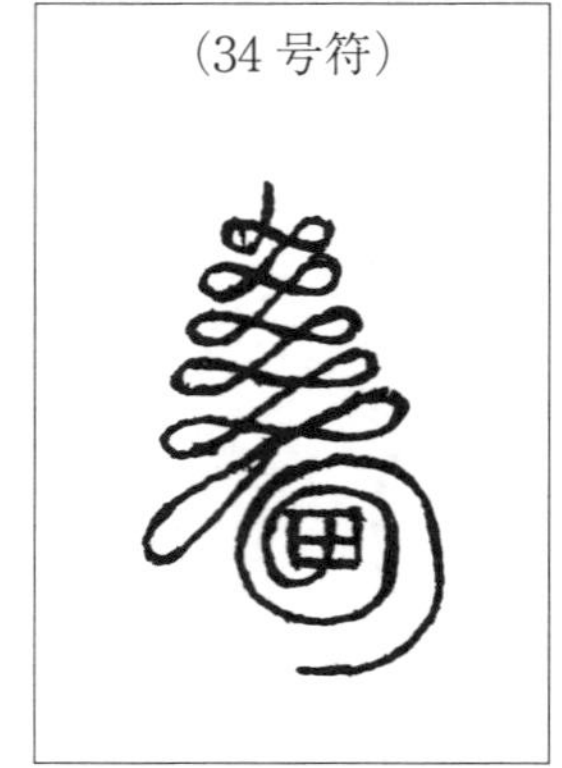
(34 号符)

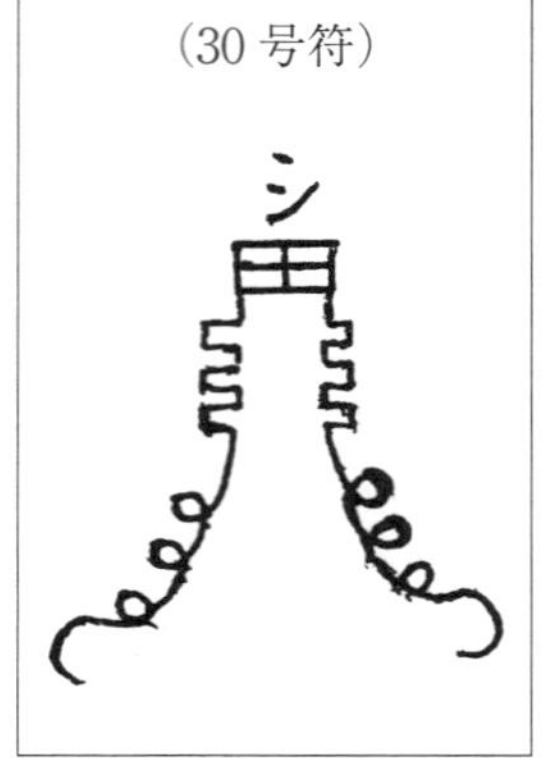
(30 号符)

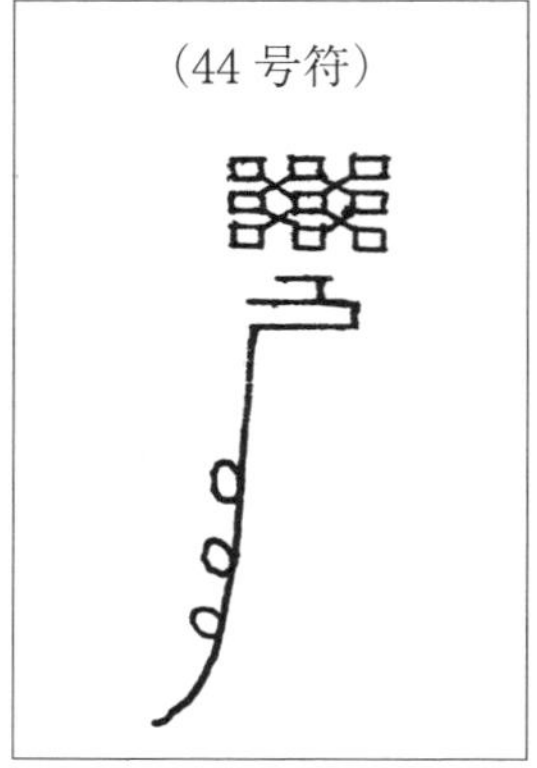
(44 号符)

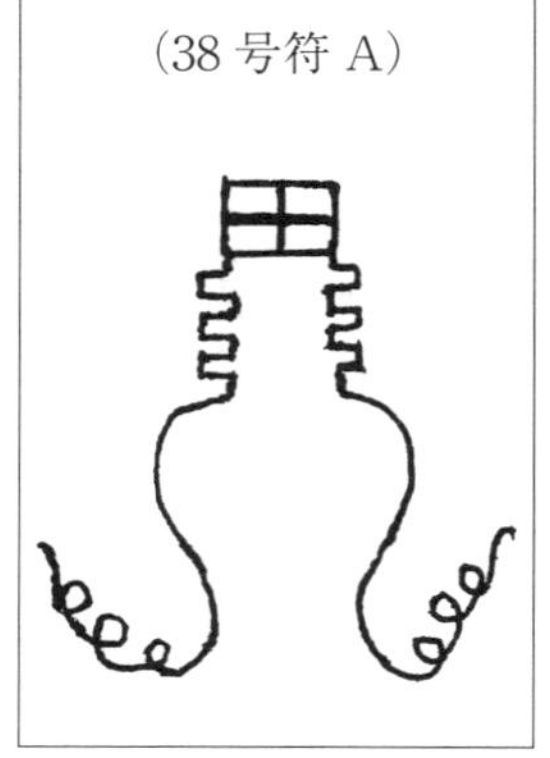
(38 号符 A)

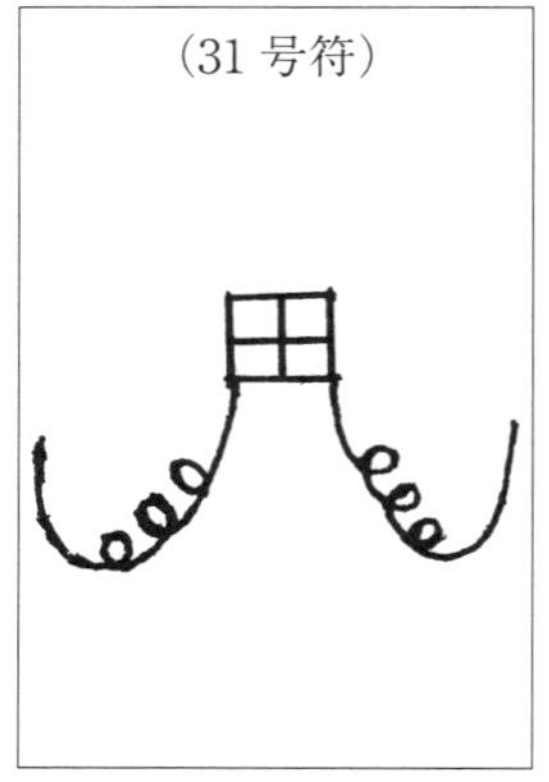
(31 号符)

(52 号符)

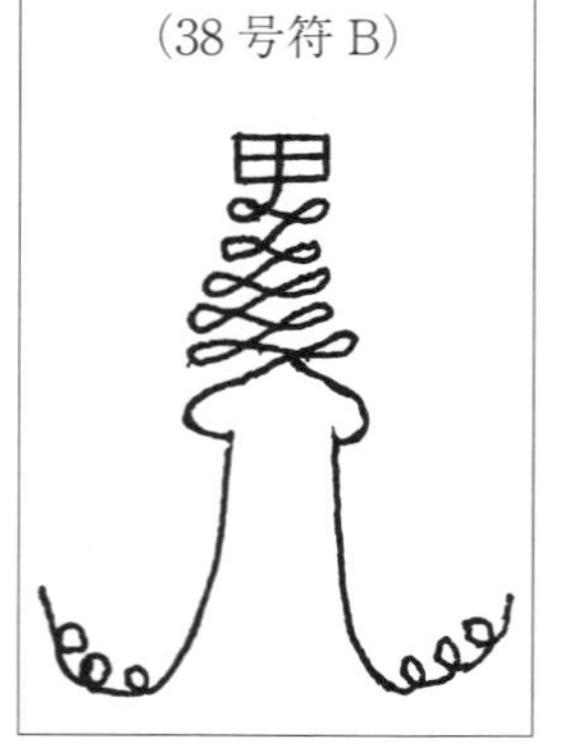
(38 号符 B)

(33 号符)

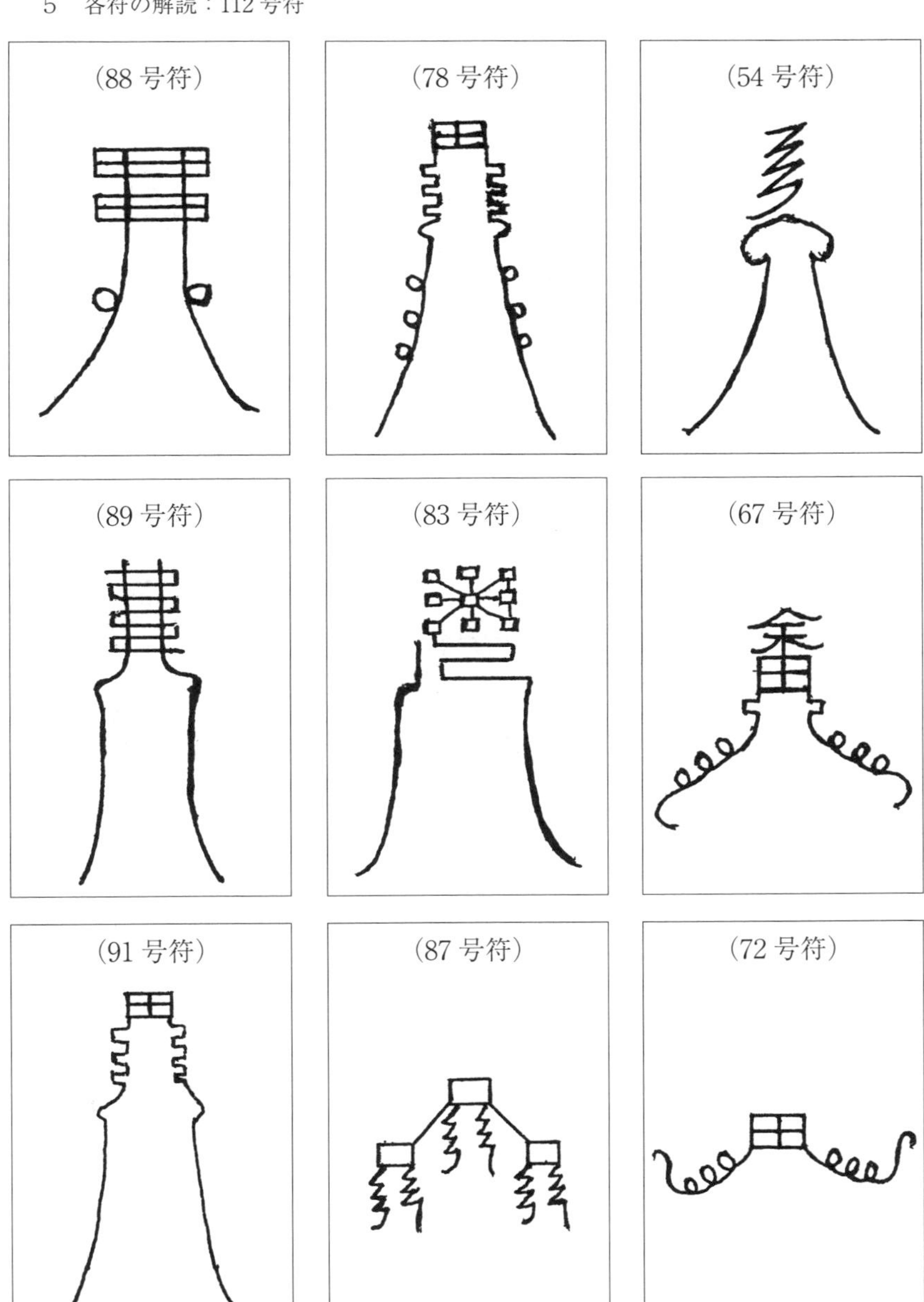
(88 号符)
(78 号符)
(54 号符)
(89 号符)
(83 号符)
(67 号符)
(91 号符)
(87 号符)
(72 号符)

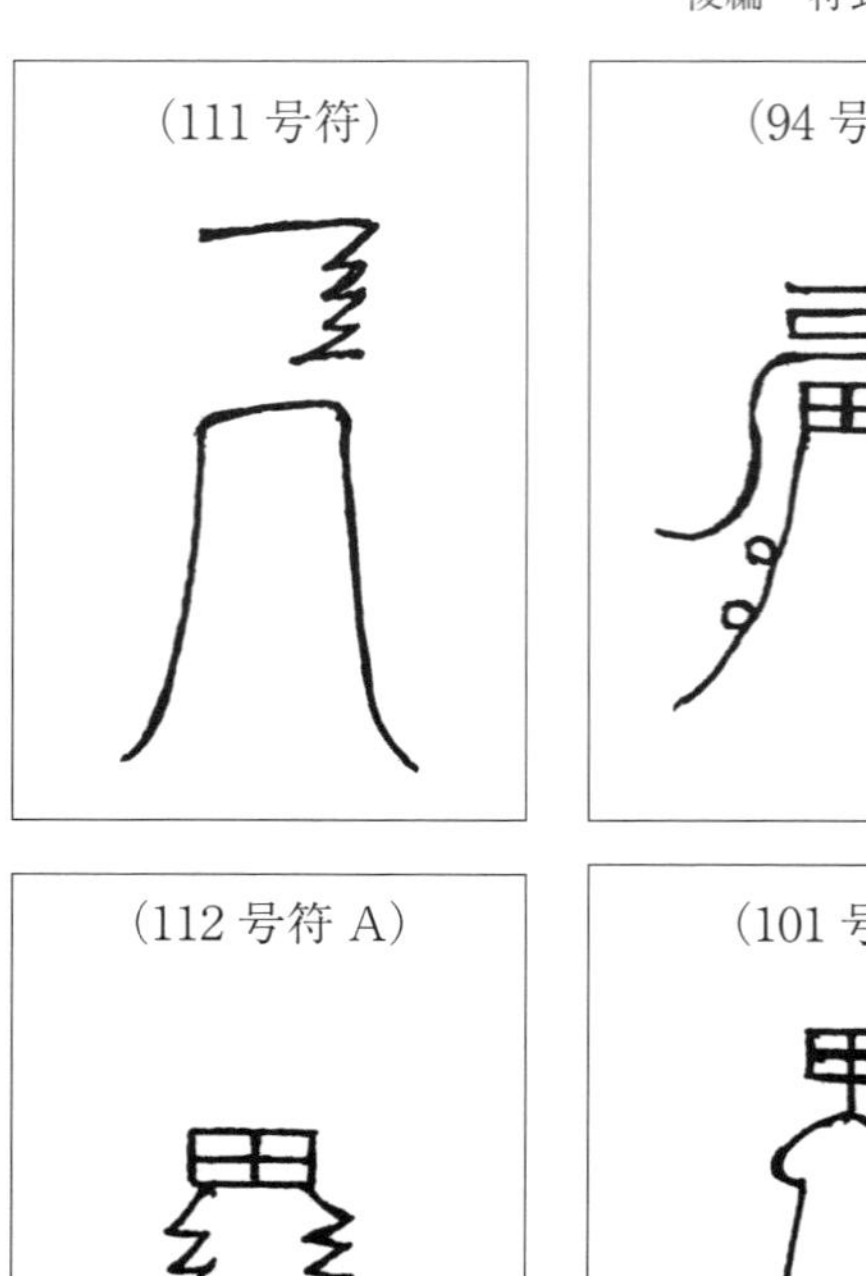

（111 号符）

（94 号符）

（112 号符 A）

（101 号符）

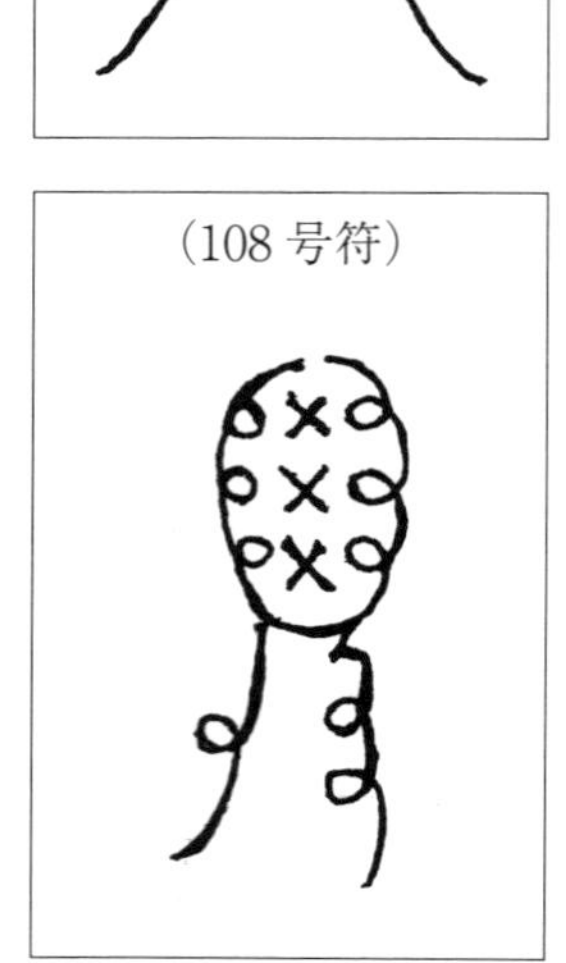

（108 号符）

113号符「霻勅令、从□□、六甲六丁」（安胎符）

説明に「洗胎神」とあるが、「洗」は「安」字の誤写で、胎児の生命と発育を司る胎神を、安らかに護る安胎符である。92号符との符式の相似によって、用法は同じく、寝室入口貼り付けと推定される。本符式簿所載の安胎符は一〇式あるが、用法から見れば、携帯四例が最も多く（29・89・98・108各号符）、使い慣れて、その穏当性を認められている用法である。次が寝台貼り付け三例（49・87・107各号符）で、最少は食用一例（91号符）の特殊用途である。しかして、寝室入口貼り付けは、本号符と92号符の二例だけだが、中間的存在として、中庸を得た用法である。そもそも、台湾は新開の植民地として、まず渡航の難破から、上陸後の悪劣な衛生環境、殊にペストやマラリアなどの悪疫猖獗（58・77・97・99・101・102各号符参照）、原住民族という外敵との闘争や、故郷を異にする移民の内訌である分類械闘、およびその他の天災などによって、死者が夥しかった。しかのみならず、もとより単身漢、すなわち独身の男子が多かった初期移民に加えて、家族渡航の禁令も幾度か敷かれたので、当初の開拓社会にとって、人口の増加は急務だったのである。安胎符の充実は、かかる民衆の切実な願望の反映でもある（49号符参照）。

符式は、記号や模様、および道教式合成偽字で、構成されているため、複雑にして難解である。符頭は、分離重複型三清記号（「総説」および47・59・67・86・107・114各号符参照）で、一符二記号の、上下二座という基本型だが、各座の位置が特殊である。上位の三清記号は、符文の上ではなく、符文書き出し第一字の下に置かれており、下位のは遠く離れて、符脚の近くにあり、間隔が甚だしい。たとえこの重複型が、三清の重要性を強調しているにしても、離れすぎた感じの特例である。

符文は、図形や合成偽字が多くて、意義不詳のため、段落がつけられない。開始は、大きく書かれた偽字の「霻（せき）」

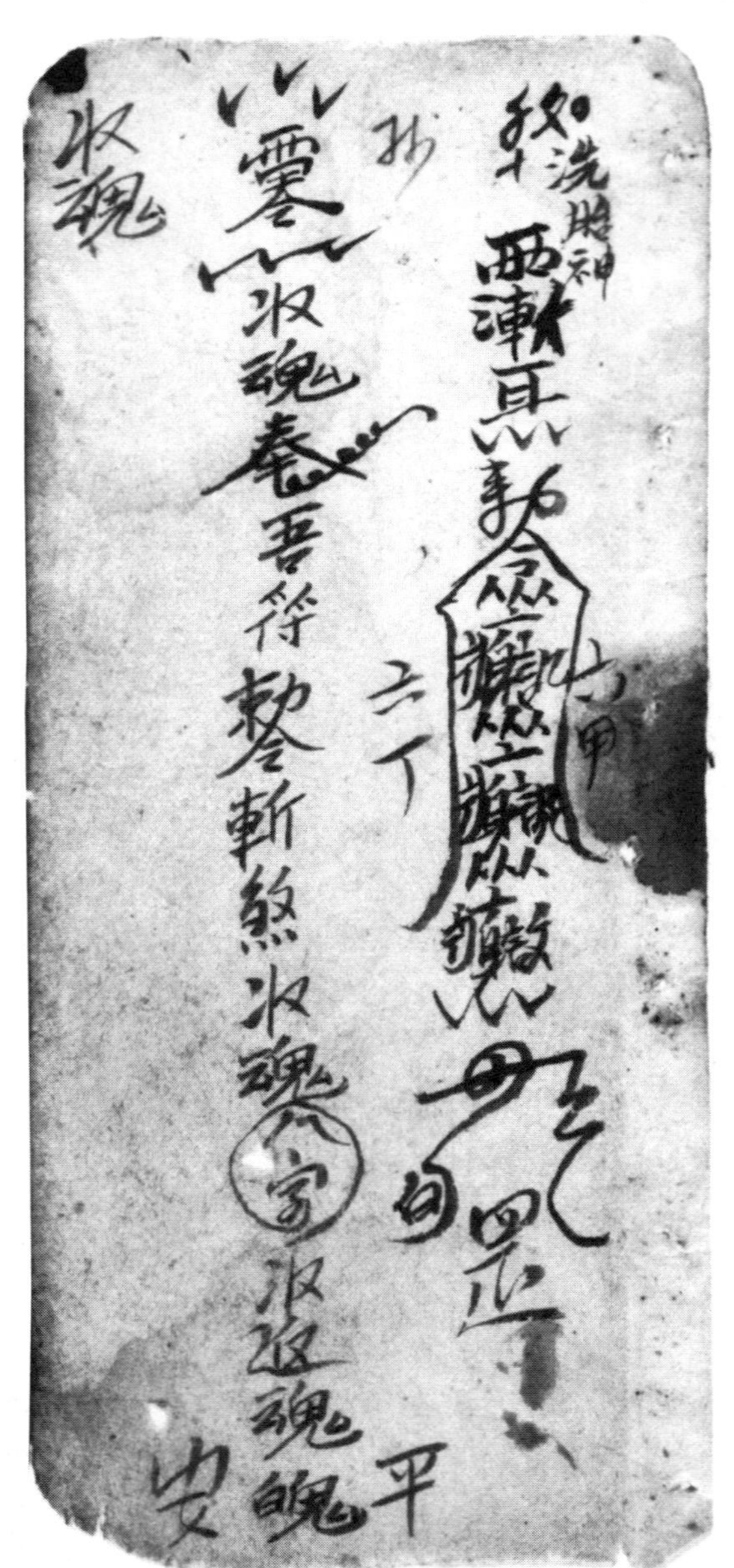

《113号符（右側）》「洗胎神」
「靈勅令、从□□、六甲六丁」

で、睨をきかせ、侵入せんとする邪鬼悪霊を、威嚇しているのだが（「総説」および1・38・64・92各号符参照）、また同時に、本号符にこめられている霊力の核心、ならびにその発揮点をも、表示しているのである。これに続くのが、「勅令」二字だが、「勅」字は草書体で、「令」字は、「人(ひと)」部首が左右二本とも、長く垂れ下って、その末端を外に曲げ、模様化している。さらに続いて、同一の道教式合成偽字が、三字連続しているが、各字の上には、それぞれ極小の「人」を、三字横に並べた、「从」記号を冠している。合成偽字は、「疒」記号の中に、「身」字と「訊」の如き偽字を、抱き合せて、嵌め込んでいるが、意義は不詳である。続いてその下は、「白」の細字がついた曲線模様だが、その意義も不可解である。しかして、最も注意すべきは、上記合成偽字の、左右両側に配置されている、「六甲」と「六丁」の二句であり、97号符同断の誤謬である。

なお、干支の組み合せは、かように「六甲・六丁」としているのは異例で、「丁」を優先させて、「六丁・六甲」と称するのが正常であり（1・5・38・92・122各号符）、「六丁軍兵・六甲軍将」（36号符）や「六丁神兵・六甲神将」（82・120各号符）なども然りである。元来、六丁・六甲とは、いずれも時日の干支で、六丁は丁丑・丁卯・丁巳・丁未・丁酉・丁亥で、六甲は甲子・甲戌・甲申・甲午・甲辰・甲寅だが、後世は道教の六丁神・六甲神となり、一組で六柱、二組で一二組の、それぞれ姓名もある、神軍の将官になっている。一方、時日の干支における六甲日は、天帝が萬物を造るという吉日であるため、妊娠を「身懐六甲」、すなわち「体内に六甲を宿す」とも称している。『隋書』「経籍志」に、「六甲貫胎書」が載っているから、かなり古い風習だが、これより演繹して、六甲は胎児の保育神にもなり、安胎符に登場するゆえんである。

かくの如く、本号符の主旨は、92号符と同様であるとはいえども、符文の構成は、大いに異なっている。すなわち、不可解な図形と偽字を除いては、「勅令」と「六甲」の二句しか、確認できないが、大意はやはり、「某司令神の命を奉じ、六甲神が主動神として、娠婦の家に赴き、胎児を保護して安産させる」の域を、出でないのである。

符頭が、凝った二重の三清記号であるのに引き替え、符脚は、単純な「罡」字だけである。全構図から見れば、本号符は合成偽字が多過ぎて、体裁のよくない符令である。

114号符「雷令収魂……収返魂魄平安」(収魂符)

説明に「収魂」とあり、離散した魂魄を、身体にもどして治病する、収魂符である。用法は、示されていないが、収魂符としては、肌守りによく使われており(33・73各号符参照)、病床に貼ることもあり(43号符参照)、また湯に焼き入れ、その灰を薬として、服用しても差し支えないという例もある(33号符の複合用法)。かように、用法にはかなりの融通性があるが、たいていは収魂法場の然るべき段取りにおいて、法師によって焼却されるから、本号符の用法も、この域を出ないと考えられる。符式は、文字が多いが、難解な部分もある。符頭は、符文上段の「雷令」二字を挟んだ、上下二座の、分離重複型三清記号である(47・59・67・86・107・113各号符参照)。すなわち、三清(「総説」参照)の重要性を強調しているのだが、重点はあくまでも、上部の一座にあることは、言うまでもない。

符文は、三段に分れる。上段は、「雷令収魂、奉吾符勅令」の二句九字だが、後句の「奉」字は、最後の筆画を延長し、跳ね上った巻き鬚状にして、司令神の厳命なることを示している。中段は、「斬煞収魂入家」六字だが、「入家」は、「家」字の最後の筆画を延長し、時計廻りの円形にして、両字を囲みこんだ図形で、患者の病因は、魂魄が屋外に逸脱した、失魂に因ることを暗示しているのである(110号符参照)。「入家」とは、すなわち家に戻ることだが、この二字の円囲いは、辛うじて奪いもどした魂魄を、きつく家の中に閉じ込めておき、もって爾後の離魂を防止するというのである。下段は、「収返魂魄平安」の一句六字だが、「平安」二字は余白がないため、やむなく「魄」字の両側に、一字ずつ振り分けている。

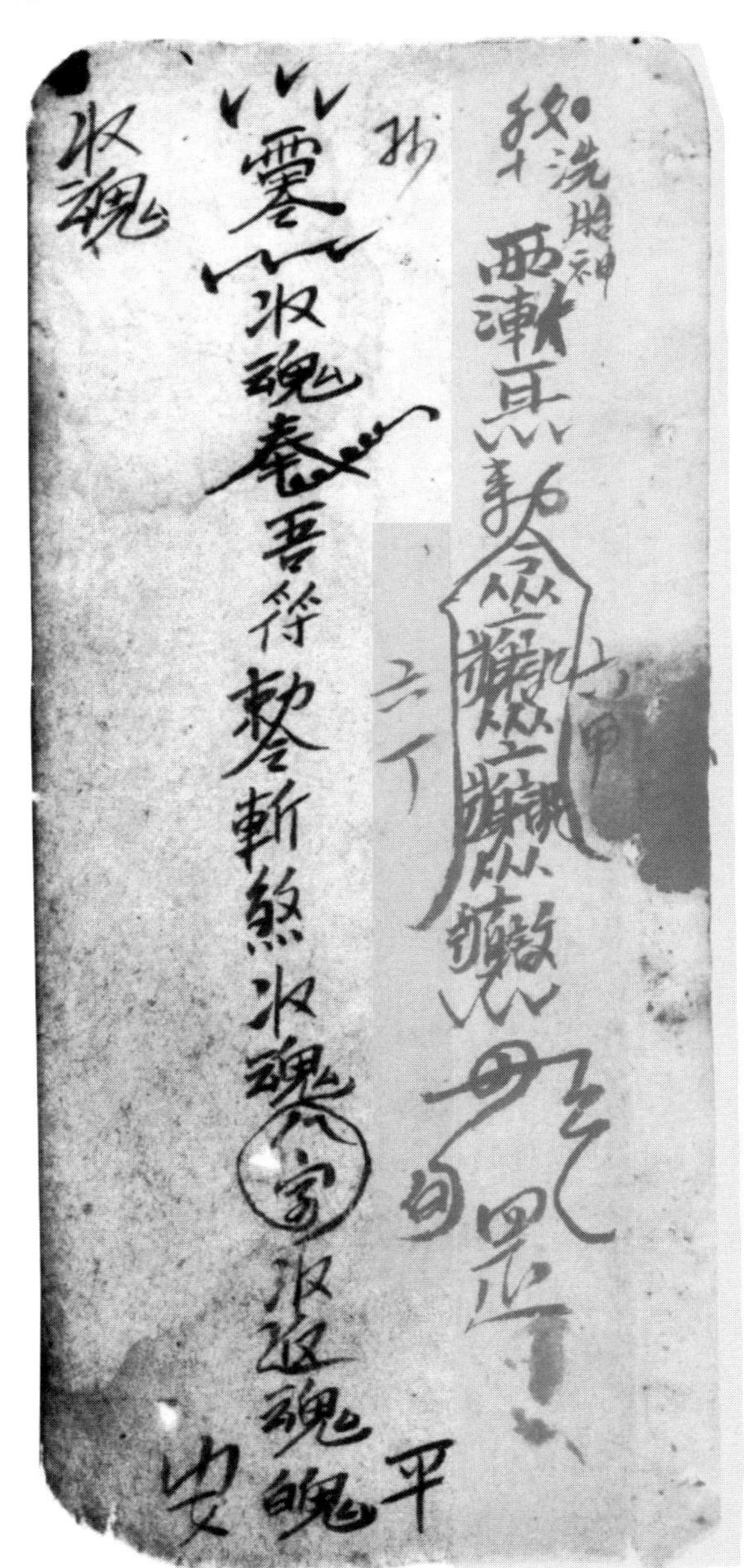

《114号符（左側）》「収魂」
「雷令収魂、奉吾符勅令、斬煞収魂入家、収返魂魄平安」

符文を整理すれば、「雷令収魂、奉吾符勅令、斬煞収魂入家、収返魂魄平安」となる。大意は、「某神が某司令神の命を奉じ、霊符を授かり、主動神として、神軍を率いて天降り、病家に赴き、雷令をもって雷神を召し、かつ霊符を用いて、魂魄を拉致した煞鬼を斬殺して奪還し、魂魄を家につれ帰り、体内にもどして治癒させ、さらに向後の平安をもたらす」というのである。司令神と主動神が、いずれも欠落しているが、この場合も、法師が法場において、臨機応変に、適宜な神仏を選択して、符文に書き添えるか、或いは手軽く口頭で、呪語に加えて補足するものである（40・57・60・65・66・70・72・80・83・91・94各号符参照）。

荘重な二重記号の符頭にひきかえ、符脚がなく、均衡を失している。総覧すれば、本号符の構成は、文字に偏重し、重複語句をも含み、むしろ冗長である。

〔附記〕本号符における、雷神を召致する法器の雷令、すなわち令牌については、すでに記載の符令（9・10・25・41・50・51・58・78・104・114各号符）において、そのつど論及し、さらに68号符の「附記」でも、天師符に絡めて、説き及んだ通りである。しかして、10・51・114各号の三符は、文字としての記載だけだが、その他の各号符は、いずれも図形化しており、皆それなりの意義を含んでいる。幾多の趣向を凝らして、変化に富んだこれらの多彩な意匠は、一見して、単に奇を衒っているようだが、実は人々が一方ならず、雷神にこだわっているという、民間信仰の一証でもある。本符式簿所載の七例、ならびに別本符式簿よりの抜粋二〇例（無番号）、合計二七例を挙げて、参考に供する。

図形化された雷令（令牌）・二七例

（104 号符）

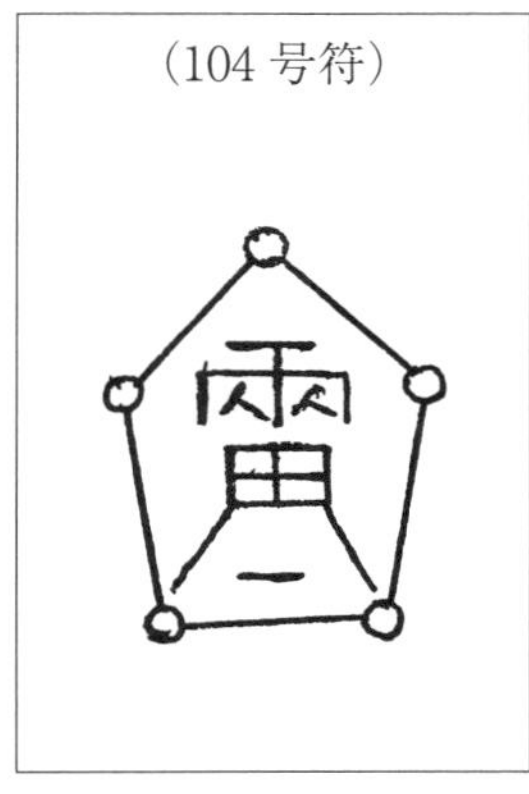

（50 号符）

（9 号符）

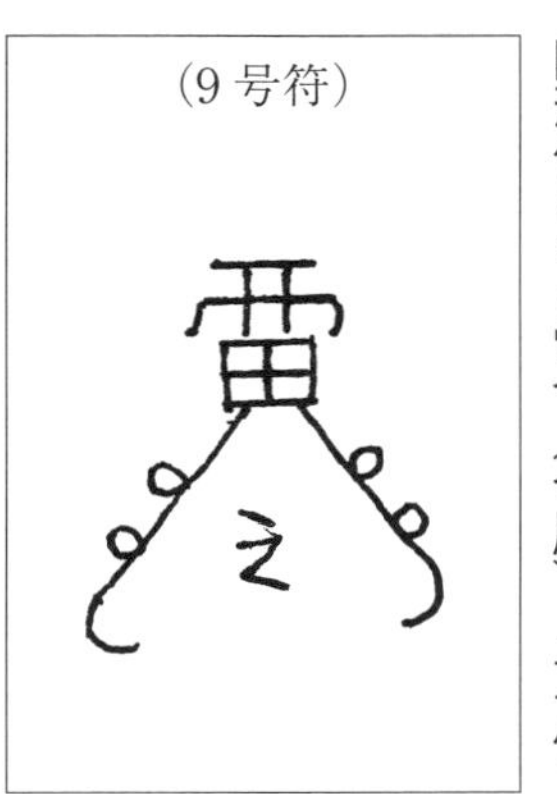

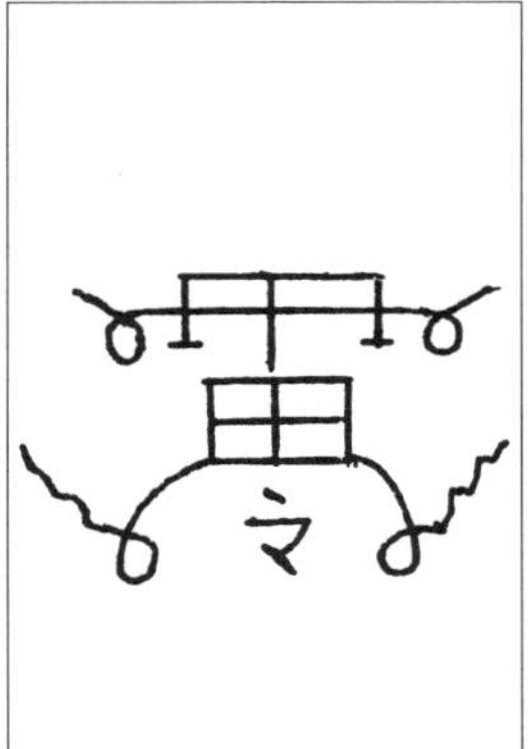

（58 号符）

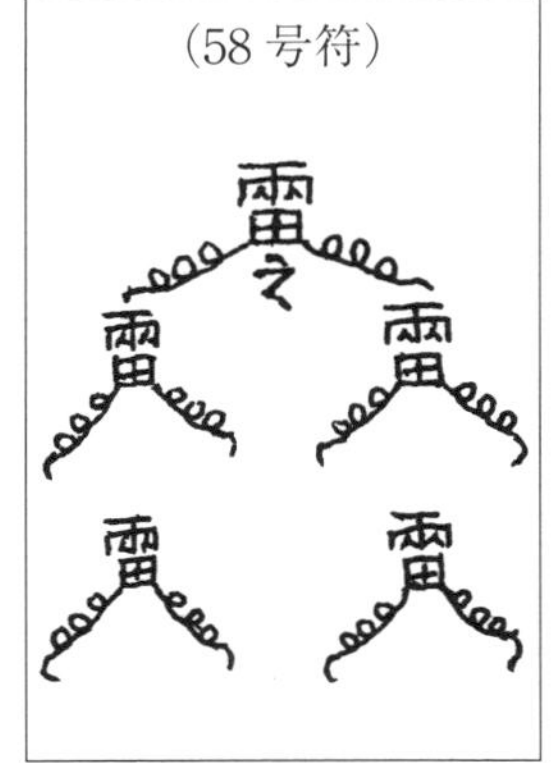

（25 号符）

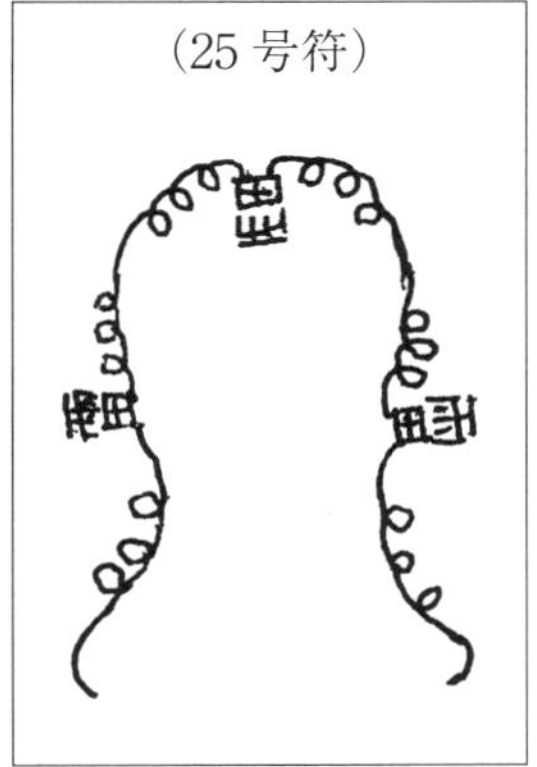

（78 号符）

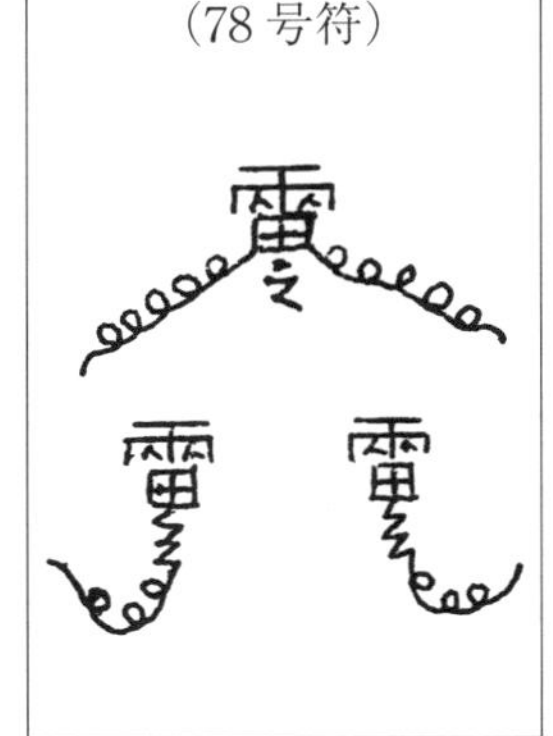

（41 号符）

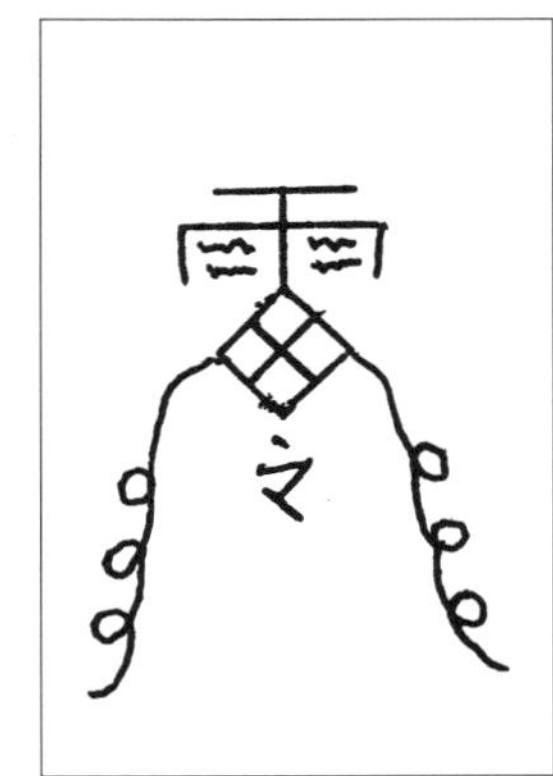

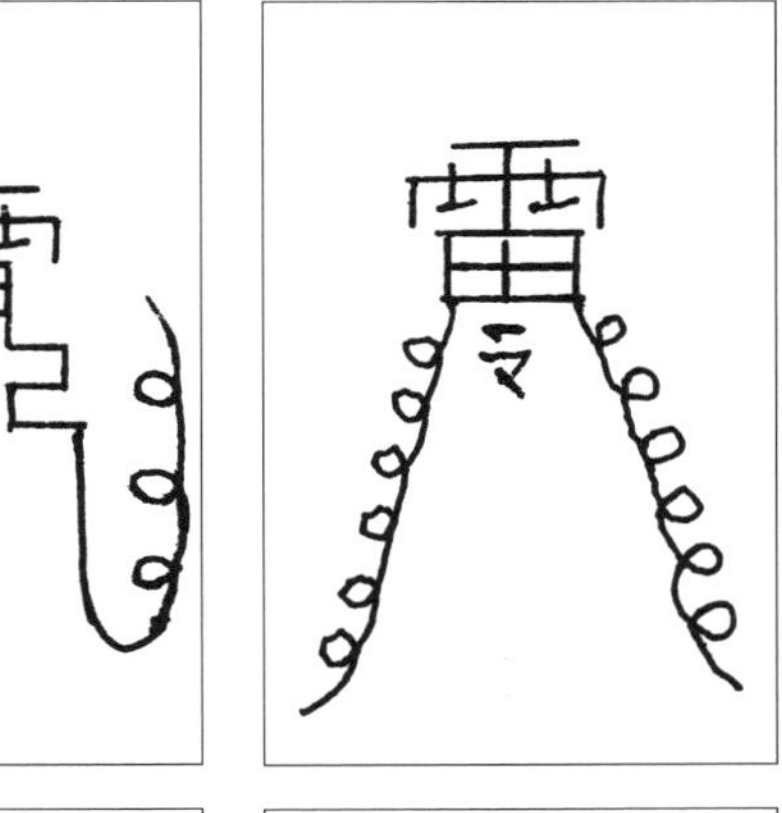

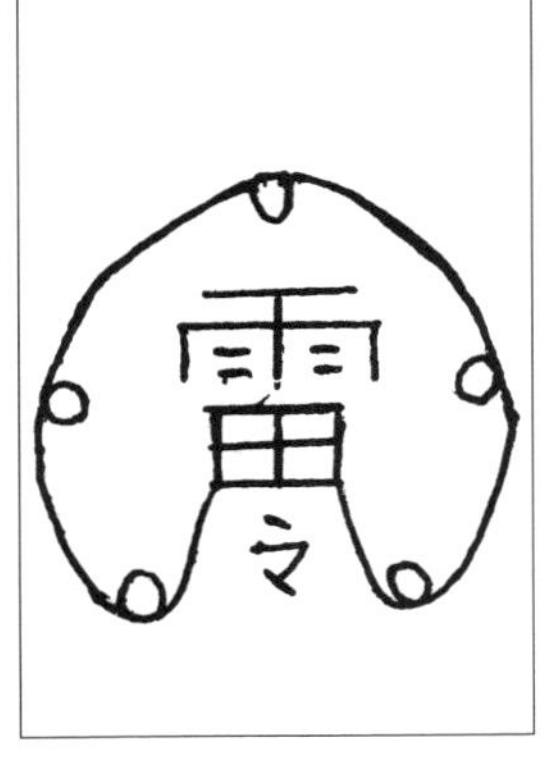

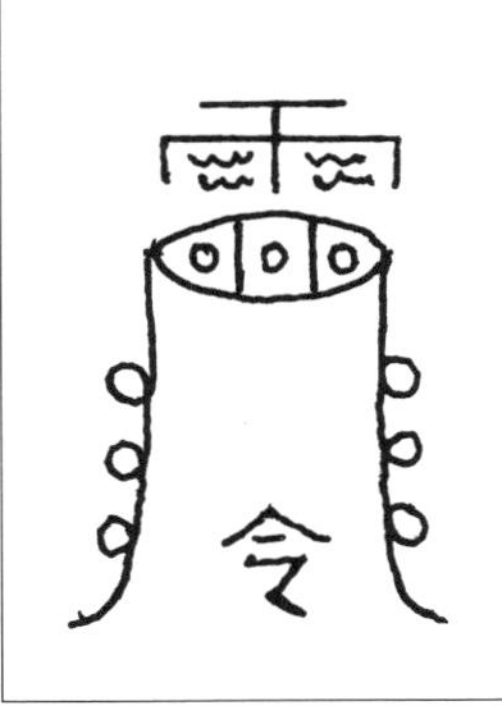

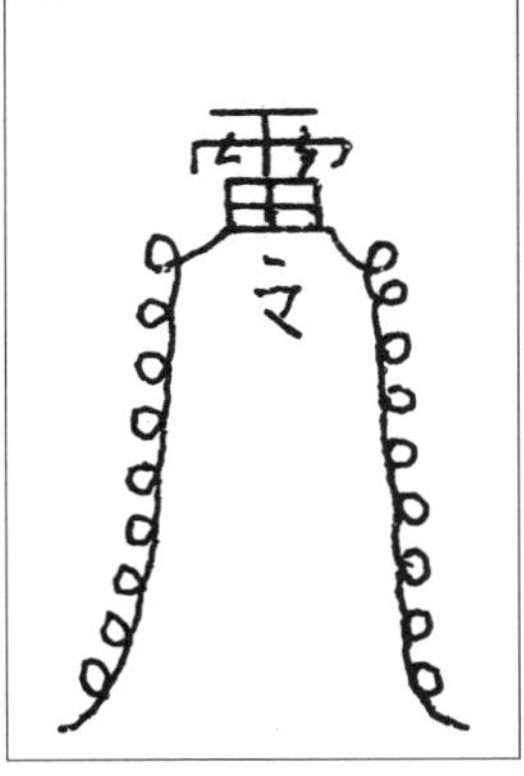

115号符「唵勅雪山雪水童、勅令勅令」(水符)

23号符の、再録である。符文の一字に、相違があるのみで、併せて、すでに解説した。

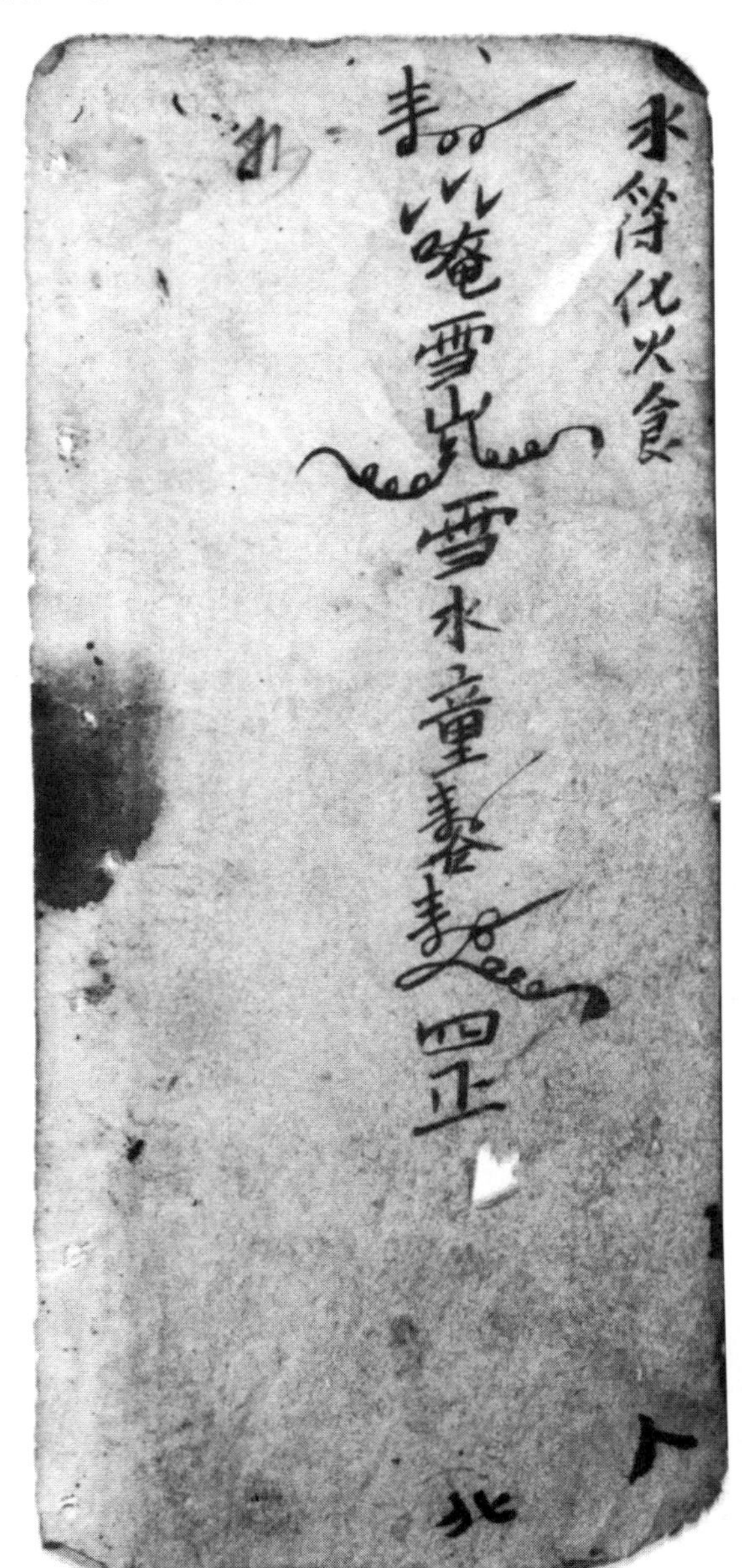

《115号符》「水符、化火食」
「唵勅雪山雪水童、勅令勅令」

《23号符》

116号符「欽奉玉皇鑾駕……身体大吉」（太歳符）

（56号符は、本号符下段の一部分を省略した略式符令だから、ここに併せて解説した。）説明に「安奉値年歳君」とあるが、56号符には「安奉値年太歳」とあり、一年間神位として奉安される、太歳符である。符頭の構成は、いたって複雑である。しかして、これは三清記号を重点にした、分離式多重の第一構成と、三光を重点にした、第二の星辰記号という、両面から検討できる。まず第一は、三清記号（「総説」参照）を頂点とし、間隔をあけて、下の符文両側に三光を配した、分離式多重構成符頭になっており、例証が多く、符令神秘化の常套手法でもある（「総説」および1・5・9・10・26・27・30・31・32・38・46・55・60・78・80・86・99・105・106・110各号符参照）。次が、三星や七星などの星辰記号に、「太陽」（或いは「日」）と「太陰」（或いは「月」）などの字句を配した、第二式三光記号である（「総説」および10・26・27・32・46・50・68各号符参照）。これを本号符では、符文上段両側に「太陽」と「太陰」二句を配し（26・27・46・47・48・50・68・82各号符参照）、さらに南斗六星の星座記号（七星記号と誤写、105号符参照）と、北斗七星の星座記号を、配置しているが、これらはいずれも、日月星辰が具有している霊気を、三清記号に添えて、増強しているのである（「総説」および2・32・68・78・82各号符参照）。

符文は、三段に分れる。上段は、「欽奉、天、玉皇鑾駕」の七字だけである。「欽奉」二字は、「欽」字を「欠（あくび）」部首と「金」字に割って、中に「奉」字を挟んだ、合成偽字になっている（20・32・39・56・67・76各号符参照）。「天」字は、鳥居型変形で、「大（だい）」部首の二本の足を分離し、股を広げて垂らした曲線を、三巻きの巻き鬚模様にして、外側に曲げているのみならず、両足を外側にふくらませた、極端な変形の一型である。この変形「天」字は、符文の内容にかかわりなく、単に本号符に含まれている霊力の所在、すなわち発揮の中心を示しているにすぎない（「総

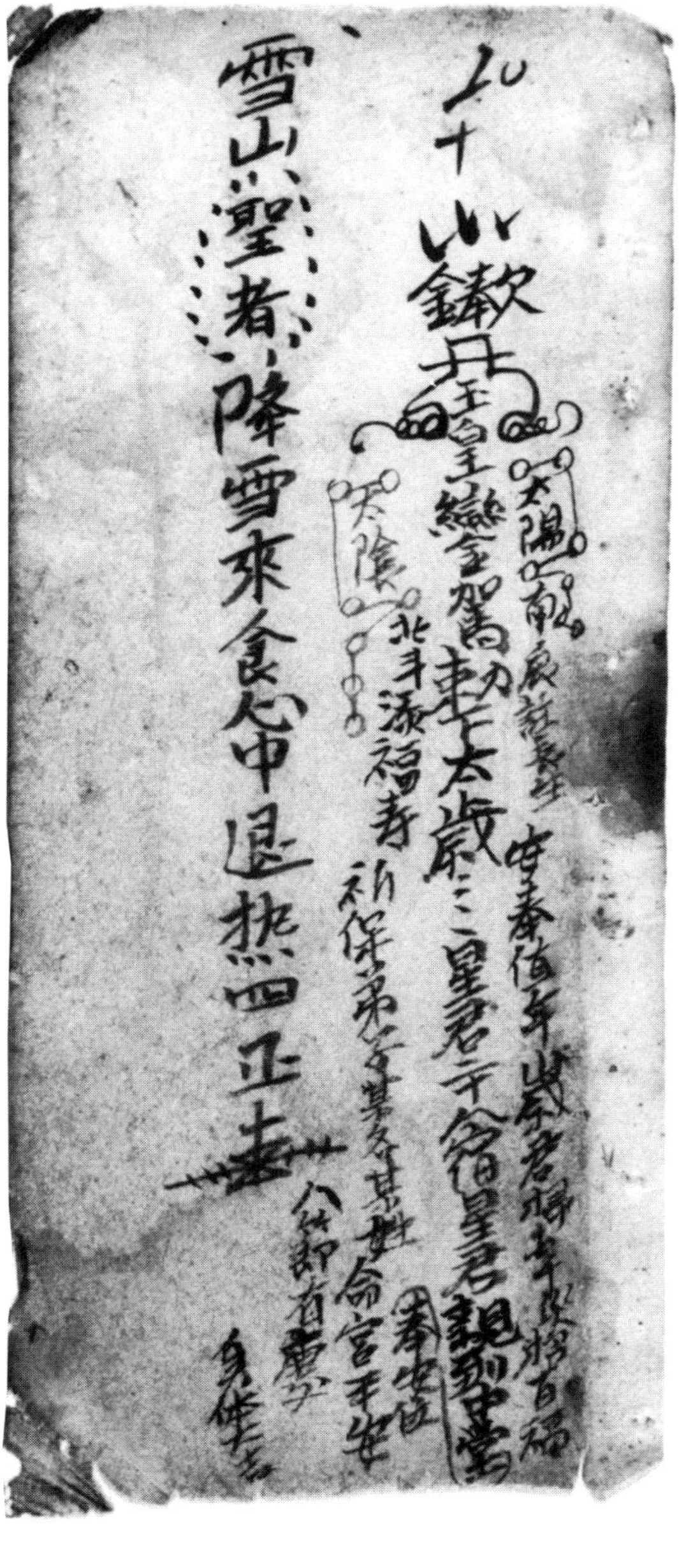

《56号符》

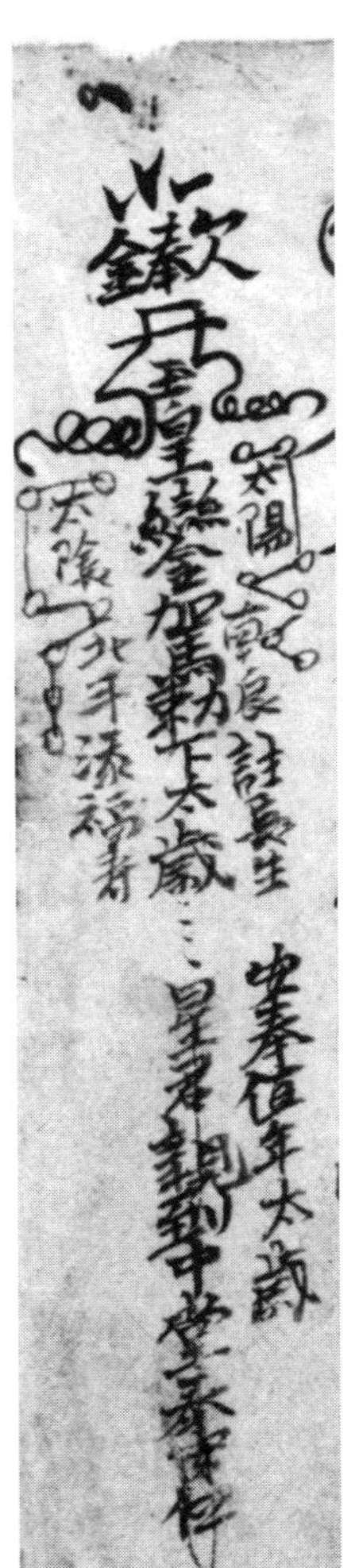

《116号符（右側）》「安奉値年歳君」

「欽奉玉皇鑾駕、南辰北斗、勅下太歳某星君、二十八宿星君、親到中堂奉神位、掃去千災招百福、祈保弟子某人命宮平安、八節有慶、身体大吉」

説」および6・16・20・27・32・43・46・49・50・56・61・68・73・77・90・95・99・102・107・109・118各号符参照）。「鑾駕」は天子の車駕だが、ここでは玉皇上帝を、下界の天子になぞらえた、最高神の降臨であり、34号符も同じく、「玉皇鑾駕」としているが、27・30・107各号符では、「通天鑾駕」となし、天地両界をつなぐ、交通機関としている。いずれにしても、玉皇上帝が乗物に召して出御されることだが、ここでは要するに、「玉皇上帝みずから」の意である。

中段は、「勅下太歳：：星君、二十八宿星君」とあって、両側に「南辰註長生」・「北斗添福壽」の対句を配している。四小点を連ねた点線は、当年の該当神名を、そのつど書き入れる空白であり、これを本号符では「安奉値年歳君」、56号符は「安奉値年太歳」と、それぞれ向って右側の余白に、書きこんで説明している。また、南辰すなわち南斗星君（南斗六星）が人間の生を司り、北斗星君（北斗七星）が死を司るのが定説で、「北斗添福壽」とは、言うまでもなく縁起かつぎの、故意の改竄である（17・32・45各号符参照）。ただし56号符は、太歳星君のみで、二十八宿星君は含まれていない。まして、下段こそが、両符の最も相違するところである。すなわち56号符では、「親到中堂奉安位」とあるのみだが、本号符では向って右側に、「掃去千災招百福」とあり、左側に「祈保弟子某名某姓、命宮平安、八節有慶、身体大吉」の句を配し、「某名某姓」の個所に、祈願者の姓名を書き込む格式になっている。中堂とは、廳堂・大廳・正廳などとも称し、家屋中央広間のことである。その中堂の奥の壁に沿って、長方形の高い卓すなわち中案卓（神明卓・尪架卓）を置き、卓上に神龕（厨子）あるいは神像と祖先の位牌を奉安し、奥の壁に神画の軸を掛ける、しきたりである。故に「中堂奉安位」とは、本号符を神龕内とか、若しくは中案卓上の壁に貼って、神像同様に朝夕礼拝することであり、12・32・34・39各号符と同じく、安神位符の一種で、いわば符令式神位である。

符文を整理すれば、56号符は「欽奉玉皇鑾駕、南辰北斗、勅下太歳某星君、親到中堂奉神位」となる。大意は、「玉皇上帝が司令神として、車駕に召し、南北斗両星君を従え、主動神たる該年の太歳神を引率して降臨し、民家の中堂に、一年間駐留して、当人を守護させる」というのである。たかが一神の降下に、玉皇が出御して送るという設定は、いかにも物々しすぎるようだが、翻って考えれば、これこそ民衆の太歳という崇り神に対する、恐怖感の裏返しでもある。

しかして、本号符が継ぎ足している符文は、「二十八宿星君」と「掃去千災招百福、祈保弟子某人命宮平安、八節有慶、身体大吉」であり、前者は主動神たる太歳に続いて、その副神となっており、後者は当人の懇切な願望をこめた言辞にすぎない。そもそも二十八宿星君とは、通称二十八宿星で、二十八宿とも略称されている、二八個の星宿すなわち星座のことである。その機能は、いちおう占卜とかかわってはいるが、崇り神ではなく、また普遍的な民間信仰の対象でもない。しかのみならず、その位置は、太歳の下に置かれて、副次的ではあるが、二柱という複数の主動神になって、不合理であるばかりでなく、現行の習俗にもそぐわず、むしろ蛇足である。普通、符令の相互関係は、繁簡の面から見れば、繁式から略式への移行が多いが、この場合は逆に、56号符の略式が、むしろ正統と考えられるのである。

分離式多重構成の、複雑な符頭を具えていながら、符脚を欠き、この点では、甚だ均衡を失している。符式は複雑なようだが、ほとんど文字の構成で、理解しやすいが、符令の体裁としては、むしろ冗長の嫌いがある。これに引き替え、56号符は略式でも、ほぼ適正な符令である。

〔附記〕太歳神の信仰は、術数家すなわち天文暦や堪輿卜筮の諸説が絡み合い、錯綜した民間信仰を反映しているが、整理すれば、その定義はほぼ四端に分けられる。

第一が木星の異名で、これが本義である。木星は約一二年で天を一周するから、その位置によって、歳を記録したので、歳星という。

しかし長年に亙れば、ずれが生じるので、正確に一二年で天を一周する仮想天体を設け、これを太歳と称し、である。

方位の凶星とされた。これが第二義の、六十干支による年歳の表記法で、六〇柱の星神が一柱ずつ、順番で一年間を司る、値年太歳星君信仰の起源である。すなわち、年まわりの祟り神で、本号符における太歳符の主題である。

第三義は、太歳方角の地下に潜む、悪霊たる祟り神の土煞神である。その正体は、肉塊の如き生物で、往往にして、誤って掘り起されたこともあると、伝えられている。しかし、一般に理解されているのは、実体のない悪霊で、土木建築工事の鍬入れ（破土）に際して、ややもすれば、動土（犯土）すなわち土煞神の怒りに触れて、祟られるのである。三十六天罡に対する、七十二地煞も、この広汎な土地の祟り神たる、土煞の類である。さらに詳説すれば、地上の陽間（ヤンカン）に対して、地下の陰間（イムカン）すなわち冥土は、死者の行く場所として、陰府地獄が設定されているように、地表に近い浅層は、太歳や悪煞の安住する魔界でもある。故に土木建築などで、みだりに地面を掘ると、ひどく祟られる。「太歳頭上動土」とは、しばしば使われている諺だが、「かなわぬ強敵に、あえて刃向かう、身のほど知らずの愚か者」とか、「無謀も甚だしい」という比喩である。語句通りに解釈すれば、地下に安住する太歳などの悪霊に対して、地面で真上から、鍬を振りおろして土を掘り、その安寧を妨げると、激怒を買い、ひどい祟りで復讐されるというのであり、太歳の恐ろしさが強調されているのである（82・83・84・95各号符参照）。なお、別本符式簿に、太歳と煞神の結合を示す符令の一式が、収録されている。上段六個の人頭が「陰神三煞」で、下段二個の人頭が「陰使太歳」であり、かように太歳と悪煞は、地下に群棲しているのである。

第四義が、殷郊と楊任の二人である。『封神演義』では、前者が執年歳君太歳神に、後者は甲子太歳神に封じられて、六十太歳星君全体の主領と、甲子年だけの値年神で、主従の関係だが、正副団長の如くに扱われている。殷郊の来歴は、『三教源流搜神大全』に基づいており、由緒正しいが、楊任は『封神演義』の創作にすぎず、現に奉祀されている、甲子年太歳の姓名たる「金赤」とも違っている。その造形は、眼窩から両腕が延び、眼球がその掌中についているという、奇抜な異形で、今でも民間信仰に生きているのである。なお、二人とも戦没武将の怨霊だが、楊任は棍棒で頭蓋骨を破られ、殷郊は農具の犁で、首を鋤き断られるという、凄惨な最期が、いたく民心に投じ、いかにも祟り神の前身にふさわしいのである。

　ここで再び、太歳符の主題である、値年太歳信仰の、安太歳習俗について検討する。一甲子とは六〇年、すなわち干支（えと）が一回りする還暦だが、太歳の値年は、十二支の一回りで計算し、誰でも一二年毎、生相（生れ年の十二支）に応じた年は、生活の隅隅にわたって監視され、その位置する方位を犯したり、いささかたりとも落度があれば、立ちどころに、処罰として祟られる。故に一年間、手厚く奉祀して回避するほか、対策がない。これが本音だが、建前としては、該当者はその年、生命力が低下し弱っているから、自ら不運にみまわれる。故に値年太歳を祀って、己れの生命をその保護下に置けば、悪運を避けられ、厄年を克服できる。これを安太歳蓋運、すなわち生命を太歳に被覆し、庇護してもらうのである。かように、安奉値年太歳は、蓋運（カムウン）と習合して、年回りの悪い者が、厄運逃れのため、太歳符をいただき、神位同然に、一年間だけ奉安する習俗である。しかしこれは、あくまでも臨時性で、他人はむしろ「触らぬ神に祟りなし」とて、関与せず、この点が一般神仏の信仰形態と、異なるゆえんである。

　しかして本号符は、法師が自営の法壇で書写してから、依頼者の家に携え、請神安神位の科儀を挙行して、奉安する本式のものだが、現在は竈神同様、自宅で略式に手軽く行う人が多い。自家書写か或いは廟寺配布、ないし民間暦書添付の印刷符令に、姓名を記入して貼ればよいのである。もちろん赤紙に墨書するのだが、神位として奉祀するのだから、大きさはたいてい廟寺平安符なみの、やや大き目の長方形で、細長い短冊形ではない。目的が、年回りの運勢直しだから、奉祀時期は旧暦の年初新春に限られるが、一月九日の天公生（玉皇大帝誕生日）や、一月一五日の元宵節という吉日に、便乗する者が多い。祭祀は、他の諸神仏と、まとめて行われるから、朝夕の敬茶・焼香と、朔望（毎月の初一日と十五日）の礼拝のほか、七月一九日は値年太歳星君千秋、俗称太歳生で、全太歳の統一誕生祭だが、盛大には行われない。送神は、年末一二月二四日、地上のあらゆる神仏を、天廷に送る際に、竈君神位同様、剥して金紙銭を添えて焼き、天界に歓送するのである。

台湾は、日毎に募る世情不安を反映して、他神仏と共に、太歳信仰も高まり、安太歳習俗は、急速に普及し、自家祭祀は煩しいので、廟寺が集中して代行するように、推移している。廟寺が恒久性の、値年太歳神位を設け、毎年神名だけを取り換えて、該当の信徒に納金させ、祭祀を代行するのみならず、太歳燈と称する常夜燈さえ設けて、記名参加を勧め、もって財源となしているのである。その上にまた、六〇尊の神像を揃えた、太歳殿の併設も、近年の風潮であり、あまたの獰猛怪異な姿態で、いやがうえにも、民衆の驚怖を煽りたてているのである。

さらに、生相（生れ年）にあてはめた、「沖犯」すなわち祟りは、一二年毎のひとまわりに、一年だけのはずだが、この基本的「正沖」のほかに、六年を加えた年を「偏沖」（或いは「対沖」）と称して、やはり安太歳の必要を勧めている。例えば、子年生れは、午年も厄年で、ひとまわり二回、六年毎の厄年になる。しかのみならず、正沖と偏沖をさらに倍加して、合計四年、すなわち三年毎の厄年が、民間信仰従業者によって唱えられ、太歳神信仰は、乱脈を極めているのである。因みに、前述の如く、符文上段に「玉皇鑾駕」とあり、玉皇大帝が司令神として降臨する主旨が、常識的にも不合理のせいか、現行の符式には採用されず、ほとんどが普庵祖師を司令仏としており、普庵教派の法教における、隠然たる勢力が窺えるのである。

117号符「雪山聖者降雪、來食心中退煞」（水符）

説明はないが、熱病治療の水符であり、用法も前出の諸例（18・23・105各号符）から見て、焼き灰を湯にとかして、服用するものと推察される。符式は、簡略型に属する。符頭は、省略されている。

符文は、二段に分れる。上段は、「雪山聖者降雪」六字だが、「聖者」二字を、点線で楕円形に囲って、降雪を象徴している。これは18号符と同一手法だが、その二重点圏で、豪雪を表しているのに対して、ここではひとまわりだけの点圏で、単なる降雪の気象を表しているにすぎない。下段も、「來食心中退煞」六字だけである。

符文を整えれば、「雪山聖者降雪、來食心中退煞」となる。大意は、「雪山聖者が主動神として下山し、患家に赴き、病人に冷雪を食べさせて、体内の高熱を下げ、もってその難病を治癒し、健康を快復させる」というのである。

符頭を欠いているにもかかわらず、符脚は、「罡」字と「⊠」記号を、上下に重ねた、二重型であり（「総説」および33・49・55・89・90・92各号符参照）、至って不均衡である。全構図から見れば、本号符は水符であるため、こじんまりとして、わかりやすく、なおも余韻を残した、希な符令である。

〔附記〕民間信仰における、夥しい対象神仏の栄枯盛衰は、雪神とて免れず、管見ながら、次の一面もある。降雪を司る主体神の基本は、言うまでもなく、雪山神（62号符）や霜雪神（53号符）だが、これを極端に升格すれば、雪山聖者（本号符）や雪山大聖（18号符）にもなる。聖者とは、聖人すなわち智徳の最も優れた人格者を指し、その頂点が大聖である。民間で篤信されている孫悟空の、斉天大聖僭称は、単なる諧謔にすぎないが（『西遊記』四回）、別本符式簿にも雪山聖者の一式があり、符文は「欽奉雪山聖者、火速臨」とある。類似神祇としては、

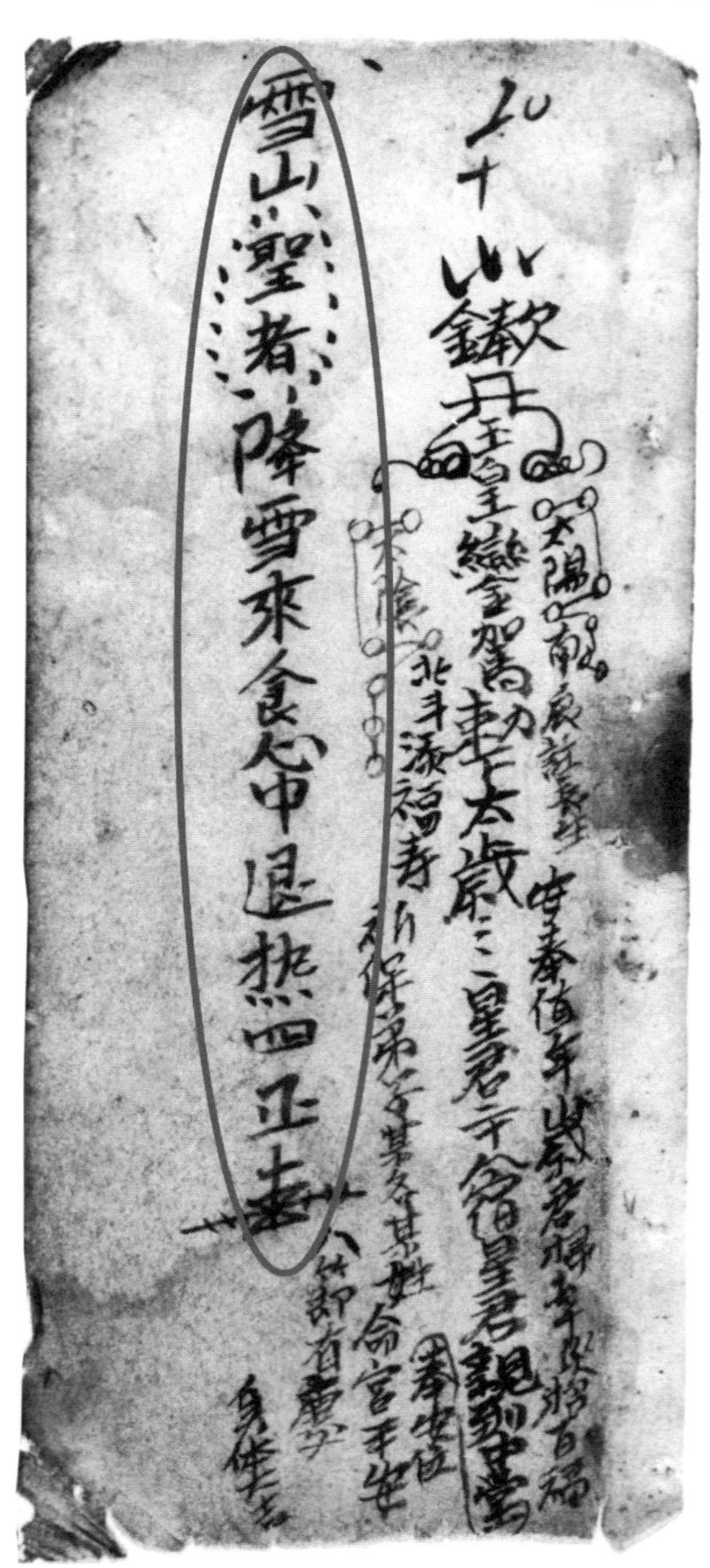

《117号符（左側）》（説明なし）
「雪山聖者降雪、來食心中退煞」

雪山聖祖もあるが、これは寒山聖祖と対（つい）になっており、符文はそれぞれ「勅下雪山聖祖、靈符天定、駆邪押煞」、および「勅下寒山聖祖、靈符一道、収四方一百二十四煞九鬼」で、一般の辟邪符になっている。さらに、市販の『福建古山教符呪』にも、雪山符として、東西南北雪山聖者を挙げており、台湾移民と故地との、縁故紐帯を示している。

なお、類似称号としては、雪山王者があり、別本符式簿に「雷令雪山王者勅令」とあるが、「王」字は三字を合せ、図形化して、その王者の尊厳を誇示している。かように、雪山神や霜雪神を起点として、升格すれば、雪山大聖や雪山聖者になるのだが、逆に降格して沈淪すれば、雪山童子（77・105各号符）や雪山雪水童（23号符）にもなるのである。しかしこの場合は、れっきとした神格を具え、降雪という気象の支配神であるというよりも、むしろ活気あふれる、潑溂とした少年の姿で現れる、雪の精霊そのものと見られる。すなわち雪山童子とは、その着想において、日本の雪女郎と、同工異曲の趣があって、興味深いのである。

118号符「北方壬癸到……年月日時吉」（水符）

（61号符の再録だが、なお僅少の差異があるので、併せてここで論述する。）説明に「水符、帯身」とあるが、「帯」を俗字の「帯」となしている。熱病患者の肌身に帯びさせる、解熱の水符だが、61号符ではさらに、「安可用」とあって、「或いは病床・病室・玄関などに貼っても、熱さましの治療効果がある」というのである。符式は、記号や図形を多用し、符文も整わず、かなり特異である。符頭は、省略されている。

符文は、三段に分れる。上段は、「一白水星到」の、一句五字だけである。「一白水星」とは、陰陽道の用語で、九星中の一星であり、方位としては坎、すなわち北方に当る。これら九星の相生や相剋によって、吉凶を判断する

《61号符》

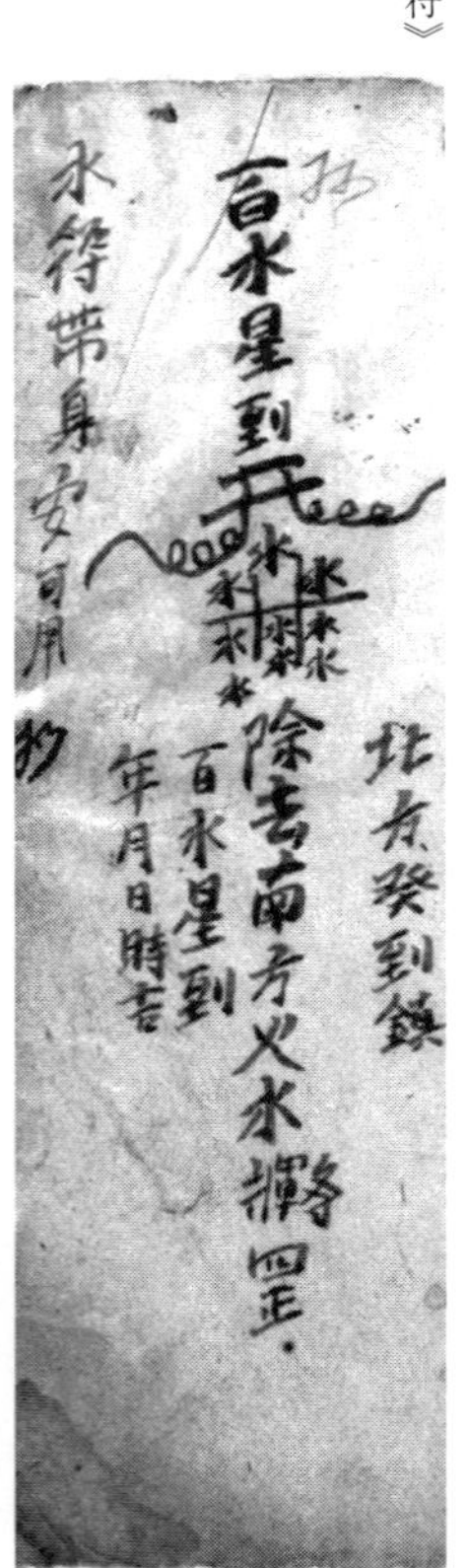

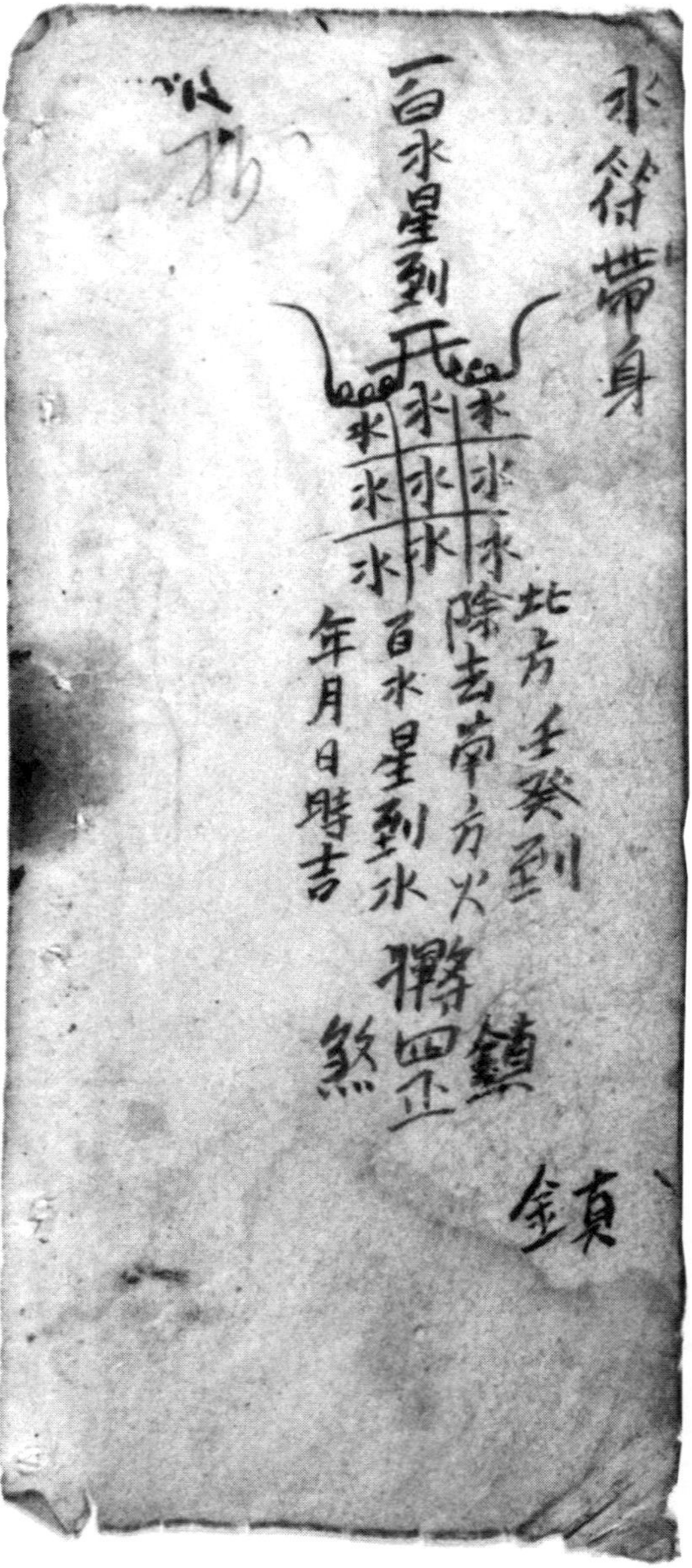

《118号符》「水符、帯身」
「北方壬癸到、一白水星到、天水将軍鎮煞、除去南方火、年月日時吉」

のである（100号符参照）。古代、殷は水徳を以て建国し、白色を尚んだと伝えられており、由緒の古い観念である。中段は、「天水将軍鎮煞」の六字だが、「将軍鎮煞」の四字は、下段の語句を跳び越えて、最も下の位置にある。「将軍」二字は、「将」字を「爿」と「寽」に割って、中に「軍」字を挟んだ、合成偽字になっている（52号符参照）。さらに、「鎮煞」は、一字ずつに分けて、符脚の両側に並んでいるが、61号符では「鎮」字が、下段の語句に紛れこみ、「煞」字が欠落している。「天水」二字は、図形化が最も甚だしく、かつ全符文の要点にもなっている。「天」字は、常用されている鳥居型変形字体で、「大（だい）」部首の、二本の足を分離し、股を広げて垂下した曲線を、三巻きの巻き鬚模様にしている。その弯曲度は甚だしく、ぴんと跳ね上った、八字髭型に誇張されて、最も目立っているが、61号符は、ほぼ水平にしている（「総説」および6・16・20・27・32・43・46・49・50・56・61・68・73・77・90・95・99・102・107・109・116各号符参照）。しかして、この場合の「天」字は、主動神称号の一字ではあるが、その誇張した変形は、また同時に、本号符における霊力の中心、ならびにその発揮点をも、表示しているのである。「天」字に続くのが「水」字で、合せて「天水」となる。これは一般に、天から降る雨水とされているが、この場合は天界の水、すなわち天上なる神仙界の聖水であり、符文ではこの天水を司る、主動神の称号にもなっているのである。「水」は、九字の集合になっており、数は一に始まり九で終るから、多数や多量をも示し、すなわち大水である。

下段は、四行の語句の並列で、向って右から左へ、「北方壬癸到」・「除去南方火」・「一白水星到水」・「年月日時吉」となっている（しかし、61号符では、全四行で三行までが崩れて、「北方癸到鎮」・「除去南方火水」・「一白水星到」となり、文理をなしていない）。第一行は、「北方壬癸到」とあるが、「癸（みずのと）」は十干の末位で、五行では水、方位では北に当り、十干第九位の「壬（みずのえ）」も同じく、五行では水、方位では北に当るので、普通は両字を合せて「壬癸」という。故に「北方壬癸」とは、「北方壬癸水」のことで、「南方丙丁火」と対句になっており、この「北方壬癸到」は、上段「一白水星到」の上に置かれるべきである。さらに、第二行の「除去南方火」とは、五行相剋の原義に則し、この善き水によって消されるべき、「南方丙丁火」すなわち丙丁（ひのえひのと）の悪火である。丙と丁は、ともに五行では火、方位では南に当るので、火神や火自体として、用いられているのである。第三行「一白水星到水」は、上段「一白水星到」の再録だが、無意義な「水」字を加えている。第四行「年月日時吉」とは、その「吉」字によって、重病恢復を予祝しているのでもあるのだが、実は病因である祟りの煞鬼を暗示し、中段符文の「鎮煞」に、対応しているのである。年煞・月煞・日煞・時煞という、四人組の煞鬼が、年中絶え間なく、人々の隙を窺っているのである（6・20・67・95・106各号符参照）。

符文を整えれば、「北方壬癸到、一白水星到、天水将軍鎮煞、除去南方火、年月日時吉」となる。大意は、「司令神たる水徳星君の命を奉じ、天水将軍が主動神として、神軍を率い、天降って患家に赴き、祟っている年月日時の四煞鬼を討伐し、さらに天界の大水を用いて、病人の高熱を下げ、もってめでたく快癒させる」というのである。

符頭が、省略されているのに対応して、符脚も「罡」字だけの、簡略さである。全構図より見れば、符式が乱雑であるのみならず、図形も著しく誇張された、体裁の奇異な符令である。

〔附記1〕本号符の含蓄は深奥にして、上記の解説だけでは、未だに意を尽せないので、さらに四項について、追記し吟味する。

其の一――一白水星は、別本符式簿にも、一例収録されている。符称はなく、符文も「楊公勅令、一白水星到中宮水」とあるだけだが、末尾の「水」は、五字の「水」の、集合図形になっている。楊公とは、風水師の祖師として名高い、唐代楊筠松のことである（12・32・39・95各号符参照）。「中宮」は、「宮中」の誤写で、臨時に廟内に設けられている、法場のことだが、この場合は葬儀を行う、墓地を指している。説明には、「此符制巡山羅猴、能動土、斬草・造葬可通用」とある。「巡山」とは、葬後の墓参で、「羅睺（らご）」は、日食や月食を引き起す星辰の名称だが、ここでは「巡山羅猴」という、墓地に盤踞して、死者に危害を加える悪霊である。故に草刈り・地均しの鍬入れ・墓穴掘りなどの、段落ごとに、本符令を用いて、悪霊を制圧する必要がある。しかして、その霊力の原点は、専ら司令神たる楊公の命を奉じ、一白水星すなわち水徳星君が、主動神としてもたらす、多量の聖水の、浄化作用に存在しているのである。

其の二――二字以上の「水」字を、一字あるいは一図形に、まとめた複合「水」字、すなわち複数「水」字の、組み合せによって、造成される文字や図形は、該符令全体として、皆それぞれの意義があるので、その実例について検討する。

(1)、「水」二字を、横に並べた「沝（すい）」字は、その字形の如く、「二筋の川」の意味である。

(2)、前記「沝」字の上に、更に一字の「水」をのせた、「淼（べう）」字は、広い水とか、或いは大水のことである。

(3)、前記「沝」字を、二字重ねれば、「㵘（ばん）」字になって、前字と同じく、大水の意味である。文字としては、これを限りとして、それ以上の五・六・九字詰めは、いずれも「水」字の、集合図形で、やはり大水の寓意である。

(4)、前記「其の二」に示した符文の末尾は、「水」五字の集合図形で、「水」一字を中心にして、その上下左右に、各一字を配した「〓」である。各字の配置形態から推して、この場合は、五方に応じ、あらゆる方向から合流した、大水の寓意でもある。

(5)、別本符式簿に、制火星符が一式収録されており、内容は水徳星君の水符だが、符文は格別に長い。「欽奉勅令天水三元水徳星到中宮、五方壬癸水徳星直南滅火輪、若有火星不服者、押出本壇中」とある。「天水」二字は、変形字体で、本号符と一致しているが、「水」字の構成が、異なっている。「水」は六字で、その排列は、「卄」形の罫線で仕切られた区画の中に、一字ずつ嵌めこんだ、「〓」図形である。

⑹、さきにも一言したが、「九」は数の終りだから、多数をも示し、従ってその組み合せかたにも、変化がある。最も簡単な方式は、三字ずつを、三行あるいは三層に、整然と排列しただけで、各字を隔離する罫線がなくて、一目瞭然の「〓」であり、後述「附記2」の、別本符式簿における煞火神符が、この式である。
⑺、「井」字形の罫線を仕切りにして、区画ごとに「水」字を、嵌めこんだ「〓」図形で、本号符がこれに当る。
⑻、前記⑸の図形の底部に、さらに三字の「水」を加えた、「〓」で、⑸と⑺の折衷型であり、61号符がこの図形になっている。

其の三——61号符の説明には、「水符だが、家に貼っても、熱さましの効果がある」と謳っているが、玄関や大門に貼り出す類似の煞火神符が、別本符式簿にも見えており、本号符と比較して、より簡潔にして、かつ直截である。符文は、「勅令水、収斬南方火精神符」とある。「水」は単独の一字ではなく、九字の集合図形で、大意は「北方の水神が、霊符を用いて、南方の火精を捕えて斬殺し、もって人々を救う」というのである。一方、丙丁（ひのえひのと）は共に、五行では火、方位では南に当るので、火神や火自体として、用いられている。要するに、火伏せのため、善なる北方壬癸水をもって、悪しき南方丙丁火を制する原義だが、庶民の暮らしにおいて、失火はめったに起る災害ではないのにひきかえ、高熱はしばしばみまわれる病気である。まして、台湾の如き瘴癘の地においては、尚更であり、病因はすべて祟りのせいだと、考えられているのである。さればこそ、水徳星君の伝統的水符も、一般の辟邪符へと、次第に移行するのである。

前記「其の二」の⑸に挙げた、別本符式簿の制火星符は、その好適例だが、同符式簿より、さらに三例を挙げれば、次の如き符令もある。

A符——水符常用の黒紙白字ではなく、普通の黄色紙に墨書するのだが、説明には「此符治邪、安門上」とあって、玄関の真上に貼る、辟邪符としている。符文は、「奉壬癸勅令、水徳星君鎮」二句一〇字だけの、簡潔な構成である。「壬癸」とは、前述の如く、干支では北、五行では水を表しているのだが、この場合は北帝、すなわち玄天上帝を指している。大意は、「司令神たる玄天上帝の命を奉じ、水徳星君が主動神として天降り、この一家を守護する」というのである。

B符——制火星符と称し、火神の悪火を制圧する符令である。符文は、「欽奉九天玄女仙師勅令、壬癸水徳星君到中宮」とある。大意は、「司令神たる九天玄女、すなわち女媧氏の命を奉じ、水徳星君が主動神として、法場に充用されている宮廟、すなわち地域社会の大廟に赴き、悪火を鎮めて、祭場を浄化する」というのである。

C符——水符だが、扶身符と称している。「扶身（フウシン）」と「附身」は、発音が近似し、神霊が乗り移る童乩のことだが、符文とは一致しない、誤称である。符文は、「北帝勅令水神、符打起火星之鬼」とある。北帝とは、A符同様の玄天上帝で、水神も水徳星君だが、南方の悪火を火星の鬼、すなわち火鬼と明示している。大意は、「主動神たる水徳星君が、司令神玄天上帝の命を奉じて、霊符を行使し、火鬼を討伐して消火する」というのである。

其の四——本符式簿に収録されている符令で、「説明」に水符と明記しているのが八例あり（23・52・54・61・62・112・115・118各号符）、そのうちで23号符と62号符は、いずれも主動神が雪水童と雪山神になっている。すなわち形態は雪でも、実質は水だから、雪神といえども、所詮は水神の配下に帰属するゆえんである。

〔附記2〕水符については、すでに屢述した通り、水徳星君の称号を白字で、黒紙に書いたのが正統で、水を掛けて火を消すという、火災防止の符令である。これより演繹して、水徳星君以外の水神をあしらい、熱病患者に対する、解熱の効能を謳った、傍系の水符があり、実際に冷水で発熱を冷す、民間療法があるように、熱病克服の水神としての霊験も、期待されているのである。しかして、本符式簿には、原義の消火が含まれて無く、収録されているのは、演繹の解熱のみだが、本号符を含めて、八例にも及んでいる（本文「附記1・其の四」参照）。

これらに加えて、さらに民間で現用されている、二例を示せば、次の如きものがある。

第一例——大きさは、高さ一八センチ、幅五センチの極小短冊で、水符の伝統的寸法が固守されている。用紙は、片面だけ光沢のある、黄色の薄紙で、手書きではなく、印刷品のため、丹朱が使えず、赤色で代用しているが、やはり丹朱符とみなされている。符式は、いたって簡略である。符頭は、三清記号だけで、符脚にも、簡単な図形が使われている。符文は、「勅令清浄水符」六字のみで、司令神と主動神が、いずれも省略されているが、これは使用の際に、法師が呪語や口頭で、補足する習わしだが、患家がそのまま使用しても、差し支えないのである。「清浄」二字には、水の浄化作用で、病室を浄め、もって悪霊を退けるという、辟邪の効能も、含まれているのである。なお赤色は、五行で火と関連しているから、熱病の治療には不向きなようだが、ここでは丹朱符の霊力が、墨書符に勝るという、社会通念を表しているのである（「総説」参照）。

第二例——大きさは、高さ二〇センチ、幅六センチの極小短冊で、やはり水符の伝統的寸法である。用紙は、表面は平滑だが、裏面はざらざらした、淡黄色のわら半紙を使った、黄色黒字の、木版刷りである。符式は、ほぼ中庸を得ている。符頭は三清記号で、符脚は「罡」字である。符文は、「奉五龍吐水、解穢清浄之水」とある。大意は、「某司令神が、五龍を患家に差し遣わし、大量の海水を吐いて、穢気を浄化し、病源になっている悪霊の祟りを、排除して高熱を下げ、もって治病し、患者の一命を救う」というのである。周知の如く、龍王といえば、東海・南海・西海・北海の、四海龍王とすべきだが、ここでは五方位に配した五龍となしている。いずれにしても、水族たる龍王を、水神とみなしているのだが、実際、聖水を用いる浄化法は、醮祭でも重視されており、開催に当って、まず近郊の清流から、聖水を汲み帰って、祭場を浄化する「請水」、すなわち水乞いの儀式があり、また道士が水盂の聖水を、振りまいて道場を清める、禁壇の科儀も行われているのである。

〔附記3〕鳥居型変形「天」字については、既に43号符で詳述したから、再び贅言を要しないので、ここでは補記として、図形を再吟味し、もってその変遷の跡をたどると共に、若干の補説に止める。まず形態は、その繁簡によって、簡略型と繁雑型とに分けられる。簡略型は、「[illegible]」を基本とし、「大」部首の二本の足を分離し、股を広げて、垂下した曲線だけで、最も鳥居の形に似ている（43・46・49・90・99・102・107各号符）。これに対して、繁雑型は、垂れた二本の線を、左右に弯曲して膨ませ、さらに末尾を、三巻き或いは一巻きだけの、鬚模様にして、変化に富んでいる（6・16・20・27・32・46・50・56・61・68・73・77・95・109・116・118各号符）。字体は正楷が、俗字として簡略化されるのに反し、図形はむしろ簡から繁へと、移行しており、この場合も、簡略が原型であると考えられる。その先蹤は、晋代敦煌の木簡にも、すでに見えている。符文は、「仙師勅令、三天貴龍星、鎮定空炁、安」の一四字で、上段の「仙師勅令」に因んで、仙師符と称されている。変形字体は、「三天」の二字だけである。「三」字は、「シ」の形で、原字と大差はないが、「天」字は、見事な鳥居型になっている（甲号符。張鳳編――『漢晉西陲木簡彙編』、四五葉、敦煌簡。但しここでは、中央研究院『民族学研究所集刊』三二期所載の陳槃――「敦煌木簡符籙試釋」一九七二年に拠る）。符令の変形文字として、その実用性が窺えるのみならず、西陲の砂漠から、東海の孤島に至るまでの、漢文化の広がりが推しはかられて、興味深いのである。

鳥居型変形「天」字・二四例

(43 号符)

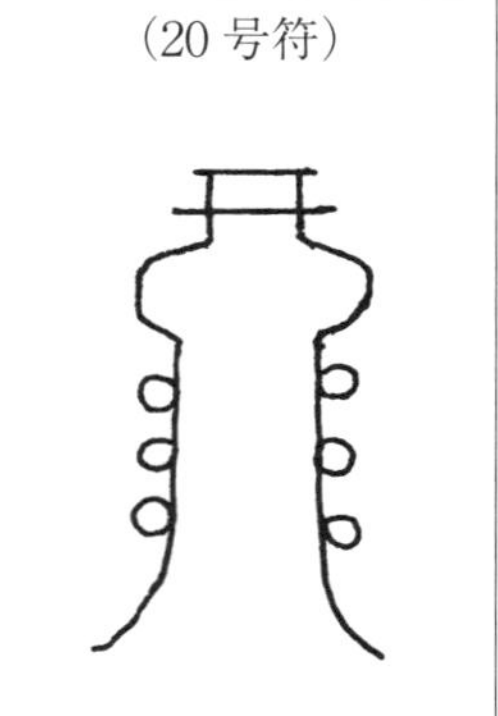
(20 号符)

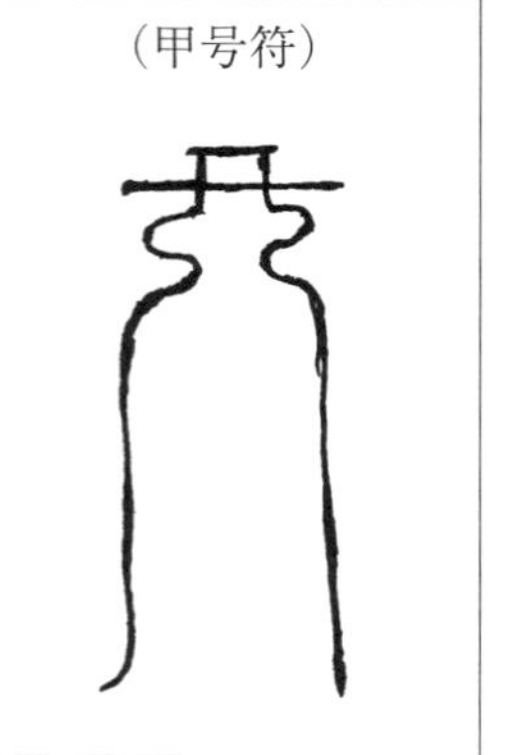
(甲号符)

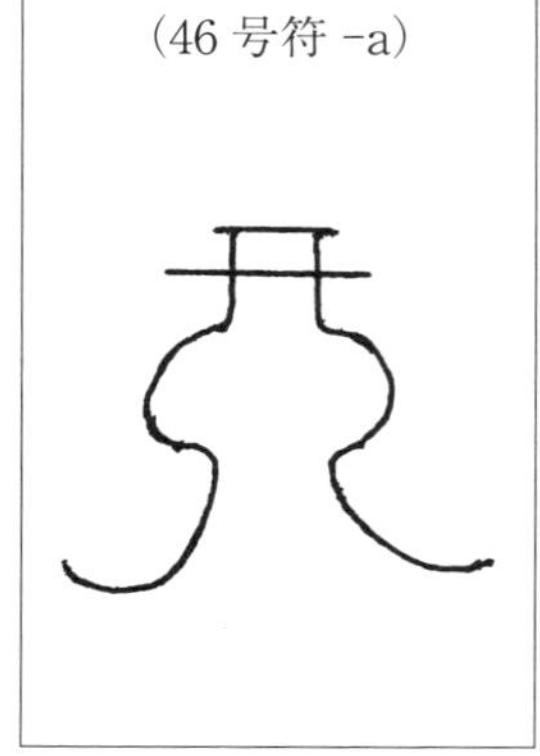
(46 号符 -a)

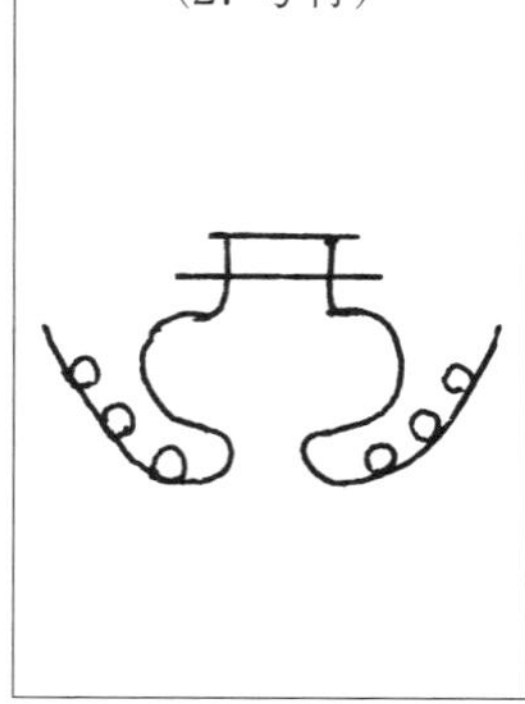
(27 号符)

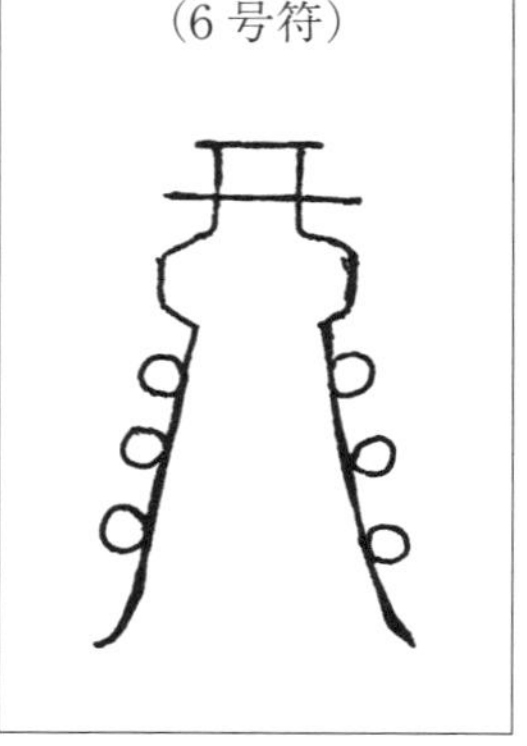
(6 号符)

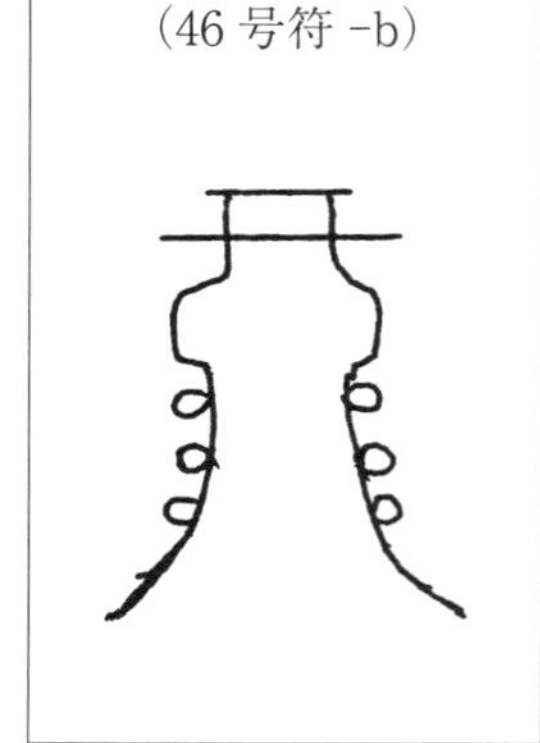
(46 号符 -b)

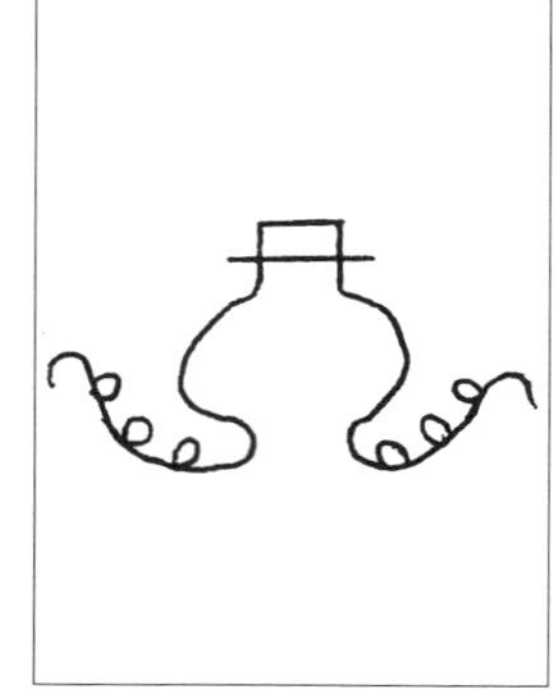
(32 号符)

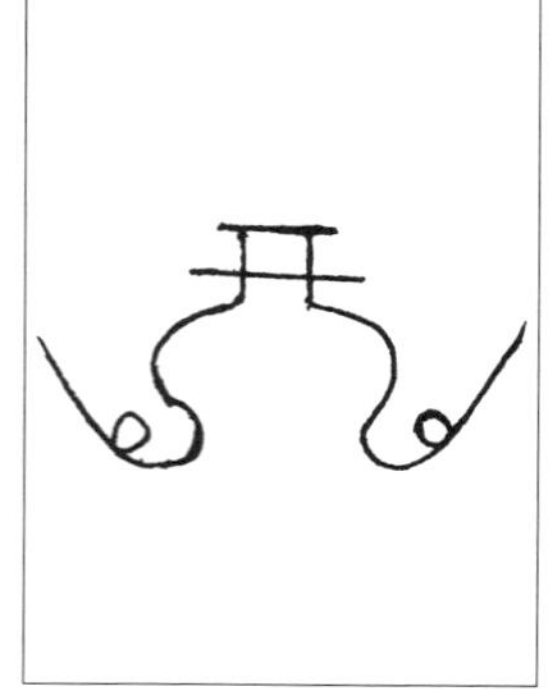
(16 号符)

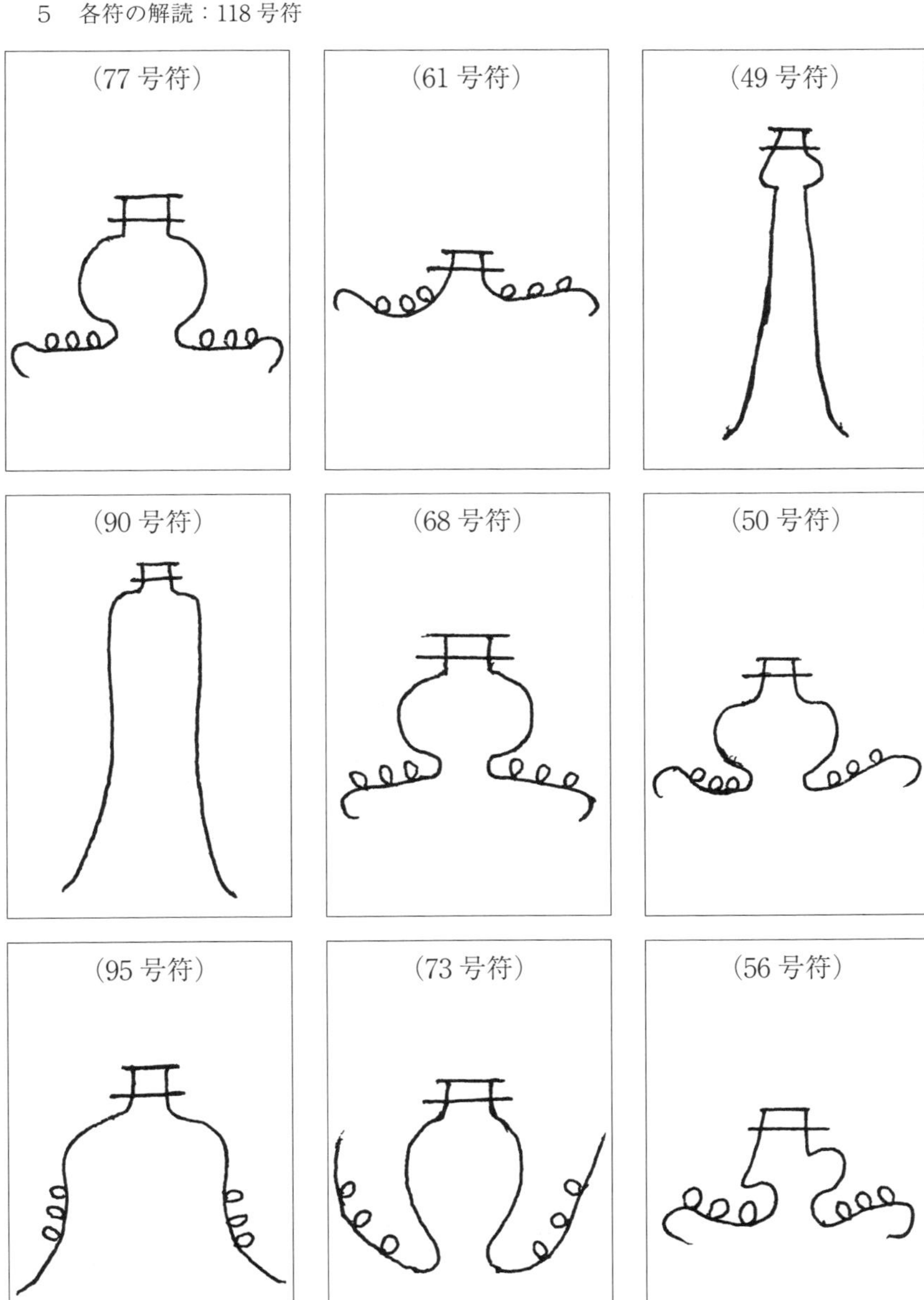
(77 号符)
(61 号符)
(49 号符)
(90 号符)
(68 号符)
(50 号符)
(95 号符)
(73 号符)
(56 号符)

（99号符）

（102号符）

（107号符）

（109号符）

（116号符）

（118号符）

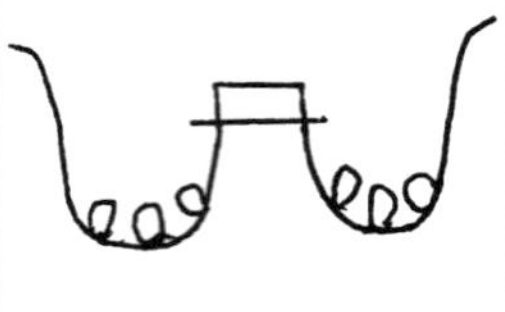

119号符「勅令、厭鬼魅出他郷……主人無傷」（押煞断路符）

40号符の再録で、70号符とは類似符令ゆえ、該当各号符において、すでに解説した。

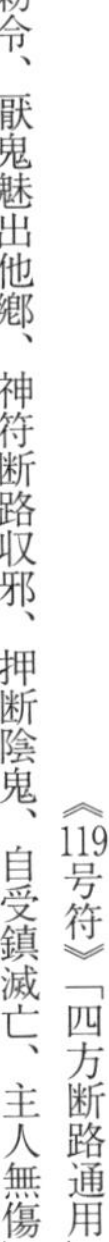

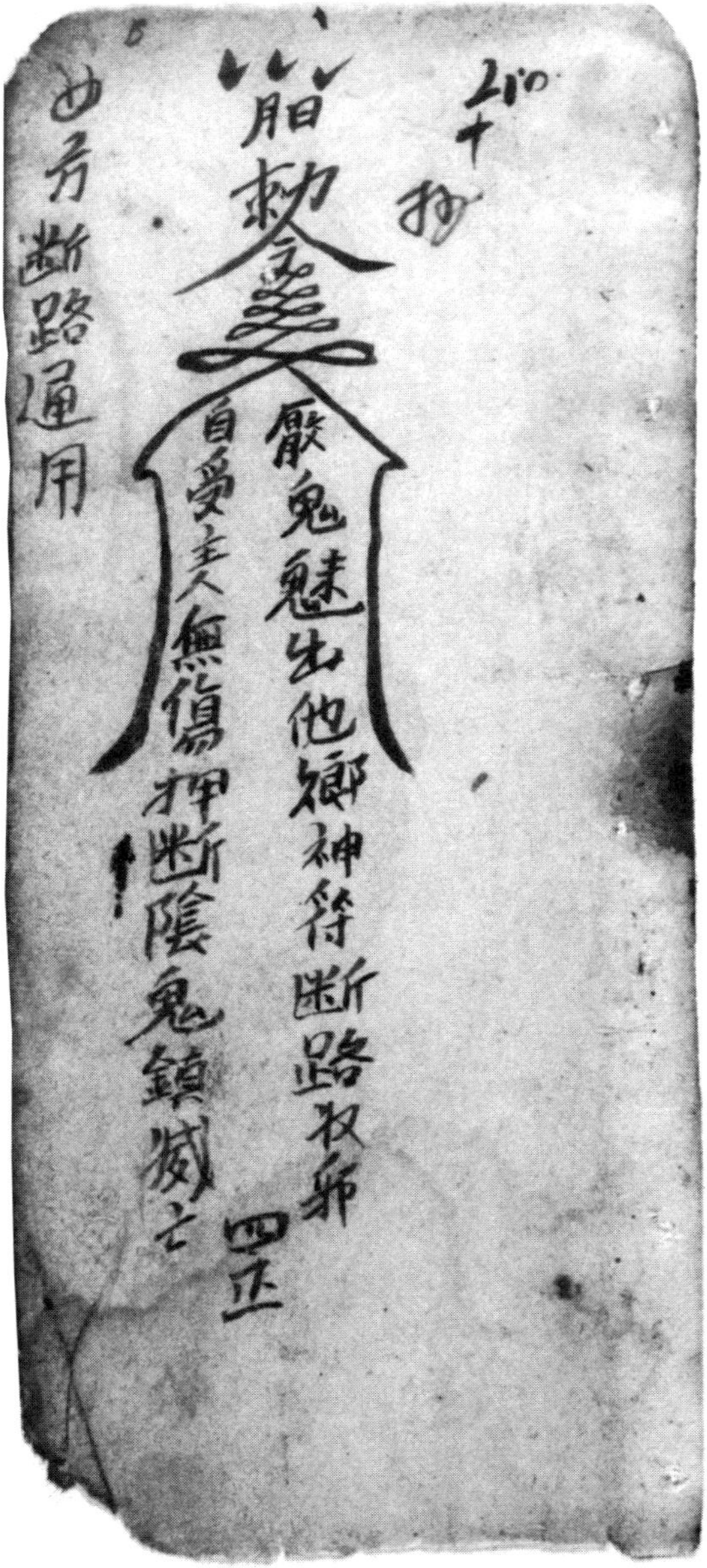

《119号符》「四方断路通用」
「勅令、厭鬼魅出他郷、神符断路収邪、押断陰鬼、自受鎮滅亡、主人無傷」

《40号符》

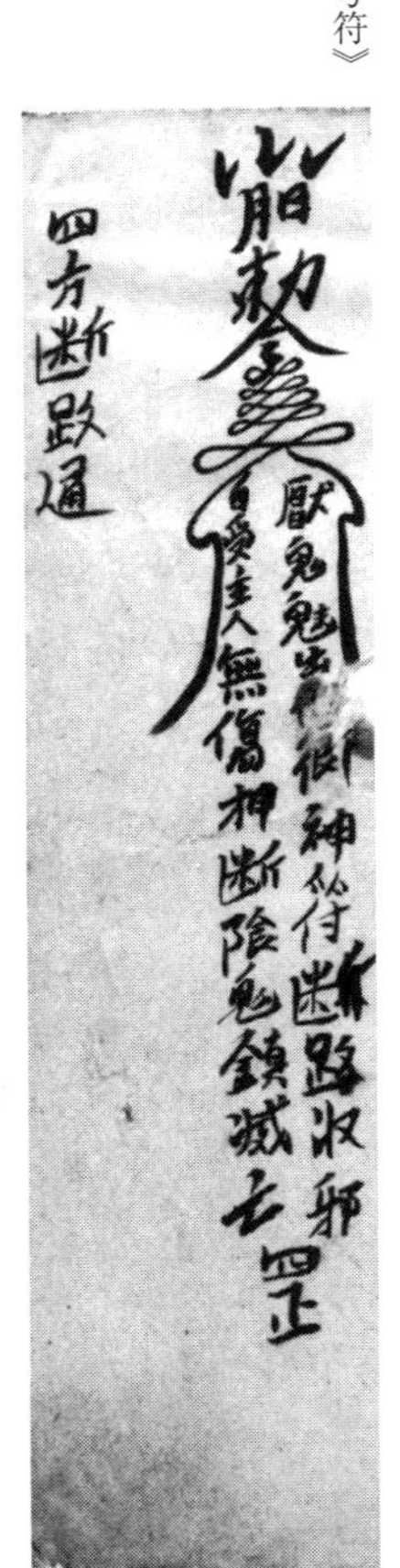

120号符「佛先師發起五方兵馬……追収妖魔邪鬼滅亡」（鉄甲符、鉄甲兵符）

説明には「發鉄甲兵」とあるが、本号符のみならず、自余の121・122・123号符も同様で、四符一致の符称は、その普遍的常用性を、表示しているのである。「發（ホアツ）」字は、同音の「法」と、故意に誤写し（2・27・78各号符参照）、「鉀」字は鎧、すなわち「よろい」のことだが、現今では一般に「甲」と略している。鉄甲符あるいは鉄甲兵符とも称するが、鉄甲兵とは、五営兵将のことである。請神呪や安営呪には、「人人頭戴盔、身穿甲」や、「人人頭頭帯頭盔、身被甲」などの、賛辞が織りこまれており、「よろい」と「かぶと」で武装した、若者たちの凛凛しい出陣の姿を、讃えているのである。しかして、本号符および121・122・123各号符の四符は、いずれも発鉄甲兵という出兵だが、これに対して、30号と51号の二符は、駐屯部隊引き揚げ、すなわち撤兵の収兵符であり、五営全軍の、軍事行動の首尾を、構成しているのである。なお、符令の跡始末を、30号符では「化火用」としているから、これらも調営して、警備態勢が整えば、道場の前で、紙銭と共に焼却するものである。符式は、図形が少く、殆ど文字だけで、いかにも単純なようだが、内容に矛盾を含み、難解な点もある。符頭は、「日」と「月」二字の中間に、星辰を表す「⊕」図形を挟み、日月星がそろった、第一式三光記号である（「総説」および7・17・36・44・45・46・60・64・71・98・105各号符参照）。

符文は、三段に分れる。上段は、「佛先師発起五方兵馬」九字である。「佛」字は、円囲いの「(佛)」意匠になっており、「先（セン）」字は同音の「仙」と誤写し、「発（ホアツ）」も同音の「法」と、故意に誤写しているのは、前記の通りである。なお、「佛」字の最期の筆画を延ばして、円く全字を囲った図形は、高位仏菩薩の、漲る霊力を誇示しているのだが、表示にもそれぞれの変化がある。不詳七例が最も多いが、悉く平仮名「の」字に似た、一圍いだけである（1・13・44・45・55・60・71各号符）。その他は、すべて称号を表示しているが、普庵祖師が六例で（35・36・53・74・75・79各号符）、

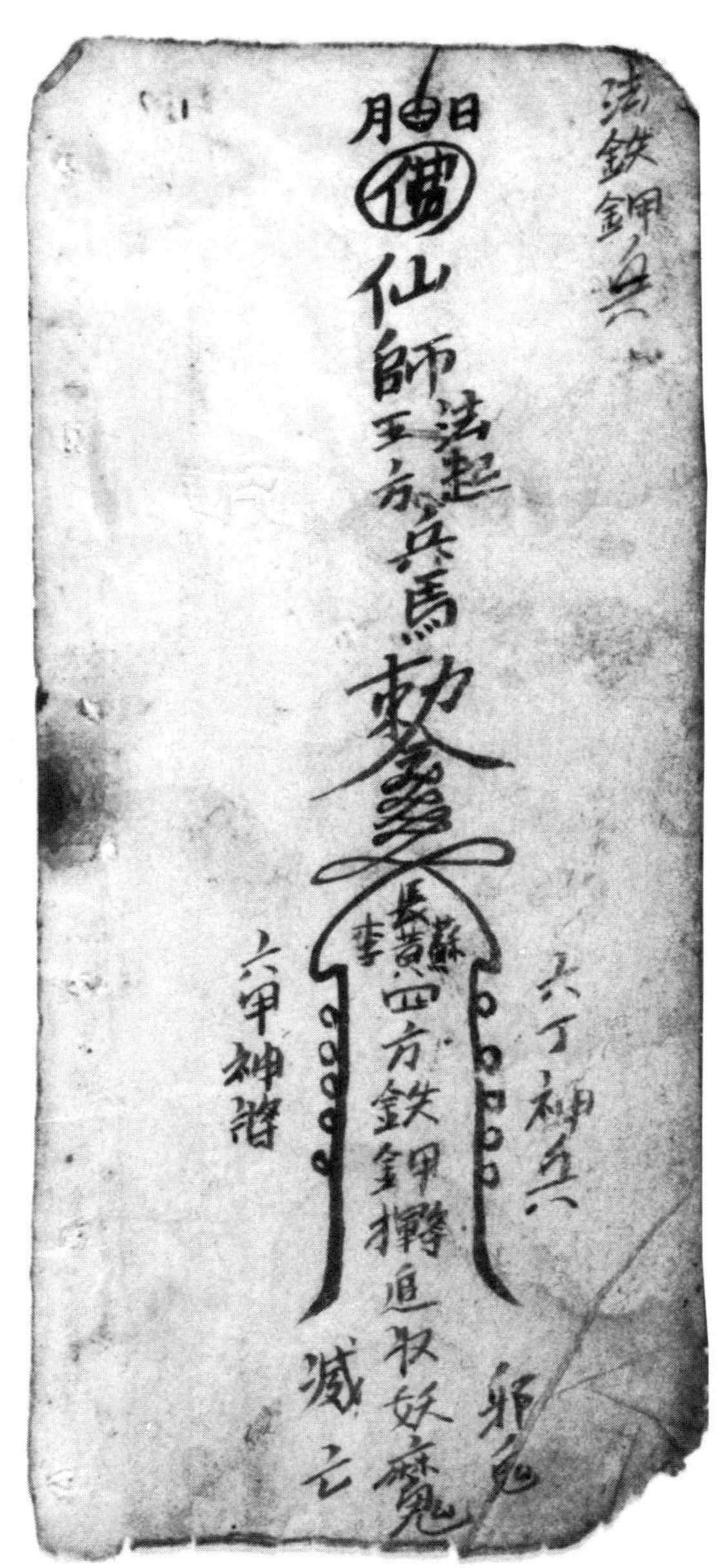

《120号符》「發鉄甲兵」
「佛先師發起五方兵馬、勅令蘇・黄・李・張四方鐵甲將軍、六丁神兵・六甲神將、追收妖魔邪鬼滅亡」

最も多く、表現も多彩である。単純な一囲いは、36号符だけである。35号符は、「菴佛身」とあるが、囲いは「佛」字ではなく、「身」字を包んでいる。53号符は、円囲い「佛」字の上に、「菴」字があって、普庵祖師を明示している。74号符は、「佛」字円囲いの筆末を延長し、「[図形]」状の交差曲線にして、生彩を放っている。75号符は、「奄」字の下に、「佛」字があるが、その円囲いの筆末を延長して、三巻きの巻き鬚状にしており、その形は尻尾に似ている。79号符は、さきの35号符と同じく、「菴佛身」の三字だが、「身」字の筆末を延ばして、「佛身」二字を囲み、さらに趣向を凝らし、最後を三巻きの、巻き鬚模様にしている。しかして、本号符の「佛先師」も、やはり普庵祖師を、指していると推定される。その他の仏菩薩では、98号符の観音仏祖と105号符の阿弥陀仏、各一例があるのみで、懸隔が甚だしい。次に、「發起五方兵馬」とあるが、「發起五方」四字は、用紙の余白を詰めるため、「發起」と「五方」に分けて、二行に併記している。しかし「發（ホアツ）」字を、同音の「法」と誤写している（44・88各号符参照）。全句で、法場における調五営の科儀によって、五部隊の神兵の降臨を乞い、もって祭場の五方を警備し、祭典の完遂を期するというのである。

中段は、「勅令蘇・黄・李・張四方鉄甲将軍、六丁神兵・六甲神將」二〇字で、前後の二小段に分れる。前小段の「令」字は、最後の筆画を延長して、[図形]状のくねた、交差曲線模様にしてから、二本の曲線に分けて、それぞれ長く垂らしながら、五巻きの蔓状に降ろしているので、威厳に満ちて目立ち、全体で本号符にこめられている霊力、およびその発揮点を示している。なお、この[図形]状曲線は、神威誇示の常用図形でもある（「総説」および1・20・26・27・30・31・32・39・40・41・64・70・71・81・82・97・100・105・110各号符参照）。続いて、四方に配した鉄甲将軍の姓氏は、上下と左右に並んでいるが、四方の排列は、通例では時計廻りに、東・南・西・北となっているから、この場合は蘇・黄・李・張の順序になるが、「張」字は「弓（ゆみへん）」部首が欠けて、「長」字に誤っている。しかし五営兵将に応じた鉄甲兵は、前記の如き五方の兵馬だから、あくまでも五営、すなわち五部隊編制であって、四方鉄甲将軍は存在せず、明らかに矛盾している。仮に四方将軍といえば、四大官将すなわち四大元帥に近いが、その姓氏は温・康・馬・趙の組み合せで、つじつまが合わない。員数のみならず、姓氏も一致しない誤謬である。「甲」字は、「鉀」となし、「將軍」は、「將」字を「抙」と誤写し、これを「扌」と「夅」に割って、中に「軍」字を挟んだ、複合の偽字になっている。後小段は、「六丁神兵」と「六甲神將」の二句を、前小段の両側に配置しているが、「將」字を「將」と誤写している。六丁・六甲は、しばしば登場しているが（1・5・36・38・82・92・97・113・122各号符参照）、道教の六丁神と六甲神は、二組で一二部隊の、それぞれ姓名のある神軍の将官であることも、既述の通りである（113号符参照）。しかして、ここでは法教の五営軍が主動力となり、道教の六丁六甲軍が、かえって援軍の地位に控えているとはいえども、台湾の道士が悉く道法二門の兼修に因る、道教と法教二教の習合によって馴致された民間信仰を、如実に表わしているのである。さらに、両軍の呼称について言えば、六丁と六甲を縮めて、丁甲神となし、俗に天兵と称しているのに対して、五営兵将を、単に神兵とも名づけている。

下段は、「追収妖魔邪鬼滅亡」八字だが、余白がないため、「邪鬼」と「滅亡」の二句を、両側に配している。

符文を整理すれば、「佛先師發起五方兵馬、勅令蘇・黄・李・張四方鐵甲將軍、六丁神兵・六甲神將、追収妖魔邪鬼滅亡」となる。大意は、「司令仏たる普庵祖師の命を奉じ、五営将軍が主動神として、六丁・六甲神軍の加勢で天降り、祭場に赴き、祭事を妨碍せんとして蝟集する、妖魔邪鬼などの悪霊を討伐し、祭場の五方を警護して、祭典を円満に終結させる」というのである。

堂々たる三光記号の符頭を備えておりながら、符脚を欠き、構成としては、不均衡である。本号符は、構図から見れば、一応整ってはいるが、符文では、五営軍の構成に誤謬を露呈した、希な欠陥符令である。

〔附記〕符文中段の、「發起五方兵馬」については、それが法教における調五営の科儀であることを指摘したが、いまだに意を尽くしていないので、ここに概説して補足する。別本符式簿に、「召天兵、放五営」という説明があり、五営とは、天上界における神軍の構成で、五部隊に分れている。しかし51号符には、「五営神兵將」と称しておりながら、図形には東・南・西・北・中の五方位に、さらに外方を加えて、合計六方位にしている通り、実際は六営編成である。一方、道教の神軍たる六丁と六甲とて、いずれも六部隊編成だが、全軍では合計一二部隊で、前者の二倍もあって、道教は法教に勝っていることを、暗示しているのである。

五営軍とは、部隊の数に基づく呼称で、種類はいろいろあるが（5号符参照）、正式の名称は平安軍であり、その領袖を、将軍・元帥・官将などと尊称する。台北地方の法場で唱える、調営呪に織りこまれている陣容は、次の通りである。

東営九夷軍は、張公聖者（張聖君・法主公）が統率し、青旗を用い、兵員は九萬人、軍馬は九千頭である。南営八蠻軍は、蕭公聖者が統率し、赤旗を用い、兵員は八萬人、軍馬は八千頭である。西営六戎軍は、劉公聖者が統率し、白旗を用い、兵員は六萬人、軍馬は六千頭である。北営五狄軍は、連公聖者が統率し、黒旗を用い、兵員は五萬人、軍馬は五千頭である。中営三秦軍は、中壇元帥（李哪吒太子）が統率し、黄旗を用い、兵員は三萬人、軍馬は三千頭である。外営無数軍は、萬回哥哥が統率し、旗色は不詳、兵員は数萬人、軍馬は数千頭である。しかして、全軍の総帥は、中営の中壇元帥が、兼任しているのである。

以上の組織は、ほぼ全台湾で公認され、定型化しているが、南部地方には、僅かな組み合せの違いも見られる。例えば、東営康元帥・南営趙元帥・西営白元帥・北営黒元帥・中営李元帥や、中営を欠いた康・趙・馬・白とか、温・康・馬・趙だけの組み合せもあって、四大元帥との混同現象も、認められる。さらに、五方色に偏した東営青帝君・南営赤帝君・西営白帝君・北営黒帝君・中営黄帝君の例もある。異例としては、東営羅昆・南営文良・西営羅燦・北営招賢・中営中壇元帥などの、組み合せも伝えられている。実際、前述の五営神軍信仰の概念に基づく現俗は、法官の法事、および営寮・豎営の施設や、五営頭の崇拝などによっても、その民間信仰における底辺の広がりが、推し測られるのである。

1、法官（ホアツコア）――各地で大祭を催す際、悪霊が侵入して、聖域を冒瀆するのを防ぐため、法官（小法（シオホアツ）・法仔（ホアツア））と称する、法教の学徒五人が、それぞれ五営神軍の官将になり代って、祭場を警備するのである。その範囲は、地域社会の全域、すなわち主要廟宇たる宮廟の、信仰圏である。法官の扮装は、頭に眉（バイ）と称する、皮革製の額当（ひたいあて）をかぶり、上半身は便衣のままだが、下半身には法裙（ホアツクン）をはき、手には各方位に応じた色の、三角形の令旗を持ち、法師に統率されて行動し、祭後に解散するのである。法場の式次第は、開壇に始まり、続いて点兵してから、発兵（放兵・放軍）し、五地点に散り、安営して、警備につくのである。その間に、犒軍（犒将・犒賞・賞兵）を行い、将兵に酒食を、供応してねぎらい、軍馬にもまぐさと飲み水をあてがって、これを「馬草水」という。祭典が無事に終了してから、退営兵（収軍・収営）して、天界に歓送するのである。

2、営寮（エアリヤウ）――将寮（チオンリヤウ）とも称し、神軍の営舎である。従来は、竹柱・竹壁・茅葺きで、間口と奥行きは、共に約一メートル、高さ約一・五メートルの、粗末な掘建て小屋であったが、今ではたいてい、煉瓦やコンクリート造になっている。奥の壁に、符令を貼って、神位としており、外観は小土地祠に酷似して、見紛うこともある。地域社会の安寧を保つため、中心宮廟の主祀神が、天廷に五営軍の降臨を申請したのである。故に中営は、廟の近所に建て、その他は原則として、それぞれの方向に応じた信仰圏の境界、すなわち前線に設けられるのだが、実際は地形や宮廟の位置、或いはその他の立地条件などの、制約に因って、多少の偏差は免れない。なお慣例として、旧暦の年初に請神し、年末に送神するのだが、廟の神誕祭に合せ、調節して行う地方もある。

いずれにしても、神軍の駐屯中は、犒軍を欠かせず、毎月の一日と一五日、或いは二日と一六日に、将兵には供物、軍馬には馬草水を供えるしきたりである。しかし、台北のような都会では、空地がないため、もはや営寮の施設ができないので、大祭における、五営の発兵には、臨時に紙張りの、小型家屋を五座作り、中に各営将軍の符令を貼りつけて、これを兵舎に見立てる。それから、祭場の周囲に散在している土地廟を、方角に合せて一廟ずつ、合計五廟を選定し、祭典中だけ暫時寄託して、祭後に回収し、焼却するのである。蓋し窮余の一策だが、元来土地神も、地域社会の守護神だから、両神は護境の機能において、一致しており、地方の際立った、習俗になっているのである。

3、竪営（キアヤア）――放軍竪営・安営鎮符・安営頭・竪符などともいう。五本の短い竹棒に、神軍各営将軍の符令を書きつけ、これらを主要宮廟付近、および地域社会における、信仰圏四方の地面に立てて、外邪の侵入や、疫鬼の仕業に因る、疫病の伝染を防ぐのである。すなわち形態では、前項の営寮とは、家屋と竹棒の違いだけだが、前者が兵舎を象徴しているのに対して、これは単に神軍の駐屯地点を示す、依代（よりしろ）にすぎず、より簡略だが、むしろかかる信仰の、原初形態であり、広汎な五営神信仰において、最も民衆の関心を引く形態は、この竹符しかない。従って起源も古く、開発過程を反映し、澎湖列島から台湾本島南部沿岸地帯にかけて、盛行している古俗である。営寮が一営につき、一軒であるのに対応して、これは一営一本である。あまり太くない直径約七センチの、手ごろな莿竹を用い、これを長さ約五〇センチの、棒に断ち切り、墨付きをよくするため、一部分の表皮を削り落してから、そこに該当将軍の符式を書きつけるのだが、近年は予め、黄色紙に書いた符令を、貼りつける便法も行われている。字の色は、殆ど墨書だが、慣例通りの五方色、すなわち東青・南赤・西白・北黒・中黄などに、分けているのもある。環境は、野ざらしが多いが、大樹下を利用したり、粗末な小屋掛けで風雨を凌ぐのもあるが、近年は高さ約一メートルの、小祠さえ出現している。しかし地点は、村境の路旁に設定されることが多いので、形態が道切りの断路符に似て、不気味で縁起が悪いとて、嫌悪されるむきもある

（40・70各号符参照）。

なお、台北地方における都会化のしわ寄せが、民間信仰面にまで及んでいる現象は、前項の営寮ですでに言及したが、この竪営でも免れない。従来は、旧暦年初や、主要宮廟の神誕祭に合せ、請神して新しく立て、年末に送神し、撤去して焼却する慣例になっている。しかし近郷では、三年毎に開催される、醮祭に合せて設置し、年末に撤去する、短縮した例がある。また、四方の四営を廃し、中営の一本だけを残し、奉祀している例もある。かように、本旨から逸脱して、往時の盛況も変容し、衰微しつつあるが、ただ澎湖島では、この朽ちやすい、伝統的竹棒の五営竪符を、石碑形に改めたのもあり、異彩を放っている（「総説」参照）。

4、五営頭（ゴオヤアタウ）——別称官将頭（コアチヨンタウ）・五営首（ゴオヤアシウ）。五営における、各営の将軍をあしらった木偶だが、頭と首だけで、肩以下の身体がなく、五尊で一組を構成し、それぞれ五方色に彩色されている。これに錐（きり）をとりつけて、身体の代用にしている。尖っていない一端を、首の下に差し込んで固定するので、恰も手で握る錐の柄の如くになっている。尖端を下に向けて立てるのだが、高さは、頭部が約五センチで、身体が約一五センチ、合計二〇センチになる。あまりにも奇異な形態で、外見は玩具じみているが、内実は厳粛な神像である。錐状身体の寓意は、該武神がたずさえている、武器としての槍である。故に全体を、俗に「槍身人首の五営官将」とも称し、精鋭な五本槍の一隊である。しかし、そのままでは一般神像の如く、据え置けないので、特に小型の木製架台へ、一列横隊に並べ、挿し立てて、奉安するのである。

順序は、五方に従い、中央が中壇元帥で、向って右側が東営と南営、左側が西営と北営、それぞれの官将である。すなわち小型の、変形神像であり、特殊用途として、以前は祭典の法場において、法事挙行の際、前記（1項）の如く、五名の法官がない場合には、法師が頭に被っている眉（バイ）（老婦が頭の装飾にする、布製の額当（ひたいあて）を、額眉（ヒアバイ）と称するのに因むが、これは皮製品）に、この五営頭を挿し並べた、と伝えられているが、すでに廃れた風習である。殆どが瘟神（王爺）廟に合祀されており、その主祀神すなわち本尊である、瘟神（疫病神）に隷属し、去来神が定着した、天神の変質淪落でもある。なお、その分布地域は、前項の竪営と重複しており、澎湖列島から台湾本島南部沿岸地帯にかけて濃密で、開発過程を反映しているのである。

121号符「紫微交厄靈帝……斬妖精」（発兵符）

説明は、120・122・123各号符と同じく、「發鉄甲兵」とあるが、「發（ホアツ）」字を同音の「法」と誤写し、「甲」字を「鉀」となしている。五営神軍が、出征して進軍する、発兵符である。故に符式も、122号と123号の両符と同じく、割合に簡略である。符頭は、独特な二重構成で、上部は平仮名の「み」字に似た図形になっており、下部は「日」字の両側に、「○」の小円記号を配しており、三光記号の如きだが、全体としては、前例がないため、意義不詳である。

符文は、三段に分れる。上段は、「紫微女交厄靈帝」七字だが、「紫微」二字は、「女」の両側に、一字ずつ振り分けられており、「厄」は同字の「戹」となし、「靈」は俗字の、「霊」を用いているが、「𩃬」と誤写している。中段は、「䨬、（交差曲線記号）、（直線と曲線の交差記号）、大王在壇」とある。しかし「䨬」字を、「[illegible]」と誤写し、「鬼」の「ム」が、欠落している。さらに、交差曲線記号は、紐の輪奈結（わなむすび）に似て、両端を股開きの如く、下に垂らした図形で（74・103・106各号符参照）、くねた交差曲線の、簡略図形にしている。また、「大王在壇」は、「大王」と「在壇」の二句に分け、直線と曲線の交差記号の、左右両側にふり分けられているが、「壇」は略字の「坛」になっている。下段は、「収邪押煞、斬妖精」の、二句七字である。「煞」字は、「余」となっているが、これは「杀」字の誤写で、「殺」と同字だが、この場合は同音の、「煞」字の代用になっているのである。

さらに符文を検討すれば、次の諸点が挙げられる。上段の「女」字は、いかにも唐突で、竄入誤字と思われる。

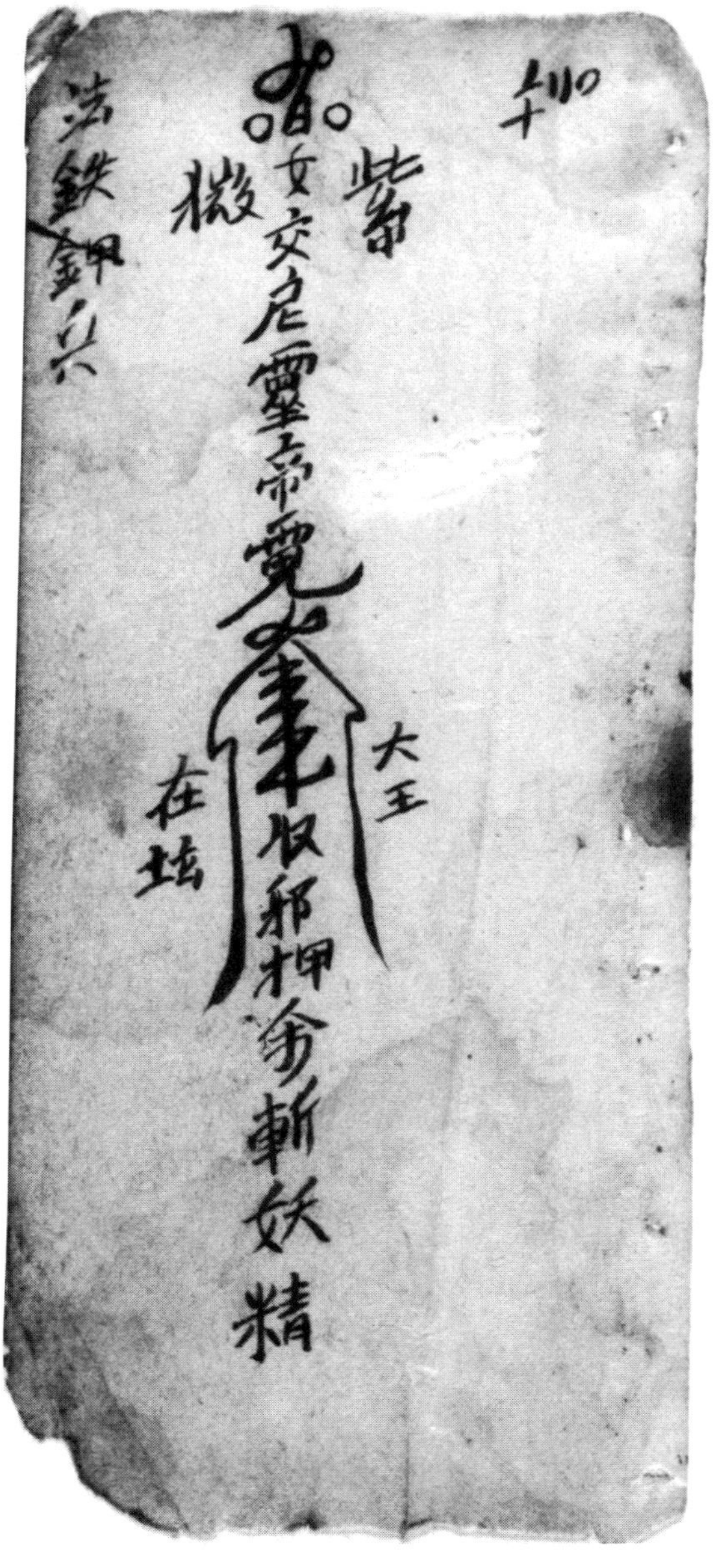

《121号符》「發鉄甲兵」

「紫微交厄靈帝、大王在壇、収邪押煞、斬妖精」

「交厄」とは、災厄に見舞われることである。中段の「䨚(き)」字は、「霹(せき)」字（「総説」および1・38・64・92・113各号符参照）と同じ手法の、「鬼」字に「雷」字の「雨(あめかんむり)」部首を加えた偽字で、「もっと屈強な鬼」であることを、誇示しているのである。例証としては、次の122号符と合せて、僅か二例しかなく、「霹」に比して少いが、祝由科に常用されている五雷符章（18・57・59・101各号符参照）の字形が、これに加えて、更に一字を組み合せた、構成になっているのに鑑みれば、必ずしも「霹」字の模倣とは、限らないのである。またこのよく目立つ「䨚」字は、畢竟、「霹」字の多くの場合と同じく、符文とは遊離しており、辟邪の強鬼であると共に、本号符にこめられている霊力の中心、ならびにその発揮点をも表しているのである。次の両曲線記号は、いずれも意義不詳である。「大王在壇」の「大王」とは、いかなる神祇を指しているかは、不詳だが、47号符にも「太王在壇」の例があるから、やはり由緒ある神と考えられる。「在壇」は、44号符にも「太陽在壇」とあって、現に法事を挙行しているこの法場に、降臨あるいは臨場している、という意味である。

符文を整えれば、「紫微交厄靈帝、大王在壇、収邪押煞、斬妖精」となる。大意は、「司令神たる紫微大帝の命を奉じ、某大王神が主動神として、五営神軍を率いて天降り、法場に赴き、法事の進行を妨害せんとして群がる、邪鬼や妖精どもを討伐斬殺して、さらに法場の五方角に、五営軍を配置し、もって法事を完遂せしめ、災厄を除いて、人々を安住させる」というのである。

特異な図形の符頭に対応して、符脚も省略されている。全構図より見れば、簡略ながら、特色もある符令である。

122号符「霹勅星將軍、鉄甲兵・六丁六甲収邪」（発兵符）

説明は、120・121・123号符と同じく、「發鉄甲兵」とあって、「發(ホアツ)」字と「法」の誤写や（2・27・78各号符参照）、「甲」

と「鉀」字の通用も同じであり、用途が五営神軍の発兵符であることも、異ならない。従って、符式も簡略型である。

符頭は、省略されている。

符文は、二段に分れる。上段は、「⿱雨⿰氵明勅星將軍、⿱雨黽」とあるが、「將」字は「将」、「⿱雨黽」は「⿱雨黽」と、それぞれ誤写している。「雨（あめかんむり）」部首と「氵（さんずい）」部首、および「明」字を組み合せた、道教式合成偽字の「⿱雨⿰氵明（ビエン）」は、三清の一柱たる太清境の道徳天尊、すなわち太上老君（老子）の象徴だが（「総説」参照）、この場合は符頭をも、兼ねていると考えられる（41号符参照）。次の「勅」字は、他符にもしばしば見られる如く、極端に崩れ、図形化している。この下に続く字も、崩れて曲線模様化しているが、草書体「星」字の如きである。しかし、その具体的神格は、不詳である。また「將」と「軍」二字の中間にある、二本の縦線を、股開きの格好で下に垂らした、交差曲線図形は、よく使われているが、意義不詳である。最後の「⿱雨黽（き）」字は、前記121号符と合せて、二例しかなく、「⿰氵⿱覀耳（せき）」字から派生した変形偽字であることも、前説と同じである。すなわち辟邪の強鬼だが、この場合も符文とは関係なく、ただ本号符にこめられている霊力の中枢、ならびにその発揮点を示しているにすぎないのである。下段は、「鉄甲兵収邪」一行六字だが、「甲」字は本号符冒頭の「説明」と同じく、「鉀」となし、両側に「六丁」と「六甲」の二句を配している。鉄甲兵とは、五営神軍で（5・30・51・120・121・123各号符参照）、六丁・六甲も、天界の神軍であることは（1・5・36・38・82・92・97・113・120各号符参照）、既述の通りである。

符文を整理すれば、「⿱雨⿰氵明勅星將軍、鉄甲兵・六丁六甲収邪」となる。大意は、「司令神たる太上老君の命を奉じ、某神が主動神として、六丁・六甲神軍および五営神軍を率い、天降って法場に赴き、群がる邪鬼を討伐し、周辺を警護して、安泰をもたらす」というのである。

符頭が欠けているのに見合って符脚はしきたりの図形だが「⿻土木」と簡略化している（「総説」参照）。全構図より見れば、前号符同様、簡略な構成で、目標の漠然とした、大雑把な辟邪符の部類である。

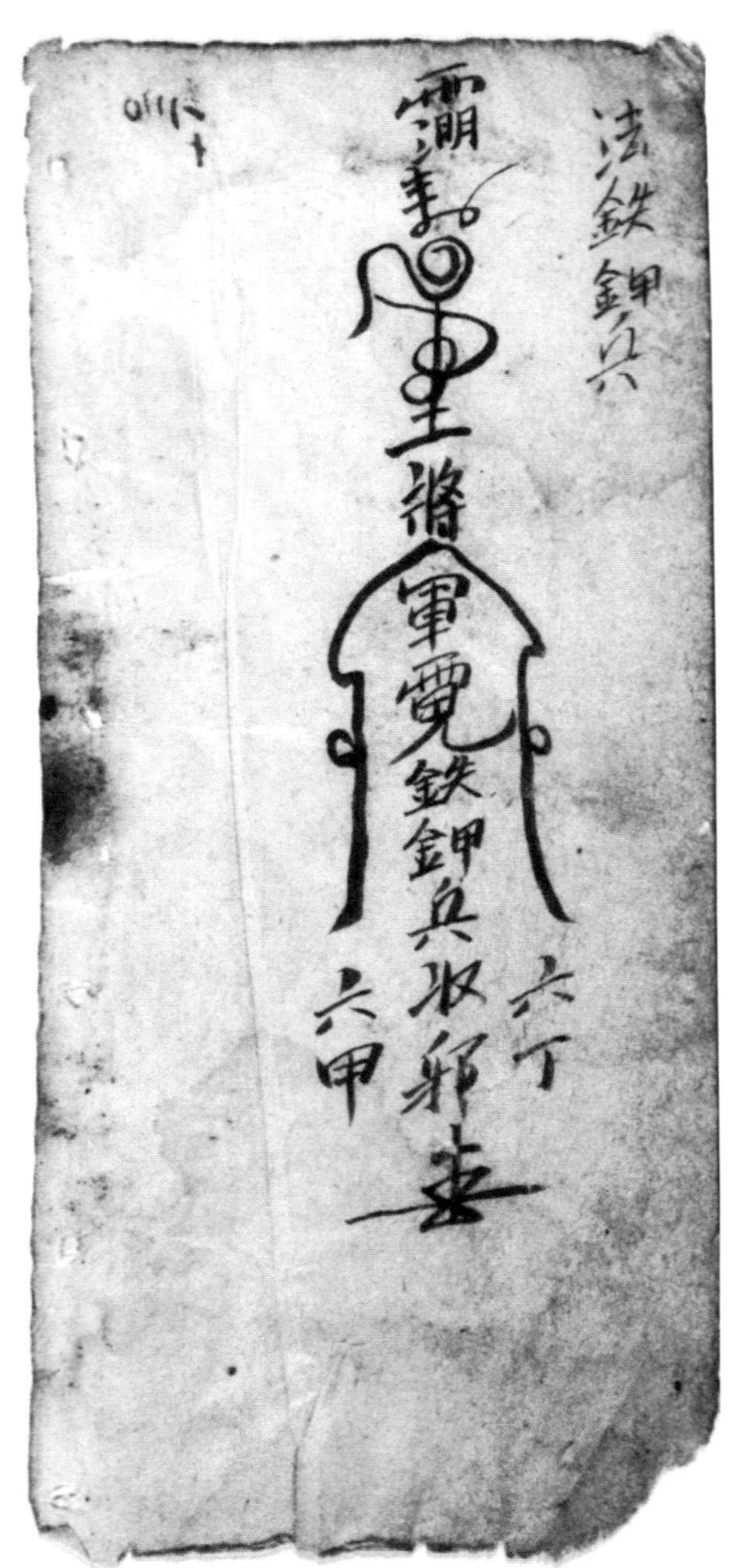

《122号符》「發鉄甲兵」
「霝勅星将軍、鉄甲兵・六丁六甲収邪」

123号符「□破天……収邪押煞斬妖精」（発兵符）

説明は、「發鉄甲兵」だけで、前掲120・121・122各号符と同様の、五営神軍の発兵符である。その「發(ホアツ)」と「法」字の同音による誤写や（2・27・78各号符参照）、「甲」と「鉀」両字の通用も同じである。また符式も、同様に簡略だが、図形を含めて、符文もやや難解である。符頭は、一小円を中心にして、四方にも小円を配し、両者の間を短線でつなげた、五星をあしらった星座記号になっている。二十八宿には含まれておらず、星宿としての名称は不詳だが、星辰の配置は、角宿（　）と井宿（　）の、折衷とも見られる（『道法会元』巻一〇一「五雷祈禱行持秘法」所載）。希有な符頭で、本符式簿にはこの一例しかないが、別本符式簿にも、保身符に用いられている例がある。その符文は、「勅下皇帝神符、護身保命」で、「保身符、帯在身上、出外不怕凶神悪煞」と説明されており、外出専用の護符である。

符文は、三段に分れる。上段は、「□破天、雷電龍電」の二句七字だが、第一字は、「大(だい)」部首の下が崩れているために、判然としない。「雷」字は、その下部両角から外側に向けて、三巻きの巻き鬚模様をつけた、常用されている八字髭型の、「雷」字記号である（1・3・4・5・10・25・41・58・78各号符参照）。「龍」字は、行(ぎょう)からはみ出し、第二「電」字の、向って右側に書かれている。中段は、「（二本の曲線記号）、鉄甲将軍發火」の、一図六字である。曲線記号は、符文の両側に分けて、長く垂下して目立つが、その意義は不詳である。また「甲」字は、「鉀」となし、「發(ホアツ)」字は、同音の「法」と誤写している。後段は、「収邪押煞、斬妖精」の、二句七字である。

符文を整えれば、「□破天、雷電龍電、鉄甲将軍發火、収邪押煞斬妖精」となる。「□破天」の意味は不詳だが、「龍電」とは、落雷に伴う稲妻を、天駆ける巨竜に見立てたものと思われる。大意は、「某司令神の命を奉じ、鉄甲将軍が主動神として、五営神軍および雷公電母を、率いて天降り、衰運の地域社会に赴き、五営を設けて一円を固め、

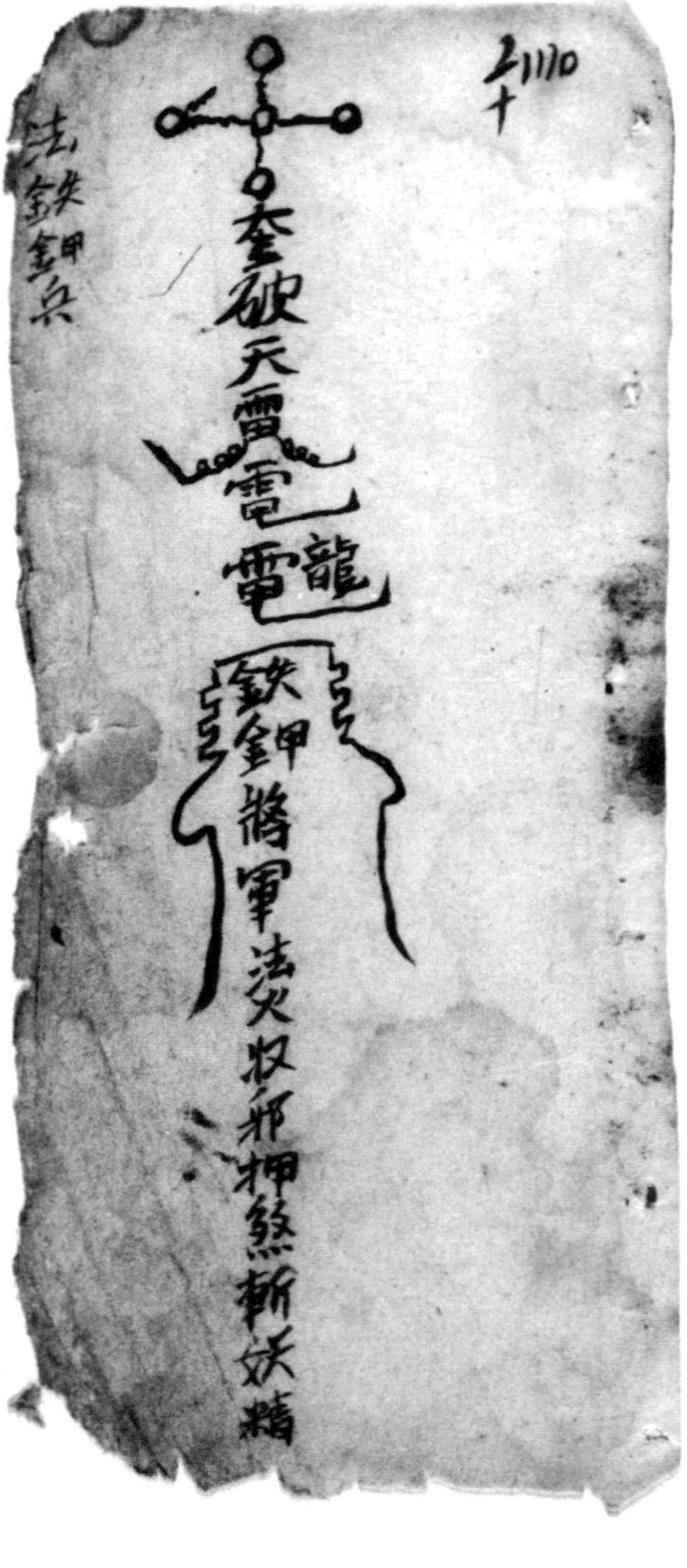

《123号符》「發鉄甲兵」
「□破天、雷電龍電、鉄甲将軍發火、収邪押煞斬妖精」

絶えず雷鳴と閃光を発して攻め、祟っている邪煞や妖精どもを、討伐して一掃し、安寧をもたらして、地方の繁栄を期する」というのである。司令神は不詳だが、五営神軍の総帥は、中壇元帥すなわち哪吒であるにもかかわらず（20・120各号符参照）、ここでは鉄甲兵の称号にこだわって、特に鉄甲将軍と称している。

希有にして簡略な符頭に対応して、符脚も省かれている。全構図から見れば、前三符と同類の、やはり簡単だが、特色を帯びた符令である。

（終）

刊行に寄せて

林　美　容
（中央研究院民族学研究所兼任研究員）

劉枝萬先生は私が学問上私淑してきた先輩で、一九八九年一月に中央研究院民族学研究所を定年退職されました。私は一九八二年三月に民族学研究所に着任して以来、一九八九年までの間の七年前後劉先生と同僚として過ごしました。私が着任したころは、民族学研究所は旧館（現在の中央研究院行政大楼〈事務棟〉所在地）にあった時で、私は博士論文の親族名称研究を完成させることに忙しく、劉枝萬先生とコンタクトをとる機会は多くはありませんでした。一九八三年になって、故郷の草屯鎮で漢人に関するフィールドワークをするようになってから、はじめて劉先生と連絡を取ることが多くなりました。もちろん、いつも私が先生の研究室に伺ってお教えを受けていました。学問上、思想上、劉先生の影響力は甚大で、先生が先駆者として模範を示してくださらなかったら、私が台湾伝統漢人社会と民間信仰研究にささやかな業績を残すことはできなかったでしょう。

いつも劉枝萬先生の研究室に伺うと、彼の塵一つない大きな机には彼がちょうど行っていた研究に使う本と原稿だけが置かれており、研究室はいつも秩序だっていて雑物は何もなく、書棚もとてもきっちりと整頓されていました。私はとても驚いたとともに、この点はまねしようと思っても永遠にまねできないと思いました。

劉枝萬先生は純粋主義者といってよく、研究室の机が清浄であるだけでなく、彼の人生もまたとても清らかで、ただ一つの重心（focus）つまり学術研究があるのみでした。私はかつて国史館の委託で劉枝萬先生のオーラルヒストリー研究を行ったことがありました。二〇〇六年四月から始めて一年半をかけて、私は毎週一回先生のお宅に伺いました。始めたばかりのころ、先生の書斎にある大きな仕事机に先生が読もうとしている書籍が整然と並べてあるのを見て本当に驚きました。退職されてからもずっと先生は読書の習慣を持ち続けていました。

先生が学問に一意専心された様子は、私のようなあれこれに手を出す人間とは比べ物になりません。先生は大学で教鞭をとったことはなく、ただ例外は、宮本延人先生（一九〇一―一九八七）が一九六六年に台湾大学考古人類学系で客員教授を一学期務められた時に、劉先生が授業に陪席して通訳をされたのと、ごく短い間台湾大学で非常勤講師をされたときだけでした。行政的な仕事も社会運動をされたこともありませんでした。のみならず、先生はご夫人の内助の功によって家庭内のことは全く憂える必要がなく、先生の気を散らすようなこともあれこれの雑事もありませんでした。学者によっては、権力ある地位を求めたり、派閥工作をしたり、地盤を築こうとしたり、声望を求めたり、利益を誘導したりすることもありますが、劉枝萬先生は悠然と、黙々と、研究に没頭する純粋な学者でした。このようなひたすら学術にのめり込む純粋な学者の模範は、劉先生の同輩であり私の師であった劉斌雄先生（一九二五―二〇〇四）にもみることができました。しかし、劉斌雄先生は少なくとも教育にも携わったことがあり、無理やりでありましたが民族学研究所の所長もされました。それゆえ劉枝萬先生は本当に空前絶後の純粋学者といえるでしょう。ただ一人の学者の純粋度ということから言えば、劉枝萬先生は他者とは比べ物にならない風格を備えています。

　このように純粋に専心された態度は、先生がまだ埔里の中学校の教員をされていたころからすでに見られました。先生は著述に努力され、ご自身の学問を苦労して作ってこられました。中学校教員時代は、郷土研究の時期（一九四六―一九五二）で、三冊の専門書を出版しました。それらは、『臺灣埔里鄉土志稿』（一九五一）、『台灣日月潭史話：附霧社事件』（一九五一）、『臺中彰化史話』（上巻）（一九五二）です。この三冊は、國史館臺灣文獻館の助成を得て二〇一九年春に南天書局から「複刻」される予定です。

　この後、南投県文献委員会、続けて、台湾省文献委員会、台湾省立博物館に奉職しました。台湾省立博物館在職中には、台北市文献委員会も掛け持ちしておりました、このころは文献研究の時期（一九五二―一九六五）で一〇冊の専門書を世に送り出しました。それらは、『臺灣中部古碑文集成』（一九五四）、『南投縣生物志植物篇稿』（一九五六、劉棠瑞との共著）、『日月潭考古報告』（一九五七、劉斌雄との共著）、『清代臺灣方志職官年表』（一九五七）、『南投縣沿革志開發篇稿』（一九五八）、『南投縣革命志稿』（一九五九）、『南投縣軍功寮遺址調査報告』（一九六〇）、『南投縣教育志稿』（一九六〇）、『南投縣風俗志宗教篇稿』（一九六一）、『南投縣人物志稿』（一九六二）です。

　先生が郷里の埔里で研究をしていた時期は、台湾中部地区が先生の研究の範囲で、これは埔里が清代中葉以降の台湾中部の各地区で平埔族が集住していた場所でした。台湾省文献委員会に着任してからは、寺廟調査研究を展開し、先生の研究の範囲は台湾全土に広がっていきました。台湾省立博物館在職中は、同時に中央研究院民族学研究所も兼任されました。民族学研究所の専任として研究を始めてから、すなわち学術研究の時期（一九六五―二〇一八）には、七冊の専門書を出版しました。即ち『臺北市松山祈安建醮祭典』（一九六七）、『中國民間信仰論集』（一九七四）、『台湾民間信仰論集』（一九八三）、『中国道教の祭りと信仰　上巻』（一九八三）、『中国道教の祭りと信仰　下巻』（一九八四）、『台灣の道教と民間信仰』（一九九四）、『台灣の法教』（二〇一八）です。

先生は建醮祭典の実地研究を開始し、道教研究や民間信仰研究の領域に進んでいきました。終生黙々と努力し、絶えることなく著作をものし、定年退職の後も大部な学術書を出版するのは、あまたの院士（中央研究院から授与される名誉職位）級の学者であっても、彼に匹敵するような学術的なパフォーマンスをなしえた人はおりません。

ほかの国であれば、劉枝萬先生のような博士の学位を持ち、背丈ほどもある著作を残した学者であれば、とっくに国宝級の大学者になっていたでしょう。しかし、劉先生は名声を求めるわけでもなく、また自ら吹聴することもありませんでした。民族学研究所を退任してからほどなく、一度私は先生に七〇歳のお祝いの催しをしたいと申し出たところ、先生は笑いながら、必要ないよ、閻魔様に誕生日を知られて早めに捕まえられたくない、とおっしゃいました。二〇〇六年二、三月ころに国史館が先生のオーラルヒストリーをまとめようとしたのは、とても光栄なことであるにもかかわらず、先生はそうは思わず、最初はお断りになりました。その理由は、すでに出版されたオーラルヒストリーの多くが、当事者が自らを誇大に見せているので、自分はこんなことはしたくないと思っていたからです。もしも当時の館長の張炎憲先生が自ら出向いて先生にお願いをしなかったら、私が説得しても動かなかったでしょう。劉先生を訪問した時期、私は出版に使う図版や写真を用意し、日本の東京教育大学の博士学位記を載せようとしたところ、先生は見苦しい、とおっしゃって、どんな文書も載せるのを嫌がりました。先生こそは、謙虚で名声を求めない実力派の学者でした。

どんな文化が劉先生のような性格を作り上げたのでしょうか。どんな時代背景が劉先生のように無言で静かに本分を守って、自分の持ち場で黙々と努力し、国際的には声望があるのに台湾ではあまり知られていない学者を作ったのでしょうか。ある歴史学者は、彼らの世代を「無声世代（voiceless generation）」と形容しました。これはまさに劉枝萬先生の世代の代名詞でしょうか。彼らの属する青春の歳月は過ぎ去ってしまいました。彼らが力を発揮し声をあげる年月は過ぎ去ってしまいました。しかし、彼らの風格、彼らの模範となる姿勢は忘れられるべきではありません。

本書は劉枝萬先生の遺作で、生前先生が精力をつぎ込んだ作品です。以前の専門書は先にまず日本語で書いて、その後中国語版が出たことから、彼の日本語の能力がうかがい知れます。先生の中国語は平素から簡潔で、日本語もきっと質実なものでしょう。私は先生の原稿を見てはおらず、ただ先生がおそらく法教関係のものを書かれたことを知るのみです。ご退職後の研究過程のなかでは、本来なら石井昌子教授が先生に協力されるはずでしたが、石井先生が亡くなってからは、劉先生は一人で黙々と中断することなく研究を続けられました。私が最後に劉先生のもとを訪れたのは、先生の一二月一二日の誕生日の前後だったはずですが、先生は原稿が完成したことを告げられました。私は先生を疑いませんでした。なぜなら先生が完成したとおっしゃったのであればつまり完成したのであって、もう一字も書き足したり削ったりする必要がないことを意味していて、本当に喜ばしいことと感じました。

従来法教の内容はしばしば道教の文脈で議論されてきました。しかし、台湾に存在する多くの法派、つまり閭山、徐甲、三奶、普庵等の派それぞれにはそれぞれの法術の内容、伝承システムがありますが、現在では相互にまじりあうのは免れられません。ただ、共通するのは、それぞれの派には固有の符法があることです。劉先生は符の研究は最も難しいと私におっしゃったことがあります。最も難しい研究を人生の晩年に行うことから、劉先生が研究において困難を畏れなかったことを見ることができます。一度私が学生を連れて先生を訪問したとき、この学生は符の職能者で家伝の符法や符簿を劉先生にお見せしたところ、先生はすぐにどれが伝統の符でどれが通霊の状態で書いた符なのか、などを見分けられました。台南に家がある学生を連れて行ったときには、この学生は徐甲派の符簿を集めていたのですが、劉先生はこれをご覧になって大変喜び、ずっと詳細を質問されていました。

法教を単独で取り上げて議論した本書は、劉先生なりの狙いがあったのかもしれません。私はこの領域の専門家ではありませんが、真面目くさった顔つきをして儀式ばったお辞儀をする道士のパフォーマンスを見るのは好きですし、裸足で頭巾をかぶって腹巻をした法師のパフォーマンスも好きです。どちらも台湾で重要な伝承儀礼です。法師のパフォーマンスは庶民により近く、民間の需要により応じたもので、より原始的でよりシャーマニズムのパフォーマンスに近いものといえます。いわゆる道法二門という言葉は、台湾北部の道長兼紅頭法師の属性を指していますし、また、両者の違いも意味していて、限られた人だけが両者を習得しています。

劉先生の最後の遺書が、順調に出版できたことについては、最後に風響社の石井社長に感謝をしなければなりません。作者不在の中で本書の編集、組版、校正、印刷を行うことの困難は想像に難くありません。石井さんが苦労を惜しまず、さらに劉先生の一周忌の前に本書を世に問うことができたのは、もしも二人の長年にわたる親交と暗黙の約束がなかったならばなしえなかったでしょう。本書は劉先生がこの世に残した最後の遺作であり、辞世の作品です。彼は一生懸命、死に至るまで変わらぬ一人の純粋学者として、自分の著作によってこの世と最良の別れを告げました。天上の先生は、きっと微笑みながらご自分の本が出版されるのを眺めておられることでしょう。

（日本語訳＝慶應義塾大学教授・三尾裕子）

治喪門麻衣煞符	三光・③			張趙二郎
安胎符	三清			普庵祖師
安胎符	三清			八卦祖師
辟邪治病符	三清		観音仏祖	普庵祖師
治病符	三清		玉皇上帝	
水符、安胎符				臨水夫人
水符			北極大帝	水将軍
安胎符	三清			六甲神
収魂符	三清			
水符	三清		普庵祖師	雪水童
太歳符	三清・②		玉皇上帝	太歳神
水符		「罡」＋記号		雪山聖者
水符			水徳星君	天水将軍
押煞断路符				
鉄甲符、鉄甲兵符	三光		普庵祖師	五営将軍
発兵符			紫微大帝	
発兵符			太上老君	
発兵符				鉄甲将軍

106	奉勅下、張趙二郎靈符、収斬年月日時麻衣喪煞	689	犯麻煞、用青茅七節、冲水洗
107	奉佛勅令、嚾嘛嘯叺哩吽、通天鑾駕収妖邪	692	小児安胎、安床上
108	欽奉勅令、(鬼)、(八卦)、押陽胎陰胎盡消除	699	小兒安胎、帯
109	奉西天佛國勅令、普庵祖師叫靈符、退病消災	701	化火食
110	奉至寶勅令、扶持入家定心神、口無乱言、符到奉行	704	壱治乱心、帯身
111	勅令臨水、護身神符、清吉平安	707	床上
112	勅□□□、神符退消	709	水符、登床下
113	◆勅令、◆□□、六甲六丁	715	洗胎神
114	雷令収魂、奉吾符勅令、斬煞収魂入家、収返魂魄平安	718	収魂
115	唵勅雪山雪水童、勅令勅令	724	水符、化火食
116	欽奉玉皇鸞駕、南辰北斗、勅下太歳某星君、二十八宿星君、親到中堂奉神位、掃去千災招百福、祈保弟子某人命宮平安、八節有慶、身体大吉	726	安奉値年歳君
117	雪山聖者降雪、來食心中退煞	733	(説明なし)
118	北方壬癸到、一白水星到、天水將軍鎮煞、除去南方火、年月日時吉	735	水符、帯身
119	勅令、鬼魅出他鄉、神符断路収邪、押断陰鬼、自受鎮滅亡、主人無傷	746	四方断路通用
120	佛先師發起五方兵馬、勅令蘇・黄・李・張四方鐵甲將軍、六丁神兵・六甲神將、追収妖魔邪鬼滅亡	748	發鉄甲兵
121	紫微交厄靈帝、大王在壇、収邪押煞、斬妖精	756	發鉄甲兵
122	◆勅星將軍、鉄甲兵・六丁六甲収邪	758	發鉄甲兵
123	□破天、雷電龍電、鉄甲將軍發火、収邪押煞斬妖精	761	發鉄甲兵

注：この表は本文の記述から、以下の項目を抜きだして配列したものである（編集部）。
- 整理された「符文」
- 各符に記された「説明」
- 用途を記した「分類」
- 「符頭」を特徴づける記号（本文322頁参照、①：第一式、②：第二式、③：第三式）
- 符脚を特徴づける「罡」字のバリエーション（本文324頁参照、記号：符脚としての図形）
- 命令を発する「司令神仏」（＊は推定、○は司令と主動が同一の例）
- 悪霊を排除する「主動神仏」（＊は推定、○は司令と主動が同一の例）
- 符文の□は欠字を、◆は記号偽字を示す

動土破土兼用符				
動土破土兼用符				三元盤石仙師
治三煞符			玉皇大帝	普庵祖師
打煞符＝押煞符、用途としては平安符、護身符	三清		保生大帝	
安胎符			太上老君	六甲神
治邪符				五雷将軍○
安胎符	三清	「罡」＋記号		六甲神
安胎符		「罡」＋記号	九鳳破穢天尊	五仏
安胎符	三清			胎神
安胎符	三清	「罡」＋記号		六甲神
火煞符	三清			雪水将軍
走馬天罡符		「罡印」合成		
動土破土兼用符	三清		紫微大帝	楊救貧祖師
走馬天罡符			真武上帝	六丁・六甲神将
解熱治病符	三台星		玉皇上帝	普庵祖師
安胎符	三光		観音仏祖	普庵祖師
押煞治病符				九天玄女
辟邪符、保身符				王禅老祖
押煞治病符			紫微大帝	
押煞治病符	三清		普庵祖師	九天玄女
治喪門麻衣煞符	星辰		普庵祖師	雷火神
治喪門麻衣煞符	三台星		普庵祖師	
押煞治病符				雪山童子

83	奉勅令、動土大吉、神符安鎮、押退百廿四山凶神悪煞、不得動作	605	此符動土破土安位
84	勅令三元盤石仙師、靈符収斬□造三處凶神悪煞、退煞百無禁忌	608	此符（動土）破土通用、先安（位）
85	佛奉宝王・紫微大帝勅、庵佛靈符押起凶神悪煞、六丁軍兵追収五方妖魔、六甲軍將法斬五方陰鬼	610	此符治三煞、□輪通用安帯
86	奉保生大帝勅令、神符、應変無停、駆邪滅鬼、鎮宅、合家平安	612	打煞符、通安帯可用
87	奉勅、（六甲神図形）、神符扶六甲胎、百無禁忌、吾奉太上老君勅令、急急如律令	615	安胎符、鎮在床上
88	五雷將軍發起塩米押煞	618	治邪、化在塩米、出煞
89	奉勅令（六甲神図形）、安鎮胎符、母子双全	622	安胎、帯安
90	奉九鳳破穢天尊下山救	628	安胎符、□□
91	奉勅下、符行正教、起煞鎮安	630	安胎、化水食
92	奉王令、六甲神安鎮、追収煞神	633	安胎、粘門上可、吉
93	勅令雷正、水將軍、押退火煞無停	636	治火煞、化水碗、用□□
94	通天透海神符、押退斬迷鬼童子消除	638	走馬天罡、頭上
95	欽奉紫微大帝、楊救貧祖師親到中宮□□、年月日時無忌、興工破土大吉	641	此符動土破土、安在大門
96	奉真武上帝勅令、六丁六甲神將、追収凶神悪煞滅亡、押退迷鬼童子、符行正法、変化無停	647	走馬天罡、安大門
97	奉玉帝（九天玄女・八卦祖師）勅令、普庵祖師・六丁六甲、符行正教、掃去千災。聖人神符、吞到心中、斬断寒熱鬼怪	650	一治寒熱百煞、化火食
98	觀音佛勅令、唵嘛嚩叭咤呵吽奉靈符、陰胎陽胎、押退盡消除、変化無停	654	小児安胎帯
99	奉勅令、九天玄女収凶神悪煞、断斬寒熱	659	寒熱、化火食
100	勅令、南斗火徳星君・北斗水徳星君、叫□王禅老祖到、靈符安鎮押煞、五方妖魔神煞盡滅、合家平安	661	治邪、安鎮神位、帯身
101	奉紫微大帝勅令、金木水火土神符、追収法斬、斬断寒熱鬼怪滅亡	669	寒熱即拜
102	庵佛勅令、天師親臨、九天玄女到此、神符保身、斬断寒熱鬼怪	672	治寒熱、帯身
103	庵佛、（「雷火」図形）、急退麻衣喪、遠走他方	676	犯痲煞、安床上
104	（雷令図形）、普庵先師勅令、却鬼打邪、追収喪門煞鬼	678	治喪門、帯身
105	佛、阿彌陀佛令雪山童子、安天羅佈地網、収攝天下二十四凶神悪煞妖邪、盡皆押出消滅	684	此符収邪、化火食

水符			水徳星君	天水将軍
水符	三清		普庵祖師	雪山神
化骨符	三清・星辰			五雷将軍・九鳳破穢天尊
収邪符	三光・①		玉皇上帝	李靖
平安符	三清			
平安符	三清	「罡印」合成		
辟邪符	三清・③		阿彌陀仏*	普庵祖師
辟邪符	②			張天師○
辟邪符		「罡印」合成		三元帥○
断路符	三清・③			
辟邪保身符、治病符	三光			黄花聖母仙娘
治土煞符				
治病符、保身符			北斗星君・北極大帝	
平安符	天日月	「罡印」合成		普庵祖師○
辟邪符			普庵祖師	
清浄符＝浄符	天日月		普庵祖師	
治病符	三清		九天玄女娘娘	陳・林・李・蔡四柱の女神
押煞符、平安符				孫賓先師
治病符			普庵祖師	雷神
治煞符	三清・三台星	「罡印」上下		
治病の辟邪符			玉皇上帝	趙元帥*
動土符	三清・		関聖帝君*	六丁・六甲神将

61	北方壬癸到、一白水星到、天水將軍鎮煞、除去南方火、年月日時吉	513	水符、帶身、安可用
62	庵勅雪山火煞	515	水符、帶身
63	勅令雷鳳	517	化骨
64	玉帝勅令李靖仙師、神符軍兵、収斬妖邪、符行正教、掃去千災、変化無停	527	此符収邪、化火、土地公用金銀
65	奉佛勅、拜、清浄平安	531	（説明なし）
66	神勅令、清浄平安	533	（説明なし）
67	欽奉佛勅令、普庵神符一道、押退天地年月日時、三煞妖邪走□。若不順我、當即念請、元亨利貞。太陽在界、鎮天得到、百無禁忌	535	治邪奉紙
68	張天師靈符、應変無停、駆邪縛鬼	539	治邪奉紙
69	三元帥、合家平安	549	治邪奉両年
70	勅令、魅出他郷、靈符断路、斬断邪法、兵法収邪押煞、自受法、治陰鬼、主人無傷	552	此符断路、四方通用
71	奉佛勅令、黄花聖母仙娘、神符護身、變化無停、追収妖魔神煞退地	557	治百煞、帯身
72	奉勅令、下破軍皇鬼、下三煞鬼怪、盡消除	560	土煞、安帯可用
73	奉勅令、北斗・中宮神符□益、収返弟子三魂七魄、即即断根源	568	帯身可用、治百病、此符化火、和中區茶、食可用
74	庵佛儒福、其衆百無禁忌	571	家神
75	庵佛、佛、神符追収雌雄死煞	574	化火香炉
76	庵欽奉、壽福、押退麻煞消除、其衆百無禁忌	577	用在斬亡安
77	奉九天玄女勅令、陳・林・李・蔡四位夫人・押寒熱鬼押煞	580	（説明なし）
78	(五雷記号)、勅令、孫賓先師靈符、發兵収邪、押煞斬妖精、合家平安	585	安大門
79	普佛勅令、佛身雷、天師親監、神符収斬諸道神煞、靈符呑到心中、百病消除、變化無停	588	此符（治）百病、化（水）食、観音参香
80	為稟令開啓靈符、應變無停、押煞駆邪縛魅	590	此符治百煞、安床上
81	奉玉旨勅令趙將軍、符行正法、神符追収一百廿四山凶神悪煞、掃去千災	593	安帯可用
82	奉帝君勅令、六丁神兵退悪煞、六甲神將押凶神、靈符押掃千災、神煞盡消除	599	此符安在動土位

安灶君符を含めた安神位符	三清		普庵祖師*	楊公祖師
押煞断路符	三清・③			
邪煞符＝護身符			元始天尊*	雲夢山先師
五雷治煞符、押煞符の一種		「罡印」合成		五雷将軍
収魂符	三清			張天師
押煞符	三光・①			普庵祖師*
押煞符	三光			普庵祖師*
押煞治病符	三光・②・星辰			張天師
保身符	三清・③	「罡印」合成		雷神
押煞治病符	三清・③			文魁真君*
安胎符	三清	「罡」＋記号	九鳳破穢天尊	五仏
鎮宅護身符	三台星・②		聖人・玉皇大帝	鎮鬼大王
五営収兵符	三清・星辰			雷神
水符			北極大帝	水将軍
退熱治病符	三清		普庵祖師	霜雪神
水符、安胎符	三清			臨水夫人
治病符	星辰・星辰	「罡」＋記号	普庵祖師	
太歳符	②			
辟邪符	三清			五雷神*
押煞治病符	三清			五雷元帥
辟邪治病符	三清			五雷神
治病保身符	三光		普庵祖師*	

39	欽奉佛、天師親臨、楊公祖師勅令、南斗火德星君・北斗水徳星君、香火大吉、靈符追収凶神悪煞、合家平安	451	安神位、灶君可用
40	勅令、鬼魅出他郷、神符断路収邪、押断陰鬼、自受鎮滅亡、主人無傷	455	四方断路通用
41	(五雷記号) 勅令、雲夢山先師勅令、左天兵、右地兵、神符収邪押煞、斬妖精、合家平安	457	治邪煞、帯身可用
42	玉帝勅、天師勅、雷公・雷姨・雷男・雷女・雷□、五雷將軍、符治天下無道鬼妖邪鬼怪、追収凶神悪煞藏、法斬妖邪鬼精亡、天清雷合	460	五雷治煞、安房門
43	奉天師親監、澤爲雄兵、安鎮煞上、巽木晋人路、艮山封鬼門、符行正教、掃去千災	463	追収魂魄、安床上
44	佛奉勅令、◆◆◆◆、太陽在壇、金木水火土	467	治邪煞、発五雷、地地起
45	佛奉品水□、南辰註長生、北斗添福壽、(五雷)、勅令、精守、金水火土木	470	治邪、発起五雷用
46	佛奉、(五雷記号)、張天師靈符、通天透海、押退五方妖魔鬼怪、駆邪縛鬼、應變無停	473	此符治百邪煞、安床上、吉
47	開□護救、隨身保命、勅令雷火保身、大王在壇、雷火符収煞護救	476	此符帯身
48	奉文魁真君勅令、符行正教、掃去千災、掃邪煞、押鬼煞、断斬滅妖邪、追収五方妖魔、法斬五方邪鬼	478	治百病、帯身
49	奉九鳳破穢天尊下山救、五佛靈符、追収百廿四山凶神、追収妖魔、法斬神煞	481	犯胎神、安床上
50	奉聖人・玉皇大帝勅令、鎮鬼大王、南斗星君・北斗星君、左天兵・右地將、雷令、符行正教、掃退千教、鎮宅光明、合家平安	485	治百煞陰鬼、安帯可用
51	雷令、(六方)、五營神兵將到、法行押走千里	488	符収陰兵神將、化火可用、房門用、□□□百用金銀多少
52	勅□□□、神符退消、北極大帝、水將軍押到、符中隨収火煞・天火・地火、不留停	490	水符、下水碗中、下床脚
53	庵佛令、凛凛如霜、凛凛如雪、病人呑下、速縛妖邪、神符退災	493	治熱、嘔吐不止、食
54	勅令臨水、護身神符、清吉平安	496	水符、安床上
55	佛勅令、斬断、去狼毒、押出	498	一事無名腫毒
56	欽奉玉皇鸞駕、南辰北斗、勅下太歳某星君、親到中堂奉神位	501	安奉値年太歳
57	収除天下無道鬼急消	503	(説明なし)
58	(五雷記号)、勅五雷兵、押寒熱鬼押煞、符到奉行	505	寒熱帯身
59	治無名腫毒、消痳鬼悪毒	507	一治無名腫毒
60	佛勅令、押斬年家三煞	509	小児犯猴帯

制火煞符	三清		普庵祖師	雪山大聖
鎮宅護身符			普庵祖師	
治喪門麻衣煞符	三清		九天玄女	
制煞符、収魂符・鎮魂符			玉皇上帝	
治病符			三台星	
水符	三清		普庵祖師	雪水童
辟邪治病符	三清		三台星	
鎮宅平安符			玉皇大帝・張天師	李靖
治陰鬼符	②		玉皇上帝	観音仏祖
治陰鬼符	②		玉皇上帝	
治流蝦病符			普庵祖師	普化天尊
安胎符		「罡印」合成		三宮夫人
五営収兵符			伍仏	
帶身符、治喪門麻衣煞符			玉皇上帝	
安龍神符、陳宅符の一種	②		玉皇上帝	楊救貧先師
収魂符	三清	「罡」＋記号		雷神
汎用の安神位符・安神明符、単に安位符＝安座符とも			玉皇上帝	玉皇上帝
治病符	三清		普庵祖師	雷神
治三煞符	三光		玉皇大帝	普庵祖師
駆邪治病符	三清			九天玄女
辟邪鎮宅符	三台星			九天玄女娘娘

18	祖師勅下雪山大聖、相々合退消除、変化無停、心中百病消除、心頭平安	388	犯火煞、化水食
19	庵勅令□、神符鎮宅保命、追収妖魔邪鬼凶神悪煞	392	治妖邪、安帯可用
20	欽奉九天玄女仙師勅令、神符安鎮、追収年月日時・麻煞・三煞退除	396	犯麻煞、帯安通用
21	奉玉皇大帝勅令、四海元神、口石水丙丁、大兌□水午、□身小兒、帯水消解	398	此符制小児犯煞
22	太上台皇星勅令、保命護身、應變無停、駆邪縛魅、治邪消災、變化無停	401	一治久病、化火食
23	唵勅雪山雪水童、勅令勅令	403	水符、化火食
24	奉太上台星勅令、保命護身、應變無停、駆邪縛魅、聖人靈符、變化無停、退病消災	407	治邪、化火食
25	(坎卦)・(三清)・(雷令)、勅令、玉皇勅、天師勅、李靖先師雷轟令、黄□將軍到此勅令、張李將軍到此勅令、符行正教、神符追収、妖邪鬼怪、盡皆消除、合家平安	411	（説明なし）
26	玉皇上帝勅令、觀音親到、應変無停、駆邪縛鬼、押断陰公、神符変化無停、鬼怪滅亡	415	治陰鬼、大門前化火、金銀多
27	玉帝奉旨勅令、通天鑾駕、左天兵・右地將、神符發兵、符到奉行、福開陰鬼	418	治陰鬼、安化火可用、金銀多少
28	普庵佛、應元雷聲普化天尊、押退流蝦、胎兒母腹	421	帯流蝦符、在房内化火可用
29	□永福神勅令、三宮夫人、神符護身、保命退煞	423	出入帯身
30	伍佛勅令、通天鑾駕、収回天地兵將、各歸本位、變化無停	425	収兵化火用
31	玉皇上帝奉旨勅令、神符隨身、退煞消災、押滅鬼怪喪門神煞	428	帯身
32	欽奉玉帝・九天玄女・八卦祖師勅令、楊救貧先師（楊公祖師）神符、安鎮龍神、収邪押煞、斬妖精、盡消除、合家平安	431	安神位
33	雷令収回、五路四方、十二元辰歸宮□	435	収魂定魄、化火食可用、帯身可用
34	玉皇鑾駕、(鬼◆)、木火土金水	437	同上、安神位
35	普佛勅令、菴佛身雷、天師親監、神符収斬諸道神煞、靈符呑到心中、百病消除、變化無停	440	此符（治）百病、化（水）食、観音参香
36	佛奉宝王・紫微大帝勅、庵佛靈符押起凶神悪煞、六丁軍兵追収五方妖魔、六甲軍將法斬五方陰鬼	443	此符治三煞、□輪通用
37	九左右隨甲地兵到、九連隨靈符、追収妖邪、鬼怪滅亡、變化無停	446	床上可用、化火可用
38	勅令九天、勅令娘娘神符、左天兵右地將、収除五方神煞盡消除、六丁追収五方妖魔、六甲法斬五方邪鬼	448	治邪煞、安大門

分類	符頭	符脚	司令神仏	主動神仏
保身符	三清・星辰・①	「罡印」合成	玉皇・張天師	普庵祖師
五雷平安符	三清・③		玉皇・張天師	五雷元帥
五雷鎮煞符	三清			五雷神
五雷鎮煞符	三清	「罡印」合成		五雷大将軍
五雷収妖符	三清	「罡印」合成		五雷大将軍
治喪門麻衣煞符				九天玄女・八卦祖師
治病符	三光		観音菩薩	北斗星君
小児治病符			九天玄女	虎元帥・馬元帥
収邪保身符			八卦祖師	玉皇上帝
五雷治煞符	三清・②・雷日月	「罡印」合成		五雷大将軍
治白虎煞符＝白虎符、鳳凰符				鳳凰
安灶君符、安神位符			楊公仙師	灶君
辟邪符			観音仏	五方神将
治天狗煞符＝天狗符、麒麟符				麒麟
治天狗煞符＝天狗符				雷神
辟邪治病符	三清		玉皇大帝・張天師	阿弥陀仏
保身符	三清・三光・①		白蓮教主	

附表：符文一覧

符No.	符文	頁	説明
1	玉帝勅、天師勅、佛、(天羅地網図形)、天清雷火、(五雷火図形)、六丁六甲、□□□發、合家平安	331	帯身
2	奉玉帝勅・天師勅、王王王發兵、勅令、(五雷図形)、驅邪縛魅、追収邪魔、断斬妖精、法斬邪鬼	335	五雷、安房上、平安大吉
3	奉勅令、(五雷記号)、五雷鎮煞、押出聖賢、八卦祖師・九天玄女・鬼谷先師・巧聖先師・五虎大將軍収呑、妖邪鬼怪滅亡	338	(説明なし)
4	奉勅令、(五雷記号)、五雷大將軍断、押出聖賢、八卦祖師・九天玄女・鬼谷先師・巧聖先師、鎮門収邪、妖邪滅亡	341	治煞、安大門
5	奉勅令、(五雷記号)、五雷大將軍追収、押出聖賢、八卦祖師・神農大帝・南極先師・九天玄女・鬼谷先師・雲夢山先師・巧聖先師・六丁六甲、妖魔鬼怪精亡	343	大門上、安床上可用
6	九天玄女・八卦祖師、聖人神符、押退麻煞三煞消除	350	麻煞、安床上
7	佛勅北斗、滅精断邪、神符變化、滅邪無遺	353	此符治百病、大門化火可用、床上可用
8	奉玄女真仙勅令、虎馬元帥度□、□阮和魔、急走千里井煞	356	治小児、帯百日□、安帯通用
9	雷令、勅令、元亨利貞聖人、勅令玉皇、兵押煞収邪、地網入□	358	此符収邪、奉保身、安床上
10	奉勅令真道、(五雷記号)、五雷大將軍、天清雷令、押出圣賢、九天玄女・八卦祖師・雲夢山先師・鬼谷先師・黎山老母・巧聖先師・白鶴先師	361	治煞、床上可用、斗中可用
11	奉勅令、鳳凰到、事吉人安	366	此符白虎、帯身可用
12	奉勅令、楊公先師勅令、香火大吉、鎮煞灶君、合家平安	368	安灶君
13	西佛勅令五方、押退凶神煞消災	372	治百煞符、可用治目痛、用化水洗
14	奉勅令、麒麟鎮此、事吉人安	375	此符治天狗、帯身可用
15	奉勅令、雷火符、収斬凶神悪煞、邪魔鬼怪滅亡、大□消鎮	378	(説明なし)
16	奉玉帝勅・天師勅、阿彌陀佛神符清浄、天上三十六天兵消災、地下七十二神將退煞、雷火収邪、押煞斬妖精、左天羅右地網、□軍兵靈、変化無停	380	安床上
17	(網目記号)、奉白蓮教主勅令、南辰註長生、北斗添福寿、藏蓋保身靈符、追収妖邪鬼怪滅亡	385	(説明なし)

欠字（□）・記号偽字（◆）

ま・や

ら

な

は

た

さ

か

ま・や・わ

欠字

符式簿各符文の文節

（附表・符文一覧の符文を文節ごとに切り出し、配列したもの。数字は号符を示す）

あ

た

な・は

符式簿各符に記された用途

（附表・符文一覧の説明を文節ごとに切り出し、配列したもの。数字は号符を示す）

あ

か

さ

ま

ら

さ

た

符令の筆記形態

（本文から符令筆記に関する語彙を一覧にしたもの）

ま

や

ら

は

な

た

さ

か

索　引

あ

著者紹介

劉枝萬（りゅう　しまん）

1923年、台湾南投県埔里にうまれる。

1946年、早稲田大学文学部史学科在学中、終戦のため帰国。

1977年、東京教育大学文学博士。

1989年、中央研究院民族学研究所研究員を定年により退任。

2018年、死去。

1964年から1989年まで中央研究院民族学研究所に在職。日本道教学会理事、儀礼文化学会専門委員など歴任。2015年、旭日小綬章を受賞。

主著として、『臺北市松山祈安建醮祭典』（1967年、中央研究院民族學研究所專刊之14、中央研究院民族學研究所）、『中國民間信仰論集』（1974年、中央研究院民族學研究所專刊之22、中央研究院民族學研究所）、『臺灣民間信仰論集』（1983年、聯經出版事業公司）、『中国道教の祭りと信仰』上・下（1983年・1984年、桜楓社）、『台湾の道教と民間信仰』（1994年、風響社）など。

台湾の法教　閭山教科儀本と符式簿の解読

2018年12月20日　印刷
2019年 1 月 6 日　発行

著　者　劉　枝　萬
発行者　石　井　　雅
発行所　株式会社　風響社

東京都北区田端4-14-9（〒114-0014）
Tel 03(3828)9249　振替 00110-0-553554
印刷　モリモト印刷

ISBN978- 4-89489-250-7 C3014